21世纪普通高等教育“十四五”规划教材·工商管理系列

U0890401

项目管理

（第二版）

丁荣贵　赵树宽　主　编

张进智　孙亚男　张　伟　张剑敏　副主编

上海财经大学出版社

图书在版编目(CIP)数据

项目管理/丁荣贵,赵树宽主编. —2 版 . —上海:上海财经大学出版社,2023.5
(21 世纪普通高等教育"十四五"规划教材 · 工商管理系列)
ISBN 978-7-5642-4097-4/F · 4097

Ⅰ.①项… Ⅱ.①丁…②赵… Ⅲ.①项目管理-高等学校-教材
Ⅳ.①F224.5

中国版本图书馆 CIP 数据核字(2022)第 220054 号

□ 责任编辑 黄 荟
□ 封面设计 张克瑶

项 目 管 理

(第二版)

丁荣贵 赵树宽 主 编
张进智 孙亚男 张 伟 张剑敏 副主编

上海财经大学出版社出版发行
(上海市中山北一路 369 号 邮编 200083)
网 址:http://www.sufep.com
电子邮箱:webmaster@sufep.com
全国新华书店经销
上海新文印刷厂有限公司印刷装订
2023 年 5 月第 2 版 2023 年 5 月第 1 次印刷

787mm×1092mm 1/16 24.5 印张 627 千字
(习题集 4.75 印张 122 千字)
印数:6 501—10 500 定价:59.00 元
(本教材赠送配套习题集,请直接向售书单位索取)

21世纪普通高等教育“十四五”规划教材

21 SHIJI PUTONG GAODENG JIAOYU “SHISIWU” GUIHUA JIAOCAI

编委会

BIAN WEI HUI

第二版序

随着我国经济的发展，特别是自国家提出“一带一路”合作发展倡议和新基建新发展理念以来，国家项目的建设规模在不断扩大，数量在不断增多，项目从业人员也在不断增加。习近平总书记在党的二十大报告中指出，过去十年，我国建成世界最大的高速铁路网、高速公路网，机场港口、水利、能源、信息等基础设施建设取得重大成就。加快推进科技自立自强，全社会研发经费支出从一万亿元增加到二万八千亿元，居世界第二位，研发人员总量居世界首位。基础研究和原始创新不断加强，一些关键核心技术实现突破，战略性新兴产业发展壮大，载人航天、探月探火、深海深地探测、超级计算机、卫星导航、量子信息、核电技术、新能源技术、大飞机制造、生物医药等取得重大成果，进入创新型国家行列。同时指出，未来五年是全面建设社会主义现代化国家开局起步的关键时期，重点推动战略性新兴产业融合集群发展，构建新一代信息技术、人工智能、生物技术、新能源、新材料、高端装备、绿色环保等一批新的增长引擎。这些产业的发展对项目管理人员的综合素质提出更高的要求。

为满足项目管理人员学习的需要，提高项目管理从业人员的项目管理水平，本教材在原版的基础上进行了第二版的修订。在保留原版教材特色（理念领先、体系完整、方法先进、实操性强等）的基础上，本次修改对原内容进行了补充，如增加了项目成功方面的内容，这是我们项目管理者追求的目标。当前项目组织规模在扩大，而且多以多项目的形式存在，增加了 PMO 的内容，以提高项目管理的协调、平衡水平和管理的成效。近年来，随着信息技术的发展，现代项目管理特别强调信息系统在项目中的作用，越来越多的项目大量使用信息技术，如 BIM 技术、项目管理软件，以提高项目管理的水平、效率和精准性。修订后的教材中增加了信息技术的内容，如 BIM 技术和 Project 2019 软件的应用。《项目管理知识体系指南（PMBOK® 指南）》第 5 版的内容与第 4 版相比有一定更新，更新了项目管理五大过程组的定义并介绍了项目管理十大知识领域和 47 个过程，在第 4 版原九大知识体系的基础上增加了项目干系人的管理内容。为此，《项目管理》第二版教材增加了项目利益相关方管理一章的内容。近年来，我国建设了大量在国内外有重要影响的大项目，项目建设过程中有成功的经验和失败的教训。在本教材修订的过程中更替了部分新的案例，如北京冬奥会、港珠澳大桥项目。

本书由丁荣贵、赵树宽担任主编，由张进智、孙亚男、张伟、张剑敏担任副主编。丁荣贵负责《项目管理》教材修订内容的框架设计和全面指导工作，赵树宽负责教材修订的具体组织和统稿工作。本教材第一章由丁荣贵编写，第二章由刘兴智编写，第三章由孙亚男编写，第四章由赵彤、李启帆编写，第五章由李中华编写，第六章由赵树宽编写，第七章由张伟编写，第八章由张进智编写，第九章由王立英编写，第十章由王楠楠编写，第十一章由孙涛编写，第十二章由王京北编写，第十三章由孙华编写，第十四章由张剑敏编写，第十五章由李盈编写，第十六章由薛红编写。

本书可供项目管理专业学生使用，也可供工程领域其他专业学生使用，以及项目管理从业人员使用。

本书在修订过程中参阅了大量的文献和案例，编者向这些参考文献的作者表示最诚挚的感谢。书中若有不足之处，敬请广大读者批评指正。

编者
2022年12月

目 录

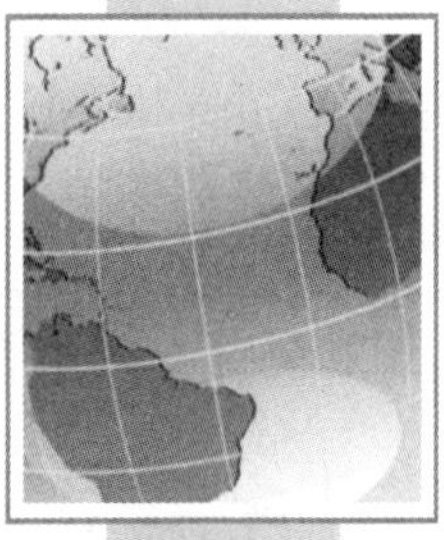

第一章 项目管理概论

随着经济和社会的快速发展，项目已经普遍存在于人类的社会经济活动中，并对人类的生产和生活产生了重大影响。项目管理作为保障项目成功的系统思维方式和有效工作方法，自产生以来一直得到研究和实践人员的关注。理解项目和项目管理的内涵，把握其基本特征，才有可能实施有效的项目管理。本章从项目和项目管理的基本概念入手，在阐述项目管理发展历史的基础上，对项目管理的目标、项目的生命周期以及项目管理知识体系进行分析，从而为项目管理的学习和应用奠定基础。

第一节　项目管理的概念及特征

从中国的万里长城到美国的阿波罗登月工程，从埃及的金字塔到中国的北京奥运会、上海世博会，再到一种新产品的开发、一栋楼房的建设、一次会议的安排等都是项目。“项目”一词已经成为当前最流行的词汇之一，广泛见诸报纸、杂志等媒体中。美国项目管理认证委员会主席保罗·格雷斯(Paul Grace)断言：21 世纪的社会，一切都是项目，一切也必将成为项目。项目管理作为未来发展的主旋律，已成为在当今急剧变化的时代中企业求生存、谋发展的利器。

那么，什么是项目管理呢？在讨论项目管理的概念之前，首先要弄清楚项目的概念，即明确项目的内涵及特性。

一、项目

(一)项目的概念

关于项目的定义有多种，到目前为止还没有公认的定义，不同的组织、专家、学者从不同的角度对项目的内涵进行了界定，最具代表性的主要有以下几种：

美国项目管理协会(Project Management Institute，PMI)在《项目管理知识体系指南(PMBOK® 指南)》中将项目定义为：项目是为创造独特的产品、服务或成果而进行的临时性工作。

国际项目管理协会(International Project Management Association，IPMA)在其 2006 年

发布的国际项目管理能力基准(IPMA Competence Baseline,ICB)3.0 中认为:项目是受时间和成本约束的、用以完成一系列既定的可交付物(达到项目目标的范围)同时满足质量标准和需求的活动。

英国商务部在其出台的项目管理标准"受控环境中的项目"(PRojects IN Controlled Environments,PRINCE2)中认为:项目是为交付一个或多个商业产品而创建的临时性组织。

国际标准化组织(ISO)从项目过程的角度将项目定义为:项目是由一系列具有开始和结束日期、相互协调和控制的活动组成的,通过实施活动而达到满足时间、费用和资源等约束条件以及实现项目目标的独特过程。

国际项目管理协会前主席、《国际项目管理期刊》(*International Journal of Project Management*)主编罗德尼·特纳(Rodney Turner)认为:项目是一种一次性的活动,它以一种新的方式将人、财、物进行组织,完成有独特范围定义的工作,使工作结果符合特定的规格要求,同时满足时间和成本的约束条件。

哈罗德·科兹纳(Harold Kerzner)认为,项目是具有以下条件的任何活动和任务的序列:(1)有一个将根据某种技术规格完成的特定的目标;(2)有确定的开始和结束日期;(3)有经费限制;(4)消耗资源(如资金、人员、设备)。

上述对项目的定义虽然各不相同,但都反映了项目的一些共同特点。基于以上对项目的认识,本书归纳出一个项目的综合性定义:项目是一个临时性的组织为实现既定的目标,在限定的资源(时间、人力及其他资源)条件下完成的一次性任务。

(二)项目的特征

通过对项目概念的认识和理解,可以归纳出项目区别于其他活动的几个关键特征。

1. 目标性

目标性又称目的性,是指任何项目都是为实现特定目标服务的。任何项目都应有明确的目标,并且这些目标都是具体的、可查的,实现这些目标的措施也是明确的、可操作的。

一个项目的目标往往是多样的,依照项目的工作范围、质量、进度、成本等来确定。这些目标既有可能是协调的、相辅相成的,也有可能是对立的、相互制约的。如在工程项目中,项目的质量水平与进度往往呈负相关关系。在考虑项目全生命周期时,应将项目的多个目标协调起来,实现项目目标的整体优化而非局部最优。

2. 独特性

项目的独特性又称唯一性,是指每个项目都有其特别的地方,没有两个项目是完全相同的。这些特别的地方包括项目目标、项目产出物、项目工作等。实际上,任何一个项目在某些方面总是区别于其他项目的。比如在建筑行业,采用完全相同的图纸建造两栋住宅,也会在建设时间、参建人员、周边环境等方面存在差异。项目的独特性是产生项目之间相互区别的根本特征。

3. 一次性

项目的一次性是指任何项目都有明确的起始点,也有明确的结束点,是一次性任务。项目的一次性与项目的持续时间无关,无论项目的持续时间有多长,都必须有始有终。项目任务完成,预期目标得到实现,项目即宣告结束。与此不同的是,企业等组织的生产活动中还存在另外一种连续不断、周而复始的活动,称为运作。项目的一次性是项目区别于运作的关键特性,两者之间的区别如表 1—1 所示。

表1—1 项目与运作的比较

	项 目	运 作
关键特征	独一无二的	重复的
时间限制	有限时间	无限时间(相对)
目标的动态变化	目标变化相对频繁	目标变化相对稳定
资源需求	多变的资源需求	稳定的资源需求
组织	柔性的组织	稳定的组织
目的	效果性	效率性
属性	风险和不确定性	经验性

4. 系统性

项目是为实现目标而开展的多项活动的集合,而非一项孤立的活动。项目通常包含若干具有一定逻辑顺序关系的子项目或工作包,这些相互制约、相互依存的子项目或工作包共同构成了完整的项目系统。项目的系统性要求项目管理者采用系统管理的思想和方法,从全局出发考虑各资源要素,使其得到最优配置。项目涉及的各部门要充分协作配合,以追求整体效益最优。

5. 风险性

项目具有独特性,每个项目或多或少都包含一些新的、此前未曾遇到的部分,因此,项目本身包含若干不确定性因素,由于不确定性因素而产生大量风险。项目的风险性是指由于各种不确定性因素而造成项目出现损失的可能性。按照风险的来源可以分为两类:第一类是由人为因素造成的项目损失,这属于本书风险管理的重点;第二类是由地震、天灾等不可抗力因素导致的项目损失,这类风险不具有可管理性,更多地被划归到项目的外部环境范畴。

6. 生命周期性

每个项目都要经历"从摇篮到坟墓"的过程,这个过程就是项目的生命周期。每个项目都有其生命周期,不同类型项目的生命周期一般不同。如工程建设项目的生命周期一般包括项目建议书、可行性研究、项目决策、项目设计、项目施工、竣工验收、财务决算、交付使用等几个阶段;信息系统开发项目的生命周期包括概念定义、需求识别、系统分析、系统设计、系统实施、系统测试、用户培训、转轨运行等阶段。

项目的基本特征除了以上几个之外,还有一些其他特性,包括项目的创新性、项目的制约性、项目组织的临时性等,这些项目特性是相互关联、相互影响、共同作用的。如项目的创新性导致项目具有一定的风险性,项目的风险性又与项目的独特性、一次性、制约性和项目组织的临时性等直接相关。

(三)项目的类型

1. 按建设性质不同分类

按建设性质不同,项目可分为新建项目、扩建项目、改建项目、迁建项目、恢复项目。

(1)新建项目。是指从无到有、"平地起家"、新开始建设的项目。

(2)扩建项目。是指原有企业、事业单位为扩大原有产品生产能力(或效益),或增加新的产品生产能力,而新建主要车间或工程的项目。

(3)改建项目。是指原有企业为提高生产效率、增加科技含量,采用新技术改进产品质量,或改变新产品方向，对原有设备或工程进行改造的项目。有的企业为了平衡生产能力，增建一些附属、辅助车间或非生产性工程，也算改建项目。

(4)迁建项目。是指原有企业、事业单位由于各种原因经上级批准搬迁到其他地方建设的项目。迁建项目中符合新建、扩建、改建条件的，应分别作为新建、扩建或改建项目。迁建项目不包括留在原址的部分。

(5)恢复项目。是指企业、事业单位因自然灾害、战争等原因，使原有固定资产全部或部分报废，以后又投资按原有规模重新恢复起来的项目。在恢复的同时进行扩建的，应作为扩建项目。

2. 按建设项目规模不同分类

按建设项目规模不同，项目可分为大型项目、中型项目和小型项目。

(1)大型项目。是指单项工程合同额≥3 000 万元的项目。

(2)中型项目。是指单项工程合同额在 300 万—3 000 万元的项目。

(3)小型项目。是指单项工程合同额在 300 万元以下的项目。

3. 按投资作用不同分类

按投资作用不同，项目可分为生产性建设项目和非生产性建设项目。

(1)生产性建设项目。是指直接用于物质资料生产或直接为物质资料生产服务的工程建设项目。主要包括工业建设项目、农业建设项目、基础设施建设项目、商业建设项目。

(2)非生产性建设项目。是指用于满足人民物质和文化、福利需要的建设项目和非物质资料生产部门的建设项目。主要包括国家各级党政机关、社会团体、企业管理机关的办公用房和居住建筑等，也包括公共建筑，如科学、教育、文化艺术、广播电视、卫生、博览、体育、社会福利事业、公共事业、咨询服务、宗教、金融、保险等建设项目。

4. 按投资效益不同分类

按投资效益不同，项目可分为竞争性项目、基础性项目和公益性项目。

(1)竞争性项目。主要是指投资效益比较高、竞争性比较强的一般性建设项目。这类建设项目应以企业作为基本投资主体，由企业自主决策、自担投资风险。

(2)基础性项目。主要是指具有自然垄断性、建设周期长、投资额大而效益低的基础设施和需要政府重点扶持的一部分基础工业项目，以及直接增强国力且符合经济规模的支柱产业项目。

(3)公益性项目。主要包括科技、文教、卫生、体育和环保等设施，公、检、法等政权机关和政府机关、社会团体办公设施，以及国防建设等。公益性项目主要由政府用财政资金安排投资。

5. 按投资来源不同分类

按投资来源不同，项目可分为政府投资项目和非政府投资项目。

(1)政府投资项目。是指以政府投资为主要来源的项目。

(2)非政府投资项目。是指以企业、社会、个人或其他组织等非政府组织投资为主要来源的项目。

二、项目管理

(一)项目管理的概念

项目管理，字面上的意思是对项目进行管理，这一方面说明项目管理属于管理的大范畴，另一方面说明项目管理的对象是项目。科学、正确地理解项目管理，首先要弄清楚什么是管理。

关于管理的概念，国内外不同学者从不同的角度对其提出了不同的认识，广为接受的观点主要有以下几个：

科学管理之父泰勒认为：管理就是确切地知道你要别人去干什么，并使其用最好的方法去干。

法国著名管理学家亨利·法约尔认为：管理是所有人类组织（家庭、企业或政府）都有的一种活动，这种活动由5项要素组成，即计划、组织、指挥、协调和控制。

诺贝尔经济学奖获得者赫伯特·西蒙认为：管理就是决策。

丹尼尔·A. 雷恩认为：管理就是发挥某些职能，以便有效地获取、分配和利用人的努力和物质资源，去实现某个目标。

詹姆士·穆尼认为：管理就是指导别人、激励别人的方法和技术。

现代管理观点认为：管理是对组织资源进行有效整合，以达成组织既定目标与责任的动态创造性活动。现代管理的核心在于对组织资源的有效整合。

综合以上观点，我们可以得到一个大家共同认可的管理定义：管理就是在一定的环境条件下，通过计划、组织、领导、控制和创新等职能，运用一定的管理手段和方法，调动组织内的各种资源去实现组织目标的动态活动过程。

项目管理既具有一般管理的内涵，又具有项目自身的特点。基于上述管理的定义和项目的内涵及特征，本书将项目管理定义为：项目管理就是运用系统的理论和方法，通过一个临时性的专门组织，对项目进行计划、组织、指挥、协调和控制，以实现项目预期目标的动态活动过程。项目管理贯穿于项目的整个生命周期，对项目的整个过程进行管理，以期在时间、费用和质量效果上达到预期目标。

（二）项目管理的特征

项目管理与传统的部门管理相比，最大的特点就是注重综合性管理，并且项目管理工作具有严格的时间期限要求。具体来讲，项目管理具有以下几个明显特征：

1. 项目管理的对象是项目

项目管理针对的往往是一次性的项目，特别是一些大型的、比较复杂的项目。项目管理过程随着项目的启动而开始，随着项目的收尾而结束，整个管理过程涉及项目的人员、过程、问题等方面。要注意项目管理的对象是由一系列任务组成的项目整体，而不是这个整体的一个或几个部分。

2. 项目管理的全过程需要体现系统管理的思想

对项目实施管理，需要把项目看成一个完整的系统，用系统管理的思想和方法来研究项目管理问题。项目管理者通过整体把握、科学分解和组织综合，使各资源要素得到最佳配置，从而实现项目整体的优化。

3. 项目管理组织是一个临时性的团队组织

由于项目是一次性的，项目组织是为项目实施服务的，因此，项目结束时，项目组织的使命也就完成了。项目组织打破了传统的、固定建制的组织形式，它是根据项目及项目生命周期各阶段的具体需求组成的一个柔性团队组织。这个团队组织需要在短期内，通过有效沟通，把项目组织成员组合起来，创造一种开放、自信、团结、协作的组织气氛，形成强大的凝聚力，从而实现项目目标。

4. 项目管理强调的是专业化的目标管理

项目管理是一种目标导向的管理方式，是一种分层次、多阶段的目标管理方式。随着项目规模的扩大和涉及领域的增加，项目管理活动变得越来越复杂。而项目管理者无法成为每个专业领域的专家，或者虽然对某些领域有一定的了解，但是不像专业人员那么理解深刻。因此，项目管理者需要充分利用专家的专业优势，通过有效地组织和协作，高效完成项目任务，实现项目目标。

5. 项目管理需要一个良好的组织环境

项目管理是一个过程，项目组织是一个开放的社会技术系统。项目管理需要构建一种和谐且充满活力的环境，使参与其中的人们能够共同努力来完成自身的使命和实现预定的目标。

6. 项目管理需要借助先进的管理工具、手段和方法

要提高项目管理水平，必须采用科学、先进的管理理论和方法。如采用网络图并借助计算机编制项目进度计划，采用目标管理和价值工程等方法来控制项目总目标，采用项目管理软件进行项目信息处理等。

第二节　项目管理的历史发展

一、项目管理的发展历程

项目管理作为一种对一次性工作进行有效管理的活动，其历史源远流长。项目管理的发展历史经历了从低级阶段向高级阶段的发展过程，总的来讲，可以划分为三个阶段，即产生阶段、形成和发展阶段、现代项目管理阶段，如图 1—1 所示。

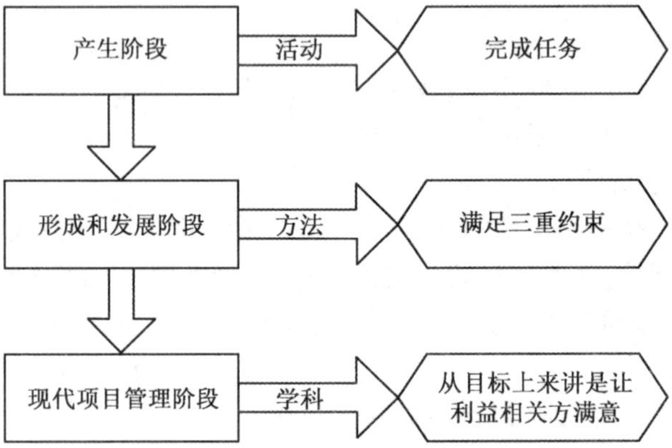

图 1—1　项目管理发展的三个阶段

(一)产生阶段

这一阶段从远古到 20 世纪 30 年代以前，又称为古代的经验项目管理阶段。

在古代，人类就进行了许多项目管理方面的实践活动，如古埃及的金字塔、古罗马的供水渠，以及中国古代的万里长城、都江堰等，这些不朽的伟大工程都是历史上古人运作大型复杂项目的成功范例，也标志着大量项目管理技术和方法开始得到运用。

有项目就有项目管理的思想，我国春秋战国时期的《考工记》就已规定：凡修筑沟渠堤防，一定先以匠人一天修筑的进度为参照，再以一里工程所需的匠人数和天数来预算这个工程的

劳力，然后才可调配人力，进行施工。这充分体现了现代项目管理中“计划管理”的基本思想。我国北宋时期主管建筑的大臣李诫所撰《营造法式》一书中的“料例”和“功限”就是我们现在的“材料消耗定额”和“劳动消耗定额”，这是人类采用定额进行工程项目管理最早的方法和记载。

但在这个阶段，项目实施的目标是完成任务，直到20世纪初，项目管理还没有形成行之有效的方法和工具，仅仅应用在一些狭小的领域(主要是在建设工程项目领域)，且没有科学的管理手段和明确的操作技术规范。因此，对项目的管理还只是凭借个人的经验、智慧和直觉，依靠个人的才能和天赋，项目管理缺乏科学性。

(二)形成和发展阶段

这一阶段从20世纪30年代初期开始，到20世纪80年代结束。

早在20世纪初，人们就开始探索管理项目的科学方法。20世纪40年代，由于第二次世界大战的推动，项目管理开始应用于国防和军工项目。典型的项目是美国的“曼哈顿计划”。这一时期项目管理的特征是强调计划的协调与管理，并产生了用甘特图(Gantt Chart)制订计划的方法。

20世纪50年代，美国军界和各大企业的管理人员纷纷为管理各类项目寻求更为有效的计划和控制技术，并取得了项目管理的突破性成就——关键路径法(Critical Path Method，CPM)和计划评审技术(Project Evaluation and Review Technique，PERT)，这两项技术也是网络计划技术的开始。

1957年，美国杜邦公司将关键路径法应用于其投资千万美元的化工项目上，结果大大缩短了建设周期，并节约了10%左右的投资。1958年，美国海军特种计划局开始研制北极星导弹，这是一个军用大型项目，技术新、组织复杂，遍及美国48个州的11 000多个企业参与了该项目。当时的项目管理者在关键路径法的基础上，用“三值加权”的计划评审技术顺利解决了组织、协调的复杂问题，缩短工期33%以上，并节约了投资。这一技术很快在世界范围内得到重视，成为项目管理的一种先进手段。在此基础上，网络计划技术得以产生并得到广泛应用。美国建筑业普遍认为：没有一种管理技术像网络计划技术对建筑业产生那样大的影响。

20世纪60年代，美国实施的由42万人参加、耗资400亿美元的载人登月项目“阿波罗计划”，在应用CPM和PERT的基础上，根据该项目涉及多部门、多专业的实际情况，提出了“矩阵组织”的管理技术，使“阿波罗计划”取得巨大成功。之后，美国还成功开发了“国防部规划计划系统(PPBS)”。至此，项目管理有了较为科学、系统的工具和方法。直至今日，甘特图、CPM、PERT、矩阵管理技术已被认为是项目管理的核心方法。

20世纪70年代到80年代，项目管理的应用范围得到进一步扩大，从最初的航空、航天、国防、化工、建筑等部门，扩展到医药、矿山、石油等领域。

这一阶段又称为近代科学项目管理阶段。这一阶段，着重强调项目的管理技术，实现项目的时间、成本、质量三大目标。

(三)现代项目管理阶段

自20世纪80年代开始，特别是90年代以后，以信息系统工程、软件工程和网络工程为代表的高科技项目取得了飞速的发展。相应地，项目管理涉及的领域也在不断拓展，相关方法在不断改进和发展，推动了项目管理现代化进程。在此阶段，项目管理与系统工程、组织理论、经济学等学科结合起来，逐渐发展成为一门比较完整的独立学科。

现代项目管理阶段是项目管理发展的成熟阶段。在这一阶段，项目管理的范围和应用领域不断增加，强调面向市场和竞争，引入柔性管理和人本管理的思想，以项目管理知识体系为指导,向全方位的项目管理方向发展,追求项目利益相关方满意。

目前,项目管理已广泛应用于建筑、国防、航空航天、软件开发、制造、金融等领域,AT&T、IBM、花旗银行、美国能源部、世界银行等大企业、政府机关和国际组织的核心运营部门都采用了项目管理模式。

二、项目管理在中国的发展

项目管理在我国的发展主要包括以下几个阶段:

(一)项目管理方法的产生和引进

我国项目管理最早起源于20世纪60年代华罗庚推广的统筹法,现代项目管理学科就是由于统筹法的应用而逐渐形成的。钱学森等科学家回国后致力于推广系统工程理论和方法,引进了网络计划技术、规划计划预算系统、工作任务分解系统(WBS)等项目管理技术,逐渐将这些技术和方法应用于大型科技工程。

我国于20世纪70年代引进了全生命周期概念,并由此发展出全生命费用管理(LCC)、一体化后勤管理(TLS)、决策点控制(DPC)等,而且在诸多大型工程项目中应用这些技术方法来保证项目按期保质完成,如上海宝钢工程、北京正负电子对撞机工程、秦山核电站工程等。

(二)现代项目管理体系的推广

20世纪80年代,随着改革开放政策的实施,我国与世界银行的合作越来越多,而世界银行所施行的项目管理模式也开始引入中国并得到应用。我国在航空工业歼7Ⅲ、歼8Ⅱ等型号的研制中推行系统工程,实行矩阵管理。随后,项目管理开始在我国部分重点建设项目中得以应用。

1984年,在我国利用世界银行贷款建设的鲁布革水电站引水导流工程中采用了项目管理方法,不仅使工程投资总额降低了40%,而且大大缩短了项目工期,取得了巨大的成功,这给我国的整个投资建设领域带来了巨大的冲击。基于鲁布革水电站工程的成功经验,1987年,原国家计委、原建设部等有关部门联合发出通知,要求在一批试点企业和建设单位采用项目管理施工法;1991年,原建设部进一步提出把试点工作转变为全行业推进的综合改革,全面推广项目管理和项目经理负责制。在二滩水电站、小浪底黄河水利工程、三峡水利枢纽建设等大型工程建设项目中,都采用了项目管理这一有效手段,并取得了显著的效果。

近年来,项目管理的理论与方法在国内若干项目的实施中得到广泛应用,南水北调、西气东输、北京奥运会、上海世博会等项目均运用了现代项目管理的工具和方法。但是,同发达国家相比,我国的项目管理应用面还比较窄(仅在建筑、交通、水利、国防、IT等国家大型重点项目以及世行项目等方面),发展比较缓慢,水平比较低下。这与我国高素质项目管理人才缺乏、未形成自己的项目管理理论体系和学科体系有关。

第三节　项目的生命周期

一、项目生命周期的定义

项目作为一种创造独特产品与服务的一次性活动是有始有终的,项目从始到终的整个过程构成了项目的生命周期。项目具有生命周期的特点,所以,对项目的管理可以采用周期理论。项目生命周期(Project Life Cycle,PLC)既是对项目的一种描述,也是一种项目管理工具。

关于项目生命周期的定义有许多，其中最具有代表性的是美国项目管理协会对项目生命周期的定义，即项目生命周期就是由项目各个阶段按照一定顺序所构成的整体，项目生命周期有多少个阶段和各阶段的名称取决于组织开展项目管理的需要。一般来说，项目生命周期就是由完成项目需要经过的若干不同阶段或过程组成的整体。

项目生命周期包含以下三个基本特征(如图1－2所示)：

(一)项目资源需求的变化

在项目初期阶段，资源的投入水平很低；在项目实施阶段，资源需求会急剧增加；到项目结束时，资源的需求水平又会急剧下降。

(二)项目风险的变化

在项目初期阶段，其不确定性和风险都很大；随着项目的实施，项目的不确定性和风险会不断降低；直至项目结束时，项目的不确定性和风险才会完全消除。

(三)项目变更费用的变化

随着项目的推进，项目变更和纠错所需的费用将急剧增长。错误发现得越晚，修正的成本越将呈几何级数增长。

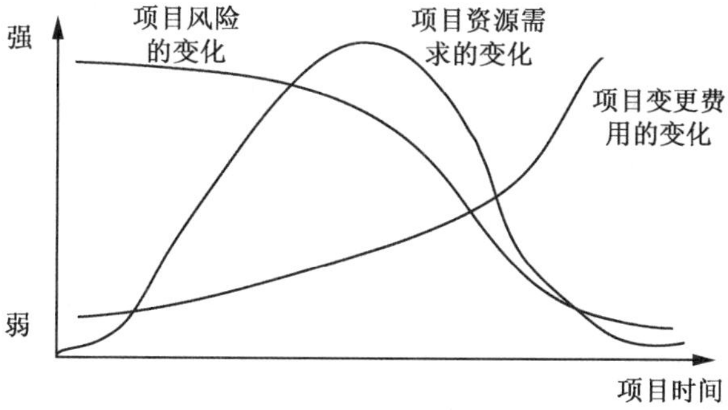

图1－2　项目生命周期的特征

二、项目生命周期的内容

不同类型的项目有不同的生命周期，包括不同的项目阶段划分、不同的项目阶段产出物和项目里程碑等。但是，任何一个项目的生命周期都包括以下内容：

(一)项目的时限

项目生命周期的首要内容是一个具体项目的时限，包括一个项目的起点和终点，以及一个项目各阶段的起点和终点。任何一个项目的生命周期都必须严格给出项目的时间限制。这些项目或项目阶段的起点和终点，既有时点性的要求(即项目或项目阶段开始的时点和结束的时点)，又有时期性的要求(即项目或项目阶段持续的时间长度)。

(二)项目的阶段

项目的阶段包括一个项目的主要阶段划分和各个主要阶段中具体阶段的划分，并且每个项目阶段都是由这一阶段的可交付成果标识的。一般的项目生命周期原理认为，每个项目都必须划分阶段，每个阶段都有自己的产出物和里程碑，各个阶段之间有一定的逻辑顺序，不能跨阶段开展项目活动。

(三)项目的任务

划分项目生命周期的同时还需要明确项目各阶段的主要任务，以及各阶段主要任务中的主要活动。项目的任务是项目各阶段的具体内容，所以在项目生命周期中必须给予具体的说明和描述。

（四）项目的成果

项目生命周期划分还需要明确给定项目各阶段的可交付成果，包括项目各阶段和项目各阶段主要活动的成果。一个项目的生命周期及其阶段的划分必须要用这些项目成果予以标识。通常，项目生命周期的阶段性成果都是在下一个项目阶段开始之前提交的。

三、项目生命周期的阶段划分

项目生命周期阶段的划分非常灵活，没有强制的准则。不同的组织、不同类型的项目，项目阶段的划分也各不相同。例如，工程建设项目一般划分为定义与决策阶段、设计与计划阶段、实施与控制阶段、完工与交付阶段；世界银行贷款项目的全生命周期划分为项目选定阶段、项目准备阶段、项目评估阶段、项目谈判阶段、项目实施阶段、项目后评价阶段；美国项目管理协会在项目生命周期的划分方式中把项目核心过程划分为启动阶段、计划阶段、实施阶段、控制阶段、收尾阶段。国际上另有一种理论把项目生命周期划分为四个阶段：概念阶段、开发阶段、实施阶段、收尾阶段。这也适用于一般意义上的项目生命周期。

（一）概念阶段

概念阶段（Conception）主要任务是提出并确定项目是否可行。在此阶段，提出一个项目提案，并对该提案进行必要的需求识别和分析，然后形成具体的项目建议书。在项目建议书获得批准后，需进一步开展更加详细的项目可行性分析，以得出项目的各种备选方案，进而分析和评价备选方案的损益和风险情况，最终做出项目决策，并正式启动项目。

（二）开发阶段

开发阶段（Development）为项目实施做好一切软硬件准备。在此阶段，首先要进行策划、规划和各种具体计划工作（工期计划、成本计划、质量计划、资源计划和集成计划等），并开展必要的项目设计工作，从而全面界定和设计整个项目，明确项目各阶段所需开展的工作、有关项目产出物要求。这一阶段的工作重点是对项目产出物和项目工作做出全面的设计和规定。

（三）实施阶段

实施阶段（Execution）按计划启动实施项目。在项目实施的同时需要开展项目控制工作，以保证项目实施的效果与项目计划的要求和目标一致。项目实施工作需要划分成一系列的具体实施阶段，而项目控制工作也可以进一步划分成项目工期、成本、质量等不同的控制工作。项目实施阶段是整个项目产出物的形成阶段，其中产出物既包括实物形态的成果，也包括知识或技术形态的成果。

（四）收尾阶段

收尾阶段（Finish）是与项目结束相关的工作。对照项目定义和决策时提出的项目目标以及各种项目计划要求，全面检验项目工作和项目产出物，然后向项目业主或项目运营单位进行验收移交工作，直至项目业主或运营单位最终接受项目的整个工作和工作结果，项目才算最终结束。

具体的项目生命周期的阶段划分及其主要内容如表1—2所示。

表 1—2　　项目生命周期阶段及其主要内容

C(概念阶段)	D(开发阶段)	E(实施阶段)	F(收尾阶段)
需求分析、策划项目 调查研究、收集数据 进行可行性研究 项目决策 制定项目章程 明确合作关系 确定风险等级 拟订战略方案 进行资源测算 提出组建工作组方案 提出项目建议书 召开项目启动会 获准进入下一阶段	确定项目组织及其主要成员 项目产品范围界定 实施方案研究 项目质量标准的确定 项目的资源保证 项目的环境保证 项目计划的制订 项目预算 项目的工作结构分解 项目政策与程序的制定 风险评估 确认项目有效性 提出项目概要报告 获准进入下一阶段	建立与完善项目联络渠道 实施项目激励机制 细化各项项目需求 建立项目信息控制系统 获得订购物品及服务 指导/监督/预测/控制：范围、成本、质量、进度 解决实施中的问题 制订赶工计划 对照计划进行评价 信息的收集处理评价 处理项目变更 项目沟通	最终产品的完成 清算最后账务 文档总结 资源清理 转换产品责任者 解散项目组 范围验收 质量验收 财务审计 竣工决算和结算 项目资料的整理与交付 项目经验总结 项目后评价

四、项目全生命周期

现实生产活动中还有另外一个词——项目全生命周期，它与项目生命周期是完全不同的概念，必须加以区分。

项目全生命周期的概念最早由英国皇家特许测量师协会(Royal Institute of Charted Surveyors)提出，即项目全生命周期包括整个项目的建造、使用和最终清理全过程。项目全生命周期一般可划分为项目建造阶段、运营阶段和清理阶段。项目建造、运营和清理阶段还可以进一步划分为更详细的阶段，这些阶段构成了一个项目的全生命周期。它是项目系统管理的一个重要体现，体现了系统管理的思想。项目既要考虑建设期，又要考虑使用期，达到综合管理的效果，实现项目的整体最优。

因此，项目全生命周期包括一般意义上的项目生命周期(即项目的建造期)、项目的运营期和项目的清理期三个部分，如图 1—3 所示。本书中项目生命周期仅包括项目全生命周期中的项目建设或开发阶段。

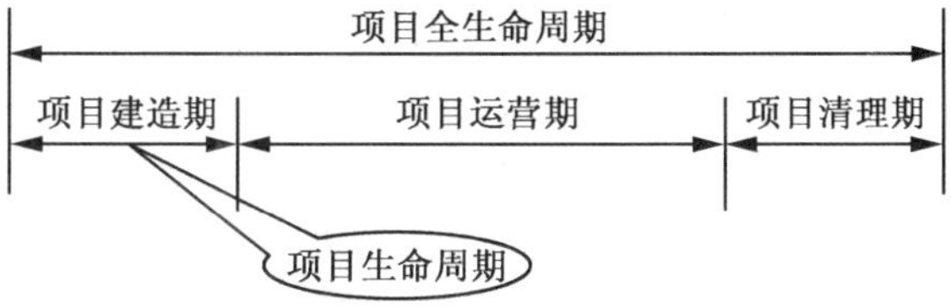

图 1—3　项目全生命周期与项目生命周期

第四节　项目的成功

一、项目成功的定义

任何项目，所有项目管理者都在追求项目的成功。关于项目的成功，不同人有不同的理解，有人认为项目任务完成并成功交付就是项目成功，有人认为项目取得较理想的盈利水平才算是项目成功。那么，怎样才算项目成功呢？所谓项目成功，是指项目顺利实现项目的目标（质量、预算、工期），项目成功交付，客户和其他利益相关方都满意。

一般来说，项目完成了既定目标，满足了项目三要素（时间进度、成本控制、质量要求），就可以认为项目是成功的。但有时候项目的成果被顾客接受就可以认为成功，比如在 IT 行业，产品研发突破原定时间、成本要求的情况非常普遍，但是如果最终项目得以技术实现，而且被顾客接受，也算成功。

对于投资类项目，项目成功与否具有不同的判别标准，项目本身实现只是一个方面，项目产生的经济收益、社会影响、环境影响等都会成为评价项目成功程度的指标。研发类项目通常以通过项目的客户验收为成功的标志，投资类则不限于此，可能会在项目完工并运行一段时间（比如 2 年）后进行项目后评价环节，在项目后评价中最后给出项目成败的最终评判。

二、项目成功的要素

项目的成败受到四个方面的影响，即项目组织内环境、项目所处的组织环境、客户环境、自然社会环境。从可控角度分析，通常需着重考虑前三个方面。把前三个方面的因素放在整个项目生命周期进行考察，可以得到影响项目成败的因素。

以下从项目运行环境、项目计划、项目监控及项目沟通、过程改进和技术革新、项目经理素质等几个方面总结获得项目成功的方法。

（一）良好的工程运行环境

1. 流程

最迟在工程启动的前期，应该定义一套适用于具体工程项目的流程体系，这是工程项目成功的制度化保证。要使流程得到不断优化，使用最简的优化流程。

2. 组织机构

选择适宜的工程管理组织架构以及团队成员，建立激励考评机制。在同一个管理平台上并行运作多个工程项目的组织，倾向于选择矩阵式结构；对于工程期限特别长的专项投资工程项目，也可以选用纯粹工程管理模式；工程存在多个子工程组的复杂系统，且工程存续时间长、有比较大的技术“瓶颈”的工程项目，宜选择强矩阵式结构，需要有一个全职的项目经理作为项目的总负责人，全面承担项目管理工作，以使技术经理把大部分时间花在攻克技术难关上。

“人”是工程成功的最关键因素，选用具备必要技能、能与小组很好融合、具有强大责任心和事业心的成员进入项目小组，将极大地促进项目的成功。把责任、绩效与奖励捆绑在一起，实施目标管理，采取必要的激励措施。一套行之有效的激励考评体系将极大地调动团队成员的积极性。

3. 内部支持环境

多数情况下，工程组织并不作为一个单独的经济实体存在，它依托于特定的管理平台。相对于外部客户来说，这属于内部支持环境。理顺工程运行内部环境的内容包括汇报渠道、财务联系、人力资源，以及公司内部其他职能管理机构的联系。

（二）实事求是的科学正确决策

工程运作过程中要时刻记住不能脱离实际，在各级方案的制订和决策过程中，因“头脑发热”或“市场压力”形成的不切实际的工程方案往往从方案确定的那一刻起就注定要失败。

此外还应该注意，并不是好的东西就一定适合自己的工程。时髦的理念、新颖的方法、流行的工具并不一定会对工程项目的成功起到促进作用。项目经理一定要对工程项目所处的内外环境有冷静的认识。

（三）优秀的项目经理及项目管理团队

作为项目的灵魂人物，项目经理要在业务、技术和管理三个方面不断提升自己的领导能力，有很强的市场与客户意识，还要特别关注团队文化的建设。一个成功的项目经理应该倡导有魅力的团队文化。现代社会，人们对工作赋予了更多的精神需求。一个有魅力的团队文化应该包括认可和尊重、自信和信任、分工协作的良好平衡、愉快和上进的气氛、遵守共同标准、多层次交流和沟通等。好的项目团队文化最终能达到吸引人才、留住人才、激励人才的作用。

（四）方案先行

“凡事预则立，不预则废”，讲的就是项目筹划的重要性。项目筹划的结果是形成文档化的项目方案。筹划阶段是很容易被无视的阶段，任务书下达后，匆匆忙忙投入项目中，往往为项目的挫折甚至失败埋下了伏笔。项目方案应该包括项目内容、时间进度、预算、安全质量、风险等需要事先规划设计的各方面支持性条件。需要特别强调的是，方案是个动态过程，一定要进行维护，否则方案就名存实亡了。对于不确定性很大的活动，可以把方案制订得粗一点，然后随着项目的推移和周期性的滚动进一步细化，这就是所谓的“滚动式方案方法”，应用此法，可以有效地减少方案的维护量。总之，即使“方案赶不上变化”，也一定要“跟上变化”。

仔细鉴别获取的项目管理数据，尽可能进行量化估计，将使得方案更加客观、科学、合理。项目管理数据可能包括以往进行类似工程的工作量数据、效率数据、WBS（工作分解结构）等。

（五）对控制点进行有力度的管理

为保证项目目标的实现，要强调目标管理与过程管理的结合。过程管理要求有适当的方法提高项目的透明度，消除“工程黑箱”。所谓“工程黑箱”，就是管理者只关心和只能了解到工程的输入和输出，对工程的运作过程不了解，工程过程缺乏控制。这种状况会带来很大的风险，一旦工程运行存在偏差，只能在工程完成后被发现，大大增加了纠偏的难度，甚至已无法纠正。工程的监控大致按照如下四个步骤执行：获取工程过程信息、分析判断评价、采取纠偏措施、结果验证。

（六）沟通通畅

项目范围、目标计划和项目方案必须能够被项目成员方便地得到、理解和确认，以确保大家是在统一的平台上朝着同一个目标前进。为此，需要建立必要的内部邮件系统或采用适当的图表和模板工具，以增强沟通效果，通过沟通保证项目的协调和平衡，最终实现项目的目标。

（七）确保项目平稳运作

虽然不同项目管理者的管理风格存在差异，但是总体来说，在项目中引入大的变革要尽量采取渐进方式。这包括过程的改良、新技术的引进和组织架构的调整等。类似的变革应该进行足够的影响分析，必要时可以进行试点和评估，然后再大面积引进和应用。

(八)工程管理人员责权对等

责权对等是管理学的根本原理。之所以会出现责权不匹配的情况,多数是因为上级管理者不能信任下属的能力和做到有效授权。在项目出现问题进行检讨时才发现项目经理并不能对问题负责,问题的根源往往是高层经理在信息不完整的情况下做出的决策造成的。

(九)与项目委托方的密切配合

项目委托方显然对项目的成败负有一定的责任,特别是在项目需求分析阶段。多数项目应该任命委托方项目经理,明确合同双方的责任,对项目前期的工作给予密切的协作。那些到了工程验收时才关注项目的业主对项目是非常危险的,往往得不到项目预期的结果。

第五节　项目管理的知识体系

一、项目管理知识体系概况

项目管理知识体系最初由美国项目管理协会提出,其在 1987 年公布了第一个项目管理知识体系(Project Management Body of Knowledge,PMBOK),在 1996 年、2000 年、2004 年、2013 年又分别进行了修订和更新。在 PMBOK 第 5 版以前,美国项目管理协会将项目管理知识体系划分为 9 个领域,分别为项目整合管理、项目范围管理、项目时间管理、项目成本管理、项目质量管理、项目人力资源管理、项目沟通管理、项目风险管理和项目采购管理。随着现代项目管理对利益相关方的关注,PMBOK 第 5 版中强调了项目管理的第 10 个知识领域——项目利益相关方管理,同时将项目管理过程从 42 个增加到 47 个。

国际项目管理协会(IPMA)在建立项目管理知识体系方面也做了卓有成效的工作,从 1992 年就开始着手进行“项目管理人员能力基准”的开发,并发布了国际项目管理专业资质标准(IPMA Competence Baseline,ICB)。在其 2006 年发布的 ICB 3.0 中,IPMA 把个人能力分为技术能力、行为能力和环境能力 3 个模块共 46 个要素。

二、项目管理知识体系的内容

项目管理知识体系涉及多方面的内容,从不同的角度出发,有不同的分类方式。总体而言,项目管理知识体系可概括为 2 个层次、4 类主体、4 个阶段、5 个过程、10 个领域和 46 个要素。

(一)项目管理的 2 个层次

1. 企业层次的项目管理

随着企业中“项目化”工作越来越多,在多项目并存、快速变化和资源有限的环境下,需要从企业层面创造和保持一种使各项任务都能有效实施的企业组织环境和业务平台,即企业层次的项目管理(企业项目管理),其主导思想是按项目进行管理。

2. 项目层次的项目管理

项目层次的项目管理是指一般单一项目管理的范畴,其关注的重点是单个项目的工作流程和单个项目的成功,强调如何通过计划、组织、控制等管理活动实现项目的目标,使项目利益相关方满意。

(二)项目管理的 4 类主体

(1)业主;

(2)各承包商(设计、施工、供应等);

(3)监理;

(4)用户。

(三)项目生命周期的4个阶段(如表1—2所示)

(1)概念阶段;

(2)开发阶段;

(3)实施阶段;

(4)收尾阶段。

(四)项目管理的5个过程

任何项目都是由一系列项目阶段所构成的完整过程,而各个阶段又是由一系列具体活动所构成的具体工作过程。过程是为了生成具体结果(可度量结果,如产品、成果和服务等)而开展的相互联系的一系列行动和活动的组合。一般而言,不同项目的实现过程(项目生命周期各阶段)有着相同或相似的项目管理过程。项目管理一般包含5个过程,这5个具体的过程构成了一个项目管理过程的循环(如图1—4所示)。

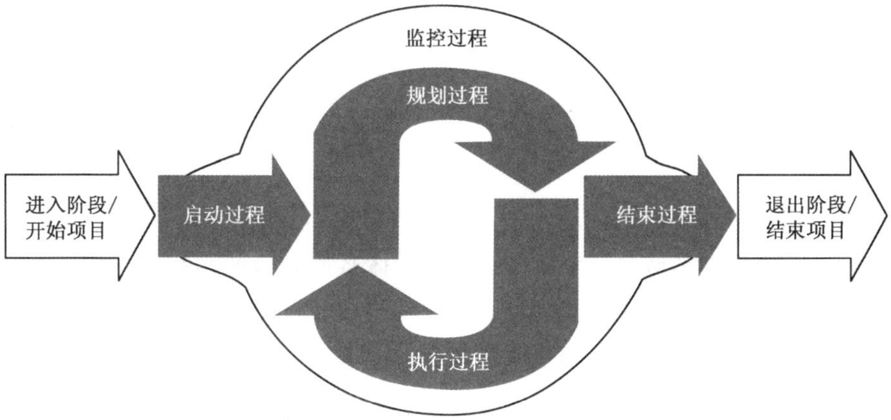

图1—4 项目管理过程

1. 启动过程

启动过程处于项目管理过程循环的首位。包含的管理活动有确定并核准项目或项目阶段,即定义一个项目或项目阶段的工作与活动,决定一个项目或项目阶段的开始与否,或决定是否将一个项目阶段继续进行下去。

2. 规划过程

规划过程就是确定和细化目标,并为实现项目目标和完成项目要解决的问题范围规划必要的行动路线。包含的管理活动有制定项目目标、任务、工作计划方案和管理计划,以及范围规划、进度计划、资源供应计划、费用计划、风险规划、质量规划、采购规划等。

3. 执行过程

执行过程就是将人与其他资源进行结合,具体实施项目管理计划。包含的管理活动有组织协调人力资源及其他资源、组织协调各项任务与工作、实施质量保证、进行资源采购、激励项目团队完成既定的各项计划等。

4. 监控过程

监控过程就是定期测量并监视项目执行情况,发现偏离项目目标和计划之处,采取相应的纠正措施以保证项目目标的实现。包含的管理活动有制定标准、监督和测量项目工作的实际情况、分析差异和问题、采取纠偏措施，以及整体变更控制、范围核实与控制、进度控制、费用控制、质量控制、团队管理、利益相关方管理、风险管理和合同管理等。

5. 结束过程

结束过程就是正式验收项目产出物(产品或服务)，并有序地结束项目。包含的管理活动有制定项目或项目阶段的移交与接受条件、完成项目成果的移交、项目收尾、使项目顺利结束等。

在一个项目生命周期的任何阶段，都需要开展上述各项管理活动，因此，项目管理的5个过程是在项目阶段中不断循环产生的。

(五)项目管理的10个领域

(1)项目整合管理；

(2)项目范围管理；

(3)项目时间管理；

(4)项目成本管理；

(5)项目质量管理；

(6)项目人力资源管理；

(7)项目沟通管理；

(8)项目风险管理；

(9)项目采购管理；

(10)项目利益相关方管理。

项目管理的十大知识领域是基于项目管理知识体系所包含的内容划分的，它将项目管理的工作内容划分为10个领域的活动过程，这些活动过程相互影响、相互协调、恰当配合，在项目可交付物实现过程中进行平衡。项目管理过程与项目管理知识领域的对应关系如表1－3所示。

表1－3　　项目管理过程与项目管理知识领域

知识领域	项目管理过程				
	启动过程	规划过程	执行过程	监控过程	结束过程
项目整合管理	制定项目章程	制订项目管理计划	指导与管理项目工作	监控项目工作 实施整体变更控制	结束项目或阶段
项目范围管理		规划范围管理 收集需求 定义范围 创建WBS		确认范围 控制范围	
项目时间管理		规划进度管理 定义活动 排列活动顺序 估算活动资源 估算活动持续时间 制订进度计划		控制进度	
项目成本管理		规划成本管理 估算成本 制定预算		控制成本	

续表

知识领域	项目管理过程				
	启动过程	规划过程	执行过程	监控过程	结束过程
项目质量管理		规划质量管理	实施质量保证	控制质量	
项目人力资源管理		规划人力资源管理	组建项目团队 建设项目团队 管理项目团队		
项目沟通管理		规划沟通管理	管理沟通	控制沟通	
项目风险管理		规划风险管理 识别风险 实施定性风险分析 实施定量风险分析 规划风险应对		控制风险	
项目采购管理		规划采购管理	实施采购	控制采购	结束采购
项目利益相关方管理	识别利益相关方	规划相关方管理	管理相关方参与	控制相关方参与	

(六)项目管理的 46 个要素(PMBOK 能力要素)

在 IPMA 发布的 ICB 3.0 中,为了评价项目管理人员在项目管理实践中的总体专业能力,对项目管理人员的能力要素归类如表 1—4 所示。

表 1—4　　项目管理人员的能力要素

1. 技术能力		2. 行为能力		3. 环境能力	
1.01	成功的项目管理	2.01	领导	3.01	面向项目
1.02	利益相关者	2.02	承诺与动机	3.02	面向大型项目
1.03	项目需求和目标	2.03	自我控制	3.03	面向项目组合
1.04	风险与机会	2.04	自信	3.04	项目、大型项目、项目组合的实施(PPP 实施)
1.05	质量	2.05	缓和	3.05	长期性组织
1.06	项目组织	2.06	开放	3.06	运营
1.07	团队协作	2.07	创造力	3.07	系统、产品和技术
1.08	问题解决	2.08	结果导向	3.08	人力资源管理
1.09	项目结构	2.09	效率	3.09	健康、保障、安全与环境
1.10	范围与可交付物	2.10	协商	3.10	财务
1.11	时间与项目阶段	2.11	谈判	3.11	法律
1.12	资源	2.12	冲突与危机		

续表

1. 技术能力		2. 行为能力		3. 环境能力	
1.13	成本和财务	2.13	可靠性		
1.14	采购与合同	2.14	价值评估		
1.15	变更	2.15	道德规范		
1.16	控制与报告				
1.17	信息与文档				
1.18	沟通				
1.19	启动				
1.20	收尾				

(1)技术能力要素(20个),涉及专业人员从事项目管理所进行的工作内容。

(2)行为能力要素(15个),涉及管理项目、大型项目和项目组合中个人以及团体之间的人际关系。

(3)环境能力要素(11个),涉及项目管理与项目环境,尤其是长期性组织间的交互作用。

项目管理案例

港珠澳大桥项目的创新

港珠澳大桥是东亚建设中的跨海大桥,连接中国香港大屿山、澳门半岛和广东省珠海市,全长55公里,主体工程"海中桥隧"长35.578公里,是世界上最长的跨海大桥。

1983年,香港建筑师胡应湘最早提出了建造港珠澳大桥的想法;2009年12月15日,港珠澳大桥正式开工建设;2016年9月27日,港珠澳大桥主体工程全线贯通;2017年底,港珠澳大桥建成通车。

港珠澳大桥建成,表明中国在超级跨海工程技术装备和管理等多个领域进入世界领先行列。重大成果有两方面:一是跨海桥岛隧集团工程的核心技术与标准体系,可为我们中国企业"走出去"和"一带一路"建设打下基础;二是首次由粤、港、澳合作共建重大工程,创立了三地协同、决策协调发展和协商解决争端的管理机制。

港珠澳大桥主体工程集桥、岛、隧于一体,面临诸多世界级技术挑战,包括海中快速成岛、隧道基础处理与沉降控制、隧道管节沉放对接、大规模工厂化制造、海上埋置式承台施工、水下结构止水、超长钢桥面铺装、交通工程系统集成等。在9年的建设期间,全国各地的建设精英云集伶仃洋,不忘初心、牢记使命,历经艰苦卓绝的奋斗,用智慧和汗水浇注了这一举世瞩目的超级工程,在浩瀚伶仃洋上创造了中国桥梁建设的崭新诗篇。

一、工法创新——生产汽车的工序都用在造桥上了

港珠澳大桥位于珠江口伶仃洋水域,项目涉及水文泥沙、地形地质、白海豚、防洪、防台,以及满足通航、海事、航空限高等复杂建设难题,是中国交通行业建设项目管理的全新挑战。

为实现港珠澳大桥"建设世界级跨海通道,为用户提供优质服务,成为地标性建筑"的建设目标,在120年设计使用寿命的要求下,港珠澳大桥开创性地提出了四大理念指导工程实践:(1)设计理念。全寿命周期规划,需求引导设计。(2)施工理念。大型化、标准化、工厂化、装配化。(3)管理理念。立足自主创新,整合全球资源,推行伙伴关系。(4)发展理念。绿色环保,可持续发展。

港珠澳大桥管理局副局长余烈介绍,在这些理念指导下,港珠澳大桥施工现场见不到传统的"人头攒动,千军万马",而创新地形成了一系列"中国工法",异地制造,现场安装,"生产汽车的工序都用在造桥上了"。

图1 2015年9月6日,桥梁工程完成最后一件上节墩身安装,主体工程220座墩台全线完工

例如,主桥钢箱梁制造建设团队,按照"车间化、机械化、自动化、信息化"的制造理念,研制了智能化的板单元组装和焊接机器人专用机床,打造了全新的自动化生产线;同时,在中山基地建立了国内首个大型钢箱梁拼装车间,真正做到了"板单元人最少,总拼厂人最好"。通航孔桥钢塔制造则突破传统工艺模式,开发了适应不同焊接工况的自动化焊接设备,实现了"无码装配、无损吊装、无损翻身"。港珠澳大桥钢结构制造实践有力地提升了我国大型钢结构制造工艺水平,彻底改变了传统做法,推动了行业技术进步。在工程质量管理制度设计上,本次工程参考引进了香港、澳门地区和内地高铁建设对混凝土生产推行的产品认证制度,实行首制件工程认可制;引进了设计及施工咨询、质量管理顾问、试验检测中心、测量中心,充实法人质量管理力量。在安全环保管理方面,借鉴石油化工行业的经验,建立了职业健康、安全与环境(HSE)一体化管理体系和HSE应急保障体系,组建了跨境环保联络小组,并与海事部门紧密协作,全面加强海上通航安全监管,为工程建设的安全推进保驾护航。

二、建设创新——世界首创2 600吨"海豚"完美腾挪

在主桥桥梁建设上,也产生了一系列新技术、新材料和新装备,在多个领域填补了空白,形成了走向世界的"中国标准",是中国造桥技术的最高体现,尤其是隶属于桥梁工程第四大战役的3座通航孔桥桥塔吊装。

如今,行驶在港珠澳大桥青州航道桥段,两个高达160多米的"中国结"熠熠生辉,而把单个重达254吨的钢结构吊装到163米高的桥塔顶端实现完美对接，非常考验大桥建设者的智慧。

图2　2015年8月23日，江海直达船航道桥“海豚”塔成功吊装

为了打赢青州大桥结型撑超高吊装战役，施工单位研发并制造了专门的塔顶吊机，经过精心准备，终于在163米的高空成功将毫米级精度的钢结型撑与厘米级精度的混凝土桥塔完美精确对接；同样，在江海桥钢塔战场，需要将重2 600吨、高105米的3座巨型“海豚”钢塔稳稳地安放在8平方米的钢结构底座之上，错边量不能超过2毫米。要知道，“海豚”塔加上吊具的吊重已经接近3 100吨，需要两艘大型浮吊共同抬吊，在空中完成90度的翻转竖立动作，吊高已经接近浮吊的极限，而当时全国能完成如此吊高和吊重的浮吊仅有“长大海升”号一艘。

为了施工顺利，工程技术人员从测量位置选点等小事抓起，对整个吊装方案进行了超乎想象的细致设计和完善，先后对重型吊具进行了精密设计，确保空间转体自如舒畅，对浮吊的锚泊系统进行了全面升级改造，保证吊装过程平稳，对吊钩的同步控制系统进行了反复调试，使得巨型钢塔空中姿态完全受控。吊装前还进行了3次大型实战演练，修编了几十版施工技术方案，召开了上百次技术研讨会议。经过不懈的努力、周密的部署和精心的操作，最终3座“海豚”钢塔稳稳地屹立于伶仃洋上。

三、管理创新——三地共建共管史无前例

港珠澳大桥是在“一国两制”框架下，粤、港、澳三地首次合作、共建共管的大型跨海交通工程，因其工程规模巨大、技术复杂、管理协调难度大，自开工建设以来一直备受关注。

据港珠澳大桥三地联合工作委员会主席、广东省发展改革委主任葛长伟介绍，2003年8月4日，国务院正式批准三地政府开展港珠澳大桥前期工作，同意粤、港、澳三地成立“港珠澳大桥前期工作协调小组”。2004年3月，港珠澳大桥前期工作协调小组办公室正式成立，全面启动港珠澳大桥各项建设前期工作。

在2003—2009年6年的前期研究工作期间，港珠澳大桥前期工作协调小组办公室组织开展了大量的专题论证，共完成专题研究报告51项。在各方的努力下，协调解决了大桥登陆点、桥位方案、桥隧工程方案比较、口岸查验模式论证、投融资方案、通航标准及锚地影响、环境影响评价等关键问题。

大桥整个6年的前期工作由香港牵头；大桥开工后，协调机构调整为三地联合工作委员会，改由广东省牵头。协调管理机制这个演变过程体现了中央政府高度的政治智慧，有利于集成三地的制度优势，也有利于提升国内的技术标准和管理水平。前期工作由香港主导，利用香港的国际化视野、120年设计使用寿命要求、人性化的维养设施以及完善的品质保证体系，有利于大桥主体工程按照“就高不就低”的标准，确立项目的总体建设目标和管理规划。

主体工程由三地共建共管，采用“港珠澳大桥专责小组—三地联合工作委员会—项目法人(大桥管理局)”三个层面的建设协调与决策管理机制。其中，专责小组由国家发展改革委牵头，国家有关部门和粤、港、澳三方政府组成，负责协调与中央事权有关及三方有争拗的事项；三地联合工作委员会由粤、港、澳三地政府共同组建，广东省人民政府作为召集人，主要协调与项目建设有关的公共事务并对项目法人进行监管；项目法人即港珠澳大桥管理局由三方政府共同担任，负责大桥主体部分的建设、运营、维护和管理的组织实施等工作。

为确保工程建设的优质和安全，由交通运输部牵头成立港珠澳大桥技术专家组，在重大技术方案、施工方案的论证以及重大工程问题的处理等方面提供咨询和技术支持。

港珠澳大桥管理局局长朱永灵说：“我是学路桥专业的，干了一辈子路桥工作，遇到像港珠澳大桥这样的项目，眼前一亮，我十几年前积极争取参与建设港珠澳大桥，主要是考虑这样的大桥对香港、澳门和珠海三地是有利的，对于三地都是有利的事情，一定可以找到三地利益的平衡点，是能够做成功的。出于这样的信念，我在港珠澳大桥一直坚持干了十几年。”他认为，港珠澳大桥的建设，是粤、港、澳三地合作的典范，充分集中了三地的政策、技术优势，三地都非常务实，责、权、利关系明确，三地对大桥共建共管的组织机构创新，有利于发挥各方主观能动性。对于港珠澳大桥的通车，朱永灵表示非常激动。

朱永灵说，像港珠澳大桥这样，在“一国两制”框架下三地共建共管的大桥建设管理模式，在全世界没有先例。

四、突破革新——打好岛隧建设第一战

港珠澳大桥沉管隧道是中国第一条外海沉管隧道，也是目前世界上规模最大的公路沉管隧道和世界上唯一的深埋沉管隧道。建设这条海底沉管隧道，不仅需要在松软地基上建成当今世上最长、埋深最大的海底沉管隧道，还要在水深10余米且软土层厚达几十米的深海中建造两个人工岛，实现海中桥隧转换衔接。决定岛隧命运的第一战，就是要以最快速度在海中建起两个离岸人工岛。

这两个10万平方米的人工岛，如果按照传统抛石填海的方法，不仅工期长，而且在通航繁忙的伶仃岛航道附近水域安排大量船舶施工，安全风险极高。此外，这里正是中华白海豚的主要栖息地，一旦开挖，对它们生存环境的污染将不可避免。

“如果按照传统办法，也可以完成任务，但工期就难以保证，所以一定要找条出路。”从项目筹备开始，建设团队在总工程师林鸣的带领下寻找一个全新方案，在尽量少用船舶、简化工艺的情况下解决深海筑岛的难题。“要实现环保、确保质量、确保工程进度，就要考虑大型化、标准化、预制化。”林鸣说。

在一次技术交流会上，一个奇思妙想闪过林鸣的脑海——用大直径钢圆筒围成人工岛。简单来说，就是以大的钢圆筒止水围岛，岛内填入砂料并加固地基，圆筒外再用混凝土块体等加固防护，最后，坚实的人工岛“拔海而起”。这灵光一闪，打通了整个岛隧工程难题的出路。

图3　2011年9月11日，港珠澳大桥岛隧工程西人工岛最后一个钢圆筒振沉成功

然而，这样一个史无前例的创新工艺，在国内外根本没有规范和经验可以参考，为严谨起见，新方案提出后，项目部特意邀请全国工程勘察设计大师王汝凯做钢圆筒建岛不成立的反向研究，主要包括钢圆筒的稳定计算理论、钢圆筒筒体结构设计、振沉技术及振沉工艺、止水方案等。经过3个月的研究，结论是大圆筒快速成岛施工方法是可行且有效的。

图4　200多天建成两座10万平方米人工岛

从2011年5月15日在西人工岛打下第一个钢圆筒，到2011年12月7日东人工岛第120个钢圆筒振沉完毕，最终200多天内，两个10万平方米的离岸人工岛横卧在伶仃洋面上，以这么快的速度在海中开敞水域筑成两个10万平方米的人工岛，在世界上也属罕见，堪称奇迹。

林鸣说，在岛隧建设中，项目技术团队先后研发出“快速成岛工艺、半刚性沉管结构、复合地基处理、深水深槽沉管安装施工”四项核心技术。

● **沉管隧道重量相当于33艘中型航母**

港珠澳大桥沉管隧道是目前世界上唯一的深埋沉管隧道。而外海沉管隧道核心技术和话语权一直掌握在少数几家外国公司手里。一开始，为稳妥起见，林鸣曾请了欧洲一家顶级沉管隧道技术公司的专家到现场，在对方表示需要增加1年工期和10多亿元咨询费后，林鸣决定自己干。

在快速成岛的同时，项目团队在珠海牛头岛建起了世界最大的沉管预制厂。从2012年5月管节预制开工，到2017年3月，两条生产线花了5年多的时间，浇筑出33个巨型沉管和1个最终接头。据了解，每个标准沉管长180米、宽37.95米、高11.4米，重约80 000吨，是迄今为止世界最大的沉管，排水量超过一艘中型航母。要把这些庞然大物拖运到海里安装，显然又是一个世界级挑战。林鸣说，浮运沉放作业要靠天吃饭，珠海年均3次台风、冬季季候风给这项工作带来了很大困难。首次沉放是2013年5月2日开始的，施工团队在没有成熟经验可借鉴的情况下，经历了连续96小时不眠不休的攻坚，最终完成沉放安装，为后续作业积累了宝贵经验。

图5 2017年3月7日，海底隧道最后一节沉管安装取得圆满成功

另外，港珠澳大桥海底隧道巨大的沉管对地基的处理又是一个世界级难题：一旦地基不结实，后果不堪设想。为了避免海底不稳定的淤泥对隧道铺设的影响，建设者们要先在海底给这些巨型沉管建条“轨道”。第一步就要清理海底深厚的淤泥，之后开挖一条基槽并用碎石铺设基床，然后将一节节巨型沉管在“轨道”上精准对接，并在两侧和上部回填碎石。

“这里的海底表面淤泥含水量高达50%—60%，石头基本陷在泥汤里。”林鸣说，在40多米深的海底，挖一条误差不能超过2厘米的基槽，就像在海底“绣花”。在一个个世界级难题被攻克后，当时开出天价咨询费的欧洲公司特意邀请林鸣去做交流，并在公司升起了中国国旗。

● **如何保证隧道滴水不漏？**

港珠澳大桥海底隧道与陆地隧道最大的不同之处就是四周都是海水。为此，沉管隧道采用世界上最为可靠的防水措施，目前已经经受了4年考验，滴水不漏。说到市民对海底隧道漏水的担忧，港珠澳大桥管理局总工程师苏权科称，在海底隧道施工设计时就考虑了多道控制措施。首先是防止海水倒灌入人工岛，设计时把人工岛挡浪墙的标准按照三百年一遇的海浪标准设计。加上人工岛面标准高度比平均水位高4.5—5.0米，整个挡浪墙比现在的水位高8米左右，相当于三层楼高。为了防御“漏网之水”，设计师还在人工岛内设置了环岛排水与越浪泵房，及时将越过挡浪墙的海水抽到大海。“有了这两个设施，就可以完全将海水控制在隧道洞口之外。”此外，为了控制雨水入隧，分段设置截水沟。首先，在隧道东、西岛洞口外斜坡处及暗埋段口段各设置几道横向截水沟，收集隧道敞开段的路面汇水，并通过洞口雨水泵房提升排放。其次，在沉管隧道路面低侧设置纵向排水边沟，以疏排运营期消防水、冲洗废水等，并通过隧道W形纵坡两处最低点设置的废水泵房提升外排。“层层设卡，可确保海水和雨水都进不了隧道，且废水得以有效排放。”

除了做到滴水不漏，这条海底隧道的温度常年保持在26℃左右，而且通风良好、光线柔和，行驶在其中可谓“如沐春风”。此外，隧道内的手机通信信号正常，可以享受4G上网。

● 隧道内发生火灾怎么办?

港珠澳大桥海底隧道分左右两个行车洞，中间有一个服务管廊，三者之间各自封密、相互独立、互不干扰。该隧道的最大功能就是控制风险，出发点是以人为本，便于逃生救援。

海底隧道消防救援设施由众多系统构成，包括火灾报警系统、消防设备联动控制系统、消防灭火系统、隧道通风排烟系统、救援与疏散系统、供水管网设施及相关配套系统。火灾发生时，根据火灾规模及现场实际情况，各系统按预定紧急预案启动，进行火灾扑救及现场救援。

海底隧道每个行车洞头顶两边的消防管道上，每隔两三米就有一个智能自动消防喷头，一旦隧道内的温度、烟雾达到一定的监控标准，智能消防喷头会第一时间自动打开灭火。“隧道防火设计考虑了主动防火和被动防火两种方式。”苏权科说，主动防火包括手提式灭火器、“泡沫+水喷雾”等消防系统；被动防火系统主要是指结构防火保护，整个隧道的主体结构耐火极限温度为1 200℃，持续2小时。

中间服务管廊每隔67.5米安装了3个一组的电动排烟阀，一旦发生火灾并出烟雾时，监控感应系统就会通过电脑指令打开就近的电动排烟阀，通过人工岛上的大型轴流风机抽出；隧道内人员可及时拉开常闭式安全门进入安全通道，进入人工岛安全区域。此外，为了防止隧道火灾发生，该项目在设计时禁止危险品车辆驶入隧道。

在东、西人工岛及港珠澳大桥桥头管理区，都设有交通、消防救援力量，其中在西人工岛上的医疗急救站，一旦发生事故，救援力量均可第一时间赶赴现场。如果海底隧道内发生事故，救援力量在3分钟内就能到达；如果桥面上发生事故，最快5—7分钟内也能赶到，第一时间进行救援。碰到严重伤亡事故，在第一时间急救后，根据事发地距离远近，采取就近原则，将伤员送往粤、港、澳三地医院治疗。

● 桥上一键可拨打紧急救援电话

港珠澳大桥看起来设计简洁，但有很多为安全保驾护航的特色设计：桥身中有“小火车”奔跑，及时完成检修维护；桥身坚硬，但桥墩支架上装有柔软有弹性的橡胶，碰到地震能“借力打力”确保大桥安全；6.7公里的海底隧道中每隔135米就有一个逃生门，可用于穿行隧道，还有消防自动喷淋系统、烟雾智能监测系统……

由于港珠澳大桥在大海上的主体部分就达近30公里，为了快速处理桥上出现的情况和进行维修保养，在大桥主桥箱梁内、梁底均配备了快速移动的电动检查“小火车”，这些“小火车”可以大大提高维养效率。这样的维养设计意识在内地大桥中也是少见的，梁内可跑“小火车”

的大桥也是国内仅有的。桥面上的主塔外侧设置可拆卸的检查车，塔内还设置了爬梯、电梯，墩内、墩外设置爬梯，全面实现可达、可检、可维，通过常规巡查及时发现钢结构锈蚀等问题，及时维护。

如果桥面上发生交通事故，护栏上每隔300米就有一个紧急求助电话；司机或乘客一键按拨就能打出急救电话。港珠澳大桥管理局副局长余烈介绍，港珠澳大桥主体工程有524个摄影头，可以24小时全天候监察桥上的一切。一旦发生事故，即使没有接到报警，管理人员也可以通过各个监控系统及时发现一切不稳定因素。记者从设在西人工岛上的监控中心看到，整个大桥的智能监控系统包括气象、车流、应急、通风、消防等20多个子系统，桥上桥下、隧道内外，任何时候一切异常情况实时地在视频中显示，并及时自动报警。因此，即使没有司机或乘客报警，监控人员也能第一时间获悉问题出现。

（资料来源：《广州日报》。文/《广州日报》全媒体记者 陈治家、李妍。）

问题：结合港珠澳大桥项目，谈谈你对项目管理创新的理解。

本章小结

本章对项目和项目管理的概念进行了阐述，并明确其基本特征。

项目生命周期是项目管理的基本理论之一，任何项目都有生命周期，在生命周期的不同阶段，其活动、管理方法等都有所不同。

一个项目是由多个利益相关方共同参与完成的，对利益相关方的管理，决定了项目能否成功。

项目管理知识体系涉及多方面的内容，从不同的角度出发，有不同的分类方式。

习题

1. 简述项目的概念和基本特征。
2. 项目与运作有哪些不同？
3. 什么是项目管理？
4. 什么是项目生命周期？项目生命周期有什么特征？
5. 项目管理包含哪些内容？
6. 简述项目利益相关方对项目的作用和影响。

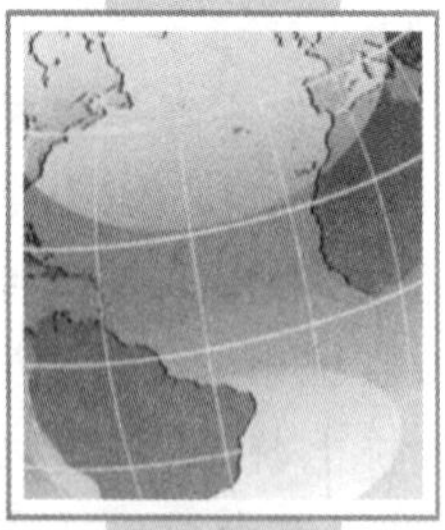

第二章 项目管理组织

组织是管理活动的基础，被称为生产的第四大要素，能使其他要素合理配合而增值。项目管理组织作为一种新型的管理组织形式，与传统的组织具有共性，符合组织过程的一般原则和规律。同时，项目管理组织因项目临时性、独特性的特征而具有特殊性。

第一节　项目管理组织的概念与特点

一、项目管理组织的基本概念

项目管理组织包含共同的目标、协作的愿望和信息沟通三个基本要素，但受项目独特性和临时性特点的影响而与一般组织的基本要素不同。

在一般组织中，成员与组织间的利益冲突可以通过牺牲成员短期利益、弥补其长期利益的形式来化解。但项目是临时性的，参与项目的利益相关方（项目成员）之间难以建立长期关系，无法通过长期利益的弥补来解决项目成员之间的利益冲突问题。所以，在项目管理组织过程中，各个利益相关方建立共同目标的过程是以满足各个利益相关方的需求为基础，而且要求各利益相关方的利益能够在项目生命周期内实现，项目管理组织中不强调“牺牲”“贡献”等精神，侧重于如何整合各方的需求形成共同目标，实现利益共享。因此，项目建立共同目标的过程不是“我们来自五湖四海，为了共同的目标走到一起”，而是“我们来自五湖四海，为了各自的目标走到一起”，各自目标的整合形成共同目标。

利益相关方参与项目是为了取长补短，所以各个利益相关方往往来自不同的领域，存在沟通上的障碍；同时项目具有临时性，参与项目的各个利益相关方往往没有前期合作经验，缺乏默契。相比一般的组织过程，要求各方具有更强的协作意愿，并在项目管理组织过程中加强项目的沟通与冲突管理，保证项目管理组织的良好运行。

项目管理组织是指由一组个体成员（利益相关方）为实现具体的项目目标而协同工作的人群组合体。项目组织的根本使命是在项目经理的领导下，群策群力，系统工作，增强组织凝聚力，为实现项目目标而努力工作。应当说，项目组织工作的有效性是保证项目成功的基础和前提，它为项目管理实践提供了一个极为重要的基础平台。

二、项目管理组织的特点

项目管理组织与其他形式组织的最大区别是它的一次性，这个特点决定了项目经理要面对不断变化的情况和未曾遇到的事情，其管理没有特定的规则。项目管理组织是一个临时性的组织，项目成员在整个过程中会不断变化，他们在项目需要时加入，任务完成后仍然返回各自的职能部门。项目很少有机会将所有的成员组织在一起，进行整体训练。因此，项目管理组织必须高度强调团队的合作精神，需要一个强有力的项目领导者。与其他组织形式相比，项目管理组织具有如下特点：

（一）项目管理组织是临时的

项目管理组织因项目而设置，团队成员、项目任务都具有一次性。项目管理组织随着项目的开始而建立、项目的完成而结束，它不是一个常设性的机构。例如，在一个工程项目中，项目概念阶段会有很多咨询工程师参与到项目中来，他们是项目的主角；进入规划（设计）阶段，各专业的设计工程师开始加入项目中来，并发挥主要作用，而咨询工程师会离开或用相对少的精力参与项目；到了施工阶段，施工队伍加入项目中来，他们在项目中发挥主导作用；工程建设完成后，项目管理组织也就解散了。

（二）任务导向性

项目管理组织是为了满足顾客的需求，以项目为组织单元，围绕任务来配置各种资源的组织。因此，项目管理组织是面向任务建立起来的，所有项目管理的目标都指向要完成的工作任务。

（三）柔性与灵活性相结合

项目管理组织与其他类型的组织相比，具有较大的柔性和灵活性，打破了传统的固定建制的组织形式。项目管理组织的成员可能来自同一个组织的不同部门，甚至来自不同的组织，并且随着项目进展而动态变化。由于项目是临时性的，项目利益相关方之间的联系是相对松散的，是通过合同以及其他各种社会关系联结起来的。因此，项目管理组织的边界往往是模糊的，某些项目利益相关方在参与本项目的同时，还参与了别的项目。

（四）项目管理组织目标具有动态性

任何一个项目管理组织的建立都是为了实现一定的项目目标，正是这种目标才使得项目成员形成一个协同工作的团队。但是，项目目标需要一个发展的过程，随着人们对项目认识程度的加深，目标将从模糊到清晰。项目是在目标下开始的，又在目标下结束，但是项目完成后的目标与项目最初的目标相比，可能是一个已经发生变化的且更能反映环境变化和客户需求的明确目标。

（五）项目经理是项目管理组织的关键人物

实践中，项目管理往往是一种基于团队管理的个人负责制，即“项目经理责任制”。由于项目系统管理的要求，项目经理是组织指挥项目工作的核心，是项目组织中的关键角色。选聘好项目经理是项目组织工作的重要任务，也是项目成败的关键。

（六）既强调统一领导，又重视团队合作

项目经理是项目的负责人，是沟通和协调项目所有利益相关方的核心人物，对项目组织的组建、项目实施的进度与费用控制、项目目标的实现起到重要作用。影响项目成功的另一个关键因素是必须建设一支具有主动性、创造性的项目团队。项目的成功需要成员之间团结一致、密切配合，强调团队的协作精神。

(七)项目可能被误认为是对职能部门工作的批评

企业按职能划分各个部门,同时将职责也分配下去,每个部门都承担一定的责任,他们只需要将各自的工作做好,便完成了交付的任务。这种方式在商业环境变化缓慢、责任能够清晰划分的情况下是可行的,而当商业环境变化剧烈、责任不能预先设定清晰时,便产生了项目方式。职能工作和项目工作对于任何一个组织而言都是必要的,两者互为补充。然而在实践中,部门管理者误认为采取项目方式削弱了他们的价值,是对其工作的不信任,因此部门管理者不支持项目的情况时有发生。

(八)项目组成员目标各异、忠诚度不够

项目的产生使项目组成员聚到一起,项目结束后,项目组也会随之解散,各成员将回到自己原来的部门、原来的组织。因此,项目经理对项目组成员的"临时"影响相较于部门经理的"长期"影响,显得微不足道。这也使得项目组成员不能全身心地投入项目工作。

(九)项目管理组织强调资源的优化配置

建立项目组织就是为了保证项目目标的实现。要实现项目目标,必须有效地使用项目资源。项目管理组织为有效使用资源提供组织基础。关于项目资源,应从以下三个方面理解:(1)项目资源的内容十分丰富,包括有形资源和无形资源;(2)项目资源需要项目负责人和项目成员积极努力从项目所处的内外环境中获得;(3)项目资源的利用要发挥项目所有人员的主观能动性,这是项目管理组织最为关切的问题。

上述特点决定了项目管理组织没有明确的方法、规则指导它如何工作。这是因为:项目成员是不断变化的,不能事先进行整体培训;项目目标在实施中可能会因环境变化和客户需求的改变而发生变化;项目管理组织面对一个多变的环境。因此,只有对项目实行动态和整合管理,才能有效地管理不确定性。为此,项目组织应具有高度的弹性和柔性。

上述项目管理组织的特点,使项目管理组织的设计原则与一般的组织设计原则既有共性,又有差异。

第二节　项目管理组织设计的原则

项目管理组织是为实现一定的项目目标而组建的,项目管理组织设计的好坏对项目目标的实现有重要影响。项目管理组织设计是一项复杂的工作,很难准确描述。然而,坚持以下原则是有益的:

一、整体性原则

项目是一个开发性系统,是一个有机整体。项目内部各子系统之间、项目与外部各系统之间存在复杂的关联关系。在进行项目组织设计时,要以项目整体效用最大化为出发点,划分部门,建立管理层级,明确责权,完成人员配备,建立沟通渠道。

二、目标一致性原则

项目目标的实现,需要项目组织中各个部门、各个人员的共同努力。这就需要在项目管理组织设计时明确各个部门、各个人员的任务目标与项目总目标之间的关系,明确各个部门、各个人员的贡献,建立一个自上而下的目标体系。

三、统一指挥原则

统一指挥原则是指项目管理组织中任何一级机构或是任何成员必须有且仅有一个直接的上级，唯有如此，才能保证政令统一、行动一致。

四、有效管理层次和管理幅度原则

管理层次是组织中最高层到最低层之间的层级数，管理幅度则是上级管理者所直接管理的下级人员的数量，在组织规模一定的情况下，两者呈反比例关系。管理幅度大则管理层级少，此种情况下，虽然能缩短信息传递链，提升信息传递的准确性与及时性，但容易出现管理乏力，即管理人员管不过来的现象；管理幅度小则管理层级多，此种情况正好相反，虽然规避了管理乏力的现象，但容易造成人力资源浪费、信息传递失真和不及时等。因此，在项目管理组织设计时，要平衡好管理层次和管理幅度。

五、责任与权力对等原则

权力作为履行责任的重要条件，过大或过小都不利于责任的履行。权力过大，容易滋生权力滥用、腐败等现象；权力过小，则会给当事人履行责任造成困难。因此，在项目组织设计时，要使岗位责任与岗位权力对等。

六、精干高效原则

项目组织的部门设置、人员配备以高效完成项目任务、实现项目目标为准则，在进行项目管理组织设计时，要尽量结构简化，力求一专多能、一人多岗，减少冗余人员。

第三节　项目管理组织结构形式

为了完成特定的使命和目标，必须在企业平台上构建高效的项目管理组织。项目管理组织成员之间的分工合作、信息传递方式、企业职能部门参与项目方式的不同，导致组织结构的多样化。组织结构的选择是项目实施的基础，是项目成败的关键之一，最为典型的项目管理组织结构包括职能型组织结构、项目型组织结构、矩阵型组织结构、网络型组织结构和混合型组织结构。每种组织形式都有各自的优缺点和一定的适用范围。

一、职能型项目管理组织

(一)职能型组织结构的形式

职能型项目组织形式是指根据项目的需要，企业主管从职能部门抽调职员组成项目小组(见图2—1)。如新产品开发项目可以从营销、研发、生产等部门各抽调一定数量的人员组成产品开发小组。

随着项目的进行，日常职能工作被分解到各个职能部门完成，职能部门职员被临时安排承担项目工作，职能经理负责项目目标的实现。这样的组织形式没有明确的项目主管或项目经理，项目协调及各职能部门之间的合作等信息通过企业设置的职能部门传递，由职能经理或部门主管负责。职能型项目管理组织形式适用于小型且持续时间较短的单项目、公司或企业内部项目。

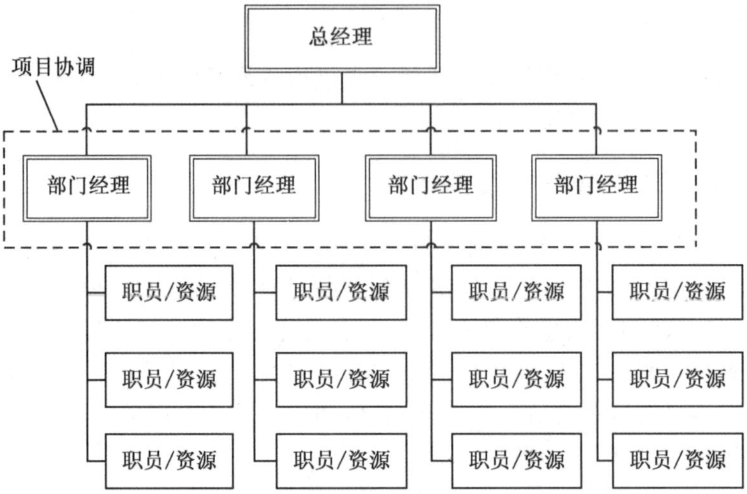

资料来源:丁荣贵. 项目管理:项目思维与管理关键(第2版)[M]. 北京:中国电力出版社,2013.

图2—1　职能型项目组织形式

(二)职能型组织结构的优点

(1)在人员的使用上具有较大的灵活性。只要将项目工作包恰当地分配给各职能部门,职能部门就可为项目提供所需的技术人员。

(2)有利于同一部门的专业人员交流知识和经验,可以为项目实施提供有力的技术支持,对创造性地解决项目的技术问题提供帮助。项目结束后的经验教训可以作为资产留在职能部门中指导类似项目的实施,保证项目技术的连续性。

(3)职能部门的技术专家可以同时参加不同的项目,提高资源利用率,降低项目成本。

(4)职能部门可以为本部门的专业人员提供晋升途径。职员在职能部门中有稳定的职位,为职员长期发展提供保障,有利于他们无后顾之忧地为项目服务。

(三)职能型组织结构的缺点

(1)难以专注于一个项目目标的实现。职能部门有自己的日常工作,各职能部门负责人往往从本部门的利益考虑,并且可能会同时负责多个项目的运行,大大分散了部门的精力。职能部门的工作方式往往是面向本部门的,而不是面向项目的,不利于项目目标的实现。

(2)权责不明确。由于没有专职的项目经理负责,部门经理相互推诿责任,将出现协调困难和混乱的局面,导致项目逾期或超支。

(3)与客户沟通效率低下。由于在项目与客户之间存在着多个管理层次,对客户要求的响应会变得迟缓和艰难。

(4)项目成员积极性不高。团队成员临时性地为项目工作,可能在此期间还承担着大量本部门日常性的工作,忠诚于自己所在的职能部门,对项目的认同感不高,认为项目不是其主要工作,这将大大影响项目实施效率。

(5)各部门沟通不畅,缺乏交流。技术复杂的项目通常需要多个职能部门的共同合作,但跨部门之间的沟通协调比较困难。与单一职能部门相关的问题会得到较好的处理,而那些需跨部门解决的问题很有可能遭到冷遇。

二、项目型项目管理组织

(一)项目型组织结构的形式

项目型组织结构又称直线型组织结构，是一种面向任务或活动的组织结构，专门按项目需求设置，独立于企业职能部门(见图2—2)。项目型组织拥有完成项目所需的所有资源，每一个项目部门均有项目经理负责项目实施，对上直接受企业主管的领导，对下负责项目资源的分配与组合，以实现项目目标。每一个项目组织相对独立，互不影响。

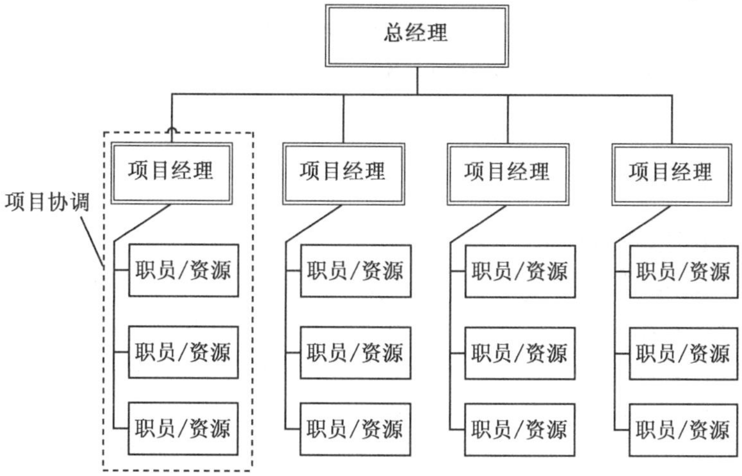

资料来源：丁荣贵．项目管理：项目思维与管理关键(第2版)[M]．北京：中国电力出版社，2013.

图2—2　项目型项目组织形式

项目型组织结构中也有专门的职能部门负责整个组织的职能业务管理，但是这些职能部门一般不行使对项目经理的直接领导，而是为项目团队提供各种支持或服务。这是一种非常适合开展项目活动的组织形式。因此，建筑施工企业、管理咨询企业、信息系统集成企业的项目多采用这种组织结构，该结构尤其适用于投资额大、时间跨度长的大型项目。

(二)项目型组织结构的优点

(1)职责明确，保证单头领导。每个组织单元仅向一个上级负责，上级对下级直接行使直线职权，不能越级下达指令。项目工作任务明确，命令协调一致。

(2)沟通渠道畅通。项目从职能部门中分离出来，使得沟通途径变得简洁。项目经理可以避开职能部门与公司的高层领导直接沟通，避免职能部门的掣肘，提高沟通速度与效率。

(3)充分发挥团队精神。项目目标明确，项目成员能够集中精力于项目目标的实现，项目之间没有利益冲突，团队内部能够密切合作。

(4)对项目目标和客户需求做出快速反应。项目拥有实现项目目标所需的所有资源，项目经理对项目团队有完全的控制领导权，整个项目团队致力于一个项目，使决策的速度加快，整个项目组织能够对客户的需求和高层管理者的意图做出更快的响应。

(5)便于项目控制。项目型组织从结构上来说简单灵活、易于操作，项目团队的所有成员都在为项目经理工作，项目经理完全控制资源，不会与其他项目在优先次序及资源问题上发生冲突，便于对项目成本、进度、质量进行控制。

(三)项目型组织结构的缺点

(1)资源重复配置。每个项目有独立的项目管理团队,导致人员、设备、资源等重复配置。在整个公司中,多个同时进行的项目存在任务上的重复,造成大量的重复劳动。

(2)资源难以流通共享。团队成员完全效力于自己的团队,人力资源和知识不能共享,难以在团队外部进行职业技能和知识交流,项目专用资源即使闲置不用,也不会用于同时进行的类似项目。项目的经验教训难以在企业内部形成资产。

(3)项目经理责任较大,一切决策信息集中于项目经理,对项目经理能力、知识、经验要求较高,决策容易出错。

(4)对项目成员来说,缺乏职务的连续性和保障,项目成员缺乏归属感。项目一旦结束,项目成员或回到原职能机构,或进入新的项目团队,难以获得职务上的规划及发展,影响成员积极性。

三、矩阵型项目管理组织

(一)矩阵型组织结构的形式

矩阵型项目组织形式是将按照职能划分的纵向部门与按照项目划分的横向部门结合起来,构成类似矩阵的管理系统。矩阵型项目组织既有项目型组织结构注重项目和客户的特点,又保留了职能型组织结构的职能特点,有利于项目经理在各职能部门的支持下,将参与本项目的人员在横向上有效地组织在一起,为实现项目目标协同工作。项目经理直接对高层管理者负责,并由高层管理者授权,对项目的结果负责,而职能部门经理则负责为项目提供足够的资源。

矩阵型组织可以从不同职能部门抽调各种专业人员,组成项目团队开展项目工作;在任务结束后,项目人员回到原职能部门中。因此,这种组织具有很大的灵活性。参加项目的成员接受原职能经理和项目经理的双重领导,可根据需要为一个或多个项目服务,并可在项目之间调配,充分发挥专业人员的作用。

矩阵型项目管理组织主要适用于大型、复杂,需要多部门、多技术、多工种配合施工,不同施工阶段对不同人员有不同的数量和搭配需求的施工项目;或是企业同时承担多个施工项目时,各项目对专业技术人才和管理人员都有需求。

(二)矩阵型组织结构的类型

根据项目经理与职能经理相对权力的不同,矩阵型组织结构又分为职能矩阵型、平衡矩阵型及项目矩阵型。

1. 职能矩阵型(弱矩阵)

职能矩阵型与职能型组织非常相似,不同的是职能矩阵型由正式授权的项目经理负责协调项目活动、监督项目完成,但项目经理更偏向于项目主管(见图 2—3)。职能经理负责项目目标的实现,其权力显著大于项目经理。项目经理督促项目的权力是间接的和有限的,方便项目的完成。

2. 平衡矩阵型

项目经理与职能经理权力相当(见图 2—4)。项目经理负责制订项目的总体行动计划,整合不同领域的人员和资源,制定工作进度表并监督工作进程;职能经理则根据项目经理设定的进度和标准,负责人员的安排并执行分配给他的项目任务。双方密切协作,共同进行技术与操作方面的决策。

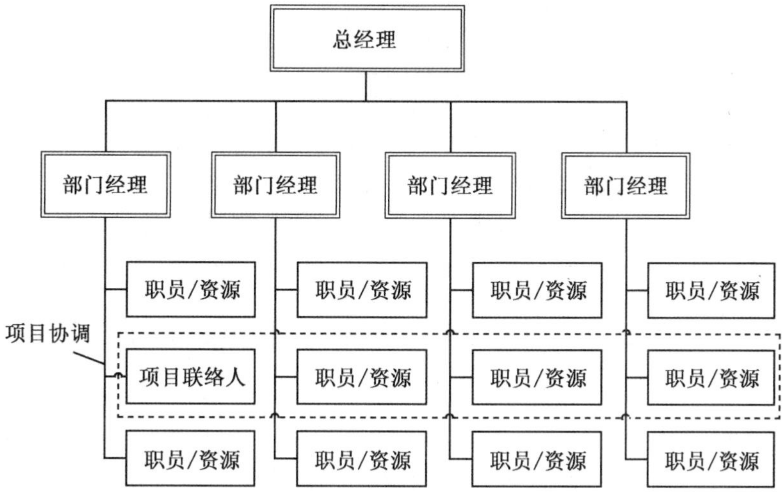

资料来源:丁荣贵. 项目管理:项目思维与管理关键(第 2 版)[M]. 北京:中国电力出版社,2013.

图 2—3　弱矩阵型项目组织形式

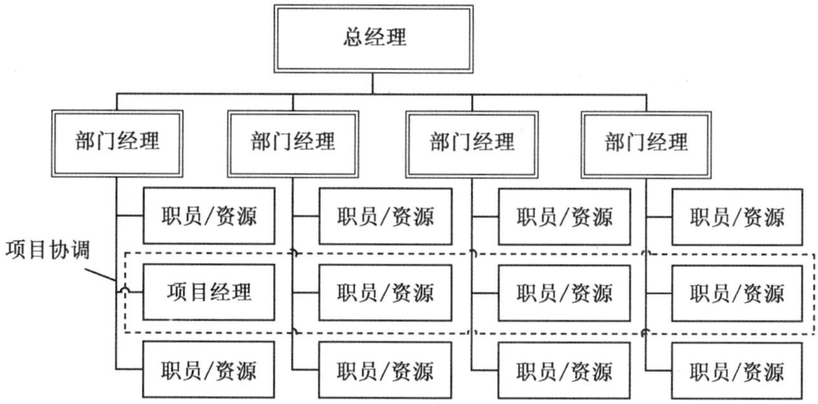

资料来源:丁荣贵. 项目管理:项目思维与管理关键(第 2 版)[M]. 北京:中国电力出版社,2013.

图 2—4　平衡矩阵型项目组织形式

3. 项目矩阵型(强矩阵)

项目矩阵型类似项目型组织,项目经理权力大于职能经理(见图 2—5)。项目经理控制项目的大多数方面,包括项目范围及职能人员安排,并对项目主要决策有最终发言权;职能经理辅助分配项目人员。

选择项目矩阵型或职能矩阵型主要取决于项目和不同职能部门的共同需求。一般来说,如果项目技术问题复杂,需要较多专业技术人员,项目工期较长,则选择项目矩阵型;如果项目对技术没有太高要求或项目持续时间较短,则可以选择职能矩阵型,需要的时候可以利用职能部门的技术力量,不需要专门分配技术人员到项目团队。

(三)矩阵型组织结构的优点

(1)有两套管理组织对项目进行管理,可以确保管理工作的全面细致。一方面,矩阵型组织具有项目型组织的长处,有专门的人即项目经理负责管理整个项目,负责在规定的时间、经

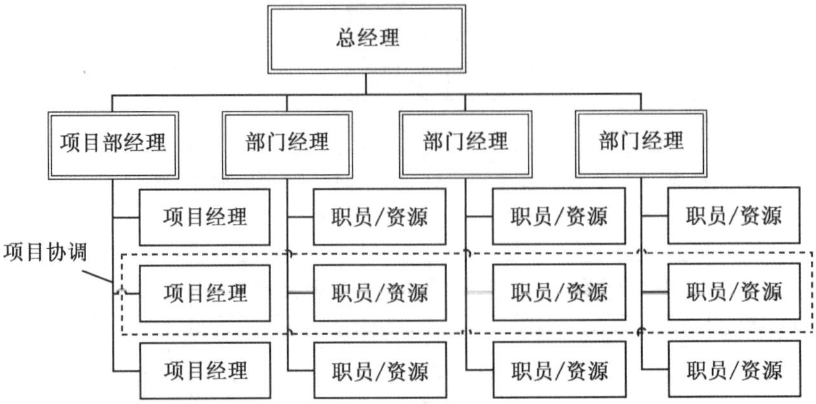

资料来源：丁荣贵．项目管理：项目思维与管理关键(第2版)[M]．北京：中国电力出版社，2013.

图 2—5　强矩阵型项目组织形式

费范围内完成项目的要求；另一方面，可以临时从职能部门抽调所需的人才，分享各部门的人才储备，大大减少类似项目型组织中出现的人员冗余情况。

(2)减少了项目成员对项目结束后的忧虑。项目成员同时也是职能部门的一分子，保障了职务的连续性，有利于团队解散之后项目成员的发展。

(3)具有弹性和应变能力，对客户需求的响应快捷灵活，而且对公司组织内部的要求也能做出较快的响应。方便组织结构、人员配置的调整与解体，具有较大的机动性和适应性。矩阵型组织具有很大的灵活性，可以被许多不同类型的项目采用。

(4)加强了各职能部门的横向联系，便于沟通信息。组织内部有两个层次的协调，为完成一项特定工作，首先由产品经理或项目经理与职能经理进行接触协调，当协商无法解决时，矛盾或问题才提交高层领导。

(5)便于领导对项目的控制。项目中会有来自职能部门的人员，这些人员会在公司规章制度的执行过程中保持与公司的一致性，从而增强公司领导对项目的控制力，有利于公司对多个项目统筹安排。当有多个项目同时进行时，公司可以平衡资源，以保证各个项目都能达到各自的进度、费用及质量要求，避免了资源重复配置，促进了人员、设备等在项目之间的流动。

(四)矩阵型组织结构的缺点

(1)很少关注组织整体目标。虽然矩阵型组织能够在几个项目之间进行进度、费用和质量方面的平衡，但这一优势也有其不利的一面，每个项目经理都更关心自己项目的成功，而不是整个公司的目标。

(2)项目经理间易产生矛盾。资源在项目之间流动容易引起项目经理之间的争斗。在项目施工高峰期，一些服务于多个项目的人员可能应接不暇而顾此失彼。

(3)两套管理组织需要的管理人员较多，管理成本较高。

(4)项目组成员接受项目经理和原单位上级的双重领导，当后两者意见不一致、发生矛盾时，当事人无所适从。若组织成员过于受控于职能部门，将削弱其在项目上的凝聚力，影响项目组织作用的发挥。

四、网络型项目管理组织

(一)网络型组织结构的形式

以信息权限为基础的决策式组织，强调在管理中获取信息的重要性，但随着工业经济向知识经济的转变，创造知识和共享知识已成为组织生存和发展的关键，这种转变催生了新型组织结构——网络型组织(见图 2—6)。

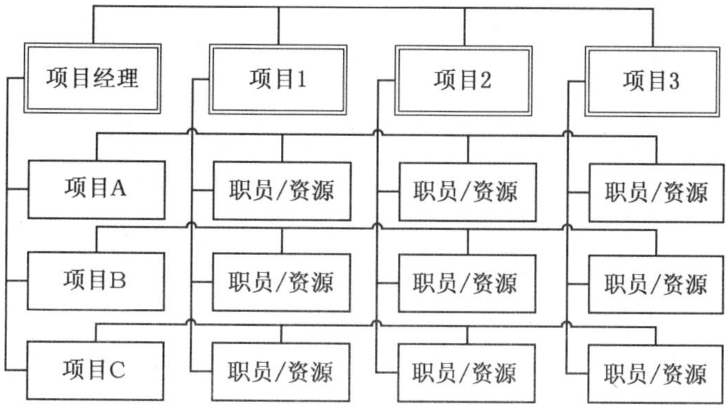

资料来源:张锐昕．项目管理[M]．北京:清华大学出版社，2013.

图 2—6　网络型项目组织形式

网络组织在结构上有一个很小的中心小组，周围则围绕着众多独立的组织单位。这些组织单位有紧密的纵向与横向联系，并由中心小组进行协调，从而形成一种网络。

(二)网络型组织结构的特征

(1)项目之间不再相互独立，它们构成了一个联盟，在这个联盟中，各项目共享资源、共享技术、共享信息，尤其是在解决难题上相互帮助。

(2)项目成员在不同项目中承担不同的角色且是动态变化的。例如，这个项目组财务管理人员可能是另一个项目组的项目经理。随着新项目的产生、旧项目的结束，各项目成员的角色会发生变化，项目成员之间的网络关系也就随之发生变化。

(3)组织成员在网络型项目组织结构中的权力、地位不取决于其在组织中的职位，而取决于其拥有的知识。

(4)组织的管理幅度宽，结构扁平，规范化程度低，工作多运用多功能、跨等级的团队来进行，团队成员参与决策的程度较高，即分权化程度高。

(三)网络型组织结构的优点

(1)网络组织的核心是可以根据需要与任何其他组织产生联结或者中断关系，它几乎是一种没有边界的组织形态，这极大地提高了组织的弹性和对外界的反应能力，借助现代信息技术作为彼此沟通与协调的桥梁，促使组织突破地域界限，有助于打破组织与客户之间的外在界限和地理障碍，可以提升组织的效率和适应能力。

(2)各个项目经理和项目成员不再仅看到自己项目范围内的利益，而是关心整个组织的发展。

(3)组织资源可以被各个项目共享，不存在项目经理抢夺和提前占用稀缺资源的问题。

(4)项目成员可以相互学习，有利于在组织中获得发展和提升。

(5)网络组织强调突破内部的部门界限或边界，自由传播和交流信息，克服直线型组织的权力和等级层次障碍。

(四)网络型组织结构的缺点

(1)同一个人在不同项目中承担不同的角色，容易造成角色混乱。

(2)同时承担多个项目中的任务，往往难以合理配置在各个项目中的工作时间。

(3)每个项目都有各自的时间进度要求，当一个人同时面对来自多个项目的任务时，往往会感到无所适从。

五、混合型项目管理组织

部门划分是将一个大的组织整体分解成更小、更灵活的单元的一种手段。它可使项目组织拥有专业化小组织单元的优势，同时又保持规模上的优势。公司部门的划分，除了通常按职能划分以外，还可以按产品划分、按地区或地域划分、按生产过程划分、按客户划分、按子公司划分等。实际上，一些大公司往往在不同的层次有不同的组织方式。

混合型组织结构形式有两种含义：(1)在公司的项目组织形式中有职能型、项目型或矩阵型两种以上的组织形式；(2)在一个项目组织形式中包含上述两种结构以上的模式，如在职能型项目组织结构中的子项目采取项目型组织结构等(见图2—7)。在一个项目组织中，可同时存在职能型组织结构的项目和项目型组织结构的项目。许多公司先将刚启动的、尚未成熟的小项目放在某个职能部门，然后当其逐渐成熟并具有一定地位以后，再将其作为一个独立的项目，最后甚至有可能发展成一个独立的部门。

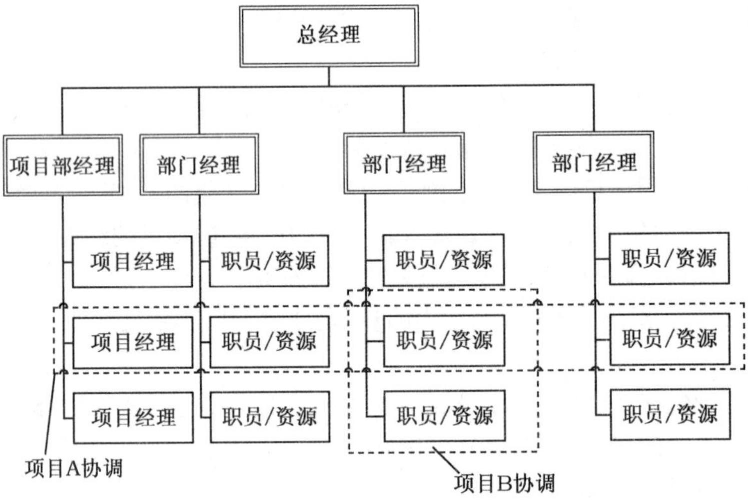

资料来源：高世葵．项目人力资源管理[M]．北京：机械工业出版社，2011.

图2—7　混合型项目组织形式

混合型组织结构的最大特点是方便灵活，公司可根据具体项目与公司的情况确定项目管理的组织形式，而不受现有模式的限制，因而在发挥项目优势与人力资源优势等方面具有灵活性。

当然，这种混合型组织结构也使项目组织存在一定的风险。同一项目组织的若干项目采取不同的组织方式，由于利益分配上的不一致，容易产生资源的浪费和各种矛盾。

虽然项目与项目组织的组织关系多种多样，但大多数项目组织将矩阵型组织作为基本形式。在此基础上，有时也可以增加项目型、职能型或混合型组织方式，只要这些方式对实际情况是有利的。值得注意的是，矩阵型项目组织的管理难度有时足以抵消其低成本或易获得广泛技术支持所带来的好处。

综上所述，项目管理是一项系统工程，项目的一次性与临时性对慎重选择项目管理组织形式提出了要求与挑战，决策者应根据项目的特点、项目的规模、项目管理形式的优缺点综合分析后确定。

六、项目管理办公室

(一)项目管理办公室的定义

近年来，越来越多的企业设立了项目管理办公室(Project Management Office，PMO)。不同企业对项目管理办公室的职能有不同的理解，因而项目管理办公室在不同的企业起到的作用也各不相同。所谓项目管理办公室，是负责对所辖各项目进行集中协调管理的一个组织部门，其职责可涵盖从提供项目管理支持到直接管理项目。

(二)项目管理办公室的地位与作用

当今，复杂的商业环境对组织的适应能力或抓住机遇、抢占先机的能力提出了越来越高的要求。组织光有好的点子是不够的，难的是如何把好的想法付诸实施，更难的是如何比自己的竞争对手先一步把好点子落地。因此，变革的保障——成功有效的项目管理——越来越受到各大组织的追捧。

在企业组织中往往有许多项目，企业项目管理工作是分散的，缺少宏观的统一管理。各个项目团队更注重的是实现各自的项目目标，有时候还会出现互相抢夺稀缺项目资源的现象，从而影响企业组织整体战略目标的实现。在一些企业组织中，甚至个别重点项目占用了组织几乎所有稀缺资源以确保其绩效，从而阻碍了其他大批项目的开展，最后该重点项目成功了，组织的整体战略目标却没有达到。事实上，一个组织做好一个项目并不难，难的是把所有项目都做好，而这恰恰是每一个卓越的组织持续追求的目标，也是组织成功实现战略目标的必要保障。近些年来，越来越多的企业纷纷开始成立项目管理办公室，尝试建立组织级项目管理体系。这标志着企业对项目管理的关注点已经逐步由单纯关注单个项目层面的工具方法，提升到关注组织层面多个项目的系统化项目管理机制的建立与完善。

不管如何定位项目管理办公室，它的设立对大多数项目很多的企业而言是具有积极意义的。

企业有专门的团队系统规划组织多个项目、平衡资源与计划、实现项目资源的综合有效利用、监控所有项目的进展，有专门的团队负责提升项目团队的项目管理能力，有专门的团队负责管理和分配公司稀缺的项目资源。项目管理办公室的设立还有利于企业“批量”培养合格的项目经理。

总体而言，项目管理办公室是对所有项目进行统筹管理的部门。

(三)项目管理办公室的主要职责

只有职责明确，项目管理办公室才能有效开展工作。一般而言，包括以下主要职责：

(1)统筹管理公司所有项目，对所有项目绩效负责；

(2)统筹公司各类项目资源管理与分配；

(3)项目总监和项目经理的选拔、培养、任命与考核；

(4)项目规划设计方案的审核与批准；

(5)建立项目"工时经验库"，合理评价各个项目、各项任务的工时量；

(6)项目实施的监控与纠偏；

(7)解决项目内部、项目之间资源合理分配与平衡协调的难题；

(8)持续优化项目管理流程体系。

第四节　项目团队管理

一、项目团队管理的概念与特点

(一)项目团队管理的概念

项目团队管理是指在项目运作过程中，观察了解所有项目成员的行为和工作状态，提取并积累有用的特别是绩效方面的信息，统计评估团队成员、小组、团队和整个项目的绩效，发现和解决出现(包括潜在)的问题，并协调各方面关系以避免类似问题的再次出现，从而提高个人、小组、团队乃至整个项目的绩效。

实施团队管理后，应将项目人员配备管理计划进行更新，提出变更请求，实现问题的解决，同时，为组织绩效鉴定提供依据和为组织数据库增加新的经验教训。参与项目的每一个成员都处在矩阵型组织结构中，他们既对项目经理负责，又对部门管理者负责，因此，团队管理不是仅靠项目管理政策和相关规定来约束、要求团队的每一个成员就可以顺利实施的简单过程。由于关系到项目的绩效、部门的规章和个人的利益，其管理过程将十分复杂。对这种双重汇报关系的有效管理，通常是项目成功的关键因素，一般由项目经理负责，但其他不同层级的管理者也都有着责无旁贷的责任和义务。

(二)项目团队的特点

项目团队具有如下共同特点：

(1)目标性。每一个项目都有清晰的目标。项目团队应围绕项目的目标和团队的目标开展项目管理工作，项目团队成员应清楚自己的工作对目标的贡献。

(2)多样性。由于一个项目涉及的专业众多，项目团队成员来自不同的职能部门、不同的组织、不同的专业领域，他们在团队中具备实现目标所需要的互补的基本技能，并且相互依赖、相互信任，进行良好的合作。

(3)开放性。在项目周期的不同阶段，项目团队成员会经常发生变化。随着项目的进展，团队成员的工作内容和职能会根据需要进行变动，以更好地适应环境和满足项目需要，确保项目成功。

(4)临时性。任何一个项目团队都是为完成某项特定的任务而临时组建起来的，团队成员从不同职能部门和不同组织中临时调配过来，随着项目结束而解散，所以项目团队的生命周期较短。

二、项目团队管理的方法

(一)观察与交谈

通过观察与交谈的方式能够直观、准确地了解项目团队成员的工作状态和任务完成情况，同时也能够发现团队成员的人际关系问题。

在虚拟团队中，由于项目团队管理人员难以与团队成员直接接触，因而需要更加有效的观察与交谈方式，可以考虑借助互联网的视频沟通、大数据分析等方式进行间接的观察与交谈。例如，通过收集团队成员博客、朋友圈等网络数据，分析团队成员的工作状态以及彼此的人际关系等。

（二）项目绩效考核

在项目实施期间进行绩效评估的目标是明确角色、责任，从团队成员处得到建设性的反馈意见，发现一些未知的和未解决的问题，制订个人的培训计划，为将来一段时间制定具体目标打下基础。

正式和非正式的项目绩效评估依赖于项目的持续时间、复杂程度、组织政策、劳动合同的要求，以及定期沟通的数量和质量。项目成员需要从其主管那里得到反馈。评估信息的收集也可以采用360°反馈的方法，从那些与项目成员交往的人那里获得。360°的意思是绩效信息的收集可以来自多个渠道、多个方面，包括上级领导、同级同事和下级同事。

通过正确评价员工的行为和绩效，给予员工恰当的激励。通过绩效评估可以发现员工所欠缺的技能和知识，从而设计安排具有针对性的培训，更好地提高员工的绩效。绩效评估面谈可以加强组织与员工之间的沟通和协调，为改进员工未来的绩效达成共识。

（三）冲突管理

项目中的冲突可能来源于项目资源的匮乏、进度的安排、技术的应用、人员的不同性格等。并非所有的项目冲突都具有破坏性，有的冲突可能是有益的，例如对同一问题的不同认识可能是创新的来源。因此，有效解决项目冲突的第一步，应该是评估冲突的性质及其影响；然后要深入分析冲突相关的利益各方，剖析冲突产生的根源；最后选择合适的冲突解决策略，包括竞争、回避、迁就、妥协、合作等。有效的冲突管理能够减少项目团队中的各种不协调，提升项目团队的工作效率。

（四）问题清单

有效的团队工作是任何项目成功管理中的关键因素。项目经理通常专注于三个责任领域：项目团队内部之间、团队与客户之间以及团队与项目经理所在单位的其他管理部门之间。在每一个领域，可能影响团队绩效，导致分裂、冲突、拖延和误解的情况经常发生。项目经理应当以使这些情况影响最小化的方式协调团队，能够立即找出问题并迅速采取行动解决，这正是项目经理的责任。团队管理中可能发生的典型问题有：(1)团队成员不同的视野、优先权、兴趣和判断；(2)项目目标对于团队成员变得不清楚；(3)沟通的问题；(4)业主做出范围改变；(5)团队成员之间缺少协调；(6)缺少上级的支持。

三、项目团队的生命周期与管理

项目是有生命周期的，同样，项目团队也有生命周期。典型的项目团队从建立到解散需要经过5个阶段，即形成期、风暴期、规范期、成果期和结束期。

（一）形成期

项目组的组建阶段为形成期。在这个时期，团队的主要特征就是“礼貌”。人员刚刚到来，彼此之间不一定很了解。他们均带着对实现项目成果和个人发展的期望来到一起，彼此之间非常礼貌。

在项目组形成时，需要确定项目目标、文化和项目组的工作原则与方法，使其成为大家共同关注的焦点是十分重要的。项目团队必须能够尽量缩短这个时期。在这个阶段，项目组的每个成员都会自觉或不自觉地对自己的行为进行约束，但是，他们经常会私下自问这些问题：这个集体值得我付出努力吗？我到底是否适合在这里？哪些人可能成为我的朋友？哪些人可能成为我的对手？

不同的团队发展阶段需要选择不同的管理风格。对于形成期来说，最好的管理风格是参与式与集权式相结合的方式。通过鼓励成员参与，可以增进彼此之间的理解和信任，也可以提供更多关于项目方案和风险的设想。通过集思广益，可以将大家关注的焦点统一起来。

（二）风暴期

当项目组真正开始工作时，会遇到很多问题，成员之间将产生各种各样的冲突。这个阶段称为团队的风暴期。

这个阶段是多事之秋。在短暂的礼貌之后，人们就不只是单纯需要精神动力了。现实问题常常会使人们产生困扰，项目组成员开始感到项目任务的艰巨和挑战，人们对项目的观点、方法等产生了不同的理解。在这个阶段，指望项目组成员和谐、全力以赴地投入工作是不切实际的。

有很多项目组无法迈过这个阶段，它们可能会奔命于各种各样的协调会议中。虽然人们都彼此告诫要“精诚团结”，但实际上很少会取得理想的效果。项目团队成员之间互相提防或攻击，他们不能将自己视为团队中的一员。

在这个阶段，项目经理需要同时采取集权、参与和授权三种管理风格。首先，需要鼓励大家沟通和交流，因为很多误解和冲突是由于沟通不充分造成的。其次，要有意识地授权给那些与你观点一致的人，这样不仅激励了这些人员，也能够帮助你争取更多人的支持。最后，可以采取集权方式，不管怎样，别忘了你是项目经理，你需要对项目成果的实现负总责。

（三）规范期

如果项目团队能够安全度过风暴期，就进入了团队生命周期的第三个阶段——规范期。

在这个阶段，项目成员之间的冲突得到缓解，他们开始在很多方面达成共识。通过风暴期的磨合，沟通和协作的必要性得到广泛认可，团队开始逐渐建立一种公认的行为标准或者价值观，士气更加高涨，团队绩效开始增加。团队成员中的自我意识逐渐被团队意识所取代，团队工作效率得到明显提高。

这个阶段较适宜的管理风格同样为参与、授权和集权，但与风暴期相比，授权的比重得到明显提高，而集权的比重逐渐下降。

（四）成果期

在这个阶段，项目团队已经成为一个真正有战斗力的团队，项目团队成员以团队为荣，他们已经知道如何协作和相互支持，团队士气高涨，每个人的自我管理和自我约束能力已悄然变成了他们的习惯。这个时期的特点就是“交付”，会出现大量的项目成果。这个阶段的管理风格应以授权式为主流。

（五）结束期

随着项目接近尾声，项目团队成员逐渐离开团队，这个时期称为项目团队的结束期。

这个阶段会出现效率较低的情形，因为项目团队面临调整，许多项目组成员必须考虑其将来的去向。在这个阶段，需要采取集权、参与和授权三种管理风格：通过参与积累团队经验教训，通过授权维持团队效率，通过集权处理评价和分配中的纷争。

关于项目团队的生命周期，还有一点需要说明。尽管项目有生命周期，项目团队也有生命周期，但这两个生命周期的长度并不是一样的。项目生命周期的各个阶段、各个过程可能是由不同的团队来完成的，这些团队都会经历5个阶段，项目从头到尾均由一个固定成员的项目团队来完成的情况是很少见的。

无论在一个什么样的团队里，一般都包括三个层次：核心层、中心层、外延层。核心层是指面对面在一起直接从事项目工作的群体，是核心人员；中心层是指与第一层有着紧密联系的、直接为核心层的工作提供服务的项目团队成员；外延层对第一层和第二层成员有影响，也可能是指那些被项目工作影响但与项目工作没有直接联系的人群。

项目目标的实现需要靠团队成员共同来完成，因此，无论是项目经理还是项目团队成员都需要理解团队的建设过程，理解团队不同发展阶段的特点以及团队成员的性格特点，努力寻求适合团队发展不同阶段的管理风格和管理方式，只有这样，才能建设成为一支真正的项目团队，发挥团队最大的效率。

四、高效项目团队的建设

一个高效的项目团队是确保项目高质量完成的重要保证。建设高效的项目团队，是实现项目管理目标的重要前提和保证。具体的建设措施有以下几点：

（一）选拔或培养适合角色职责的人才

项目是由不同角色的人共同协作完成的，每种角色都必须有明确的职责定义。项目经理要明确项目对团队成员角色职责和素质的要求，了解组织项目人才资源库中人员的性格、素质和能力，选择最能满足项目需要的人才组成项目团队，这对发挥项目团队的优势将起到保证作用。选拔和培养适合角色职责的人才，是高效项目团队的最重要的因素，是保证项目团队高效的基础和前提。

（二）增强项目经理的领导才能

项目经理是项目的负责人，负责整个项目的组织、计划及实施的全过程，在项目团队管理过程中起着关键作用。项目经理必须以身作则，严格要求自己，起到榜样和示范作用；要明确具体的项目质量、范围、工期、成本等目标约束；要明确各团队成员的角色和责任分工，充分发挥团队成员各自的作用。

在项目管理过程中，由于严格的目标约束及多变的外部环境，项目经理必须运用各种激励理论对团队成员进行适时的激励，鼓励和激发团队成员的积极性、主动性，充分发挥团队成员的创造力。

对下属进行灵活的授权，一方面，可以显示项目经理对团队成员的信任，有利于充分发挥项目团队成员的积极性和创造性，使得团队成员在自己的授权范围内可根据内外部环境的变化及时决策；另一方面，项目经理可以逐渐将工作重点转向关键点控制、目标控制和过程监控，工作重心由内转向外，侧重于处理项目与社会之间的关系，从外部保障项目的正常运作。

（三）营造良好的沟通氛围和交流环境

成员之间由于价值观、性格、处世方法等方面的差异会产生各种冲突，人际关系往往会陷入紧张的局面，甚至有可能出现敌视情绪以及向领导者挑战等各种情况。为此，项目经理要进行充分沟通，引导团队成员调整心态和准确定位角色，把个人目标与项目目标结合起来。团队成员与周围环境之间也会产生不和谐，项目经理要帮助团队成员熟悉工作环境，学习并掌握相关的技术，以利于工程项目目标的及时完成。在项目施工过程中，团队与其他部门也会产生各种各样的矛盾和冲突，这需要项目经理与这些部门的管理者进行很好的沟通和协调，为团队工作争取更充足的资源与更好的环境。

(四)充分发挥团队凝聚力

团队凝聚力是无形的精神力量,是将团队成员紧密联系在一起的看不见的纽带。一般情况下,高团队凝聚力会带来高团队绩效。

团队凝聚力在外部表现为成员的团队荣誉感,而团队荣誉感主要来源于项目目标的实现和成就感。因此,应当设立恰当的项目目标,并使团队成员对项目目标形成统一和强烈的共识,激发成员的团队荣誉感。同时,引导团队成员个人目标与项目目标统一,增大团队成员对项目团队的向心力,使项目团队走向高效。

团队凝聚力在内部表现为团队成员间的融合度和团队士气,良好的人际关系是高效团队的润滑剂。因此,必须采取有效措施提升团队成员之间的融合度,让成员在短期内树立起团队意识,增强对团队的认同感和归属感,形成高昂的团队士气,提高团队的工作绩效。

(五)建立共同的工作框架、规范和纪律约束

项目施工是一项复杂、要求极高、计划性非常强的工作,团队要有严明的纪律。建立共同的工作框架使团队成员知道如何达到目标,建立科学的流程和规范使各项工作有标准可以遵循,建立一定的纪律约束可以保证计划的正常执行。

第五节　项目经理

项目经理是整个项目团队的灵魂,是决定项目成功与否的关键因素。项目经理对上沟通业主,对下协调项目成员,使项目在生命周期内按期完成,让利益相关方满意。项目经理负责整个项目,是项目的领导者、管理者、执行者,从项目启动阶段进入项目直至项目顺利交付,贯穿项目的始终。本节将从项目经理的定义、责任与选拔等方面对项目经理进行全面的介绍。

一、项目经理的定义

项目经理是项目的总负责人,充分理解项目经理的定义与定位,决定着项目的成败。

项目经理就是运用科学的管理方法,整合项目资源,对项目进行实际管理的人。项目经理是项目的计划者与执行者,对项目成果负有全面的管理责任。

项目独具特色决定了项目管理的独特性与临时性,项目团队也是独特的与临时的,项目经理需要在变化的环境下、变动的团队成员中施展自己的管理思路,带领团队成员实现项目目标,这对项目经理来讲是充满困难和挑战的。

项目管理的独特性与临时性,同样决定了项目经理权力的临时性,每个项目经理的个性是不同的,管理方法、思路也是不一样的,这就决定了项目团队管理的多样性。虽然项目经理的权力具有临时性,但并不影响项目经理行使权力,施展管理才能,实现项目目标,创造项目成果。

项目管理的独特性与临时性,正是发挥项目经理管理能力的最好机遇,在有限的时间里尽情展现自己的管理能力,如团队建设思路、内外沟通交流、整合项目资源、激发团队成员积极性的方法。

二、项目经理的定位

(一)项目经理是管理者和领导者

项目管理是以个人负责制为基础的管理体制,项目经理就是项目总负责人,有时也称为项目管理者或项目领导者，他（她）负责项目的计划、组织及实施的全过程，以保证项目目标的成功实现。成功的项目无一不反映了项目管理者的卓越管理才能，而失败的项目同样也说明了项目管理者的重要性。项目管理者在项目及项目管理过程中起关键作用，因而项目经理就是一个项目全面管理的核心和焦点。

项目经理利用组织赋予的权力和个人的影响力领导整个项目团队，为实现项目目标而做出一系列项目管理工作。项目实施过程中会面临诸多困难，项目经理无疑要通过自己出色的工作能力、管理技能和经验妥善解决这些问题，协调好项目成员之间的关系，对于项目出现的变更在短时间内与业主等相关人员积极协商加以解决。要协调好项目中庞杂的事务和复杂的人际关系，项目经理首先是一个出色的管理者和领导者。

（二）项目经理是执行者

作为管理者的项目经理，首先要有很强的执行力，思想坚定，作风硬朗，以身作则，抱着"敢打、必胜"的信念开展项目管理工作，主动展现自己的执行力，团队的执行力才能被激活、被带动，团队成员才能被感染。其次，项目经理要树立人尽其才的管理理念，把合适的人放到合适的位置上，发挥其最大的价值与能量。再次，项目经理必须敢于打破常规管理，善于逆向思维，项目经理的思维一定与成员不同，团队成员可以在项目经理决定前提出自己的建议；如没有异议，一旦项目经理做出决定，团队成员就要不折不扣地去执行。最后，敢于承担责任是评价项目经理执行力强弱的基本条件，项目经理就是用来担当责任的，项目经理在企业利益至上的前提下，突破各种企业制度约束，因为所有管理创新都是对原有制度的突破。

（三）项目经理是项目第一责任人

项目经理的能力决定了项目成败、获利高低、利益相关方的满意度高低，所以项目经理是团队的第一负责人。项目经理要从战略的高度整合资源、平衡利益相关方的关系，必须获得高层领导的支持，以提升自己在职能部门与利益相关方中的影响力。比如唐僧去西天取经，唐僧获得唐太宗的支持，取经项目是一把手项目，在西行的过程中，出示唐王的签证材料，得到各国的接待与帮助。唐僧还是如来佛的弟子，西行道路上有各路神仙暗中保护，虽然身陷妖怪洞府，但不至于有生命危险，不会影响取经项目的持续推进。所以，获得高层领导的支持，是担当第一责任人的首要条件。项目成员及利益相关方则处在配合、支持、服务项目的地位，他们参与项目的目的是获得利润，所以，项目经理要激发利益相关方的工作积极性，对他们的工作进行客观、公正的评价，实现利益共享，让他们为实现项目目标服务，在项目激烈竞争中生存并发展。

（四）项目经理是伯乐

项目经理要善于发现人才、培养人才，给人才成长的机会与空间，所以项目经理有伯乐的定位。坚持"选人、育人、用人"的工作方针，让合适的人承担合适的任务，让每一个成员有明确、清晰、可考核的目标，具备良好的工作态度、丰富灵活的工作思路和很强的执行力，是项目经理每天需要思考的问题。刘邦大败项羽的关键是做好选贤任能的战略工作，刘邦在大败项羽后曾说："运筹帷幄，决胜千里，不如张良；镇国家、抚百姓、供给粮饷、不绝粮道，不如萧何；率百万之众，战必胜、攻必取，不如韩信。"他能知人善任地使用和调度这三个人中英杰，才是取得天下的根本原因。项羽不能好好借用范增的智慧，最终一败涂地。

（五）项目经理是教练

项目经理要用自己的管理知识与工作经验训练团队，让团队成员相互补位、协同工作，保持充足的激情与自信，在工作中努力拼搏，实现自身的快速成长，实现项目的预定目标，所以项目经理还有教练的责任。项目经理带领团队作战，需要编制作战计划，制定游戏规则，通过培训，让每个成员知道项目管理的规则与红线。管理经验丰富的项目经理总会在组建团队的时候就给团队制定一系列作战规则，以保证团队的战斗力、凝聚力、向心力。如曾国藩最初带领湘军作战时，不懂得制定作战规则导致多次失败。通过总结经验教训，曾国藩逐步制定出一系列治军的制度，如在作战前为全体将领做战前动员，表现优秀的将领可以佩戴曾国藩发放的荣誉刀具，为奋勇作战的将领向皇帝申请俸禄与爵位等，通过制定治军规则，有效增强了湘军的战斗力。

(六)项目经理是传道者

项目经理在管理中要言传身教，传递正能量、企业价值观、职业操守与道德，让团队充满精气神，所以项目经理还担负传道者的责任。项目经理不仅要面对项目成员，更要面对项目利益相关方，统一他们的思想，协调他们的工作节奏，得到利益相关方的支持与合作，取得优秀的工作业绩。通过传递正能量，帮助利益相关方寻找项目建设的意义与成就感，是项目经理重要的工作内容。

三、项目经理的素质

项目经理是具有战略眼光的高级人才，是具备各种专业知识的杂家，是重视具体工作的实干家。项目经理的素质通常来源于实践，包括以下几个方面：

(一)品格素质

中国有句古话叫做“以德服人”，可见项目经理自身的品德是构成其非权力性领导力的主要元素之一，能否塑造好的品德将直接影响其非权力性影响力的大小。项目经理培养好的品德，有两方面比较重要。首先，必须无私。从激励角度讲，项目经理要想使部属保持高的忠诚度，获得一系列的成功，就必须让其分享胜利成果。其次，要敢于担当。项目投资大、周期长，影响项目进程的不可预见因素多，技术要求与工艺要求复杂，参与方较多。项目经理必须敢于担当责任，必须具有良好的抗压能力，必须具备在困难面前有办法、在压力面前有思路的心理素质，用管理思路与强大的执行力推动项目进程，顶住管理压力，为项目的顺利实施夯实管理基础。

(二)能力素质

1. 领导能力

项目经理是通过项目团队来取得工作成果的，其工作主要是激励项目成员齐心协力地工作，从而成功完成计划，实现项目目标。

项目经理作为项目的管理者，必须具备领导和管理能力。项目经理必须清楚项目的目标是什么，而且是值得实现的目标；必须很明确地与项目成员沟通，激励项目成员完成所承担的工作；必须有快速决策的能力，在动态的环境中收集和处理相关信息，做出有效的决策。

有效的项目管理需要采取的领导方式是多层面的，有时候要采用民主式，有时候要采用独裁式，没有哪种方式是好的或不好的，而是哪种方式是有效的。在项目管理过程中，最经典的做法就是经权互用，软硬兼施，不可偏废。项目管理没有标准答案，总体原则是有利于项目目标的实现，有利于项目业绩的提升，有利于团队能力的发挥。

2. 决策能力

一个项目从开始到结束会出现各种各样的问题，如项目的确定、方案的选择等。项目中会有各种各样的决策问题要求用不同的决策方法解决，因此，杰出的项目经理必须具有果断、及时的决策能力。决策就是在某种工作方针的各个抉择方案中做出选择。决策是计划工作的核心。如果没有决策，即没有对资源的调配以及信誉的承诺，那么计划的目的也就不存在了。决策能力不是短时间能够培养起来的，需要长时间的锻炼与磨炼。项目经理的职能就是做决策，从人事方案中选出最有能力、最好用的成员，从经济方案中选出最省钱、最省时间的方案，从施工计划中选出最重要、最紧急的工作，列为项目管理的重点工作，让项目进程最快、质量最优、经济成果最好。

同时取得多个目标的最优化是不现实的。这就需要项目经理根据具体情况分析本质目标所在，从而采取有针对性的措施。项目经理同时会有许多工作需要处理，可以采用重要事项矩阵进行管理，能安排下去的优先安排，让自己的项目成员得到锻炼，需要借助项目利益方资源的事情，优先安排利益方进行处理，通过分级安排工作，让自己的时间更充足，让自己只面对最重要、最紧急的事情，从而提高工作效率。

3. 协调能力

在项目管理过程中，项目经理扮演信息处理中心的角色，不断接受指令并发出指令，项目经理就是项目管理的灵魂，就像计算机的中央处理器，良好的协调能力是考察项目经理综合能力的重要因素。对内协调团队成员，调动成员的积极性，理顺管理过程；对外调动利益相关方的积极性，让他们拿出资源、拿出热情，支援项目的管理工作；对上协调领导，得到领导的大力支持，以得到相关职能部门的合作与支持；还要达到客户的合同约定条件，让客户对项目满意。所以，项目经理的协调能力是决定项目成败的关键能力。

项目经理对项目利益相关方的协调能力对项目实施来说尤为重要。项目经理在项目管理的协调过程中要善于发现对他方无害而对己方有利的入口，寻找自己的“低处”，从而得以协调有关冲突，解决问题。

同时，项目经理也需要具备良好的人际关系和交往能力，来处理团队成员之间的不和谐与分歧。这种情况需要项目经理精心巧妙地应付，并拿出一个调解方案，要做到既不使相关人员丢面子，又不影响项目工作。

4. 激励能力

项目经理的激励能力可以理解为调动下属积极性的能力。从行为科学的角度看，项目经理的激励能力表现为项目经理所采用的激励手段与下属士气之间的关系状态。如果采取的激励手段能够使下属士气提高，则认为项目经理激励能力较强；反之，如果采取的手段导致下属士气降低，则认为该项目经理激励能力较低。

5. 人际交往能力

项目经理的人际交往能力就是与团队内外、上下、左右人员打交道的能力。项目经理在工作中要与各种各样的人打交道，只有正确处理这些关系，才能使项目顺利进行。人际交往能力强、待人技巧高的项目经理，容易赢得团队成员的欢迎，形成融洽的关系，从而有利于项目的进行，为团队在外界树立起良好的形象，获得更多对项目有利的因素。人际交往中的关键是取得对方的信任。“信任是一切有意义的人际关系的核心所在。没有信任，就没有付出、没有人际关系、没有风险承担。”要想赢得人们的信任，项目经理必须将工作做好，承担起项目目标的责任，公平对待众人，并且在艰难时刻依然沉着冷静。

6. 处理压力和解决问题的能力

在项目工作中存在各种各样的问题和压力，项目经理要有能力处理这些问题和压力。压力产生的原因是期望没有如期达到，如项目工作因天气原因滞后，项目成本因工期拖延增加，项目材料没有如期进场，或者项目在推进过程中因质量问题导致工期延期，所有不确定性因素导致项目总体目标受到影响，这时项目经理会产生压力。

项目经理如何消化或化解这些压力？思路如下：

第一，从合作方入手。要积极地与项目利益相关方进行沟通，召开工期或质量分析会，通过会议进行纠偏。通过调动项目利益相关方的积极性来传递压力、化解压力，让项目进程快速推进。

第二，从材料设备入手。调集资源，增加人手或设备，抢抓工期，把失去的时间抢回来。先进的设备是提高工作效率的关键因素，是推进项目目标实现的重要资源，要积极协调相关职能部门、相关利益方，拿出最优质的资源投入项目，以化解项目压力。

第三，从计划管理入手。精心策划项目的总体计划，并把计划分解到月、周、天，甚至每3个小时。通过细分计划，把计划下发给各个利益相关方，实行滞后罚款的经济制裁措施，强力推进工程计划，把控项目的总体目标，让项目经理的压力得到传递。

第四，从工作方法入手。清晰的工作思路与方法是项目管理的重要法宝，项目经理要不断向项目成员灌输工作思路与方法，达到思想统一、步调一致、强力推进的目的。充分利用项目管理的各种技能与方法，传递压力、消化压力，常用的方法有头脑风暴法、网络计划法等。

(三)知识素质

法约尔曾提出：构成企业领导人的专门能力有技术能力、商业能力、财务能力、管理能力、安全能力等。每一种能力都是以知识为基础的。因此，理想的项目经理应该有解决问题所必需的知识。项目经理应具备三大类知识——基础知识、技术知识与业务知识，并懂得在实践中不断深化和完善自己的知识结构。

四、项目经理能力的培养

项目经理所需具备的能力并不是天生的，而是在后天的培养与实践中不断历练获得的。有多种方法可以培养项目经理所必需的各种能力。

(一)获取经验

尽可能多地从事项目工作。每一个项目都是学习的机会，工作内容多样的项目会使项目经理的经验得到丰富，能力得到更大程度的提升。在项目工作中，可向具有丰富经验、技能水平高的人虚心求教，观察其他团队成员应用技能的方式。

(二)参加培训

对于项目经理必备的各项技能，有许多视听材料和自学材料，甚至还有关于项目管理的课程和培训班。参加培训学习时，有三种学习渠道：教员、学习材料和其他学员。

(三)参加志愿活动

工作场所并不是唯一学习技能的地方。对于某些技能，工作中可能没有学习的机会。志愿者组织可以提供这样的机会，而且可以培养领导能力。

五、项目经理的主要工作内容

在项目实施过程中，项目经理的主要任务就是对项目进行全面管理，具体体现在：对项目目标要有一个全局的观点，制定规划和计划，报告项目进展，控制反馈，组建团队，在不确定的环境下对不确定的问题进行项目决策，在必要的时候进行谈判及解决冲突，保证项目的成功实施。项目经理具体的工作内容主要包括以下几个方面：

(一)计划工作

(1)对所有的合同文件完全熟知;

(2)为实施和控制项目制订项目计划;

(3)项目程序文件的制定;

(4)项目预算的确定;

(5)组织项目进度计划的制订并批准;

(6)指导项目的基本设计准则及总的规范的准备;

(7)指导项目活动的组织、实施和控制计划的准备;

(8)定期对计划和相关程序进行检查评价,在必要的时候对项目的计划和程序进行调整。

(二)组织工作

(1)开发项目组织结构图;

(2)对项目中的各职位进行描述,列出项目主要监管人员的职责、范围;

(3)参与项目主要监管人员的挑选和任命;

(4)开发项目所需的人力资源的选聘和配备;

(5)定期对项目组织进行评价,在必要的时候对项目组织结构及人员进行变动。

(三)指导工作

(1)指导项目合同中规定的所有工作;

(2)在项目组中建立决策系统,以便在适当的层次做出决策;

(3)促进项目主要监管人员的成长;

(4)设立项目经理目标,并为主要监管人员建立绩效标准;

(5)培养团队精神;

(6)辅助解决存在于承担项目的不同部门或小组之间的分歧或问题;

(7)对项目总体进展情况保持了解,以避免或减少潜在问题的发生;

(8)对关键问题确立书面的战略指导原则,清楚定义责任和约束。

(四)控制工作

(1)监督项目活动,使项目的进展与项目目标及公司总体政策相一致;

(2)监督项目活动,使项目的进展与合同、计划、程序及客户的要求相一致;

(3)对人员进行控制,保证其遵守合同条款;

(4)密切监督项目活动,建立有关“变更”的沟通程序,对有关项目范围可能的变更进行必要的评价和沟通;

(5)对成本、进度及质量进行监控,保证及时报告;

(6)与顾客及有关组织保持有效沟通。

六、项目经理的团队管理

项目经理应该承担的责任非常广泛,从直接指导到间接影响,从管理“硬”的技术细节到控制“软”的人员问题,从制订详细的项目计划和预算到协调团队成员间的分歧和调节利益相关方的利益。简言之,项目经理的工作就是一个小型 CEO 的角色,即从整体上进行管理,并关注项目管理的整个过程。本部分将阐述项目经理为成功管理项目团队应采取的手段、方法和必须承担的责任。

(一)项目经理团队管理的手段和方法

1. 授权

领导和管理能力是项目经理的核心能力,在一定程度上决定了项目的成败。在现代项目管理中,项目经理多采用参与式的领导方式,引导团队成员参与到项目管理中来,发挥团队成员的主观能动性,而不是单纯地发号施令。项目经理可以通过授权,明确团队成员在项目实施过程中的地位与角色,将一些具体琐碎的管理任务交给团队成员,使自己能够更好地应对项目的重大事项。

授权就是给项目团队成员赋予权力,使他们在自己的职责范围内完成预期的任务,从而实现项目目标。授权还包括对完成项目目标的责任的授权,这对于优秀的项目经理来说非常重要。但授权不是推卸责任,项目经理仍然要对项目负最终责任。

项目经理在授权时,不仅要考虑项目成员目前的工作能力,还要考虑潜在能力,使他们能够获得培养和拓展自己的知识和技能的机会。同时,项目经理还要考虑授权的程度,多数情况下,项目经理应对项目团队全面授权,这是最高程度的授权。在不同情况下,授权程度要相应调整,如在项目中出现严重影响项目目标实现的问题,或在巨额超支、连续测试失败等情况下,授权应减小。

2. 获取项目资源

项目资源是指为成功达到项目目标所必需的人力和物力资源。许多项目在概念阶段就处于资金不足的状况。缺乏资源支持的原因包括:

(1)项目目标被有意模糊化。有时候,一个项目在其整体目标不清楚时就开工,但后来可能缺乏足够的资源支持。如果出现特殊情况,比如在实验室进行的纯研究工作,或是一个用来探索是否可以设计新芯片或提高计算机速度的信息技术项目,在这种情况下,公司会赞助那些被有意模糊目标的项目,以允许项目团队获得最大的灵活性。

(2)项目缺乏高层管理者的支持。组织的高层管理者中如果有项目的倡导者,对于项目的开发来说是非常有帮助的,特别是在为项目争取足够资源的时候。然而,如果项目没有强有力的支持者,该项目在同其他项目竞争有限的企业资源时,可能面临资金等资源缺乏的问题。

(3)项目需求被故意低估。故意低估项目所需的资源以便让组织接受该项目,是一种常见的做法。

(4)同时有多个项目开发,以至于没有足够的资金来运转。项目缺乏资金支持的一个常见原因是,公司开发了多个项目,导致公司不能够给予它们足够的资助。相反,公司采取“要么接受,要么放弃”的态度,给项目经理两个选择:要么接受资助不足的现实,要么得不到资助。

(5)高层管理者与项目经理之间的不信任。有时候,项目缺乏资金支持是因为高层管理者认为项目经理故意夸大他们的预算以获取额外的资助。不管项目资源缺乏的理由是什么,有一点是可以肯定的,许多项目面临着非常紧张的项目预算和不足的人力资源问题。然而,当项目经理寻求项目资源支持时,仍有一些可利用的选择。如果资源问题是人事问题,项目经理可以找到其他的途径来解决这个困难。例如,假如你是项目经理,负责升级公司已有的软件包,你的公司用该软件包来控制制造过程中的物流与仓库管理。如果缺乏训练有素的程序员来进行该项工作,你可以雇用临时的合同员工,也可以寻找具有专业编程技术的人,让他们完成同样的任务,以弥补企业内部人力资源的缺乏。值得一提的是,识别与响应资源需求是项目经理领导力的一个关键职能。

还有一个方法经常被项目经理用来解决资源不足的问题,那就是依靠协商或政治策略来影响高层管理者，以获取他们的额外支持。资源常常是通过与高层管理者协商获取的，因此，项目经理的谈判能力和向高层管理者施加影响的能力就显得非常重要。项目经理采取一定的技巧来保证项目稳步进行，这些技巧恰好体现了项目经理的领导力，而不管他面对的是高层管理者、客户、项目团队，还是其他的利益相关方。

3. 构建并激励项目团队

将一群专家组合为一个协作的团队，这个过程并不轻松。团队构建与激励团队将带来大量复杂的问题，而轻松处理人力资源方面的问题并不是每个经理的特长。例如，在工程领域或其他技术工作方面，出色的员工被提升为项目经理是一个常见的现象。他们对于技术挑战得心应手，而对于人力资源管理方面的问题则存在较大困难。他们的背景、培训、教育和经历使他们有足够的能力面对技术问题，却忽视了对于成功的项目管理同样有重要影响的管理问题，特别是人力资源管理问题。

在考虑如何激励项目团队成员的时候，要让团队成员明白，工作的热情来自每个团队成员的自身需求，是发自内心的力量与热情，团队赋予的使命是每个成员义不容辞的责任。团队成员通过完成组织目标，来获得团队的认可；团队成员通过自身的努力，实现管理能力、工作能力的提升。所以，工作岗位与团队激励是相辅相成的，一个成员因为在这个岗位上而受到团队的激励，又因为这个激励促进了团队目标的达成。

但这是否意味着动机处于项目经理的能力范畴之外呢？答案既可以是肯定的，也可以是否定的。动机是个人的决策，我们无法使某个人变得积极，从这个意义上来说，答案可以是肯定的。但另一方面，正如一位军队的职业培训官所说，“在军队里，我们不能强迫人们去做任何事，但我们能使他们产生想做这件事情的愿望”。潜在的动机是团队成员所渴望的，不论它是一项具有挑战性的工作任务，还是得到承认与提升的机会，或仅仅是远离困境的渴望。成功的项目经理必须认识到，他们工作的一个关键任务就是发现人才，然后让他们加入团队，并且构建一个交互的、协同的团队，最后利用一定的技巧激励团队成员。

激励的方式有多种，不一定是金钱，口头鼓励、表扬和奖品等都可以达到效果。当项目团队在预算范围内提前完成任务，或完成一项可以加快项目进度的任务时，项目经理应及时予以奖励。这样会在团队中形成一种风气，即努力工作必会带来收获。

4. 战略愿景和日常工作

成功的项目经理必须处理好边界上的问题。有时候这些边界将技术问题和行为问题分开，项目经理应该对这两项工作应付自如。另外一个边界是指一个战略制定者与日常工作人员的区别。项目经理提出概念计划，界定符合组织方向的项目范围，了解他们的项目将如何适应公司的项目群。

项目经理必须时刻牢记项目的使命，就是在规定时间内实现项目目标。项目经理必须把项目计划、项目资源紧紧地控制在自己手中，对于日常的项目管理工作交给项目成员去完成，通过项目协调会来调动利益相关方的资源，通过设立里程碑来督促项目利益方的进度与管理。项目经理的战略愿景就是快速实现项目目标，这种愿景会借助项目管理工具，转化为项目管理的战术，如月计划、周计划、各种协调会和专题会。

一个项目组织的执行者非常强调这个区别：“我们寻找那些能够看到整片森林的人，但同时他们对我们所种植的树的每个类别应该非常熟悉。如果那些树中的一棵病了，他们必须知道如何以最好的方式治好它。”这句话说明，只从战略角度分析项目的幻想家将不能处理每天的突发事件。同时，那些过于关注日常琐碎事务的人，可能会忽略项目的根本任务，忘记项目的整体规划或目标。这个平衡代表了成功的项目经理所需要的一个关键边界。

5. 沟通

美国前总统罗纳德·里根(Ronald Regan)曾被标榜为“伟大的沟通者”。他具有自然流畅的沟通能力,能清楚地表达他的观点和识别他的观众,准确传递信息而不偏离主题。项目经理需要同样的沟通能力。在项目管理中,有一句格言是关于同公司高层管理者沟通的重要性的:“假如他们对你所做的一无所知,那么他们将认为你什么都没有做。”这句话深刻表明,项目经理在项目实施的整个过程中,必须认真对待项目的利益相关方,同他们建立并保持持久的而不是断断续续的沟通关系。

此外,沟通也能发挥其他作用。有些项目经理被称为“迷你广告牌”,因为他们是项目状况的最显著标志。项目经理沟通的方式、他们所传递的信息(有意或无意的)以及他们讨论项目时的举止,都将向其他重要的项目利益相关方传递信息。不管是通过会议与演讲、书面与口头通知,还是通过非正式的网络,项目经理必须认识到沟通的重要性,并且能够熟练地进行沟通。

(二)项目经理应承担的责任

项目经理是受企业法人代表人委托对工程项目施工过程全面负责的项目领导者、管理者,是企业法定代表在工程项目上的代表人。他主要负责处理好项目决策及做好项目的事务性工作,也可称为“执行制作人”(Executive Producer)。所以项目经理是为项目的成功策划和执行负总责的人,对项目的质量、安全、进度、成本管理等主要项目工作全面负责。具体体现为对项目目标要有一个全局的观点,组建团队并制订项目计划,报告项目进展,控制反馈,在不确定环境下对不确定问题进行决策,在必要的时候进行谈判及解决冲突,保证项目的成功实施。项目经理的首要职责是领导项目团队通过有效的计划、组织和控制等管理职能,在预算范围内按时、优质地完成全部项目工作内容,实现项目目标,确保项目成功,并使客户满意。

项目经理的责任主要体现在以下三个方面:

1. 项目经理对上级组织所应承担的责任

项目经理对所属上级组织负责,包括资源的合理利用、及时且准确的通信联系、认真负责的管理工作。项目经理应注意到项目推迟和出现赤字的可能,并掌握减少此类事情发生的方法。向上级报告必须准确、及时,这样才能得到上级的信任,及时得到高级主管的帮助,使公司避开大风险。项目经理对上级组织所应承担的责任主要表现在以下几个方面:

(1)保证项目目标符合上级组织的目标;

(2)充分利用上级分配给项目的资源;

(3)及时与上级就项目进展进行沟通。

2. 项目经理对项目所应承担的责任

(1)项目经理对项目的成功负有主要责任,对项目实施计划、监督与控制,保证项目按时完成,在预算内达到预期结果。

(2)保证项目的整体性,保证项目在实施过程中自始至终以实现项目目标为最终目的。由于项目在实施过程中存在各种各样的冲突,项目经理在解决项目冲突的过程中要起重要作用,做到化解矛盾、平衡利弊。

(3)做好项目任务的分工,对其工作进行检查。

3. 项目经理对项目团队所应承担的责任

(1)项目经理有责任为项目组成员提供良好的工作环境与氛围。项目经理作为项目的负责人及协调人,首先应该保证项目组成员形成一个好的工作团队,成员之间密切配合、相互合作，拥有良好的团队精神及好的工作氛围。

（2）项目经理有责任对项目组成员进行绩效考评。项目经理要建立一定的考评制度，对项目组成员的绩效进行监督与考评。公正的考评制度是激励员工的一种重要的、有效的手段。

（3）项目组是一个临时的集体，项目经理在激励项目组成员的同时还应为其将来考虑，使他们在项目完成之后有一个好的归属，这样可以让他们无后顾之忧，安心为项目工作。

项目管理案例

培训项目的管理组织

培训项目大多由公司内部某一部门组织安排，通常为人力资源部门或部门内部的业务学习，只有在部门内部定义的专业培训内容才能满足成员的需要，因此，职能型组织形式更适合培训项目。

对培训项目组织者来说，如何使企业现有的各项资源（包括人、财、物等）围绕企业经营目标有效营运起来是其面临的重要问题之一。合理而高效的组织形式将是确保培训活动正常运行的前提条件，培训质量如何、效率如何、效果如何，都与组织工作的开展密切相关。

一、培训项目组织构建

当参加培训的部门增加、培训内容多元化时，职能型组织能够更好地促进培训项目的开展。这种组织结构形式为许多公司所采用，它是将企业的全部任务分解成分任务，并交给相应部门完成。当外界环境稳定、任务相对例行，而不同部门间的协调相对不复杂时，这种结构是最有效的。培训项目就具备这样的特点。一般将培训项目的组织划分为行政人事部、直线部门。

（一）行政人事部

行政人事部具有如下职责：

（1）负责按照公司中长期战略目标，计划、组织、实施、检查和督促各项培训工作开展；

（2）建立和落实内部讲师制度，协商落实讲师授课主题，并负责内部讲师团的培养和考核；

（3）负责寻求外部培训资源，掌握外部培训市场信息，与相关培训机构建立并保持良好关系；

（4）确定培训师资，审核培训教材及相关资料；

（5）提出外训建议，管理外训员工；

（6）拟定与培训有关的相关费用预算，并审核控制费用支出；

（7）建立、维护员工培训档案。

（二）直线部门

直线部门具有如下职责：

（1）根据部门/单位年度目标与规划，确定部门/单位培训需求，并反馈至行政人事部；

（2）根据部门/单位员工考核情况与发展方向，确定员工个人发展需求，并反馈至行政人事部；

（3）本部门/单位内部培训的组织与实施；

（4）督促本部门/单位员工参加公司组织的培训课程；

(5)满足公司需要，培养并提供内部培训讲师；

(6)选择适合员工的外训课程，审核部门/单位内外培训申请。

二、培训项目团队建设

(一)完善的工作制度

对于培训项目的开展，项目团队需要有完善的工作制度来确保培训的质量。企业内培训项目多是由人力资源部门来开展的，由于培训项目并不是企业长年开展的项目，在举办培训时需要聘用临时员工，所以应该针对该项目制定明确的工作制度来约束固聘员工和临时员工。

(二)明确岗位职责

培训应当满足学员需求并让学员对教学内容和教学服务满意，在培训的过程中，要对既有的流程进行阶段性的再思考和彻底的再设计，及时采集员工需求。明确各个岗位的工作内容、职责和权限，在此基础上测定各个岗位的工作定额。如测定教学部门的教学内容编排、教材选取等是否达到员工满意，考虑他们的业务水平，以便及时依据学员的反馈情况进行调整；由于构建的是职能型组织，职责明确到各部门及个人，可以让部门的员工受到个人荣誉感和部门荣誉感的双重约束，从而提高工作的积极性，并保证工作的质量。

(三)建立合理有效的激励机制

建立有效的激励机制需要考虑企业的薪酬制度、考核制度、晋升制度等涉及员工利益的方方面面，各项制度都应因时、因岗、因地而异，并不存在永远合理有效的制度和政策。薪酬制度可以采用计件工资制、计时工资制、技能工资制、市场定价工资制等。不同的工资制需考虑企业、岗位实际情况的不同。

在企业培训项目中，大部分企业会采取考试的形式对学员的培训效果进行考核，同时学员对培训的满意度也决定了培训项目开展的质量，强化考核制度是对员工有效的激励机制。

(资料来源：杨小平，余力．项目管理教程[M]. 北京：清华大学出版社，2012.)

问题：

1. 如何加强培训项目团队管理？
2. 请画出培训项目的组织构架。

本章小结

项目管理组织方面介绍了项目管理组织的概念、特点和设计原则，然后重点分析了职能型、项目型、矩阵型、网络型、混合型5种项目管理组织的结构形式，以及各种形式的优缺点和适用的情景。

项目团队管理的主要工作内容包括跟踪团队成员绩效、提供反馈、解决问题并协调各种变更、提高项目绩效。主要介绍了项目团队管理的基础、成功项目团队的特点、项目团队管理的方法等。

项目经理方面介绍了项目经理的定义与定位、项目经理应具有的素质、项目经理的主要工作内容、项目经理的团队管理等。

习题

1. 什么是组织？什么是项目管理组织？
2. 项目管理组织的特点有哪些？
3. 简述项目管理组织的设计原则。
4. 常见的项目管理组织的结构形式有哪些？各有什么优缺点？

5. 项目团队管理的基础有哪些?
6. 成功项目团队的特点有哪些?
7. 项目团队管理的方法有哪些?
8. 如何构建高效的项目团队?
9. 简述项目经理的定位与管理技巧。

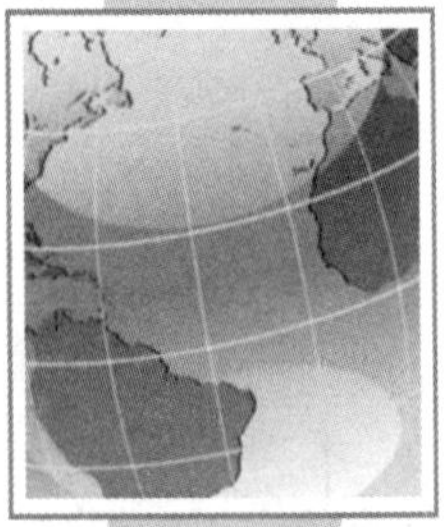

第三章 项目立项与启动

项目的立项过程和项目的启动过程常常被误认为是同一个过程。其实上述两个过程有着明显的区别。立项管理是项目的正式设立并确定项目的目标,立项决策是否正确直接决定着整个项目的成败。立项批准后,进入项目启动阶段。项目启动是指正式批准新项目,或者批准现有项目进入下一阶段的过程。项目启动后,进入项目规划、设计和计划过程,项目计划过程保证项目目标的实现,正式启动过程将项目与实施组织的日常工作联系起来。项目立项与启动既紧密相连,又存在差异。一个项目的成功启动离不开项目组或项目经理,但仅仅依靠项目组和项目经理无法实现项目的成功启动,必须具备各种相应的条件。项目要能够获得组织内外各种必要的资源,最重要的是,项目要能够得到各利益相关方的支持。一个完整的项目启动过程应符合相应的流程,并完成必要的项目启动工作内容。

第一节 项目机会研究

作为项目的一种特殊形态,项目管理既有一般项目的普遍性,又有其作为项目的行业和专业特性。因此,在对开发项目进行项目机会研究时,除了要研究一般项目所涉及的因素以外,还要考虑这一特殊行业的重要影响因素。

一、项目一般机会研究

任何项目都与其所在的环境息息相关,外界环境可以决定一个项目的取舍和成败。因此,在进行项目决策时,首先要考虑的就是外界环境条件是否适宜进行项目开发。项目的开发同样要考虑其对外部环境的影响。

通常情况下,对一个重要的项目立项,首先要进行一般机会研究。一般机会研究是项目机会考察的最初阶段,通常是由项目的投资者或经营者通过掌握大量资料,经过分析和比较,从错综复杂的情况中鉴别出投资机会,最终确定项目的投资。项目一般机会研究的主要内容包括考察宏观经济和地区状况,对经济和产业形势做出预测,同时预测行业、地区和部门的发展前景。具体到每个行业,一般机会研究需要更有针对性。通常来说,一般机会研究需要提供以下数据作为依据:(1)经济发展及产业结构预测;(2)社会发展现状及趋势预测;(3)相关的法律和政策;(4)相关行业的发展情况及增长趋势。

二、特定项目机会研究

在一般机会研究之后,需要进行特定项目机会研究。特定项目机会研究是在一般机会研究确定了项目开发的方向后,通过掌握更详细的资料,作进一步的筛选,将项目投资方向转化为概略的项目提案。特定项目机会研究和项目选择要比一般机会研究更为细致深入,也更趋向于微观研究。其研究内容主要包括以下几个方面:

(一)市场研究

市场研究是指对已经选定的项目领域和投资方向中多个项目意向进行市场调查和市场预测,同时概略地了解与项目意向相关的需求。另外,还需要了解其他因素,例如国家产业政策、税收政策、金融和财政政策等。

(二)项目意向的外部环境分析

项目意向的外部环境分析是在发现项目机会以后,为了研究机会的可行性和吸引力,对外部环境进行的有针对性的研究,研究的结果是大致判断该机会是否真实存在。

(三)项目机会研究方法

对项目机会进行分析的方法有很多种,常用的方法是 SWOT 分析法(如图 3－1 所示)。SWOT 分析法通过分析选定项目的优势、劣势,项目发展的机会和问题所在,以及优势与劣势之间的相互转化途径、机会与问题之间的转化途径,最后进行机会评价。SWOT 分析的作用是分析项目投资方与承包方在这一环境和领域中的优劣势,明确在该领域投资开发成功的可能性。

优势分析(S)	劣势分析(W)
机会分析(O)	问题分析(T)

图 3－1　项目机会研究的 SWOT 分析法

三、项目需求分析

在通过项目机会研究之后,紧接着要进行的就是项目需求分析,也就是分析项目的市场需求。任何一个项目都是为了满足某种需求而存在的,不同的项目面对的用户和需求是不同的。因此,建立一个项目必须满足相应的需求。识别需求是项目启动阶段的首要工作,起源于需求的产生,结束于需求建议书的发布。一份完整、清晰、正确的需求建议书是今后计划和执行项目的基础。

(一)客户项目需求识别

客户需求是基于某些方面的变化而产生的,需求识别的主要目的就是对内外部环境进行分析,发现环境中的变化趋势,把这些变化以及由此产生的需求辨别出来并加以分析。客户需求主要来源于以下几个方面:

1. 市场需求

市场需求是由于市场变化而产生的,客户对市场需求的响应直接引致了对项目的需求。例如,为解决众多小型公司无力购置专门的信息管理软件这一问题,某一系统开发商专门针对某一行业的小公司业务简单、财务能力差、组织结构灵活等特点,开发了一款通用的、可以DIY的套餐组合。

2. 发展需求

发展需求是指客户基于自身发展的需要,为提高自身能力而产生的对项目的需求。例如,一家公司为了提高对客户的响应能力和速度,建立一个CRM项目。

3. 技术需求

技术需求是指因技术的发展进步所引起的需求。随着技术的进步,原有比较落后的系统将会不断地被市场淘汰,为了维持发展,企业不得不开发新的系统。例如,某公司原有的系统只能处理一些文字信息,而随着技术不断发展,信息的格式不断多元化,为了能够更快、更好地处理更多的信息,该公司决定开发一个新的系统。

4. 竞争需求

竞争需求是指客户在受到竞争压力,或者是主动要求提高自身竞争力的情况下所产生的对项目的需求。例如,某公司为了提高自身竞争力而开发出一套快速物流系统,提高了物流处理效率。

客户对上述需求的反应将会成为项目需求,但这种需求是很笼统而不明确的,只是一个粗略的概况,或许客户自身都不能清晰地表达这种需求。因此,需要进一步研究和分析自身状况和条件,考虑项目的经济效益和项目目标,以充分明确项目需求。

需求的识别和定义过程对客户和项目是十分重要的,错误的项目需求会导致整个项目的失败,因为需求定义是项目以后工作的基础,也就是决定项目是“做什么”的,后续的工作都是围绕“怎么做”展开的。

因为项目会涉及方方面面的问题,项目需求比较庞杂,因此,为了使项目开发的相关组织和人员能够更好地理解项目需求,也为了明确界定各方的责任和义务,在定义项目需求的最后阶段要将需求定义的结果形成专门的文档,这也就是在项目需求定义阶段的成果——项目需求建议书。

(二)编制项目需求建议书

项目需求建议书(Requirement for Proposal,RFP)是客户发出的、用来向项目承包方说明如何满足其已经被识别出来的项目需求以及所要进行的全部工作的书面文档。详细的项目需求建议书能让项目承包方明确客户需要什么样的项目产品,同时也是项目承包方完成项目投标文件的基础。

项目需求建议书一般都是正式文件,但也有以非正式文件出现的情况,比如对于内部项目,可能就不会产生格式标准的、正式的项目需求建议书。

标准的项目需求建议书一般应包括以下内容:

1. 项目工作陈述

项目工作陈述涉及的内容主要是项目的工作范围，客户应再次明确指出承包方要完成的工作任务中所涉及的内容或者称为任务范围。项目工作陈述应该明确表明客户需要的是什么，比如是更新完善现有的系统，还是建立一个全新的系统替代当前系统；工作是仅仅完成系统开发，还是在完成系统开发后要继续进行后期维护。

2. 项目目标

项目目标包括交付物、成本、进度等。其中，交付物是承包商或项目团队所提供的实体内容。以一个用于结账和收款的软件系统来说，承包商可能被期望提供软硬件、操作手册和培训教程。交付物也可能包括客户要求承包商或项目团队提供的定期进度报告或结束报告。

3. 项目目标要求

客户在项目需求建议书中必须明确规定项目可交付成果的规格、技术性能和特征，如信息项目包括响应时间、更新处理时间、数据的转换和传送时间、数据处理能力、可维护性、可补充性、易读性、可靠性、运行环境可转换的特殊要求等。

4. 客户供应条款

客户供应条款中列出了在项目执行期间，客户能够为项目承包方所提供的资源和支持。

5. 客户付款方式

这是项目承包方最为关心的内容之一，也就是客户打算在什么时候、以什么方式向项目支付多少资金。

6. 项目时间要求

项目时间要求指的是客户要求项目在什么时间结束，也就是项目的完成日期。由此可以推算大致的项目进度计划，使得承包方可以判断能否在规定时间内完成软件开发和交付。

7. 有关承包商投标的事项

大型项目一般要求采用招投标的方式来选择承包商，通过对若干承包商的项目建议书或投标方案的比较来确定最后的承包商。这需要客户在项目需求建议书中对有关投标的事项，如项目建议书的格式及投标方案的内容做出规定，以确保为承包商提供一个公平竞争的环境。在项目需求建议书中，客户还需要对投标的最后期限做出规定。通常，客户会在某一固定的时间(或期限内)把该日期之前的投标方案集中起来，并请有关专家对承包商的投标方案进行评审。因此，最后期限的规定非常重要，它向承包商提示必须在此日期之前提交有关意向，超过预定日期所提交的任何申请书都将不予考虑。

8. 对承包方项目投标文件的要求

项目需求建议书会规定有关承包方项目申请书的内容、格式和提交的截止日期，以便能够公平合理地选择承包方。

9. 对承包方项目投标文件的评价标准

投标文件涉及的项目评价标准具体如下：(1)申请方提出的技术方案；(2)申请方在类似系统开发中的经验和成绩；(3)项目成本；(4)进度计划。

四、项目选择

(一)项目构思

项目构思又称项目创意，是指项目承包方根据项目需求建议书的规定和内外部环境的实际情况，提出能够满足客户要求的各种项目方案，用以进行项目的选择和可行性研究。

为了能够更好地满足客户需求，保证项目的顺利进行，一般要提出多个项目解决方案，每个方案都有自己的特点和长处，客户需要根据自身条件和限制进行选择。

与其他项目一样，任何一个项目都需要进行项目构思。项目构思最常用和有效的方法是头脑风暴法，发挥开发人员和客户的想象力，产生尽可能多的创意。

（二）项目选择标准

由于各种条件，比如人、财、物等方面的限制，并不是项目承包方提出的所有项目方案都能满足客户的需求，因此需要对这些项目方案进行初步的筛选。项目选择就是由客户根据自身条件，从项目承包方提供的项目方案中，经过初步分析，去除那些明显不符合要求的方案。被去除的方案就不再需要进行可行性研究，避免浪费资源。

例如，信息系统项目方案的初步选择主要考虑以下几个指标：

1. 人员因素

人员因素是指将要进行具体操作的员工的技能水平、员工接受新系统的能力。项目系统要考虑员工的接受能力，如果员工普遍感觉接受起来很困难，或者在短期内无法接受，那么这种方案就不是一个理想的方案。

2. 技术因素

技术因素是指客户企业的内部管理和维护的技术水平。在项目开发完成交付给客户后，经过一定时间的试运行，主要的维护工作就由开发方转移给实际使用方。因此，选用的系统方案要符合客户的技术水平，或者说是客户能够在一定情况下达到的水平。

3. 组织因素

客户的组织因素对项目选择的影响主要在于组织结构。新建立的系统权限和操作框架要与客户现有的或者经过改造后的组织结构相适应。

4. 财务指标

财务指标也是一个比较重要的影响因素，不同的项目方案的预算可能差距较大，因此，客户会根据自己的资金实力和项目预算选择合适的项目方案。

（三）项目选择方法

目前，项目选择的方法种类较多，通常可以把项目选择的方法分为定性分析方法和定量分析方法。定性分析方法主要包括头脑风暴法、德尔菲法、专家会议法等。定量分析方法通常包括模糊综合评价法、层次分析法等。在实际项目选择过程中，主要以定性分析方法为主，同时使用定量分析方法。下面，我们选择实际中常用的几个方法进行简单介绍，有兴趣的读者可以阅读相关书籍和文献。

1. 头脑风暴法

头脑风暴法的发明者是现代创造学的创始人——美国学者亚历克斯·奥斯本。头脑风暴原指精神病患者头脑中短时间出现的胡思乱想。奥斯本借用这个概念来比喻思维高度活跃，即打破常规的思维方式而产生大量创造性设想的状况。头脑风暴的特点是让与会者敞开思想，使各种设想在相互碰撞中激起脑海的创造性风暴。它可分为直接头脑风暴和质疑头脑风暴。前者是在专家群体决策基础上产生尽可能多的设想；后者则是对前者提出疑问，分析其现实可行性。

2. 德尔菲法

德尔菲法最早出现于20世纪50年代末，是当时美国为了预测“遭受原子弹轰炸后可能出现的结果”发明的一种方法。德尔菲法本质上是一种反馈匿名函询法。其做法是，在对所要预测的问题以信函形式征得专家的意见之后，进行整理、归纳、统计，再匿名反馈给各专家，再次征求意见，再集中，再反馈，直至得到统一的意见。其过程可归纳为：匿名征求专家意见—归纳、统计—匿名反馈—归纳、统计……若干轮后，停止。它是一种利用函询形式的集体匿名思想交流过程。它区别于其他专家预测法的三个明显特点是匿名性、多次反馈、小组的统计回答。

3. 层次分析法

层次分析法（Analytic Hierarchy Process，AHP）是美国运筹学家萨蒂（Saaty）教授于 20 世纪 80 年代提出的一种实用的多方案或多目标的决策方法。它合理地将定性与定量决策结合起来，按照思维、心理的规律把决策过程层次化、数量化。

第二节　项目可行性研究——以信息系统项目为例

在对项目方案进行初步选择之后，就可以开展下一步的项目可行性研究，对项目方案进行最后的选择。项目方案选择时可以使用一种比较粗略的方法，对明显不符合要求的方案进行剔除，这种选择方法的好处是成本较低、时间较短，而且比较有效。但是，对于那些不是那么明显的、从一些简单的定性指标上无法判断是否可行或者说无法进行优选的方案，则有必要用详细可行性研究的方法作进一步研究。

一、项目可行性研究的目的和依据

（一）可行性研究的目的

可行性研究的目的就是识别项目的约束条件、各可选方案及相关的各种假设，在尽可能短的时间内确定问题是否可以被解决，同时衡量解决方案的利弊，从而判断项目目标和规模是否能够实现，以及项目完成后是否能够实现预期的效益。

（二）可行性研究的依据

项目可行性研究的依据包括以下方面：（1）组织的整体战略、宗旨、愿景。（2）项目建议书。（3）项目约束条件、假设和限制。例如，信息系统项目的约束条件、假设和限制通常包括：系统运行的寿命；方案比较的限制时间；经费、投资方面的来源及限制；法律、政策的约束；硬件、软件、开发和测试环境的条件和限制因素；可获取的资源；系统调试并投入使用的最迟时间。

二、项目可行性研究的内容

（一）经济可行性

开发一个新项目，首先要在经济上具有可行性。企业的最终目的是获得利益最大化，因此，对项目进行可行性研究首先要衡量该项目是否能够带来经济效益。例如，就信息系统项目而言，最大的效益就是带来信息处理效率的提高和运营成本的降低，而其成本就是系统开发成本、系统转换成本和运行成本。经济可行性研究就是要综合计算成本和收益，只有长远的收益高于成本的项目才会得到投资方的支持。

系统的开发和运行是需要资金支持的，如果项目的规模比较大，就需要考虑客户的资金支持能力。比如中石油 ERP 系统的开发成本是数亿元，这对一个规模较小的公司来说在财务上是不可行的。财务可行性分析也包括分析客户的资金筹措，一个项目所需要的资金可以从多个渠道获得。在可行性研究阶段，资金筹措工作是对项目开发所需投入固定资产和软件开发所需投入资金的估算进行方案设计和选择。要考虑客户是否能根据项目进度，及时提供项目进展所需要的资金和资源。在财务可行性研究中，需要对以下内容进行说明：(1)项目总投资估算；(2)固定资产总额；(3)流动资产总额；(4)资金来源；(5)资金筹措方案；(6)资金使用计划；(7)项目财务效益；(8)国民经济效益。

(二)技术可行性

项目的开发依赖于信息技术，并不是组织需要的所有功能都能通过系统来实现，因此，在对项目方案进行可行性研究时，要考虑技术上的可行性。也就是说，对于项目方案所提供的功能是否能用计算机来实现。技术可行性研究并不是说一些功能不可能实现，而是同一个方案的功能和开发方法在技术上会有冲突。比如，在开发方案中使用 VB、C++等开发方法进行联合开发，会使得项目中各子系统间产生不兼容现象，使系统存在较高的不稳定性。

另外，在考虑了软件开发之后也要考虑硬件配置，即考虑开发后的软件需要什么样的硬件来运行，在技术上是否能获得这样的硬件配置。另外，新系统的性能和技术一定要优于现有系统，而不能有所倒退；同时，新系统要有一定的前瞻性，能在经济有效期内保持一定的先进性。也就是说，在系统预计使用年限内，不能出现因为系统过于落后而被淘汰换新的情况。这就要求系统分析人员在设计和选择项目时有较强的预见能力，能够预测到将来科技的发展趋势。

在完成技术可行性研究时，还需要对系统的局限性进行研究。主要研究系统在功能、运行模式、性能、处理速度等方面可能存在的缺陷，把这些缺陷与系统需求说明进行对比，以确定这些指标的重要程度。对于一些较小的缺陷，它们在完成系统主要功能的情况下是可以满足客户需求的；但对于一些较重大的缺陷，它们可能导致项目的夭折。因此，有必要评价系统缺陷的重要程度，并制订相应的解决方案。

(三)管理可行性

项目的建立和运行需要有具体的人来完成，一个完善的系统如果没有合适的人力资源体系来负责管理和保障，就不会发挥任何作用。因此，所建立的项目系统必须要有相应的组织体系给予支持。同时，实施项目是一个不断创新的过程，在这个过程中，知识工作者作为关键的资源，成为影响项目成功的主要因素之一。由于项目的独特性，提高知识工作者的生产率就成为项目实施的关键。随着劳动力等关键资源使用成本的增加、市场竞争的加剧，管理问题成为越来越多项目失败的主要原因。因此，保证项目的顺利实施离不开项目管理的支持，作为项目的实施组织必须结合自身情况，针对每一个项目的实际情况完善管理可行性分析。

(四)社会可行性

主要分析项目对社会的影响，包括政治体制、宏观政策、经济发展、法律法规、宗教文化等方面。

(五)其他因素

其他因素如项目的社会影响力等，也是影响项目进展的重要因素。

三、项目可行性研究的步骤

进行可行性研究是希望能够得到一些新的发现和一些经得起考验的结论，在这些基础上进行决策，完成项目。可行性研究的结果，离不开系统、可靠的过程保证。因此，明确可行性研究的过程，构建系统科学的研究步骤，是成功完成可行性研究的关键。可行性研究包括以下工作：

(一)清晰定义研究目标

确定项目可行性研究的目标是项目成功的重要因素，它能保证在以后的工作中保持正确的方向。在所做的工作中时刻把研究目标与当前工作进行比较，通过目标的指引，不断明确后续的研究方向，否则所做的可行性研究工作就像在雾中航行的轮船，随时都有触礁的危险。

(二)明确研究中所需使用的资源

列出一个可能会用到的资源清单。在这个过程中，尽量把项目中能够用到的资源全部列清楚，然后以某种优先级进行排序。通常，这些资源的获取来源包括：(1)以前的经验；(2)其他项目的经验；(3)专业杂志；(4)网站；(5)IT 书籍；(6)厂商产品说明。

(三)选择适合的研究伙伴

完成可行性研究是一个工作量较大的工作，需要与其他成员共同完成。这些成员可以来自组织内部，也可以从组织外部进行选择。可以先将研究工作分成几个部分，然后将其分配给团队成员去完成。这样，在其他成员的帮助下，工作会变得更加高效。

(四)整理和归档

开始阅读和记录有关项目的信息。用书签等方式记录下所发现的有用的网页、书籍、杂志等内容，这样做可以轻松获取所需资料。记录的内容还应包括使用过的相关资料所在书报杂志的名称及其所在页码，这样可以避免不必要的重复和返工。

(五)评估并做进一步研究

将收集的相关信息进行整理汇编。当把所有完成的研究汇集到一起时，检查这些数据是否已经能够实现可行性研究的目标。如果可以实现，则转入可行性研究报告的编写工作；否则，将依照上述方法继续进行研究工作。

上述方法虽然简单，却十分有效。关键的因素是时间，不要陷入永不停止的研究工作中，而忘记了可行性研究报告才是真正的交付物。高质量的可行性研究报告离不开细致的研究工作，这也是不得不花费精力和时间才能完成的。记住在第四步要设置一个截止期限。

通过上述 5 个步骤，将研究结果最终以可行性研究报告的形式予以提交。

四、项目可行性研究报告

项目可行性研究报告是可行性研究的结果和正式文件，也称为项目评价报告，是对项目方案是否可行做出的评定文件。对一个项目进行可行性研究，必须在国家有关规划、政策、法规的指导下完成，还要有相应的各种技术资料。可行性研究报告是向上级和金融机构提供的报告，它为客户和管理人员服务，同时也被项目管理团队作为执行项目的依据。因此，项目可行性研究报告必须站在公平公正的立场，内容要达到国家要求的深度，同时尽量通俗易懂并足够详细。另外，要避免单纯为了获得批准而将可行性研究报告做成“可批性研究报告”。

(一)可行性研究报告的依据

(1)国家经济和社会发展的长期计划，部门与地区规划，经济建设方针、任务，产业政策、投资政策和技术经济政策，以及国家和地方法规。

(2)批准的项目建议书和相关的意向性协议等。

(3)国家、地区和行业的工程技术，经济健康运行的各项法律法规、行业标准。

(4)国家颁布的建设项目经济评价方法与参数，如折现率、行业基准收益率、影子价格换算系数、影子汇率等。

(5)市场调查报告。

(二)可行性研究报告的编制要求

鉴于项目可行性研究工作及可行性研究报告对于整个项目开发的重要性，为了保证它的科学性、客观性和公正性，防止遗漏和错误，对编制可行性研究报告有以下要求：

(1)必须站在客观公正的立场上进行调查研究，做好基础资料的收集和整理分析工作。对于收集到的资料，要从客观实际情况进行论证评价，如实反映客观规律、经济规律。可行与否，应该从科学分析的数据结果来判断和回答，而不能先认定研究结果再去臆造数据。

(2)可行性研究报告的深度和详细程度要符合国家的相关规定标准，基本内容要求完整，在成本合理的前提下，应使用尽量多的资料，避免粗制滥造，出现形式主义。在具体做法上要掌握以下几点：坚持先论证后决策的原则；把握好项目建议书、可行性研究、项目评估这几个阶段的关系，在任何一个阶段发现不可行，都要停止项目研究；调查研究要贯穿始终，掌握切实可靠的资料，保证资料选取的全面性、客观性、连续性；坚持多方案比较选优。

(三)可行性研究报告的框架

可行性研究报告的框架结构是完成整个项目可行性研究报告的基础，通过可行性研究报告的模板可以清晰地了解和掌握其框架。本章在项目管理案例中给出项目可行性报告模板，以帮助读者了解项目可行性报告的框架结构和内容。

五、项目决策

在对项目完成可行性分析后，根据可行性研究报告的分析内容和结果，需要项目领导对项目进行决策。项目决策是指按照一定的程序、方法和标准，对项目人员上报的项目可行性研究报告进行决定和批复的过程。策划满足利益相关方需求的项目，进行正确的项目决策，是项目成功的前提。

(一)项目决策应该遵循的原则

项目决策是对一个复杂的、多因素的项目管理系统进行逻辑分析和综合判断的过程，包括拟建项目的必要性和可行性的分析论证、对项目投资方案的制订与选择，以及对投资方案的评价与审批。

项目经理在项目决策过程中必须遵循以下原则：

1. 科学原则

项目决策要尊重客观规律，要按科学的决策程序办理，要运用科学的决策方法。为实现科学决策，项目经理应该从以下四个方面入手：(1)确定项目目标；(2)围绕预定目标拟订多个实施方案；(3)在多个方案中进行比较选择；(4)要预计方案实施过程中可能出现的变化及应采取的应急措施，还要考虑到预定目标实现后的实际效果。

2. 可持续发展原则

项目处于不断的运动和发展变化之中，其决策作为对未来经营目标、行动方案的抉择活动，形式和内容多种多样，并随着项目管理系统的发展及环境变化不断发生变化，故须遵循可持续发展原则。

3. 民主原则

项目决策应避免单凭个人主观经验决策，应广泛征求各方面的意见，在反复论证的基础上，由集体做出决策。民主决策是科学决策的前提和基础。

4. 经济原则

项目决策本身讲究产出效果与投入代价之间的关系，涉及决策收益和所花成本的问题。若决策所花代价很大，取得效益甚微，则应考虑进行该项决策有无必要。要追求项目总体效益最优，微观效益与宏观效益统一，近期效益与远期效益统一。

(二)项目决策的程序

1. 认识问题

所有自觉地做出合理决策选择的尝试都应该开始于对存在问题的认识,先认识到存在的问题,然后才能按照合乎逻辑的方向去解决问题。项目确定本身就是由市场、技术等方面存在的问题决定的。

2. 明确目标

目标是在一定条件下解决问题要达到目的的归结点。若无目标则无所谓决策,目标错了决策就会失误。为使决策目标明确合理,需注意确定目标要实事求是,目标须明确具体。

3. 收集数据

决策选择的前提是数据,所以好的决策必须建立在丰富、准确的信息资料的收集上。项目数据的一个重要来源是企业本身的财务系统,另外还有市场需求、贷款条件、政策与投资环境、原材料和能源供应等信息和数据。

4. 确认可行方案

做出决策选择必须有替代的方案。在寻找替代方案的过程中,始终存在着忽略掉最优方案的危险。所以为了确保得到最优方案,一定要罗列出所有的可行方案,并且要提出创新的解决方法。

5. 确定判断方案优劣的准则

决策主要是为了从替代方案中进行选择。项目决策的准则是:若投入相等,则使收益或其他产出最大;若产出相等,则使费用或其他投入最小;若投入和产出均不相等,则使产出和投入之差最大,也就是使利润最大。

6. 执行方案

方案的执行是决策过程中至关重要的一步。在方案选定后,就可制定实施方案的具体措施和步骤。通常而言,执行过程应做好以下工作:(1)制定相应的措施,保证方案的正确执行;(2)确保有关决策方案的各项内容都被所有人充分接受和彻底了解;(3)运用目标管理方法把决策目标层层分解,落实到每一个执行单位和个人;(4)建立重要工作的报告制度,以便随时了解方案进展情况,及时调整行动。

7. 检查处理

一个大规模决策方案的执行通常需要较长的时间,在这段时间中,情况可能发生变化,必须通过定期检查评价,及时掌握决策执行的进度,将有关信息反馈到决策机构。决策者依据反馈来的信息,及时跟踪决策实施情况,对局部与既定目标相偏离的,应采取纠正措施,以保证既定目标实现;对客观条件发生重大变化,原决策目标确实无法实现的,则要重新寻求问题,确定新的目标,重新制订可行的决策方案并进行评估和选择。

第三节　项目启动——以信息系统项目为例

在项目可行性研究之后,客户需求由一个概念变成了一个具体的、可执行的项目方案,此时就到了项目正式启动的阶段。

一、项目启动的环境分析

尽管项目是一次性的,目的在于产生独特的产品和服务,但组织并不能孤立地运行项目。

项目经理必须对项目运行的环境足够了解，需要在一个更大的组织视野下考虑项目。项目经理对项目有一个全盘考虑，并且清楚项目管理的价值。项目管理的目标不是为了技术，而是朝着既定的目标（更好的服务或者产品）渐进的过程。当决定实施新项目时，项目经理需要清晰、全面地理解项目目标，模糊不清的理解势必造成时间、费用和精力的浪费。在项目启动时，项目经理要清楚地知道项目的结果是什么，只有这样，这个项目才算真正启动。

项目启动时，需要考虑以下项目背景信息：

（一）项目是否具有明确的目标

一名出色的项目经理，应该在尽可能短的时间内确定所负责项目的项目目标，同时保证项目目标的明确性、可测量性、可实现性、相关性以及时间约束性。项目客户、项目发起人、项目团队成员等利益相关方都应对项目目标有一致的认识。在这个过程中，不仅要识别出项目的具体目标，还要清楚地识别出项目的潜在要求。

（二）项目是否有合理的开始结束日期

随着项目规模的不断扩大，项目所需要的各种资源也将不断增加。如果项目没有规定一个合理的开始结束时间，将意味着项目将无限期地推迟或者永无休止地进行，项目需要的资源将成为未知数。项目必须设立合理的开始结束时间，明确要做的工作内容，在规定时间内交付项目成果，使客户满意。

（三）项目是否得到组织高层的支持

项目的成功离不开组织高层的支持。组织的高层，尤其是项目的发起人，拥有足够的资源，在项目的实施过程中不得不依靠上述资源实现项目目标。同时，确保组织高层支持以完成项目实施工作，可以更加透彻地了解管理层对项目的要求，对项目的后续实施具有重要的指导价值。

（四）项目是否有财务支持

任何项目都离不开资金的支持。以技术为核心的项目对优质的硬件、软件以及优秀的人员进行投资，都离不开资金的支持。如果项目预算不清晰，需要边干边计划，那么项目将更加容易掉进入不敷出的窘境。

（五）项目是否有行业相关国家标准或者国际规范

行业相关国家标准或者国际规范，都涉及项目技术规范和用户要求。在项目启动阶段考虑上述标准和规范，是对项目行业内成熟经验的借鉴。对于强制性规范，在项目的实施过程中必须完全执行；对于建议性规范，对项目的实施也有重要的指导作用。

（六）项目是否有人做过

相同或者类似的项目在本组织内是否已有人做过，如果有，就必须了解上述项目的实施情况，可以借鉴项目经验。

作为项目，除了对上述一般项目管理背景信息进行了解之外，还需要了解以下与技术相关的信息：

（1）新技术将会怎样影响使用者。随着信息技术的飞速发展，对新技术的应用已经渗透到组织的各个层级。如果新技术的应用将造成对原有工作、生活模式的冲击，应提前让使用者知道，否则新技术的应用将会受到前所未有的抵制，毕竟项目是为了让工作更加简单轻松。

（2）所使用的技术对其他软硬件是否有影响。项目往往既涉及软件，也涉及硬件，项目采用的技术可能影响到其他的硬件或者软件，这种影响带来的风险需要预先考虑。

（3）所使用的技术与操作系统的兼容性。不同的组织会采用不同的操作系统。即便是同一个组织，也可能存在两种或者更多的操作系统，如 Windows、MAC、Linux、UNIX 等；即便是 Windows 本身，也存在多个版本。因此，要了解操作系统对项目应用的要求。

(4)项目采用的技术其他组织是否已经采用。全新的技术可以增强项目的竞争性，同时也将存在危险因素，例如与其他组织进行数据共享时，可能带来兼容问题。采用相对成熟的技术，由于之前有较为广泛的应用，项目在实施过程中遇到的技术风险将会很小。

(5)项目采用的技术是否有足够的售后支持。技术是否具有一定的影响、存在较长的时间并且已经取得一些成功的案例？如果遇到问题，技术供应商能否给予及时的解决？能否得到持久的售后支持？这些都是项目经理需要掌握的信息。

(6)网络建设情况。现在的项目离不开网络的支持。网络能否支持新项目的运行，是任何组织在实施项目前不得不考虑的问题。

当然，除了上述重要的信息外，还有诸多信息需要了解。值得注意的是，需要预见可能发生的最坏情况，并且找到应对的方法，而不是等到危机爆发后慌乱地应对。

二、项目启动阶段利益相关方分析

项目成功的目标是让利益相关方满意，项目的成功取决于项目利益相关方的共同努力。对于项目来说，不同的利益相关方，在项目管理的不同阶段扮演的角色和责任也将不同。明确上述内容，将有利于协调工作，调动相关人员。通常，项目在启动阶段的利益相关方有以下几个：

(一)组织高级管理层

组织高级管理层负责识别项目需求、评价项目风险及批准要实施的工作。为了保证项目符合组织的商业需求，组织高级管理层负责制订项目战略计划，同时建立程序以保证政策得以贯彻实施。组织高级管理层在项目启动阶段的角色与责任如下：

(1)选择项目经理并在人员配备方面提供协助；

(2)审查并批准项目规划、计划、方案及评价风险；

(3)确保资金供应；

(4)确定项目目标，草拟项目概念文件及项目章程。

(二)项目经理

项目经理对整个项目的成功完成负全责。在项目启动阶段任命项目经理，保证对项目的实施负责。为了更好地履行项目职责，项目经理应该与组织高级管理层紧密合作，以确保使用的资源充分到位；同时负责编制项目计划，以保证项目在进度、预算及质量范围内顺利完成。项目经理在项目启动阶段的角色与责任如下：

(1)明确项目目标；

(2)定义项目成功标准；

(3)编制项目约束条件文件；

(4)编制项目假设文件；

(5)进行成本—收益分析；

(6)建立项目组织和编制项目规划与计划。

(三)项目发起人

项目发起人是项目的投资者，是项目结果和产品的最终接受人，好的项目发起人是获得优秀项目经理的前提条件。项目发起人不是每天进行全职工作的职员，而是组织内部项目结果的接受者，他为发起项目提供商业依据，是项目决策的最终决定者。项目发起人在项目启动阶段的角色与责任如下：

(1)就项目当前或未来的价值及相关性等方面提供战略计划及指导；

(2)定义项目的需求；

(3)为项目获取资金支持；

(4)明确项目的定位与目标；

(5)任命项目发起人的联络人；

(6)任命项目经理；

(7)确定项目目标；

(8)批准项目规划与计划。

(四)项目小组

项目小组负责实施项目的各项任务，必要时，项目小组成员可以协助项目经理实施项目计划编制工作。项目小组可以聘请行业专家来实施项目方案，同时要与客户以及其他项目利益相关方保持有效沟通，以确保需求得到正确的理解与实施。项目小组在项目启动阶段的角色与责任如下：

(1)为产品开发提供评估意见；

(2)保证需求是切合实际的，并与目前可得资源的状况相匹配；

(3)从完整性、相关性及清晰性等角度分析需求；

(4)执行项目计划并确保项目计划的有效控制；

(5)完成项目任务，并达到标准要求，顺利交付产品。

(五)顾客

顾客要对他们的需求表达是否清晰负责，并证实已结束的项目是否符合他们的要求，在使用项目的成果时，顾客须接受必要的培训。顾客在项目启动阶段的角色与责任如下：

(1)清晰、准确定义他们的需求；

(2)明确对项目小组和项目经理的要求；

(3)接受项目产品。

(六)质量保证小组

质量保证小组的职能是定期评价整个项目的实施情况，以确保项目能够满足相关质量标准。质量保证是项目小组职能不可分割的一部分，项目小组成员应当把质量保证当作每一项工作任务的关键工作来对待。质量保证小组在项目启动阶段的角色与责任如下：

(1)建立质量保证体系；

(2)对项目小组的工作进行指导；

(3)对项目小组的工作进行质量检查，并确保工作质量和阶段工作质量及综合产品质量达标。

三、项目启动阶段输入内容

(一)项目需求说明书

项目需求说明书是客户对将要开发的项目立项的必要性、系统开发的要求等内容进行记录的文档。项目的最终目的是满足客户对系统的需求，因此，一份清晰、明确的项目需求说明书是进行任何项目后续工作的根本保证。

(二)项目成果说明书

项目成果说明书是对系统开发所要完成的产品特征、结构和功能进行说明的文档。项目成果说明书的主要内容包括系统项目产品特点、系统平台、系统功能、操作模式、信息处理能力等。成果说明书对项目起指导作用,但成果说明书不是一成不变的,随着项目环境的变化和执行情况的明晰,成果说明书可能会发生变化,这种变化一般要经过项目相关方的慎重磋商后才能被确认。

(三)项目可行性研究报告

可行性研究是项目启动前的工作重点,可行性研究的正确与否直接决定了项目后期的命运。项目可行性研究报告是确定项目可行与否的重要判定依据,在可行性研究报告中还具体描述了项目的技术方案、系统模型、资金的预算及筹措渠道、项目计划进度等内容。在后期项目实际执行过程中,需要以项目可行性研究报告为依据。因此,在项目启动之前,必须完成项目可行性研究报告,确保项目进行的必要性和可行性。

(四)项目范围说明书

项目范围说明书界定了项目团队在项目执行过程中需要完成的工作和需要交付的成果,是判断哪些工作需要做、哪些工作不需要做以及需要交付的系统包括什么内容的依据。在项目最终验收的时候,项目范围说明书是判断项目目标是否被完整完成的标准。

(五)项目合同书

项目合同书是项目各利益相关方之间签订的明确责任和义务的合同或协议性质的文件,具有法律效力。在市场经济条件下,合同在经济体相互合作中起到十分重要的作用,它赋予各方权利,同时也对相关组织的行为做出约束。在项目的开发过程中,项目合同书是判定项目相关方权责利的最终依据,约束双方都要按照合同书的要求规范自己的行为,履行各自的责任,最终获得相应的利益,如果产生纠纷,则依照合同规定解决。

四、项目启动的步骤

(一)发起项目

发起项目就是由项目发起人向项目各利益相关方传递信息,使其充分认识到项目开发的必要性,并承担起各自相应的责任。有许多组织或企业可以成为项目发起人,如项目的使用者、项目使用者的主管部门、项目开发商,或者是认识到项目开发机会的其他组织。在一般情况下,项目发起人都是项目的受益者,能够通过项目获得相应的收益。

(二)批准项目

项目批准是由项目发起人和实施组织向上级或者相应的主管部门申请批准项目,最高决策者审批项目并将完成项目所需的权力、资源和所需承担的责任委托给项目组织的过程。对于一些政府投资的大型项目采用项目审批制度,而企业投资的列入核准目录的项目实行项目核准制,其他项目实行备案制。

(三)选聘项目经理

项目经理是项目工作的实际管理人,负责项目执行过程中的决策、计划、组织、领导和控制,对项目的成败起到决定性作用。项目经理应该领导项目团队完成项目目标,确保全部工作在预算范围内按时、高质量完成。项目管理涉及管理的方方面面,因此对项目经理的技能和经验有很高的要求。一般情况下,项目开发商在选择经理人的时候都会要求项目经理人在系统开发方面具有丰富经验。项目经理需要具备以下能力:(1)决策与领导能力;(2)人员开发能力;(3)沟通技巧;(4)人际交往能力;(5)处理压力和解决问题的能力;(6)时间管理能力;(7)专业技术技能;(8)丰富的项目管理经验。

(四)组建项目团队

项目开发的实际工作是由项目团队成员具体分工执行和完成的,项目团队成员素质的高低直接决定了项目开发质量。因此,在组建项目团队时,要根据项目工作的需要慎重选择团队成员。依据不同的组织架构组建项目团队,并对这些成员进行合理的任务分配和使用,目的是将原本可能并没有密切关系的人员组成一个能够通力合作、为达到共同目标而努力协作的团队。

(五)召开项目启动会议

项目启动会议是一个项目正式开始的标志,对项目的顺利进行具有重要意义。项目启动会议一般由项目经理组织召开。一般情况下,项目启动会议可分为内部启动会议和外部启动会议。

1. 项目内部启动会议

项目内部启动会议是指在项目承包方内召开的项目启动会议。会议的目的是让项目团队成员对该项目的整体情况(包括系统的开发背景、项目定位和目标、总体规划及项目团队成员等信息)和各自的工作职责有一个清晰的认识和了解,为日后协同开展工作做准备,同时获得领导对项目资源的承诺和保障。为了获取相应的资源和保障,参会人员除了项目团队外,还应该包括组织相关主管领导。

项目内部启动会议所需介绍的主要内容包括项目的开发背景、项目主要相关方的信息、项目的基本需求、项目的总体规划(包括项目建设思路、项目总体计划等)、项目团队成员及其分工、项目存在的风险及其应对策略和项目资源需求等。

2. 项目外部启动会议

项目外部启动会议的目的是让项目承包方、用户方、监理方等项目主要利益相关方对该项目的整体情况(包括项目的建设背景、项目总体规划及项目团队成员等信息)有一个清晰的认识和了解,让项目各主要利益相关方明确各自的职责和义务,让项目承包方、用户方明确在项目开发过程中所需给予的支持和配合,从而让各方就项目开发的相关事宜达成共识。

项目外部启动会议所需介绍的主要内容包括项目开发背景、项目主要相关方的领导和项目负责人、项目的基本需求、项目的总体规划(包括项目建设思路、项目总体计划等)、项目各主要利益相关方的责任和义务、项目存在的风险及其应对策略,以及在项目开发过程中项目承包方和用户方所需给予的支持与配合等。

五、项目启动阶段输出内容

(一)项目章程

项目章程是正式确认项目存在的文档,它可能是一个专门的文件,也可能是客户的系统需求说明书、成果说明书或者其他文档。项目章程赋予了项目经理合理利用企业资源从事系统开发的权利,以及正确、完整地完成项目开发的责任。

由于项目章程的编制是为了向相关各方沟通项目的存在,因此往往在项目启动的最后阶段签发,也可以把它当作项目计划编制阶段的开始,常常被视为编制项目计划的前提基础。项目章程模板包含以下内容:(1)一般信息;(2)项目目标;(3)项目目的;(4)项目工作范围;(5)项目权力;(6)角色与责任;(7)管理层检查点;(8)签字。

(二)项目概念化文件

作为一项正式的可交付成果,项目概念化文件确定高层方法、成功关键指标、产品说明书及其他高层计划方面的信息。编制项目概念化文件的目的就是解释项目存在的原因,同时保证项目与组织机构的商业计划相匹配,或者与组织机构的信息技术战略计划相匹配。在一般情况下,项目概念化文件中的内容为项目内部管理层和外部管理层提供是否支持本项目的信息。项目概念化文件不应是一组产品流程交付物,而应当是确定"要做什么""为什么要做""项目完成时给组织带来什么样的商业价值"等内容。

(三)项目说明书

项目说明书是说明项目整体情况的书面文件,主要包括项目实施动机、项目目的、项目整体情况的说明、项目经理的责任和权力。

(四)项目经理及完整的项目团队

项目启动后,就应该形成以项目经理为领导的项目团队,对项目团队的要求主要是衡量其是否能够明确项目目标、项目整体规划,是否能够掌握在系统开发中所需要的技术能力;同时,更重要的是,在短时间内能够成为一个团队,有意愿为共同的目标而相互合作并承担责任。

(五)项目制约因素的确定

制约因素是指限制项目团队活动的因素,如项目预算将会限制项目团队设备和人员的配置,减缓项目进度。

(六)项目假设条件的明确

在项目前期制订项目方案和项目计划时,通常都会假设某些因素的存在,这些因素也就是假设条件。但在实际执行过程中,由于环境的变化和未来的不可预知性,这些假设条件可能与实际状况并不相符,所以假设条件也存在一定的风险。项目启动阶段应明确这些假设条件,在未来环境的变化中做到更好地防范风险。

项目管理案例

项目可行性报告模板

第一部分　总论

总论是可行性研究报告的第一部分,也是对项目的一个整体概括。因此,总论要综合叙述可行性研究报告中各部分的主要问题和结论,并提出可行性研究的最终结论和建议。

一、项目背景

(1)项目名称。即所要开发的项目的名称。

(2)项目的提出者、用户、承办方。即明确项目的利益相关方。

(3)项目提出的理由与过程。即为什么要开发这样一个项目?新项目具有哪些现实意义?

(4)可行性研究报告编制依据。

二、项目概况

(1)系统开发条件。

(2)项目投入总资金及效益情况。

(3)主要技术经济指标。

(4)相关参考资料及文件。列出相关的参考资料,如:①本项目经核准的计划任务书或合同、上级的批文;②属于本项目的其他已公开的文件;③本报告中引用的文件、资料,包括所需用到的软件开发标准。列出以上文件资料的标题、文件编号、发表日期和出版单位,标明能够得到这些文件资料的来源。

第二部分　项目需求

说明客户对新项目的需求,这是进行项目开发可行性研究的前提,如对新系统的要求、目标、前提、限制等。

一、对新系统的要求

说明对所建议开发的软件的基本要求,如:

(1)功能。即要求新系统能够实现什么样的功能。

(2)性能。即要求新系统能够达到什么样的技术指标,如存储能力、处理速度。

(3)系统输出要求。系统输出包括报告、文件或数据,对每项输出要说明其特征,如用途、产生频度、接口以及分发对象。

(4)系统输入要求。即说明系统的输入,包括数据的来源、类型、数量以及数据的组织和提供的频度。

(5)处理流程和数据流程。即用图表的方式表示最基本的数据流程和处理流程,并辅之以叙述。

(6)在安全与保密方面的要求。

(7)同本系统相连接的其他系统。

(8)完成期限。

二、项目建设目标

(1)人力资源与材料设备消耗费用的减少;

(2)对信息处理能力和速度的提高;

(3)控制精度或生产能力的提高;

(4)管理信息服务的改进;

(5)自动决策系统的改进;

(6)人员利用率的提高。

三、项目开发的条件、假定和限制

(1)所建议系统的运行寿命的最小值;

(2)进行系统方案选择比较的时间;

(3)经费、投资方面的来源和限制;

(4)法律和政策方面的限制;

(5)硬件、软件、运行环境和开发环境方面的条件和限制;

(6)可利用的信息和资源;

(7)系统投入使用的最晚时间。

四、进行项目可行性研究的方法

说明这项可行性研究将是如何进行的,对所建议的系统方案将是如何评价的。摘要说明所使用的基本方法和策略,如调查、要素加权平均法、确定模型、建立基准点或仿真等。

五、评价尺度

说明对系统进行评价时所使用的主要尺度,如费用的多少、各项功能的优先次序、开发时间的长短及使用中的难易程度。

第三部分 对现有项目的分析

现有项目是指当前实际使用的系统，这个系统可能是计算机系统，也可能是一个机械系统甚至是一个人工系统。分析现有项目的目的是找出现有系统存在的缺陷和不足，进一步阐明建议中的开发新系统或修改现有系统的必要性。

一、处理流程和数据流程

说明现有系统的基本处理流程和数据流程。此流程可用图表即流程图的形式表示，并加以叙述。

二、性能及工作负荷

列出现有系统的处理能力和速度，对比所承担的工作及工作量。

三、费用开支

列出由于运行现有系统所引起的费用开支，如人力、设备、空间、支持性服务、材料等各项开支以及开支总额。

四、人员

列出为了现有系统的运行和维护所需要的人员的专业技术类别和数量。

五、设备

列出现有系统所使用的各种硬件和网络设备。

六、局限性

列出本系统的主要局限性，例如处理时间赶不上需要、响应不及时、数据存储能力不足、处理功能不够、占用大量的人力资源、系统维护困难、费用高等。如果选择开发新系统，还要说明为什么对现有系统的改进性维护已经不能解决问题。

第四部分 新项目说明

这一部分是对将要开发的新项目的说明，主要着重于技术和功能方面，对比现有系统，阐述客户的需求如何得到满足。

一、对所建议系统的说明

概括地说明所建议的项目，并说明在第二部分中列出的那些要求将如何得到满足，说明所使用的基本方法及理论根据。

二、处理流程和数据流程

描述所建议项目的处理流程和数据流程，形成系统流程图。

三、系统改进

按新项目建设的目标，逐项说明所建议系统相对于现存系统的改进。

四、影响

说明开发所建议系统预期将带来的影响，包括：

(1)对设备的影响。即说明新项目提出的设备要求及对现存系统中尚可使用的设备须做出的修改。

(2)对软件的影响。即说明为了使现存的应用软件和支持软件能够同所建议系统相适应，需要对这些软件进行的修改和补充。

(3)对用户单位机构和人员的影响。即说明为了建立和运行所建议系统，对用户单位机构、人员的数量和技术水平等方面的全部要求。

(4)对系统运行过程的影响。即说明所建议系统对运行过程的影响，如：①用户的操作规程；②运行中心的操作规程；③运行中心与用户之间的关系；④源数据的处理；⑤数据进入系统的过程；⑥对数据保存的要求，对数据存储、恢复的处理；⑦输出报告的处理过程、存储媒体和调度方法；⑧系统失效的后果及恢复的处理办法。

(5)对开发的影响。即说明对开发的影响，如：①为了支持所建议系统的开发，用户需进行的工作；②为了建立一个数据库所要求的数据资源；③为了开发和测验所建议系统而需要的计算机资源；④所涉及的保密与安全问题。

(6)对地点和设施的影响。即说明对建筑物改造的要求及对环境设施的要求。

(7)对经费开支的影响。即扼要说明为了所建议系统的开发、设计和维持运行而需要的各项开支。

五、局限性

说明所建议系统尚存在的局限性以及这些问题未能消除的原因。

第五部分　可选择的其他系统方案

扼要说明曾考虑过的每一种可选择的系统方案，包括需开发的和可从国内外直接购买的，如果没有供选择的系统方案可考虑，则说明这一点。

一、可选择的系统方案1

参照第四部分的提纲，说明可选择的系统方案1，并说明它未被选中的理由。

二、可选择的系统方案2

按类似方案1的方式说明第2个乃至第n个可选择的系统方案。

第六部分　技术可行性

本部分应说明技术条件方面的可行性：

(1)在当前的限制条件下，该系统的功能目标能否达到；

(2)利用现有的技术，该系统的功能能否实现；

(3)对开发人员的数量和质量的要求并说明这些要求能否得到满足；

(4)在规定的期限内，本系统的开发能否完成。

第七部分　社会因素方面的可行性

本部分用来说明对社会因素方面的可行性分析的结果，包括：

一、法律方面的可行性

法律方面的可行性问题很多，如合同责任、侵犯专利权、侵犯版权等方面的陷阱，软件人员通常是不熟悉的，有可能陷入，务必要注意研究。

二、使用方面的可行性

例如，从用户单位的行政管理、工作制度等方面来看，是否能够使用该软件系统；从用户单位的工作人员的素质来看，是否能满足使用该软件系统的要求……这些都是要考虑的。

第八部分　项目实施进度安排

项目实施阶段也是项目的投资期，是指从正式确定开发项目开始到正常运行的这一段时间。这一段时间包括项目实施准备、资金筹集安排、设计、设备订货、系统开发、系统试运行直到系统正式运行和交付等各工作阶段。在可行性研究阶段，要对项目实施的各个环节进行统一规划，综合平衡，做出合理而可行的安排。

一、项目实施的各个阶段

(1)建立项目实施管理机构；

(2)资金筹集安排；

(3)设计;

(4)设备订货;

(5)系统开发与系统集成;

(6)系统试运行;

(7)系统验收。

二、项目实施进度表

(1)甘特图;

(2)网络图。

第九部分　投资估算与资金筹措

项目的投资估算和资金筹措分析是项目可行性研究报告的重要组成部分。本部分计算项目所需要的资金总额,分析资金筹措方式并制订项目用款计划。

一、项目投资估算

项目投资包括固定资产投资和流动资产投资。

(1)固定资产总额;

(2)流动资产总额。

二、项目资金筹集

项目开发资金可以从不同的渠道,以不同的方式,在不同的时间获得。项目可行性研究阶段要根据项目投资总额和项目进度计划,落实资金来源渠道和筹措方式。

(1)资金来源;

(2)资金筹集方案;

(3)资金使用计划;

(4)借款偿还计划。

第十部分　投资及财务效益分析

一、项目支出

对于所选择的方案,说明所需的费用。如果已有一个现存系统,则包括该系统继续运行期间所需的费用。

(1)基本建设投资。包括采购、开发和安装下列各项所需的费用:①房屋和设施;②ADP设备;③数据通信设备;④环境保护设备;⑤安全与保密设备;⑥ADP操作系统及其应用软件;⑦数据库管理软件。

(2)其他一次性支出。包括下列各项所需的费用:①研究(需求的研究和设计的研究);②开发计划与测量基准的研究;③数据库的建立;④ADP软件的转换;⑤检查费用和技术管理性费用;⑥培训费、差旅费以及开发安装人员所需的一次性支出;⑦人员的退休及调动费用等。

(3)非一次性支出。列出在该系统生命周期内按月或按季或按年支出的用于运行和维护的费用,包括:①设备的租金和维护费用;②软件的租金和维护费用;③数据通信方面的租金和维护费用;④人员的工资、奖金;⑤房屋、空间的使用开支;⑥公用设施方面的开支;⑦保密安全方面的开支;⑧其他经常性的支出。

二、项目收益

对于所选择的方案,说明能够带来的收益。这里所说的收益,表现为开支费用的减少或避免、差错的减少、灵活性的增加、动作速度的提高和管理计划方面的改进等,包括:

(1)一次性收益。即说明能够用人民币数目表示的一次性收益,可按数据处理、用户、管理和支持等项分类叙述，如：①开支的缩减，包括改进后的系统运行所引起的开支缩减，如资源需求的减少，运行效率的提高，数据进入、存储和恢复技术的改进，系统性能的可监控，软件的转换和优化，数据压缩技术的采用，处理的集中化/分布化等。②价值的增值，包括由于一个应用系统使用价值的增值所引起的收益，如资源利用的改进、管理和运行效率的改进以及出错率的减少等。③其他，如多余设备出售回收的收入等。

(2)非一次性收益。即说明在整个系统生命周期内由于运行所建议系统而产生的按月或按年能用人民币数目表示的收益，包括开支的减少和避免。

(3)不可定量的收益。即逐项列出无法直接用货币表示的收益，如服务的改进、由操作失误引起的风险的减少、信息掌握情况的改进、组织机构给外界形象的改善等。有些不可捉摸的收益只能大概估计或进行极值估计(按最好和最差情况估计)。

三、收益/投资比

求出整个系统生命周期的收益/投资比值。

四、投资回收周期

求出收益累计数开始超过支出累计数的时间。

五、敏感性分析

所谓敏感性分析，是指一些关键性因素，如系统生命周期长度、系统的工作负荷量、工作负荷的类型与这些不同类型之间的合理搭配、处理速度要求、设备和软件的配置等变化时，对开支和收益影响最灵敏的范围的估计。在敏感性分析的基础上做出的选择当然会比单一选择的结果要好一些。

第十一部分　结论

在进行可行性研究报告的编制时，必须有一个研究的结论。结论可以是：

(1)可以立即开始进行；

(2)需要推迟到某些条件(例如资金、人力、设备等)落实之后才能开始进行；

(3)需要对开发目标进行某些修改之后才能开始进行；

(4)不能进行或不必进行(例如因技术不成熟、经济上不合算等)。

第十二部分　附件

(1)项目机会研究报告

(2)项目立项批文

(3)市场调查报告

(4)项目需求建议书

(5)引进技术的协议文件

(6)对比方案说明

(7)其他附图及附表

项目章程模板

A. 一般信息

这部分是关于建议项目组织以及项目参与各方的一般信息。

项目名称：__________________　日期：__________________

控制机构：__________________　修改日期：__________________

制作单位：__________________　批准人：__________________

B. 项目目的

这部分主要沟通创建项目及编制项目许可证文件的目的。

C. 项目目标

这部分确定项目目标与组织目标的关系。注意：项目充满风险和不稳定性。因此，作为编制项目许可证的一部分内容，需要对高层级风险事件建立原始风险评价来识别、量化风险，并编制风险应对/风险减轻计划，避免或减轻风险对项目结果的不利影响。

项目会支持组织战略目标。由项目许可证引申编制项目计划：

- 编制项目执行情况计划，根据这些目标衡量项目的进展情况。
- 提供项目执行报告，将结果建档。

外部监督委员会必须批准项目执行情况衡量计划。

组织目标	项目目标

D. 项目范围

这部分的详细程度必须充分考虑到项目计划编制时对项目范围编写的要求。更为详细的项目范围描述在项目计划编制阶段进行。注意：项目范围蔓延（在项目中加入工作却没有进行相应的成本、进度及质量等方面的调整）会导致原先的计划无法实现。因此，在整个项目期间，项目范围澄清以及遵守计划是非常重要的。描述任何影响项目的假设或约束条件。

E. 有关项目的权力

这部分描述参与项目立项的个人或组织的权力、权力限制条件、对项目的管理监督权力以及项目经理的权力。本项目许可证定义两种管理结构（内部管理结构和外部管理结构）来确保影响项目完成的各种变更及问题得到适当控制。

- 权力

这部分确保项目发起人有权对组织内有关资源应用于项目第一个检查点做出承诺。

项目许可证由发起组织创建，并授权将组织内有关资源应用于项目第一个检查点。

- 项目经理

这部分明确项目经理，同时可能定义项目经理对项目的角色与责任。这部分也列出项目经理的技能组合，而且列出选择项目经理的理由/条件。这取决于项目的复杂程度，也可能在本部分描述“项目经理如何控制矩阵制组织结构和职员”。

识别项目经理及其明确的权力、技能组合以及选择项目经理的理由。

● 监督委员会

这部分描述组织管理层对项目的控制。在项目范围内，建立内部控制机制来控制项目的日常工作。项目经理负责管理内部控制。建立外部监督委员会来确保将组织的资源应用到项目中，以满足项目与组织的目标。

● 控制

本部分应描述并涉及用于内部控制机制与外部控制机制互相影响的一种流程。适当时，应用图表来表示。

F. 角色与责任

这部分描述项目或组织结构及其在项目各阶段的角色与责任。注意：作为补遗，编制一个责任分配矩阵是可取的。矩阵展示项目的主要活动以及关键的利益相关方，同时为显示跨职能/组织的相互影响提供了很好的范例。

● 项目组织概览

这部分描述支持项目而又不直接隶属于项目管理的关键组织或个人，责任分配矩阵有助于组织分配责任及任务的完成。

主要里程碑	职能角色

图例：

E=负责实施

A=最终批准的权力

C=必须商议

I=必须被通知

G. 管理核对单

这部分描述由发起组织建立的关键管理核对单。

核对单	评价标准

H. 签字

下面人员的签字是确认他们对本文件的目的和内容理解并同意。签字后，签字人同意将这个文件作为正式的项目许可证，并对必要的资源做出承诺。

名称/职位	签　字	日　期

（资料来源：仵艳．YICT 公司 IT 项目可行性研究模型的建立[D]．西北工业大学，2007.）

本章小结

项目立项与项目启动是项目生命周期的开端，确保项目的可实施性与正确性是项目管理的首要任务，项目经理及高层管理者应重视该阶段的工作。从项目一般机会研究、特定机会研究及项目需求分析出发，将多个项目作为备选方案。对项目从技术、经济、管理等方面进行可行性分析，编制可行性报告，对项目进行最终决策。项目启动是项目经理组建项目团队，并开始执行项目具体工作的过程，本章介绍了项目启动的环境、项目启动阶段输入内容、项目启动的步骤、项目启动阶段输出内容。项目启动阶段项目利益相关方的参与，为项目整个生命周期内项目资源获取、项目顺利实施奠定了基础。

习题

1. 什么是项目立项？
2. 项目需求建议书包括哪些内容？
3. 项目可行性研究包括哪些内容？
4. 如何做出项目决策？
5. 什么是项目启动？
6. 项目启动应包括哪些内容？

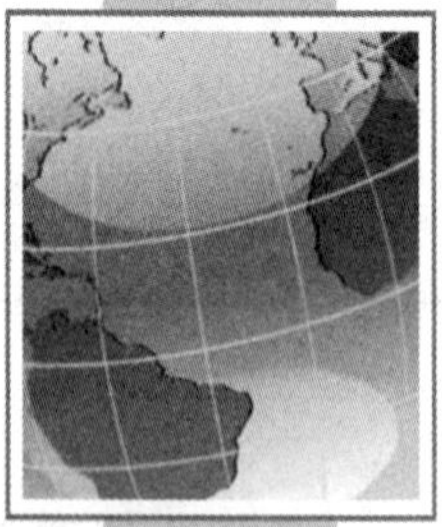

第四章
项目策划、规划与设计

项目策划、规划与设计是对项目整体实施工作的预判和安排，其核心问题是考虑项目目标如何实现及其实现的具体过程。通过对项目进行策划、规划与设计，项目领导者和项目团队能够对项目有一个总体的把握，方便对项目进行管理和控制，从而保证项目能够顺利实施。事先的策划、规划与设计对项目成功非常重要。本章的主要内容是对项目策划、规划与设计进行一个总体的介绍。

第一节　项目策划

一、项目策划的定义及其作用

项目策划是针对未来将要执行的项目工作做出当前的选择和决策。项目策划以智能创造为动力源泉，以项目实践为发展条件，是社会发展和智能实践持续进步的综合体现，是脑力模拟、思考、统筹的理性行为。

(一)项目策划的含义

项目策划以具体社会实践为活动对象，体现强烈的目的性、实践性、功利性。根据项目的实际情况，围绕项目特性，运用系统知识，进行运筹思考、调研判断以设计合理的方案，在短期内达到提升项目品牌知名度、快速回笼资金、创造项目价值的效果。项目策划的概念包括以下三层含义：

(1)项目策划有明确的管理目标。项目策划要围绕项目目标，把项目工作从整体拆分为具体的、可执行的、可衡量的工作，把各项工作的执行时间按逻辑关系进行排序，明确各项工作的费用、标准、责任人，从而实现项目目标。

(2)项目策划有明确的实践意义。项目策划要回答做什么、何时做、如何做、谁来做。要充分调研、收集、分析项目信息，强调从实践中来，到实践中去。即从实践中获得项目的特性、优势，进行信息提炼、筹划，到实践中去运用、推广。

(3)项目策划有方案的比选过程。项目策划在实践的基础上，将项目信息进行有机整合，梳理实现项目目标的因果关系，形成支撑项目目标的各种系统和方案，通过各种比选策略，评价方案的优劣，选出最合理的方案。

（二）项目策划的作用

（1）项目策划属于智力产业的分支，起到预测市场的作用。项目策划涉及专业多，需要从智力、思想、策略、专业、概念等方面进行研究、评价，结合市场调研数据，将智力、智慧、思想整合优化，成功的企业都会高度重视项目策划工作，将宝贵的智慧与财富深深地结合在一起，为社会创造经济效益与社会价值。

（2）项目策划是企业管理者做出满意决策的重要依据。项目策划是对市场进行调研后、项目实施前形成的决策性文件，是对市场发展行情进行总结的智慧结晶，能够让企业管理者做出更有价值的决策，最大限度地避免项目投资偏差，做出符合市场需求的产品，为企业、为社会创造更多经济效益。

（3）项目策划贯穿项目的生命周期，为项目运营保驾护航。项目策划的目的是规避风险、提升企业竞争力。企业要赢得市场、占领市场，最重要的是管理创新。项目策划就是进行管理创新的第一步，需要严格遵照科学策划程序，探索企业经营的创新之路，更好地扬长避短，赢得主导市场的主动权。

（4）整合项目资源，形成竞争优势。项目策划要贯穿项目的整个过程，在项目的全生命周期内会涉及各种资源，每一项活动都需要一定资源的支持。必须保证关键路线上的关键作业资源需求才能够保证项目按时完成。当关键路线资源不足时，可以将非关键路线上的资源调配到关键路线上，从而压缩工期，保证项目的顺利实施。

（三）项目策划的分类

（1）市场策划。市场策划的基础是市场调查。市场调查是项目开发研究最重要的阶段之一。项目推向市场之前，需要对市场进行全面的摸底调查，调查的内容涉及经济、人文、地理、交通、商业等因素。市场调查后将各种因素进行量化，通过科学地定量、定性分析，判断符合市场需求的产品类型、特性、价格区间，最终形成策划成果。策划成果将成为产品各阶段策划的指导意见，具有战略指导意义。

（2）产品策划。科学地开展项目的规划设计，摒弃经验主义与主观主义，对项目的社会环境、经济环境、竞争产品进行调研，对项目任务书进行论证，对设计依据进行分析，科学地确定产品内容。以房地产项目为例，产品策划介于建筑设计与规划设计之间的中间地带，是概念性设计的深化，是扩大设计之前的重要环节，涉及总规划、竖向设计、户型配比、户型设计、景观设计、电气设计、给排水设计、车位设计、消防设计等，是确保产品品质最关键的环节。

（3）营销策划。即将项目将要发生的营销行为进行模拟演练与预先安排。营销策划通过系统形象的推广策略，将产品的优点全面、系统、有效地传递给目标客户。营销策划是市场策划与产品策划的直接结果，运用各种营销推广手段，兼顾市场热点、客户需求，在合适的时间、地点将产品推向市场，让客户获得满足，让企业获得市场。

二、项目策划的原则与方法

企业将产品推向市场，将生产力转化为现金流，得益于项目策划的成功与执行。每个企业、每个项目都有不同的项目策划原则和方法，总体来讲，所有的项目策划均包含质量、价格、品牌、渠道、促销等原则。

（一）策划原则

（1）质量原则。项目策划的第一原则是质量原则。产品质量是企业的生命源泉，是企业持续稳健发展的基石，一个企业的产品质量不过硬，产品会被市场淘汰，企业会被市场抛弃。因此，许多企业提出"质量是企业的生命""质量是立足市场的基石"等战略发展方针，并奉行产品质量一票否决制，让每一道工序都有质量保证，对产品制造过程中发现的质量问题进行全面整改或砸掉重做，对产品质量始终坚持高标准、严要求，用质量赢得客户、赢得口碑，坚持质量第一，才能在市场中立于不败之地。

(2)价格原则。一个好的项目，坚持物美价廉、薄利多销的价格原则，一定能够赢得市场、赢得口碑。一些房地产项目，定价比同区域的项目略低，但产品质量、装修标准定位在中高端，给客户很高的性价比，企业通过薄利多销、薄利快销，在市场竞争中占据有利地位。

(3)品牌原则。良好的品牌声誉能够给企业带来高度的附加值。项目策划要注重品牌策划和运营，通过系统的品牌运营，提升企业的形象，巩固客户的忠诚度。支撑品牌的因素很多，涉及产品质量、售后服务、物流管理、物业管理、公益慈善、社会责任等内容。

(4)渠道原则。产品渠道一般分为直接渠道与间接渠道，两种渠道各有优缺点。如大件的不动产可以选择直接渠道，小件的商品大多采用间接渠道推向市场。项目策划过程中，要依据项目特性，选择有利于销售的、有利于回款的渠道。

(5)促销原则。促销就是营销者向市场消费者传递产品信息，引导消费者购买或再次购买产品，达到提升销售业绩的目的。优质产品需要优质的促销策划，响亮而富有吸引力的广告语是项目不可或缺的促销卖点。广告的作用是吸引消费者关注项目产品，但不能真正起到促销的作用，消费者真正在乎的是产品让利，关注购买产品得到的实惠。所以，促销原则一定要牢牢抓住消费者追求实惠的心理大做文章。

(6)诚信原则。一个人没有良好的信誉，就不可能在世上立足。一个企业没有良好的信誉，就不可能在市场上发展。诚信已经成为企业的无形资产，是获得社会认可、赢得消费者的重要筹码。诚信原则已经成为项目策划不可或缺的重要原则，无诚信则无品牌。有品牌，无诚信，品牌一钱不值。立足维护消费者的利益，让消费者买得放心、用得舒心，才是企业在市场中立于不败之地的必要条件。

(二)策划方法

策划方法要注重实战、注重可操作性、注重结合项目自身的优势，强调立竿见影，强调在众多项目中脱颖而出、独树一帜。好的产品、好的项目，在推向市场的过程中，因加强了策划的方法，尤其是加强了策划组合拳的爆发力，使项目全面引爆市场。策划的关键方法大致有以下五类：

(1)策划广告造势。项目广告要直白，要用最简单、最简洁的文字告诉消费者优惠的力度和优惠的金额。用平面报纸整版的篇幅投放广告，版面上要突出项目的实景，用精美的图片吸引消费者的眼球。广告的投放要密集，每天的黄金时段要在电台、电视、网络、微信上配合投放广告，从不同的侧面"轰炸"市场，达到无孔不入、妇孺皆知的效果。

(2)策划促销造势。每个项目都要做好促销的策划。通过促销广告，让消费者得到实惠，让消费者实实在在地感受到实惠，把部分利润空间让给消费者，让消费者享受到项目的升值或成长。促销要有时限，没有时限的促销形同虚设，不能起到快速销售的作用。促销要有组合拳，不同的时限有不同的促销政策，让促销成为快速回笼资金的利器。

(3)策划活动造势。利用项目资源，举行系列活动，邀请消费者参加，让消费者在体验活动的同时更好地认识项目，从而产生购买欲望。项目活动策划要注重轰动效应和名人效应。例如，房地产项目开盘邀请明星助阵，吸引更多年轻人参与到活动中来。再如，实体书店经常组织作家签名售书，吸引读者到书店消费，提升销售业绩。又如，企业赞助体育赛事，让企业产品通过赛事进行传播。策划活动要有新闻媒体参加，通过媒体的传播渠道，将活动效应放大，达到立竿见影、轰动市场的效果。

(4)策划产品体验。常言道，事实胜于雄辩，让消费者目睹项目产品的特色，让消费者亲自体验项目，达到所见即所得的购买体验。汽车的4S店展厅就是所见即所得的产品体验场所。房地产项目的样板房就是购房者体验产品规划、设计、园林景观、户型格调的场所。厨具市场的样品展示区，告诉消费者智能化的厨具科技将给用户全新的厨房体验。产品体验策划要对消费者形成强烈的购买刺激，深度激发客户的购买欲望。

(5)策划抓客培训。抓客培训就是让前来体验项目的消费者产生实际的购买行为。引导消费者产生购买行为的销售人员需要进行全方位的培训，包括形象气质、解说能力、接待礼仪、宣传资料、产品说辞等方面，让每一名销售人员成为强大的吸金入口。策划抓客培训是一场全方位、立体化的系列活动，策划到位，能够大幅度提高客户的到访率、回访率，能够使客户快速签约，也能够加速老客户对产品的口碑宣传，对提升项目销售业绩起到不可估量的作用。

三、项目策划方案

(一)项目策划方案的筹备

(1)策划调研。项目调研是收集、分析、研究与项目相关的数据和信息的过程。通过科学地调查研究，提高项目决策的准确度，降低项目策划风险。一般通过设计调查问卷、访谈研究或资料梳理，收集项目所在区域的经济信息、竞品信息等内容。

(2)策划方案的组织。项目策划由投资方发起，由合作公司及专业咨询公司负责执行。策划方案注重项目策划的论证与调整工作，尤其要加强同地区、同类项目的策划对比与经验教训的总结。

(二)项目策划方案的编写要求

(1)封面。封面上要写明策划名称、单位、日期、编号。

(2)目录。目录记录策划书的主要组成部分、层次，应严格按照章节条款的逻辑层次进行编写。

(3)总体思路。即阐明策划的主要目的、需要达到的主要目标、主要的构思。

(4)主体内容。这是策划方案最核心的部分，依据总体构架设想，进行详细的论述，运用科学合理的论证方法，逐步将策划思想展现出来。

(5)策划预算。即为完成项目策划工作需要提供的资金支持，应进行详细的资金预算。

(6)策划进度。策划工作由一系列工作组成，如团队组建、市场调研、方案论证、策划书编制等环节，对各环节需要的时间、资源进行全面的统筹与梳理。

(7)策划方案的表现形式。策划方案要求层次清晰、重点突出、逻辑严谨、数据充实、文笔简练，尽量用照片、图表来表达策划理念。

(三)项目策划方案的关键

1. 总体思路

(1)战略掌控。从战略上全面掌控项目的融资、规划、设计、生产、推广工作，全面了解产品的差异性，以及产品自身的优势与不足，做到“知己知彼，百战不殆”。

(2)深入调查。对项目投放区域的经济总量、人口数量、交通环境、同类竞品进行全面深入的调查研究，对项目自身的优势和劣势与投放区域进行全面梳理论证，最终目的是实现项目落地与品牌落地。

(3)全面创新。所有项目都需要全面创新,从产品设计到施工运营再到推广理念,都要全面超越自我、超越同行业,只有做市场"第一个吃螃蟹的项目",才能奠定企业在市场上的地位。

2. SWOT 分析

策划方案中一定要做好 SWOT 分析,全面剖析项目的卖点与买点、优势与劣势、机会与风险,为项目决策做好调研分析工作。下面以房地产项目为例,说明 SWOT 分析。

(1)项目优势。主要从项目的区位、周边配套、教育设施、银行网点、交通设施是否齐全来考虑。

(2)项目劣势。如周边竞品的数量、规模、距离、档次等。

(3)项目机会。如新区开发、城市中轴线延伸、户籍政策放宽、融资成本降低等。

(4)项目风险。如同业竞品提前开业、同质产品开工、融资成本提升、限购政策等。

(5)综合分析。依据市场调研结果深入分析项目的优势与劣势,全面细致地比较机会与风险。全面尊重市场需求,适应市场发展趋势,引导客户产生购买需求,大力整合与项目相关的资源,借助专业咨询公司的专业智慧,为市场提供高性价比、高度差异化的产品,整合产业链,以合理的成本、高质量的产品优化市场的产品格局与份额,使项目达到投资预期。

3. 项目定位

项目定位是策划方案的重中之重,主要涉及项目的形象定位、功能定位、客群定位、价格定位。

(1)形象定位。注重项目的外在气质,也是企业在客户心中塑造的形象,赋予文化的理念,带给人们更高品质的生活。企业通过广告,不断宣传和强化项目的良好形象,最终达到促进销售的目的。

(2)功能定位。任何产品都有特定的功能,如剃须刀的功能是剃除胡须、洗衣粉的功能是去污。企业通过强化项目的特定功能来吸引客户购买。现在企业都注重突出项目的一个主要功能,再附加其他功能,如手机的主要功能是通话,附加照相、储存、听歌等功能,以便提高产品对客户的吸引力。项目策划要注重对产品功能的描述与表达,提高产品在市场上的占有率,加大回款力度。

(3)客群定位。每一个项目都有特定的客户群体。依据项目优势,分析项目产品的客户群或潜在客户群,重点分析客户群的消费行为、消费模式、消费特点等。显性客群是指市场上一直存在的,但有巨大挖掘潜力的客群,如可口可乐将第二次世界大战时的美国军人作为特定客户群,并提出 5 美分一瓶的特别定价,让可口可乐成为全球最大的饮料公司。潜在客群是指没有被市场发现或被企业忽略的客群,如百事可乐将黑人作为潜在客户群,组建黑人营销团队,销量一举超越皇冠可乐,成为可口可乐最有力的竞争者。

(4)价格定位。追求最大利润是企业推出新产品、新项目的动力所在,但追求最大利润并不是追求最高价格,合理定价才能拥有消费者,控制合理的利润率才能让项目长期持续盈利。所以,定价策划要重视的因素包括区域经济发展水平、同类竞品价格、客户群的经济收入、项目生产及开发成本。策划要立足于让客户获利的原则,才能制定出符合项目长远利益的价格。

4. 营销策略

营销策略是项目策划方案的深化与细化,能够丰富项目策划的指导性与实战性。总体来讲,要重点深化以下内容:

(1)营销推广创新。将项目信息、企业品牌与公益活动、文化活动联系在一起,提升项目与企业的公众口碑。

(2)营销推广节奏。从项目推向市场到项目持续销售，都需要依靠推广工作。从客户需求和市场趋势出发，以追求长期持续盈利为原则，精心策划营销推广工作，不断掀起营销高潮。

(3)项目经营思路。产品推向市场后，涉及售后服务工作，通过持续、有效、长期的经验，不断优化项目在客户心目中的品牌形象，实现客户与项目的双赢。

第二节　项目规划

一、项目规划的定义及其作用

项目规划是预测未来，确定要达到的目标，估计会碰到的问题，并提出实现目标、解决问题的有效方案、方针、措施和手段的过程。项目规划要求从多种来源收集信息，它经过各规划过程制定而出。在项目规划过程中，项目团队应根据对项目和项目结果影响的大小，邀请所有利益相关方参与。在满足利益相关方需求的同时，项目团队必须创造能够发挥他们潜能的环境，从而帮助项目取得成功。

良好的项目规划是项目成功的关键。项目规划为项目的启动、实施及结束提供了基础，它制定了关于具体项目目标、项目结构、任务、里程碑、人员、成本、设备、性能以及问题的解决方案等方面的指导原则。在新项目的规划阶段，我们应该就需要什么和可利用什么进行分析，同时还应该重新审视一遍单位内外可利用的专业技术人员。如果需要转包，我们应该对合同的性质进行彻底的分析。我们可以采取各种不同的处理方式，比如生产、购买、租借、转包或者什么都不做，再将这些方式进行比较，并将比较的过程作为项目规划步骤的一部分。项目规划有以下七项原则：(1)运用项目规划的方法进行有效的协调，而不是控制；(2)在项目不同的环境中利用不同个性特征的人；(3)预先设定项目规划中需要经常修改的版本；(4)授权项目成员对自己的工作进行评估；(5)描述创造价值的任务，而不仅仅是价值创造的活动；(6)定义具体可实现的里程碑事件；(7)在项目规划中需要使用检查列表、矩阵模型等工具。

在项目规划的初始阶段，应该确定将对项目产生影响的内外部因素，并对这些因素赋予权重。将对项目规划产生影响的内部因素包括基础设施、项目规模、劳资关系、项目位置、项目领导、组织目标、管理方法、技术人员供给情况、资源及资本的可利用性等。除了内部因素，外部因素也会对项目产生影响。某个外部因素可能会独立地对项目造成影响，或者与其他外部及内部因素一起作用于项目。能够对项目规划造成影响的外部因素包括公众需求、技术现状、市场需求、行业竞争、行业稳定性、政府管制、国家目标等。

二、项目规划与项目目标

项目目标是项目团队实施项目所要达到的期望结果。项目实施是一个追求和实现项目目标的过程，因此，项目目标决定项目规划的特征。项目目标主要具有以下特点：

(一)多目标性

对一个项目而言，项目目标往往不是单一的，而是由多个目标构成的目标体系，希望通过一个项目的组织实施，实现一系列的项目目标，满足客户多方面的需求。但更多时候不同目标之间存在着多方面的冲突，实施项目的过程就是多个目标协调的过程。目标的协调有同一个层次目标的协调，也有不同层次目标(如总项目目标和子目标、项目目标和组织战略目标)的协调。

项目目标主要表现为三个方面，即时间、成本和质量。实施项目的目标就是充分利用可以获得的资源，使得项目在一定时间内，在一定的预算基础上，获得期望的项目成果。然而，这三个目标之间往往存在着冲突，如时间的缩短要以成本的提高为代价，时间及成本的投入不足又会影响质量性能的实现，因此三者之间需要进行一定的协调和平衡。

(二)优先性

项目是一个多目标的复杂系统，不同目标在项目的不同阶段，根据不同需要，其重要性也是不一样的。例如，在项目启动阶段，可能更关注项目决策、风险和质量性能；在实施阶段，更多地关注项目成本；在验收阶段，关注是否按规定工期完成。对于不同类型的项目，关注的重点也不一样。例如，IT 项目可能更关注技术指标和软件质量稳定等。

当项目的三个主要目标发生冲突的时候，有效的项目管理者往往会采取适当的措施进行权衡。当然，项目目标的冲突不仅局限于三个主要目标，有时项目的总体目标体系之间也会存在冲突，都需要项目管理者根据目标的优先性进行整体的权衡和选择。

(三)层次性

项目目标的层次性是指对项目目标的描述需要有一个从高层次到低层次、从抽象到具体的完整的层次结构。即一个项目目标既有最高层次的战略目标，也有较低层次的具体目标。通常，明确定义的项目目标都有一个递阶层次结构，层次越低的目标，描述得越清晰、越具体。

项目规划决定了完成项目目标所需要的操作和责任的特性。我们需要制订操作的各种可能的具体方案，并从中选出最佳操作方案，以实现那些构成整体目标的各项子目标。项目规划明确了需要做的内容、由谁来做、什么时候做等问题。不论是为实现长期(战略层面)目标还是为实现短期(运作层面)目标，规划都应该是项目管理的最初步骤。

三、项目规划的内容

规划是一个贯穿项目整个生命周期的不断进行的过程。在规划的初始阶段，我们需要确定将要开展的具体项目，这项工作的完成可能与组织的整体努力有关。接下来的规划可能就会涉及所选项目的具体子目标。一个项目规划通常由下列几个部分组成：

(1)项目规划概述。这是一个关于规划内容的简要描述。其内容应包括工程概况、项目总体情况、项目背景、项目范围、项目目标等，同时还应该说明项目所需要的和可获得的资源类型。

(2)项目分析。在项目规划中，需要对项目进行全面的分析，以便为后续的项目开展打下基础。其内容主要包括项目市场分析、项目现有资源分析、项目外部环境分析、项目竞争对手分析、项目定位及自身优势分析、项目技术可行性分析等。

(3)项目具体目标规划。子目标应该非常详细地描述项目所希望完成的内容以及该内容实现之后将对项目的整体目标做出哪些贡献，包括工期目标、盈利目标、质量目标、安全目标等方面。

(4)项目组织管理分解。确定项目组织管理结构，绘制项目组织管理结构图，确保项目每一项具体任务都有人负责，同时制订工作分解计划(WBS)，将项目总任务进行分解，以便项目任务的实施与监督。

(5)项目实施方法。此处应该制定出实施项目的管理及技术方法。管理方法可能会涉及项目组织、通信网络、核准层次、职责及义务等方面的内容。技术方法可能会涉及以前项目的经验以及当前可用的技术。

(6)项目具体任务计划。项目具体任务计划涉及项目的各个方面,包括项目资源计划、项目费用计划、项目人力计划、项目进度计划、项目沟通计划、项目风险计划等。

(7)意外事件的处理。应该事先制定遇到意外事件时所需采取的行动。许多项目的失败仅仅是因为没有制订针对紧急情况的方案。人们沉浸在实施项目的兴奋之中,此时往往容易忽视意外事件处理的需求。

(8)监督与控制。在项目规划中,围绕项目实施计划,制定工作流程和管理制度,安排项目进度、成本、质量、资源计划,确定活动的开始和结束时间,并记录实际的进度情况,在一定情况下进行路径、决策、度量、量化管理、风险等方面的分析,实现对项目总体的控制。

大型项目的规划可能还包括对项目工作中转包合同的可行性进行说明。需要进行合同转包可能是出于降低成本、提高效率或者减少后勤费用等原因。

四、项目规划的结果

在项目规划过程中,形成的项目管理计划文件主要包括以下几方面的内容:

(1)项目范围管理计划。项目范围是指为了实现项目目标所必须完成的项目工作。其确定项目所有必要的工作和活动的范围,在明确项目的制约因素和假设条件的基础上,进一步明确项目目标和主要可交付成果。项目的范围计划是将来项目执行的重要文件。

(2)项目组织管理计划。在项目规划过程中,要避免基于职能和职权的项目组织管理的缺点,形成有效的企业项目组织管理体系。计划中要说明项目团队成员应该承担的各项工作任务以及各项工作之间的关系,同时制定项目成员工作绩效的考核指标和方法以及人员激励机制。最后,应注意项目知识的积累和复用,为企业未来承办项目积累经验打下基础。

(3)项目资源需求计划。项目实施之前需要明确项目实施过程中所需要的各种机器设备、能源燃料以及原材料的供应及采购安排。此计划要确定所需物资的名称、质量技术标准、数量和价格等,确定物资的具体投入时间和设计、制造、验收、交付的时间,确定设备的供应商等。

(4)项目进度计划。项目有明确的时间限制,要确保项目能在规定的时间范围内按时完成,需要一个合理的进度安排。项目进度计划需要明确项目工作的开展顺序以及相互关系、开始及完成时间,在明确项目工作分解结构图中各项工作和活动的依赖关系后,再对各项工作和活动可能的延时做出合理的估计,并安排项目的具体执行日程,确定项目执行进度的衡量标准和调整措施。制订项目进度计划是一个反复的过程,它随着项目的进展、项目管理计划的改变以及预期风险的消失、发生或新风险的识别而贯穿于项目的始终。

(5)项目成本计划。通常,一个项目的投资成本是固定的,然而由于项目实施过程中的很多不确定性,会影响到项目最终的费用。因此,在项目初期需要合理分析风险,确定完成项目所需要的成本数,并结合进度安排,以成本基准作为度量和监控项目执行过程中成本支出的主要依据和标准,对成本进行有效控制,保证项目的顺利进行。

(6)项目质量计划。项目质量计划需要识别哪些质量标准适用于本项目,并确定如何满足标准的要求。它是为了达到客户的期望而确定的项目质量目标、质量标准和质量方针,以及实现该目标的实施和管理过程。项目质量计划一般需要对照项目计划书及组织或业主对质量提出的需求来加以确定,以满足各利益相关方对质量的需要。

(7)项目沟通计划。为减少项目中信息理解的不对称和信息传递的障碍,需要制订规范的项目沟通计划。制订沟通计划主要包括以下五个步骤:①明确沟通目的;②明确沟通对象;

③确定沟通内容；④确定沟通的方式和时间；⑤建立有效的反馈机制。同时，在项目开始的时候需要确定项目沟通方式，并在项目启动会上得到利益相关方的确认。

(8)项目风险管理计划。风险管理计划需要描述项目在各个阶段进行风险管理的所有因素。这些因素一方面涉及风险识别及分析方法步骤，另一方面涉及管理各种风险领域的负责人、项目实施期间跟踪风险的方式、如何执行风险应急措施以及预留的项目风险“应急储备资源”的数量等。

第三节 项目设计

一、项目设计的定义及其作用

(一)项目设计的定义

项目设计是指根据项目设计的基本原则和利用对实现项目预定目标有益的原始资料，结合实际的项目实施条件，从整个项目的全局出发，确定科学合理的各子项目间的衔接、配合及时间关系，并设计符合项目实施情况的逻辑关系图，从而以最少的投入，在规定的时间内，高质量、低成本地完成项目。

(二)项目设计的作用

一个项目设想的提出，有其特定的政治、经济或社会生活背景。从简单而抽象的建设意图产生，到具体复杂的工程建成，其间每一环节、每一过程的活动内容、方式及其所要达到的预期目标，都离不开项目计划的指导，而项目计划出台的前提就是依据项目行动方案的设计。

项目设计师需要把项目意图转换成定义明确、系统完整、目标具体且具有策略方案和运作思路的高智力的系统活动，包括建设前期项目系统的构思与设计、建设期间项目组织设计和项目建成后的运营设计等，我们将其总称为项目设计。项目设计是以项目管理理论为指导，制订具体明确可实施的设计方案，服务于项目管理的全过程。项目设计的作用主要有以下几个方面：

1. 构建项目整体蓝图

项目设计的首要任务是根据项目建设意图进行项目的定义和定位，全面构思一个待建的项目系统。项目定义是指对某类公共项目、房地产开发项目等的项目用途、性质做出明确的界定，具体描述项目的主要用途或综合用途和目的。项目定位是指根据市场需求，综合考虑投资能力和最有利的投资方案，决定项目的规格和档次。在项目定义和定位明确的前提下，提出项目系统的整体蓝图，进行项目功能分析，确定项目系统的组成结构，使其形成完整的配套能力。在项目定位的基础上，对项目的系统构成规模做出设计，从而使项目的基本设想变成具体而明确的建设内容和要求。

2. 明确项目建设成本

项目设计是确定项目建设成本的重要手段。选择经济合理的设计方案有利于对项目进行全过程的投资控制。政府、行政主管部门及投资单位依据设计单位提供的设计进行项目概算，确定投资数目。承包项目的企业依据设计单位提供的项目设计方案编制预算，组织实施项目。最后根据设计单位的项目设计，组织有关部门进行项目竣工验收，办理项目决算与结算手续。由此可见，设计贯穿于项目建设全过程，并对项目造价的形成与确定起到关键的总控制作用。

在项目建设前期，设计单位可运用专业技术特长和经验，以及编制方案的特殊身份，向项目业主单位在选址、方案优化等方面推荐技术可行、功能满足需求、造价低和工期短的设计方案，并通过项目初步概算直观反映出来，使项目业主能充分体验到项目的规模及功能。在项目建设中期，设计单位可根据总体设计方案，提出合理可行的建设工期方案、工序实施程序、风险控制计划等，以缩短工期、避免浪费、降低风险、节省投资。项目承包方依据设计方案制订项目实施计划并组织开展，以取得企业利润。项目完成后，由业主、监管部门、项目承包方等相关部门依据设计单位提出的项目设计方案组织工程验收，确定项目建设是否符合技术标准、是否具备移交使用的条件、是否达到项目发起方的目的。项目建设后期，设计单位可依据项目概算、建设全过程等方面确认项目决算是否合理。

3. 对项目进行整体管控

由于项目设计以项目管理理论和方法为指导，密切结合具体项目系统的整体特征，所以为项目的发展和实施管理做出描述，不仅可以把握和揭示项目系统总体发展的条件和规律，而且可以深入项目系统构成的各个层面，乃至针对各个阶段的发展变化对项目管理的运作方案提出系统的、具有可操作性的构想。因此，项目设计将直接成为指导项目实施和项目管理的基本依据。

项目管理工作的中心任务是项目目标控制，而项目设计是项目管理的前提，因此，虽然项目设计、项目管理和项目控制三者的工作性质不同，却有极其紧密的内在联系。如果项目管理没有设计，我们将会陷入管理事务的盲目和被动之中；同样，没有科学管理作支撑的项目设计也将会成为纸上谈兵，缺乏实用价值。

4. 帮助项目领导者进行项目决策

项目设计包含专家对项目的总体设计和项目各个细节部分的设计，同时也包括项目的定义、定位和目标。因此，当项目领导者进行项目决策时，一方面可以把项目设计方案作为依据，前提是项目设计必须经过科学、严谨的论证；另一方面根据项目设计方案，可以识别项目利益相关方，明确他们的具体需求，为项目的顺利进行提供保障。

二、项目设计的基本原则和流程

(一)项目设计的基本原则

在进行项目设计时，要遵循基本原则，以提高项目设计的科学性。其基本原则主要包括以下四点：

(1)项目设计方案必须从实际出发，切实可行，符合项目所处环境的实际情况，有实现的依据和可能性。设计方案在资源和技术上提出的要求应与已有条件或一定时间内可争取的条件相吻合，否则项目很难实现。

(2)满足项目合同的工期要求。项目需要严格按照项目生命周期实施、收尾、交付使用并发挥投资效益，因此在进行项目设计时，必须保证项目能够在竣工时间上符合合同要求。

(3)确保项目质量和安全。项目质量是指设计成果反映市场或用户需求的程度，以及交付物或服务达到设计规范的程度。因此，设计方案应充分考虑项目成果的质量，并提出保证项目成果质量的技术措施，使设计方案符合技术规范与标准。同时在安全性方面，项目运行和维护的方法应该在设计阶段就予以考虑。为把发生事故的风险降到最低，应在项目中引入安全防范措施并对其进行评估。

(4)在保证项目质量的前提下，尽量降低项目成本，并采用国内外先进的项目技术和科学管理方法，使设计方案更加经济合理，从而使项目取得较好的经济效益。

(二)项目设计的流程

项目设计主要包括以下几个步骤:

1. 方案设计

在方案设计阶段,项目组织或团队通过对项目业主进行需求分析,并就设计要求与其沟通,对项目的总体框架进行设计并形成初步的项目方案,它是整个项目实施的整体文件和战略文件,必须满足初步设计的展开要求。

2. 初步设计

初步设计阶段应在方案设计、可行性研究报告、项目外部环境资料和其他基础资料等基础上进行。其用途是阐明在规定的建设地点、时间和可用资金限定之内,拟建项目技术和财务的可行性。初步设计文件的详细程度应满足如下要求:经过比较确定设计方案,订购主要设备和材料,确定所需资金数额并进行筹集,进行产品或施工图设计和项目启动准备。设计概算书由设计单位编制,是确定项目所需资金数额并对其使用进行控制的文件,一经批准,就成为筹集资金、编制项目预算与控制项目设计的依据。项目初步设计需要满足详细设计的展开要求。

3. 详细设计

详细设计是根据已批准的方案设计与初步设计对项目实施最完整、最详尽的设计,它需要涉及项目的各个方面,对项目的每个模块进行具体描述,并确定项目流程,从而确保项目能够顺利实施。

三、项目设计的主要内容

项目设计分为项目总体设计和项目实施设计两步。项目总体设计是指在项目前期立项过程中所进行的全面设计;而项目实施设计可以是对全面设计任务进行分解后的一个单项性或专业性问题的设计,例如一个生产子系统的工艺设计或设备选型配置设计等。实施设计既可以在项目的前期进行,也可以在项目实施过程中进行,根据设计工作的对象和性质不同,设计的内容、依据、深度和要求也不一样。

(一)项目总体设计

项目的提出伴随着国家、企业或个人的实际需求,因此,在对项目进行总体设计时,需要从项目发起人的需求出发,结合项目所处环境和项目所需资源进行。项目总体设计主要包含以下内容:

(1)项目的定义。即对项目性质、用途、目标和基本内容的描述。

(2)项目的定位。即描述项目的建设规模、建设水准,项目在经济社会发展中的地位、作用和影响力,项目定位依据、目标设定、项目必要性和可行性分析等。

(3)项目的系统构成。即描述系统的总体功能与目标,系统内各单项工程、单位工程的构成和相互联系,系统与系统环境的协调、协作和配套的策划思路及方案。

(4)其他。与项目实施及运行有关的重要设计环节。

(二)项目实施设计

项目实施设计是指项目管理和项目目标控制设计,旨在把体现建设意图的项目构思变成有实现可能性和可操作性的行动方案,提出带有谋略性和指导性的意见。项目实施设计包括以下几个方面:

1. 项目目标设计

项目目标设计是指在项目构思的基础上,进行项目基本目标策划,并对项目构成、项目过程、项目环境进行深入分析，结合项目主体自身状况提出目标，建立目标系统。

项目目标设计的内容包括：项目目标的构成；项目目标各主要方面的相关目标，如技术、财务、组织、时间、质量、经济以及安全、人员、后勤、采购、信息系统和工艺目标等，这些目标构成了项目的“三坐标”管理目标，即成果（符合质量要求的成果和服务）、时间（工期和日期）、费用（工资和成本）；项目目标设计的标准与规范，包括合同管理标准（FIDIC 合同和其他形式合同示范文本等）、质量管理标准（ISO9000 等）、环境保护协议、技术规范与规程、技术经济评价标准、项目从业人员行业与道德标准、国际国内有关标准制定机构或组织制定的相关标准等。

2. 项目组织设计

项目组织设计是用来指导项目全过程各项活动的技术、经济和组织的综合性文件，是技术与项目管理有机结合的产物，它能保证项目启动后项目活动有序、高效、科学、安全、合理地进行。它包括组织结构的设计、组织职能的设计和组织管理方式的设计。

组织结构的设计是一个建立或改造组织的过程，是对活动框架和组织结构的设计与再设计，它通常包括结构类型确定、组织部门设置、管理跨度和管理层的设计。

组织职能的设计是对组织的管理业务进行总体设计，确定组织的各项管理职能及其结构，并层层分解为各个管理层次、管理部门、管理岗位的业务工作，它通常包括部门职能设计、部门职权设计和组织规范设计。

组织管理方式的设计是在组织结构和组织职能设计之后，设计并采用科学合理的管理手段和管理方式，确保组织功能得到充分发挥，它通常包括组织决策机制设计、组织集权分权设计、组织执行机制设计、组织协调机制设计和组织健全与完善设计。

3. 项目进度设计

项目进度设计是根据项目的总体目标，对总目标进行分解，编制结构合理的进度计划体系，检查工程项目进度计划的执行情况，若发现实际执行情况与计划进度有偏差，就需要及时分析问题发生的原因，并采取必要的措施对原工程进度计划进行调整或修正。项目进度设计主要包括以下内容：

（1）项目结构分析。编制项目进度计划前需要进行详细的项目结构分析，系统地分析整个项目结构的构成，包括实施过程和各细节，从而系统合理地分解项目。项目结构分解采用一个分级的树形结构，将项目按照其内在结构或实施过程的顺序进行逐层分解形成树形项目结构示意图。通过项目 WBS 分解，将项目分解到相对独立的、内容单一的、易于成本核算与检查的项目单元，明确单元之间的逻辑关系与工作关系，每个单元具体地落实到责任者，并进行各部门、各专业的协调。

（2）成立进度控制管理小组。成立以项目经理为组长，各职能部门负责人、各单元工作负责人、各班组长和参与人员为组员的控制管理小组。小组成员需要分工明确、责任清晰，定期或不定期召开会议，讨论研究和制定对策，反馈信息，处理解决项目中的问题。

（3）制定项目控制流程。控制流程运用了系统原理、动态原理、信息原理、弹性原理等进行分析和研究。编制项目进度计划的对象由大到小，项目计划的内容也由粗到细，形成了纵向和横向完整的项目进度计划系统；控制是随着项目的进行而不断检查、评价和调整的过程，是一个由计划编制到计划实施、计划调整再到计划编制的不断循环的动态过程，直到目标的实现；计划实施与控制过程需要不断地进行信息的传递与反馈，所以计划实施与控制过程也是信息的传递与反馈过程。同时，计划编制也需要考虑到各种风险，使项目进度计划留有余地，具有一定的弹性。项目进度控制时，可利用这些弹性，通过缩短工作持续时间，或改变工作之间的搭接关系，以确保项目工期目标顺利实现。

4. 项目管理设计

项目管理设计是对项目实施任务进行分解并对项目组织工作所进行的设计。它是指在设计项目活动中运用专门技术知识，采用一定的工具和方法，使项目能够在有限资源约束条件下，实现或超过所设定的需求和期望的过程。项目管理是对一系列与项目目标相关的活动(如任务)进行整体监测和管控，一般具有如下几个基本步骤：

(1)项目启动。在项目管理过程中，启动阶段是开始一个新项目的过程。启动项目必须了解企业组织内部在目前和未来的主要业务发展方向，以及这些主要业务将使用什么技术、处于什么环境。

每个项目在一个阶段完成后、进入下一阶段之前必须对前一阶段的工作进行检查，顺利地通过前一阶段的关口控制。每个阶段都要进行严格的阶段性审核。上一阶段审查通过的控制关口提供的文件将是下一阶段工作的启动文件。

(2)项目计划。在项目管理过程中，项目计划的编制是最复杂的管理工作，项目计划工作涉及项目管理十大知识领域。在项目计划编制的过程中，运用计划编制方法，可看到后面各阶段的输出文件。计划的编制人员同样要有一定的工程经验和责任心，在计划制订出来以后，项目的实施阶段将严格按照计划进行控制。项目所有变更都将随环境和条件变化而变化，都是在项目计划的基础上进行调整，项目的变更控制是参考计划阶段的文件而产生的。

目前，一些企业为了追求所谓的低成本、高收益，压缩项目计划编制时间，导致后期实施过程的频繁变更。学习 PMP 的人都知道，质量是规划、设计出来的，不是靠检查来实现的。所以，这样做既没有降低成本，也没有提高效益，反而导致项目的失败。

(3)项目实施。项目实施阶段是占用资源最大的一个阶段，此阶段必须按照上一阶段制订的计划来执行，采取必要的行动来完成计划阶段制定的各项任务。在项目实施阶段，项目经理应将项目按照一定的类型或功能分成不同的子项目，由不同利益相关方和项目团队中的不同成员来完成各个子项目的工作。在项目开始之前，项目经理向参加项目的成员发送《项目任务书》。《项目任务书》中规定了要完成的工作任务、职责和权限、工程进度、工程的质量标准、工程预算等与项目有关的内容。《项目任务书》还含有项目使用方主要负责人的联系方式及地址等内容。

(4)项目收尾。项目的收尾过程是项目生命周期最后一个阶段，标志着整个项目的阶段性结束，即项目的利益相关方对项目产品的正式接收，项目正式结束。这期间包含所有可交付成果的完成、质量的验收、范围的验收、项目的总结、工程款的决算与结算、人员的安排、项目审计等内容，还有项目各阶段产生的文档、项目管理过程中的文档、与项目有关的各种记录等。

项目的收尾阶段是项目很重要的一个阶段，如果一个项目前期及实施阶段做得都比较好，但是在项目的收尾阶段没有给予高度重视，那么这个项目给人的感觉就像虎头蛇尾，即使项目的目标已实现，但项目就好像没有完结一样。所以，一个项目的收尾是非常重要的，项目的收尾做得好，就会给项目的利益相关方一种安全的感觉。

项目收尾还有一个重要的事情，就是要对本项目有一个全面的总结，同时也是为今后的项目提供一个可以参考的案例。项目管理者需要整理项目所有产生的文档并提交给项目建设单位。收尾阶段的结束标志是《项目总结报告》，收尾阶段完成以后，项目将进入使用阶段的维护期。

项目管理案例

北京2022年冬奥会吉祥物的策划与设计

北京冬奥会、冬残奥会吉祥物全球征集自2018年8月8日启动以来，得到了社会各界的积极响应，共收到5 816件应征作品。2019年1月7—8日，来自国内外的18名吉祥物专家评审相聚北京冬奥组委，对全部有效征集作品进行初评和复评。应征作品整齐码放在上百张白底桌子上，每名专家从众多的应征方案中选出10个自己满意的方案，经过一轮轮筛选和综合统计，最终10组候选设计方案脱颖而出。

9月17日，在首钢冰球馆，2022年北京冬奥会吉祥物“冰墩墩”和冬残奥会吉祥物“雪容融”揭开面纱。冰墩墩以熊猫为原型进行设计创作，将熊猫形象与冰晶外壳相结合，体现了冬季冰雪运动和现代科技特点；雪容融则以灯笼为原型，灯笼点亮的时候发出温暖的光芒，寓意点亮梦想、温暖世界，也体现了冬残奥运动员的拼搏精神和冬残奥会理念。

一、让熊猫的设计与众不同

2019年1月25日，广州美术学院设计团队收到了北京冬奥组委发出的邀请，要求他们对自己的入围作品进行修改。在吉祥物评审过程中，冰糖葫芦的创意作品入围前十，这是北京冬奥会吉祥物冰墩墩最初的创意来源，正是来自广州美术学院设计团队。短暂开心过后，设计团队迎来的是长达7个月的漫长且高压的修改过程。从最初的冰糖葫芦，到最终的冰墩墩，他们进行的大大小小修改不计其数，草图上万张，相关文件容量累计超过100G。广州美院视觉艺术设计学院副教授刘平云说，冰糖葫芦是他儿时对北京的记忆，而且冰糖葫芦外表的“冰壳”也与冰雪运动“或多或少有些联系”。随后冰壳的创意被保留，设计团队被建议尝试围绕其他珍稀或特色动物展开设计。广美设计团队在冰壳里做了许多尝试，有鹿、虎、兔子，考虑到冬奥会正值春节，他们还设计了元宵、饺子等。整个3月和4月，广美设计团队对吉祥物形象的概念表达、角色造型、动作比例、装饰纹样、五官细节、说明文案和设计元素进行反复修改。经过无数次的探索，他们的修改重点终于逐渐明朗——被冰壳包裹的熊猫。

吉祥物评委会主席、北京奥运城市发展促进会副会长蒋效愚认为，选择动物作为吉祥物是冬奥会一个通行的做法，但选择在各种大型活动中都担当过吉祥物的熊猫，相当于给自己出了一道难题。“你设计的熊猫要与以往不同，而且还要与冬奥会相匹配，”他说，“虽然是个难题，但只要我们有创新，就会有独特魅力。因为熊猫是我们的国宝，是世界上独一无二、中国本土的珍稀动物。国际上看到熊猫，就知道它代表中国，不用任何语言解释都会被认同。”从设计内行角度来讲，做熊猫则是把“双刃剑”，因为用熊猫的太多了，如何做出一个易于传播的、可爱的、非传统的熊猫？为此，广美设计团队专门成立一个资料组，把能收集到的熊猫全部收集，每天都去比对分析，无论是在冬奥组委办公室还是在广美工作间，都贴满了各式各样的熊猫。“那是一个非常困难的时期，老觉得这吉祥物少点什么东西，虽然有冰晶外壳，跟冰有直接关系，但怎么就和冬奥会密切联系在一起？怎么就说它是冬奥会吉祥物呢？”北京冬奥组委文化活动部高级专家林存真指出了当时遭遇的困境。

4月30日，广美设计团队又一次进驻冬奥组委。“那天大家一起探讨，突然有个想法说能不能把‘冰丝带’融进去？”林存真说，这一下“点醒”了大家，当象征着冰雪运动赛道的彩色光环出现在熊猫脸庞时，这个身穿冰壳的吉祥物看上去酷似航天员，一下有了未来感、科技感，这样马上定位就清晰了。随着冰壳熊猫的方案逐渐完善,起名字也被提上议事日程。冰壳熊猫的最初创意来自冰糖葫芦,“其实冰糖葫芦原来也叫糖墩儿,‘墩儿’是一个特别有意思的词。有一种北方冬天的特点,也特别亲切,像邻家小孩一样特别健康、活泼、可爱”。“一有这想法以后,马上去网上查,结果没有重复的。后来又发现,南方人和外国人很难读出‘墩儿’,我们就改成了冰墩墩,也过了查重。”林存真说。

图 1 “冰墩墩”和“雪容融”

二、让灯笼的造型“活起来”

冬残奥会吉祥物雪容融的灯笼造型源于吉林艺术学院设计学院产品设计专业本科生姜宇帆对家乡年味儿的印象。小姑娘的家位于小兴安岭深处的黑龙江省伊春市嘉荫县,每逢过年,这座小县城都会被浓浓的节日氛围包裹,街巷楼宇间,红红的灯笼高高挂起,是最常见的景象。

灯笼的创意入围前十,不过专家们给出的意见却是“仅保留原创属性,重新设计形象”。这就意味着,整体形象设计几乎要从零开始。

同样出于保密需要,设计团队将位于学校校园后侧居民区中的一间吉艺专家公寓作为工作室,这间 100 多平方米的公寓,见证了冬残奥会吉祥物诞生的全过程。吉林艺术学院设计学院视觉传达系主任吴轶博说,在前期修改阶段,她每周都要来冬奥组委提交修改方案,在方案“深加工”的 7 个多月里,她从长春往返北京的次数多达 30 多次,从首都机场到首钢的“两点一线”成了她对北京的最深印象。吉艺设计团队面临的任务除了为灯笼形象加入多样化属性,将其拟人化,赋予其生命,还要将其与奥运结合,这需要多方面的学习。于是,吉林艺术学院设计学院教学副院长金巍特意买了个灯笼挂在工作室,让团队成员每天观察、每天琢磨。与此同时,所有团队成员把冬奥组委的宣讲录像看了一遍又一遍,还上网查询,“恶补”奥运及相关知识,感悟和寻找奥运文化与中国文化的融合点。“这对我们是一个宝贵经验。”金巍说。

2 月下旬,北京冬奥组委专家组经讨论研究决定,取消中国结的进一步修改,让团队主攻灯笼形象的完善设计。到 4 月初,灯笼形象已基本确定,吉艺设计团队递交了完整的文化阐释方案。“这个阶段也是团队最迷茫和煎熬的阶段,”设计团队负责人郭春方说,“一开始是将吉祥物的属性与鹿结合,我们尝试过加鹿角、红鼻头,但是一方面形象要做得漂亮,另一方面也要考虑文化阐释,大概有近 1 个月的时间,我们做了各种尝试,感觉路走不通了。”设计团队每天都在不断尝试与自我否定之间徘徊,就在这一胶着阶段,修改专家组感受到了团队的迷茫,并及时地给予了指导和帮助。在双方多次沟通和尝试之下，鹿的属性被放弃，体现“双奥之城”的天坛、鸽子、长城，以及与冬奥相连的如意(冬奥会跳台滑雪场地又名“雪如意”)等元素出现在了吉祥物的形象中。设计会有灵感闪现的刹那，但更多的是反复修改完善。雪容融面部的雪块勾勒出它的脸庞，为了最真实的效果，设计团队在冬天专门往墙上随意扔了许多雪堆，之后再把墙上的形态具象化；而为了展现雪容融红红的脸庞、弯弯的嘴角，团队也做了许多微调。

“团队在修改的时候就考虑到后期应用，尽可能多地增加应用的延展性，比如道路两旁和广告牌的展示效果，还有衍生品的效果，像台灯、手表等，都在我们考虑范畴。”吴轶博说，“灯笼本身是可以发光的，可以带来温暖、传递力量，这与冬残奥会的理念非常契合。”

(资料来源：《人民日报》。)

本章小结

项目策划、规划和设计是对项目整体实施工作的预判和安排，其核心问题是考虑项目目标如何实现及其实现的具体过程。本章的主要内容是对项目策划、规划与设计进行总体的介绍和内容的概括。

项目策划是针对未来将要执行的项目工作做出当前的选择和决策，是社会发展和智能实践持续进步的综合体现，是脑力模拟、思考、统筹的理性行为。项目策划有着明确的管理目标、明确的实际意义和方案的比选过程。在策划过程中需要遵循质量原则、价格原则、品牌原则、渠道原则、促销原则和诚信原则。

项目规划是预测未来，确定要达到的目标，估计会碰到的问题，并提出实现目标、解决问题的有效方案、方针、措施和手段的过程。项目规划要求从多种来源收集信息，它经过各规划过程制定而出。在项目规划中，工作分解结构(WBS)是帮助人们揭示项目细节的有效工具，也是界定项目范围、进行项目规划的有效工具。在项目规划之后，需要形成具体的项目规划结果。

项目设计是根据项目设计的基本原则和利用对实现项目预定目标有益的原始资料，结合实际的项目实施条件，从整个项目的全局出发，以最少的投入，在规定的时间内，高质量、低成本地完成项目。项目设计包括项目总体设计和项目实施设计两大部分，其中项目实施设计包括项目的目标、组织、进度、管理设计。

习题

1. 简述项目规划的原则。
2. 项目策划与项目规划的区别是什么？
3. 讨论项目经理在项目规划中的作用。
4. 项目设计的主要内容包括哪些？
5. 对于业主来说，项目设计的目标是什么？

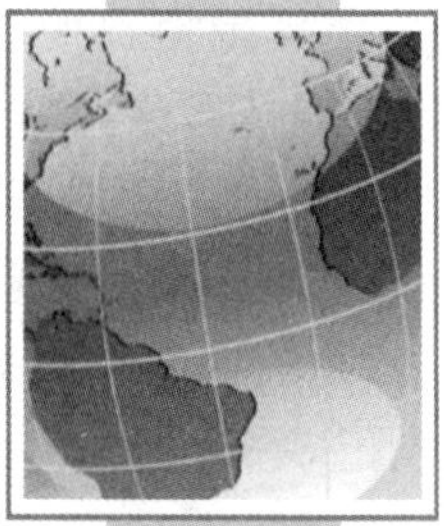

第五章 项目采购管理

现代项目管理的知识体系被划分为多个知识领域，项目采购管理便是其中之一。项目的执行除了需要必备的人力资源外，还必须具备相应的设备、设施、原材料、服务以及其他物质资源，这些资源是项目有效实施的重要保证。离开这些资源，再高明的项目经理也不可能按要求完成项目的任务。资源配备的质量、时间和价格决定了项目的质量、进度和成本。在市场经济条件下，这些产品和服务是通过采购活动来实现的。项目采购就是从执行组织以外通过采购取得项目所需要的产品(包括设备、物资和土建工程等)或服务。

第一节　项目采购概述

一、项目采购的含义

(一)采购的概念

采购就是设法采办。它有狭义和广义之分:狭义的采购是指以购买的方式，由买方支付对等的代价向卖方换取物品的行为过程，即所谓的“一手交钱，一手交货”或“银货两讫”;广义的采购是指除了以购买的方式获取物品、工程或者服务以外，还可以通过租赁、借用或者交换的方式取得使用权或所有权，以达到满足项目需求的目的。

(二)项目采购的概念

项目采购是指为了完成项目而从项目组织外部获取所需产品、服务或成果的过程。它几乎贯穿整个项目周期全过程，在整个项目中具有举足轻重的作用。项目采购多种多样，有工程采购、货物采购、咨询服务采购、IT 项目采购等。

(三)项目采购的主要过程

项目采购活动基本上贯穿于整个项目生命周期的全过程，对应关系见图 5—1。

项目周期全过程一般包括六个阶段:项目鉴别、项目准备、项目评估、项目谈判与签订、项目执行与监督、项目总结与评价。无论是工程采购、货物采购还是咨询服务采购，其采购的主要过程具有共性特点，都可以分为以下几个阶段:

(1)采购计划编制。采购计划是对项目中整个采购工作的总体安排，包括采购品种、采购

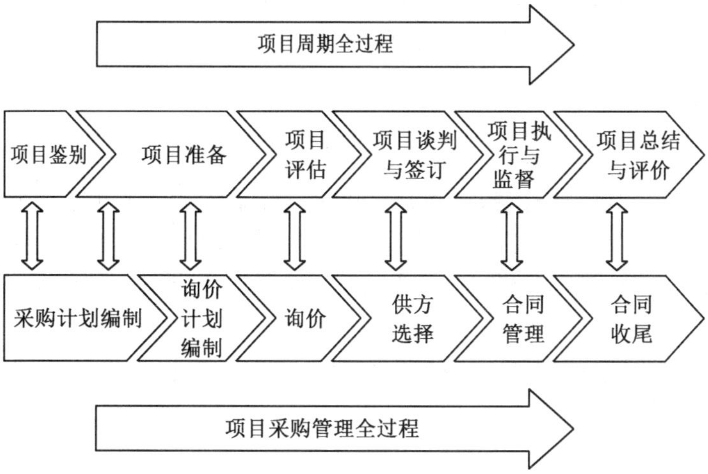

图 5－1　项目采购管理与项目周期对应关系

数量与采购方式、时间安排、相互衔接、组织管理以及协调安排等内容。

(2)询价计划编制。编制询价计划就是依据采购计划,安排支持询价工作所需的文档准备工作。

(3)询价。询价的过程就是根据询价计划,通过广告宣传或者投标者会议等方式,让潜在的卖主了解采购需求,卖主通过建议书或者投标书的形式表达自己的能力和意愿的过程。

(4)供方选择。就是选定供应商,与之进行谈判,并最终签订合同的过程。

(5)合同管理。就是在合同执行过程中,确保卖方履行合同要求的过程。

(6)合同收尾。就是在合同执行完毕后所做的结束工作,涉及产品核实(所有的工作是否正确、满意地完成)和管理收尾(更新记录以反映最终结果,并对这些信息归档以备将来使用)。

(四)项目采购的地位和作用

1. 采购的地位

采购的地位主要表现为质量地位。质量是产品的生命。一般企业都以质量控制的程序将其划分为来货质量控制、过程质量控制及出货质量控制。

由于产品中价值 60%的部分是经采购由供应商提供的,所以项目产品质量不仅要在企业内部控制,更多地应控制在供应商环节,也就是上游产品的质量控制。

2. 采购的作用

(1)采购的价值作用。在全球范围内企业的产品成本构成中,采购的原材料及零部件成本占企业总成本的比例因行业不同而异,大约在 30%—90%,平均水平在 60%以上。

在现实中,许多企业在控制成本时将最大时间和精力放在占不到总成本 40%的企业管理费用以及工资和福利上,而忽视其费用主体部分——物资采购成本。事实上,产品成本中的材料部分每年都存在着 5%—20%的潜在降价空间,而材料价格每降低 2%,在其他条件不变的前提下,资产回报率可增加 15%。

(2)采购的供应作用。在商品生产和交换的整个供应链中,每个企业既是顾客,又是供应商。为了满足最终顾客的需求,企业都力求以最低的成本将高质量的产品以最快的速度供应到市场,以获取最大利润。

从整体供应链的角度看,企业为了获取尽可能多的利润,都会想方设法加快物料和信息的流动，这样就必须依靠采购的力量，充分发挥供应商的作用，因为占成本60%以上的物料以及相关的信息来自供应商。供应商供应的商品质量、时间和价格决定了项目的质量、工期和成本。

二、项目采购的方式

通常，项目采购方式可分为招标采购方式和非招标采购方式两大类。招标采购又分为竞争性招标采购和有限竞争性招标采购，主要包括国际竞争性招标采购、有限国际招标采购、国内竞争性招标采购等几种具体采购方式；非招标采购主要包括国际和国内询价采购、直接采购、自营工程等。

不同的项目采购方式，体现了不同的竞争程度，采购效果也是千差万别。招标采购方式，尤其是竞争性招标采购方式，竞争程度最高，相关法律法规的规定也更加严格。重大项目、政府采购以及公共采购项目通常采用招标采购方式。

（一）国际竞争性招标采购

国际竞争性招标（International Competitive Bidding，ICB）是指在国际上通过各种宣传媒介刊登招标公告，在世界范围内进行招标采购，国内外合格的供应商均可以参加投标的采购方式。国际竞争性招标要求制作完整的英文标书。世界银行于1951年将国际竞争性招标作为一种很好的采购方式加以推广，根据不同国家和地区的情况，世界银行规定凡采购金额在一定限额以上的货物和工程合同，都必须采用国际竞争性招标。

尽管国际竞争性招标程序比较复杂，但确实有很多的优点：(1)由于投标竞争激烈，一般可以帮助买主以有利的价格采购到需要的设备和工程。(2)可以引进先进的生产设备、产品技术、工程技术和管理经验。(3)可以保证所有合格的投标人都有参加投标的机会，以示公平。(4)可以保证采购工作根据预先确定并为大家所熟知的程序和标准公开而客观地进行，以减少在采购中作弊的可能。

当然，国际竞争性招标也存在一些缺陷，主要是：(1)国际竞争性招标费时较多、花费较大。国际竞争性招标有一套周密且比较复杂的程序，从招标公告、投标人作出反应、评标到授予合同，一般都要半年到一年以上的时间。(2)国际竞争性招标所需准备的文件较多，工作量大。招标文件要明确规范各种技术规格、评标标准，以及买卖双方的权利与义务等内容。

（二）有限国际招标采购

有限国际招标（Limited International Bidding，LIB）也称不邀请招标，是采用不公开刊登招标广告而直接邀请国内外有关供应商或承包商进行投标的一种采购方式。这种采购方式主要适用于以下情况：(1)采购金额较小；(2)能够提供货物或服务的供应商数目有限；(3)有其他特殊理由证明不能完全按照国际竞争性招标方式进行采购，如紧急的援建项目。

有限国际招标方式不需要刊登广告，因此，利用国际贷款组织提供资金的工程项目，必须首先确定拟邀请参加投标的厂商名单，报国际贷款组织审核确认。为了保证价格具有竞争性，邀请投标的厂商应尽可能广泛一些，至少保证三家以上。

除了不刊登广告、不实行国内优惠外，有限国际招标采购的程序与国际竞争性招标采购的程序基本相同。

（三）国内竞争性招标采购

国内竞争性招标（National Competitive Bidding，NCB）是指在国内进行的招标采购，招标通告只在国内主要媒体刊登，招标文件一般也只采用本国文字书写。国内竞争性招标通常用于合同金额较小、采购品种比较分散、分批交货时间较长、劳动密集型、商品成本较低而运费较高、当地价格明显低于国际市场等情形的采购，即主要用于不可能吸引外国竞争的采购活动。此外，若从国内采购的货物或者工程建筑可以大大节省时间，而且这种便利将对项目的实施具有重要的意义，也可以仅在国内通过竞争性招标采购。

(四)国际和国内询价采购

询价采购是在比较国外或国内几家供应商(通常至少三家)报价的基础上进行的采购。这种采购方式主要用于采购现货或价值较小的标准规格设备，或者小型、简单的土建工程。

询价采购不需要招标，只需向有关供货厂家发出询价单，然后在各家供货商报价的基础上进行比较，最后确定供货商，并与之签订合同。

(五)直接采购

直接采购是指不通过招标或者"货比三家"等方式，而是由项目单位直接与供货单位进行谈判而签订合同的采购方式。

直接采购适用于下述情况：(1)对于正在实施中的工程或货物合同，在需要增加类似的工程量或货物量的情况下，可通过这种方式延续合同。(2)考虑与现有设备配套的设备或设备标准化方面的一致性，可采用此方式向原来的供货厂家增购货物。在这种情况下，原合同货物应是符合要求的，增加购买的数量应少于现有货物的数量，价格应当合理。(3)所需设备具有专营性，只能从一家厂商购买。(4)负责工艺设计的承包人要求从指定的一家厂商购买关键的部件，以此作为保证达到设计性能或质量的条件。(5)在一些特殊情况下，如抵御自然灾害，或由于需要早日交货，可采用直接签订合同的方式进行采购，以免由于延误而花费更多的费用。

(六)自营工程

自营工程是指在土建工程项目中采用的一种采购方式，即借款人或项目业主不通过招标或其他采购方式而直接使用自己国内、省(市区)内的施工队伍来承建的土建工程。自营工程适用于下列情况：(1)工程量的多少事先无法确定。(2)工程规模小而分散，或所处地点比较偏远，使承包商要承担过高的动员调遣费用。(3)必须在不干扰正在进行中的作业的情况下进行施工并完成工程。(4)没有一个承包商感兴趣的工程。(5)如果工程不可避免地要出现中断，在此情况下，其风险由借款人或项目业主承担，比由承包商承担要更为妥当。

三、项目采购的类型

(一)工程采购(Procurement of Works)

工程采购属于有形采购，我们通常称之为工程招标，是指通过招标或其他商定的方式选择工程施工承包单位，即选定合格的承包商承担项目工程施工任务，如修高速公路、住宅区建设项目、室外绿化景观工程等。

(二)货物采购(Procurement of Goods)

货物采购属于有形采购，是指业主或称购货方购买项目建设所需的投入物，如建筑材料(钢材、木材、水泥等)、设备(空调系统、安防系统、电梯等)，通过招标等形式选择供货商，它包括货物的获得及其获取方式和过程，也包括与之相关的服务，如培训、安装、维修等。

(三)咨询服务采购(Procurement of Consulting Services)

咨询服务是指以信息为基础，运用多学科知识和经验、现代科学技术与管理方法等技能，遵循独立、科学、公正的原则，对客户委托的项目进行分析研究，提出解决建议、方案和措施，或为领导决策提供参谋性意见，甚至协助实施的一种高层次的智力型服务。咨询服务是付出智力劳动获取回报的过程，是一种有偿服务。

咨询服务属于第三产业。它是一个广义的概念，涉及工程、科技、经济、管理、社会、政策等，包括实施前、实施中、实施后。

第二节 招投标管理

招投标是在市场经济条件下进行工程建设、货物买卖、财产出租、中介服务等经济活动的一种竞争形式和交易方式。

一、招投标的概念

招投标是招标和投标的简称。招标和投标是一种商品交易行为，是交易过程的两个方面，是在市场经济条件下引入竞争机制订立合同(契约)的一种法律形式。

招投标制是为体现招投标双方的经济权利、使双方负起经济责任并维护他们的经济利益而建立的一套招投标管理制度。

二、我国招投标制度的发展

我国从20世纪80年代初开始在建设工程领域引入招投标制度。2000年1月1日《中华人民共和国招标投标法》(以下简称《招标投标法》)的实施，标志着我国正式以法律形式确立了招投标制度。2012年2月1日《中华人民共和国招标投标法实施条例》(以下简称《招标投标法实施条例》)施行，以配套行政法规进一步完善了招投标制度。另外，国务院及有关部门陆续颁布了一系列招投标方面的规定，地方人大及其常委会、人民政府及有关部门也结合本地区的特点和需要，相继制定了招投标方面的地方性法规、规章和规范性文件，我国的招投标法律制度逐步完善，形成了覆盖全国各领域、各层级的招投标法律法规与政策体系。

三、招投标的原则

招投标应当遵循公开、公平、公正和诚信的原则。

(1)公开原则。是指招标项目的需求、投标人资格条件、评标标准和办法，以及开标信息、中标候选人、中标结果等招投标程序和时间安排等信息应当公开透明。

(2)公平原则。是指每个潜在投标人都享有参与平等竞争的机会和权利，不得设置任何条件歧视排斥或偏袒保护潜在投标人，招标人与投标人应当公平交易。

(3)公正原则。是指招标人和评标委员会对每个投标人应当公正评价，行政监督部门应当公正执法，不得偏袒一方。

(4)诚信原则。是指招投标活动主体应当遵纪守法、诚实善意、恪守信用，严禁弄虚作假、言而无信。它要求所有的参加者在不损害他人利益和社会公益的前提下追求自己的利益，如果违反诚信原则并且造成他人损失的话，需要承担一定的赔偿责任。

四、招标的范围、方式和组织形式

(一)招标的范围

招标的范围是指必须和可以使用招标方式采购标的的范围。除特殊情况外，所有工程、货物和服务原则上都适用招标方式采购。《招标投标法》以及据此制定的《工程建设项目招标范围和规模标准规定》明确了依法必须招标和可以不招标的工程建设项目内容、范围和规模标准。《政府采购法》及相关规章规定了政府采购必须使用招标方式采购货物和服务的范围标准。《机电产品国际招标投标实施办法》第八条规定了必须采用国际招标采购机电产品范围的六种情况。

招投标同样适用于依法必须进行招标的工程建设项目范围以外的工程、货物和服务采购。

(二)招标的方式

按照《招标投标法》第十条规定,招标分为公开招标和邀请招标。

(1)公开招标。是指招标人以招标公告的方式邀请不特定的法人或者其他组织投标。即招标人按照法定程序,在指定的报刊、电子网络和其他媒介上发布招标公告,向社会公示其招标项目要求,吸引众多不特定潜在投标人参加投标竞争,招标人按事先规定的程序和办法从中择优选择中标人的招标方式。

(2)邀请招标。是指招标人以投标邀请书的方式邀请特定的法人或者其他组织投标。即招标人通过市场调查,根据承包商或供应商的资信、业绩等条件,选择一定数量的特定法人或其他组织(不能少于3家),向其发出投标邀请书,邀请其参加投标竞争,招标人按事先规定的程序和办法从中择优选择中标人的招标方式。

(三)招标的组织形式

招标的组织形式包括自行招标和委托招标。其中,自行招标是指招标人自身具有编制招标文件和组织评标的能力,依法可以自行办理招标;而委托招标是指招标人委托招标代理机构办理招标事宜。

根据《招标投标法》第十二条的规定,招标人依法可以自行招标的,任何单位和个人不得强制其委托招标代理机构办理招标事宜。自行组织招标便于招标人对招标项目进行协调管理,但容易受到招标人认识水平和法律、技术专业水平的限制,从而影响、制约招标采购的"三公"特性及招标竞争的成效。

五、招投标的基本程序

招投标活动包括招标与投标两项活动,其活动是交叉进行的,《招标投标法》有严格的规定和要求。招投标程序如图5—2所示。

(一)招标准备

招标准备阶段,是指从办理招标申请开始到发出招标广告或邀请函为止的时间段。招标准备工作包括判断招标人资格能力、制订招标工作总体计划、确定招标组织形式、落实招标基本条件和编制招标采购方案。这些准备工作应该互相协调,有序实施。该阶段的工作由招标人单独完成,投标人不参与。

(1)申请批准招标。招标人或招标人委托的招标代理机构要向建设主管部门的招标管理机构提出招标申请。

(2)判断招标人的资格能力条件。招标人是提出招标项目、发出招标邀约邀请的法人或其他组织。招标人的民事权利能力范围受其组织性质、成立目的、任务和法律法规的约束,因而招标人享有民事权利的资格也受到影响和制约。自行组织招标的招标人还应具备《招标投标法》及其实施条例等规定的能力要求。

(3)制订招标工作总体计划。根据采购需要或项目实施进度制订项目招标采购总体计划,明确招标采购内容、范围和时间。

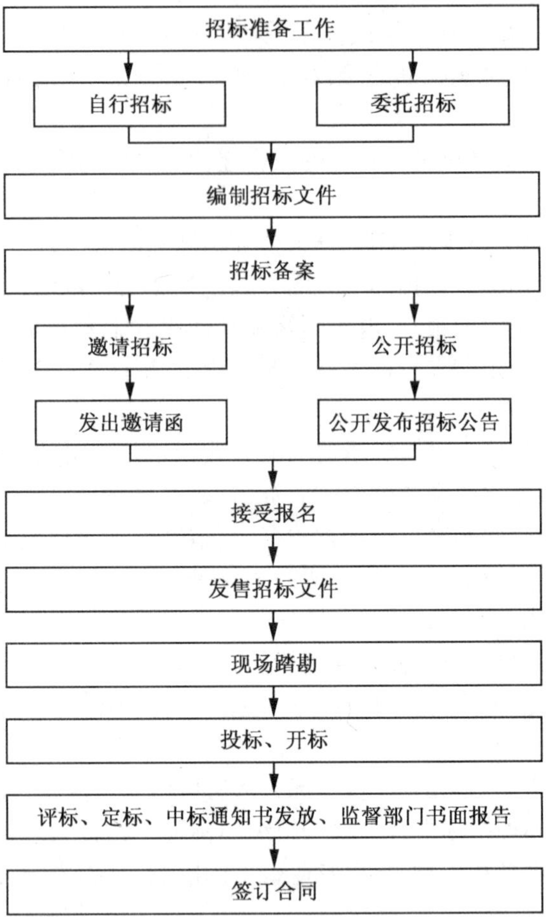

图 5—2 招投标工作流程

(4)明确招标组织形式。

(5)落实招标的基本条件。根据有关规定,项目招标必须具备基本条件,主要包括:①项目招标人应当符合相应的资格条件;②应满足项目招标和组织实施项目所必需的资金和技术条件、管理机构以及法律法规规定的其他条件;③项目招标的内容、范围、条件、招标方式和组织形式已经完成审批、核准或备案。

(6)编制招标方案。招标人应在上述准备工作的基础上,根据招标项目的特点和自身需求,编制招标方案,确定招标内容、范围、组织形式、招标方式、标段划分、合同类型、投标人资格条件、招标工作目标和顺序、需要的资源等。

(二)组织资格审查

为了保证潜在投标人能够公平地获取投标竞争的机会,确保投标人满足招标项目的资格条件,同时避免招标人和投标人不必要的资源浪费,招标人应当对投标人进行资格审查。资格审查可以分为资格预审和资格后审两种。

(1)资格预审。是指招标人在投标前按照有关规定程序和要求公布资格预审公告和资格预审文件,对获取资格预审文件并递交资格预审申请文件的申请人的资质条件、业绩、信誉、技术、资金等多方面情况进行资格审查,确定合格投标人的方法。

（2）资格后审。是指开标后由评标委员会对投标人资格进行审查的方法。采用资格后审办法的，按规定要求发布招标公告，并根据招标文件中规定的资格审查方法、因素和标准，在评标时审查确认满足投标资格条件的投标人。

采用邀请招标的项目，招标人也可以根据项目的需要，对潜在投标人进行资格预审。

（三）编制发售招标文件

（1）编制招标文件。招标文件的编制是招标准备工作中最重要的环节。招标文件是投标人的投标依据，同时也是签订合同的基础。应结合招标项目的特点和需求，依据有关规定和标准文本编制招标文件，并可以根据有关规定报招投标监督部门备案。

（2）发售招标文件。按照投标邀请书或招标公告规定的时间、地点发售招标文件。招标文件一般发售给通过资格预审、获得投标资格的投标人。

（3）编制标底。招标人根据招标项目的技术经济特点和需要，可以自主决定是否编制标底。一个招标项目只能有一个标底，标底必须保密。

为避免发生围标、抬标现象，招标人也可以编制并在招标文件中公布招标控制价（最高投标限价）的计算方法。招标人不得规定最低投标限价。

（四）现场踏勘

招标人不得组织单个或者部分潜在投标人踏勘项目现场。可以根据招标项目的特点和相关约定，集体组织潜在投标人对项目实施现场经济、地理、地质、气候等客观条件和环境的实地踏勘了解，并介绍有关情况。潜在投标人应自行负责据此做出的判断和投标决策。

（五）投标预备会

投标预备会是招标人为了澄清、解答潜在投标人在阅读招标文件和现场踏勘后提出的疑问，按照招标文件规定的时间和地点组织的投标预备会议。招标人除了介绍工程概况以外，还可以对招标文件中有关重点、难点内容主动做出说明，以及对投标人书面提出的问题和会议上即席提出的问题给予解答，但所有的澄清、解答均应以书面方式发给所有购买招标文件的潜在投标人，并属于招标文件的组成部分。

（六）编制递交投标文件

为了规范投标人行为，有关招投标法律法规对投标人编制和递交投标文件等方面进行了规定，具体包括投标文件、投标有效期、投标保证金、联合体投标以及对投标人参与投标的限制性规定等。

（1）投标人应当按照招标文件的要求编制投标文件，投标文件应当对招标文件提出的实质性要求和条件做出响应。

（2）投标人在招标文件要求提交投标文件的截止时间之前，可以补充与修改或撤回已提交的投标文件，并书面通知招标人。补充与修改的内容为投标文件的组成部分。补充、修改、撤回投标文件必须在投标截止时间之前。投标截止后投标人撤销投标文件的，招标人可以不退还投标保证金。

（3）不按照招标文件要求密封的投标文件，招标人应当拒收。招标人应当如实记载投标文件的送达时间和密封情况，并存档备查。投标文件未经投标单位盖章和单位负责人签字的，评标委员会应否决其投标。

（4）投标人应当在招标文件要求提交投标文件的截止时间前，将投标文件送达投标地点。在招标文件要求提交投标文件的截止时间后送达的投标文件，招标人应拒收。

（5）招标文件应当规定一个适当的投标有效期，以保证招标人有足够的时间完成评标和与中标人签订合同。投标有效期从招标文件规定的提交投标文件截止之日起计算。

(6)为了避免因投标人投标后随意撤回、撤销投标或随意变更应承担相应的义务给招标人造成损失,《招标投标法实施条例》规定,招标人在招标文件中要求投标人提交投标保证金的,投标保证金不得超过招标项目估算价的2%。招标人不得挪用投标保证金。

投标人在提交投标文件的同时,应按照招标文件规定的金额、形式、时间向招标人提交投标保证金,并作为投标文件的一部分。投标保证金有效期应当与投标有效期一致。

(7)两个以上法人或者其他组织可以组成一个联合体,以一个投标人的身份共同投标。联合体中标的,联合体各方应当共同与招标人签订合同,就中标项目向招标人承担连带责任。

联合体各方应当签订共同投标协议,明确约定各方拟承担的工作和责任,并将共同投标协议连同投标文件一并提交招标人。

国家有关规定或者招标文件对投标人资格条件有规定的,联合体各方均应具备规定的相应资格条件。由同一专业的单位组成的联合体,按照资质等级较低的单位确定资质等级。

组成联合体投标是联合体各方的自愿行为。签订共同投标协议后,不得再以自己名义单独投标,也不得组成新的联合体或参加其他联合体在同一项目中投标。

招标人不得强制投标人组成联合体共同投标,不得限制投标人之间的竞争。

(七)组建评标委员会

招标人应当在开标前依法组建评标委员会。评标委员会由招标人或其委托的招标代理机构熟悉相关业务的代表,以及有关技术、经济等方面的专家组成,成员人数为5人以上单数,其中技术、经济等方面的专家不得少于成员总数的2/3。评标委员会设负责人的,评标委员会负责人由评标委员会成员推举产生或者由招标人确定。评标委员会负责人与评标委员会的其他成员有同等的表决权。一般招标项目可以采取随机抽取方式,特殊招标项目可以由招标人直接确定。评标委员会成员的名单在中标结果确定前应当保密。

(八)开标

招标人或者其招标代理机构应按照招标文件预先载明的开标时间和开标地点,邀请所有投标人派代表参加,公开宣布全部投标人的名称、投标价格及投标文件中其他主要内容,使招投标当事人了解关键信息,并将相关情况记录在案。

(1)在我国《招标投标法》中规定,开标应当在招标文件规定的提交投标文件截止时间的同一时间公开进行,开标地点应当为招标文件中预先确定的地点。招标人和招标代理机构必须按照招标文件中的规定,按时开标,不得擅自提前或拖后开标,更不能不开标就进行评标。

(2)开标由招标人主持,也可以委托招标代理机构主持。投标人或其授权代表有权出席开标会,也可以自主决定不参加开标会。招标人要求所有投标人参加开标会是法定的义务,投标人自主决定是否参加开标会是法定的权利。

(3)开标时,由投标人或者其推选的代表检查投标文件的密封情况,也可以由招标人委托的公证机构检查并公证。招标人在招标文件要求提交投标文件的截止时间前收到的所有投标文件,开标时都应当当众予以拆封、宣读。开标过程应当记录并存档备查。

(4)投标人少于3个的,不得开标,招标人应当重新招标。投标人对开标有异议的,应当在开标现场提出,招标人应当当场作出答复并制作记录。

(九)评标

评标由招标人依法组建的评标委员会负责。评标委员会应当在充分熟悉、掌握招标项目的主要特点和需求的基础上,认真阅读研究招标文件及其相关技术资料、评标办法、因素和标准、主要合同条款、技术规范等，按照初步评审、详细评审的先后步骤对投标文件进行分析、比较和评审。评审完成后，评标委员会应当向招标人提交书面评标报告并推荐中标候选人。

（十）中标

评标结束后，招标人按照法定流程确定招标项目合同签订对象，一般情况下，投标人中标的，应当收到招标人发出的中标通知书。

（1）评标委员会推荐合格中标候选人。按照《招标投标法实施条例》规定，评标完成后，评标委员会应当向招标人提交书面评标报告和中标候选人名单。中标候选人应当不超过 3 个。

（2）招标人自行或者授权评标委员会确定中标人。招标人应当接受评标委员会推荐的中标候选人，不得在评标委员会推荐的中标候选人之外确定中标人。

中标人的投标应当符合下列条件之一：①能够最大限度地满足招标文件中规定的各项综合评价标准。②能够满足招标文件的实质性要求，并且经评审的投标价格最低，但是投标价格低于成本的除外。

（3）中标候选人、中标结果公示或者公告。依法必须进行招标的项目，招标人应当自收到评标报告之日起 3 日内公示中标候选人，公示期不得少于 3 日。投标人或者其他利害关系人对依法必须进行招标的项目的评标结果有异议的，应当在中标候选人公示期间提出。招标人应当作出答复。作出答复前，应当暂停招投标活动。

（4）发出中标通知书。公示结束后，招标人应当向中标人发出中标通知书，告知中标人中标的结果，并同时将中标结果通知所有未中标的投标人。

（5）订立合同。中标通知书发出后，招标人与中标人订立合同。订立合同时，招标文件要求中标人提交履约保证金的，中标人应当按照招标文件的要求提交。履约保证金不得超过中标合同金额的 10％。

（6）投标保证金的退还。招标人应在招标活动正常结束之后，及时返还投标人的投标保证金，但投标人有招标文件规定投标保证金不予退还的行为的除外。招标人最迟应当在书面合同签订后 5 日内向中标人和未中标的投标人退还投标保证金。

（十一）合同签订

招标人与中标人应当自中标通知书发出之日起 30 日内，依据中标通知书、招标文件、投标文件中的合同构成文件签订合同。合同的标的、价款、质量、履行期限等主要条款应当与招标文件和中标人的投标文件内容一致。招标人和中标人不得再行订立背离合同实质性内容的其他协议。

第三节　合同管理

一、合同的概念与分类

（一）合同的概念

根据《中华人民共和国合同法》[①]（以下简称《合同法》）第二条规定，合同是平等主体的自然人、法人、其他组织之间设立、变更、终止民事权利义务关系的协议。

① 2020 年 5 月 28 日，十三届全国人大三次会议表决通过了《中华人民共和国民法典》，自 2021 年 1 月 1 日起施行。《中华人民共和国合同法》同时废止。

(1)合同是一种民事法律行为。民法上关于民事法律行为的一般规定,如民事法律行为的生效要件、民事行为的无效和撤销等,均适用于合同。

(2)合同以产生、变更或终止民事权利义务关系为目的。

(3)合同是两个以上的当事人意思表示相一致的协议。

首先,合同是双方或多方法律行为,须有双方或多方当事人。

其次,合同的成立须各方当事人相互为意思表示,即当事人各方均从自己的利益出发作出意思表示,并且其意思表示是交互作出的。

最后,须当事人的意思表示达成一致。所谓意思表示一致,也称为合意,是指当事人各方作出的意思表示在内容上互相吻合,不存在分歧。

(二)合同的分类

合同法理论中通常将合同分为以下几类:

(1)根据当事人双方是否互负义务,可以将合同分为单务合同和双务合同。

(2)根据当事人取得利益是否付出代价,可以将合同分为有偿合同和无偿合同。

(3)根据法律上是否规定了一定合同的名称,可以将合同分为有名合同和无名合同。

(4)根据合同成立是否须以交付标的物为标准,可以将合同分为诺成合同与实践合同。

(5)根据合同是否要以特定形式为要件,可以将合同分为要式合同和不要式合同。

(6)根据合同相互间的主从关系,可以将合同分为主合同与从合同。

(7)根据订约人订立合同的目的是否为自己谋取利益,可以将合同分为"为订约人自己订立的合同"与"为第三人利益订立的合同"。

《合同法》分则中将合同分为买卖合同,供用电、水、气、热力合同,赠与合同,借款合同,租赁合同,融资租赁合同,承揽合同,建设工程合同,运输合同,技术合同,保管合同,仓储合同,委托合同,行纪合同和居间合同15种类型。

二、合同的当事人与内容

(一)合同的当事人

合同的当事人可以是自然人、法人,也可以是其他组织。当事人订立合同应当具有相应的民事权利能力和民事行为能力。

完全民事行为能力的自然人具有订立合同的行为能力、主体资格,可以签订合同。限制民事行为能力的自然人具有一定的订立合同的行为能力,可以进行与其年龄、智力或精神健康状况相适应的民事活动,订立相应的合同,其他合同行为则要其代理人代理。无民事行为能力的自然人不具备订立合同的民事行为能力,只能由其法定代理人代理订立合同,接受赠与等特定情况除外。

法人具有民事权利能力和民事行为能力,具备订立合同的主体资格,是订立合同的主要当事人。其他组织(如合伙组织、个人独资企业、个体工商户、农村承包经营户等)也具备订立合同的主体资格,可以订立合同。

合同当事人可以依法委托代理人订立合同。代理人应根据授权范围以被代理人的名义订立合同,代理人订立合同所产生的权利义务由被代理人承担。

(二)合同的内容

合同的内容由当事人约定,一般包括以下条款:

(1)当事人的名称或姓名和住所。这是关于合同当事人的条款,应在合同中列明。

(2)标的是合同不可缺少的条款。合同的标的可以是物,也可以是劳务,还可以是技术成果或工程项目等。但法律禁止的行为或禁止转让的物不得作为合同的标的。

(3)数量是确定标的的主要要件。没有数量,权利义务的大小就很难确定,有偿合同就失去计算价金的依据。因此,数量条款是合同的主要条款之一。

(4)质量是标的的内在素质和外观形态的综合,包括标的的名称、品种、规格、等级、标准、技术要求等。质量条款是合同的主要条款之一。

(5)价款或酬金是取得标的物或接受劳务的一方当事人所支付的代价。价款或酬金条款是合同的关键条款之一。

(6)履行期限、地点和方式。合同的履行期限既是享有权利一方要求对方履行合同的依据,也是检验负有履行义务一方是否按期履行或迟延履行的标准。履行地点和方式涉及当事人权利和义务的界定,也涉及合同履行中责任风险的承担。

(7)违约责任条款的设定有利于督促当事人履行合同,保护非违约方的合同权益。但违约责任不以合同规定为条件。即使合同未规定违约条款,只要一方违约就要承担违约责任。

(8)争议解决的办法。合同约定了纠纷解决方式的,发生纠纷时就应按约定的方式来解决纠纷。合同未约定这一条款的,不影响合同的效力。

格式条款是一方当事人为了重复使用而预先拟定,并在订立合同时未与对方协商的条款。对格式条款有两种以上解释的,应当作出不利于提供格式条款一方的解释。格式条款与非格式条款不一致的,应当采用非格式条款。

合同示范文本是针对当事人缺乏订立合同的经验和必要的法律常识,由有关部门和行业协会制定的指导性文件。示范文本提示当事人在订立合同时更好地明确各自的权利和义务,承担相应的风险,对防止合同纠纷起到积极的作用。

三、合同的订立生效

合同生效是指合同开始发生法律上的效力。合同生效需具备法定生效要件。合同生效以合同成立为前提,但合同成立不等于合同生效。有的合同因当事人的约定、合同的性质等,其生效时间与成立时间不一致。

(一)合同生效要件

合同生效要件是判断合同是否具有法律效力的标准。一般包括:合同当事人具有相应的民事行为能力;合同当事人意思表示真实;合同内容不违反法律和社会公共利益;合同必须具备法律所要求的形式。有些合同除具备一般生效要件外,还需具备特别生效要件才能发生法律效力。《合同法》规定,法律、行政法规规定合同应当办理批准、登记手续才生效的,应依照其规定。

(二)合同生效时间

合同生效时间具体为:依法成立的合同自成立时合同生效,即合同成立的时间为合同生效的时间;法律、行政法规规定应当办理批准、登记手续的合同,合同生效时间为办理完毕批准、登记手续的时间;附条件的合同,合同生效时间为条件成就时间。

(三)无效合同

无效合同是指严重欠缺法定生效条件、不发生法律效力的合同。无效合同从合同订立时就没有法律约束力,当事人之间的权利义务关系自始无效。合同尚未履行的,不得履行;正在履行的,立即终止履行。我国《合同法》第五十二条规定,有下列情形之一的,合同无效:一方以欺诈、胁迫的手段订立合同,损害国家利益;恶意串通,损害国家、集体或者第三人利益;以合法形式掩盖非法目的;损害社会公共利益;违反法律、行政法规的强制性规定。

(四)可撤销合同

可撤销合同是指已经成立但欠缺法定有效要件而可以被当事人撤销的合同。包括:(1)因重大误解订立的合同;(2)显失公平的合同;(3)一方以欺诈、胁迫手段或者乘人之危订立的合同。合同被撤销后,将导致合同自始无效。未履行的合同不再履行,正在履行的终止履行。

(五)效力待定合同

效力待定合同是指欠缺有效要件,能否发生法律效力尚未确定,有待有权人追认或拒绝来确定是否有效的合同。包括:(1)限制民事行为能力人依法不能独立订立的合同;(2)无权代理人订立的合同;(3)无处分权人订立的处分他人财产的合同。效力待定合同经有权人追认后,自始有效;经有权人拒绝追认后,自始无效。

四、合同的履行、变更和转让

(一)合同的履行

合同的履行是指债务人全面地、适当地完成其合同义务,债权人的合同债权得到完全实现,如交付约定的标的物、完成约定的工作并交付成果、提供约定的服务。合同履行包括适当履行和协作履行。

(1)适当履行。当事人按照合同规定的标的及其质量、数量,由适当的主体在适当的履行期限、履行地点,以适当的履行方式,全面完成合同义务。

(2)协作履行。当事人不仅适当履行自己的合同债务,而且应基于诚实信用原则尽量协助对方当事人履行其债务。

(二)合同的变更

合同的变更是指在合同成立后,尚未履行或尚未完全履行以前,合同内容发生变化的情形。

(1)一般情况下,合同的变更必须双方协商一致,并在原来合同的基础上达成新的协议。

(2)合同的变更是合同内容的局部变更,也就是说,合同变更只是对原合同关系的内容作某些修改和补充,而不是对合同内容的全部变更。

(3)合同的变更也会产生新的债权债务内容。

(三)合同的转让

合同的转让是指合同当事人一方依法将其合同的权利和义务全部或部分转让给第三人。合同转让,按照其转让的权利和义务的不同,可分为合同权利的转让、合同义务的转让以及合同权利与义务的概括转让。

(1)合同的转让并不改变原合同的权利义务内容。转让后的合同内容与转让前的合同内容完全相同。

(2)合同的转让将发生合同主体的变化。合同转让中,要由第三人代替合同当事人一方成为合同当事人,或由第三人与合同当事人一方共同成为合同当事人。

(3)合同的转让通常涉及两种不同的法律关系,即原合同当事人双方之间的关系、转让人与受让人之间的关系。合同的转让涉及原合同当事人双方以及受让的第三人。

五、合同的终止

合同的终止又称合同的消灭,是指合同关系消灭,合同当事人之间的权利义务关系不再存在。

《合同法》第九十一条规定，有下列情形之一的，合同的权利义务终止，即合同消灭：债务已经按照约定履行；合同解除；债务相互抵销；债务人依法将标的物提存；债权人免除债务；债权债务同归于一人；法律规定或者当事人约定终止的其他情形。

六、合同的违约责任

违约责任又称违反合同的民事责任，是指合同当事人不履行合同义务或履行合同义务不符合约定所应承担的责任。

(1)违约责任是一种财产责任。违约责任是一种具有财产内容的责任，其表现形式为违约金、损害赔偿等财产责任形式。

(2)违约责任是合同当事人不履行或不适当履行合同义务所产生的责任。

(3)违约责任具有相对性。违约责任只能在特定的当事人之间产生，合同关系以外的人不负违约责任。

(4)违约责任可以基于法律的规定或当事人约定而产生。

(5)违约责任具有惩罚性与补偿性双重属性。违约责任旨在弥补或补偿因违约行为所造成的损害后果，具有补偿性。违约责任在债务人不履行合同时强迫其承担不利的后果与责任，体现了对违约行为的制裁，具有惩罚性。

《合同法》规定，违约责任的形式包括继续履行、采取补救措施、损害补偿、支付违约金等。

第四节　项目合同管理

项目合同是指发包方和承包方为完成商定的工程项目，明确相互权利与义务的协议。依照工程合同，承包方应完成发包方交给的施工任务，发包方应按照规定提供必要条件并支付工程价款。

一、项目合同管理的概念

项目合同管理是通过在合同履行过程中所进行的计划、组织、指挥、监督和协调等工作，促使项目工作各环节、各参与方相互衔接、密切配合，以确保合同载明的相关目标最终得以实现。项目合同管理是一个动态过程，是合同管理机构和管理人员为实现预期的管理目标，运用管理职能和管理方法对项目合同的订立和履行行为进行管理的过程。

二、项目合同管理的基本原则

合同应符合国家相关法律、法规的规定，尤其不得签订违法合同，这是保证当事人双方履行合同的基础。具体包含四层含义：

(1)全面管理原则。完整的合同管理应当包括有序的多个环节，各个环节都需要恰当的管理，不可遗漏，防止因某个环节失控而导致整体的合同失控。

(2)预防为主原则。合同管理以预防合同纠纷、防范经营风险为主，以解决合同纠纷、分解经营风险为辅。预防为主是合同管理的基本思想。

(3)分类管理原则。不同种类的合同具有不同的特点，应当区别对待，采取不同的方式与程序，反映了合同管理的有效性特点。

(4)流程管理原则。合同管理应当设置专门管理人员，确定合理的程序，明确相应的分工与职责，实现协作与制衡的结合，体现合同过程管理的重要性。

三、项目合同管理制度

项目合同管理制度是由企业制定的用以调整企业内部在合同管理活动中各种社会关系的行为规范的总称。它是保证合同管理工作顺利进行的基本条件。

(1)合同归口管理制度。合同实行由企业法律事务机构全面、统一管理，建立合同管理机构和岗位职责，制定合同分类专项管理制度以及合同管理考核与奖惩细则等。

(2)合同授权委托制度。企业对外签订合同，应由其法定代表人或法定代表人授权的代理人进行。未经授权，其他人不得以企业名义对外签订合同。

(3)合同审查制度。合同的专业性、法律性很强，内容复杂，合同审查制度规定企业各有关部门在合同审查中的职责、审查程序、审查内容、审查标准、审查时限等，以保证合同正确签订和履行。

(4)合同日常管理制度。包括合同归档、台账及统计报表和监督检查制度。

(5)合同纠纷调处制度。加强合同管理可以避免许多合同纠纷，但不能完全排除合同纠纷的产生。建立合同纠纷调处制度，明确纠纷调处的基本原则、纠纷具体负责机构和基本程序等，能使企业面对合同纠纷时可以有条不紊地处理，确保经营管理活动正常进行，有效维护企业的合法权益。

四、建设工程施工合同

我国的建设工程施工合同借鉴了国际上广泛使用的 FIDIC 土木工程施工合同条款，由国家建设部、国家工商行政管理总局联合发布，主要由协议书、通用条款、专用条款三部分组成，并附有三个附件：《承包人承揽工程项目一览表》《发包人供应材料设备一览表》《工程质量保修书》。

建设工程施工合同的主要内容包括以下几项：(1)工程范围。(2)建设工期。(3)中间交工工程的开工和竣工时间。(4)工程质量。(5)工程造价。(6)技术资料交付时间。(7)材料和设备的供应责任。(8)拨款和结算。(9)竣工验收。对建设工程的验收方法、程序和标准，国家制定了相应的行政法规予以规范。(10)质量保修范围和质量保证期。(11)相互协作条款。

五、项目合同管理内容

项目实施过程实质是一系列经济合同签订和履行的过程。一个项目相关的合同可能有几份、几十份、几百份，甚至几千份，它们之间有着复杂的内部联系，形成了复杂的项目合同网络，其中业主和承包商是两个关键点。

(一)业主的项目合同管理

1. 项目前期管理工作

项目前期各项管理工作十分重要。项目前期阶段的工作内容一般包括地区开发、行业发展规划，以及项目选定阶段的机会研究、预可行性研究和可行性研究，最后通过项目评估来确定项目。这些工作对于把握投资机会，对项目进行科学的、实事求是的分析和评估，从而正确立项是十分重要的。因为如果立项错误，会对项目实施过程中的合同管理特别是投产运行造成极大的困难和损失。做好上述工作的关键有两点：一是选择一家高水平的咨询公司来从事这些投资前的各项工作，以便能得到一份符合客观实际的可行性研究报告；二是业主应该客观地、实事求是地根据评估结果和自身的融资能力来决定项目是否应该立项。

2. 项目实施期管理工作

项目在评估立项之后进入实施期。实施期一般是指项目的勘测、设计、专题研究、招标投标、施工设备采购及安装，直至调试竣工验收。一般来说，这个阶段业主方合同管理工作主要包括以下内容：

(1)设计阶段。本阶段主要包括的内容有：按照合同，对咨询设计公司的设计工作进行监督，对其提出的设计方案进行审查、选择和确定；对咨询设计公司编制的施工招标文件进行审查和批准；采用招标或议标方式进行工程的招标、评标，并进行施工合同签订前的谈判；选定施工期间的监理公司(或业主代表，或CM经理)。

(2)施工阶段。当工程开工后，现场具体的监督和管理工作全部交给工程师负责，但业主也应指定业主代表负责与工程师和承包商联系，处理合同执行中的有关具体事宜。对一些重要的问题，如项目的变更与支付、工期的延长等，均应由业主负责审批。

在施工阶段，业主方的职责如下：将任命的业主代表和工程师(必要时可撤换)以书面形式通知承包商，如系国际贷款项目还应该通知贷款方；批准承包商转让部分工程权益的申请，批准履约保证和承保人，批准承包商提交的保险单和保险公司；在承包商有关手续齐备后，及时向承包商拨付有关款项，如工程预付款、设备和材料预付款、每月的月结算和最终结算等；及时签发工程变更命令(包括批准由工程师与承包商协商后这些变更的单价和总价)；批准经工程师研究后提出建议并上报的工程延期报告；负责为承包商开证明信，以便承包商为工程的进口材料、工程设备以及承包商的施工装备等办理海关、税收等有关手续；协助承包商解决生活物资供应、材料供应、运输等问题；对承包商的信函及时给予答复；负责组成验收小组对整个工程区段进行初步验收和最终竣工验收，签发有关证书；参与处理合同中的争议与索赔，如果承包商严重违约，业主有权终止合同。

(二)承包商的项目合同管理

承包商的项目合同管理主要包括合同签订前及项目实施两个阶段的内容。

1. 合同签订前的准备工作

投标阶段管理可分为以下两个阶段：

(1)资格预审阶段。能否通过资格预审是承包商能否参与投标的第一关。承包商申报资格预审时应注意以下事项：在平时注意积累资料。资格预审的内容实际上是公司的现实情况，特别是财务能力和工程经验，因而在平日应建立一个供资格预审专用的小信息库，将有关资料存储在内并及时补充完善，到填写某个项目的资格预审文件时，将基本信息调出来，再针对业主的要求加以修改补充即可。在投标决策阶段，即在进行市场开发调研阶段，要注意搜索信息，如发现合适的项目，应及早动手做资格预审准备，并应及早针对该类项目的一般资格预审要求，参照一般的资格预审评分办法(如亚洲开发银行的办法)给自己公司评分，这样可以提前发现问题，研究对策。然后做好递交资格预审后的跟踪工作，以便及时发现问题，补充材料。在资格预审时，对如果投标中标后要采取的措施(如派往工地的管理人员、投入的施工机械等)能达到要求即可，不宜做过高、过多或不切实际的承诺。

(2)投标报价阶段。本阶段应注意的问题包括：要设立专门的小组仔细研究招标文件中的技术规范及图纸等方面的技术问题，包括业主提供的原始技术资料和数据是否够用、是否正确，技术要求是否合理，本公司的技术水平是否满足要求以及有哪些技术方面的风险等，从而制定出切实可行的施工规划和施工方法。投标时要有专人或聘请当地的律师来研究所在地区的法律法规等，这不但有利于确定合理的投标报价，而且也为今后的合同实施(包括索赔)打下基础。此外，还要吸收有设计经验的工程师参加投标，以便准备备选方案，为业主节约投资，能提前投产或改善使用条件。投标报价时一般不能投赔本标，不能有"低价中标，索赔赚钱"的设想。投标时一定要有熟悉物资设备采购的工程师或专家参加，因为一个项目中，物资采购费用占总费用很大的份额，专家参加可保证物资供应并在物资采购这一重要环节中大量节约成本、提高效益。

2. 项目实施阶段的合同管理

在项目实施阶段，承包商的中心任务是按照合同的要求认真负责地、保证质量地按规定工期完成工程并负责维修。具体到承包商一方的施工管理，又大体上分为两个方面：一方面是承包商施工现场机构内部的各项管理；另一方面是按合同要求组织项目实施的各项管理。以下对承包商在项目实施阶段的主要职责作概括性的介绍：

(1)按时提交各类保证。包括履约保证(有时在签订合同前即要求提交)、预付款保函等。

(2)按时开工。根据工程师的开工命令或合同条件规定的日期按时开工，否则会构成违约。

(3)提交施工进度计划。按合同的工作范围、技术规范、图纸要求在开工后规定时间内呈交的施工进度计划须经工程师批准，根据此计划负责组织现场施工，每月的施工进度计划也必须事先报工程师批准。

(4)保证工程质量。检验工程质量的标准是合同中的规范和图纸中的规定，承包商应制定各种有效措施保证工程质量，并根据工程师的指示，提出有关质量检查办法的建议，经工程师批准执行。承包商应负责按工程进度及工艺要求进行各项有关现场及实验室的试验，所有试验成果均须报工程师审核批准，但承包商应对试验成果的正确性负责。承包商应负责施工放样及测量。所有测量原始数据、图纸均须经工程师检查并签字批准，但承包商应对测量数据和图纸的正确性负责。

在订购材料之前，如工程师认为需要时，应将材料样品送工程师审核，或将材料送工程师指定的试验室检验，检验成果报请工程师审核批准。对进场材料，承包商应随时抽样检验质量。

承包商应按合同要求，负责设备的采购检验、运输、验收、安装调试以及试运行。如果工程师认为工程材料或工程设备有缺陷或不符合合同规定时，可拒收并要求承包商采取措施纠正；工程师也有权要求将不合格的材料或设备运走并用合格产品替换，或要求将之拆除并适当地重新施工。如果承包商拒不执行这些要求将构成违约。

(5)设计。承包商应根据合同规定或工程师的要求，进行全部或部分永久工程的设计或绘制施工详图，报工程师批准后实施，但承包商应对所设计的永久工程负责。如果工程按批准的设计图纸施工后暴露出设计中的问题，在工程师要求时，承包商应拆除并重新施工，否则会构成违约。

(6)保险。承包商应按合同条件中的要求及时办理保险(包括对自己的工作人员和施工机械的保险)。在工程条件发生变化(如延期、增加新项目等)时，也应及时补办保险以免造成意外的损失。

(7)安全。承包商应按合同要求和工程师批准的安全计划，全面负责工地的安全工作，包括安装各种安全设备、采取安全措施等。

六、项目合同的订立与履行

项目合同的订立是履行的前提。我国《合同法》规定，当事人订立合同，采取要约、承诺方式。

(一)项目合同的订立

项目合同订立管理首先是对要约和承诺的管理。

1. 要约

要约是希望和他人订立合同的意思表示。发出要约的人称为要约人，受领要约的人称为受要约人。

(1)要约的有效要件：第一，要约必须由具有订约能力的特定人做出意思表示。第二，要约必须具有订立合同的意图。第三，要约必须向要约人希望与之缔结合同的受要约人发出。第四，要约的内容必须确定和完整。

(2)要约的法律效力。一个要约如果符合一定的构成要件，就对要约人和受要约人产生一定的效力。第一，对要约人的效力，是指要约生效后，在其存续期间不得擅自变更或撤回的效力。第二，对受要约人的效力，是指要约得到受要约人的承诺，合同即告成立的效力。

(3)要约的撤回和撤销。要约可以撤回，但撤回要约的通知应当于要约到达受要约人之前或者同时到达受要约人。要约可以撤销，但撤销要约的通知应当于受要约人发出承诺通知之前到达受要约人。有下列情形之一的，要约不得撤销：第一，要约中规定了承诺期限或者以其他形式明示要约不可撤销；第二，受要约人有理由认为要约是不可撤销的，并且已经为履行合同做了准备工作。

(4)要约的失效。引起要约失效的情形有以下几种：第一，受要约人拒绝要约。受要约人以明示形式(通知方式)拒绝要约，拒绝要约的通知到达要约人时，要约失效。第二，要约人依法撤销要约。第三，承诺期限届满，受要约人未做出承诺。第四，受要约人对要约的内容做出实质性变更。

(5)要约邀请。是指希望他人向自己发出要约的意思表示。要约邀请只是订立合同的准备行为，其本身不具有要约效力。要约邀请与要约的区别在于：第一，要约邀请是表意人为唤起他人对其要约的意思表示，其本身不发生要约的法律效力。第二，要约的内容中应当包含合同的主要条款，要约邀请不必包含合同的主要条款。第三，要约邀请的相对人一般为不特定人。寄送的价目表、拍卖公告、招标公告、招股说明书等为要约邀请。

2. 承诺

承诺是指受要约人同意要约的意思表示。受要约人做出承诺后，称为承诺人。承诺的法律效力在于一经承诺并送达要约人，合同即成立。

(1)承诺的有效要件。第一，承诺须由受要约人向要约人做出。承诺必须由受要约人或其授权的代理人做出，承诺必须向要约人或其授权的代理人发出。第二，承诺必须在合理期限内做出并到达要约人。要约中确定承诺期限的，承诺应当在确定的期限内到达要约人。要约中没有确定承诺期限的，若要约以对话方式做出，承诺应当立即做出(但当事人另有约定的除外)；若要约以非对话方式做出，承诺应当在合理期限内到达。第三，承诺的内容须与要约的内容一致。承诺对要约内容做出非实质性变更的，除要约人及时表示反对或者要约表明承诺不得对要约的内容做出任何变更外，该承诺仍为有效，合同的内容以承诺的内容为准。承诺对要约内容做出实质性变更的，为新要约。第四，承诺的方式应当符合要求。承诺的通知到达要约人时生效。

(2)承诺的迟到。是指受要约人的承诺在承诺期间发出并按照通常情形可适时到达,因传达故障而逾期到达。在承诺迟到的情况下,除要约人及时通知受要约人因承诺超过期限不接受该承诺外,承诺有效。

(3)逾期承诺。原则上不具有承诺的效力,而是一项新要约。但在要约人及时认可的情况下,逾期承诺具有承诺的法律效力。

(4)承诺的撤回。是指承诺人在承诺发出之后、承诺生效之前,通知要约人收回承诺,消灭承诺的行为。承诺的撤回是《合同法》规定的承诺消灭的唯一原因。撤回的通知应当在承诺通知到达要约人之前或者与承诺通知同时到达要约人,才产生撤回的效力。

要约是希望与他人订立合同的意思表示,承诺是受要约人同意要约的意思表示。要约和承诺都是非常严肃的法律行为,都会产生一定的法律后果,非常重要也非常复杂,并且直接影响到企业的利益。合同订立管理首先就是要弄清楚要约、承诺和要约邀请的含义、特征和法律意义,这样才能真正依法签订合同。

(二)项目合同的履行

正常情况下,合同生效以后,当事人应当按照约定全面履行自己的义务,不得因姓名、名称的变更或者法定代表人、负责人、承办人的变动影响履行合同义务;否则,构成违约,应当承担违约责任。但由于合同本身的复杂性、履行合同周期性等影响,过程中可能出现各种各样的情况和问题,致使合同的履行管理非常复杂。

1. 合同内容约定不明确的履行

合同生效以后,如果当事人发现合同对质量、价款或者报酬、履行地点等内容没有约定或者约定不明确,双方可以协议补充;如果不能达成补充协议,按照合同有关条款或者交易习惯确定;如果还不能确定,可以按照《合同法》的有关规定来确定。

2. 履行中的抗辩权

《合同法》规定了合同履行中的三种抗辩权——同时履行抗辩权、不安抗辩权和先履行抗辩权。三种抗辩权都是使对方请求权延缓发生效力,暂时拒绝履行债务。

(1)同时履行抗辩权。《合同法》规定,当事人互负债务,没有先后履行顺序的,应当同时履行;一方在对方履行之前有权拒绝其履行要求;一方在对方履行债务不符合约定时,有权拒绝其相应的履行要求。

同时履行抗辩权的依据是双务合同的牵连性,即合同双方义务之间相互依存、互为因果的关系。主要适用于双务合同,如买卖合同、租赁合同、承揽合同等。

(2)不安抗辩权。是指双务合同承担债务并应先履行债务的当事人,在他方缔约后财产状况明显恶化,可能难以履行债务,危及先履行一方的债权时,有权中止自己的履行,直到对方提供相应的担保时方恢复自己的履行。

(3)先履行抗辩权。是指在双方合同中,当事人互负债务,有先后履行顺序,先履行一方未履行的,后履行一方有权拒绝其履行要求。先履行一方履行债务不符合约定的,后履行一方有权拒绝其相应的履行要求。先履行抗辩权的效力在于暂时阻止对方请求权的行使,而非否认或消灭对方请求权。

3. 合同的保全

合同的保全,是指法律为防止债务人财产的不当减少而给债权人的债权带来危害,允许债权人代债务人向第三人行使权利,或请求法院撤销债务人与第三人的法律行为。

合同保全允许债权人行使代位权和撤销权。代位权是指债务人怠于行使对第三人享有的权利而有害债权人的债权时,债权人为保护自己的债权以自己的名义行使债务人对第三人之权利的权利。撤销权是债权人对债务人实施的放弃债权、无偿或低价转让财产等危害债权的行为,请求法院予以撤销的权利。

做好合同履行的管理工作,首先,应积极主动地督促企业有关部门履行合同规定的义务,并要求对方按时、按质、按量履行其应履行的义务。如果合同履行过程中发生问题,应按照《合同法》和企业有关制度的规定主动与对方协商解决,并依法行使"抗辩权",采取适当的补救措施和应对措施。其次,应当定期督促检查,以此掌握合同的履行情况。在督促检查中,发现不能按期履行合同的,应提前协商解决,寻找履行合同的合适途径、合理的解决方案,促使合同按期或限期正常履行。最后,除采取定期的督促检查方式外,还可以采取不定期的督促检查方式,深入了解情况,了解合同对方情况,及时掌握合同履行过程中的问题,及早发现问题,解决纠纷,以确保合同的正常履行。

此外,还应完善部门间的配合制约机制。各部门间要密切配合、互相制约,做到联系制度完备、传递手续齐全,外部的合同制与内部的责任制紧密结合。如销售部门要及时反馈信息,把合同的订立情况和发货情况及时向财务部门通报,财务部门应及时把对方付款情况向销售部门通报。财务部门发现合同履行的问题要及时向有关领导汇报,根据领导的指示采取必要的措施。

(三)项目合同的变更

项目合同生效后,当事人应该全面履行合同。但如果发生特殊情况,致使合同无法继续完全履行或者完全履行已经没有必要,就需要变更合同。变更合同实际上是废除旧合同,订立新合同,在原先确定的当事人权利义务关系基础上进行重新明确。变更合同的程序与订立合同的程序相同,分"要约"和"承诺"两个步骤。

合同的变更一般应由一方尽早通知,对方也应及时答复。变更合同的日期,以双方当事人达成协议的日期为准。法律法规规定变更合同应当办理批准、登记手续的,依照其规定。如果合同的变更是由于一方的违约引起的,违约方应该承担违约责任;如果是因为不可抗力引起的,合同任何一方都不需要承担违约责任。合同如有第三人提供担保的,变更合同应通知担保方。经过公证的合同变更时,应经原公证方审查和备案。

合同的变更除了双方协商变更外,还有一种是因重大误解订立的合同,或者在订立合同时显失公平的,当事人一方有权请求人民法院或者仲裁机构变更合同。一方以欺诈、胁迫的手段或者乘人之危,使对方在违背真实意思的情况下订立的合同,受损害方有权请求人民法院或者仲裁机构变更。当事人请求变更合同的,应当尽快提出。

(四)项目合同的转让

在合同的履行过程中,债权人可以将合同的权利全部或者部分转让给第三人。但是,如果根据合同性质不得转让,或者当事人约定不得转让,或者法律规定不得转让的,债权人不得转让其合同权利。

债权人转让权利的,应当通知债务人。如果不通知,该转让对债务人不发生效力。债权人转让权利的,受让人取得与债权有关的从权利,但是该从权利专属于债权人自身的除外。债务人接到债权转让通知后,债务人对让与人的抗辩,可以向受让人主张;如果债务人对让与人享有债权,并且债务人的债权先于转让的债权到期或者同时到期的,债务人可以向受让人主张抵消。

债务人也可以转移合同全部或者部分的义务给第三人，但是应当经债权人同意。债务人转移义务的，新债务人应当承担与主债务有关的从债务，但是该从债务专属于债务人自身的除外。同时，新债务人也可以主张原债务人对债权人的抗辩。

法律、行政法规规定转让权利或者转移义务应当办理批准、登记等手续的，应当按照有关规定办理相应手续。

当事人订立合同后合并的，由合并后的法人或者其他组织行使合同权利、履行合同义务。当事人订立合同后分立的，除债权人和债务人另有约定的以外，由分立的法人或者其他组织对合同的权利和义务享有连带债权、承担连带债务。

项目合同的变更和转让都是严肃的法律行为，在办理过程中要严格依法办事，并且与对方及第三方友好协商，防止产生不必要的纠纷和损失。

七、项目合同的终止

有下列情况之一的，合同权利义务终止：

（一）解除合同

一种是当事人协商一致解除；另一种是当事人一方行使解除权单方解除合同，分为约定解除权和法定解除权。

法定解除权有几种情况：(1)因不可抗力致使不能实现合同目的，受不可抗力影响的一方当事人可以解除合同；(2)履行期限届满之前，当事人一方明确表示或者以自己的行为表明不履行主要义务，对方可以解除合同；(3)当事人一方迟延履行主要债务，经催告后在合理期限内仍未履行，对方可以解除合同；(4)当事人一方迟延履行债务或者有其他违约行为致使不能实现合同目的，对方可以解除合同。

如果法律规定了或者当事人约定了解除权的行使期限，期限届满，当事人不行使解除权的，解除权消灭。法律没有规定，当事人也没有约定解除权的行使期限时，当事人应当及时行使解除权，经对方催告后在合理期限内仍不行使的，解除权消灭。

（二）债务抵消

债务抵消有两种情况，即法定抵消和协议抵消。法定抵消，是指当事人互负到期债务，该债务的标的物种类、品质相同的，任何一方可以将自己的债务与对方的债务抵消，但是依照法律规定或者按照合同性质不得抵消的除外。当事人主张抵消的，应当通知对方，通知到达对方时生效，抵消不得附条件或期限，否则抵消无效。协议抵消，是指当事人互负债务，标的物种类、品质不相同的，经双方协商一致，予以抵消。

（三）标的物提存

《合同法》第七十条规定，债权人分立、合并或者变更住所没有通知债务人，致使履行债务发生困难的，债务人可以将标的物提存。如果标的物不适于提存或者提存费用过高的，债务人依法可以拍卖或者变卖标的物，提存所得的价款。

（四）债权人免除

债权人免除债务人部分或者全部债务的，合同的权利义务部分或者全部终止。

（五）债权和债务同归

债权和债务同归于一人的，合同的权利义务终止，但涉及第三人利益的除外。

（六）关于法律规定的合同权利义务终止的情形

《合同法》规定，因重大误解订立的合同、在订立时显失公平的合同，当事人一方有权请求人民法院或者仲裁机构撤销合同。一方以欺诈、胁迫的手段或者乘人之危，使对方在违背真实意思的情况下订立的合同，受损害方有权请求人民法院或者仲裁机构撤销合同。但是，具有撤销权的当事人必须在知道或者应当知道撤销事由之日起1年内行使撤销权，否则撤销权消灭。具有撤销权的当事人知道撤销事由后明确表示或者以自己的行为放弃撤销权的，撤销权灭失。

合同的权利义务终止后，除消灭原合同的权利义务外，还发生以下法律效力：(1)有的从合同的权利义务一并终止，如主合同因债务已按约定履行而终止时，担保合同的权利义务即终止；(2)合同当事人须承担后合同义务。《合同法》规定："合同的权利义务终止后，当事人应当遵循诚实信用原则，根据交易习惯履行通知、协助、保密义务。"同时，合同的权利义务终止，不影响合同中结算和清理条款的效力。

因此，合同的终止不仅仅是合同权利义务终止，要认真处理过程中的有关问题，善始善终，切实维护企业自身及相关利益方的合法权益。

第五节 FIDIC合同

FIDIC是国际咨询工程师联合会(Fédération Internationale Des Ingénieurs Conseils)的简称，该联合会始建于1913年，经过近一个世纪的发展，现在已经成为一个拥有80多个成员的国际组织。FIDIC总部设在瑞士洛桑。中国工程咨询协会代表于1996年10月加入该组织。

FIDIC除下属若干个地区委员会外，还下设许多专业委员会，主要包括业主—咨询工程师关系委员会(CCRC)、土木工程合同委员会(CECC)、电气机械合同委员会(EMCC)及职业责任委员会(PLC)等。FIDIC专业委员会针对不同的工程采购模式编纂了许多标准合同条件范本，如《FIDIC土木工程施工合同条件》《FIDIC电气与机械工程合同条件》等。1957年，FIDIC与欧洲建筑工程联合会(FIEC)一起在英国土木工程师协会(ICE)编写的《标准合同条件》(ICE Conditions)的基础上编纂了《FIDIC土木工程施工合同条件》第1版。该版主要沿用英国的传统做法和法律体系。1969年，第2版《FIDIC土木工程施工合同条件》面世。1977年，第3版《FIDIC土木工程施工合同条件》出版，对第2版作了较大修改。同时，出版了《土木工程合同文件注释》。1987年，出版了第4版《FIDIC土木工程施工合同条件》。1988年，又出版了第4版修订版，对1987年版做了17处修订。为了指导应用，FIDIC又于1989年出版了一本更加详细的《土木工程施工合同条件应用指南》。随着国际工程合同额的持续增长、合同争端的增加，在客观上需要适应性更强、能更好地界定承发包双方责权利的标准合同范本，在1988年版基础上，FIDIC又编纂了1999年版施工合同条件范本。

FIDIC一直致力于对施工合同范本的改进和完善。正因为如此，不仅世界银行和各洲开发银行的贷款项目无一例外地要求借款国在工程发包时采用FIDIC合同条件，而且美国总承包商协会(FIFG)、中美洲建筑工程联合会(FIIC)、亚洲及西太平洋承包商协会国际联合会(IFAWPCA)均推荐在实行土木工程国际招标时以FIDIC作为合同条件的范本。我国是接受世界银行和亚洲开发银行贷款最多的国家之一，自20世纪80年代初以来，我国利用世界银行和亚洲开发银行贷款开发的基础设施项目几乎全部采用FIDIC施工合同条件。不仅如此，我国住房城乡建设部和国家工商行政管理总局联合颁布的1992年和1999年施工合同示范文本也是在参考FIDIC的基础上编纂的。

一、FIDIC 合同条件的构成体系

1999 年版 FIDIC 合同范本包括四种，即《施工合同条件》《生产设备和设计—建造合同条件》《设计采购施工(EPC)/交钥匙工程合同条件》和《简明合同格式》。这套合同范本的组合是认真汲取过去的经验，加入新的理念，为适应各类工程和各种承包管理模式而重新编写的。各合同范本的通用条件均为 20 章，专用条件分别适用于不同的承包方式，业主在发包时可根据需要灵活地“拼装”，从而最大限度地满足自己的要求。这种做法为各类工程普遍利用国际经验创造了条件。

(一)《施工合同条件》

《施工合同条件》(Conditions of Contract for Construction)简称“新红皮书”，是 1987 年版红皮书《土木工程施工合同条件》的最新修订版。它主要适用于业主或其代表工程师设计的建筑工程或土木工程项目，其特点是承包商按照业主提供的设计施工，但业主可要求承包商做少量的设计工作，这些设计可以包含土木、机械、电气或构筑物的某些部分。这些部分的范围和设计标准必须在规范中做出明确规定，如果大部分工程要求承包商设计，则红皮书就不适用了。

(二)《生产设备和设计—建造合同条件》

《生产设备和设计—建造合同条件》(Conditions of Contract for Plant and Design Build)简称“新黄皮书”(P&DB)，是 1987 年版黄皮书《电气与机械工程合同条件》的最新修订版。它主要适用于电气或机械设备的供货以及建筑或工程的设计与施工，其特点是具有设计—建造资质的承包商按照业主的要求设计并建造该项目，可能包括土木、机械、电气或构筑物的任何组合。采用这种模式时，由于设计是承包商的职责，承包商有可能以牺牲质量来降低成本，因此，业主应考虑雇用专业技术顾问来保证其要求在招标文件中得以体现。

(三)《设计采购施工(EPC)/交钥匙工程合同条件》

《设计采购施工(EPC)/交钥匙工程合同条件》(Conditions of Contract for EPC/Turnkey Projects)简称“新橘皮书”，是 1995 年版橘皮书《设计—建造和交钥匙工程合同条件》的最新修订版。它主要适用于以交钥匙方式提供的生产线或发电厂等工厂，或类似设施、基础设施项目或其他类型的开发项目。采用这种采购方式的项目，其最终价格和要求的工期有更大程度的确定性，由承包商承担项目的设计和施工并提供配备完善的全部设施，业主介入较少。要达到上述目的，只有采用总价合同并要求承包商承担更大的风险。此外，业主还希望项目以纯两方的方式展开，即不雇用“工程师”指导施工和负责合同管理。在这种模式下，业主愿意承受较 P&DB 模式更多的付款，作为对承包商承担固定价格和固定工期风险的回报。

(四)《简明合同格式》

《简明合同格式》(Short Form of Contract)在 FIDIC 合同范本系列中首次出现，适用于合同额较小的建筑或工程项目。根据工程的类型和具体情况，该合同格式特别适用于简单的或重复性的或工期较短的工程，当然也可用于较大金额的合同。一般情况下，由承包商按照业主方提供的设计进行施工，但也适用于部分或全部由承包商设计的土木、机械、电气或构筑物的合同。

上述四种合同范本由 FIDIC 推荐广泛用于国际招标。在某些司法权限方面，特别是在用于国内合同的情况下，可能需要做些修改。需要提及的是，《业主—咨询工程师标准服务协议书》未在 1999 年再版之列，需要者可继续采用 1990 年的版本。

二、《施工合同条件》

《施工合同条件》又称为FIDIC“新红皮书”，是进行土木建筑类工程项目时由雇主通过竞争性招标选择承包商承包的标准化合同文件范本。

FIDIC合同条件由通用合同条件、专用合同条件及合同协议书构成。

(一)FIDIC通用合同条件

FIDIC通用合同条件是固定不变的，工程建设项目只要是属于土木工程施工，如工业与民用建筑工程、水电工程、路桥工程、港口工程等建设项目，都可适用。新红皮书通用合同条件共分20条、163款。

1. 一般规定(General Provision)

本条共14个子款：1.1定义；1.2解释；1.3通信交流；1.4法律和语言；1.5文件优先次序；1.6合同协议书；1.7权益转让；1.8文件的照管；1.9延误的图纸和指示；1.10雇主使用承包商文件；1.11承包商使用雇主文件；1.12保密事项；1.13遵守法律；1.14共同的和各自的责任。

2. 雇主(The Employer)

本条共5个子款：2.1现场进入权；2.2许可；2.3雇主人员；2.4雇主的资金安排；2.5雇主的索赔。

3. 工程师(The Engineer)

本条共5个子款：3.1工程师的任务和权力；3.2工程师的授权；3.3工程师的指示；3.4工程师的替换；3.5决定。

4. 承包商(The Contractor)

本条共24个子款：4.1承包商的一般义务；4.2履约担保；4.3承包商代表；4.4分包商；4.5分包合同权益的转让；4.6合作；4.7放线；4.8安全程序；4.9质量保证；4.10现场数据；4.11中标合同金额的充分性；4.12不可预见的物质条件；4.13道路通行和设施；4.14避免干扰；4.15进场通路；4.16货物运输；4.17承包商设备；4.18环境保护；4.19电、水和燃气；4.20雇主设备和免费供应的材料；4.21进度报告；4.22现场保安；4.23承包商的现场作业；4.24化石。

5. 指定的分包商(Nominated Subcontractor)

本条共4个子款：5.1“指定的分包商”的定义；5.2反对指定；5.3对指定的分包商付款；5.4付款证据。

6. 员工(Staff and Labour)

本条共11个子款：6.1员工的雇佣；6.2工资标准和劳动条件；6.3为雇主服务的人员；6.4劳动法；6.5工作时间；6.6为员工提供的设备；6.7健康和安全；6.8承包商的监督；6.9承包商人员；6.10承包商人员的技术水平和设备的记录；6.11无序行为。

7. 生产设备、材料和工艺(Plant, Materials and Workmanship)

本条共8个子款：7.1实施方法；7.2样品；7.3检验；7.4试验；7.5拒收；7.6修补工作；7.7生产设备和材料的所有权；7.8土地使用费。

8. 开工、延误和暂停(Commencement, Delays and Suspension)

本条共12个子款：8.1工程的开工；8.2竣工时间；8.3进度计划；8.4竣工时间的延长；8.5当局造成的延误；8.6工程进度；8.7误期损害的补偿；8.8暂时停工；8.9暂停的后果；

8.10 暂停时对生产设备和材料的付款；8.11 拖长的暂停；8.12 复工。

9. 竣工试验(Test on Completion)

本条共4个子款：9.1 承包商的义务；9.2 延误有试验；9.3 重新试验；9.4 未能通过竣工试验。

10. 雇主的接收(Employer's Taking Over)

本条共4个子款：10.1 工程和单位工程的接收；10.2 部分工程的接收；10.3 对竣工试验的干扰；10.4 需要复原的地面。

11. 缺陷的责任(Defect Liability)

本条共11个子款：11.1 完成扫尾工作和修补缺陷；11.2 修补缺陷的费用；11.3 缺陷通知期限的延长；11.4 未能修补缺陷；11.5 移出有缺陷的工程；11.6 进一步试验；11.7 进入权；11.8 承包商调查；11.9 履约证书；11.10 未履行的义务；11.11 现场清理。

12. 测量和估价(Measurement and Evaluation)

本条共4个子款：12.1 待测量的工程；12.2 测量方法；12.3 估价；12.4 删减。

13. 变更和调整(Variation and Adjustment)

本条共8个子款：13.1 变更权；13.2 价值工程；13.3 变更程序；13.4 以适用货币支付；13.5 暂列金额；13.6 计日工作；13.7 因法律改变的调整；13.8 因成本改变的调整。

14. 合同价格和付款(Contract Price and Payment)

本条共15个子款：14.1 合同价格；14.2 预付款；14.3 期中付款证书的申请；14.4 付款计划表；14.5 拟用于工程的生产设备和材料；14.6 期中付款证书的颁发；14.7 付款；14.8 延误的付款；14.9 保留金的支付；14.10 竣工报表；14.11 最终付款证书的申请；14.12 结清证明；14.13 最终付款证书的颁发；14.14 雇主责任的终止；14.15 支付的货币。

15. 由雇主终止(Termination by Employer)

本条共5个子款：15.1 通知改正；15.2 由雇主终止；15.3 终止日期的估价；15.4 终止后的付款；15.5 雇主终止合同的权力。

16. 由承包商暂停和终止(Suspension and Termination by Contractor)

本条共4个子款：16.1 承包商暂停工作的权力；16.2 由承包商终止；16.3 停止工作和承包商设备的撤离；16.4 终止时的付款。

17. 风险与职责(Risk and Responsibility)

本条共6个子款：17.1 保障；17.2 承包商对工程的照管；17.3 雇主的风险；17.4 雇主风险的后果；17.5 知识产权和工业产权；17.6 责任限度。

18. 保险(Insurance)

本条共4个子款：18.1 有关保险的一般规定；18.2 工程和承包商设备的保险；18.3 人身伤害和财产损害保险；18.4 承包商人员的保险。

19. 不可抗力(Force Majeure)

本条共7个子款：19.1 不可抗力的定义；19.2 不可抗力的通知；19.3 将延误减至最小的义务；19.4 不可抗力的后果；19.5 不可抗力影响分包商；19.6 自主选择终止、付款和解除；19.7 根据法律解除履约。

20. 索赔、争端和仲裁(Claims, Disputes and Arbitration)

本条共8个子款：20.1 承包商的索赔；20.2 争端裁决委员会的任命；20.3 争端裁决委员会的组成和运行机制；20.4 取得争端裁决委员会的决定；20.5 友好解决；20.6 仲裁；20.7 未能

遵守争端裁决委员会的决定；20.8 争端裁决委员会任命期满。

由于通用合同条件是可以适用于所有土木工程项目的，条款也非常具体而明确，因此，当我们脱离具体工程从宏观的角度讲 FIDIC 合同条件的内容时，仅指 FIDIC 通用合同条件。

FIDIC 通用合同条件可以大致划分为涉及权利义务的条款、涉及费用管理的条款、涉及工程进度控制的条款、涉及质量控制的条款和涉及法规性的条款五大部分。这种划分只能是大致的，因此有相当多的条款很难准确地将其划入某一部分，可能它同时涉及费用管理、工程进度控制等几个方面的内容。

(二)FIDIC 专用合同条件

FIDIC 在编制合同条件时，对土木工程施工的具体情况作了充分而详尽的考察，从中归纳出大量内容具体且适用于所有土木工程施工的合同条款，组成了通用合同条件。但仅有这些是不够的，具体到某一工程项目，有些条款应进一步明确，有些条款还必须考虑工程的具体特点和所在地区的情况予以必要的变动。FIDIC 专用合同条件就是为了实现这一目的而编制的。

专用合同条件中条款出现的原因是：(1)在通用合同条件的措辞中专门要求在专用合同条件中包含进一步信息，如果没有这些信息，合同条件则不完整。(2)在通用合同条件中说到在专用合同条件中可能包含有补充材料的地方，但如果没有这些补充条件，合同条件仍不失其完整性。(3)工程类型、环境或所在地区要求必须增加的条款。(4)工程所在国法律或特殊环境要求通用合同条件所含条款有所变更。此类变更是这样进行的：在专用合同条件中说明通用合同条件的某条或某条的一部分予以删除，并根据具体情况给出适用的替代条款，或者条款的一部分。

通用合同条件与专用合同条件一起构成了决定一个具体工程项目各方的权利、义务和对工程施工的具体要求的合同条件。

三、《简明合同格式》

该合同格式共计 15 条 52 款，其他 3 种合同均为 20 条，变动的内容涉及工程师、指定分包商、职员和劳务、永久工程设备、材料和工艺、竣工检验、竣工后检验、雇主提出终止、不可抗力等。一些内容被删除，另一些则被重新改写并编入其他条款。《简明合同格式》主要由以下五部分组成：

(一)协议书

协议书包括承包商的报价、雇主对报价的接受以及附录。协议书设想了一种简单的报价和接受的程序，目的是避免围绕“中标函”和“意向函”可能产生的圈套。进一步来讲，是想提供一个清楚的、不相互矛盾的方法。协议书附录包括针对具体项目的全部细节内容。合同招标时，雇主在协议书中写入其姓名并在附录中填入适当的内容，将两份复印件连同构成招标文件包的规范和图样发给投标人。对这两份复印件，承包商必须完成报价部分和附录中留下的空白部分，并签字、注明日期。如果雇主决定接受该投标书，则在两份复印件的接受部分签字，并将一份复印件返还承包商。承包商收到该复印件，合同即刻生效。如果允许投标后谈判，并就规范或价格的变化达成一致，则在各方已经对各自的文件作出适当改变和小签后仍可使用本格式。如果改变量大，则双方应完成一份新的协议书格式。

(二)通用条件

通用条件(或称主题内容)共有 15 条，包括一般规定、雇主、雇主的代表、承包商、承包商的设计、雇主责任、竣工时间、接收、修补缺陷、变更和索赔、合同价格和支付、违约、风险和责任、保险以及争端的索赔。

(三)专用条件

只列入题目,没有具体的内容。FIDIC 认为对一般的项目不再需要专用条件,在编写招标文件时可删除此部分内容。为了满足某些特殊情况,雇主也可加入专用条件。

(四)裁决规则(Rules for Adjudication)

内容包括裁决人的委任、委任条款、支付和得到裁决人裁决的程序。

(五)通用条件应用指南(Notes for Guidance)

为了有助于使用本条件编制投标文件,《简明合同格式》中还列入应用指南,但它不是合同文件,只是帮助用户尽可能正确地理解 FIDIC 的本意,恰当运用本条件。

对某些特殊情况,指南还提供了修改、删除和增加某些条款内容的建议。

四、FIDIC 合同的特点

FIDIC 合同建立了以招标选择承包商为前提、以工程师为合同履行管理核心、以单价合同为基础的工程项目承发包模式。由于其显著的特点,受到世界各国以及世界银行等国际机构的充分肯定和广泛应用。

(一)权利和义务明确、职责分明

FIDIC《施工合同条件》通用条件对业主、工程师、承包商、指定分包商各方主体的责任和权利进行了明确规定。如业主与承包商之间是雇用与被雇用的关系,但是业主必须通过工程师来传达自己的指令;业主与工程师之间是委托与被委托的关系,业主可以提出更换不称职的工程师,但是不能干预工程师的正常工作;工程师与承包商之间没有任何合同关系,双方是监理与被监理的工作关系,承包商所进行的工作都必须通过工程师的批准,严格遵照工程师的指示,但是承包商可以通过法律手段来保护自己的合法权益。施工合同相关主体之间明确的责权利关系,有利于保证合同顺利履行,最终实现各方利益。

(二)明确工程师的职责和权利

FIDIC《施工合同条件》通用条件规定,工程师应履行合同中赋予他的职责,工程师无权修改合同,但可以行使合同中明确规定的或必然隐含的赋予他的权利。如果要求工程师在行使其规定权利之前需获得业主的批准,则此类要求应在合同专用条件中注明。业主不能对工程师的权利加以进一步限制,除非与承包商达成一致。工程师可以按照合同的规定(在任何时候)向承包商发出指示,承包商只能从工程师及其授权的助理处接受指示。每当合同条件要求工程师按照规定对某一事项作出商定或决定时,工程师应与合同双方协商并尽力达成一致。如果未能达成一致,工程师应按照合同规定在适当考虑所有有关情况后作出公正的决定。

FIDIC《施工合同条件》通过明确规定工程师在施工合同中的职责和权利,强化了工程师在施工合同中的地位和作用,从而确立了以工程师为合同履行管理核心的工程管理模式。

(三)法律制度完善

FIDIC《施工合同条件》形成了一套完整的、具有法律特征的管理制度体系,如工程保险制度、合同担保制度、质量责任制度、价款支付制度、施工监理制度等,使得合同当事人及参与各方的权利、义务制度化,为履行合同提供了制度保障。

项目管理案例

某高速公路项目的招投标管理

某高速公路项目具备招标条件，决定进行公开招标。招标人委托Z招标代理机构进行招标代理。招标方案由Z招标代理机构编制，经招标人同意后实施。招标文件规定本项目采取公开招标、资格后审方式选择承包人，同时规定投标有效期为90天。

2022年7月16日上午10:00为投标截止时间，2022年7月16日下午2:00在××会议室召开开标会议。

2022年6月16日，Z招标代理机构在国家指定媒介上发布招标公告。招标公告内容如下：(1)招标人的名称和地址；(2)招标代理机构的名称和地址；(3)招标项目的内容、规模及标段的划分情况；(4)招标项目的实施地点和工期；(5)对招标文件收取的费用。

2022年6月17日，招标人开始出售招标文件。2022年6月19日，有2家外省市的施工单位前来购买招标文件，被告知招标文件已停止出售。

截至2022年7月16日上午10:00即投标文件递交截止时间，共有18家投标单位提交了投标文件。在招标文件规定的时间进行开标，经招标人代表检查投标文件的密封情况后，由Z招标代理机构当众拆封，宣读投标人名称、投标价格、工期等内容，并由投标人代表对开标结果进行了签字确认。

随后，招标人依法组建的评标委员会对投标人的投标文件进行了评审，最后确定了A、B、C三家投标人分别为某合同段第一、第二、第三中标候选人。招标人于2022年7月22日向A投标人发出了中标通知书，A中标人于当日确认收到此中标通知书。此后，招标人又与A投标人就合同价格进行了多次谈判，于是A投标人将价格在正式报价的基础上下浮了0.5%，最终双方于9月16日签订了书面合同。

（资料来源：百度文库。）

问题：

1. 简述本项目采用公开招标的意义和作用。

2. 针对本高速公路项目，简述完整的招标程序。

3. 结合招投标法律、法规及相关部门规章，分析本高速公路项目招投标程序有哪些不妥当之处，并简析原因。

本章小结

本章内容主要分为两部分：项目招投标和项目合同管理。

项目招投标是项目采购的重要形式，本章主要分两部分内容介绍了项目招投标工作。首先，对招投标的相关内容进行了概述，主要介绍了招投标制度的发展、招投标的概念和招投标的法律法规体系。其次，介绍了招投标的工作要求和基本程序。招投标的程序如下：准备招标文件、申请招标、编制招标文件和标的并报批、发布招标公告、投标人申请、投标人资格审查、发售招标文件、现场踏勘和答疑、投递标书、建立评标班子、制定评标指标和办法、开标、评标、发布中标通知书、签订合同。

项目合同管理是项目管理的重要内容。本章介绍了合同的分类、当事人、内容和订立过程，项目合同管理的基本要求、管理体系，项目合同的订立、履行、变更、转让、终止以及FIDIC合同的相关条款和规定。对合同的管理涉及对业主方和承包商的合同管理，双方有各自不同的侧重点。合同的管理离不开合同的谈判、签订、担保以及可能出现的变更、转让与终止，对于这些问题的解决必须遵守相应的法律、法规。

习题

1. 什么是采购？简述项目采购管理对工程项目的意义与作用。
2. 简述项目采购的流程。
3. 招标的方式以及区别有哪些？
4. 简述招投标的基本程序。
5. 合同的分类及其内容有哪些？
6. 项目合同管理的基本要求有哪些？
7. 简述业主与承包商合同管理的内容。

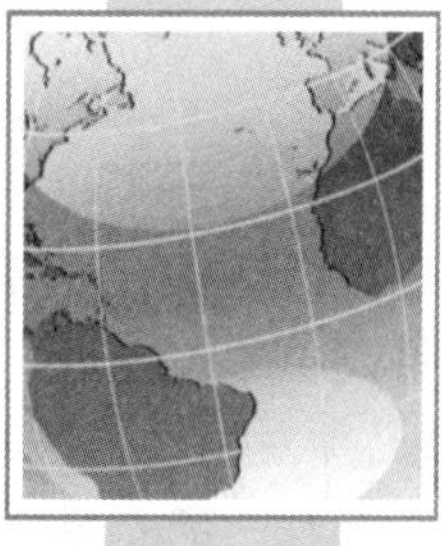

第六章 项目进度管理

项目进度管理就是采用科学的方法确定项目进度目标，编制进度计划，对项目进度计划进行优化和有效控制，在与质量、费用目标协调的基础上，实现工期目标。“凡事预则立，不预则废。”有人说，项目计划是项目管理最重要的职能。项目计划必须考虑到几乎所有与项目相关的因素，由于这些因素的复杂性和不确定性，项目计划工作变得更为困难。在这个复杂的过程中，合理确定项目范围计划是项目进度计划编制的基本前提。费用、工期、质量是项目的主要目标，而工期目标又是成本目标和质量目标的基础和前提。在项目管理目标中，费用发生在项目的各项活动中，质量取决于每个活动过程，工期则依赖于最底层每一项活动的时间保证，而这些目标均能通过有效的进度控制加以实现。所以，进度控制是项目控制的首要内容，也是项目的灵魂。

除了项目计划阶段完成的范围计划以外，项目实施中对项目计划变更所做的适当和及时的控制，也是保证项目按照预定轨道进行的重要内容。

第一节 项目范围管理

一、项目范围管理定义

项目范围是什么？做好项目范围管理对项目整体过程有多重要？项目范围如何定义？包括哪些过程？这是我们进行项目范围管理之前需要搞清楚的基本问题。

项目是为完成一个特定的目标或产品而做的一次性努力，需要人力、物力、财力和时间的全部投入，因此，项目是一个复杂的系统工程，而任何系统都必须是有边界的。项目范围的含义就是为项目指定边界。

项目范围指的是一个项目的最终成果以及产生该成果需要做的工作。它包含两个含义：一方面是产品范围，即项目产品或服务所包含的特征或功能；另一方面是工作范围，即为交付具有合同规定的特征和功能的产品或服务所必须完成的工作。在确定项目范围时，首先要确定最终产品是什么，以及产品应具有哪些可清晰界定的特征。需要注意的是，项目特征要清晰明确，并准确表达出来，如文字、图标或某种标准，能让项目利益相关方理解，绝不能含糊和模棱两可。基于此才能进一步明确需要做什么工作,才能产生所需要的产品。即产品范围决定工作范围,在产品范围确定的基础上制定工作范围,两个范围的定义结合起来的结果就是通过完成项目的具体工作,最终交付一个或一系列满足特定要求的产品或服务。

二、项目范围管理的作用和意义

确定项目范围以及相关的一系列范围管理活动,是项目管理的重要内容,也是项目管理其他过程和领域活动能够顺利开展的保证。因此,科学有效的范围管理是项目成功的关键。

项目是为了实现一定的目标而发起的,在这个层面上,为了实现目标就必须对项目交付物(产品或服务)的功能和特性加以定义。在另一个层面上,任何交付物的存在都有一定的资金、技术、时间等方面的限制,即便项目最后可以实现交付物的功能和特性,项目活动也不可能没有明确的界限。为了以较小的代价实现项目的目标,项目管理者必须首先明确项目需要做哪些活动,哪些活动是无法完成的、是毫无意义的,这对项目最终能否按时、按需并在规定的预算范围内完成具有重要意义。

项目范围管理的作用和意义主要表现在以下几方面:

(一)制订项目计划的基础和前提

任何计划都必须在一定的目标指导下制订。产品范围确定了项目管理努力的方向,项目范围规定了项目管理过程中需要完成的一切过程和工作,剔除了那些不必要和不可能的任务。这时,如果再进一步制订项目进度计划,计划就有章可循了。严格地说,范围计划是项目过程的一部分,是项目计划的基础性工作。依据项目范围计划制订人员、时间、资金等资源计划,项目资源就能够得到更加合理和精确的分配,项目计划就会具有可行性。

(二)为项目的评估和控制提供基准

项目范围管理对项目最终交付物的功能和特性进行了定义,这将成为评估项目是否成功的主要依据。如果不能符合项目产品范围的要求,不管项目如何守时、成本如何节约、提供的产品和服务如何精良,这个项目也只能是一个失败的项目。

项目范围管理对项目活动进行了整体计划,对项目的整体工作进行了分解,并把这些内容记录在项目范围说明书或项目参考条款(Terms of Reference,TOR)中,为项目进行中的测量和控制提供了依据。在项目范围的参考下,评价项目活动是否在控制范围之中;对那些执行出现失误或超过项目范围的任务,及时进行修正。明确定义的范围加上有力的控制,才能保证项目在预定的轨道上运行。

(三)有利于项目利益相关方之间的沟通和协调

项目范围管理为利益相关方之间的沟通提供了渠道和方法,同时利益相关方之间的沟通过程也是项目范围管理的内容。最初,项目发起人的项目建议书就是为了取得主管单位同意而编写的,同时也为项目投标者进一步研究项目需求、提出项目申请书提供依据。而项目最终被批准实施,项目主管部门发布项目许可证又是在对项目建议书、项目申请书进行审核和论证的基础上核发的。在项目启动阶段,项目利益相关方之间的一系列活动对项目范围进行了初步的界定,同时也是项目发起人、主管单位和项目承接单位之间就项目范围达成了共识。项目启动后,项目范围管理要求项目人员与客户对项目范围变更进行协调,就变更达成一致,并采取有效的控制措施。所有这些无疑加强了项目利益相关方之间的沟通,使得项目的轮廓和进度得到各方认可。这样,项目利益相关方之间的联系加强了,各方在项目范围上达成共识,在复杂的人员关系中,来自沟通方面的压力减小了,项目运作过程也就更加顺畅了。

项目范围管理在项目运作中至关重要，它为项目管理其他过程和领域的工作提供了指导框架，为成功的项目管理指引方向；同时加强了项目利益相关方之间的沟通，使他们为了项目顺利进行达成一致，形成合力。

项目范围管理的实行，要求我们为有效地管理制定出一套系统的方法和程序。

三、项目范围定义

(一)项目范围定义的概念

项目范围规划完成以后，需要定义项目的工作范围。项目范围定义要求对子项目作进一步细分，使项目活动分解为更细、更容易操作和管理的工作包，它被称为工作分解结构(WBS)。项目经理在对项目进行规划和控制的过程中，工作分解结构是最为有效的工具。编制完整的 WBS 有利于项目总目标的实现，并确定了各项单独工作(部分)与整个项目(整体)的关系。

工作分解结构是一个系统结构，所分解的每一项活动都是项目总任务所涵盖的内容。如果这项工作不是 WBS 系统内的，那么这项工作就是项目范围以外的工作。WBS 可以将项目分解到独立的、界面清晰的、内容单一的、易于成本核算和检查的工作单元(或工作包)，并能把各工作单元在项目中的地位与构成直观地表示出来。如果工作分解结构图编制得好，则可以满足项目主管部门、项目经理和项目班子等各个项目利益相关方的要求。WBS 是后续项目利益相关方开展项目管理工作的基础，这些项目管理工作包括定义项目组织、估算和控制费用、估算时间周期和安排进度、检验和控制项目阶段成果、项目风险管理等。因此，从某种程度上讲，WBS 是项目管理的骨架。

(二)工作分解结构的作用与意义

1. 工作分解结构的作用

工作分解结构的作用主要体现在：(1)为独立工作单元的人员分配相应职责，便于划分和分派任务，有利于调动利益相关方的积极性；(2)估算各独立单元的时间、费用和资源需要量，提高这些要素估算的准确度；(3)为进度计划、资源计划和费用计划提供控制标准，确定项目进度测量和控制的基准；(4)将项目工作与相关的财务账目联系起来；(5)确定工作内容和工作顺序；(6)估算项目整体和全过程的费用。

2. 工作分解结构的意义

(1)能够更有效地控制项目目标的实现。WBS 是基于项目范围进行的工作分解，它关注目标的实现或达成，而不会过多关注如何去实现。具体而言，通过以可交付成果为标准对任务进行定义，可以有效地将项目成员的注意力集中到目标的实现上，这样，在项目不断向前推进时，只需要执行那些对实现目标有必要的工作，就能适当保持计划的稳定性。此外，随着环境不断变化，完成项目所需的工作也可能随之发生变化，但不管怎么变化，都是为了实现最终目标。

(2)便于项目经理找到控制的最佳层次。在较低层次上进行控制，意味着在控制上所花的时间可能要比完成工作所需的时间还多；而在较高层次上进行控制，则意味着会不轻易漏掉某些重要事项。通过 WBS，项目经理可以找到控制的最佳层次。

(3)有助于限定风险。WBS 的分解层次不一定是固定不变的，其最低层次可根据风险的水平而定。在风险较低的项目中，工作分解的最低层次可以是某个任务；而在风险较高的项目中，则可将项目分解到更低层次的子任务上，直到确保风险处在可控制的范围内为止。

(4)便于在项目层面进行信息沟通。在现代各类大型复杂项目中,一般会涉及大量的资源,如许多公司、供应商、承包人等,有时还会有政府部门和管理咨询等部门,会有大量的高技术设施或资金投入,因而要求的项目综合信息数量往往相当大,需要沟通的环节特别多。这些大项目涉及情况复杂,因此项目开始时需要面对的项目环境会随着项目的进展和外部形势的变化而发生很大的变化,也就是项目早期阶段具有很大的不确定性。这就要求所有的利益相关方有一个共同的信息基础,进行信息共享,形成一种使各有关组织或用户从项目开始到完成都能用来沟通信息的工具。而一个设计合理且恰当的工作分解结构,将能够成为使这些组织或用户进行精准信息沟通的连接器,它将成为一种相互交流的共同基础。利用工作分解结构作为基础也可以用来编制项目预算、进度和描述项目的其他各个方面,它能够使所有的利益相关方以及与项目有关的所有项目团队人员都明了为完成项目产品所需要做的各项工作等。

(5)为项目控制提供有效的手段。典型项目控制系统包括进度、费用、质量等不同的子系统。这些子系统在某种程度上是相互独立的,但各子系统又是相互联系的,各个子系统之间的系统信息转移是不可缺少的,必须将这些子系统很好地综合协调起来,才能够真正达到项目管理的效果。

(三)编制工作分解结构的思路和步骤

1. 项目工作分解结构的思路

(1)识别主要的项目要素后交付成果;

(2)项目要素的构成分解,以便进行项目绩效度量和责任分配;

(3)检查分解结果的正确性,检查可以分为必要性和充分性检查、完整性和模糊性检查以及科技化和控制性检查。

2. 项目工作分解结构的步骤

(1)识别项目的主要组成部分

①问题:要实现项目目标需要完成哪些主要工作?

②技巧:可以按照项目生命周期的阶段、项目主要交付成果、产品、系统或者专业划分。

③层次:在 WBS 中处于第二层上,并在结构图形上标示出来。

(2)判断

①在已经分解的基础上,判断能否快速方便地估算各组成部分各自所需的费用和时间,以及责任分配的可能性与合理性。

②如果不可以,则进入第三个步骤;如果可以,则进入第四个步骤。

(3)识别更小的部分

①要完成当前层次上的工作需要做哪些更细的工作?

②这些工作是否可行? 是否可检查?

③它们之间的先后顺序是怎样的?

④在 WBS 上标示出第三层、第四层。

⑤判断能否快速方便地估算该层各个组成部分各自所需的费用和时间,以及责任分配的可能性与合理性。如果不可以,则继续第三步;如果可以,则进入第四步。

(4)检查工作

①如果不进行这一层次的工作,上一层次的各项工作能否完成?

②完成了该层次的所有工作,上一层次的工作能否完成?

③根据检查,对当前层次的工作进行增加、删除或修改,或对上一层次的工作进行适当的

整理。

④本层次各项工作的内容、范围和性质是否都已经明确？如果答案肯定，则需要写出相应的范围说明书，该说明书就是工作包的范围说明书；如果否定，则需要进行必要的修改和补充。

(四)WBS 的结构类型

1. 树形工作分解结构图

(1)基于功能系统的分解结构图，如图 6－1 所示。

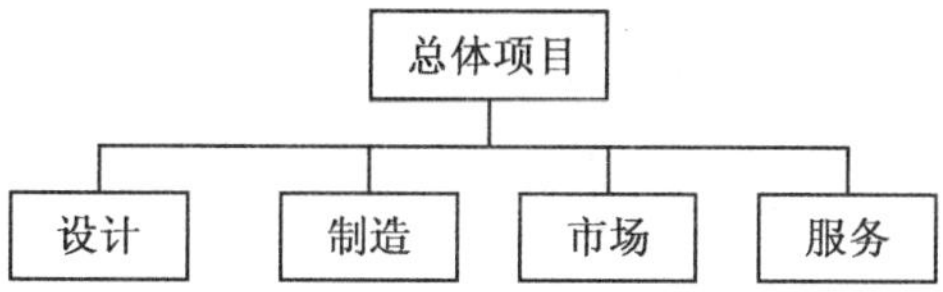

图 6－1　基于功能系统的分解结构

(2)基于成果系统的分解结构图，如图 6－2 所示。

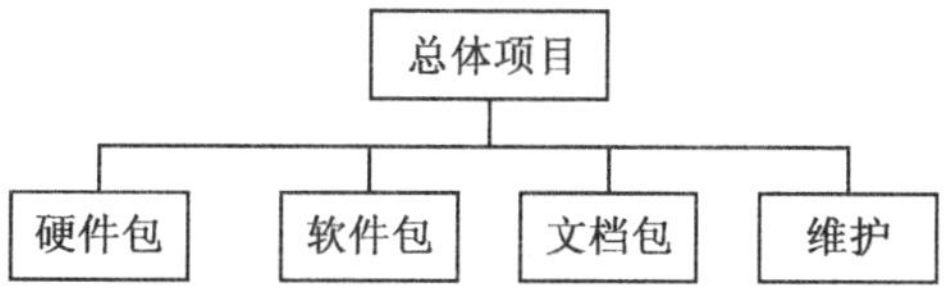

图 6－2　基于成果系统的分解结构

(3)基于工作过程的分解结构图，以软件研发项目为例，如图 6－3 所示。

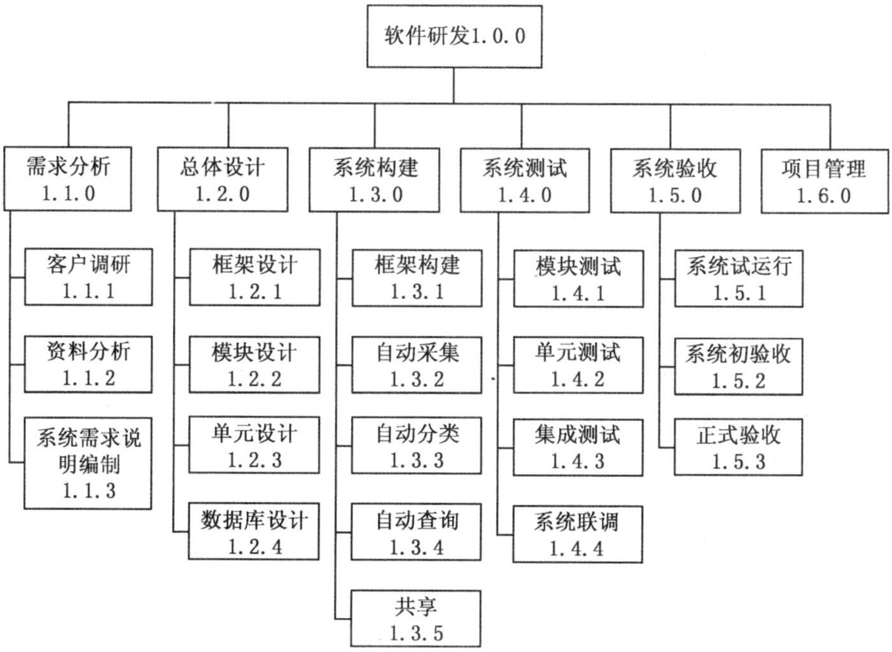

图 6－3　基于工作过程的分解结构(以软件研发项目为例)

2. 编码工作分解结构图

基于项目信息化的需要，工作分解后的工作包及工作分解结构都需存储在计算机中，故编码工作分解结构图为适应这一需求而产生。以某项目控制阶段的工作分解结构为例，其编码工作分解结构如图 6—4 所示。

任务名称
家庭绿化项目
家庭绿化设计
铺设草地
购买草皮材料
安装喷灌系统
确认喷灌设备安装点
挖地沟
铺设管道及其他硬件设备
覆盖喷灌系统
种草
移去碎石
平整土地
撒播草籽
移植灌木
修建栅栏
购买栅栏材料
安装栅栏
标出栅栏界限和桩界
安装界桩
安装栅栏和大门
油漆栅栏和大门
结束

图 6—4　编码工作分解结构

(五)WBS 样板

一个组织过去所实施项目的工作分解结构常常可以作为新项目的工作分解结构的样板。虽然每个项目都是独一无二的，但许多项目彼此之间仍存在着某种程度的相似之处。许多应用领域有标准的或半标准的工作分解结构作为样板，如图 6—5 所示。

(六)工作分解结构词典(WBS Dictionary, WD)

工作分解结构的各级工作单元中会包括专业术语、缩写等内容，而它们通常在工作分解结构之后需要进一步作出详细解释和说明，以满足任务布置和执行的需要，这就是工作分解结构词典。工作分解结构词典通常针对工作包进行描述，包括进度日期、成本预算、人员配置等其他项目信息，如表 6—1 所示。

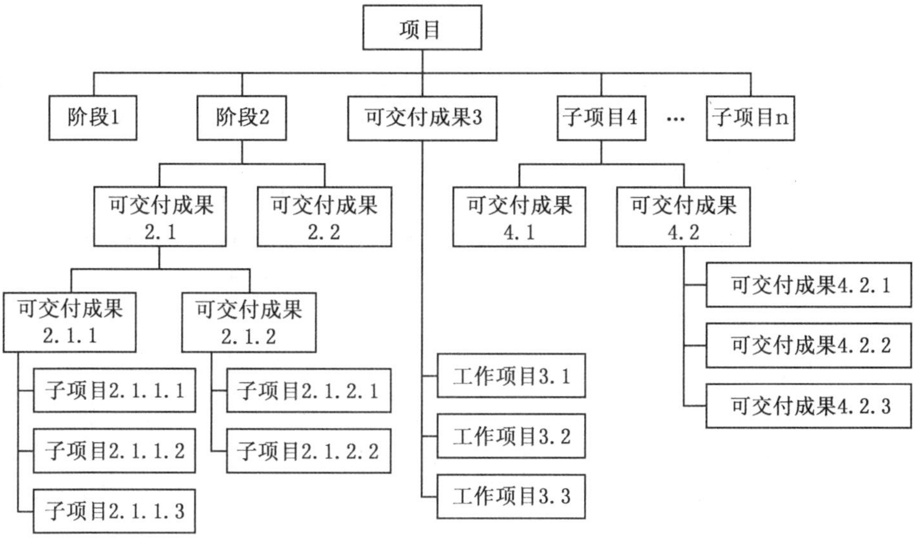

图 6—5　WBS 样板

表 6—1　　工作分解结构词典

任务名：	订购材料 D
任务交付物： 验收标准： 技术条件：	签名并发出订单 部门经理签字、订单发出 本公司采购工作程序
任务描述：	根据第×号表格和工作程序第×条规定，完成订单并报批
假设条件： 信息源：	所需材料存在 采购部、供应商广告等
约束：	必须考虑材料的价格
其他：	风险：材料可能不存在 防范计划：事先通知潜在的供应商，了解今后该材料的供货可能性
签名：	项目成员 A

（七）WBS 确认

WBS 确认是利益相关方对 WBS 认可和接受的过程，在项目全生命周期中，将作为项目工作的实施依据和控制标准。只有出现在 WBS 中的工作，才是项目范围内的工作，若出现项目变更或范围蔓延等情况，应以 WBS 为准并及时更新 WBS，作为项目资产保存。

（八）工作分解结构建立应注意的问题

对于实际的工程项目，特别是相对较大的项目，在业主进行工作分解时，有以下几点需要注意：

（1）有些简单项目可以直接以工程分解结构（Engineering Breakdown Structure，EBS）作为 WBS。但是在很多情况下，由于考虑到有不同的承发包方式、采购模式和分包合同内容所确定的合同结构体系（CBS），所以就不能直接以 EBS 作为 WBS。

（2）WBS 应当综合考虑 OBS（Organization Breakdown Structure）、CBS（Cost Breakdown

Structure)、PMM(Project Management Mode)、EBS(Engineering Breakdown Structure)、IBS(Investment Breakdown Structure)、ABS(Account Breakdown Structure)等进行联合策划。OBS(组织分解结构)和ABS(账目分解结构)都是按照与WBS相适应的规则将投资进行分解而形成的相应的、便于管理的分解结构。ABS是组织单元承担分项工作而对其投资进行管理的一种工具,可作为项目投资测定、衡量和控制的基准。

(3)要清楚地认识到,确定项目的WBS就是将项目的产品或服务、组织和过程这三种不同的结构综合为WBS的过程。项目经理和项目工作人员要善于将项目按照产品或服务的结构进行划分,以及与按照项目组织的责任进行划分等有机结合起来。也就是说,我们应将项目的WBS、IBS和OBS加以综合运用。

(4)对于项目最底层的工作要做到非常具体,而且要完整无缺地分配给项目内外的不同个人或组织,以便明确各个工作块之间的界限,并促使各工作块的负责人都能明确自己的具体任务、努力的目标和承担的责任。同时,工作如果划分得具体,也便于项目管理人员对项目的具体执行情况进行有效的监督和业绩考核。实际上,逐层分解项目的过程,也就是给项目的组织人员分派各自角色、任务和责任的过程。

(5)对于项目WBS最底层的工作包,一般要有全面、详细和明确的文字描述和说明。

(6)并不是WBS中所有的分支都必须分解到同一水平,各分支中的组织原则可能不同。任何分支最底层的细目称为工作包。工作包是完成一项具体工作所要求的一个特定的、可确定的、可交付的、独立的工作单元,需为项目提供充分而合适的管理信息。任何项目也并不是只有唯一正确的WBS,如同一个项目按照产品的组成部分或根据生产过程分解就能做出两种不同的WBS。

(7)分包商及供应商的主要工作也应该包含在上层的工作分解结构之内,以便更好地计划与控制分包商及供应商的实施过程。

第二节 项目进度计划

项目管理的实质是在特定的时间范围内完成一组目标,因此,准确地制订项目进度计划对于保证项目的成功至关重要。本节将阐述项目进度计划的制订过程,以及在制订项目进度计划过程中需要使用的时间参数和时间的估算方法,为下一节采用进度计划工具调整与优化项目进度做好铺垫。最后介绍现有的制订项目进度计划的工具。

一、项目进度计划的制订过程

(一)定义项目活动

项目进度计划首先需要对项目活动进行定义。制订项目进度计划需要明确一个项目中包括哪些项目活动或者工序,而这项工作的完成就需要在项目范围管理的基础上进行。即首先明确整个项目的范围,然后在此基础上利用WBS对项目进行分解,细化到最基础的工作包;其次对该工作包进行定义,包括项目活动期望完成的持续时间、期望的成本以及资源需求。而这些都需要根据项目章程、项目假设、约束条件及历史信息等来进行。

(二)项目活动排序

项目活动的定义完成之后,就需要识别项目活动之间的关联关系和逻辑关系,并根据项目活动之间的关系对项目活动的先后顺序进行排序,形成文字说明或者表格形式的文档来记录该内容，为项目进度计划的制订提供依据。项目活动之间的关系包括三种：强制性逻辑关系、可自由处理的逻辑关系和外部逻辑关系。强制性逻辑关系指的是工作中固有的逻辑关系，即项目活动之间有着严格的先后关系。强制性逻辑关系通常包括实际约束条件。比如，在建筑施工中，只有完成了地基部分才能进行上部工程的施工。可自由处理的逻辑关系指的是由项目队伍决定的逻辑关系，该逻辑关系比较灵活。比如，在建筑施工过程中，某些装饰工程可以与结构工程同时进行。外部逻辑关系指的是项目活动与非项目活动之间的逻辑关系。比如，软件项目的测试需要依赖外部供方提供的硬件设施。通过识别项目活动之间的关联关系和逻辑关系，根据三种关系在项目活动排序中的原则对项目进行排序。

通常，项目活动排序方式包括手工排序与计算机排序两种，即项目活动排序可以手工进行，也可以依靠计算机软件进行。项目活动排序方式可以根据项目规模的大小来选择。小型项目包括的项目活动数量较少，利用手工排序比较方便。大型复杂项目早期进行项目活动排序时采用计算机排序效率更高。

(三)估算项目活动时间

估算项目活动时间指的是评定每个单项活动完成所需要的工作持续时间。估算项目活动时间之后才能进行工作计划的制订以及项目进度控制。项目活动时间的估算会受到项目成本与项目资源等约束条件的限制。

(四)编制项目进度计划

通过项目活动的定义和排序、活动时间的估算，以及考虑项目成本、项目资源等约束条件之后，就可以进行项目进度计划的编制。项目进度计划包括项目的开始与结束时间，以及具体的项目实施方案和措施。

(五)项目进度计划的优化

初步制订了项目进度计划之后，可以根据现有的资源以及成本的约束对项目进度计划进行优化，通常的做法是在网络图中压缩工期和优化资源。

二、项目进度计划的时间参数

项目进度计划主要是对项目活动开展的开始、结束时间以及项目活动的持续时间的规划。因此，为了做好项目进度计划，需要对其中用到的时间参数进行说明。编制项目进度计划时最常用到五种时间日期：最早开始时间(Earliest Start Time，ES)、最早结束时间(Earliest Finish Time，EF)、最迟开始时间(Latest Start Time，LS)、最迟结束时间(Latest Finish Time，LF)、时差(F)。

(一)活动持续时间(D)

活动持续时间是完成一项活动所必需的时间。在已知项目活动开始时间的情况下，根据项目活动持续时间就可以预测项目活动结束时间。

(二)最早开始与结束时间

最早开始时间(ES)是项目活动可能开始的最早时间，它可以在已知项目的预计开始时间以及所有正常工期的前提下计算出来。最早结束时间(EF)是某项活动可能结束的最早时间，它可以通过最早开始时间加上活动持续时间计算得出，即 $EF=ES+D$。

(三)最迟开始与结束时间

最迟结束时间(LF)是指保证项目在要求完工时间的前提下完成某项活动的最迟时间，它可以在已知项目要求的完工时间以及所有正常工期的前提下计算出来。最迟开始时间(LS)

是指保证项目在要求完工时间的前提下某项活动必须开始的最迟时间，它可以通过最迟结束时间减去活动持续时间计算得来，即 LS＝LF－D。

(四)时差(F)

时差包括总时差和自由时差。总时差是指在不影响项目完工时间的情况下，项目活动的开始时间的浮动时间。如果某项活动的最迟开始时间与最早开始时间不同，那么项目活动的开始时间就可以推迟，此时该项活动就存在时差，而推迟的时间就是该项活动的时差，即：时差＝最迟开始时间－最早开始时间(F＝LS－ES)。由于 LF＝LS＋D，EF＝ES＋D，因此，总时差又可以通过最迟和最早结束时间计算而来，即 F＝LF－EF。自由时差为某项活动在不影响紧后其他活动最早开始时间的情况下的机动余地，这与此活动和它的紧后活动或紧前活动的逻辑关系有关，其实质是指 min{紧后 N 个后置任务的 ES}－此活动的 EF。

项目活动的总时差为 0，说明在不影响项目完工时间的情况下，项目活动的开始时间无法浮动，即项目活动必须在某个时间点开始才能保证项目在要求的时间内完成。总时差为 0 的活动是关键活动，关键活动的持续时间决定了项目的总工期。所有关键活动的持续时间之和就是项目的总工期。

三、项目活动持续时间的估算

项目活动持续时间的估算是制订项目进度计划的关键。对于项目活动持续时间的估算，需要考虑项目的假设前提、约束条件、资源供给，即完成活动所需的资源投入量以及能够提供的资源投入量。除此之外，还需要考虑其他一些因素，将这些因素产生的时间加到项目活动持续时间中，比如增加工人的数量以缩短工期。

项目活动持续时间的估算通常采用以下一些方法：

(一)过去的经验

在估算项目活动持续时间的时候可能会遇到类似的项目经验，在这种情况下就可以利用历史信息对项目活动持续时间进行估算。通过与类似项目比较项目活动的人员、资源配置等，对项目活动时间进行调整。但是，利用过去的经验估算项目活动持续时间会存在一定的缺陷，因为类似项目所处的情况并不能一直延续到现在，现在的项目会受到现有外界事件的影响。因此，利用过去的经验需要注意避免使用过时的信息，需要对历史信息进行一定的修正。

(二)专家经验

有些时候，需要向专家寻求意见来对项目活动持续时间进行估算。一般情况是利用德尔菲法来征求专家的意见实现项目活动持续时间的估算。即由主持估算的管理者选择一定领域的专家，然后直接联系专家，一般可通过电子邮件直接对专家的意见进行整理和反馈，并根据专家意见的反馈不断进行调整，直到得出比较一致的结果。德尔菲法下，专家之间并不互相联系，以保证专家意见的独立性。利用专家经验对项目活动持续时间进行估算需要注意的是对专家的选择，只有真正的专家才能了解完成项目活动的最简洁的方法、最佳的形式和最快的过程。

(三)历史数据

由于很多行业存在与项目活动持续时间估算有关的数据和信息资料，利用这些数据作为估算的基础可以帮助完成项目活动持续时间的估算。通常可以利用一些定额来对项目活动持续时间进行计算，比如：工序时间＝工序的实物工程量/每日完成量，每日完成量＝定额工作量×标准工作时间。

(四)定额数据

根据国家定额标准和地方定额标准计算项目各项活动所需要的时间。

四、项目进度计划的工具和方法

常用的制订项目进度计划的工具和方法主要有里程碑计划、甘特图、网络计划技术。

(一)里程碑计划

项目里程碑(事件)是项目实施过程中对项目实施进度有重要影响的标志性事件,制作里程碑计划有利于对项目的跟踪和管理。里程碑计划也叫做项目的总控计划,是一个战略计划或项目的时间框架。它以可交付成果清单为制订依据,明确项目为了达到最终目标而必须经过的关键节点,描述在每个阶段需要达到的状态,如表 6—2 所示。

表 6—2 软件转包项目重大里程碑计划

里程碑事件	1月	2月	3月	4月	5月	6月	7月	8月
转包签订			▲					
计划书的完成				▲				
设计检查					▲			
子系统测试						▲		
第一单元实现						▲		
产品计划完成								▲

对于大多数项目而言,一旦确定了项目的范围,需要做的第一项工作就是确定项目的里程碑计划。根据确定的项目阶段划分,在里程碑计划中应明确而清楚地定义每一个阶段的开始时间、结束时间与任务的负责人,各阶段的可交付成果由事前明确的各阶段的实施规范和验收标准确定。里程碑计划是项目管理小组对项目进行总控的主要依据。里程碑计划一旦确定,各相应负责人应确保按时完成任务,不管采取什么措施都必须在里程碑计划所规定的时间内完成各项预定任务,不能有任何工作环节的延迟,从而保证整个项目进度目标的实现。

(二)甘特图

甘特图(Gantt Chart)又叫做横道图、条状图(Bar Chart),是制订项目进度计划最常用的一种工具。它是在第一次世界大战期间由亨利·L. 甘特先生发明并以其名字命名的,它是用一个完整的条形图来表示进度的标志系统。

甘特图以图示的方式通过活动列表和时间刻度(横道)形象地表示出任何特定项目的活动顺序与持续时间。甘特图是线条图,其横轴表示时间,纵轴表示具体的活动,线条表示在整个期间上计划活动的开始和完成时间。它直观地表明任务计划在什么时间开始和什么时间结束,以及实际进展与计划要求的对比。管理者据此可以比较方便地弄清一个项目还剩下哪些工作要做,并可评估工作进度。图 6—6 就是一个有 5 个项目活动的简单甘特图。甘特图的绘制可以利用某些软件进行,比如 Excel、Microsoft Project 等。

(三)网络计划技术

网络计划技术是指利用网络图的绘制来制订项目进度计划以及对项目进度计划进行控制的计划方法。其中,关键路径法和计划评审技术都属于网络计划技术,这两种方法都是利用网络图来表示项目活动的进度以及各个项目活动之间的相互关系,并在网络图的基础上,计算出

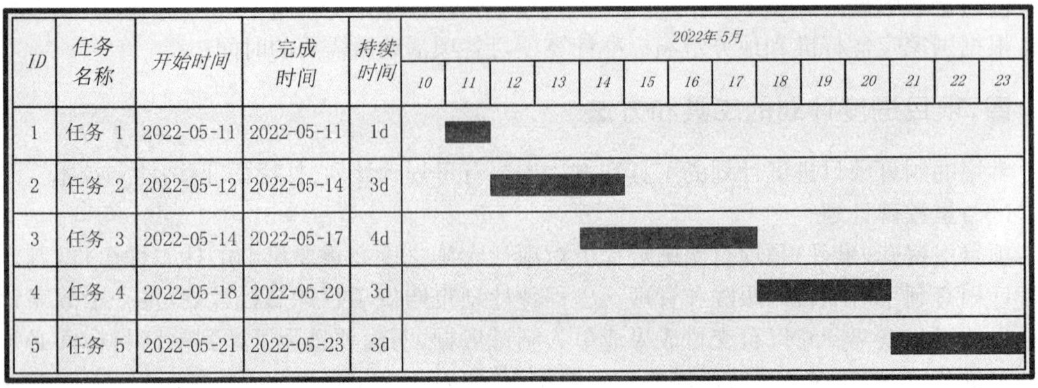

图 6—6　甘特图

网络图中的各个时间参数，找出关键路径，通过调整非关键活动的时差不断优化网络，以寻求最短工期。

网络计划技术是目前制订项目进度计划十分有用的工具。利用网络计划技术可以得到最短工期，同时还可以考虑项目成本和资源投入来制订综合优化的项目进度计划。关键路径法和计划评审技术是比较常用的两种网络计划技术，除此之外，还出现了新的网络计划技术，如风险评审技术、图示评审技术等。

第三节　网络图的绘制与时间参数的计算

对于项目进度的优化，主要是利用网络计划技术进行的。而网络计划技术如今主流的两种方法就是关键路径法和计划评审技术，本节主要介绍关键路径法。

一、绘制网络图

网络图一般包括单代号网络图和双代号网络图。接下来，我们将分别说明双代号网络图和单代号网络图的绘制方式。

(一)双代号网络图

1. 双代号网络图的定义

双代号网络图是以箭线及其两端节点的编号表示工作的网络图。在双代号网络图中，箭线表示项目活动，箭线两端的圆圈表示节点，每个活动可以用箭线两端节点中的数字表示，有时也会在箭线的上方标明活动的名称，在箭线的下方标明活动的持续时间。简单的双代号网络图如图 6—7 所示。

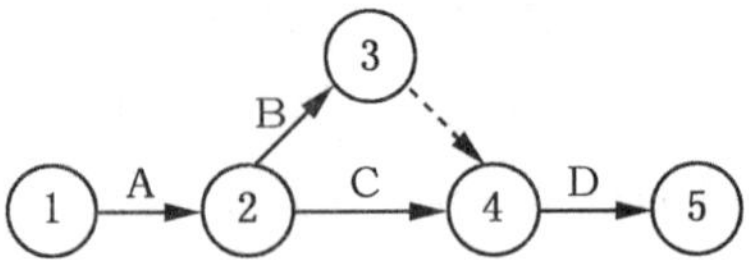

图 6—7　双代号网络图

2. 双代号网络图的名词解释

(1)虚箭线:虚箭线是实际工作中不存在的一项虚设工作,因此一般不占用资源和消耗时间,虚箭线一般只用于正确表达工作之间的逻辑关系。

(2)节点:反映的是前后工作的交接点,节点中的编号应保证后续活动的节点比前面节点的编号大。

(3)起始节点:是指第一个节点,它只有外向箭线(即箭头离向节点)。

(4)终点节点:是指最后一个节点,它只有内向箭线(即箭头指向节点)。

(5)中间节点:是指既有内向箭线又有外向箭线的节点。

(6)线路:是指网络图中从起始节点开始,沿箭头方向通过一系列箭线与节点,最后达到终点节点的通路。一个网络图中一般有多条线路,线路一般用节点的代号来表示,比如①—②—③—⑤—⑥,线路长度就是线路上各项工作持续时间之和。

(7)关键线路:是指总时差为0的线路,一般用双线或粗线标注,网络图中至少有一条关键线路,关键线路上的节点叫做关键节点,关键线路上的活动叫做关键活动。

3. 双代号网络图的绘制规则

(1)双代号网络图必须正确表达既定的逻辑关系。网络图中常见的各种工作逻辑关系的表示方法如表6—3所示。

表6—3　　用网络图表示的逻辑关系

序号	逻辑关系描述	双代号网络图表示方式	单代号网络图表示方式
1	A完成后,B才能开始	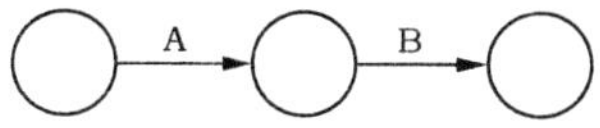	
2	A完成后,B和C才能开始	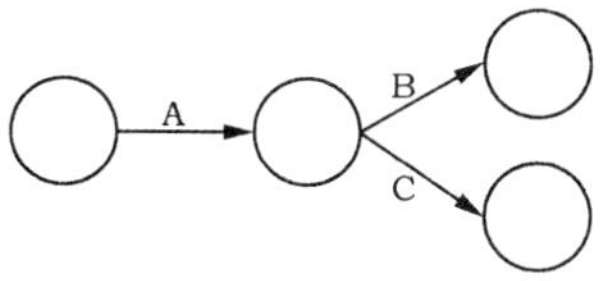	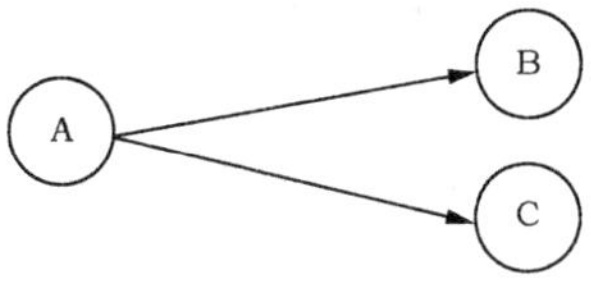
3	A和B完成后,C才能开始	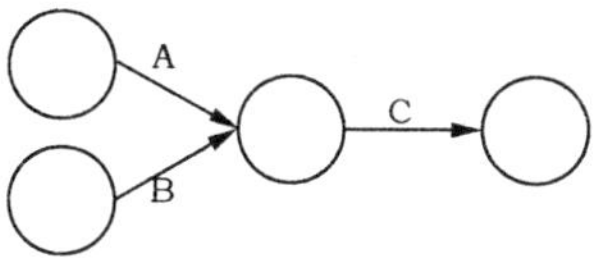	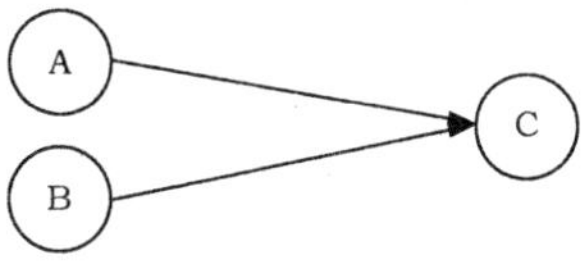
4	A和B完成后,C和D才能开始	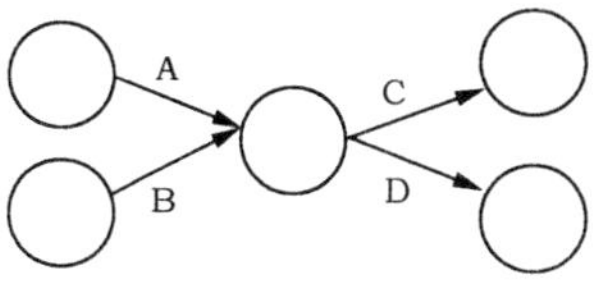	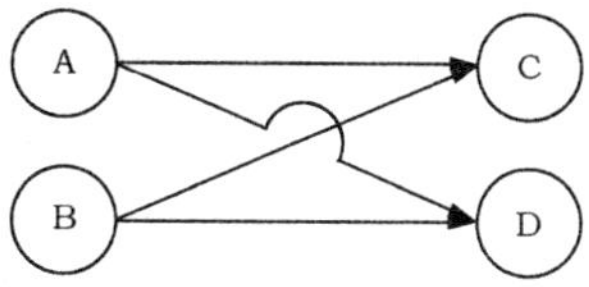
5	A和B完成后,C才能开始,且B完成后,D才能开始	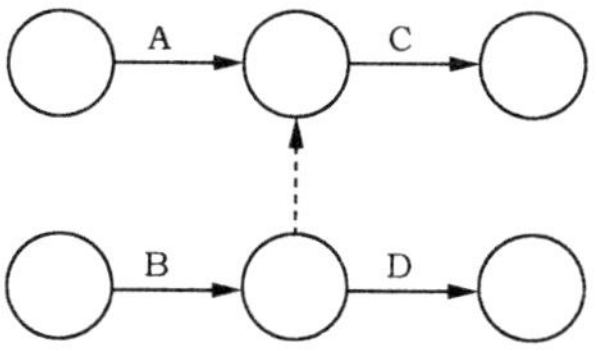	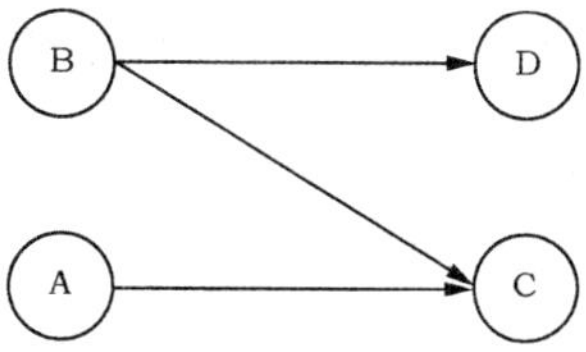

(2)双代号网络图中,两个节点之间仅有一条箭线,如需多条,则应增加虚箭线。

(3)双代号网络图中,严禁出现循环回路。所谓循环回路,就是指从网络图中某一个节点出发，沿着箭线方向又回到了原来出发点所形成的线路。

(4)双代号网络图中，在节点之间不允许出现带双向箭头或无箭头的连线。

(5)双代号网络图中，严禁出现没有箭头的节点或没有箭尾节点的箭线。

(6)双代号网络图中，所有箭线的箭头和箭尾必须同节点相连，不能连到其他箭线中间。

(7)当双代号网络图中的某些节点有多条外向箭线或多条内向箭线时，可以使用母线法。

(8)双代号网络图中应只有一个起始节点；在不分期完成任务的网络图中，应只有一个终点节点；而其他节点应当是中间节点。

(二)单代号网络图

1. 单代号网络图的定义

单代号网络图是以节点及其编号表示工作、以箭线表示工作之间逻辑关系的网络图，并在节点中加注工作代号、名称和持续时间。单代号网络图用圆圈或方框代表一项活动，并将活动名称写在圆圈或方框中。由于该网络图中的活动只用一个符号表示，因此被称为单代号网络图。简单的单代号网络图如图 6—8 所示。

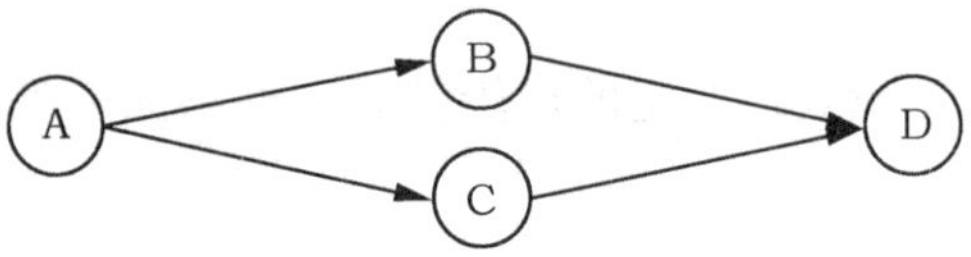

图 6—8　单代号网络图

2. 单代号网络图的特点

(1)单代号网络图用节点及其编号表示具体的工作，而箭线仅表示工作间的逻辑关系。

(2)单代号网络图作图简单、图面简洁，由于没有虚箭线，出现逻辑错误的可能性较小。

(3)单代号网络图用节点表示工作，没有长度概念，不够直观，也不便于绘制时标网络图。

(4)单代号网络图非常适合用计算机进行绘制、计算、优化和调整。最新发展起来的几种网络计划形式，如决策网络(DCPM)、图示评审技术(GERT)、前导网络(PN)等，都是采用单代号表示的。

3. 单代号网络图的绘制规则

单代号网络图的绘制需要遵循一定的规则，具体如下：

(1)单代号网络图必须正确表达既定的逻辑关系。在绘制网络图之前会有既定的逻辑关系，单代号网络图就需要按照逻辑关系正确地表达。

(2)单代号网络图中严禁出现循环回路。

(3)单代号网络图中不允许出现双箭头或无箭头的连线。

(4)单代号网络图中严禁出现没有箭尾节点的箭线和没有箭头节点的箭线。

(5)绘制网络图时，箭线尽量避免交叉。当箭线不得不交叉的时候，可以采用过桥法和指向法绘制。

(6)单代号网络图中应只有一个起始节点和一个终点节点。

二、时间参数的计算

根据网络图的绘制规则将网络图绘制出来之后就需要对网络图中的时间参数进行计算。网络图的时间参数主要包括最早开始时间、最早结束时间、最迟开始时间、最迟结束时间、活动时差等。根据活动时差来确定关键活动和关键路径。对于简单的项目,其网络图中计算的时间参数可以在图中直接标注;对于大型复杂的项目,其网络计划主要是通过编制程序来实现时间参数的计算。

(一)双代号网络图时间参数的计算

对于双代号网络图时间参数的计算,主要是通过计算节点的时间参数和箭线活动的时间参数来确定,对于最早开始和最早结束时间参数的计算采用正推法,对于最迟开始和最迟结束时间参数的计算采用逆推法。

各个时间参数的表示如下:

节点的最早时间:ET_i

节点的最迟时间:LT_i

以开始节点为 i、结束节点为 j 的活动时间参数表示如下:

活动最早开始时间:ES_{ij}

活动最早结束时间:EF_{ij}

活动最迟开始时间:LS_{ij}

活动最迟结束时间:LF_{ij}

活动总时差:TF_{ij}

活动持续时间:D_{ij}

下面将结合图 6—9 对双代号网络图中的时间参数计算进行说明。

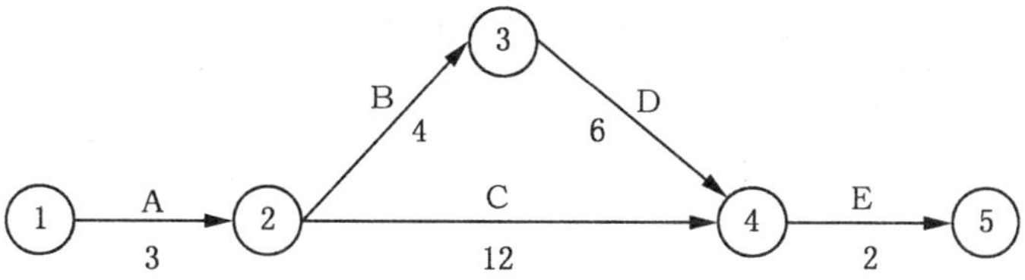

图 6—9　双代号网络图计算

1. 节点的最早时间参数的计算

对于最早时间参数,主要是采用自左至右的正推法来进行计算。节点的最早时间就是网络计划的开始时间,由于网络计划的开始时间为 0,那么节点的最早开始时间也为 0,即节点 1 的最早开始时间为 0。图中任意一点 j 的开始时间必须是以该节点为结束节点的紧前活动全部结束后,以该节点为开始节点的紧后活动可能开始的时间,因此,当节点 j 前面有多个紧前活动时,根据节点 i 的最早开始时间与紧前活动的持续时间之和就有多个,节点 j 的最早开始时间应该取其中的最大值。用公式表示为:

$$ET_1=0$$

$$ET_j=\max(ET_i+D_{ij})$$

计算过程如表 6—4 所示。

表 6—4　　双代号网络图节点的最早时间计算表

节点编号	紧前活动代号	计算过程	节点最早时间
1	/	$ET_1=0$	0

续表

节点编号	紧前活动代号	计算过程	节点最早时间
2	1－2	0＋3＝3	3
3	2－3	3＋4＝7	7
4	3－4 2－4	7＋6＝13 3＋12＝15	15
5	4－5	15＋2＝17	17

2. 节点的最迟时间参数的计算

对于最迟时间参数，主要是采用自右至左的逆推法来进行计算。根据终点节点 n 的最早时间可以得到网络计划的工期，由该工期逆向推算项目活动的最迟结束与最迟开始时间。网络中任意一个节点 i 的最迟时间是指为了保证计划工期，以该节点为开始节点的紧后活动最迟必须开始的时间，即该节点的紧前活动最迟在这个时刻必须全部完成，否则将会延误工期。因此，节点的最迟时间等于该节点的各个紧后活动结束节点 j 的最迟时间与该活动持续时间之差中的最小值。用公式表示为：

$$LT_n = ET_n$$

$$LT_i = \min(LT_j - D_{ij})$$

计算过程见表 6－5。

表 6－5　　双代号网络图节点的最迟时间计算表

节点编号	紧后活动代号	计算过程	节点最迟时间
5	/	$LT_5 = ET_5 = 17$	17
4	4－5	17－2＝15	15
3	3－4	15－6＝9	9
2	2－3 2－4	9－4＝5 15－12＝3	3
1	1－2	3－3＝0	0

3. 活动的最早时间参数的计算

活动的最早时间包括最早开始时间和最早结束时间。活动的最早开始时间取决于其紧前各个活动的全部完成时间，因此，它等于该活动的开始节点的最早时间；活动的最早结束时间等于活动的最早开始时间加上活动的持续时间。用公式表示为：

$$ES_{ij} = ET_i$$

$$EF_{ij} = ES_{ij} + D_{ij}$$

计算过程沿网络图流向进行，见表 6－6；计算结果标注在活动箭线上方的框内，见图 6－10。

4. 活动的最迟时间参数的计算

活动的最迟时间包括最迟开始时间和最迟结束时间。活动的最迟结束时间等于它的结束节点的最迟时间；活动的最迟开始时间等于活动的最迟结束时间减去活动的持续时间。用公式表示为：

$$LF_{ij} = LT_j$$

$$LS_{ij}=LF_{ij}-D_{ij}$$

计算过程逆网络图流向进行，见表 6—6；计算结果标注在活动箭线上方的框内，见图 6—10。

5. 时差的计算

活动的时差是指活动的浮动时间，时差包括总时差和自由时差两种。

活动的总时差是指一个活动可以利用的机动时间，即由于活动最迟结束时间大于最早结束时间而产生的机动时间。利用这段时间延长活动的持续时间或者推迟开工不会影响计划的总工期。用公式表示为：

$$TF_{ij}=LS_{ij}-ES_{ij}=LF_{ij}-EF_{ij}$$

计算过程沿网络图流向进行，见表 6—6；计算结果标注在活动箭线上方的框内，见图 6—10。

活动的自由时差是指在保证其紧后活动按照最早开始时间开工的前提下，活动可以利用的机动时间。即活动在不影响其紧后活动开始的情况下，可以在自由时差的时间范围内自由地延长或推后。用公式表示为：

$$FF_{ij}=ET_{j}-EF_{ij}$$

计算过程逆网络图流向进行，见表 6—6；计算结果标注在活动箭线上方的框内，见图 6—10。

表 6—6　　双代号网络图时间参数计算

活动	最早开始时间 $ES_{ij}=ET_i$	最早结束时间 $EF_{ij}=ES_{ij}+D_{ij}$	最迟开始时间 $LS_{ij}=LF_{ij}-D_{ij}$	最迟结束时间 $LF_{ij}=LT_j$	总时差 $TF_{ij}=LS_{ij}-ES_{ij}$	自由时差 $FF_{ij}=ET_j-EF_{ij}$
A	0	0+3=3	3−3=0	3	0−0=0	3−3=0
B	3	3+4=7	9−4=5	9	5−3=2	7−7=0
C	3	3+12=15	15−12=3	15	3−3=0	15−15=0
D	7	7+6=13	15−6=9	15	9−7=2	15−13=2
E	15	15+2=17	17−2=15	17	15−15=0	17−17=0

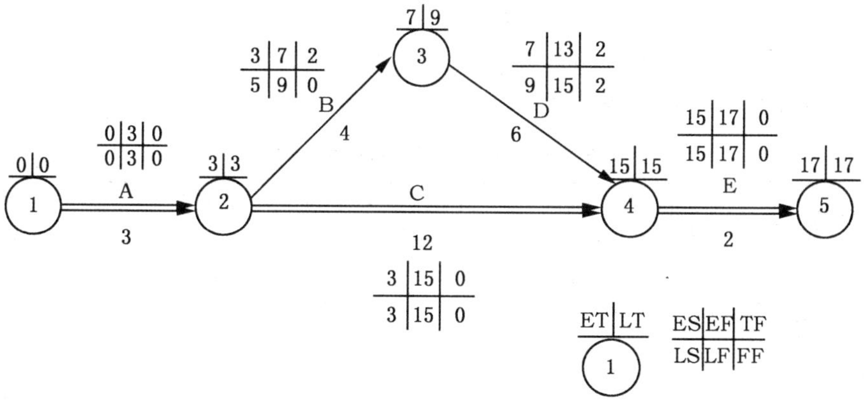

图 6—10　双代号网络图计算结果

6. 确定关键路线

关键路线就是网络计划中从起始节点到终点节点项目活动持续时间之和最长的路线，也就是项目工期。关键路线上总时差为 0 的活动就是关键活动。需要注意的是，一个网络图中可能会有多条关键路线。图 6—10 中关键路线是 A→C→E，用双箭线进行了标注。

(二)单代号网络图时间参数的计算

与双代号网络图不同的是,单代号网络图没有节点时间参数,其余时间参数的含义与双代号网络图相同。下面以图 6—11 的项目为例,用单代号网络图表示,并在图中标注计算结果。然后介绍单代号网络图的时间参数计算。

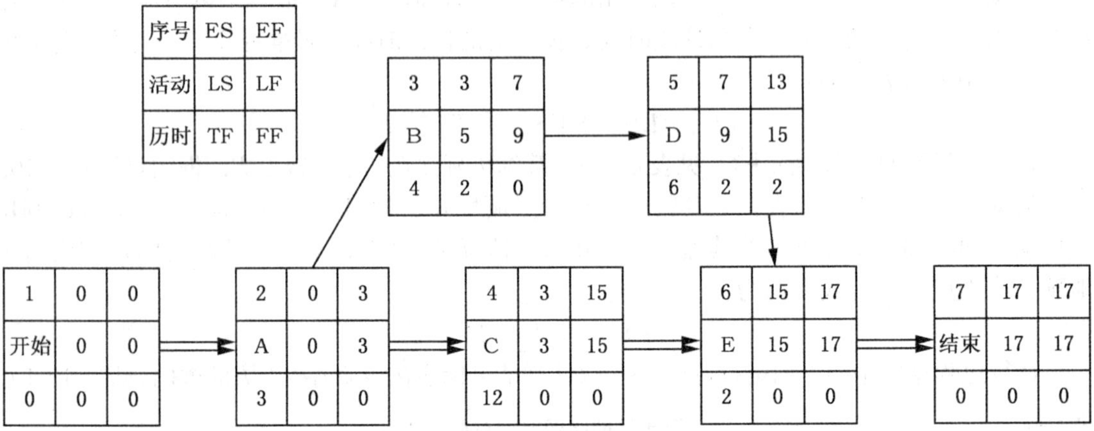

图 6—11　单代号网络图计算结果

1. 活动最早开始与最早结束时间的计算

首先假定编号为 1 的活动也就是开始活动的最早开始时间为 0。任意一个活动 j 的最早开始时间等于其紧前活动的最早结束时间,由于一个活动之前可能有多个紧前活动,因此需要取其中最早可能结束时间的最大值;最早结束时间等于最早开始时间加上活动的持续时间。用公式表示为:

$$ES_1=0$$
$$ES_j=\max(EF_i)$$
$$EF_j=ES_j+D_j$$

其计算顺序是从网络图的开始节点沿着箭线的方向依次进行,直到结束节点。计算过程见表 6—7,并标注在节点上方,见图 6—11。

表 6—7　　单代号网络图时间参数计算表(1)

活动	紧前活动	最早开始时间 $ES_j=\max(EF_i)$	最早结束时间 $EF_j=ES_j+D_j$	总时差 $TF_i=LS_i-ES_i$	自由时差 $FF_i=\min ES_j-EF_i$
开始	/	$ES_1=0$	0	0—0=0	0—0=0
A	开始	0	0+3=3	0—0=0	3—3=0
B	A	3	3+4=7	5—3=2	7—7=0
C	A	3	3+12=15	3—3=0	15—15=0
D	B	7	7+6=13	9—7=2	15—13=2
E	C D	15 13,15	15+2=17	15—15=0	17—17=0
结束	E	17	17+0=17	17—17=0	0

2. 活动最迟开始与最迟结束时间的计算

要计算活动的最迟开始与最迟结束时间，首先需要假设网络计划结束活动的最迟结束时间等于该活动的最早结束时间。任意一个活动 i 的最迟结束时间等于其紧后各个活动最迟开始时间的最小值；最迟开始时间等于其最迟结束时间减去活动持续时间。用公式表示为：

$$LF_n = EF_n$$

$$LF_i = \min(LS_j)$$

$$LS_i = LF_i - D_i$$

其计算顺序是从网络图的结束节点逆着箭线的方向依次进行，直到开始节点。计算过程见表 6—8，并标注在节点上方，见图 6—11。

表 6—8　　单代号网络图时间参数计算表(2)

活动	紧后活动	最迟结束时间 $LF_i = \min(LS_j)$	最迟开始时间 $LS_i = LF_i - D_i$
结束	/	$LF_n = EF_n = 17$	17—0=17
E	结束	17	17—2=15
D	E	15	15—6=9
C	E	15	15—12=3
B	D	9	9—4=5
A	B C	5 3,3	3—3=0
开始	A	0	0—0=0

3. 时差的计算

单代号网络图的时差含义与双代号网络图的相同，其计算公式如下：

$$TF_i = LS_i - ES_i = LF_i - EF_i$$

$$FF_i = \min ES_j - EF_i$$

其计算顺序是从网络图的开始节点沿着箭线的方向依次进行，直到结束节点。计算过程见表 6—7，并标注在节点上方，见图 6—11。

通过关键活动找到关键路线为开始→A→C→E→结束，用双箭线在图 6—11 中标注。

三、计划评审技术的时间参数估计

计划评审技术(PERT)是一种双代号非确定型网络分析法，其最大的特点是活动的历时不能完全确定，采用概率分析的方法进行预测。

(一)活动历时的估计

项目活动历时是一个受诸多不确定因素影响的随机变量，通过随机过程分析，该活动出现各种可能持续时间服从 β 分布，如图 6—12 所示。

通常采用三点估计的方法，即在 PERT 中对每一次活动估算出三个时间值。(1)最乐观估计时间 a：在最顺利条件下完成该活动所需要的时间，即完成该活动最短的时间。(2)最可能估计时间 m：在正常情况下完成该活动所需要的时间，即完成该活动最可能的时间。(3)最悲观估计时间 b：在最不利条件下完成该活动所需要的时间，即完成该活动最长的时间。

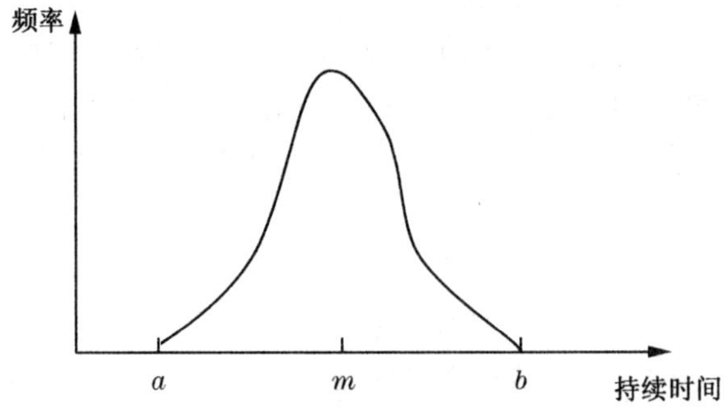

图 6－12　三种时间估计值的 β 分布曲线

用这三种时间就可以粗略地描述活动历时的分布，项目活动（工序）的期望完成时间就可以由以下经验公式求得：

$$t_E=\frac{a+4m+b}{6}$$

项目活动（工序）完成时间的方差：

$$\sigma^2=\left(\frac{b-a}{6}\right)^2$$

（二）其他时间参数的估计

概率型网络图与确定型网络图在工时确定后，对其他时间参数的计算基本相同，没有原则性的区别。所以对于概率型网络图，当求出每项工作的平均期望工时 t 和方差 σ^2 后，就可以同确定型网络图一样，用前面介绍的知识计算有关时间参数及总完工期 T。

由于工作工时本身包含着随机因素，所以整个任务的总完工期也是个期望工期。它是关键线路上每项工作平均工时之和：$T=\sum t$。因此，总完工期的方差就是关键线路上所有活动的方差之和 $\sum\sigma^2$。若工作足够多，每一工作的工时对整个任务的完工期影响不大，由中心极限定理可知，总完工期服从以 T 为均值、以 $\sum\sigma^2$ 为方差的正态分布。

为达到严格控制工期、确保任务在计划期内完成的目的，可以计算在某一给定期限 T 之前完工的概率。可以指定单个完工期 T_s，直到求得有足够可靠性保证的计划完工期 T_s^*，将其作为总完工期。用公式表示为：

$$\begin{aligned}P=(T\leqslant T_s)&=\int_{-\infty}^{T_s}N(T,\sqrt{\sum\sigma^2})\,\mathrm{d}t\\&=\int_{-\infty}^{\frac{T_s-T}{\sqrt{\sum\sigma^2}}}N(0,1)\,\mathrm{d}t\\&=\Phi\left[\frac{T_s-T}{\sqrt{\sum\sigma^2}}\right]\end{aligned}$$

式中：$N(T,\sqrt{\sum\sigma^2})$ 表示以 T 为均值、以 $\sqrt{\sum\sigma^2}$ 为均方差的正态分布；$N(0,1)$ 表示以 0 为均值、以 1 为均方差的标准正态分布。

（三）举例

已知某项目计划中各项活动的 a、m、b 值（单位为周）如图 6－13 和表 6－9 所示。要求：（1）计算每项活动的平均工时 t 及均方差 σ；（2）确定关键线路；（3）计算在 25 周前完工的概率。

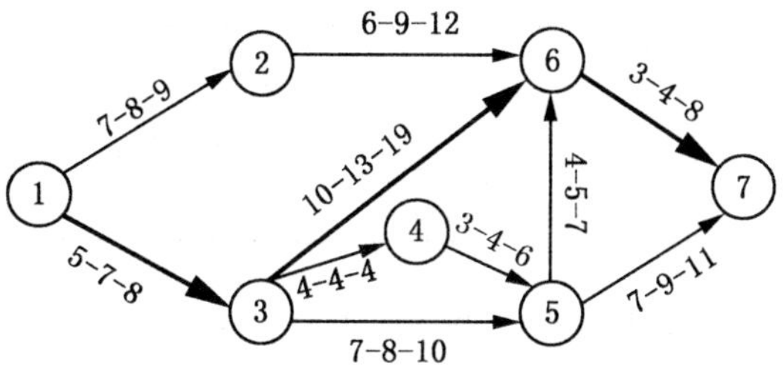

图 6—13　某工程网络计划中各项活动的 a、m、b 值

解:(1)用三种时间估计法计算公式,计算出各个项目活动的平均工时 t 和均方差 σ,填入表 6—9 的第 5、6 列中。

表 6—9　　某项目计划中各项活动的 a、m、b 值及平均工时 t 和均方差 σ

工作	a	m	b	t	σ
1—2	7	8	9	8	0.333
1—3	5	7	8	6.833	0.5
2—6	6	9	12	9	1
3—4	4	4	4	4	0
3—5	7	8	10	8.167	0.5
3—6	10	13	19	13.5	1.5
4—5	3	4	6	4.167	0.5
5—6	4	5	7	5.167	0.5
5—7	7	9	11	9	0.667
6—7	3	4	8	4.5	0.833

(2)根据总时差的计算公式,只需按 t 值计算出各项活动的最早开始时间 ES、最迟开始时间 LS,就可以计算各项活动的总时差 TF,如表 6—10 所示。

表 6—10　　某项目计划中各项活动的 ES、LS 及 TF

工作	ES_{ij}	LS_{ij}	TF_{ij}
1—2	0	3.333	3.333
1—3	0	0	0
2—6	8	11.363	3.333
3—4	6.833	6.999	0.166
3—5	6.833	6.999	0.166
3—6	6.833	6.833	0
4—5	10.833	10.999	0.166
5—6	15	15.166	0.166

续表

工作	ES_{ij}	LS_{ij}	TF_{ij}
5—7	15	15.833	0.833
6—7	20.333	20.333	0

从表 6—10 中可知，时差为 0 的活动序号为 1—3、3—6、6—7，所以关键线路为 1→3→6→7，总完工期为 24.833 周。

(3)由于关键工作为 1—3、3—6、6—7，所以：

$$\sqrt{\sum\sigma^2}=\sqrt{\sigma_{1,3}^2+\sigma_{3,6}^2+\sigma_{6,7}^2}=\sqrt{0.5^2+1.5^2+0.833^2}\approx1.787$$

应用上述公式，在 25 周前完工的概率为：

$$P=(T\leqslant25)=\int_{-\infty}^{\frac{25-24.833}{1.787}}N(0,1)\mathrm{d}t=\Phi(0.099)=53.98\%\text{（查正态分布表得出）}$$

即此计划在 25 周前完工的概率为 0.539 8。

第四节　项目进度计划优化

一、项目进度计划优化内容

无论是哪种网络计划技术编制的项目，网络计划仅仅是一个初步的方案，还没有考虑到各种人力、资源及费用等方面的限制。网络计划的优化就是从工期、资源占用和成本支出三个方面采取相应的优化措施，使所制订的项目网络计划工期最短、耗用资源和费用最少。

(一)工期的优化

初始网络计划图的关键路线长度，如果小于或大于规定的完工期限，应对网络图进行调整，即对网络图进行时间优化。当关键路线的长度小于规定的工期时，意味着各工序的机动时间还可以增加，它可用来增加某些关键工序的延续时间，从而可使资源需要量的峰值降低，并减少单位时间资源需要的强度，以降低工程费用。

比较常见的情况是关键路线的长度大于规定的期限，所以时间优化的主要方向是缩短处于关键路线上各工序的完工时间，其主要包括以下措施：

(1)采取组织措施增加关键工序的人力、物力投入。如改一班作业为二班或三班作业，改单机作业为多机作业，采取适当的技术组织措施提高效率。

(2)采用新设备、新工艺，提高效率。

(3)在关键工序上采用平行作业和交叉作业。

(4)在非关键路线上的一些有机动时间的工序中挖潜，从其中抽出一些人力、物力支援关键工序。这样，既可使关键工序提前完工，又不会影响本工序的按时完工。在缩短关键路线的总工期时，非关键路线可能上升为关键路线。所以在调整时也要注意非关键路线的时差，注意是否有新的关键路线出现。

上述措施的采用都有一定的适用范围和条件，都会带来一些不利的影响。如加班时间过长，会导致劳动效率降低，工作质量下降，易引发安全事故；多班制的工作，会产生资源投入量的增加，工作成本上升等。因此，项目管理者在选择压缩工期措施时，要进行周密的考虑和利弊的权衡。

(二)资源的优化

对于一项工程计划,如果安排得不合理,就会在计划工期内的某些阶段出现资源需求的“高峰”,而在另一些时段则会出现资源需求的“低谷”。通常提供给项目的各项资源的数量是有限的。当项目计划的某些时段内资源需求量超过最大可能的供应量时,势必造成资源的短缺或推迟开工时间的后果;而在出现资源需求低谷时,又造成资源的大量积压。这种资源消耗的不平衡性,不仅会增加项目成本,而且也增加了项目组织的难度,最终影响项目目标的实现。

资源优化是如何解决网络计划中这种资源供需矛盾或实现资源均衡利用问题的?它通常有两个不同的目标。

1. 工期固定的资源均衡

工期固定的资源均衡是指在工期一定的条件下,合理调整网络计划中的非关键工作,实现资源的均衡利用。资源均衡问题是在可用资源数量不受限制和保持工期不变的条件下,采用调整各项非关键工作进度的办法,使资源的需求量随时间的变化趋于平整。

2. 有限资源的合理分配

有限资源的合理分配是指在资源有限的情况下,合理安排各工作的进度,力求使网络计划总工期最短。在资源限定的条件下,进度的合理安排是一项复杂的工作。常用的方法是“备用库法”。其基本思想是:假设可供分配的资源储藏在备用库中,任务开始,从库中取出资源,按已开始工作和关键工作优先安排的规则,给即将开工的工作优先分配资源,并尽可能地考虑优化组合,资源分配不到的工作推迟开始。随着时间的推移和工作的陆续完成,资源又逐渐返回到备用库中。当从备用库中取出资源进行分配时,分配不到资源的工作推迟开工时间。这样反复循环,直至所有的工作都分配到资源为止。

(三)费用的优化

实施任何一个项目都要注意经济效果,既要使项目在规定的期限内完成,又要使其费用最低,这就是费用优化问题。

一般来说,项目的总费用是由直接费用和间接费用两部分组成的。(1)直接费用。直接费用包括直接生产工人的工资及附加费,设备、能源、工具及材料消耗等直接与完成工序有关的费用。在一定条件下和一定范围内,工序的作业时间越短,直接费用越多。(2)间接费用。间接费用包括管理人员的工资、办公费等。间接费用通常按照施工时间的长短分摊,在一定的生产规模内,工序的作业时间越短,分摊的间接费用越少。

为了使工期比正常工期缩短,总要采取一些技术上或组织上的措施,如采用新技术和新工艺、增加设备和人员等。所以,当工期比正常工期缩短时,其直接费用是增加的;而间接费用却随着工期的缩短而减少,通常间接费用与工期成正比,即呈线性关系。

由关键路线的定义我们知道,关键路线的长度就是项目的工期,所以要压缩项目工期就必须缩短关键活动的时间。将初始网络计划的计算工期与合同规定的工期相比较,可求出需要缩短的工期,通过压缩关键路线的方法进行多次测试计算,直至符合规定工期的要求为止。

如果项目初始进度计划的工期是按各工序活动的正常工期计算出来的,那么它对应一个成本值。根据项目活动的成本费用率及极限工期,我们知道压缩项目活动的时间必然要增加相应的成本。在实际项目管理工作中,压缩任何活动的持续时间都会引起费用的增加。因此,在压缩关键活动的工期时要抓住问题的关键:怎样合理地压缩工期使项目的花费最小?

二、项目进度计划优化案例

根据网络图制订的项目计划有时会不满足合同工期要求，比如网络计划的总工期大于合同工期，那么就需要投入资源(包括材料、人力)来缩短工期，而工期的缩短都是从关键路线入手的，至于具体缩短哪一个活动工期，需要根据活动的费率来确定，一般选择费率低的活动来缩短工期。

某项目网络计划如图 6－14 所示，图中箭线上方的数字表示该活动的费率，即每压缩一个时间单位所需要增加的费用，箭线下方括号外的数字表示该活动的正常工时，括号内的数字表示该活动的最短工时，工时单位为天。本项目要求必须在 14 天内完成，因此需要对项目进度计划进行优化。

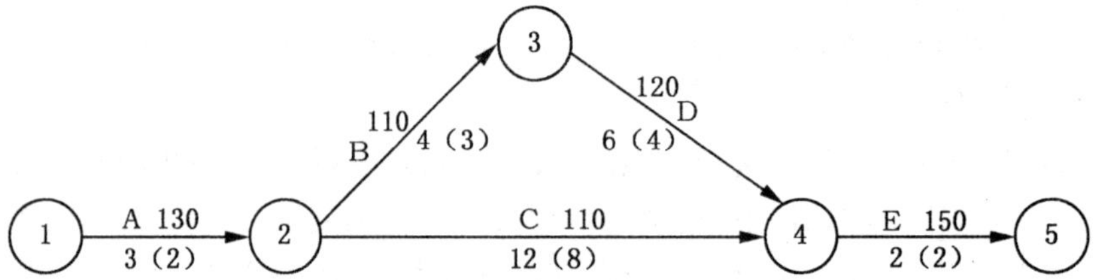

图 6－14　时间优化网络图

优化步骤如下：

(1)确定网络计划的计算工期、关键活动和关键路线。

根据活动的正常持续时间计算活动的最早时间、最迟时间以及时差(总时差和自由时差)，根据活动时间参数确定完工工期、关键活动和关键路线，参数计算结果如图 6－15 所示。

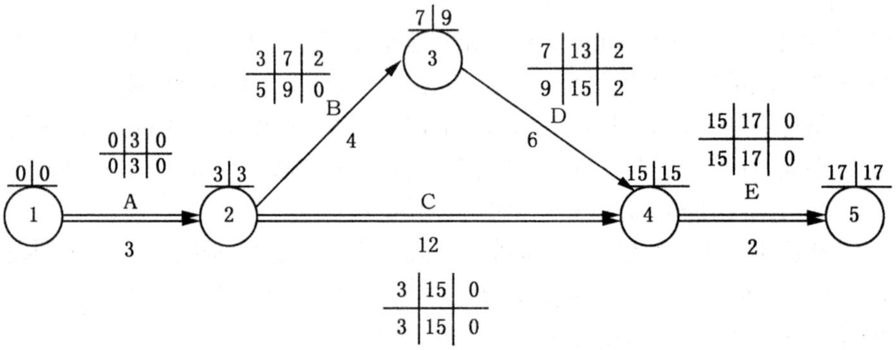

图 6－15　关键路线的确定

从图 6－15 可以看出，关键路线是 A→C→E，计算工期是 17 天(3＋12＋2)，关键活动是 A、C、E。

(2)按要求工期确定应缩短的工期目标。

根据计算结果可知，工期需缩短 3 天(17－14)。

(3)调整关键活动的持续时间。

①第一次调整。

选择调整对象：假设压缩工期所需资源可获得，并对质量的影响不大，仅考虑有调整余地，即增加费用最少的因素，则选择C作为第一次调整的对象。

确定压缩时间：活动C有4天的调整余地，但是如果调整3天，那么A→B→D→E会成为关键路线，计算工期为15天，不会产生同等程度的影响。

分析：本项目的计算工期是17天，而次长路线为15天，所以本次调整只能压缩2天。调整后的结果如图6－16所示。

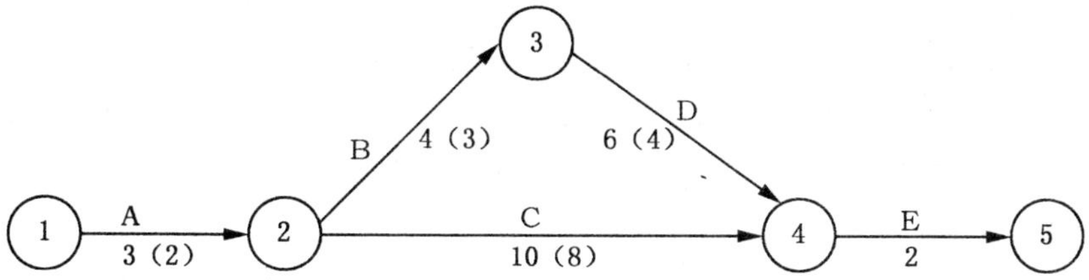

图6－16　第一次调整后的结果

计算工期的变化：调整后的计算工期为15天。

费用变化：C活动的费率为110费用单位/天，压缩2天，需要增加220个费用单位。

②第二次调整。

选择调整对象：由图6－16可见，第一次调整后的关键路线是A→C→E，A→B→D→E，因此，本次调整必须同时压缩两条关键路线的路长，选择B和C活动同时调整或者调整A活动。由于同时调整B和C活动会增加220个(110＋110)费用单位，调整A活动会增加130个费用单位，因此选择调整A活动。

确定压缩时间：A活动有1天的调整余地。第二次调整后的结果如图6－17所示。

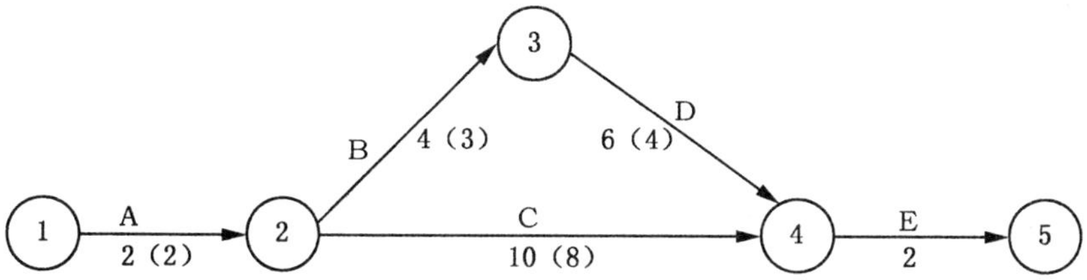

图6－17　第二次调整后的结果

计算工期的变化：计算工期为14天。

费用变化：调整A活动需要增加130个费用单位，累计增加350个(220＋130)费用单位。

第五节　项目进度控制

一、项目进度控制的含义及原理

(一)项目进度控制的含义

进度计划是根据项目管理者的经验或通过一定的预测方法对未来做出的安排。在实际项目执行过程中，由于资金、人力、物资设备的供应和其他条件等因素的影响而出现一定的偏差是常常发生的事。所以，在制订详细科学的项目进度计划之后，还要在项目实施过程中不断监控项目实施的进程，及时发现偏差，采取有效的措施，从而使项目按预定的项目进度目标进行，避免项目工期的拖延，这一过程称为项目进度控制。

（二）项目进度控制的原理

1. 动态控制原理

项目进度控制是随时间推移不断进行的进度检查、监控与调整的过程，也是一个循环的工作过程。在进度计划执行中，由于受各种干扰因素的影响，实际进度与计划进度可能会产生偏差，这时应分析偏差的原因，采取相应的措施或调整原来的计划，使实际工作与计划在新的起点上重合，继续按其实施活动。但是，在新的干扰因素作用下，又会产生新的偏差，有必要进行及时调整，整个实施进度计划控制就是采用这种循环的动态控制方法。

2. 系统控制原理

在实际工作中，影响项目进度的因素很多，为了对项目进度进行有效控制，必须编制项目的各种进度计划，从整体到局部，项目、子项目，任务、子任务等，逐层进行进度控制目标分解，形成项目计划控制系统。项目组织的各级负责人都要按照进度计划规定的要求，明确分工，进行严格管理，落实和完成各自的任务，形成一个纵横连接的项目控制组织系统。

3. 信息反馈原理

项目进度控制过程是控制理论在项目管理中的具体应用。按照控制理论思想，任何控制过程包含信息反馈的过程，能够及时地将项目实施的真实信息反馈给项目管理人员。通过整理各方面的信息，与进度计划进行比较分析后做出判断与决策，调整进度计划，采取有效的控制措施，使其保障预定进度目标的实现。

4. 弹性原理

项目进度计划工期长，影响因素多，在编制进度计划时，根据经验对各种影响因素的影响程度、出现的可能性进行分析，编制计划时要留有余地，使计划具有弹性。在计划实施中，利用这些弹性，缩短有关工作的时间，或改变工作之间的搭接关系，使已拖延的工期仍能达到预期的计划目标。

二、项目进度控制的依据与步骤

（一）项目进度控制的主要依据

1. 项目进度计划

项目进度计划比较详细地说明了项目的关键路线、总工期、资源使用、成本等方面的信息，这为实施项目进度控制提供了依据，有利于在有限的资源条件下保质保量地完成一次性任务。

2. 绩效报告

作为项目沟通管理的重要输出文件之一，绩效报告能够提供进度绩效方面的资料，比如哪些项目活动计划已经完成，哪些还未完成。

3. 变更申请

变更申请可以用多种形式（如口头或书面）来表达，它可以推迟进度，也可以加快进度。变更往往会引起其他计划的变化，所以需要对其他计划进行再平衡。

4. 项目进度管理计划

项目进度管理计划为项目实施提供依据，它通过对项目实施的进度、资源、变更频率及幅度进行有效监控，并及时采取有效的纠正措施，可以保证项目工期目标顺利达成。

(二)项目进度控制的步骤

项目进度控制的内容主要包括:在每一检查点确定进度是否达到控制标准,是否已经发生变化;对造成项目进度变化的因素进行分析并施加影响,以保证这种变化朝着有利的方向发展;在变化实际发生和正在发生时,对这种变化实施管理进度控制,必须与项目整体变化控制的其他控制过程(如成本、质量控制过程)紧密结合。项目进度控制主要包括以下四个步骤:

(1)确定项目进度控制标准。通常以项目进度计划或项目合同作为控制标准。

(2)进行进度的跟踪与监控。通过执行情况报告分析进度,对照控制标准进行检查和评价。

(3)如果项目进度处于失控状态,应分析原因,找到解决问题的具体措施和方法。

(4)如果有项目变更需求,需要按严格的变更流程进行申请批准,并修改项目进度计划。

三、项目进度控制的工具和技术

在项目进度控制分析系统中,管理者通常采用以下技术和工具:

(一)项目进度跟踪报告

项目进度跟踪报告可以用一个简单的表格形式跟踪需要报告的信息。在此介绍 IBM 公司的规范报表,见表 6—11。通过项目进度跟踪报告,可以及时发现进度出现的偏差。

表 6—11 项目进度跟踪报告

<table>
<tr><td colspan="4">内部进度报告</td></tr>
<tr><td colspan="2">姓名:</td><td>项目名称:</td><td>检查日期:</td></tr>
<tr><td colspan="3">关键问题</td><td>是</td><td>否</td></tr>
<tr><td colspan="3">超过目标日期了吗?</td><td></td><td></td></tr>
<tr><td colspan="3">估算有问题吗?</td><td></td><td></td></tr>
<tr><td colspan="3">有技术问题吗?</td><td></td><td></td></tr>
<tr><td colspan="3">有评审问题吗?</td><td></td><td></td></tr>
<tr><td colspan="3">有其他问题吗?</td><td></td><td></td></tr>
<tr><td colspan="5">对跟踪项目的解释</td></tr>
<tr><td colspan="5">下一周任务计划</td></tr>
<tr><td colspan="5">问题和办法</td></tr>
<tr><td>完成人:</td><td>日期:</td><td>评审人:</td><td colspan="2">日期:</td></tr>
</table>

(二)趋势预测

图 6—18 给出的是根据实际与计划的偏差进行的趋势预测。对某一特定的项目,OPS 代表计划进度,OAS 是实施进度,S 为检查点。管理者根据实际偏离情况并假设对已发生的偏差不采取纠正行为,预测未来的运行轨迹和状态。对于新的计划轨迹,管理者应该考虑是否存在实际问题、应采用哪个替代方案、成本和资源需求如何、要完成哪些任务等。当实际轨迹落后于计划轨迹时,应通过采取投入资源或者劳动力等措施来实施进度控制,以保证项目进度计划目标的实现。

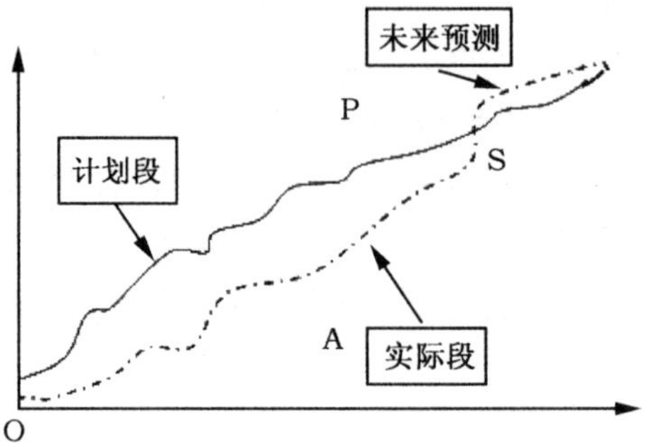

图 6－18　趋势预测

(三)因果分析图

因果分析图法，也称为质量特性要因分析法、鱼刺图法、树枝图法，其基本原理是对每一个质量特性或问题，逐层深入排查可能原因，然后确定其中最主要的原因，进行有的放矢的处置和管理。

使用该方法首先要分清因果地位；其次要注意因果对应，任何结果是由一定的原因引起的，一定的原因必然产生一定的结果，因果常常是一一对应的，不能混淆；最后要循因导果、执果索因，从不同的方向、用不同的思维方式进行因果分析，如图 6－19 所示。

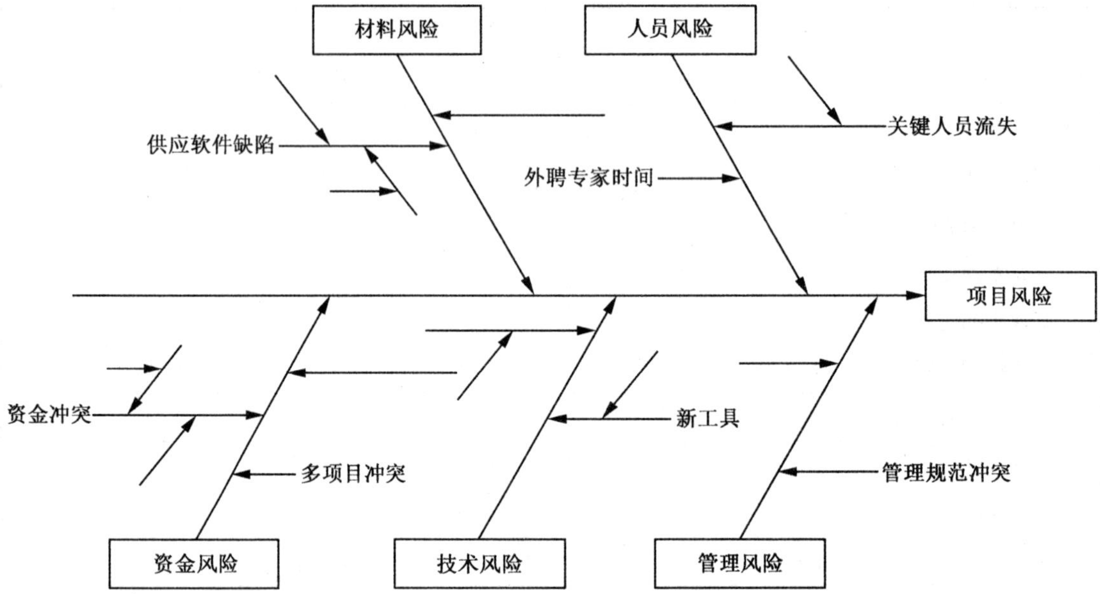

图 6－19　识别项目风险的因果分析图

一旦确定了因果分析图，项目团队就应该对其进行解释说明，通过数据统计分析与测试，以及收集有关问题的更多数据或与客户沟通来确认最基本的原因。在确认了基本原因之后，项目团队就可以开始制订解决方案并进行改进了。

因果分析可通过下面五步完成：(1)明确问题。如延期问题、超概预算问题。(2)查找产生该问题的原因。为了从系统角度充分认识各方原因，应组织有关专家对有问题的任务采用头脑风暴法进行分析和研究。(3)确定各原因对问题产生的影响程度。(4)画出带箭头的鱼刺图。(5)运用排除法找到影响项目问题的主要原因。

有效进度控制的关键是尽可能早地、果断地将主要精力放在出现问题的活动上，通过这些技术和工具的使用，将会达到好的管理效果，保证项目的顺利进行。

项目进度控制往往与成本控制、质量控制结合在一起。

项目管理案例

某制药公司综合信息服务系统
软件开发项目的进度计划

某制药公司下设有5个制药分厂，公司总部设在A城市，分厂则设在城市的郊区。集团形成了一套具有自己特色的销售网络，在每个较大的城市设办事处，由办事处分别派出其销售代表到以该办事处为中心的周边地区开展业务。为使集团公司能够随时有效管理、监控每个办事处与每个销售代表的销售数量和销售额，了解销售药品的品种并跟踪价格、库存和竞争对手的情况，公司决定建立一个综合信息服务系统。该系统的主要内容包括生产制造事业部的生产管理、库存控制系统以及销售部的跟踪管理系统。公司决定任命吴清源担任项目经理。为此，吴清源挑选信息系统研究项目成员，组建项目团队。

吴清源带领项目成员找出了系统需要完成的所有主要任务，并建立了工作分解结构和责任矩阵，根据要完成的主要任务制订项目重大里程碑计划，见表1。

表1　　综合信息服务系统项目进度简表(1)

活动	负责人	5	10	15	20	25	30	35	40	45	50
系统调查	赵	■									
系统分析	王		■	■							
系统设计	李				■	■					
系统开发	陈						■	■	■		
系统测试	孙									■	■
系统实施	周										■

在项目总体计划准备阶段，项目经理要求这个项目必须在50周内完成，而且希望尽可能早地完成该项目。但为了更深一步了解每项活动能否在预计的时间开始以及在要求的时间内完成，必须对每一个项目的最早开始时间和结束时间以及最迟开始时间和结束时间进行计算。首先列出各项活动的紧前活动和工期，见表2。然后通过网络图正向推算的方法计算出最早开始时间和最早结束时间，项目推算出来的工期为59周。接着通过网络图反向推算的方法计算出最迟开始时间和最迟结束时间，并假设网络图中最后一项活动“准备实施报告”的最迟结束时间为第50周，即项目要求完工时间。最后计算每项活动的总时差，见表2。

表 2 **综合信息服务系统项目进度简表(2)**

序号	活动	紧前活动	工期估计(周)	最早开始时间	最早结束时间	最迟开始时间	最迟结束时间	总时差
1	收集数据	/	3	0	3	−8	−5	−8
2	可行性分析	/	4	0	4	−9	−5	−9
3	准备问题界定报告	1、2	1	4	5	−5	−4	−9
4	与用户见面	3	5	5	10	−4	1	9
5	研究现有系统	3	8	5	13	−2	6	−7
6	明确要求	4	5	10	15	1	6	−9
7	准备系统分析报告	5、6	1	15	16	6	7	−9
8	数据输入、输出	7	8	16	24	9	17	−7
9	数据处理及建立数据库	7	10	16	26	7	17	−9
10	分析评估	8、9	2	26	28	17	19	−9
11	准备系统设计报告	10	2	28	30	19	21	−9
12	开发软件	11	15	30	45	21	36	−9
13	开发硬件	11	10	30	40	26	36	−4
14	开发网络	11	6	30	36	30	36	0
15	准备开发报告	12、13、14	2	45	47	36	38	−9
16	软件测试	15	6	47	53	38	44	−9
17	硬件测试	15	4	47	51	40	44	−7
18	网络测试	15	4	47	51	40	44	−7
19	准备测试报告	16、17、18	1	53	54	44	45	−9
20	培训	19	4	54	58	45	49	−9
21	安装	19	2	54	56	47	49	−7
22	准备实施报告	20、21	1	58	59	49	50	−9

通过计算,找出关键路线,对于本系统的开发,所有总时差为−9 的活动均为关键活动。对于关键路线上总时差为−9 这一点的处理,项目经理与公司的高层领导进行了广泛磋商和讨论,并强调第一次就要高质量地开发出信息系统,没有必要为赶进度设计出不利或不合适的软件,这样可能会导致集团更大的损失。经过项目经理的沟通与努力,终于使高层确信,应将整个项目完成时间延长 9 周,同时又额外增加了 1 周时间以防意外事件的发生。

(资料来源:淘豆网并改编。)

问题:

1. 项目经理在编制进度计划时应考虑哪些因素?
2. 在该综合信息系统软件开发的进度计算过程中,为什么会出现负的时差?
3. 在项目网络图的时间参数计算中出现负时差时应如何处理?
4. 简述项目经理与公司高层领导沟通确定项目工期延长 10 周的重要性。

本章小结

本章主要对项目进度管理进行了介绍,包括项目进度计划的制订工具以及进度计划的种类。在制订项目进度计划之前，首先需要对项目的范围进行界定，并对项目进行分解，对项目活动进行定义。在完成项目活动的定义以及逻辑排序之后，采用专家经验、历史数据、过去成熟的经验和国家定额标准等来确定活动的持续时间，然后采用甘特图和网络计划技术等工具来制订与优化进度计划。

目前比较主流的项目进度计划制订工具是网络计划技术。应用网络计划首先需要绘制网络图，然后计算网络图中的时间参数，从而确定关键活动与关键路线，利用时差不断调整与优化网络，最终求得最短工期。常用的网络图有双代号网络图和单代号网络图两种，其绘制规则和步骤类似。网络图中的时间参数一般包括最早开始和结束时间、最迟开始和结束时间以及时差(自由时差和总时差)。通过自由时差和总时差的计算来确定关键活动与关键路径，最后确定工期。

初步制订项目进度计划之后，需要对项目进度计划进行不断调整与优化，以找到最优进度计划。根据项目进度计划实施项目时，实际执行过程可能会与项目进度计划有所偏差。因此，为了保证项目的顺利完成，项目管理人员需要及时发现偏差，并采取措施纠正偏差，不断调整进度计划。项目进度计划的控制方法包括项目进度跟踪报告、趋势预测以及因果分析图等。

习题

1. 项目范围管理有什么作用？具体体现在哪些方面？
2. 项目范围管理的过程是怎样的？请举例进行解释说明。
3. 如何进行范围定义？编制工作分解结构有哪些方法？层次如何划分？
4. 项目进度计划有哪几种类型？选用进度计划方法主要考虑什么因素？
5. 项目进度控制的工具和技术有哪些？
6. 一个项目活动之间的逻辑关系见下表：

活动代号	A	B	C	D	E	F	G
前置任务	—	A	A	C	B、D	C	E、F
活动时间(天)	7	2	4	5	2	4	5

要求：(1)画出单代号和双代号网络图，找出关键路线和关键活动，计算工期。

(2)计算最早开始时间(ES)、最早结束时间(EF)、最迟开始时间(LS)、最迟结束时间(LF)、自由时差(FF)、总时差(TF)。

(3)项目活动的正常时间、极限时间和相关费用见下表。现将原工期计划时间缩短4天，应怎样进行网络计划的优化？其增加的最小费用是多少？

活动	正常时间(天)	最短极限时间(天)	正常时间直接费用(元)	极限时间直接费用(元)
A	7	6	500	800
B	2	1	500	700
C	4	3	150	200
D	5	4	300	450
E	2	1	200	300
F	4	2	400	650
G	5	4	500	800

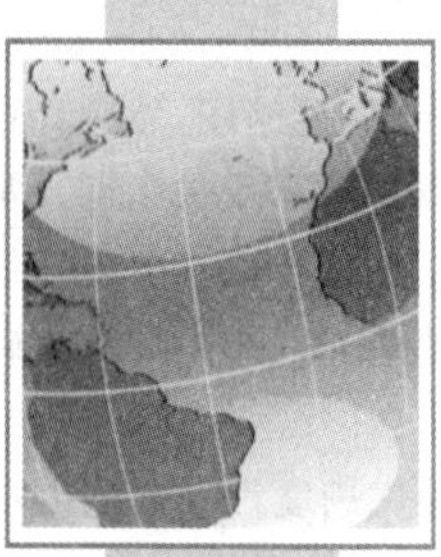

第七章 项目资源配置

在项目进度计划中，我们假设项目活动之间的顺序关系是唯一的。所以，每一活动只要前面的活动结束，它就应当尽快开始。这种分析基于一种隐含的假设，即可供使用的资源足够多，使得任何数量的活动都可以同时开展。但在实际中，这种情况是很少见的。

因此，项目经理需要制订资源计划，即决定获取何种资源、从何处获取、何时取得、如何使用以及何时停止；同时需要在项目执行期间监督和控制资源的使用和效果。本章将简要说明如何有效地配置项目资源。

第一节 项目资源管理概述

任何一个项目的完成都需要消耗一定的资源，而任何项目所拥有的资源都是有限的，并受到各种客观条件的影响，同时各种资源之间也存在相互制约关系。所以，如何为保证项目各项目标的完成而将资源适时、适量地优化配置，投入施工生产并满足各阶段各项活动的需求？如何使各种资源在项目实施过程中相互配合、动态管理，合理节约资源、降低成本？这些就成为项目管理工作中面临的重要挑战。

一、项目资源的含义及分类

（一）项目资源的含义

项目资源既包括在项目实施过程中所消耗的劳动力、机械、材料等生产的基本要素，还包括项目资金、计算机软件、信息数据、发明专利技术等无形资源。这些资源是完成项目的重要手段，也是项目目标得以实现的重要保障。因此，为保证项目各阶段目标和最终目标的实现，在项目管理过程中必须加强资源配置管理。

（二）项目资源的分类

在项目管理中，对所使用的资源进行分类的方法很多，常见的有以下三种：

(1)根据会计学原理对项目所需要的资源进行分类：劳动力成本（人力资源）、材料成本，以及诸如分包、借款等其他“生产成本”。

(2)根据项目所需要的资源的可得性进行分类：①可以持续使用的资源，如固定的劳动力；

②消耗性资源，如各种材料或计算机的机时；③双重限制资源，即在项目各个阶段的使用数量是有限制的，总体的使用量也是有限制的，如资金就是一个典型的双重限制资源。

(3)根据项目进行中所需要的资源的特点进行分类：①没有限制的资源。例如，没有经过培训的劳动力或者通用设备。②价格非常昂贵或者在整个项目的工期内不可能完全得到的资源。例如，在项目实施过程中使用的特殊试验设备，每天只能进行4个小时的工作；再如，某些技术专家同时负责很多个项目的技术工作。这些都是此类资源的典型代表。

一般情况下，在制订计划的过程中，对于那些消耗性的资源和有限制的、需要定期使用的资源，应该给予单独考虑。也就是说，在制订项目计划时，既要保证对没有约束的资源的有效使用，又要强调对有约束的资源的使用进行严格控制。如果是根据确定的进度计划来分配资源，那么需要决定能否以现有的资源完成进度计划。

但是，在项目的开始阶段，把项目所需要的资源准确地分配到各个活动中去，常常是不可能做到的。这是因为在最初的阶段，潜在的不确定性掩盖了项目各个活动对资源的需求。从这个意义上来说，资源计划的制订应该是一个连续不断的过程，它贯穿于项目的整个生命周期。

二、项目资源管理的含义及内容

(一)项目资源管理的含义

所谓项目资源管理，就是对项目资源进行有效合理的计划、安排、组织、协调和控制等活动。项目资源管理的主体是以项目经理为首的项目经理部，资源管理的客体是与实施活动相关的各项生产要素。所以，要加强实施阶段项目的资源管理，就必须对项目的各项生产要素进行认真的分析研究，制订相关的资源管理计划，对各资源进行控制和管理，最终实现资源使用效率的提高、资源的节约及成本的降低，使得项目顺利完成。

(二)项目资源管理的内容

项目资源管理的内容涉及范围很广，主要有以下几个方面：

1. 人力资源管理

人力资源管理在项目整个资源管理中占有重要地位，人是生产力诸要素中的决定因素，在社会生产过程中处于主导地位。工程项目人力资源管理主要是抓好两方面，即项目团队管理和项目劳务队伍管理。首先是项目团队管理，重点抓工程项目管理组织架构的设置和管理人员的配置、人员的获得和岗位的安排、项目管理者团队建设、工作制度建设、人事考评与激励措施的建立和落实等。其次是对项目劳务作业层的管理，包括工程分包计划、分包商的选择、分包合同管理等，旨在充分发挥分包人的自主管理，全面正确履行分包合同，保证施工质量、工期和安全。

2. 材料管理

材料管理是指项目对施工生产过程中所需要的各种材料的计划、订购、运输、储备、发放和使用等所进行的一系列组织与管理工作。做好材料管理工作，有利于项目合理地使用和节约材料，降低项目成本，增加企业的盈利，保证并提高产品的质量。材料管理的主要内容包括材料定额的制定管理、材料计划的编制、材料的订货采购、材料的组织运输、材料的仓库管理、材料的现场管理、材料的成本管理等方面。

施工生产技术复杂，社会分工细致，协作关系广泛，工程施工需要的资源数量庞大，质量要求严格，供应渠道复杂，资源分布面广，使用的时间性、配套性强，供需之间的空间间隔等因素，给按时、按质、按量组织施工资源的配套供应带来困难。如果有任何一种资源不能满足要求，就会使施工生产能力不能充分发挥，甚至导致生产中断。因此，加强工程施工资源管理，对于保证正常施工生产、促进经济效益、增强项目竞争能力都具有重要作用。

3. 机械设备管理

随着科学技术的进步，机械设备逐渐代替繁重的劳动力成为提高劳动效率的主要方式。机械设备管理就是针对不同项目的特点选择合理的机械设备，并对机械设备进行有效的安装、使用、维护、更新等，通过对机械设备进行优化配置，提高机械设备的生产效率。

机械设备管理应运用现代化管理技术，保持较高的完好率和最佳技术状态，不断提高管理的科学性，对机械设备每一个工作环节进行系统的经济对比和研究，提高管理的经济性，实行机械设备管理的全责制，充分强调机械设备管理的全员参与。

机械设备管理的主要内容包括机械设备的合理选型、装配、使用、维护和修理等。在项目施工过程中应当正确合理地使用机械设备，保持其良好的工作性能，减轻机械磨损，延长机械使用寿命；定期对机械设备进行维护和修理，注意机械设备的保养和更新。

4. 技术管理

技术是保证项目各项内容顺利进行的基础和保障，技术的先进性有助于提高工程项目的使用效率。技术管理是指对项目的各项技术活动进行计划、组织、控制、协调等工作。通过技术管理，保证施工过程符合技术规定，不断提高技术管理水平和职工的技术水平，充分发挥项目各项资源的使用价值，同时，通过对新技术的开发和利用提高项目的竞争力。

技术管理的主要内容包括：实行技术责任制，执行技术标准与规程，制定技术管理制度，开展科学研究；施工工艺管理，材料设备的技术处理；技术改造、技术革新等新技术的开发和使用。

5. 资金管理

资金作为项目运行的血液，其流动和使用在整个项目实施过程中起着举足轻重的作用。通过资金的预测和对比、制订项目资金计划等方法，不断分析考核资金的使用效果，达到节约成本的目的。

资金管理的主要内容包括资金筹集、使用、回收、分配等。在项目实施过程中应把握资金运作规律，合理组织资金运作，从而提高项目经济效益。

(三)项目资源管理应注意的问题

要保证项目进度计划的顺利执行就必须保证项目资源的合理配置，所以项目资源的分配受到项目总工期和其中每一项任务历时的限制。当项目资源分配比例不均衡时，在不影响总工期的前提下，需要在系统内部对资源分配进行调整。当资源的分配超出了系统所能供给的最大资源限量时，要对导致资源冲突的任务的时间安排进行调整，从而更新初始进度计划。所以在项目资源管理中还应注意以下问题：

1. 在制作项目进度计划时需要考虑资源约束

资源计划是一个项目经理决定要获得哪些资源、从哪里获得、何时得到它们以及如何使用它们的过程。通过项目进度安排，结合项目资源的描述，就可以编制资源与进度相适应的资源计划。

2. 按计划使用资源

项目经理的一个重要职能是在项目实施期间监督和控制资源的使用和效果。如果技术人员供不应求，或者材料和设备短缺，则重新编制进度计划就是头等管理工作。短缺和不确定会给做好的计划带来严重的破坏。资源的有效利用对在项目生命周期的各个阶段降低项目成本、加快项目进度有着重要的意义。

3. 在项目规定时间范围内平衡资源的使用

资源均衡是制订使资源需求波动最小化的进度计划的一种方法。平衡资源用量有以下几个好处:首先,如果给定资源的用量情况在整个使用时段内近似于固定,就不再需要大量的资源传送管理工作;其次,如果资源用量情况是均衡的,项目就可以使用“准时制”库存策略,而不用过多担心供货量有误的问题;最后,当资源均衡的时候,相关的成本也会趋于平衡,避免不必要的额外费用。

4. 在可使用资源有限的情况下,保证最短的项目工期

对于一个项目来说,在一定时间内所能提供的资源(人力、物力、财力)总是有一定限制的,在一段时间内所能提供的最大数量称为资源限量。如果网络计划安排多项活动在某一时段内同时进行,单位时间内需用的某一种资源量(称为资源强度)大于资源限量时,就会产生供不应求的矛盾,满足不了项目需要,必须调整计划加以解决。

三、项目资源管理的重要性

项目资源管理的目的就是满足项目需要,保证项目施工质量和按期完成,节约活劳动和物化劳动。项目资源管理的过程是极其复杂烦琐的,项目管理涉及的资源范围广、种类多,且供应量大。例如,就工程项目来说,由于其本身的生产过程不均匀,在不同时间、不同阶段对资源的需求和供应也存在不平衡,这就增加了项目资源管理的难度。在实际应用中,项目的实施计划与项目的实际进展往往存在一定的差异,所以要对项目及时进行调整和变更,而任何调整和变更都可能导致材料积压、供应不足等问题,进而影响整个项目的进度。同时,资源的供应受外界因素影响大,而外界对项目的制约条件常常不是项目本身所能决定的,所以项目资源管理是一个复杂多变的动态控制过程。

资源管理在整个项目中的地位举足轻重。例如在工程项目中,资源作为工程实施必不可少的前提条件,它们的费用一般占工程总费用的80%以上。如果资源不能保障,那么再周密的工程计划也不能实行。在项目工程施工过程中,由于资源配置组合不当会给项目造成很大的损失。例如,由于材料供应不及时造成工程活动不能正常进行,整个工程停工或不能及时开工,不仅浪费时间,还可能造成窝工,增加施工成本;由于未能采购到符合质量要求的材料造成工程报废,或者采购超量、采购过早造成材料浪费和仓库费用增加等。此外,由于不能经济地使用资源或廉价地获得资源,也将造成项目成本的增加。

第二节 项目资源的获取

一、项目资源需求

项目资源需求是多种多样的,如果某个单项工程需要单一的某种资源,那么这个项目的资源计划的制订工作相对来说是比较容易的;如果某个项目同时需要使用多种资源,那么编制计划和安排进度的工作就变得比较复杂;当几个项目之间存在相关性时,这项工作就更为复杂。在有些情况下,可以通过使用大量符合项目要求的廉价资源,取代部分贵重资源或限制供应的资源,保证工程质量,达到合理配置的目的。

在实际工作中，项目的生命周期也影响着项目对资源的需求。在项目的初始阶段，工作重点是工程设计，这项工作需要受过高等培训的人员，例如系统分析师、财务计划员和设计工程师来承担。在接下来的阶段中，实施工作逐渐成为工作重点，而且对各种设备和材料的需求也在不断增加。资源需求与项目生命周期各个阶段的关系可以用图形清楚地表示出来。图7－1表示在某项目生命周期的各个阶段对劳动力和材料这两种资源的需求状况。

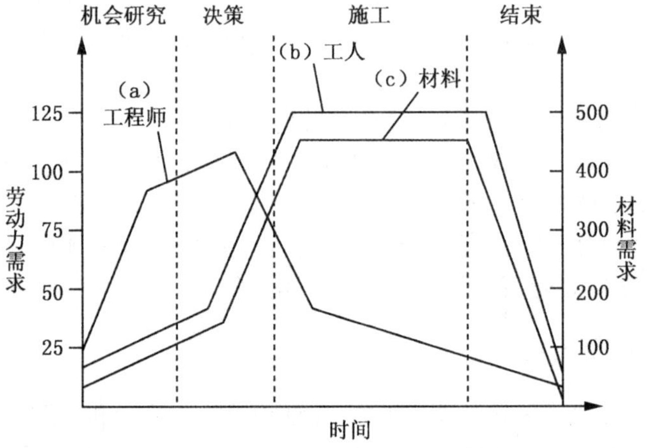

图7－1　项目生命周期各阶段的资源需求

在图7－1中，曲线(a)表示随着时间的变化，该项目对工程师的需求变化情况。从该条曲线的变化趋势可以看出，项目对工程师的需求在项目的决策阶段达到最高点。曲线(b)表示对非专业人员的需求随着项目进展的变化情况。其中，在项目的施工阶段对非专业人员的需求达到了最高点。曲线(c)表示该项目在各个阶段对各种材料的需求变化情况。项目对材料需求的最高点同曲线(b)的情形类似，也发生在施工阶段。

大多数情况下，项目管理人员可以通过进行认真仔细的计划制订和控制工作，来改变图7－1中各条曲线的形状。利用进度计划中的时差是一种改变项目对资源的需求状况的有效方法。由于项目的某项活动总是可以在计划确定的范围内开始，所以，通过尝试采用不同的分配方式，就可以达到较高的资源利用率和较低的成本支出。同时，在一些项目中，对资源使用的限制可能会使某些活动超过它们的最迟开始时间而导致延期。一旦发生这种情况，除非管理人员立即采取补救措施，否则整个工程项目延期是不可避免的。

二、项目资源获取形式

项目资源获取的形式多种多样。按照供货的竞争程度，项目资源获取的主要形式分为招标采购和非招标采购两种。

(一)招标采购

招标采购可分为国际竞争性招标、有限国际招标和国内竞争性招标。招标一般适用于大型机械设备、建筑工程等资源的获取。招标采购又可以分为公开招标和邀请招标。公开招标是一种无限竞争性招标方式，为所有合格的投标者提供一个公平竞争的机会。邀请招标则是有限竞争性招标，它根据自己掌握的一些供应商情况(如技术水平、经济实力、商业信誉)以及专家的建议，选择一些资质合格的单位发出招标邀请。

项目资源招标的优点:(1)引入了平等竞争机制,使得建设单位和实施单位有了更多的选择;(2)可以降低采购价格,进而降低项目成本;(3)可以提高项目采购资源的质量;(4)可以提高透明度,避免各种腐败现象的发生。

(二)非招标采购

非招标采购主要包括国际和国内询价采购(或称"货比三家")、直接采购、自营工程等。国际和国内询价采购不需要正式的招标文件,只需先收集若干家(三家以上)供货商提供的产品报价,然后将各个报价及其供货条件进行分析比较,在既定的产品质量上,选择售后服务最好、价格最低的供货商。直接采购是不通过竞争直接签订合同的采购方式。自营工程是土建工程中采用的一种采购形式,它是指项目业主不通过招标或者其他采购方式而直接使用自己国内、省(市区)内的施工队伍来承建的土建工程。

三、项目资源获取原则

项目资源获取的根本目的是就整个项目进行采购,或为项目提供必要的材料、设备、技术或管理服务。项目资源获取的质量直接关系到整个项目的效益。项目采购应该遵循市场经济的普遍规律,致力于培育和维护一个健康和谐的社会和经济秩序。

(一)择优原则

所获取的材料、设备和服务必须符合项目要求,应该在众多产品和服务中选择最符合自身需要、质量高、成本低的产品和服务,以实现优良的资源获取目标。项目采购作为项目管理的组成部分,其成本也是项目总成本的重要组成,择优原则就是在坚持项目采购质量标准的前提下,尽可能降低项目采购的总成本,包括采购对象的成本和采购活动的成本。

(二)竞争原则

竞争原则指的是利用竞争机制,通过供应商之间的销售竞争,取得价格、质量和服务的优势。竞争是市场经济的普遍原则,公开竞争有利于降低项目资源获取成本,因此,项目采购应该提倡公平竞争。世界贸易组织的政府采购协议要求限额以上的公共项目必须采用公开竞争招标,不能歧视任何其他国家的投标人。世界银行和亚洲开发银行的采购指南也规定鼓励采用国际竞争招标,任何国家的合格投标人都应该获得相同的投标机会。

(三)时机原则

任何产品的价格变化都会有一个周期,如图 7—2 所示,一般而言,产品的最佳采购时机是在产品技术成熟、生产批量扩大、销售价格开始降低的时期。在进行项目采购时,应该根据市场情况变化把握时机,以便采购到满足需要、价格较低、质量合格的产品和服务。

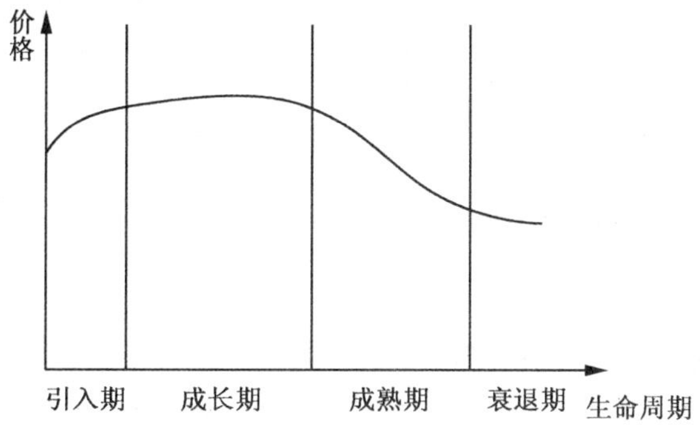

图 7—2　产品生命周期价格变化

(四)范围原则

采购范围指的是采购者采购货物和服务的选择范围,这个范围的大小是影响采购效果的重要因素。选择的范围越大,供应商之间的竞争就会越激烈,而采购者的选择空间也会随之增大。扩大采购的选择范围,通过资格预审控制投标单位的数量,是优化采购目标必须坚持的原则。

(五)专业原则

有些项目采购的货物由于技术较为复杂、金额较大,不能由普通的采购人员直接进行采购,而应该选择专业的技术人员和有相关经验的采购人员进行采购,也就是所谓专家采购和内行采购。这样,一方面可以保证所采购货物的质量满足专业要求;另一方面由于内行人员和专家对货物相关情况比较了解,可以成为与供应商谈判中的重要筹码,降低采购成本。

第三节　项目资源计划的编制

项目资源包括项目实施中需要的人力、设备、材料、能源及各种设施等。项目资源计划涉及决定什么样的资源(人力、设备、材料)以及多少资源将用于项目的每一项工作的执行过程中。因此,它必然是与费用估计相对应起来的,是项目费用估计的基础。例如,对于一个建设项目,项目经理应该熟悉当地的建筑规范,如果使用当地提供的劳动力是没有多少费用的,可是如果当地的劳动力极端贫乏,特别是对于要求具有一些特殊建筑技术的人,这时支出一些额外的费用聘请一个顾问,可能是了解当地建筑规范最为有效的方式。

一、项目资源管理计划概述

项目资源管理计划是指在分析、识别项目的资源需求,确定项目所需投入的资源种类、数量、时间的基础上,制订科学、合理、可行的项目资源供应计划的项目成本管理活动。项目资源管理计划主要包括两方面的内容,即资源的使用计划和资源的供应计划,其结果包括反映各种资源种类的需求及供应的分项计划,如人力资源计划、材料和设备的供应计划等。项目资源管理计划应根据资源的供应条件、现场条件和项目实施的相关规定建立资源管理制度。同时,项目资源管理计划应纳入进度管理和成本管理中,因为资源的有限性将影响项目各项活动的逻辑关系及持续时间,资源的使用效率也将影响资源的成本。

项目资源管理计划的编制,需要对项目目标进行分析,对项目工作结构进行分解,把项目的总体目标分解为各个具体的子目标,以便于了解项目所需资源的总体情况。通过工作分解结构确定完成项目目标必须进行的各项具体活动,据此估计完成项目所需材料的数量、质量和具体要求。根据项目进度计划,了解项目的各项活动,并合理地配置资源。此外,应充分考虑项目的组织结构、资源供应条件等限制因素对资源的影响。通过使用资源管理计划编制方法,借助编制工具和数学模型等技术,最终得出项目资源管理计划,如图 7—3 所示。

二、项目资源计划编制的主要依据

(一)工作分解结构(WBS)

利用 WBS 系统编制项目资源计划时,工作划分得越细、越具体,所需资源种类和数量就越容易估计。工作分解自上而下逐级展开,各类资源需要量可以自下而上逐级累加,这样就得到整个项目各类资源的需要量。

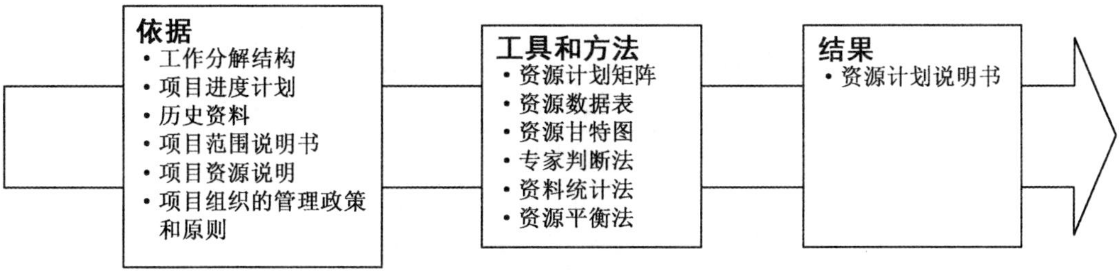

图 7—3　项目资源管理计划的制订

(二)项目工作进度计划

项目工作进度计划是项目计划中最主要的工作,是其他各项计划(如质量计划、资金使用计划、资源供应计划)的基础。资源计划必须服务于工作进度计划,什么时候需要何种资源是围绕工作进度计划的需要而确定的。

(三)历史资料

历史信息记录了以往类似项目的资源需求和使用情况,对项目的完成具有一定的指导和借鉴作用。如果有可能,要尽可能多地了解历史上类似项目的详细信息,信息掌握的完备程度决定了项目资源计划的完善程度。

(四)项目范围陈述

项目范围陈述包括项目目标和项目工作说明。项目范围陈述说明了项目要达到的最终结果、项目实施中的具体内容以及实施项目的原因等。

项目范围陈述中的项目目标应遵循 SMART 原则:(1)S(Specific)表示目标的具体性;(2)M(Measurable)表示目标的可衡量性;(3)A(Attainable)表示目标的可达到性;(4)R(Relevant)表示目标的相关性;(5)T(Time bound)表示目标的时限性。

(五)资源安排的描述

哪些资源(人、设备、材料)是可能获得的,这是项目资源计划必须掌握的,特别的数量描述和资源水平对于资源安排描述是特别重要的。例如,在工程设计项目执行的早期阶段,可能需要大量的高中级工程师;而在项目的后期阶段,又常常缺乏能以项目早期情况判断项目结果的人员。

(六)组织策略

在编制资源计划的过程中,还必须考虑人事组织、所提供设备的租赁和购买策略。比如,工程项目中劳务人员是使用外包工还是本企业职工、设备是租赁还是购买等,这些都对资源计划产生影响。

三、项目资源计划编制的方法

(一)专家判断法

在资源计划的制订过程中,专家判断法是最为常用的。专家判断法是指在组织一组有关专家进行调查研究的基础上,通过召开专家小组座谈会的方式,共同探讨并提出项目资源计划备选方案,然后制订出项目资源计划的方法。专家可以是任何具有特殊知识或经过特别培训的组织和个人,主要包括工程咨询组织、顾问、职业或技术协会、工业组织。

专家判断法包括以下实施步骤,如图 7—4 所示。

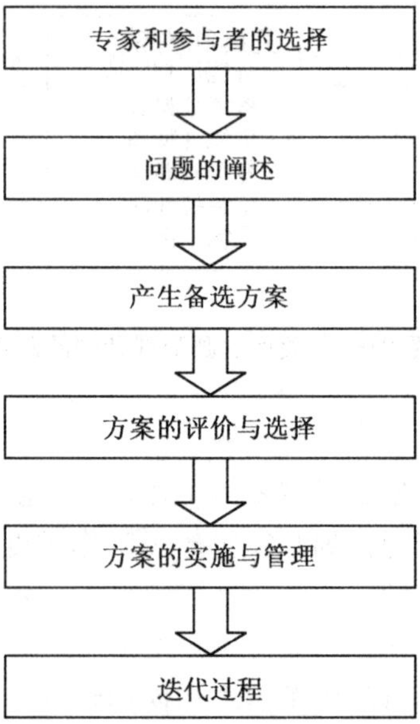

图 7—4　专家判断法实施过程

(二)头脑风暴法

制订多种资源安排计划,以供专家选择确认,最常用的方法是头脑风暴法。

(三)意见书写法

意见书写法是以头脑风暴法为基础进行改进的一种资源计划方法。意见书写法有以下优点:第一,各位参会者可以同时工作;第二,不存在口头批评,书写意见不受干扰;第三,纸片上的意见有助于他人了解问题、促进思考;第四,防止遗漏,保证收集的建议足够全面。

(四)德尔菲法

德尔菲法是一种著名的预测方法,该方法最初由兰德公司在 20 世纪 50 年代初创立。该方法的使用环境是:当行为主体需要对可能发生的情况进行预测或者规划,但又缺乏相关历史数据作为预测的依据时,或当对未来事件发展的预测要求高水平的主观判断来确定现在的行动计划时。

(五)数学模型

为了使编制的资源计划具有科学性、有效性,在资源计划的编制过程中,往往借助某些数学模型,如资源分配模型、资源均衡模型等。

四、项目资源计划编制的工具

项目资源计划编制的工具包括以下几种:

(一)资源计划矩阵

资源计划矩阵是项目 WBS 的直接产品,是根据 WBS 对项目资源进行分析、汇总得出的结果,如表 7—1 所示。

表 7—1　　资源计划矩阵

WBS 结果	资源需求量				合　计
	资源 1	资源 2	…	资源 N	
工作包 1					
工作包 2					
工作包 3					
工作包 4					
⋮					
工作包 M					

(二)资源数据表

资源数据表表示整个项目进行阶段的资源使用和安排情况，而不是对项目所需资源的统计，如表 7—2 所示。

表 7—2　　资源数据表

任务编号	任务名称	责任人	所需资源	规格、型号	来源	价格
1000	机器人	李军				
1100	整体设计	马里				
1110	系统工程	王克	电脑			
1120	专业测试	王月	软件			
1200	电子技术	张书				
1210	设备控制	张书	仪器仪表			
1220	软件安装	朱良	软件			
1300	机器人制造	吴云				
1310	制造工艺	吴云				
1311	工艺设计	赵新	电脑			
1312	构件加工	魏杏	车床			
1313	构件组装	何明	机床			
1320	生产控制	杨昆	控制系统软件			

(三)资源甘特图

资源甘特图直观地反映了各种资源在各个项目阶段项目任务上的消耗情况，是资源数据表的图形化显示，如图 7—5 所示。

(四)资源负荷图

资源负荷图反映了在各个时间点上某个资源的需求总量。资源负荷图可以很直观地显示资源在时间上的分布情况，如图 7—6 所示。

资源负荷图的绘制步骤如下：(1)确定项目进度计划，编制进度计划的横道图；(2)根据每单位时间内完成的实物工程量，确定单位时间内需要投入的人力、物力和财力；(3)根据横道图

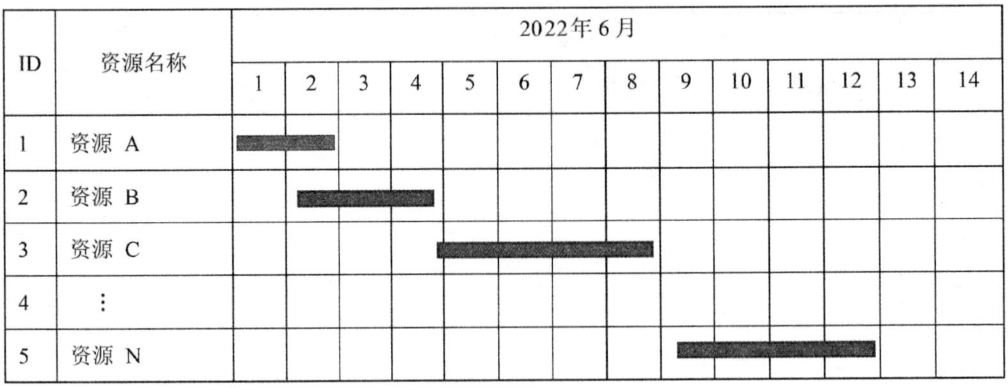

图 7—5　资源甘特图

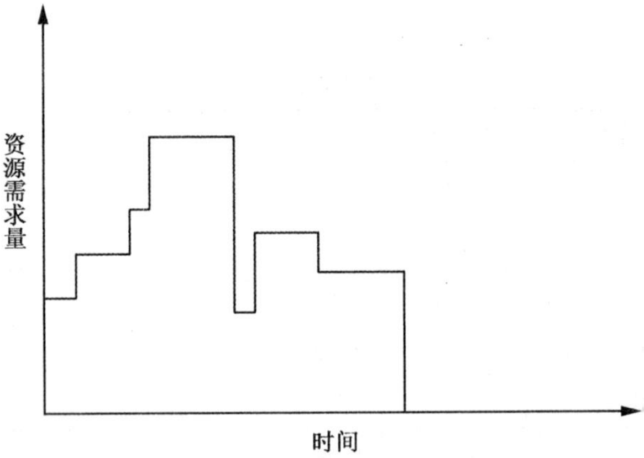

图 7—6　资源负荷图

和每单位时间内的资源需求量画出相应资源的负荷图。

(五)资源累计需求曲线

资源累计需求曲线反映了在各个时间点上某个资源的累计需求总量，一般为一条 S 形曲线，如图 7—7 所示。

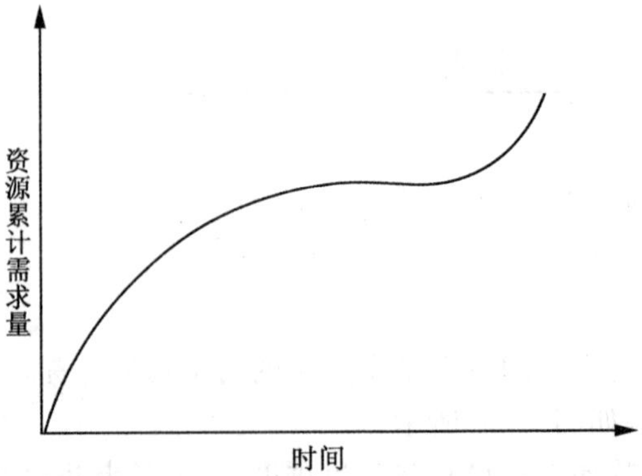

图 7—7　资源累计需求曲线

五、项目资源计划编制的步骤

项目资源计划作为施工组织设计的一项重要内容，在整个项目的组织、计划、实施过程中起着指导性作用，其编制过程包括以下几个方面：

(1)确定资源的种类、质量和用量。根据项目目标、各项工程的工程量和施工方案，根据资源消耗定额标准初步确定资源的种类、质量和需求量，然后逐步汇总，最终得到整个项目各种资源的总用量表。

(2)调查、咨询市场上资源供应的情况。在确定资源的种类、质量和用量后，通过市场询价调查等方法获得各项资源的价格标准和供应情况。通过材料价格的确定，进而得到各种资源所需的费用；通过调查资源获得的来源和渠道，判断供应商的供货能力、供应的资源质量、供应的稳定性及其可能发生的变化。最后，通过对比各个供应商对各种资源的供应状况，选择价格较低、质量有保障、供货稳定的供应商。

(3)根据进度确定资源使用的时间、地点。同时充分考虑资源使用的各种约束条件，如总量限制、单位时间限制、场地堆放条件、供应条件限制等，在各约束条件均满足的前提下，编制资源管理计划。

(4)根据相关规定要求确定资源的运输、使用、存放、处理等。根据项目的具体进度计划，施工组织设计安排资源的供应时间、进场时间、使用时间等，保障材料的正常供应。按照相关规定合理地进行材料的存储、维护、检查，对于某些保存条件特殊的资源，考虑其安全性、可用性、对周围环境的影响及国家相关法律法规，提供严格的存储环境和保障措施。对使用完的废弃资源进行合理的处理和再利用，提高资源的利用率，减少环境污染。同时，在进行资源的统筹配置时，要考虑到整个项目的实施进度，合理地协调各阶段的资源使用，保证项目整体的顺利进行。

(5)确定各个资源的管理计划。整个项目的实施过程中涉及各种不同资源的使用情况，应制订好每个资源的供应计划、使用计划，并确定各个资源计划之间的有效衔接、配合。确定项目资源使用的保障体系，制定突发事件发生的应急措施，确定现场仓库、工棚、机械设备、材料堆放场地的平面布置。

同时，在编制资源计划的过程中，还应考虑人力资源的安排计划、机械设备的租赁购买方案以及相关技术的开发和使用。

六、项目资源计划编制的结果

依据工作分解结构、历史资料、项目范围说明书和组织方针，通过专家判断和数学模型进行选择确认，结果是制订资源的需求计划，对各种资源需求及需求计划加以描述，资源的需求安排一般应分解到具体的工作上，以上这些结果主要用各种形式的表格予以反映。

第四节 项目资源的平衡

一、项目资源平衡的原则

成功的项目管理既是一门艺术，又是一门科学，它是在考虑时间、费用和质量平衡的基础上尽可能地少使用资源。许多项目是独一无二的活动，事前的计划编制并没有一个合理的标准。对于项目经理而言，处理好时间、费用、质量、人力资源、沟通、采购等目标之间的关系不是一件容易的事。在编制计划的时候就应当充分利用已经掌握的信息和资源，制订出合理、平衡、有指导意义的资源计划。

项目资源平衡应遵循以下原则：

（一）系统性原则

项目资源平衡是从计划全局出发，对计划的各个构成部分、各个主要因素和整个计划指标体系进行的全面平衡。项目资源平衡是把整个计划都看作一个系统，不是追求局部的、单指标的最优化，而是寻求系统整体的最优化。

（二）合理性原则

项目资源平衡是根据客观规律的要求，实现计划目标，合理地确定各种比例关系，从系统论的角度来说，也就是保持系统内部结构的有序和合理。不平衡的计划必然使系统的无序性与内耗增加。在制订计划时，必须对计划的各个组成部分、计划对象与相关系统的关系进行统筹安排。其中，最重要的就是保持任务资源与需求之间、局部与整体之间、目前与长远之间的平衡。

（三）重点性原则

在寻求整体最优的目标下，首先要确定项目的主要问题，即要平衡对实现项目目标影响最大的关键矛盾。项目资源平衡的要素包括项目的范围、时间、费用、质量、人力资源、采购等多个方面，在处理多个冲突问题时，平衡的重点是与项目目标实现关联最为紧密的要素。

（四）满意性原则

项目资源平衡的目标是找到使项目的所有利益相关方达到最大满意度的方案。因此，项目资源平衡的基础就是对利益相关方期望的分析。资源平衡的结果必须满足利益相关方的需要和期望。因此，资源平衡的结果也要经过项目利益相关方的全面评审并得到他们的最终批准。

二、资源约束条件下的项目资源分配

在安排进度时，往往是根据经验确定资源需求情况，并假设资源是可获得的。实际上，很多项目受到资源约束条件的制约，其直接结果是可能导致活动的延期完成或者中断，从而使项目原有的计划无法按期实现。所以在资源使用的约束条件下，通常运用关键路线法无法求得项目的完成日期。因为在项目的进行中经常出现这样的情况：在项目的一个或者多个阶段上，发生资源需求超过实际可以利用的资源的现象，同时，该项目非关键活动的时差又不足以解决上述问题。因此，应用这种方法可能导致项目完工时间的延长，当然并不都是如此。下面通过一个例子来说明在资源约束条件下的资源分配问题。

假定 P、Q、R 三项工作都需要一台起重机，其他计算资料如表 7—3 所示，其横道图如图 7—8 所示。

表 7—3 计算资料

工作	持续时间（天）	需要起重机（台）	ES	EF	LS	LF
P	5	1	8	13	8	13
Q	4	1	7	11	9	13
R	5	1	9	14	10	15

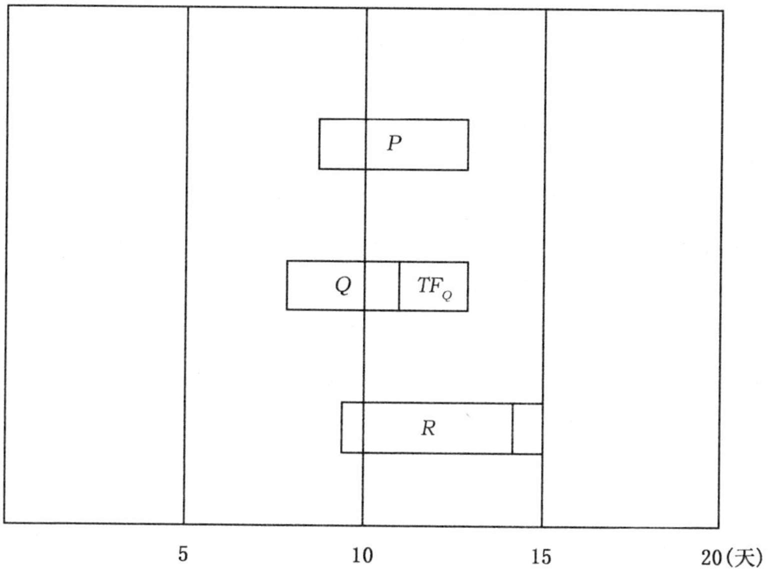

图 7—8　横道图

图 7—8 给出了各项工作的 ES(最早开始时间)、EF(最早结束时间)、LS(最迟开始时间)和 LF(最迟结束时间)。工作 P 的总时差为 0，是关键工作。若只有 2 台起重机可以使用，则在第 10 天和第 11 天就产生了资源冲突，即需要 3 台起重机，而实际只能供应 2 台起重机。

为了寻求最合理的安排，先假定 R 安排在 P 的后面，其工期增加值 $\Delta T(P,R)$为：

$$\Delta T(P,R)=EF_P+D_R-LF_R$$

因为：

$$D_R-LF_R=-(LF_R-D_R)=-LS_R$$

所以：

$$\Delta T(P,R)=EF_P-LS_R$$

其中，D 表示工作的持续天数。一般来说，对于任意两项工作 I 和 J，当工作 J 安排在工作 I 后面时，工期的增加为：

$$\Delta T(I,J)=EF_i-LS_j$$

由此可见，要使增加的工期 ΔT 最小，必须选择 EF 值最小的工作安排在前面，而选择 LS 值最大的工作安排在后面。按照这个原则进行调整，既能解决资源冲突问题，又使工期延长最小。如果同时进行的工作有相同的 EF 和 LS，可以任选两项工作。

如果工期增值为负数，表示利用了后面工作的时差，说明既解决资源冲突问题，又不会延长工期。

现在讨论 P、Q 和 R 的资源调整问题。从表 7—3 中可知，工作 Q 的 EF 最小值为 11，工作 R 的 LS 最大值为 10。因此，应将 Q 安排在 R 前面进行，工期增加为：

$\Delta T(Q,R)=EF_Q-LS_R=11-10=1$(天)

即工作 Q 完成后工作 R 开始，工期增加 1 天。在网络图中，可在 Q、R 之间增加一个箭头，表示 R 在 Q 的后面，并重新进行网络计算。

综合考虑调整进度与降低资源之间的关系，主要取决于下列两个因素：(1)增加资源所追加的费用；(2)延长工期所增加的间接费用。

例如，在上述例子中，每天的间接费为 1 000 元，而增加一台起重机每天的租赁费为 400 元，则租赁机械两天的费用为 800 元(400×2)。很显然，应该租赁机械以缓解资源冲突，而不应采用调整工作顺序延长工期的方案。

采用以上方法解决工作资源冲突的步骤归纳如下：

(1)检查网络计划中工作是否存在资源冲突问题。

(2)在有资源冲突的时段，调整两项工作资源的使用顺序，使工期增加最小[按 $\Delta T(I,J)=EF_i-LS_j$ 计算]，直到满足资源限制为止。

(3)调整网络计划，重新计算工作的时间参数。

(4)将增加资源所需的费用与增加工期所引起的费用进行比较，确定优选的资源配置方案。

三、工期约束下的资源均衡问题

资源均衡是制订使资源需求波动最小化的进度计划的一种方法。这种方法是为了尽可能均衡地利用资源并满足项目的进度计划。对于劳动力来说，资源的成本随着雇佣人数和培训人员的需要而增加；对于材料来说，使用量的波动意味着短缺需求的增加，因此要更加重视材料计划的制订与控制工作。

为了便于研究项目资源需求与活动进度安排之间的关系，假定在下面讨论的项目中只用一种资源，即劳动力资源。以表 7—4 的项目为例，检查一下项目资源需求是否均衡。

表 7—4　　项目资源需求

活动	紧前活动	持续时间(周)	每周需要的工时	需要的总工时
A	—	8	16	128
B	—	6	8	48
C	*A*	12	6	72
D	*A*、*B*	10	4	40
E	—	10	10	100
F	*C*、*D*、*E*	6	18	108
G	*F*	8	14	112

图 7—9 为该项目各活动按最早开始时间进行的进度计划的甘特图和资源负荷图。

从图 7—9 中可以看出，如果项目各活动按最早开始时间进行，则在项目的最早阶段，该计划对资源的需求量最大。在该项目中，最早的 6 个星期，每周共需要 34 个工时。如果每周工作 5 天，那么该项目在最初的一个半月中，每日需要 6.8 个工时(34÷5)，即 7 个专业人员。项目经理可以通过安排加班、两班轮换或者使用临时工等方法，保证满足每天对专业人员的需求。在该项目中，对资源的最低需求出现在第 19 周和第 20 周，每周只需要 6 个工时。因此，本项目的最早开始计划使项目对资源需求的变化范围很大，最高为每周 34 个工时，最低为每周 6 个工时，变化范围为 28 个工时(34—6)。

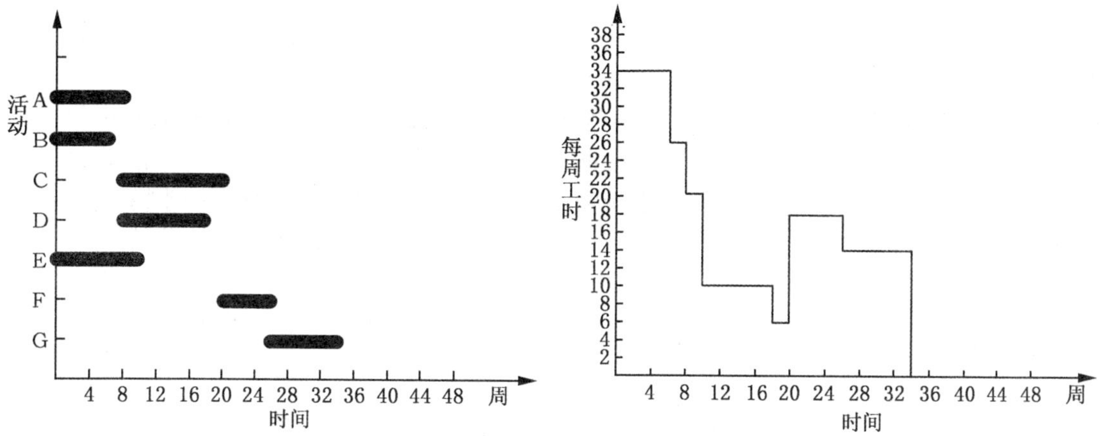

图 7—9　甘特图与资源负荷图(按最早开始时间)

由于进度计划的确定影响项目对资源的需求,所以在该项目中,项目沿活动最早开始时间进行与沿活动最迟开始时间进行的甘特图之间存在着一定的差别。图 7—10 给出了该活动按最迟开始时间进行的甘特图和资源负荷图。

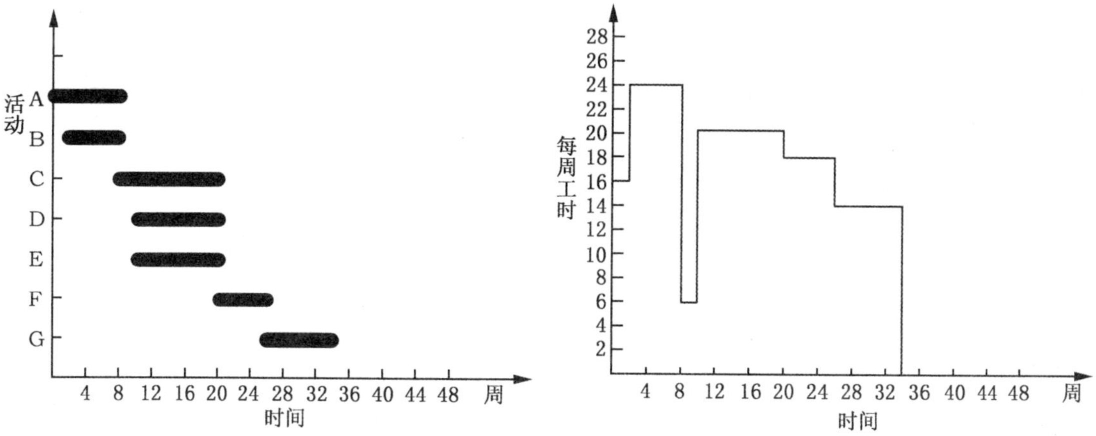

图 7—10　甘特图与资源负荷图(按最迟开始时间)

从图 7—10 中可以看出,在最迟开始计划中,对资源需求的最高点从最早开始进度计划的第 1 周到第 6 周,转移到了第 0.5 周到第 8 周,并且资源使用最大值也从每周 34 个工时减少到每周 24 个工时,最小值没有变化,仍为每周 6 个工时。这样,在最迟开始计划中,该项目资源需求的变动范围减小到 18 个工时(24—6)。

由此可见,在这两种项目进程下,总工期都是 34 周,但对于劳动力的需求差别却很大。如何能够在保证工期不变的情况下调整资源需求,就是资源均衡。这是一个反复试验法,即为了保持资源需求均衡水平而推迟那些非关键活动的最早开始时间,当然只能推迟非关键活动,否则会使项目超过进度安排。下面结合前面提到的案例,说明资源均衡的一般操作步骤。

(1)计算各阶段平均的工时数。在前面项目中,整个项目总共需要 608 个工时。由于该项目的工期是 34 周,所以每周需要 17.9 个工时(608÷34),为方便起见,以每周需 18 个工时计。

(2)以项目各活动按最早开始时间进行的进度计划和非关键活动为依据,从那些具有最大单时差的活动开始，逐渐推迟某个活动的开始时间。在每一次变更以后，检查重新形成的资源需求图，使变更后的资源需求逐步接近计算的平均值。挑选资源变动最小的计划作为资源均衡的结果。

在该项目中，通过有关图形可以看出，活动 E 有 10 周的自由时差，是所有活动中最大的时差。因此，我们首先从活动 E 开始，把它的最早开始时间向后推迟 6 周，使其在活动 B 结束之后再开始。这样，第 1 周至第 6 周的资源需求减少了 10 个单位。各活动在不同的时间段对资源的需求量如表 7—5 所示。

表 7—5　　资源需求量(1)

周	2	4	6	8	10	12	14	16	18
需求量(工时)	24	24	24	26	20	20	20	20	10
周	20	22	24	26	28	30	32	34	
需求量(工时)	6	18	18	18	14	14	14	14	

从表 7—5 中可以看出，资源需求的最大值是每周 26 个工时，最小值为每周 6 个工时。由于需求的最大值出现在该项目的第 8 周，并且活动 E 具有更进一步向后推迟的潜力，所以可以考虑将活动 E 安排在活动 A 完成之后再开始，以减少资源需求的波动范围，节约资源。这时，资源需求量如表 7—6 所示。

表 7—6　　资源需求量(2)

周	2	4	6	8	10	12	14	16	18
需求量(工时)	24	24	24	16	20	20	20	20	20
周	20	22	24	26	28	30	32	34	
需求量(工时)	6	18	18	18	14	14	14	14	

从表 7—6 中可以看出，资源需求的最大值是每周 24 个工时，发生在第 1 周至第 6 周，最小值仍是每周 6 个工时。该项目中，资源需求的变化范围减少至 18 个工时(24—6)。

活动 B 有 2 周的时差，如果我们将活动 B 作为第二个调整对象，把它向后推迟 2 周，其结果只能使第 8 周资源需求量从每周 16 个工时增加到每周 24 个工时，并没有使该项目资源需求的波动范围减小。所以，不能将活动 B 作为第二个调整对象。

现在，我们把注意力转向最后一个具有积极意义的单时差的活动 D，按计划活动 D 将在第 10 周开始，如果将活动 D 的开始时间向后推迟 2 周，那么可以得到新的资源需求量表，见表 7—7。

表 7—7　　资源需求量(3)

周	2	4	6	8	10	12	14	16	18
需求量(工时)	24	24	24	16	16	20	20	20	20
周	20	22	24	26	28	30	32	34	
需求量(工时)	10	18	18	18	14	14	14	14	

从表 7—7 中可以看出，资源需求的最大值仍是每周 24 个工时，但是最小值变为每周 10

个工时,所以该项目资源需求的变动范围减少至14个工时(24－10)。这个变化范围同其他的调整方案相比,包括最早开始和最迟开始方案,是比较小的。从这个角度来说,在该项目中,我们在不延长整个项目工期的情况下,做到了使资源需求的变化最小化,最大限度地达到了资源的均衡使用。

图7－11是与表7－7相对应的项目的甘特图和资源负荷图。

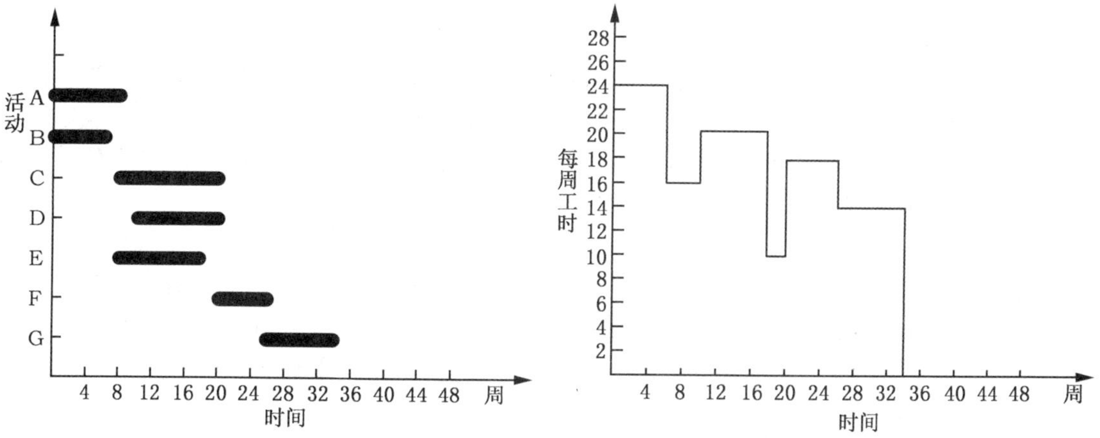

图7－11 甘特图与资源负荷图(与表7－7相对应)

对于规模较小的项目来讲,上述的操作步骤是非常实用和有效的,但对于寻找最优方案来说,并不是十分可靠的方法。为了改善这种状况,可以采用一个类似的办法,即从项目各活动按最迟开始时间进行的进度计划着手,考虑所有时差的活动,检查这些活动向项目开始方向移动时的影响。在某些项目中,管理人员的任务也许是在一定的范围内保持资源的最大使用,而不仅仅是保持资源均衡。如果通过重新调整项目中的非关键活动不能满足要求,那么,可以通过适当延长一个或几个活动的工期来减少每日的资源需求。

如果几个项目共同使用多种不同类型的资源,并且活动的数目很大,资源的均衡问题就会更加复杂。针对这种情况,人们已经开发出多种成熟的应用软件,用来解决项目管理中的资源均衡问题。

四、多项目进度安排和资源配置的有效性

截至目前,在讨论资源分配和资源均衡技术时,假设每个项目的实施都由一个组织进行单独管理。在一个公司中,往往同时有多个项目在进行,它们可能存在技术、资源和预算方面的相关性,为多个项目安排进度和分配资源的工作较单个项目的情况更为复杂一些。最常用的方法是把几个项目当成一个大型项目的多个元素,就可以使用为单个项目进度计划和资源管理所开发的技术。另一种解决方法是把所有项目考虑成完全独立的,当然并不完全现实。这两种方法会引致不同的进度安排和资源配置结果。但对每一种方法而言,概念都是一样的。

同时有几个项目,每一个项目都有各自的活动构成、预定期限和资源需求。另外,在未能满足时间、成本和绩效目标的情况下,不同的项目所受到的奖惩可能会不一样。通常来讲,多项目的问题就是要为一个加入一套运行中来的新项目配置资源,并设定相应的完工日期。这需要开发一种有效的多项目进度安排和资源配置系统。其有效性表现在三个方面:进度滑移、资源利用和在制品库存。

(一)进度滑移

进度滑移通常被认为是最重要的标准,即在项目完工时超过项目预定工期或交货期的时间。进度滑移极有可能导致罚款,并使收益下降,还可能引发其他项目的滑移。加快项目进度以防止滑移情况出现的做法可能会严重扰乱整个组织,从而使由资源短缺所导致的滑移又在其他项目中出现。当项目产生进度滑移时,延误交货期而丧失信誉对所有生产者都是严重的打击。

(二)资源利用

资源利用情况为公司所特别看重,这是因为满足资源需求的工作具有较高的成本。能有一种平衡资源利用的高峰和低谷的资源配置系统是非常理想的状况,但要将其实现也是极为困难的。同时,还必须确保预期绩效,因为在一个多项目组织中,所有的项目都在争夺同样的稀缺资源。另外,改变人力资源储备预计的成本也非常高昂。

(三)在制品库存

在制品库存数量涉及由于部分资源的短缺而等待处理的工作数量。大多数组织在在制品库存上占用了很多资金,这可能表明公司缺乏效率,并且常常是公司费用的一种主要源头。相应的补救办法是需要在在制品库存成本与资源成本(通常是指资本设备)之间寻求一种平衡,以压缩在制品的库存水平。

所有这些标准不可能同时达到最优,通常需要进行权衡。某个企业必须确定在任何给定的情况下,哪种标准是最为适用的,进而使用该标准去评估不同的进度安排和资源配置选择。

现在公司中常用"先到先做"法则管理多项目,表面上看起来能够迎合顾客的"公平"观念。但研究表明,最小松弛优先法则,即把各项活动按松弛量(时差)大小进行排列,松弛量最小的优先,这才是最好的总体优先法则,通常可以引致最少的项目滑移、最少的资源闲置时间和系统占用时间。

五、优化项目资源配置

企业是以营利为目的的市场主体,企业在开展项目活动时做到优化项目资源,可以减少和克服项目的自发性、盲目性和滞后性等潜在问题,实现优势互补,在满足项目合同要求的情况下,尽可能地降低成本。优化项目资源配置的过程也是项目管理逐步到位的过程——项目任务、资源、进度和成本是紧密联系的,它们组成一个完整的系统。在这个系统中,任何一项发生变化都会反映到项目关联的各个方面。这种关联性体现了优化资源配置的作用,它使项目管理人员可以迅速了解项目的局部调整对项目整体的影响情况,也为项目管理人员动态调整、优化项目管理提供了快速、高效的手段。因此,从某种程度上说,管理本身就是一种重要且稀缺的资源。项目管理的目标就是要对项目中的各种资源进行统一采购、统一调配、集中管理,充分调节使用好各种资源,从而达到成本最少、效果最好的目的。

(一)必须从项目一上场就抓好资源配置

"兵马未动,粮草先行",这是妇孺皆知的道理。作为项目管理者,尤其是主管,对于以下五种情况必须多加注意:

(1)凡项目方案已确定,有节点、时间限制的项目,必须零距离组织管理,在确保安全质量的前提下,制定目标奖罚措施,强攻硬上,做到在工期进度、安全质量等目标上坚定不移,并坚持在落实方案、落实目标上夺取全胜。

(2)凡已通知中标而设计图纸未到、复测成果未批、有缓冲期的项目,必须趁早超前打好主动战，与设计院早沟通、早增加变更量。重难点工程的生产要素配置要早准备，成本控制要早调查。

(3)凡列入科研规划的项目，必须及早介入。尽早提出科研攻关课题，搞好方案论证，研究难点的解决办法和措施，确保科技领先、一次成功。

(4)凡走上良性循环作业的项目，必须确保争先创誉。要在项目规范化、标准化、文明现场上下功夫，严格按照程序管理每道工序、每个环节，控制好验工计价和拨款，强化安全和质量，做到以工程创优、环保创优来确保创出信誉。

(5)凡超过成本价、以低报价中标的项目，必须尽快想办法采取果断措施扭转被动局面，防止因中标后质量不过关而损坏企业形象，避免顾此失彼的情况发生。

(二)必须强化资源配置的过程监控

优化资源配置很重要的一个环节就是必须加强过程监控。

(1)必须有效控制资金的使用，要牢固树立“钱流到哪里，管理就紧跟到哪里”的观念，先从制度入手，建立健全资金预算管理制度，充分发挥资金管理职能作用，将现金流量管理贯穿于项目管理的各个环节，高度重视项目的支付风险和资产流动性风险，严把现金流量的出入关口，做到事前有预算、事中有控制、事后有考核。尤其是对外应付款、对下验工计价款，必须严格按企业既有制度办理，绝不能出现未经审批而对外超付款、对下超拨款的现象。

(2)必须从严控制物资、材料进出。在项目开展全过程中，材料费占了总成本的60%左右。优化资源配置就必须在材料管理和使用上高度重视，加强管理，减少项目开展过程中不必要的经济损耗。材料采购部门即现场相关人员应做到以下几点：①要做好材料采购前的基础工作。项目开展前，项目主管、技术负责人必须反复认真地对项目方案进行分析，根据项目材料实际需求量，提出材料需求计划。在材料采购前，材料采购部门应建立询价小组，对市场价格进行调查，材料采购人员所采购材料的价格不得突破询价小组的价格，并保证做到“货比三家”、优质低价购料。②要加强项目执行过程中的材料管理。物资消耗要严格按定额供应，实行限额领料，严格材料的领取、入库出库、投料、用料、补料、退料和废料回收等环节。对于材料消耗特别大的工序，要由项目部直接管理。项目开展过程中如发现材料数量不够，由材料员报请项目部分管领导批准领料，并说明材料使用数量不够的原因。每一阶段项目完成后，由材料员清点并汇总材料使用和剩余情况，分析材料超耗原因，推行节约有奖、超耗则罚的制度。

项目管理案例

安吉尔工程公司的资源配置

安吉尔工程公司主要从事化学制品和材料业务，工厂有两条产品生产线：工业化学制品和计算机原材料。工厂经理负责这两个工厂的日常管理，但每个工厂分别由管理它的公司副总裁控制一系列的项目。两个工厂均只对各自的公司副总裁负责。化学制品分公司于1978年就已经成立，1994年材料分公司成立，两个分公司关系比较松散。

公司内部项目大多是建筑和工程类，但它们通常都是为了支持生产。工程部和建筑部涉及整个组织资源的项目，由项目协调人来指挥。通常是任命产品线的员工来暂时担任项目协调人，协调产品线的项目，而且他同时还需干好分内的工作。分公司经理以技术技能为基础来任命项目协调人，并向工厂经理汇报。

基本上，项目可以从任何有项目协调人的分公司启动，项目协调人草拟出项目的范围，提交到项目工程组。项目工程组根据项目的大小来安排承包人。根据优先权，工程组把项目纳入他们设计的时间表，制定项目说明书，接受报价。在项目设计进行到60%—75%时，建筑成本就能够估算出来，项目估算准备成文之后，逐级向工厂和总公司申报，等待批准和授权。授权后，设计阶段完成，开始订购材料。接下来，项目转到建筑部进行施工。这时，项目协调人安排在其部门中要完成的项目工作，很少与施工人员打交道。在一般情况下，协调人担当项目经理的角色，必须考虑时间、资金和资源的约束。

安吉尔工程公司有310个项目列在近两年之内完成。但在这两年中，只有不到10%的项目在预定的时间、成本和绩效约束下完成。产品经理发现在资源运用方面越来越难以做出承诺，因为危机总是发生。

每个人都知道，利润来源于生产制造。一旦制造方面出现危机，产品经理就会从项目中撤出资源，自然项目就会遭受损失。项目协调人也试图给时间表留一些余地来应付意外事件，但很少成功。

工厂310个项目的分类如表1所示。

表1　　项目分类

项目数	金额范围	项目数	金额范围
150	少于5万美元	20	100万—300万美元
70	5万—20万美元	10	400万—800万美元
60	25万—75万美元		

公司意识到必须处理项目存在的问题，于是工厂经理决定仔细听取员工的感受。以下是员工的想法：

“我们感到最头疼的是那些不到20万美元的小项目，我们能不能对大项目进行正规的项目管理，而对小项目采取灵活的态度？”

“为什么我们要用计算机程序来控制资源？这些复杂的系统毫无用处，因为它们不能解决资源问题。”

“有时候产品经理做出了承诺，但项目协调人却无法让他一直遵守承诺。”

“如果项目一开始就没有很好的计划，管理人员就没有权力总是要求我们这些产品经理来进行弥补。”

“如果管理层不想获取更多的资源，为什么应该由我们这些产品经理来遭受损失？也许我们应该砍掉一些没用的项目。我认为管理层设计出这些项目仅仅是为了花掉分配下来的资金。”

（资料来源：百度文库。）

问题：

1. 资源规划会对项目的进度和成本产生哪些影响？
2. 安吉尔工程公司在项目资源使用上存在什么问题？
3. 多个项目的资源配置应注意什么问题？

本章小结

项目资源管理在整个项目中起着重要作用，项目资源管理主要是对项目资源进行有效合理的计划、安排、组织、协调、控制等活动。项目资源管理的内容主要包括人力资源管理、材料管理、机械设备管理、技术管理和资金管理。

项目资源管理计划是在分析、识别项目的资源需求，确定项目所需投入的资源种类、数量、时间的基础上，制订科学、合理、可行的项目资源供应计划，它对项目的实施有着指导性的作用。通过确定资源的种类、质量，调查、咨询市场上资源供应的情况，根据进度计划要求，确定资源使用的地点和时间、资源的管理情况，制订各个资源的管理计划，最终得到整个项目的资源管理计划。项目资源计划编制的工具主要有资源计划矩阵、资源数据表、资源甘特图、资源负荷图、资源累计需求曲线等。

资源管理的优化方法主要是在两种情况下应用：一是解决资源约束条件下工期最短问题；二是解决工期固定条件下资源均衡问题。多项目环境下的项目资源管理受到进度滑移、资源利用和在制品库存的影响，存在更多的挑战，需要我们不断地深入研究。

习题

1. 简述项目资源管理的概念和内容。
2. 简述资源管理在项目实施整个阶段的重要意义。
3. 项目资源管理计划编制技术有哪些？
4. 项目资源均衡和分配的主要方式有哪些？
5. 简述多项目进度安排和资源配置面临何种难题及其解决办法。

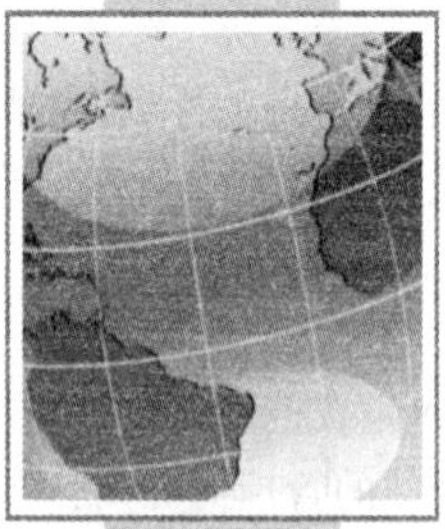

第八章 项目成本管理

在现代项目管理中，质量、成本和工期成为判断项目成功与否的显性指标，任何一个项目都是在一定预算范围内实施的，成本管理作为项目管理的重要组成部分，需要全生命周期内项目团队全员参与。对成本的概算是项目可行性研究的一部分，对成本的预算又是项目规划中的关键内容，对成本的控制贯穿于项目整个实施阶段。项目成本管理是确保项目顺利完成的基础，并被列入 PMBOK 领域中。本章将从成本概念、成本管理规划、成本估算、成本预算、成本控制等方面对项目成本管理进行详细介绍。

第一节 项目成本管理概述

项目成本管理是为确保项目在批准的预算内按时、按质、经济高效地完成项目既定目标而开展的一种项目管理过程，包括项目成本规划、估算、预算和控制四个过程。项目成本管理对项目来说不可或缺。

一、项目成本概念与成本分解结构

（一）项目成本概念

企业在从事生产经营活动或者项目开发时，需要耗费一定的人力、物力和财务资源，取得这些资源需要付出一定的代价，所耗费资源的代价用货币形式来表示，并将其归集为不同的核算对象，称之为成本。随着市场经济的深入发展，成本概念的内涵和外延也在不断发展变化。

对于成本定义，不同的学科有着不同的观点。经济学科认为，成本是指为了获取产品或者服务而付出的不可避免的最高代价。这个定义说明成本是由选择而引起的，没有选择就没有成本。在会计学领域，中国成本协会（CCA）认为，“成本是为过程增值和结果有效而已付出或者应付出资源的代价”。美国会计学会（AAA）对成本的定义是：为了达到特定目的而发生或未发生的价值牺牲，它可以用货币单位来衡量。管理会计学科将成本定义为：在生产经营活动中所使用的投入要素的价格。尽管上述定义的表述方式各不相同，但大多反映了这样一个实质问题：成本是一种资源耗费，并且具有价值属性，其消耗的资源价值用货币方式来表现。综上所述，成本是为了达到一定目的所耗费资源的货币表现，成本通常可以用不同的货币单位

（如元、美元、欧元或者英镑等）来度量。

项目是为了创造独特产品、服务或者成果而进行的临时性工作。项目的每一项工作都需要占用或者耗费一定的资源。根据对成本概念的理解，项目成本可以定义为：在创造项目过程中所发生的资源耗费的货币表现。项目成本因项目过程而产生，贯穿于项目全生命周期的不同阶段，不同利益相关方可能会对项目成本的理解范畴有所不同。

（二）项目成本的影响因素

项目的效益体现在项目成本最小化目标上，影响项目成本的因素主要有：

1. 项目范围

影响项目成本最重要的因素是项目范围。项目范围规定了项目需要做哪些事情以及所做事情的难度和复杂程度。从广度上讲，项目范围越大，项目需要做的事情就越多，项目成本就会越高；项目范围越小，项目成本就会越低。从深度上讲，项目需要做的事情越复杂，难度越大，项目成本也就会越高；反之，则成本越低。

2. 项目质量

项目质量的要求会影响项目成本。项目质量要求高，就需要采购质量高的资源，同时耗费的时间也会越长，从而使项目成本升高；反之，项目质量水平要求低，则项目成本就会降低。

3. 项目工期

项目成本与项目工期相关，随着工期的变化而变化。项目本身有个合理工期，如果高于这个合理工期，耗费的资源就多，使项目成本上升；如果低于这个合理工期，则需要增加劳动力和资源占用的边际成本，同样也会使成本上升。

项目成本与项目范围、项目质量和项目工期之间的关系可以用如下公式表示：

$$C=f(s,q,t)$$

式中，C 代表项目成本；s 代表项目范围；q 代表项目质量；t 代表项目工期。

4. 资源耗用数量及价格

在项目范围、质量和工期约束前提确定的情况下，项目成本与资源耗用数量及价格呈正比关系。假设一个项目需要 N 种资源，则该项目成本可以计算如下：

$$C=\sum_{i=0}^{n} D_i \cdot P_i$$

式中，D_i 表示项目某种资源的需求量；P_i 表示项目某种资源的价格。

项目资源耗用数量越多，资源价格越高，就会相应地增加成本。在项目实施过程中，良好的管理水平和设计水平会影响项目成本的自变量，进而影响项目成本。

（三）项目成本分解结构

项目在不同的阶段会发生不同的成本，项目利益相关方和建设团队因为管理需要，也会关注不同类别的项目成本。因此，应依据管理需要和项目成本本身的性质对项目成本进行分解。工作分解结构（WBS）为项目成本分解结构提供了方法论。与 WBS 相类似，我们把成本分解结构定义为依据不同标准，对项目成本进行结构化分解，即 CBS（Cost Breakdown Structure）。常用的成本分解结构方式有以下几种：

1. 按照项目组成进行的成本分解结构

根据 WBS 分解原理，一个项目可以分解为若干子项目，一个子项目又可以分解为若干工作包，一个工作包又可以分解为若干活动或者工作。相应地，每个活动或者工作包都会发生成本。按照项目组成分解成本，就是将总成本分解到项目各个组成部分，如子项目、工作任务或者工作单元上，如图 8—1 所示。

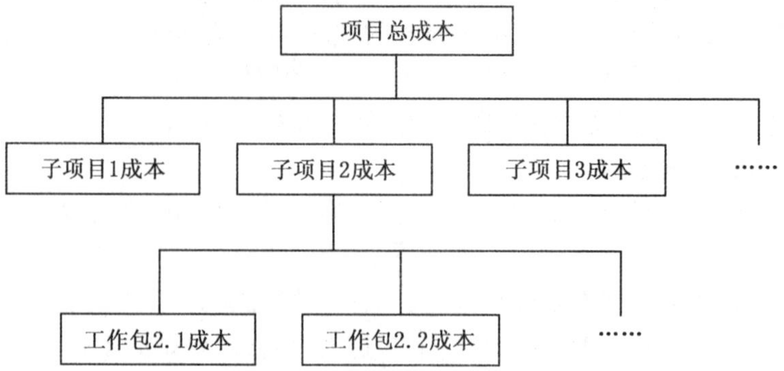

图 8—1　按照项目组成进行的成本分解结构

2. 按照项目成本要素进行的成本分解结构

按照成本要素分解项目成本，可以把总成本分解为直接费和间接费。其中，直接费又可以分解为直接工程费和措施费；间接费又可以分解为管理费和各种规费等。直接费中的直接工程费又可以分解为直接人工费、材料费和机械费等。项目成本分解如图 8—2 所示。

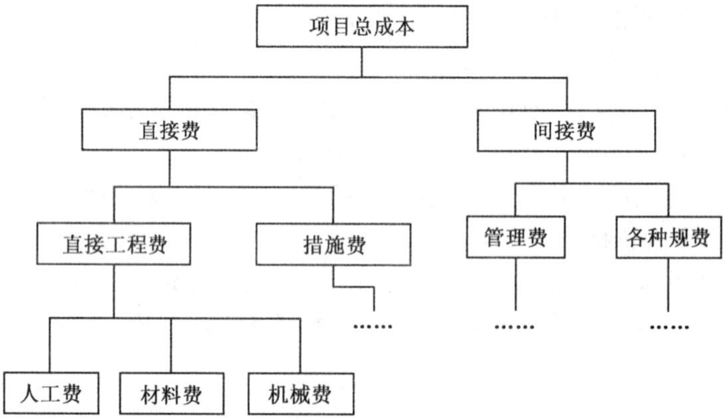

图 8—2　按照项目成本要素进行的成本分解结构

3. 按照项目进度计划进行的成本分解结构

根据项目进度计划要求，将项目成本按照时间分解到年度、季度、月、旬或者周，以便管理者掌握成本的应用情况，为资金筹集做准备，尽可能减少资金占用和利息支出，如图 8—3 所示。

二、项目成本管理概念

（一）项目成本管理定义

项目管理是对项目启动、计划、实施、控制和收尾进行管理的一个过程。项目成本管理就是在规定的时间内，为保证项目既定目标的实现而对项目成本进行计划、对实际发生费用进行控制的过程。通过项目成本管理，可以实现对整个项目实施的管理监督，及时发现和解决项目实施过程中出现的各种问题。PMBOK（2012 年版）提出：项目成本管理是为了确保项目在批准的预算内完成，而对项目成本进行规划、估算、预算、融资、筹资、管理和控制的各个过程。

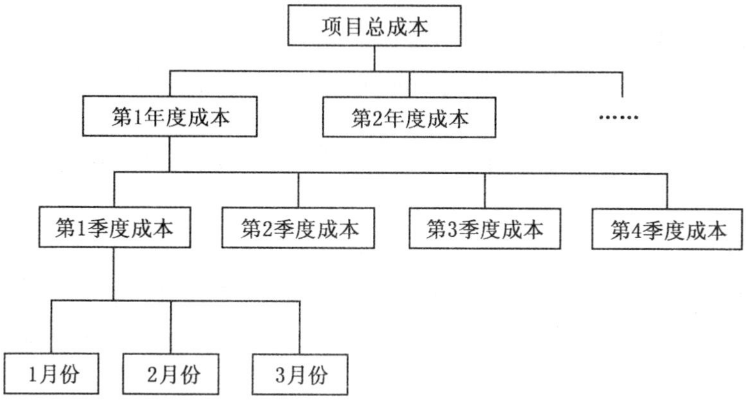

图 8—3　按照项目进度计划进行的成本分解结构

从以上定义可以看出，项目成本管理实质包括三个方面：(1)项目成本管理对象是成本和资金；(2)项目成本管理是一个对成本进行计划、实施和控制的过程；(3)项目成本管理的目标是确保成本在预算范围以内。

(二)项目成本管理思想与理念

随着全球化竞争的日益加剧，项目数量急剧增加，项目化管理思想得到了广泛的普及和应用，降低项目成本压力促使项目成本管理理论和实践得到了充分发展。目前项目成本管理思想与理念主要体现在以下几个方面：

1. 全过程项目成本管理

这种思想起源于 20 世纪 80 年代，由我国项目成本管理领域的工作者提出。该管理思想认为，项目成本来源于项目活动，成本管理应贯穿于项目生命周期各阶段的全过程活动中；成本管理的关键在于采取经济技术手段，以设计为核心，对项目建设全过程的活动进行全方位管理。

2. 全生命周期项目成本管理

20 世纪 60 年代，由美国国防部最先提出项目全生命周期成本管理的概念。一个项目的全生命周期成本是指从项目的构思、建造、运营到有效寿命的终结整个过程中花费在这个项目上的资金总体。项目全生命周期费用主要包括研究与研制费用、生产建造费用和使用保障费用三个部分。研究与研制费用对后期的使用保障费用影响很大，通过量化生命周期不同阶段的成本构成要素，寻求使项目获得、拥有和运营综合成本最优化。这种思想已经成为投资决策和项目成本控制的一种技术方法。

3. 全因素成本管理

影响成本的因素有很多，不仅包括质量和工期，还包括项目实施过程中所耗费的人、材料和机械等因素，而且项目自身的组织形式以及资金状况也是影响成本管理的重要因素。因此，需要从影响项目成本的各因素考虑，对项目成本进行管理，以达到控制成本、实现项目成本目标的目的。

4. 全面成本管理

国际全面成本管理促进会(AACE-I)前主席 R. E. Westney 借鉴“全面质量管理”思想，提出了“全面成本管理”的理论和方法。全面成本管理就是通过有效使用专业知识和专门技术去计划和控制项目的资源、成本、盈利和风险。项目全面成本管理包括项目全过程成本管理、项目产品全生命周期成本管理、项目全因素成本管理、项目全方位成本管理四个部分。目前，该思想已经成为世界范围内项目成本管理中最有效的技术和方法。

(三)项目成本管理原则

要实现对项目成本的有效管理,需要明确和遵循如下原则:

1. 目标原则

通过建立科学的费用估算与控制体系,将费用的估算转化为可控制的预算目标,包括成本的设定与分解、责任的到位与执行、执行的结果与修正目标等内容。

2. 集成原则

项目成本、进度和质量以及相应的技术是相互联系、密不可分的。项目成本管理不能脱离技术管理和进度管理而独立存在。因此,需要在成本、质量、技术和进度等之间的关系上进行综合平衡、集成优化。

3. 全面成本管理原则

全面管理包括全员参与和全过程控制。成本涉及设计、技术、采购、生产和基础管理等各项工作,要真正实现成本最优化的目标,需要企业管理人员、技术人员、施工人员和广大员工的共同参与,明确职责,上下结合,保证成本管理落到实处。项目成本因项目过程而产生,需要对项目过程中每项活动所发生的成本细化、优化,实现全过程控制。

4. 动态控制原则

管理是一个动态过程,遵循动态控制原则,就是在实践中要收集成本发生的实际值,并与目标值进行比较,分析成本发生的趋势,出现偏差时需要分析具体原因,采取相应措施,对项目工作进行持续改进。动态控制是一个计划、实施、检查和处理的循环过程,最终促进管理工作的不断完善。

三、项目成本管理体系

(一)项目成本管理的组织体系

项目成本管理的策划、计划与实施等内容都需要有相应的组织体系保证落实。项目成本管理的组织体系包括两个层面:一是组织管理层,负责项目全面成本管理的决策,确定项目的合同价格和成本计划,确定项目管理层的成本目标;二是项目实施层,负责项目成本的支出,实施成本控制,实现项目管理目标责任书中的成本目标。项目实施层的成本管理一般包括成本计划、成本核算、成本分析、成本考核和成本调整措施。由此可见,项目成本管理与项目所属机构的成本管理是不同的。项目成本管理的实施主体是项目部,由项目经理负责,项目部的其他成员参与。项目成本管理会与项目所属企业或者机构的其他成本管理部门,如财务会计、技术经济部门发生关系,项目部与职能部门之间关系的紧密程度取决于项目组织性质。

组织管理层与项目实施层在管理对象、管理任务和管理责任等方面是不同的。项目实施层成本管理的对象是某一个具体项目,主要对项目成本进行规划、预测、核算和控制。企业成本管理的对象是整个企业,不仅包括项目部,而且包括各个职能部门,是对多项目成本进行管理。项目成本管理的任务是在健全成本管理责任制下,以合理的进度、合理的质量和低耗的成本完成项目。而企业成本管理的任务是根据整个企业的现状和水平,通过合理调配资源,合理完成项目,使企业的成本控制在预定计划之内。典型的项目成本组织管理体系如图 8—4 所示。

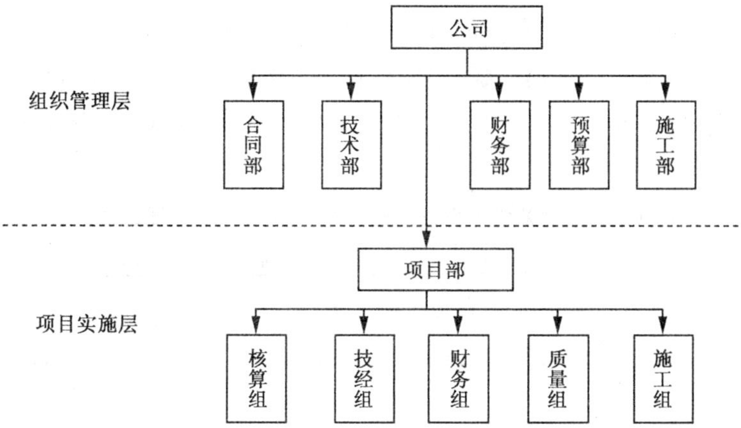

图 8—4 项目成本组织管理体系

(二)项目成本管理的过程体系

项目成本管理的过程实质是跟随项目资金流动的一个过程，借鉴项目管理过程图的画法，项目成本管理实际过程可以用图 8—5 来表示。

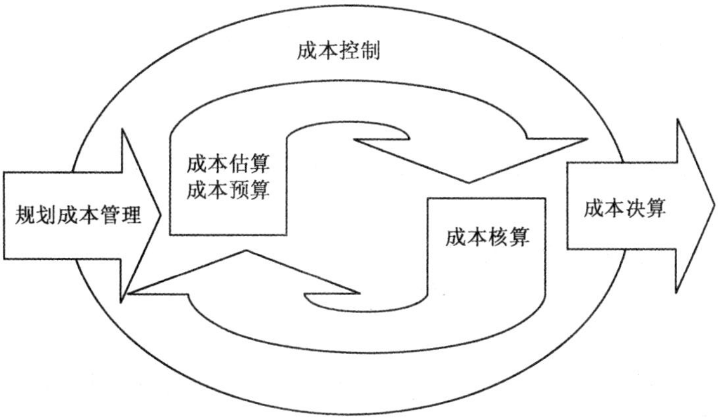

图 8—5 项目成本管理实际过程

各个过程表述如下：

(1)规划成本管理。即为规划、管理和控制项目成本而制定政策、程序和文档的过程。

(2)成本估算。即对完成项目活动所需要的资金进行近似估计和测算的过程。

(3)成本预算。即汇总所有单个活动或者工作包的估算成本，并建立一个经批准的成本基准的过程。

(4)成本核算。建立核算体系，对项目实施过程中所发生的各种消耗进行记录、分类，并采用适当的成本计算方法，计算出各种成本核算对象实际发生的总成本和单位成本，是对项目实施过程中所发生的成本进行如实反映的过程。

(5)成本控制。即监督项目状态，以更新项目成本、管理成本基准变更的过程。在项目实施过程中，项目实际成本与计划成本会出现偏差，计算实际成本与计划成本的差异，分析发生偏差的原因，并采取措施，将实施中发生的各项支出控制在成本计划之内，通过成本控制，最终实现成本目标。

(6)成本决算。项目完成后，确定项目从筹划开始到项目结束交付使用为止的全部费用。

《项目管理知识体系指南》(第5版)将项目管理过程划分为启动、计划、执行、控制和收尾五个部分。与此相适应，将项目成本管理归纳为规划成本管理、成本估算、成本预算和成本控制四个过程，如表8—1所示。

表8—1　《项目管理知识体系指南》(第5版)中的成本管理过程

项目管理过程	启动	计划	执行	控制	收尾
成本管理	—	规划成本管理、成本估算、成本预算	—	成本控制	—

第二节　项目成本管理规划

一、项目成本管理规划概述

(一)项目成本管理规划的定义

项目成本与项目规划的过程紧密相连，在项目规划阶段的早期对成本管理工作进行规划，建立成本管理过程的基本框架、体系和一些政策，可以确保项目管理各过程的有效性和各过程之间的协调性。

项目成本管理规划是指为了规划、管理、支出和控制项目成本而制定政策、程序和文档的过程。规划成本管理为整个项目如何管理成本提供了指导和方向，是项目管理计划的重要组成部分。

(二)项目成本管理规划的数据流向

项目成本管理规划依据项目章程、项目管理计划、组织过程资产以及事业环境因素等信息数据，通过一些工具技术和方法，做出项目成本管理计划。该计划会为定义活动、排列活动顺序以及识别和定量分析风险提供信息数据，影响项目活动的定义、排序以及风险的识别和分析。规划成本的数据流向如图8—6所示。

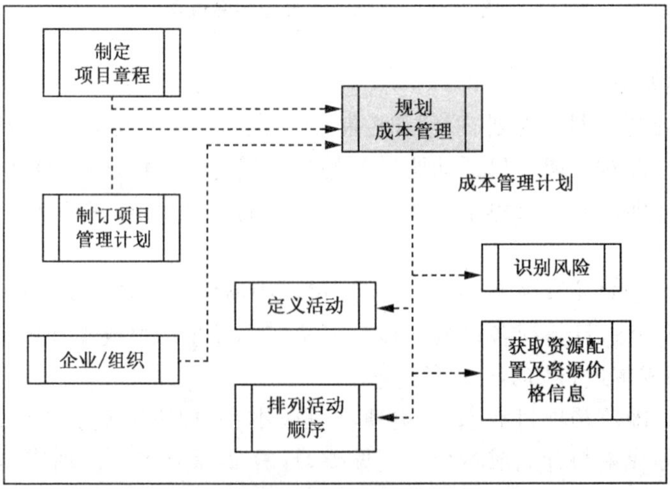

图8—6　项目成本管理规划的数据流向

(三)项目成本管理规划过程

项目成本管理规划是一个过程，是项目成本管理过程的一个组成部分。按照过程管理IPO(Input Process Output)原理，项目成本管理规划过程根据项目管理计划、项目章程、事业环境因素和组织过程资产等输入变量，利用专家判断、分析技术和会议等工具技术，输出成本管理计划，如图8—7所示。

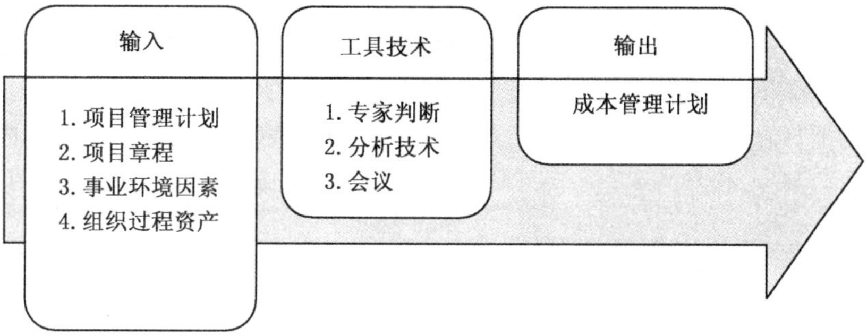

图8—7　项目成本管理规划过程

二、项目成本管理规划输入

规划成本管理输入包括项目管理计划、项目章程、事业环境因素和组织过程资产四个方面。

(一)项目管理计划

项目管理计划是项目管理的规划性文件，是项目实施过程中项目管理的大纲和指南。根据不同的项目类型和项目管理需求，项目管理计划有很多种形式，但其主要内容除对项目有一个总体的概述外，一般还需要对项目的组织、限定条件以及预期的商务目标进行分析，对项目进度管理、项目资源管理、项目费用管理、项目风险管理、项目质量管理等管理思路和方法进行阐述。项目成本管理计划是项目管理计划的一个组成部分，需要依据项目管理计划而制订。

(二)项目章程

项目章程是正式批准项目的文件。任何一个项目，都是由一个或多个原因而被批准的，这些原因包括市场需求、营运需要、客户要求、技术进步、法律规范和社会需要等。主管部门必须做出批准或不批准某个项目并且颁布项目章程的决定。项目章程是项目的工作大纲，在规划成本管理时，项目成本管理计划也必须依据项目章程而做出。

(三)事业环境因素

事业环境因素是指围绕项目或能影响项目成败的任何内外部环境因素。事业环境因素可能提高或限制项目管理的灵活性，并可能对项目结果产生积极或消极的影响。事业环境因素主要包括：组织文化；成本组织体系和成本管理流程；政府或行业标准(如监管机构条例、行为准则、产品标准、质量标准和工艺标准)；基础设施(如现有的成本管理软件和计算机设备)；现有人力资源状况(如人员在成本、合同等方面的技能、素养与知识)；人事管理制度(如人员招聘和留用指南、员工绩效评价与培训记录、加班政策和时间记录)；公司的工作授权系统；市场条件；商业数据库(如标准化的成本估算数据、行业风险研究资料和风险数据库)；等等。

(四)组织过程资产

在制定项目章程及以后的项目文件时，所有用于影响项目成功的资产都可以视为组织过程资产。组织过程资产反映了组织从以前项目中吸取的教训和学习到的知识，如完成的进度表、风险数据和实现价值数据。组织过程资产的累积程度是衡量一个项目组织管理体系成熟度的重要指标，项目组织在实践中形成自己独特的过程资产，构成组织的核心竞争力。

影响规划成本管理的组织过程资产主要包括以下内容：(1)财务控制程序。包括定期的报告、费用与支付审查、会计编码以及标准合同条款。(2)历史信息和经验教训知识库。项目组织在项目操作过程中所获得的经验和教训，其中既包括已经形成文字的档案，也包括留在团队成员脑子中没有形成文字的思想。项目组织在项目管理过程中形成的所有文档包括知识资料库、文档模板、标准化的表格、风险清单等。(3)财务数据库。(4)现有的、正式的和非正式的、与成本估算和预算有关的政策、程序和指南。即项目组织在项目管理过程中形成的各种财务成本方面的规章制度、指导方针、规范标准、操作程序、工作流程、行为准则和工具方法等。

三、项目成本管理规划工具技术

规划项目成本管理需要一定的工具技术，主要包括：

(一)专家判断

相同或者相似的项目在成本管理规划方面具有相似性，但可能由于环境不同而需要做一些调整。做过类似项目的专家可以凭借其拥有的项目成本管理经验，在对项目环境进行具体分析的基础上，将其在应用领域、知识领域、学科和行业等方面的专业判断应用于制订项目成本管理计划中。该方法还可以与其他方法结合使用。

(二)分析技术

分析技术是指以成本管理中的决策行为作为研究对象、以成本最小化为决策目标的一切决策方法的总和。在制订成本管理计划时，会遇到项目筹资的决策问题，例如，是采用自筹资金、股权资金，还是借贷资金？同时也会遇到项目资源筹集的决策问题，例如，是自制、采购还是租用？这些决策问题不仅会对项目成本产生影响，也会对项目进度和风险产生影响。

可以采用的成本分析技术有回收期、投资报酬率、内部收益率、净现值等。组织的政策和程序会影响采用哪种财务成本分析技术方法，不同方法会影响成本管理的决策。

(三)会议

所谓会议，是指人们怀着各自相同或不同的目的，围绕一个共同的主题聚在一起，进行信息交流、商讨的活动。会议的内容是与会者之间进行思想或信息的交流。项目成本涉及各个项目外部的利益相关方以及项目组织内部的人员，如项目经理、项目成本负责人、项目采购经理等。项目团队可以采取会议的方法将不同利益诉求的人或者组织集中起来，进行讨论，形成一致的意见。

四、项目成本管理规划输出

项目成本管理规划输出是项目成本管理计划。项目成本管理计划是项目管理计划的组成部分。项目成本管理计划将对成本估算、成本预算和成本控制等成本管理过程及其采用的工具技术做出原则性规定。成本管理计划中的规定主要包括以下内容：

(一)计量单位

项目成本管理计划需要规定每种资源的计量单位，如测量人力资源的人时数、人天数，测量材料设备资源的米、吨、立方米，以及测量财务资源的货币单位，如人民币元等。

(二)成本数据的精确度与准确度

成本数据的精确度是指成本数据向上或者向下取整的程度。为了便于统计汇总,成本的计量需要规定统一的精确程度,比如保留小数点多少位数。成本数据的精确度根据活动范围和项目规模来确定。准确度是在进行成本估算或者预算时,为活动成本规定一个可接受的区间,如－10％－10％。

(三)组织程序的连接

成本估算是根据项目活动进行的,因此,工作分解结构为成本管理计划提供了框架,以便根据分解的活动进行成本估算、成本预算与成本控制。成本核算时需要依据特定的控制账户来归集成本,每个控制账户具有唯一的编码和账号,直接与会计制度相联系。因此,在成本管理计划中,需要兼顾到工作分解结构和现行的财务管理制度。

(四)控制的临界值

在进行成本控制时,需要有一定的成本控制范围,当超出这个范围时才进行控制。临界值是指在采取某种措施前允许出现的最大偏差,它通常用偏离基准计划的百分数表示。因此,需要在成本管理计划中规定偏差临界值,用于监督成本绩效。

(五)绩效测量规则

挣值管理是一种重要的成本控制方法(我们将在本章第五节详细介绍)。因此,在成本管理计划中需要做出如下规定:(1)定义 WBS 中用于测量绩效的控制账户;(2)规定拟采用的挣值测量技术(如固定公式法、完成百分比法等);(3)规定跟踪的方法以及用于预计项目完工的估算(EAC)。

第三节　项目成本估算

一、项目成本估算概述

(一)项目成本估算的定义

项目成本估算是对完成项目活动所需要的成本、资金进行近似估算的过程。这个过程的主要任务是确定完成项目所需要的成本金额。成本估算主要作用:在项目实施前的投资决策中,是资金筹集的依据;对于承包商来说,是进行竞争报价的依据;在实施过程中,是制订进度计划的依据,也是对项目进行成本控制的依据。因此,项目成本估算是项目成本管理的基础。

项目成本估算通常应用某种货币单位(如美元、元等)进行,但有时也采用其他计量单位,如人时数或者人天数,以消除通货膨胀的影响,便于成本比较。

由于在项目成本估算时所具备的条件和掌握的资料不同,项目成本估算的精度也就不同。项目成本估算的精度还取决于项目成本估算工作的管理成本和管理要求。掌握的资料越丰富、确定性条件越多、管理要求越高,估算精度也就会越高,但同时成本也会越高。许多公司通过制定估算手册来标准化估算过程。三阶段划分提出将成本估算划分为量级估算、预算估算和最终估算三个阶段,各阶段估算精度和用途见表 8－2。四阶段划分是将成本估算划分为数量级估算、系数估算、控制估算和详细估算四个阶段,各阶段估算精度和用途见表 8－3。

表 8—2　　项目成本估算的三阶段划分

估算类型	何时做	为什么做	精　度
量级估算	在项目生命周期前期	为项目决策提供依据	－25％—75％
预算估算	在项目立项后、项目进行早期	将资金拨入预算计划	－10％—25％
最终估算	在项目后期、项目完成前	为采购提供决策依据，估算实际成本	－5％—10％

表 8—3　　项目成本估算的四阶段划分

估算类型	用　途	精　度
数量级估算	可行性研究	－30％—50％
系数估算	预算、批准或者控制	－25％—30％
控制估算	控制或者招投标	－10％—15％
详细估算	检查估算或者招投标	－10％—15％

（二）项目成本估算的数据流向

在项目成本估算中，主要数据来源于成本管理规划中的成本管理计划、创建工作分解结构中的范围基准、制订进度计划中的进度计划、人力资源管理规划中的人力资源管理计划、识别风险中的风险登记册，以及企业/组织中的事业环境因素和组织过程资产。估算成本中输出的数据会流向项目文件，更新项目文件；输出的活动成本估算数据会流向估算活动资源、识别风险和规划采购管理；输出的估算依据会流向制定预算，作为制定预算的依据。估算成本的数据流向如图 8—8 所示。

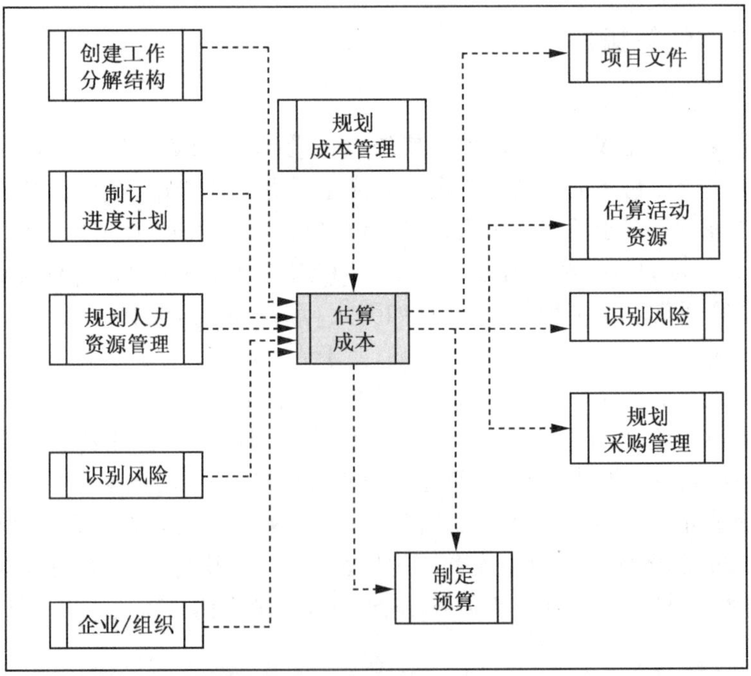

图 8—8　项目成本估算的数据流向

二、项目成本估算过程

成本估算是在某个特定时点，根据已知信息所做出的成本预测。在估算成本时，需要做出各种备选方案，对备选方案的成本及其风险进行分析，以优化项目成本。

本过程从其他知识领域相关过程的输出中获取输入信息，主要有：(1)成本管理计划；(2)人力资源管理计划；(3)范围基准；(4)项目进度计划；(5)风险登记册；(6)事业环境因素；(7)组织过程资产。在这个过程中，通过专家判断、类比估算、参数估算、自下而上估算、三点估算、储备分析、质量成本、项目管理软件、卖方投标分析和群体决策技术等工具技术进行成本估算，最后输出活动成本估算、估算依据和项目文件更新等成果。该过程的输入、工具技术及输出见图8—9。

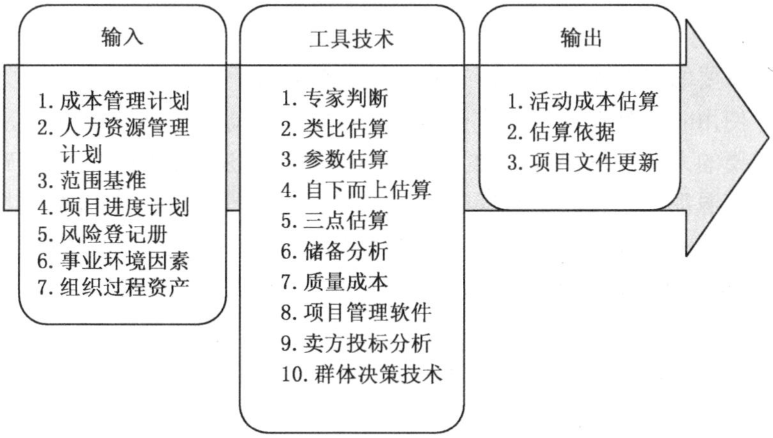

图8—9　项目成本估算过程

(一)项目成本估算输入

项目成本估算需要依据与成本有关的数据，如人力资源计划、项目范围等，这些输入具体包括如下内容：

1. 成本管理计划

成本管理计划规定了如何管理和控制项目成本的一些程序、政策和制度，成本管理计划中有关估算活动成本的方法和需要达到的准确度是进行项目成本估算的依据。

2. 人力资源管理计划

在人力资源管理计划中包含项目人员配备情况、人工费率、工资标准和相关激励方案，这些是进行项目成本估算时必须考虑的因素。

3. 范围基准

范围基准是范围管理的重要输出，是确定项目主要交付成果的一份重要书面文件。范围基准不仅规定了项目要完成事项的数量，还包括了其质量标准。列入范围基准中的事项完成，标志着项目阶段或者项目的完成。范围基准包含如下内容：(1)范围说明书。范围说明书提供了产品描述、验收标准、主要交付成果、项目边界及项目假设条件和制约因素。产品描述主要规定了该项目产出品的规格、功能、质量等要求；验收标准规定了项目各组成部分在验收时采用的技术标准和特殊标准，包括设计标准、竣工验收方法等内容；主要交付成果是为完成项目需要做出的可以测量、有形并可以验证的事项，可以是一份具有归纳层次的产品清单。项目假设条件是在进行成本估算时必须设定的一项基本假设，如在估算成本时，是只估算直接成本，还是包括间接成本。因为间接成本无法直接归集到具体项目中，因此需要规定归集的会计程序和具体合理的分摊比例。制约因素是在项目成本估算时所受到的约束因素，主要包括项目交付日期、可以利用的资源情况和组织政策等。(2)工作分解结构。工作分解结构包含项目全部任务之间及全部可交付成果之间的相互关系。项目任务是估算成本的一个重要变量，项目任务不同，成本就会不同。(3)WBS 词典。WBS 词典是一种标准的 WBS 数据形式，它提供了可交付成果的详细信息，并描述了为产出可交付成果，WBS 各组件所要进行的工作，每一项工作会对应所需要的资源量和工作量，这些都是估算成本的依据。

范围基准中可能还包括与合同和法律有关的信息，如健康、安全、安保、环境、保险、知识产权、执照和许可证等。这些因素会影响成本，因此也需要依据这些信息做出成本估算。

4. 项目进度计划

项目工作所需要的资源种类、数量和使用时间，都会对项目成本产生很大影响。进度计划中的所需资源及使用时间是本过程的重要输入。在项目活动资源估算过程中，已经估算出开展进度活动所需要的人员、材料和设备的数量。成本估算是建立在资源估算基础上的，项目消耗资源或者占有资源都可以看成是对货币资金的占用和支出。另一方面，资金具有时间价值，项目本身及各项活动的持续时间会对项目成本估算有一定影响。有些资源价格随时间季节的变动而变动，这些项目活动的开始时间与结束时间也会影响成本估算。

5. 风险登记册

风险既可以是威胁，也可以是机会，通常会对活动及整个项目成本产生影响。一般而言，在项目遇到负面风险事件后，项目风险将会增加，有时还会导致进度延误。应对每一项风险的措施是需要成本的，因此，在估算成本时，需要考虑风险所需要的成本。风险登记册列出了各类风险清单及应对措施，根据这些数据，可对风险应对措施费用进行估算。

6. 事业环境因素

项目所需资源需要从市场上获取，因此市场条件会影响成本估算。市场条件主要是指从市场上可以获得什么样的产品、服务和成果，可以从谁那里以什么条件获得。地区或者全球性的供求情况会影响资源成本。

除了市场条件以外，发布的商业信息数据库也是事业环境因素。在进行成本估算时，可以从商业数据库中获取资源成本费率及相关信息。这些数据库动态信息提供了具有各种技能的人力资源、材料与设备的标准成本数据，是估算成本的重要依据。

7. 组织过程资产

影响成本估算的组织过程资产主要包括：(1)成本估算政策。即成本估算的一些规定，比如估算工作手册，用于指导成本估算。(2)成本估算模板。一些行业或者企业会形成自己的成本估算模板，应用这些模板为成本估算提供一些方法、算法。例如，一些估算模板载有各项标准活动或者工作的资源耗用量，并有常用的计算公式、数据、计算规则、材料性能及规格换算等。(3)成本估算历史信息。在进行新的项目估算时，可以利用过去类似项目的信息。(4)经验教训。在进行成本估算时，会形成一些经验，指导今后的估算；也会有一些教训，可以避免今后类似情况的发生，使成本估算更加准确。

(二)项目成本估算工具技术

成本估算实质上是一种预测工作，从理论上讲，所有预测原理与预测理论均适用于成本估算。但由于项目性质不同，项目成本估算与一般产品的成本估算又有不同之处，存在着一些特殊的成本估算方法。一般的估算方法主要有专家判断、类比估算、参数估算、自下而上估算、三点估算等。上述方法按照是否采用数学模型，又可分为定性方法、定量方法以及定性与定量相结合的方法。

1. 专家判断

专家判断方法主要有专家个人判断法、专家会议法和德尔菲法等。专家个人判断法是指依靠专家个人的知识和经验对成本预测值做出判断；专家会议法是指把相关专家集中起来召开会议，在会议上讨论成本预测的有关问题；德尔菲法是专家会议法的一种发展，它以匿名的方式通过几轮函询征求专家的意见，专家之间互不见面。这种方法需要成立一个成本预测领导小组，负责草拟预测主题、选择专家，以及对预测的结果进行整理、分析、归纳和处理。

2. 类比估算

类比估算，又称自上向下估算，是指以过去类似项目的参数值(如范围、成本、预算和持续时间等)或者规模指标(如尺寸、重量、面积和复杂性等)为基础来估算当前项目的同类参数或者指标，以过去类似项目的实际成本为依据来估算当前的项目成本。这种方法的操作步骤是：首先，项目高层管理人员收集以往类似项目的有关历史资料，依据自己的经验和判断，估算当前项目的总成本和各分项目的成本；其次，将估算结果传递给下一层管理人员，并责成他们对组成项目和子项目的任务和子任务的成本进行估算，再继续向下传送其结果，直到项目组的最基层人员。

类比估算法是最简单的成本估算技术，实质是综合运用了历史信息与专家判断。类比估算法是通过同以往类似项目相类比得出估算，为了使这种方法更为可靠、实用，进行类比的以往项目不仅在形式上要与新项目相似，而且在实质上也要相同。

这种方法简单易行，花费较少，尤其当项目的资料难以取得时，此方法是估算项目总成本的一种行之有效的方法。当然，它也有一定的局限性，进行成本估算的高层管理者根据他们对以往类似项目的经验对当前项目总成本进行估算，但是鉴于项目的一次性、独特性等特点，在实际生产中，根本不可能存在完全相同的两个项目，因此这种估算的准确性较差。

这种方法一般应用在项目早期阶段。在这个阶段，项目详细信息不足，或者无须做出更加准确的估算。此外，也可以针对整个项目或者项目中的某个部分进行类比估算。

3. 参数估算

参数估算是运用历史数据和其他变量(如施工中的平方英尺造价、软件编程中的编码行数、要求的人工小时数)之间的统计关系来计算项目活动成本的一种方法。这种技术估算的准确度取决于模型的成熟度及其涉及的基础数据的可靠性。

4. 自下而上估算

该方法是指参与项目工作的每一个组织和基层单位根据所承担的项目任务估算要发生的成本，然后将这些估算结果进行汇总求和，最后再加上各种杂项开支、一般性和行政性开支及其他费用，就得到该项目的整体估算费用。该方法的优点是低层次直接参与项目工作的人员更清楚项目工作所需资源的种类和数量，成本估算更为精确；因为该方法得出的成本估算源自他们自己的估计，可以避免以后成本预算过程中的一些冲突和不满。缺点是低层单位更倾向于对每一个工作单元作过高估算，往往导致最后的成本估算无法接受。

5. 三点估算

项目成本估算存在着不确定性和风险，为了提高活动成本估算的准确性，在计算每项活动成本时需要考虑三种可能性：(1)最可能成本(C_M)：对项目工作的相关费用进行比较现实的估算所得到的活动成本。(2)最乐观成本(C_O):在活动实施环境最好、最理想的情况下所得到的活动成本。(3)最悲观成本(CP):基于活动实施环境最差的情况所得到的活动成本。

该方法首先估算最悲观成本、最可能成本和最乐观成本,然后再计算出该活动的期望成本(C_E)。基于活动成本在三点估算值区间内的假定分布情况,期望成本的计算方法有两种:

假定三点估算值区间呈三角分布,期望成本为:

$$C_E=(C_O+C_M+C_P)/3$$

假定三点估算值区间呈贝塔分布,期望成本为:

$$C_E=(C_O+4C_M+C_P)/6$$

基于三点假定分布可以计算出期望成本,并可以说明期望成本的不确定区间。

其他方法还有储备分析、质量成本、项目管理软件、卖方投标分析、群体决策技术等,这些方法可以应用在不同类别的项目估算中。

(三)项目成本估算输出

1. 活动成本估算

活动成本估算是对完成项目工作可能需要成本的量化计算。成本估算需要覆盖活动所使用的全部资源,包括直接人工、直接材料、设备、服务、设施、信息技术,以及一些特殊的成本种类,如融资成本(包括利息)、通货膨胀补贴、汇率或者成本应急储备。如果间接成本也包括在项目成本估算中,则可以在活动层次或者更高的层次上列出间接成本。表 8—4 是某一工程安装成本估算表。

表 8—4　　工程安装成本估算表

序号	费用项目名称	计算方法	费率	合价(千元)
一	直接费	(一)+(二)		615 240
	(一)直接工程费	Σ(工程量×省价目表基价+材料费)		456 800
	其中:定额人工费(R1)	Σ工程量×(定额工日消耗量+人工单价)		236 000
	(二)措施费	1+2+3		158 440
	1. 参照定额规定计取收费	按定额及配套规定计算		23 000
	2. 参照省发布费率计取措施费	2.1+2.2+2.3+2.4		115 640
	2.1 环境保护费	R1×相关费率	3.20%	7 552
	2.2 文明施工费	R1×相关费率	6.50%	15 340
	2.3 临时设施费	R1×相关费率	18.50%	43 660
	2.4 其他措施费	R1×相关费率	20.80%	49 088
	3. 措施费	按照施工组织设计(方案)计提		19 800
	其中:人工费(R2)	R1×相关费率	12.23%	28 862.8
二	企业管理费	(R1+R2)×管理费率	6.50%	17 216.082
三	利润	(R1+R2)×利润率	30%	79 458.84

续表

序号	费用项目名称	计算方法	费率	合价(千元)
四	规费	4.1+4.2+4.3+4.4+4.5+4.6		52 422.564 2
	4.1 工程排污费	按建字〔2007〕45 号文件规定计取		3 500
	4.2 工程定额测定费	(一+二+三)×相关费率	0.09%	863.605 476
	4.3 社会保险费	(一+二+三)×相关费率	2.60%	24 948.602 6
	4.4 住房公积金	(一+二+三)×相关费率	0.20%	1 919.123 28
	4.5 危险作业意外伤害保险费	按建字〔2007〕45 号文件规定计取		2 000
	4.6 安全施工费	(一+二+三)×相关费率	2%	19 191.232 8
五	税金	(一+二+三+四)×规定税率	3.44%	34 812.256 6
六	设备费			9 300
七	建筑工程费			2 400
八	设计费	(一+二+三+四+五−4.3+六+七)×相关费率	4.50%	46 509.653 6
九	安装工程预算费	一+二+三+四+五−4.3+六+七+八		694 981.588

2. 估算依据

成本估算所需要支持信息的数量与种类,因应用领域的不同而不同。成本估算不论预算精度如何,其支持性文件都应该清晰、完整地说明成本估算是如何得出的。成本估算的依据主要包括:(1)关于成本估算依据的文件(如估算是如何编制的);(2)关于全部假设条件;(3)关于各种制约因素的文件;(4)对估算区间的说明;(5)对最终估算的置信水平的说明。

3. 项目文件更新

在估算之前形成的项目文件,可能会因为在估算过程中发生变化需要进行迭代更新。

第四节 项目成本预算

一、项目成本预算概述

(一)项目成本预算的定义

项目成本预算又称为制订成本计划,是一项制定项目成本控制标准的项目管理工作。它是将批准的项目总成本估算分配到项目各项具体工作与活动中,进而确定、测量项目实际执行情况的成本基准。因此,项目成本预算涉及根据项目成本估算为项目各项具体工作分配和确定预算、成本定额,以及确定整个项目总预算的管理工作。

项目成本估算与成本预算既有区别,又有联系。成本估算主要是估计项目总成本和误差范围;而成本预算是将项目总成本分配到各项工作、具体的责任部门或者具体的时间阶段上。成本估算的输出结果是成本预算的基础和最重要的输入,通过成本预算,将项目成本估算结果按照一定的规则分配到各项活动中。成本预算是对成本估算的结果给予最终的确认。尽管成本估算与成本预算的目的和任务不同,但两者都以工作分解结构为依据,所运用的方法和工具相同，是项目成本管理中不可或缺的组成部分。

(二)项目成本预算的数据流向

在项目成本预算中，主要数据来源于成本管理规划中的成本管理计划、创建工作分解结构中的范围基准、制订进度计划中的进度计划、人力资源管理规划中的人力资源管理计划、识别风险中的风险登记册，以及企业/组织中的事业环境因素和组织过程资产，来源于估算成本中输出的数据。项目成本预算一旦被批准，就作为制订项目成本计划的依据，它也是项目成本控制的依据。预算成本的数据流向如图 8—10 所示。

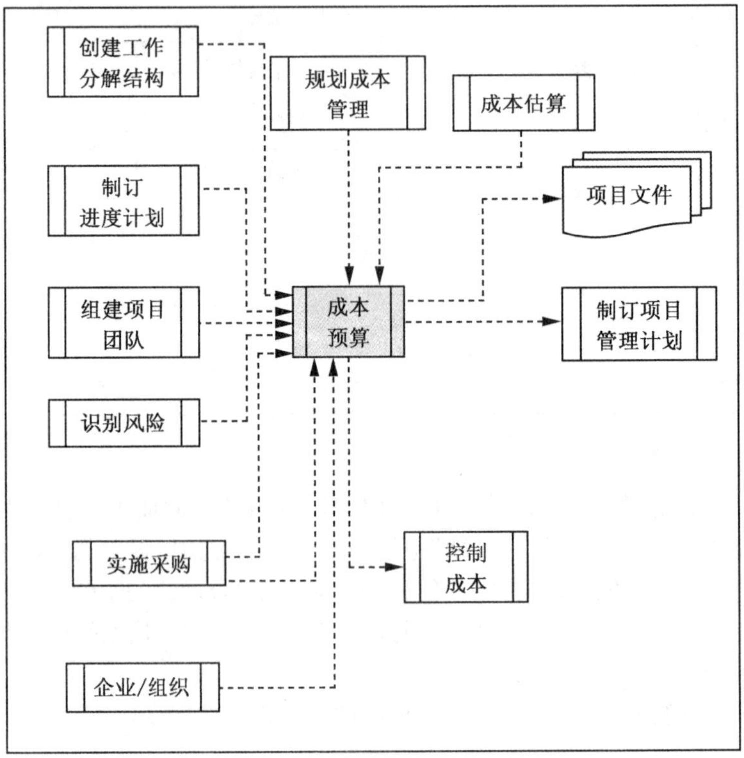

图 8—10　项目成本预算的数据流向

二、项目成本预算过程

项目成本预算的主要作用是确定成本基准，并根据成本基准来监督和控制项目绩效。因此，本过程主要输出是形成一个成本基准和项目资金需求，并对项目文件进行更新。

本过程主要输入包括：(1)成本管理计划；(2)范围基准；(3)活动成本估算；(4)估算依据；(5)项目进度计划；(6)资源日历；(7)风险登记册；(8)协议；(9)组织过程资产。

本过程使用的工具技术包括：(1)成本汇总；(2)储备分析；(3)专家判断；(4)历史关系分析；(5)资金限制平衡。

该过程的输入、工具技术和输出见图 8—11。

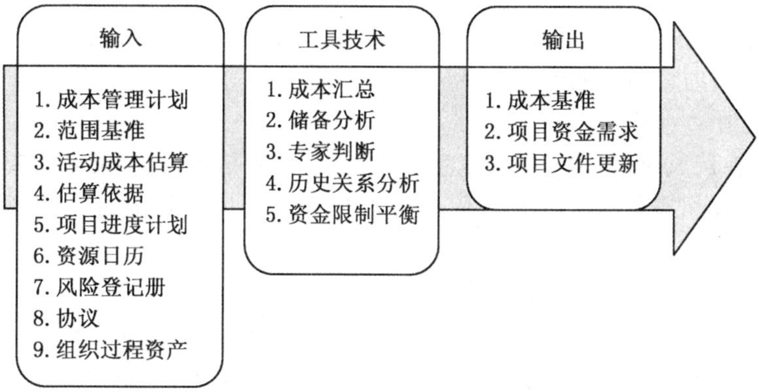

图 8－11　项目成本预算过程

(一)项目成本预算输入

成本预算的任务是输出成本基准和项目资金需求。为完成这一任务，关键的输入主要包括活动成本估算、范围基准和项目进度计划。其中，范围基准确定了要分配成本的项目组成活动；活动成本估算是待分配的项目成本；项目进度计划包括要分配成本的项目组成活动的开始与结束时间，其作用是将项目活动成本分配到发生成本的各个时间段上。具体如下：

1. 成本管理计划

成本管理计划描述了将如何管理和控制项目成本。作为成本管理的一个重要组成部分，在做成本预算时，也需要在成本管理计划的统一指导下进行，该计划将规定由谁在什么时间做出成本预算。

2. 范围基准

范围基准是范围管理的重要输出，在范围基准中，项目范围说明书可能已经列入了组织与其他机构对项目资金支出所做出的阶段性限制，这是做成本预算的约束条件；工作分解结构是范围基准的核心部分，指明了项目全部交付成果及各组成部分的关系，这是对项目成本估算结果进行分配的依据；WBS 词典对标准性的活动进行了详细说明，列明了可交付成果，并描述了为产出可交付成果，WBS 中各组成部分所要进行的工作。WBS 词典中的可交付成果和工作是分配成本的依据。

3. 活动成本估算

活动成本估算是编制预算的前提和基础。如果没有科学合理的活动成本估算，成本预算就失去了分配的对象，只有对项目成本进行了科学合理的估算，预算成本所设置的目标才具有可靠性和实现的可能性。

4. 估算依据

估算依据是在估算项目成本过程中所依据的一些文件。在估算依据中包括基本的假设条件，例如，项目预算中是否应该包含间接成本或者其他成本。估算依据为如何分配项目成本提供了假设条件。

5. 项目进度计划

项目进度计划是有关项目各项工作起始与终结时间的文件。项目进度计划包括项目活动、里程碑、工作包和控制账户的计划开始与计划结束时间。在项目成本预算中，需要依据这些信息，把计划成本和实际成本汇总到相应的日历时段中。

6. 资源日历

资源日历规定了项目所需资源的种类、数量和使用时间。在进行成本预算时，需要依据这些信息，确定项目各时段需要的资源及其成本。

7. 风险登记册

项目活动存在着风险，为预防风险发生，需要制定应对措施，这些措施需要发生风险成本。在做项目成本预算时，需要考虑风险成本。因此，应该审查风险登记册，从而确定汇总之后的风险应对成本。

8. 协议

在项目进行过程中，需要从外部获取资源，需要采购产品、服务和成果，这些资源需要发生项目成本。因此，在制定预算时，需要考虑将要或已经采购的产品、服务或者成果的成本以及适用的协议信息。

9. 组织过程资产

一些组织过程资产，如现有正式和非正式的、与成本预算有关的政策、程序和指南，现有的成本预算工具以及成本报告的模板和报告方法等，都是制定项目成本预算的依据。

(二)项目成本预算工具技术

项目成本估算的方法和工具技术可以用于项目成本预算，但项目成本预算与成本估算的目的和任务不同，所以在方法运用时存在一定的差异。这些方法和工具技术主要包括：

1. 成本汇总

成本汇总是将在活动上的成本估算汇总到 WBS 中的工作包，然后再根据需要，将工作包的成本估算汇总到 WBS 更高层次，如控制账户，最终得出整个项目的总成本。

2. 储备分析

通过预算储备分析，可以计算出项目的应急储备和管理储备。

3. 专家判断

专家可以是受过专门预算方面的教育或者具有预算知识、技能或培训经历的任何小组或者个人。专家可以从许多渠道找到，包括组织内部的其他部门、造价顾问公司、利益相关方、专业与技术协会以及项目管理专业团队等。在制定预算时，专家可以基于应用领域、知识领域以及学科、行业或者相似项目的经验提供帮助。

4. 历史关系分析

一些历史项目提供了许多数据，通过对这些数据的分析，可以归纳出有关变量之间的关系，利用这些关系可以进行参数估算或者类比估算。应用这种方法时，首先利用项目特征(参数)来建立变量之间的数学模型，然后利用以往项目数据，求取模型的参数变量，最后将预算的自变量数据代入模型，得出预算的变量数值。例如在建设工程中，建造住房的成本取决于单位面积的建造成本，而单位面积的建造成本就是基于历史项目数据得出一个预算数值。

如果用来建立模型的历史数据信息比较准确，并且模型中参数易于量化，则非常适用历史关系分析法。在具体应用方法时，最好对大项目进行分解，建立分解后的子项目数学模型，分别预算子项目。

5. 资金限制平衡

不考虑资金限制水平而编制出的预算只是一种理想状态。在实际中，项目计划支出总是受到项目资金的限制，因此项目资金限制是项目预算的一个约束条件。当发现预算支出与资金限制有偏差时，需要调整工作进度计划，以平衡资金支出水平。

（三）项目成本预算输出

1. 成本基准

成本预算的主要成果是建立一个项目成本基准。成本基准是经过批准的、按时间段分配的项目预算。成本基准不包括任何管理储备，需要通过正式变更控制程序才能变更，是用作与实际结果进行比较的依据。

成本基准是项目成本预算的一个组成部分。一般首先确定一个控制账户，将责任落实到管理控制账户的部门或者负责人。控制账户由若干工作包构成，一个工作包又由若干活动组成。在进行项目预算时，首先汇总在工作包之下的所有活动成本估算，然后再加上活动应急储备，会得出工作包成本估算，在此基础上加上该工作的应急储备，就是这个控制账户所分配的预算值，也就是成本基准。在成本基准基础上，再加上一定数额的管理储备，就得出项目预算。

项目预算、成本基准、控制账户、工作包成本估算以及活动成本估算的关系可以用图 8－12 表示。

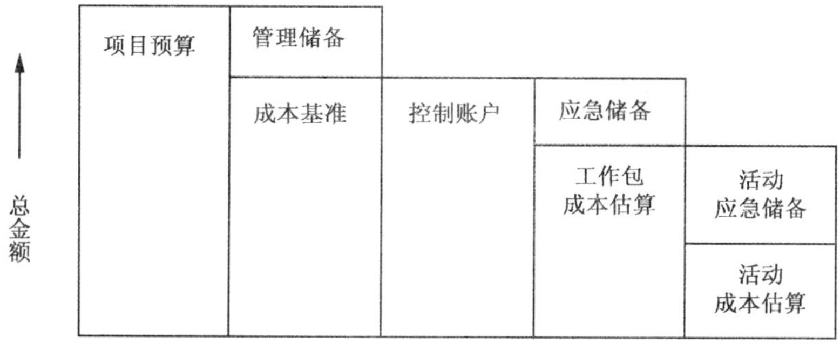

图 8－12　项目预算的组成部分

项目成本基准有多种表现形式，如表格式、直方图式、累计曲线图式等。

(1)表格式。表格式是以活动和工作包为自变量、以项目成本为因变量绘制的表。根据管理需要，这些表有很多种形式。根据项目估算的结果，将费用分配到具体活动或者工作包上，可以用表 8－5 来表示详细的成本基准。

表 8－5　　成本基准

工作包名称	活动名称	单位	工作(程)量	综合单价	成本合计
(1)	(2)	(3)	(4)	(5)	(6)

(2)直方图式。以时间阶段为自变量，以在此时间段上发生的成本费用为因变量，可以做出在不同时间段投入项目或者工作包上的成本预算直方图，如图 8－13 所示。

(3)累计曲线图式。累计曲线是以时间为横坐标、以在该时间点累计投入的成本量为纵坐标绘制的图。该图表示累计投入成本量随时间总量的变化情况，如图 8－14 所示。

2. 项目资金需求

在项目进展过程中，要发生一定的成本，这些成本需要项目组织的现金流出。因此，应当预测在不同时间段项目所需要的资金。项目总的资金需求和阶段性资金需求由成本基准来确

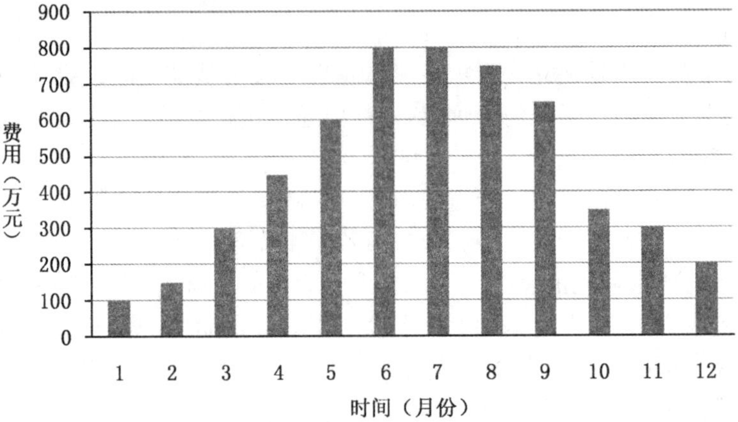

图 8—13　成本预算直方图

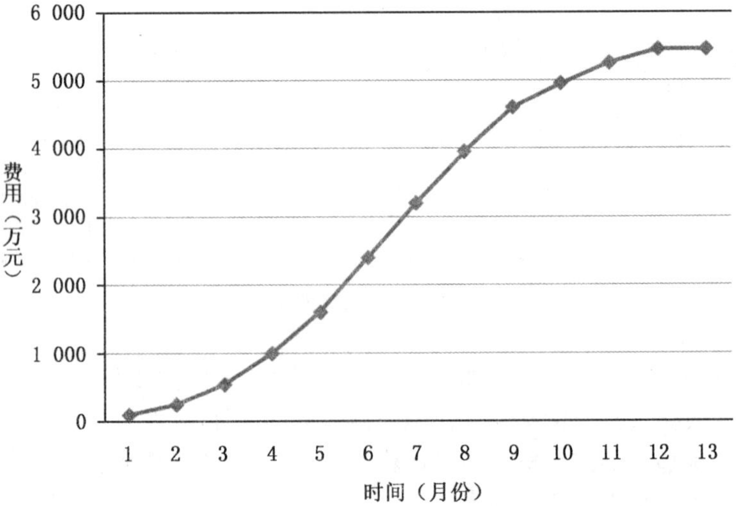

图 8—14　成本预算累计曲线图

定。成本基准中既包括预计的支出，即现金流出，又包括预计的债务。项目资金需求量通常以增量非连续的方式投入，并且在不同阶段有不同的投入，有的阶段需求量大，有的阶段需求量小，不太均衡。如果有管理储备，总的资金需求等于成本基准加上管理储备。在资金需求文件中，可以说明资金的来源。

成本基准、成本支出与资金需求的关系可以用图 8—15 来表示。

3. 项目文件更新

在进行项目预算时，可能会对先前的输入，如风险、活动成本以及项目进度计划做出一些修正。因此，在这个过程中可能要更新的项目文件包括风险登记册、活动成本估算和项目进度计划等。

现举例说明，已知某项目进度计划如图 8—16 所示，根据预算总额，各项工作包的费用标注在该计划图费用一栏中，数据来源于项目成本估算及项目进度计划。

分析：以上资料实际上给出了项目的范围基准、活动成本估算和项目进度计划三个方面的

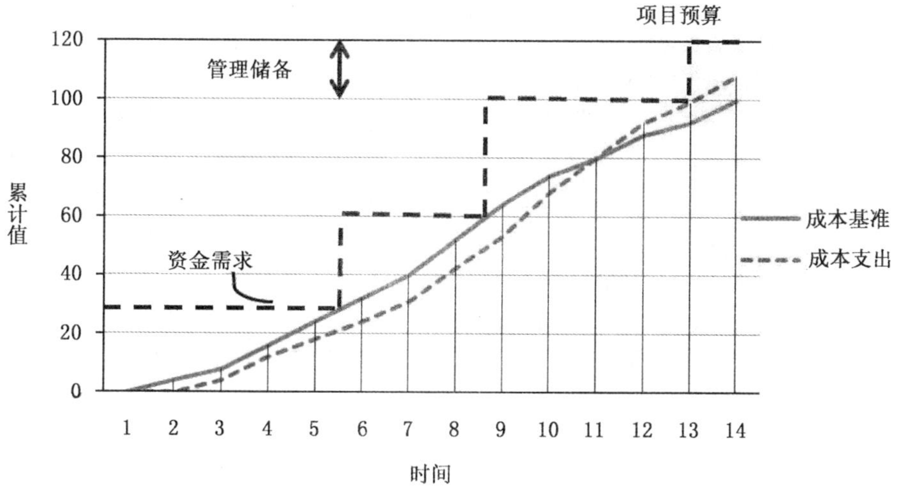

图 8－15　成本基准、成本支出与资金需求

活动名称	时间（月）	费用（万元）	工程进度											
			1	2	3	4	5	6	7	8	9	10	11	12
场地平整	1	30	▬											
基础施工	3	60		▬	▬	▬								
主体工程施工	5	120				▬	▬	▬	▬	▬				
砌筑工程施工	3	60								▬	▬	▬		
层面工程施工	2	40										▬	▬	
楼地面施工	1	30											▬	
室内设备安装	2	20											▬	▬
装饰	1	40												▬

图 8－16　某项目进度计划甘特图

关键输入，如果本项目不考虑风险因素、资源约束条件和资金约束条件，可以先汇总各个时期的项目预算成本，再运用专家判断或者历史关系分析方法将各项活动成本分配到各个时间段。具体做法和步骤如下：

第一步，成本基准。在各个时间段上分解活动估算成本。本案例中划分为 12 个时间段，需要把超过一个时间段完成的活动成本分解到不同时间段中。依据活动成本估算和项目进度计划，分解结果如表 8－6 所示。

表 8-6　　**某项目分解活动估算成本**

活动名称	时间（月）	总预算成本（万元）	工程进度											
			1	2	3	4	5	6	7	8	9	10	11	12
场地平整	1	30	30											
基础施工	3	60		10	30	20								
主体工程施工	5	120				20	20	30	30	20				
砌筑工程施工	3	60								20	20	20		
屋面工程施工	2	40										25	15	
楼地面施工	1	30											30	
室内设备安装	2	20											10	10
装饰	1	40												40
合计	18	400	30	10	30	40	20	30	30	40	20	45	55	50
累　计			30	40	70	110	130	160	190	230	250	295	350	400

根据以上数据，成本基准以时间为横坐标，以月度金额为纵坐标，可以用直方图 8-17 表示。

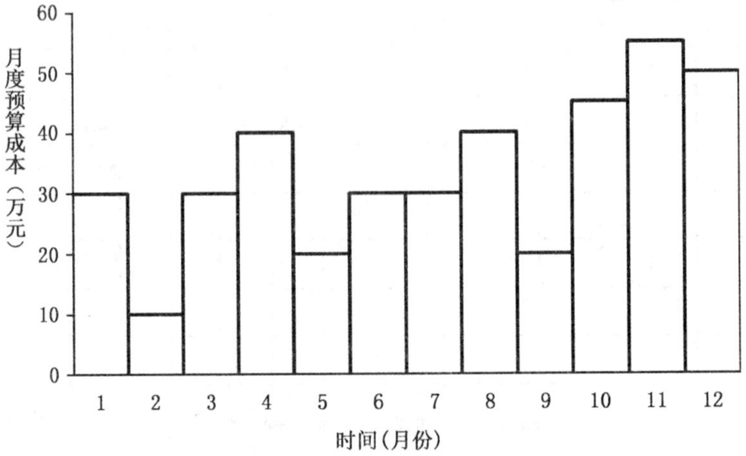

图 8-17　项目时间—成本直方图

根据预算表的数据还可以画出一条时间—成本累计曲线，如图 8-18 所示。

第二步，项目资金需求。根据累计预算成本，确定资金需求的时间段，可以做出资金需求计划，即 1—4 月份需要 120 万元，1—9 月份需要 260 万元，到 12 月份需要安排资金 400 万元，如图 8-19 所示。

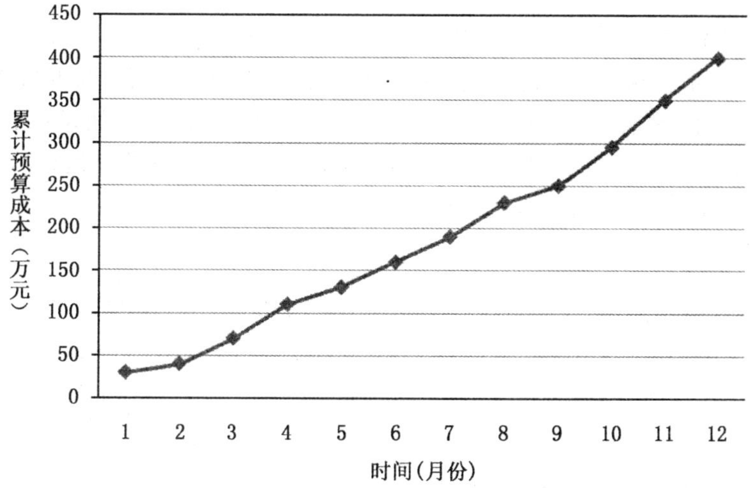

图 8—18　项目时间—成本累计曲线

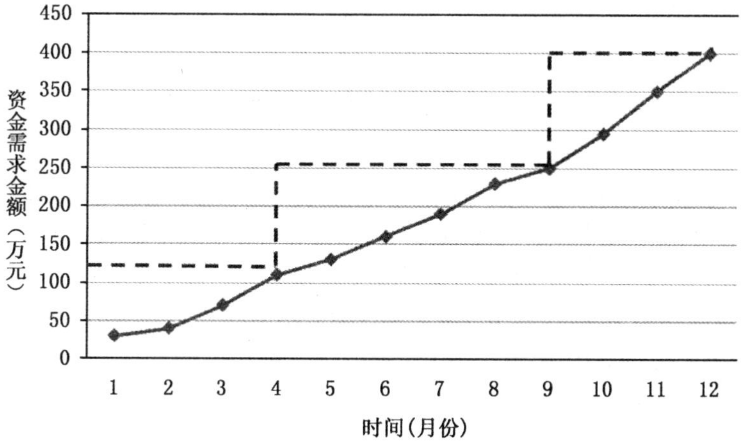

图 8—19　项目时间—资金需求曲线

第五节　项目成本控制

一、项目成本控制概述

(一)项目成本控制的定义

在管理学中,控制是指管理人员按照计划标准来衡量所取得的成果,纠正所发生的偏差,以保证计划目标得以实现的管理活动。管理的起点是制订计划,然后进行组织和人员配备,实施并有效地领导。一旦计划实施,就必须进行控制,以检查计划实施情况,找出偏离计划的误差,确定应采取的纠正措施,并采取纠正行动。

从图 8—20 可以看出控制过程:控制是在事先制订计划的基础上进行的,计划要有明确的目标。项目开始实施后,要按照计划要求投入所需要的人力、材料、设备、机具、方法等资源。

项目在实施过程中，输出实际的项目状况信息和产出物。由于内部、外部环境变化因素的影响，实际输出的成本值与目标值会产生偏差，为了最终实现计划目标，控制人员需要收集项目实际成本情况和其他项目信息，分类整合，提出项目状况报告。将项目状况报告与计划目标进行比较，以确定是否存在偏差。如果计划正常，就按照计划继续进行；如果有偏差，就要采取纠正措施。纠正措施分为两种：一种是采取纠偏措施，使项目进入正常的运行状态；另一种是修改计划，使计划处于一种新的状态，使项目能够在新的计划状态下进行。

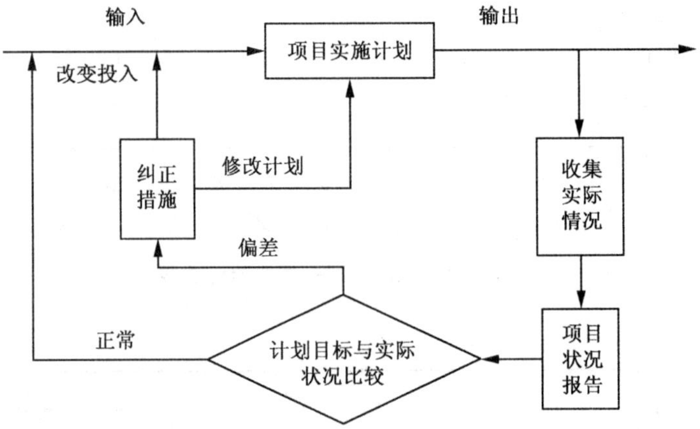

图 8—20 管理控制过程

综上所述，项目成本控制是控制项目预算的变更，或做出工作调整以达到控制目标的过程，是项目成本管理的重要部分。具体地讲，是指采用一定方法对项目形成全过程所耗费的各种成本使用情况进行管理控制的过程。项目成本控制主要包括：收集项目成本信息，监视成本执行，寻找与计划的偏差；分析偏差并采取措施控制，达到目标成本要求；确保所有成本变更被准确地记录在成本预算计划中；防止不正确、不适宜或未核准的变更纳入成本预算计划中；将核准的变更通知有关项目利益相关方；等等。

(二)项目成本控制的数据流向

项目成本管理规划依据项目管理计划、项目成本预算等信息数据，通过一些工具技术和方法，进行项目成本的控制。项目成本控制的数据流向如图 8—21 所示。

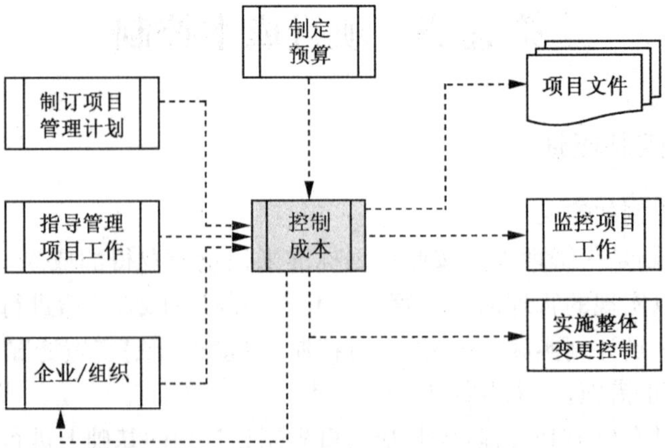

图 8—21 项目成本控制的数据流向

(三)项目成本控制过程

在项目成本控制过程中,成本控制的输入包括项目管理计划、项目资金需求、工作绩效数据和组织过程资产。工具技术主要有:(1)挣值分析法;(2)预测技术;(3)绩效指数;(4)项目管理软件;(5)绩效审查;(6)储备分析。其中,挣值分析法是项目成本控制特有的重要方法。

成本控制过程会输出以下数据:(1)工作绩效信息;(2)成本预测;(3)变更请求;(4)项目管理计划更新;(5)项目文件更新;(6)组织过程资产更新。项目成本控制过程如图 8－22 所示。

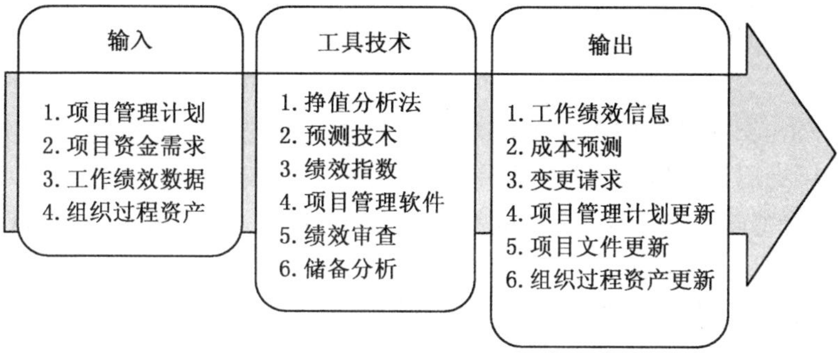

图 8－22　项目成本控制过程

二、项目成本控制输入

项目成本控制的目标是将各种成本通过一系列措施控制在成本计划与成本基准之内,实现项目成本最小化。项目成本控制的输入主要有项目管理计划、项目资金需求、工作绩效数据和组织过程资产。

(一)项目管理计划

项目管理计划是指导项目执行、监督和控制的一份文件,这份文件将项目业务过程有机地进行管理。项目管理计划包括成本基准和成本管理计划等用于控制成本的信息,这两部分内容是成本控制的主要输入。成本基准是以时间为自变量的预算计划,把预计成本按照时间累加便为成本基准,用来度量和监督项目实施成本。项目实施过程中,会产生实际成本的真实数据,依据成本基准,将成本基准与实际结果进行对比,确定成本偏差,以判断是需要变更成本基准,还是应采取纠正措施。成本管理计划规定了如何管理与控制成本,是对整个成本控制过程进行的有序安排,如成本临界值的确定、绩效测量的规则等。当测量的结果超过这些范围时,就应该采取措施进行纠正。

(二)项目资金需求

项目资金需求包括总资金需求和阶段性(如月度、季度和年度)资金需求,是项目不同时间段的现金流量预测。项目资金需求为项目成本控制提供了依据。

(三)工作绩效数据

工作绩效数据是关于项目进展情况的数据,提供了有关成本执行的资料,一般包括范围、进度、成本和质量等方面完成情况的信息。工作绩效数据包括成本方面的信息,可以用多种方法报告这些信息,较常用的是开支表、直方图和 S 曲线。这些数据内容主要包括:哪些活动已经开工、进展情况如何;哪些可交付成果已经完成;已批准的成本和已发生的成本。

(四)组织过程资产

组织过程资产也是项目成本控制的输入。组织过程资产主要包括:现有的正式和非正式与成本控制相关的政策、程序和指南;成本控制的工具;可用的监督和报告方法;等等。

三、挣值分析技术

成本控制的主要任务是计算成本计划与实际执行的成本偏差,分析成本变化的原因并决定是否采取措施。从成本控制的任务来看,成本控制涉及的过程往往较为复杂,需要利用很多数据、表格和方法来进行成本分析管理。成本控制的工具技术非常重要,因为好的方法和工具技术可以对成本控制更加有效,如分解结构技术、挣值分析方法、储备分析、预测技术等。

挣值管理(Earned Value Management, EVM)是一种先进的项目管理技术,最初由美国国防部于1967年提出。挣值管理是把范围、进度和成本绩效综合考虑来评估项目绩效和进度的方法。该方法将范围基准、成本基准和进度基准整合起来,形成绩效基准,以便项目管理团队评估和测量项目成本绩效和进度。

(一)挣值法的三个基本参数

在一定的时间段,对于特定的工作或者工作包来讲,可以从成本维度和工作完成维度来分析。在工作完成维度上,可以用已经完成的工作和计划要完成的工作两种属性来表示;从成本视角看,一项工作或者工作包的成本分为实际成本和计划成本两种属性。具体如图8－23所示。

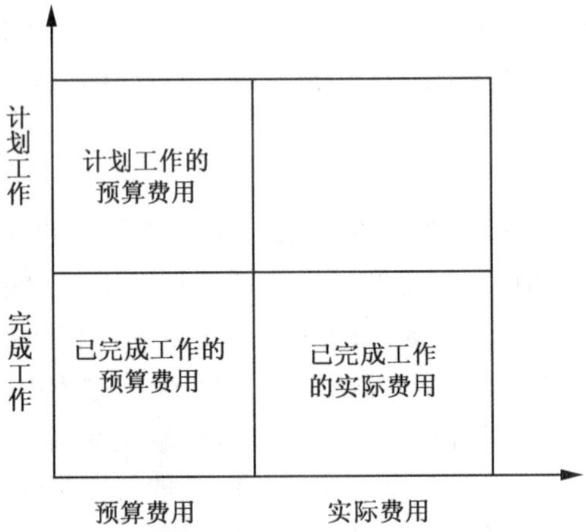

图8－23 挣值法基本参数

在做进度和费用偏差分析时,需要在相同的工作进度基准下比较费用,才能计算出费用偏差。为比较进度偏差,需要以工作预算费用为基准进行比较。为此,可以定义三个基本参数:

1. 已完成工作的预算费用

已完成工作的预算费用(Budgeted Cost for Work Performed,BCWP),是指项目实施过程中某阶段实际完成工作量及按预算定额计算出来的工时(或费用)之积。已完成工作的预算费用又叫挣值(Earned Value,EV),这是比较成本和进度偏差的基准。其计算公式为:

已完成工作的预算费用＝已完成工作量×预算定额

2. 计划工作的预算费用

计划工作的预算费用(Budgeted Cost for Work Scheduled,BCWS)又称计划价值(Plan Value,PV),是指项目实施过程中某阶段计划要求完成的工作量所需的预算工时(或费用),主要反映进度计划应当完成的工作量。其计算公式为:

$$\text{计划工作的预算费用}=\text{计划工作量}\times\text{预算定额}$$

3. 已完成工作的实际费用

已完成工作的实际费用(Actual Cost for Work Performed,ACWP)又称实际成本(Actual Cost,AC),是指项目实施过程中某阶段实际完成的工作量所消耗的工时(或费用),主要反映项目执行的实际消耗指标。其计算公式为:

$$\text{已完成工作的实际费用}=\text{已完成工作量}\times\text{实际单价}$$

(二)挣值法的评价指标

在以上三个基本参数的基础上,可以确定挣值分析的四个评价指标,它们都是时间的函数。

1. 成本偏差(Cost Variance,CV)

为分析在检查点之前所完成的工作成本是否超支,将检查期间已完成工作的预算费用与已完成工作的实际费用进行比较,即 $BCWP$ 与 $ACWP$ 之间的差异,称为成本偏差。其计算公式为:

$$CV=BCWP-ACWP$$

当 CV 为负值时,表示执行效果不佳,实际费用超过预算值,即超支;当 CV 为正值时,表示实际消耗费用低于预算值,即有节余或效率高;若 $CV=0$,表示项目按计划执行。

2. 进度偏差(Schedule Variance,SV)

为分析在检查点之前所完成的工作是否延误,将检查点之前已完成工作的预算费用与计划工作的预算费用进行比较,即 $BCWP$ 与 $BCWS$ 之间的差异,称为进度偏差。其计算公式为:

$$SV=BCWP-BCWS$$

当 SV 为正值时,表示进度提前;当 SV 为负值时,表示进度延误;若 $SV=0$,则表明进度按计划执行。

3. 成本绩效指数(Cost Performed Index,CPI)

成本绩效指数是指挣值与实际成本之比。其计算公式为:

$$CPI=BCWP/ACWP$$

$CPI>1$,表示低于预算;$CPI<1$,表示超出预算;$CPI=1$,表示实际费用与预算费用吻合,表明项目费用按计划进行。

4. 进度绩效指数(Schedule Performed Index,SPI)

进度绩效指数是指挣值与计划价值之比。其计算公式为:

$$SPI=BCWP/BCWS$$

$SPI>1$,表示进度提前;$SPI<1$,表示进度延误;$SPI=1$,表示实际进度等于计划进度。

(三)挣值法评价曲线

在项目实施过程中,已完成工作的预算费用(BCWP)、计划工作的预算费用(BCWS)和已完成工作的实际费用(ACWP)是时间的函数。以时间作为自变量,以各种费用作为因变量,可以得出如下函数:

$$BCWP=F(t)$$
$$BCWS=F(t)$$
$$ACWP=F(t)$$

以时间为横轴,以费用变量为纵轴,可以画出如图 8－24 所示的挣值法评价曲线。BCWS 曲线为计划工作的预算费用曲线,表示项目投入的费用随时间的推移在不断积累,直至项目结束达到它的最大值,所以曲线呈 S 形状,也称为 S 曲线。ACWP 表示已完成工作的实际费用。BCWP 表示已完成工作的预算费用,它同样是进度的时间参数,随项目推进而不断增加,也呈 S 形。

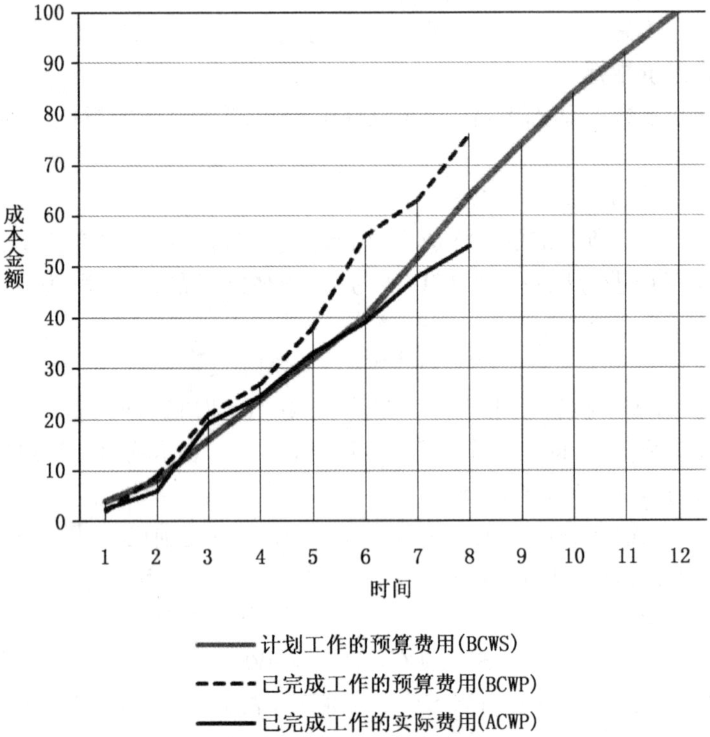

图 8－24　挣值法评价曲线

利用挣值法评价曲线可以进行费用和进度评价,图 8－24 中所示的项目,$CV>0$,$SV>0$,这表示项目执行效果比较好,即成本费用节支且进度提前。

(四)应用挣值法的一般步骤

第一步,根据费用基线确定检查点上的 BCWS;

第二步,记录到检查点为止项目费用使用的实际情况,确定 ACWP;

第三步,度量到检查点为止项目任务完成情况,确定 BCWP;

第四步,计算 CV 和 SV(或者是 CPI 和 SPI),判断项目执行情况;

第五步,如果偏差超出允许范围,则需要找出原因,并提出改正措施。

项目管理案例

某机器制造项目的成本管理

一、项目背景

(1)此项目为机器制造项目，需要经过设计、制造和安装调试三个阶段，各个阶段计划工期分别为4周、6周和2周，如图1所示。

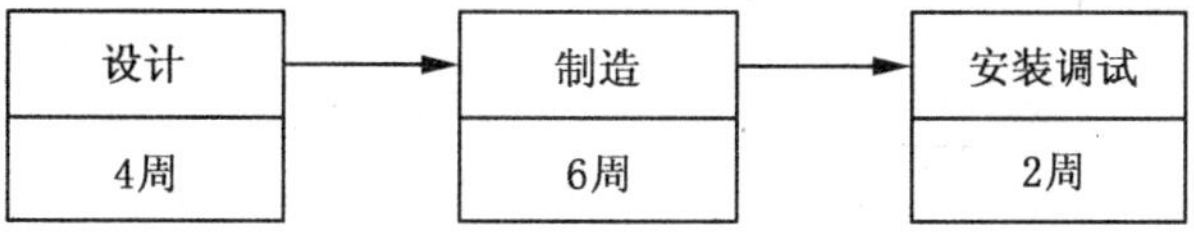

图1　制造项目进度计划

(2)项目成本估算结果：项目设计成本为24万元，项目制造成本为60万元，项目安装调试成本为16万元，项目总成本估算为100万元，如图2所示。

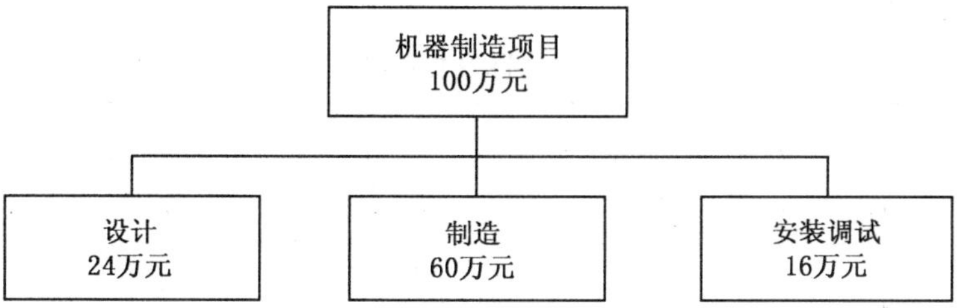

图2　制造项目成本估算

(3)将各项估算费用按照周次进行预算，结果如表1所示，按照时间的预算累计金额曲线可以用图3表示。

表1　各项费用预算

任务	合计	周											
		1	2	3	4	5	6	7	8	9	10	11	12
设计	24	4	4	8	8								
制造	60					8	8	12	12	10	10		
安装调试	16											8	8
总计	100	4	4	8	8	8	8	12	12	10	10	8	8
累计		4	8	16	24	32	40	52	64	74	84	92	100

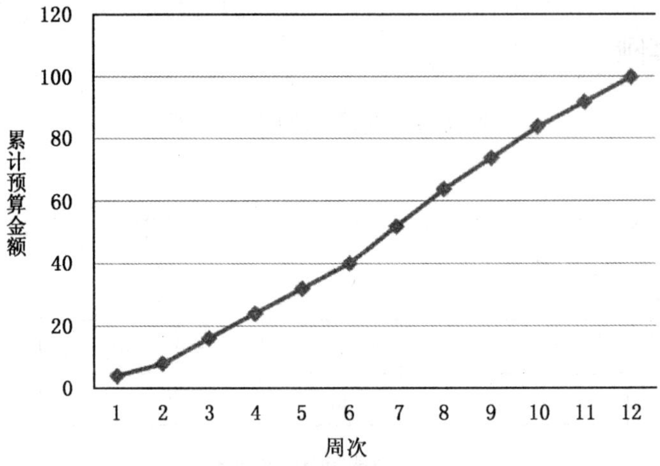

图 3　各项费用预算累计金额曲线

(4)当前该项目完成至第8周,收集了1—8周实际成本发生情况信息。第8周前的各周实际成本发生情况如表2所示。

表 2　项目实际发生费用

任务	周								成本总支出
	1	2	3	4	5	6	7	8	
设计	2	5	9	5	1				22
制造				2	10	10	14	12	48
安装调试									0
总计	2	5	9	7	11	10	14	12	70
累计	2	7	16	23	34	44	58	70	70

(5)当前该项目完成至第8周,收集了1—8周实际进度完成报告,以工作完成百分率表示。第8周前的各周实际工作完成百分数如表3所示。

表 3　项目实际进度报告

任务	周							
	1	2	3	4	5	6	7	8
设计	10%	25%	80%	90%	100%	100%	100%	100%
制造				5%	15%	25%	40%	50%
安装调试	0%	0%	0%	0%	0%	0%	0%	0%

二、案例分析计算

项目案例背景告诉我们该项目成本预算数据、实际成本数据以及实际进度完成数据。在以上数据中,如果用实际成本与预算成本之差表示成本节支或者超支情况,显然是不合适的,因为我们必须以一定的工作为基准进行对比分析。如图4所示,在第8周时,该项目实际成本比预算成本多支出了4万元,但这个数据并不能说明超支了,因为我们必须看在实际发生成本中完成了多少实际工作。为此,需要先计算实际已完成工作的预算值,以此作为基准进行分析。

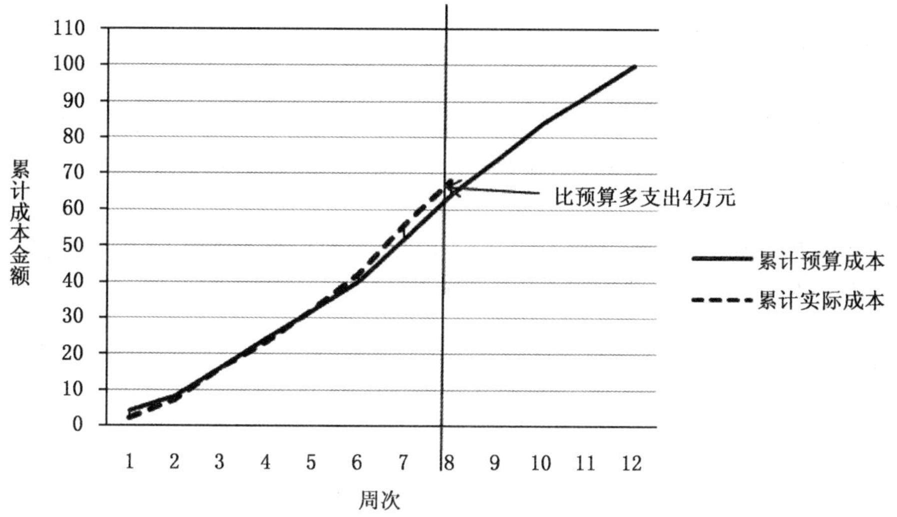

图 4　项目预算成本与实际成本的累计曲线

根据项目成本预算表和项目实际进度完成情况表，运用挣值计算公式"已完成工作的预算费用=已完成工作量×预算定额"，各周的挣值累计值如表 4 所示。

表 4　　前 8 周项目的 BCWS、ACWP、BCWP 汇总表

WBS	BCWS	完成率	ACWP	BCWP
设计	22	100%	22	22
制造	46	50%	48	23
安装调试	0	0	0	0
总　计	68		70	45

三、分析结果说明

根据上述数据，运用成本偏差 CV 和进度偏差 SV 两个指标，评估成本是否超支、进度是否按照计划完成。图 5 表示项目前 8 周的成本控制结果。

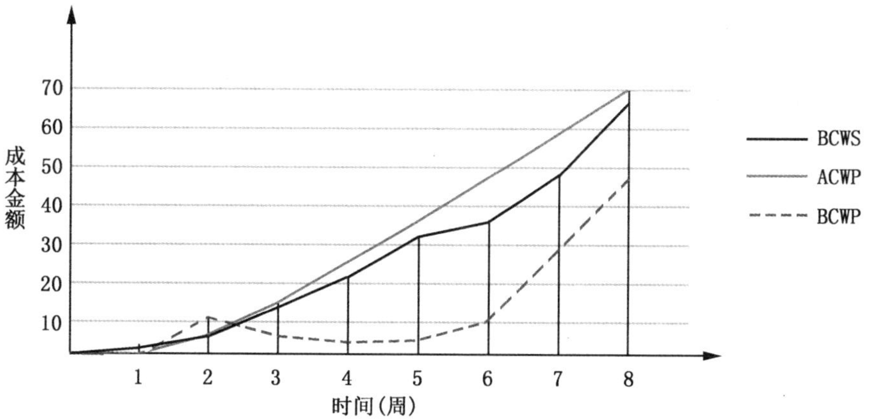

图 5　项目挣值分析

(1)成本偏差 CV：

$$CV = BCWP - ACWP = 45 - 70 = -25$$

当 CV 为负值时，表示执行效果不佳，实际费用超过预算值，即成本超支。

(2)进度偏差 SV：

$$SV = BCWP - BCWS = 45 - 68 = -23$$

当 SV 为负值时，表示进度延误。

(资料来源：百度文库。)

本章小结

本章主要介绍了项目成本管理的相关概念和内容。项目成本管理就是在规定的时间内，为保证项目既定目标的实现而对项目成本进行计划、对实际发生的费用进行控制的过程。通过项目成本管理，可以实现对整个项目实施的管理监督，及时发现和解决项目实施过程中出现的各种问题。项目成本管理主要包括项目成本规划、项目成本估算、项目成本预算和项目成本控制。传统项目中，成本、进度和质量是管理的重要目标；现代项目管理中，成本管理仍然是贯穿项目管理全过程的重要内容。

项目成本管理规划是指为了规划、管理、支出和控制项目成本而制定政策、程序和文档的过程。规划成本管理为整个项目如何管理成本提供了指导，是项目管理计划的重要组成部分。项目成本估算是对完成项目活动所需要的成本、资金进行近似估算的过程。在项目实施过程中，估算的成本是制订进度计划的依据，也是对项目进行成本控制的依据。因此，项目成本估算是项目成本管理的基础。项目成本预算又称制订成本计划，是一项制定项目成本控制标准的项目管理工作。它是将批准的项目总成本估算分配到项目各项具体工作与活动中，进而确定、测量项目实际执行情况的成本基准。项目成本控制的核心就是以项目预算为控制标准，努力控制项目成本、提升项目价值。狭义上的项目成本控制多是从项目承包商角度去讨论如何削减或降低项目成本；而广义上的项目成本控制不但包括项目业主和承包商的成本控制工作，还包括两者全面提升项目价值的控制工作。

习题

1. 简述项目成本管理的含义及过程。
2. 项目成本规划的工具与技术包括哪些？
3. 项目成本估算和项目成本预算的方法有哪些？
4. 简述项目成本估算和项目成本预算的过程。
5. 简述项目成本控制的过程。

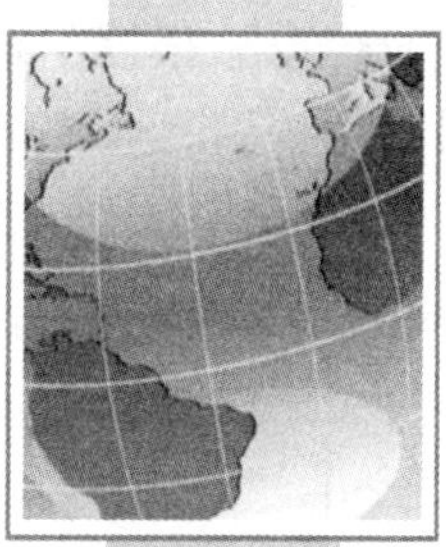

第九章
项目质量管理

项目有三个要素:进度、费用和质量。质量是项目成果水平的重要体现,是决定一个项目成败最关键的要素。优质的产品和服务能够给项目团队带来竞争优势,因为高质量降低了因返工、退货及废品带来的成本增加,降低了因返工等带来的进度拖延。更重要的是,高质量造就了顾客的满意度。本章根据质量管理的一般原理,针对项目的特殊性,系统地阐述了项目质量管理的理论、方法和技术。

第一节　项目质量管理概述

项目质量是通过质量保证体系来保障的,是由项目利益相关方的共同努力来实现的,是项目管理所有人员高质量工作来创造的,是通过有效的质量管理工作来保证的。因此,加强项目质量管理对项目的成败和项目目标的实现具有重要的价值和意义。

一、项目质量的概念

(一)质量的定义

对于什么是质量有许多的说法,所以质量的定义有许多种,并且质量的定义也是随着时代的变化而不断变化的。下面介绍比较具有权威性的三种质量定义。

1. 符合性质量

以符合现行标准的程度作为衡量依据。该定义的代表人物是美国质量管理专家克劳斯比。克劳斯比认为,质量定义是“符合要求”。

符合性质量体现了质量的客观性。判断产品是否符合要求,必须由可测量的量化特性反映。

2. 适用性质量

以适合顾客需求的程度作为衡量依据。该定义的代表人物是美国质量管理专家朱兰。朱兰认为,“质量就是适用性”。适用性即适合使用的特性。

适用性质量反映了质量的主观性,质量的内涵是非常丰富的,而且随着顾客需求的变化而不断变化。

符合性和适用性是在含义和范畴上本质完全不同的两个概念。符合性是从生产者角度出发,判断产品是否符合规格。在企业中,产品的合格性由基层的现场操作人员完成,他们依据质量规格标准进行判断:如果符合规格就放行,流转到下一个地点;如果不符合规格,根据不符合规格的程度分别加以处理。适用性是从顾客角度出发,是指产品在使用时能够满足顾客需求的程度。顾客最有资格对产品的适用性程度做出判定。

质量既具有主观性的一面,又具有客观性的一面。质量必须由可测量的量化特性反映,必须把潜在顾客的需求转化为特定产品和服务的可度量的特性。由于质量的客观性,使得对质量进行科学管理成为可能。

3. ISO9000 的质量定义

国际标准化组织在 ISO9000:2015 版标准《质量管理体系:基础和术语》中对质量的定义为:实体的若干固有特性满足要求的程度。注 1:术语"质量"可使用形容词,如用差、好或优秀来修饰。注 2:"固有的"(其反义是"赋予的")意味着存在于实体内。

上述定义中的"实体",是指可感知或想象的任何事物,即质量定义所描述的对象,是承载质量属性的具体事物。早期质量的对象是产品,后来延伸至服务,如今不仅包括产品和服务,还可以是过程、人、组织、体系、资源乃至它们的结合。

上述定义中的"特性",是指可区分的特征,特性可以是固有的或赋予的。ISO9000 的质量定义特别强调用于描述质量特性的是"固有特性",就是指本来就有的,尤其是那种永久的特性。"固有"的反义是"赋予",事物的"赋予"特性如价格等,不属于质量的范畴。一般产品的质量特性包括性能、寿命、可靠性、安全性、经济性和外观等具体特性。

上述定义中的"要求",是指明示的、通常隐含的或必须履行的需求或期望。明示的要求是指规定的要求。明示的要求可以是以书面方式规定的要求,也可以是以口头方式规定的要求。如政府的药品监督部门规定的药品中各种成分所占比重,业主与承包商在合同中约定的可交付成果必须达到的技术参数。通常隐含的要求是指组织、顾客和其他相关方的惯例或一般做法,所考虑的要求或期望是不言而喻的。如电灯必须能发光,水杯必须能盛水,打印机必须能打印。必须履行的要求是指法律法规的要求和强制性标准的要求。如汽车企业生产的汽车必须符合国家安全方面和环境方面法律法规的要求。"要求"反映了人们对质量定义所描述的对象的需要或期望。

ISO9000 的质量定义高度抽象而概括,是从"特性"与"要求"两者之间关系的角度描述质量。即某种事物的"特性"满足某个群体"要求"的程度,满足的程度越高,这种事物的质量就越好;反之,则认为该事物的质量低或差。

(二)项目质量的定义

ISO9000 的质量定义中"实体"可以是产品、服务、过程、组织、体系,也可以是项目。根据 ISO9000 的质量定义,可以得出项目质量就是项目的固有特性满足项目要求的程度,也就是项目的固有特性满足相关方的明示的、隐含的或必须履行的需求和期望的程度。

项目质量可以指项目的可交付成果的质量,也就是产品质量或服务质量。项目的可交付成果是项目所获得的成果。不同项目的可交付成果是不同的,如建筑工程项目的可交付成果是以实物形式呈现的整栋楼,产品研发项目的可交付成果可以是新产品、新设备,IT 项目的可交付成果可以是文档、端口、系统架构、完整系统等。产品的质量特性有性能、寿命、可靠性、安全性、经济性等,评判项目产品质量,就是看产品的质量特性是否符合质量标准,是否满足顾客需要。

项目质量也可以是某项活动或过程的工作质量，即在规定的时间内、在批准的预算内、在规定的范围内完成任务。项目的工作质量体现在项目生命周期的各个阶段，如项目可行性研究质量、项目决策质量、项目设计质量、项目施工质量、项目竣工验收质量。评判项目工作质量一般用过程绩效指标来衡量，如过程合格率、一次验收达标率、计划完成情况等。

项目工作质量是项目产品质量的保证，项目产品质量是项目工作质量的最终体现。

二、项目质量管理的含义和内容

项目质量管理离不开一般质量管理的范畴，为了更好地理解项目质量管理的概念，应首先了解一般质量管理的概念和理论。

(一)质量管理的概念

国际标准化组织在ISO9000:2015版标准《质量管理体系：基础和术语》中关于质量管理的定义：质量管理可包括制定质量方针和质量目标，以及通过质量策划、质量保证、质量计划、质量控制和质量改进等工作实现质量目标的过程。

质量管理是组织管理的重要组成部分，是组织围绕着质量而开展的各种计划、组织、指挥、控制和协调等所有管理活动的总和。质量管理必须与组织其他方面的管理，如施工组织管理、财务管理、人力资源管理等紧密结合，才能在实现组织经营目标的同时实现质量目标。

(二)质量管理发展历程

质量是一个永恒的主题。人类社会从一开始就面临着质量方面的问题。在古代，人们开展了很多质量管理活动，以保证生产和生活的质量。现代意义上的质量管理活动则是从20世纪初开始的，100多年来随着社会的发展，解决质量问题的手段和方式也在不断发展和变化。现代质量管理科学可以分为三个阶段：质量检验阶段、统计质量管理阶段和全面质量管理阶段。

1. 质量检验阶段

该阶段从20世纪初至30年代，主要是通过质量检验的方式来控制和保证产品质量。在此之前，产品质量检验是通过工人的自检进行的。进入20世纪后，由专职检验人员对产品进行全面检验，剔除不合格产品，以达到保证产品质量的目的。该阶段的主要特点：一是将质量检验从生产过程中分离出来，建立了专职质量检验制度；二是事后把关，由于质量检验是在产品制造后进行的，在大量生产的情况下，如果事后检验信息反馈不及时，就会造成很大的损失。

2. 统计质量管理阶段

该阶段从20世纪30年代至50年代。在该阶段，应用统计技术的方法控制整个生产过程的质量。美国贝尔实验室的休哈特提出了统计过程控制理论，首创了过程控制的工具——控制图，为质量控制理论奠定了基础。同属贝尔实验室的道奇则提出了抽样检验理论，构成了质量检验理论的重要内容。这一阶段的主要特点是：从单纯依靠质量检验、事后把关，发展到过程控制，突出了质量预防性控制的管理方式。

3. 全面质量管理阶段

该阶段从20世纪60年代起至今。1961年，美国通用电气公司的费根堡姆在其《全面质量管理》一书中提出，全面质量管理是为了能够在最经济的水平上并考虑到充分满足用户要求的条件下，进行市场研究、设计、生产和服务，把企业各部门研制质量、维持质量和提高质量的活动融为一体的有效体系。全面质量管理的主要特点是“三全”。“三全”是指全面质量、全过程、全员参加。“全面质量”是指质量管理的对象不限于狭义的产品质量，扩大到过程质量、服务质量和工作质量以及其他质量,质量的范畴更加广泛。全面质量管理强调以过程质量和工作质量来保证产品质量。“全过程”是指产品质量的产生、形成和实现的整个过程,包括市场调研、产品开发和设计、生产制造、检验、包装、储运、销售和售后服务等过程。全面质量管理要对产品质量形成的全过程中各个环节加以管理,形成一个综合性的质量管理工作体系。“全员参加”是指组织中的所有员工都参加,“质量管理,人人有责”。全面质量管理是质量系统工程的体现。

(三)项目质量管理的概念

项目质量管理是围绕项目质量所进行的计划、组织、指挥、控制和协调等活动,是项目管理的重要组成部分。项目质量管理与一般质量管理类似,在项目生命周期内,确定项目质量方针和项目质量目标,进行项目质量策划、质量控制、质量保证和质量改进等一系列项目质量管理活动,最大限度地满足项目相关方的需求和期望。

美国《项目管理知识体系指南》(《PMBOK 指南》)关于项目质量管理的定义是:项目质量管理包括执行组织确定质量政策、目标与职责的各过程和活动,从而使项目满足其预定的需求。项目质量管理在项目环境内利用政策和程序,实施组织的质量管理体系,并以执行组织的名义,适当支持持续的过程改进活动。项目质量管理确保项目需求包括产品需求得到满足和确认。

项目质量管理需要兼顾项目管理与项目可交付成果两个方面。这适用于所有项目,无论项目的可交付成果具有何种特性。不同类型的可交付成果所需要的质量测量方法和技术一般是不同的。例如,对于软件与核电站建设的可交付成果,需要采用不同的质量测量方法和措施,但是项目质量管理的方法对两者都适用。无论什么项目,未达到质量要求,都会给该项目或全部项目相关方带来严重的不良后果。

项目质量管理的主要活动包括项目质量规划、项目质量保证、项目质量计划、项目质量控制和项目质量改进。这些过程彼此相互作用,而且还与项目管理其他知识领域中的过程相互作用。

(四)项目质量管理特点

项目质量管理具有与一般质量管理不同的特点。一是复杂性。项目的影响因素多,经历的环节多,涉及的主体多,使得项目质量管理很复杂。二是动态性。项目生命周期的各个阶段影响质量的因素不同,质量管理方法和内容是不同的,需要在不同阶段、不同时间进行有针对性的质量管理。三是不可逆性。项目的一次性特点使得项目质量不能像重复生产过程中的产品可以改进,项目质量不合格或不符合要求,有可能给项目造成无法挽回的影响。四是系统性。项目质量受项目其他因素和目标的制约,如项目进度、项目成本会影响质量,同时质量也制约着其他因素和目标,项目质量管理是系统管理。

(五)项目质量管理原则

ISO9000:2015 版标准在总结质量管理理论和实践的基础上,提出了质量管理七项原则,揭示了质量管理最基本、最通用的一般规律,是质量管理的理论基础。这七项原则同样是指导项目质量管理的原则。

1. 以顾客为关注焦点

质量管理的主要关注点是满足顾客要求并且努力超越顾客的期望。

该原则的理论依据是:组织只有赢得顾客和其他相关方的信任才能获得持续成功。与顾客相互作用的每个方面,都提供了为顾客创造更多价值的机会。理解顾客和其他相关方当前和未来的需求,有助于组织的持续成功。

贯彻实施以顾客为关注焦点的质量管理原则,有助于增加顾客价值,提高顾客满意度,增进顾客忠诚,增加重复性业务,提高组织的声誉,扩展顾客群,增加收入和市场份额。

2. 领导作用

各层领导建立统一的宗旨和方向,并且创造全员参与的条件,以实现组织的质量目标。

该原则的理论依据是:统一的宗旨和方向以及全员参与,能够使组织将战略、方针、过程和资源保持一致,以实现目标。

领导者的承诺及积极参与,有助于提高组织质量目标实现的有效性和效率,使组织过程更加协调,改善组织各层次、各职能之间的沟通,开发和提高组织及其人员的能力,以获得期望的结果。

3. 全员积极参与

整个组织内各级人员的胜任、授权和参与,是提高组织创造性和提供价值能力的必要条件。

该原则的理论依据是:为了有效和高效地管理组织,各级人员得到尊重并参与其中是很重要的。通过表彰、授权和提高能力,促进在实现组织质量目标过程中的全员参与。

员工是项目的具体实施者,项目质量管理不仅需要领导者的正确领导,还有赖于全体员工的参与。这一原则体现了全面质量管理思想。

员工对项目质量的重视程度将会对项目质量产生影响。促进全员参与,有助于通过组织各级人员对质量目标的深入理解和内在动力的激发来实现质量目标。

4. 过程方法

当活动被作为相互关联的功能连贯过程系统进行管理时,可更加有效和高效地始终得到预期的结果。

该原则的理论依据是:质量管理体系是由相互关联的过程组成的。理解体系是如何产生结果的,能够使组织尽可能地完善其体系和绩效。

过程是利用输入提供预期结果的相互关联或相互作用的一组活动。系统地识别和管理组织所应用的过程,特别是这些过程之间的相互作用,就是过程方法。在项目质量管理中应用过程方法时,应对每一个过程,特别是关键过程的要素加以识别和管理。一个过程的输出往往是下一个过程的输入,过程与过程之间会形成复杂的过程网络。将项目作为一个系统,采用系统方法,对组成项目系统的各个过程加以识别和管理。

过程管理有助于提高关注关键过程的能力,通过协调一致的过程体系,始终得到预期的结果。通过过程的有效管理,尽可能提升绩效,使组织能够向相关方提供关于其一致性、有效性和效率方面的信任。

5. 持续改进

成功的组织总是致力于持续改进。

该原则的理论依据是:改进对于组织保持当前的业绩水平,以及对其内外部条件的变化做出反应并创造新的机会都是非常必要的。

影响项目质量的因素在变化,顾客的需求和期望也在变化,这就要求项目相关方不断地改进过程绩效、组织能力和顾客满意度;增强对调查和确定基本原因及后续的预防和纠正措施的关注;提高对内外部风险和机会的预测和反应能力;增加对增长性和突破性改进的考虑;通过学习实现改进,增强改革的动力。

6. 循证决策

基于数据和信息分析与评价的决策更有可能产生期望的结果。

该原则的理论依据是:决策是一个复杂的过程,并且总是包含一些不确定因素。它经常涉及多种类型和来源的输入及其解释,而这些解释可能是主观的。重要的是理解因果关系和潜在的非预期后果。对事实、证据和数据的分析可使决策更加客观,因而更有信心。

所谓循证决策,是指基于数据和信息分析与评价的决策。在项目质量管理中,建立在数据和信息分析基础上的决策有助于改进决策过程,改进对实现目标的过程绩效和能力的评估,改进运行的有效性和效率,提高评审和改变意见、决策的能力,提高证实以往决策有效性的能力。

7. 关系管理

为了持续成功,组织需要管理与供方等相关方的关系。

该原则的理论依据是:相关方影响组织的绩效。组织管理与所有相关方的关系,以最大限度地发挥其在提升组织绩效方面的作用。对供方及合作伙伴的关系网的管理是非常重要的。

任何项目中都存在着相关方,相关方提供给项目的资源将会对项目质量、成本等产生重要的影响,如供应商提供的材料和设备的质量及价格直接影响项目的质量和成本。项目组织对相关方的管理有助于通过对每一个与相关方有关的机会和限制的响应,提高组织及其相关方的绩效;对于目标和价值观,与相关方有共同的理解;通过共享资源和能力,以及管理与质量有关的风险,提高为相关方创造价值的能力;为使产品和服务稳定流动提供良好的供应链。

(六)项目不同阶段的质量管理

项目生命周期包括启动、开发、实施、收尾等阶段,项目质量是通过各个阶段的质量活动形成的,各阶段对项目质量会产生不同影响,根据全面质量管理的观点,必须对项目质量形成的全过程进行管理。

1. 项目启动阶段质量管理

项目启动阶段主要包括项目可行性研究和项目决策。项目可行性研究直接影响项目的决策质量和设计质量。在项目可行性研究中,通过研究比较,提出对项目质量的总体要求,使项目的质量要求和标准符合项目所有者的意图,并与项目的其他目标相协调,与环境相协调。在项目决策过程中,应考虑项目费用、时间、质量等目标之间的对立统一关系,确定项目应达到的质量目标和水平。在启动阶段,从总体上明确项目质量的方向。

2. 项目开发阶段质量管理

项目开发阶段使启动阶段确定的质量目标和水平具体化。具体包括三方面内容:

(1)质量设计。项目设计人员根据顾客的需要、质量目标,按照设计流程,进行设计工作。设计开发过程同时要满足来自顾客和项目实施过程两个方面的要求,一个没有满足顾客需要的项目设计,不是好的设计;如果一个项目存在设计缺陷,就会给项目质量留下许多“隐患”,其影响不仅仅是个别产品,还会影响到所有同类产品。现代质量管理观点认为,质量是设计出来的,不是制造出来的,这充分说明了设计质量的重要性。

(2)控制项目设计质量。项目设计开发是一个复杂的系统工程,要达到预期的质量目标,使项目设计满足其功能特性要求,满足设计指标,就必须预先考虑设计开发阶段可能偏离预定设计质量目标而发生失效、产生缺陷的风险。因此,设计阶段质量管理活动始终是以减少风险为目标的。为了保证设计开发的质量,发现项目的明显缺陷、挖掘出潜在缺陷,可以采用设计评审、故障分析、实验室试验、现场试验、小批试生产等方法。

(3)针对控制对象预测造成质量问题的因素,拟订质量控制计划,设计控制程序,有目的、有预见地采取有效措施，将项目实施过程中常见的质量问题和质量事故消灭在萌芽状态。

3. 项目实施阶段质量管理

项目实施阶段是项目形成的重要阶段，是项目质量管理的重点。项目实施阶段包括项目实施准备和项目实施过程两项内容。

(1)项目实施准备质量管理。准备工作的好坏，对项目产生直接影响。准备工作包括技术准备、物资准备、组织准备和现场准备。

(2)项目实施过程质量管理。项目实施过程质量管理的主要任务是建立一个控制状态下的运营(生产)系统。所谓控制状态，就是项目的正常状态，即项目(生产)过程能够稳定地、持续地产生符合设计质量的产品。质量管理的重点是影响项目质量的因素、工艺和过程(工序)。

4. 项目收尾阶段质量管理

项目收尾阶段是项目生命周期的最后阶段。在该阶段，要确认项目的可交付成果是否达到了预期的质量要求，实施项目的移交与清算。该阶段质量管理的重要手段是质量验收，即对项目进行全面的质量检查评定，判断项目是否达到质量目标，对不合格项目提出处理办法，以保证项目产品符合质量要求。

第二节　项目质量规划

对项目质量进行管理，首先应当制订质量管理计划，规定项目的质量目标，确定项目质量标准以及如何达到标准，这是项目质量规划所要做的工作。

一、项目质量规划的定义

国际标准化组织在《质量管理体系：基础和术语》(ISO9000：2015)中给出了质量规划的定义：质量规划是质量管理的一部分，致力于制定质量目标并规定必要的运行过程和相关资源，以实现质量目标。《项目管理知识体系指南》对项目质量规划的定义是：识别项目及其可交付成果的质量要求和标准，并书面描述项目将如何证明符合质量要求和标准的过程。

对项目质量规划可从以下几个方面加以理解：

(1)项目质量规划的首要任务是设定项目质量目标，或者是设定质量要求和标准。项目质量目标是项目在质量方面要实现的结果。项目质量目标包括总目标和具体目标。总目标是项目拟达到的总体质量水平。如某建筑项目的质量总目标是工程合格率100%，优良率95%以上。具体目标包括项目的性能目标、可靠性目标、安全性目标、经济性目标、时间性目标和环境性目标等。如某建筑项目，其挡风墙使用的石料强度等级不小于40Mp，这是一个性能质量目标或者说是质量标准。

(2)项目质量规划应为实现质量目标规定必要的作业过程和相关资源。项目质量管理是通过一系列过程实现的。项目质量规划应对项目的实现过程进行分解和识别，规定必要的作业过程。如施工项目的必要过程包括工程调研与任务承接、施工准备、采购材料、施工生产、检验与试验、功能试验、竣工交验、回访与保修等。对规定的作业过程明确所需的资源，包括人员和设备等资源。明确过程的职责和权限，建立规范化的管理程序等。

(3)项目质量规划的结果是形成项目质量计划书、质量测量指标、质量核对表和过程改进计划。

将项目质量规划所设定的项目质量目标及其规定的作业过程和相关资源用书面形式表

达，就形成了项目质量计划书。其主要内容包括项目概述，项目质量总目标及其分解，项目质量管理组织机构的设置，项目各级人员的质量职责，项目质量控制依据的规范、规程、标准和文件，项目质量控制程序等。

二、项目质量规划的依据

（1）项目特性。不同类型、规模的项目，其项目特性不可能相同，因此质量目标、质量管理运行过程及需要的资源各不相同，所制定的项目质量规划也应各不相同。

（2）项目质量方针。项目质量方针是项目在质量方面的意图和方向，质量方针为制定质量目标提供框架，是项目质量规划的基础。

（3）项目范围陈述。项目范围陈述说明了项目所有者的需求以及项目的要求和目标，项目要满足这些需求，因此项目范围陈述是制定项目质量规划的依据和基础。

（4）项目可交付成果描述。项目可交付成果是项目的成果，对项目可交付成果的描述包含了详细的技术要求和其他相关内容，项目质量要符合这些要求，是项目质量规划的依据。

（5）标准和规则。质量要求往往是以标准、规范、规程等形式表现的，制定质量规划时要遵守这些标准和规则。如建筑工程项目的质量规划应依据建筑施工规范、建筑结构规范等国家和行业标准。

第三节　项目质量计划

一、项目质量计划的概念

项目质量计划是指为确定项目应该达到的质量标准和如何达到这些项目质量标准而做的项目质量的计划与安排。项目质量计划是质量策划的结果之一。它规定与项目相关的质量标准、如何满足这些标准、由谁及何时应使用哪些程序和相关资源。

项目质量管理包含一些程序，它要求保证该项目能够兑现它关于满足各种需求的承诺。它包括在质量体系中，与决定质量工作的策略、目标和责任的全部管理功能有关的各种活动，并通过诸如质量计划、质量保证和质量提高等手段来完成这些活动。质量计划确定哪些质量标准适用于该项目，并决定如何达标。

二、项目质量计划的内容

项目质量计划的主要内容包括：（1）编制依据；（2）项目概述；（3）项目质量目标；（4）项目组织机构；（5）项目质量控制及管理组织协调的系统描述；（6）项目管理必要的质量控制手段，施工过程、服务、检验和试验程序及与其相关的支持性文件；（7）确定项目关键过程和特殊过程及作业指导书；（8）与施工阶段相适应的项目检验、试验、测量、验证要求；（9）项目更改和完善质量计划的程序。

三、项目质量计划的依据

项目质量计划的依据主要包括：

（一）项目质量方针

质量方针是指由组织的最高管理者正式发布的该组织总的质量宗旨和方向。通常，质量方针与组织的总方针相一致并为制定质量目标提供框架。项目质量方针是项目最高管理者确定的项目宗旨、方向、文化与理念。从一定意义上来说，项目质量方针就是项目质量管理理念。项目质量方针又称为质量政策，对项目来说，质量方针是项目质量行为的指导准则，反映项目或组织最高管理者的质量意识，也反映企业的质量经营目的和质量文化。

（二）项目范围描述

项目范围描述包括项目目标的说明和项目任务范围的说明。它明确地说明为提交既定特性和功能的项目产出物而必须开展的项目工作和对这些项目工作的具体要求。

（三）项目产出物描述

项目产出物描述是指对项目产出物的全面和详细的说明。

（四）相关标准和规定

项目组织在制订项目质量计划时还必须充分考虑所有项目质量相关领域的国际、国家和行业标准，各种规范以及政府规定等。

（五）其他信息

其他信息是指除范围描述和产出物描述外，其他项目管理方面的要求，以及与项目质量计划制订有关的信息。

四、项目质量计划的方法与技术

项目质量计划的工具主要有以下几种：

（一）成本效益分析法

成本效益分析法是通过比较项目的全部成本和效益来评估项目价值的一种方法。开展质量活动会产生项目成本，如检验需要检验人员、设备、材料等，形成检验成本，这是质量管理中的支出，但通过检验能够发现质量问题，保证项目质量，给项目带来效益。成本效益分析法是对每个质量活动进行成本效益分析，比较其可能成本与预期效益，使得质量总成本相对较低、质量效益相对较高。

（二）质量成本法

质量成本是指为了保证满意的质量而发生的费用以及没有达到满意的质量所造成的损失。质量成本包括预防成本、评价成本、内部失败成本和外部失败成本。

(1)预防成本是指为了预防不符合要求而发生的所有成本。例如，质量工作费用、质量培训费用、质量改进措施费用、新产品评审费用等。

(2)评价成本是指为评价产品或服务是否符合要求而发生的所有成本。主要是用于评定质量所发生的费用。例如，检验、测试的费用，检验人员的工资及福利费用等。

(3)内部失败成本是指项目内部发现的因未达到要求而发生的所有成本。例如，返修、返工、废品、因产品质量问题造成的停工、质量降等降级等带来的损失。

(4)外部失败成本是指客户发现的因未达到要求而发生的所有成本。例如，保修、业务流失、责任赔偿等损失。

项目质量水平与项目质量成本存在着密切关系。项目质量水平会随着预防成本、评价成本的增加而提高，内部失败成本和外部失败成本会随着项目质量水平的提高而减少。因此，总质量成本呈现出U形，如图9－1所示，P点是最佳质量成本的质量水平。

质量成本是从经济的角度，从与质量有关的成本方面用货币的语言对项目质量管理状况进行测量和评价，判断项目质量管理活动是否协调和有效。项目质量与成本既相互矛盾又相

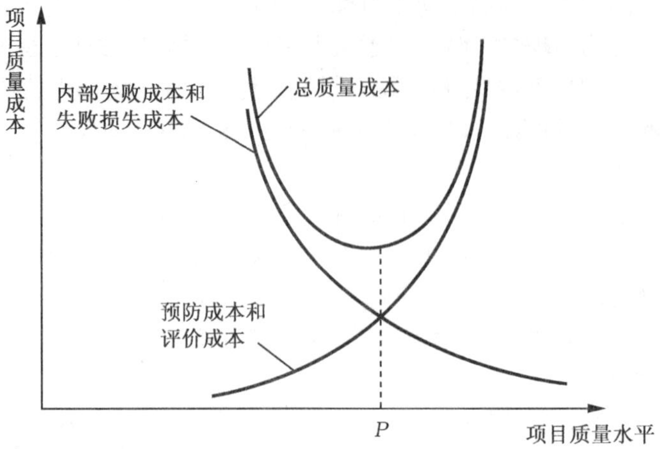

图 9—1　项目质量成本曲线

互统一，在确定项目质量目标、质量管理流程和所需资源等质量规划过程中，通过质量成本分析，以使项目的质量与成本达到最佳组合。

(三)标杆法

标杆法是指利用其他项目质量计划或实际质量的结果作为新项目的参照体系和标杆，进行对照，为制订新项目质量计划提供依据。作为标杆的项目，可以是项目组织内部的或是外部的项目，可以是同一应用领域的项目，也可以是不同应用领域的项目。

(四)实验设计法

实验设计(Design of Experiment，DOE)是一种统计方法，用来识别哪些因素会对正在生产的产品或正在开发的流程的特定变量产生影响。实验设计法可以用来确定测试的数量和类别以及这些测试对质量成本的影响，以指导项目质量计划的编制。实验设计法的操作原理是，先在项目产品质量要求和约束条件的基础上建立一个数量模型，然后罗列出所有可能对项目产品质量产生影响的要素，并把这些要素输入模型，接着依次上下调整上述变量因素，对产生的不同质量标准进行综合评价，直到质量标准达到满意为止。

五、项目质量计划的成果

项目质量计划的成果包括质量管理计划、操作性定义、质量核检清单以及可用于其他管理的信息。

(一)质量管理计划

质量管理计划应说明项目管理小组如何具体执行它的质量策略。在 ISO9000 的术语中对质量体系的描述是：组织结构、责任、工序、工作过程以及具体执行质量管理所需的资源。

质量管理计划为整个项目计划提供了输入资源，并必须兼顾项目的质量控制、质量保证和质量提高。

质量管理计划可以是正式的或非正式的、高度细节化的或框架概括型的，皆以项目的需要而定。

(二)操作性定义

操作性定义是用非常专业化的术语描述各项操作规程的含义，以及如何通过质量控制程序对它们进行检测。例如，仅仅把满足计划进度时间作为管理质量的检测标准是不够的，项目管理小组还应指出是否每项工作都应准时开始，还是只要准时结束即可；是否要检测个人的工作，还是仅仅对特定的子项目进行检测；如果确定了这些标准，那么哪些工作或工作报告需要检测。在一些应用领域，操作性定义又称为公制标准。

（三）质量核检清单

质量核检清单是一种质量组织管理手段，通常是项目或专门活动中的管理手段，用以证明需要执行的一系列步骤是否已经得到贯彻实施。质量核检清单可以很简单，也可以很复杂。常用的语句有命令式和询问式。许多组织提供标准化审验单，以确保对常规工作的要求保持前后一致。在某些应用领域中，审验单还会由专业协会或商业服务机构提供。

（四）对其他程序的输入

质量计划程序可以在其他领域提出更长远的工作要求。

第四节　项目质量控制

一、项目质量控制的定义

国际标准化组织在《质量管理体系：基础和术语》（ISO9000：2015）中给出了质量控制的定义：质量控制是质量管理的一部分，致力于满足质量要求。《项目管理知识体系指南》对质量控制的定义是：监督并记录质量活动执行结果，以便评估绩效，并推荐必要的变更过程。

对项目质量控制可从以下几个方面理解：

（1）项目质量控制是根据项目目标和质量要求，对项目的实施情况进行监督、检查和测量，判断是否满足质量要求，对于发现的偏差，及时进行反馈，并采取纠正措施，确保项目质量满足要求。项目质量控制遵循一般控制原理，也就是控制三部曲：确立标准；衡量成效；纠正偏差。

（2）项目质量控制的对象可以是项目所涉及的生产要素、工序、过程、某项阶段成果等一切与项目质量有关的要素。在项目进展的不同时期、不同阶段，项目质量控制的对象也不相同。

（3）项目质量控制的阶段性。项目需经历不同阶段，各阶段的工作内容、工作结果都不相同，影响质量的因素也不相同，所以每个阶段的质量控制内容和控制重点也不相同。

二、质量变异理论

所谓变异，是指在过程运行中，任何与目标或规范要求不一致的变化，又称波动。变异是客观存在的，它存在于任何事物中。世界上没有两个对象具有相同的特性测量值，无论人们把环境和条件控制得多么严格，无论付出多大努力，都是徒劳的。

要达到控制质量的目的，就要研究质量变异的原因，寻找变异的根源，确定控制的对象，这样控制才有针对性。质量变异的原因可以从来源和性质两个不同角度加以分析。

（一）质量变异来源的分类

引起质量变异的原因通常概括为5M1E，即人（Man）、材料（Material）、设备（Machine）、方法（Method）、测量（Measure）、环境（Environment）。

（1）人。人的知识、经验、能力、职业道德、身体素质及质量意识等。

（2）设备。机器设备、工夹具的精度和维护保养状态等。

（3）材料。材料的物理性能、化学成分、外观质量等。

(4)方法。项目实施所采用的工艺方案、技术方案、作业方案和组织方案等。

(5)测量。测量设备、试验手段和测试方法等。

(6)环境。工程地质环境、水文、气象,施工场所的温度、湿度、含尘度、照明、噪声和震动,以及防护设施等。

(二)质量变异性质的分类

引起质量变异的原因按性质可分为随机因素和系统因素。

(1)随机因素。随机因素是一种不可避免的因素,对质量变异起着细微的作用,这种原因的出现带有随机性,不容易识别且不易消除。例如设备的微小振动、刀具的正常磨损、操作者细微的不稳定等。这类原因也称为正常原因。

(2)系统因素。系统因素是一种可以避免的因素,对质量变异影响程度大,但容易识别,可以消除。例如,操作者偏离操作规程、刀具的严重磨损、设备的不正确调整等。这些因素被发现后,若采用有效措施是可以消除的,能够使生产过程恢复正常。这类原因也称为异常原因。

三、项目质量控制的依据

项目质量控制主要有以下依据:

(一)项目质量计划书

项目质量计划书是在项目质量规划中产生的管理文件,对项目质量管理工作进行了全面安排,其中包括对项目质量控制工作和方法的明确说明。

(二)质量测量指标

质量测量指标是指对项目或产品属性提供详细的测量,以及进行测量的方法。质量测量指标用于控制质量过程,以确定可交付成果或过程是否达到质量要求。质量测量指标包括准时性、成本控制、缺陷频率、故障率、可用性、可靠性等。

(三)质量核对表

质量核对表是一种结构性工具,通常具体列出各项内容,用来核实所要求的一系列步骤是否已得到执行。由于项目需求和实践的不同,质量核对表有简有繁。许多组织有标准化的质量核对表,用来规范地执行经常性任务。

(四)工作绩效信息

工作绩效信息是在执行项目工作时,从每个正在进行的过程中收集的信息和数据。对这些信息和数据做进一步分析后,为质量控制提供依据。例如,工作绩效信息包括已完成的工作、关键绩效指标、技术绩效测量结果、进度活动的开始日期和结束日期、变更请求的数量、缺陷的数量、实际成本和实际持续时间等。

(五)可交付成果

可交付成果是在某一过程、阶段或项目完成时,必须产出的独特并可核实的产品、成果或服务能力。项目质量控制的目标是使可交付成果满足要求。所以,应了解可交付成果的要求,使得质量控制具有针对性。

四、项目质量控制的方法与技术

项目质量控制常用的方法与技术包括以下几种:

(一)排列图

1. 排列图的定义

排列图又称帕累托图，是将出现的质量问题或质量改进项目按照重要程度依次排列的一种图表。排列图由一个横坐标、两个纵坐标、几个按高低顺序排列的矩形和一条累计百分比曲线组成，如图9—2所示。

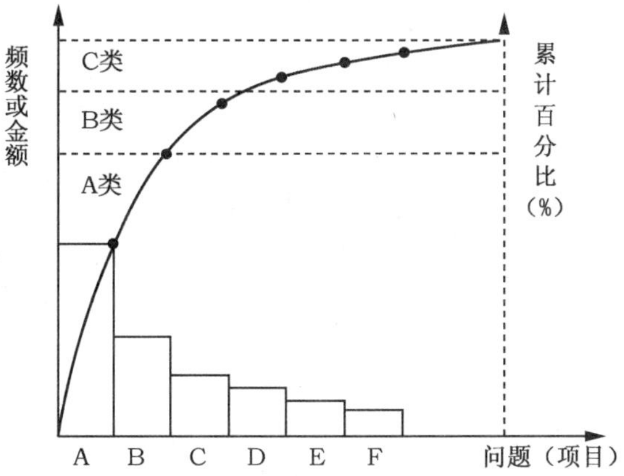

图9—2　排列图的形式

排列图建立在帕累托原理（又称80/20定律）基础上。美国质量管理专家朱兰将帕累托原理应用到质量管理领域，提出"关键的少数，次要的多数"观点。该观点认为，80％的质量问题源于20％的起因，20％的质量问题源于80％的起因，因此在面对众多影响质量问题的原因时，要确定并首先解决"关键的少数"，而不是解决那些导致少数问题的"次要的多数"。排列图是寻找质量问题的有效方法。

影响质量的主要因素通常分为三类：

(1)A类。A类为累计百分数在0—80％范围内的因素，是影响产品质量的关键因素。

(2)B类。B类为累计百分数在80％—90％范围内的因素，是影响产品质量的一般因素。

(3)C类。C类为累计百分数在90％—100％范围内的因素，是影响产品质量的次要因素。

所以，排列图法又称ABC分析图法。

2. 排列图的主要用途

(1)寻找产生质量问题的主要原因或关键因素。

(2)识别进行质量改进的机会。

(3)比较质量改进前后的排列图，确定改进的效果。

(二)直方图

直方图是将收集到的质量数据按一定要求加以整理和分组，然后进行频数统计，用一系列宽度相等、高度不等的长方形表示数据分布的图形。直方图的横坐标表示质量特性（如尺寸、重量），纵坐标表示频数或频率；长方形的宽度表示数据范围的间隔，高度表示落在给定间隔内的数据频数，如图9—3所示。直方图一般用于观察和分析数据波动情况。直方图的主要用途如下：(1)整理数据，显示产品或过程质量特性数据分布状态。(2)观察直方图形状，判断过程质量状况。(3)根据数据波动状况，有目的地进行质量控制和质量改进。

(三)因果图

因果图又称鱼刺图或特性要因图，是用来表示质量特性波动与其潜在（隐含）原因的关系，即分析表达因果关系的一种图表。它适用于有多种复杂原因的质量结果，又无法用准确的数

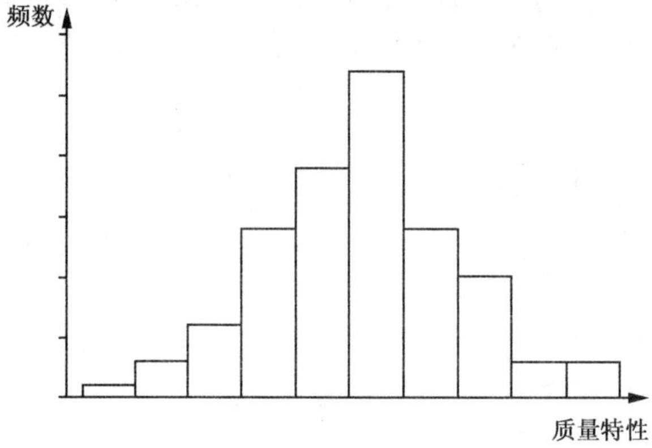

图 9—3 直方图的形式

据进行定量分析的情况。因果图是对已经产生的或预计产生的结果(或质量问题)进行讨论，详细分析造成这一结果的原因，顺藤摸瓜，步步深入，直到找到具体原因并采取纠正措施为止，如图 9—4 所示。

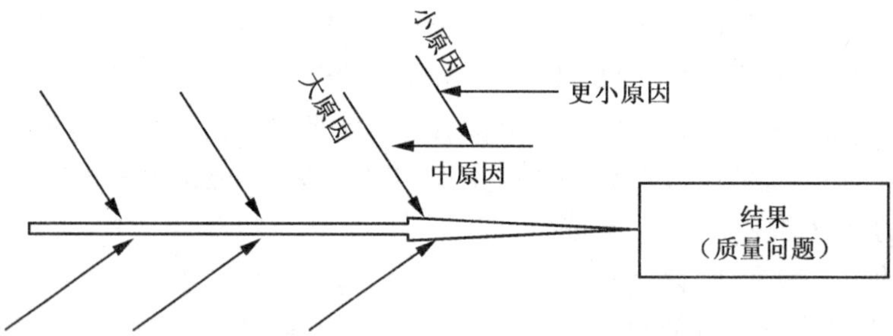

图 9—4 因果图的形式

(四)控制图

对(工序)过程中的质量波动进行控制，首先要解决的问题是如何科学地区分正常波动和异常波动，如何在生产过程中发现异常波动，并且通过及时调整异常波动，使过程处于受控状态，从而保证过程能够满足技术要求。应用控制图就可以达到此目的。

1. 控制图的概念

控制图是对过程质量特性值进行测定、记录、评估并监察过程是否处于控制状态的一种用统计方法设计的图。图中有中心线(Central Line，CL)、上控制界限(Upper Control Limit，UCL)和下控制界限(Lower Control Limit，LCL)，并有按时间顺序抽取的样本统计量数值的描点序列，如图 9—5 所示。UCL、CL 和 LCL 统称控制线。若控制图中的描点在上控制界限、下控制界限之外，或描点在上控制界限和下控制界限之间的排列不随机，就说明过程存在异常原因，处于非受控状态。

控制图的控制界限是根据收集数据的统计量来确定的，按照 3σ 原理设计。

中心线 $CL=\mu$

上控制界限 $UCL=\mu+3\sigma$

下控制界限 $LCL=\mu-3\sigma$

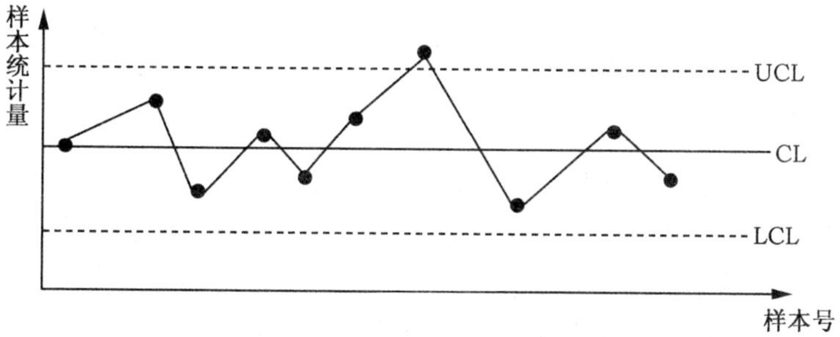

图 9—5　控制图的形式

2. 控制图的用途

(1)确立统计控制状态。根据描点的位置和分布状况,监视过程状态。

(2)监视过程并在过程超出控制界限时发出报警信号。即若发现异常变动,启动必要的调查和纠正措施。

(3)控制图可以向管理人员提供过程的质量信息,为管理决策提供依据。

(五)散布图

散布图又称相关图,是研究成对出现的两组数据之间相关关系的简单图示技术。也就是说,散布图的作用是发现、显示和确认两组相关数据之间的关联程度,并确定两组数据预期的关系。散布图的形式如图 9—6 所示。

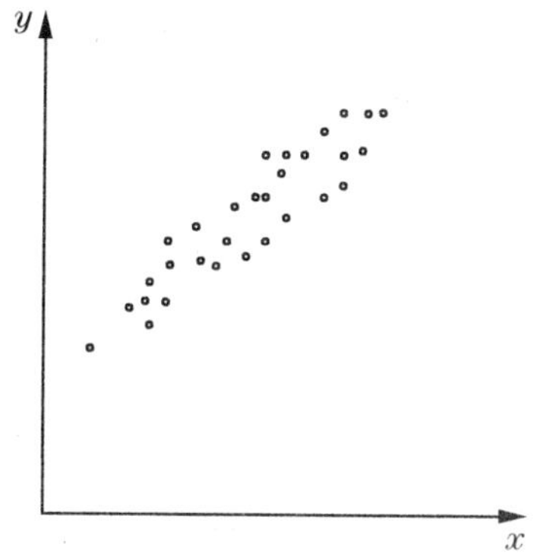

图 9—6　散布图的形式

(六)分层法

引起质量波动(或称变异)的原因是多种多样的,因此,收集的质量数据和信息往往带有综合性。分层法是按照一定的标志,把收集到的数据按不同目的加以归类、整理和汇总的一种方法。分层法的目的是使杂乱无章的数据和信息系统化、条理化,使之能确切地反映客观事实。分层法经常同质量管理中的其他方法一起使用,如分层排列图、分层控制图、分层直方图等。

(七)调查表

调查表又称检查表、核对表、统计表,是用来系统收集资料和积累数据,确认事实,并对数据进行粗略整理和分析的统计表。它被广泛地运用于现场管理,以迅速取得或整理数据。

(八)检查

1. 检查的定义

检查是通过观察和判断，适当时结合测量、试验所进行的符合性评价。检查是对产品或服务的一种或多种特性进行测量、试验、计量，并将这些特性与规定的要求进行比较，以确定其符合性的活动。

2. 检查的过程

(1)明确质量要求(要确定质量标准及测试方法等)。

(2)度量：采用试验、测量、化验、分析和感官检查等方法测定产品的质量特性。

(3)比较：将测定结果同质量标准进行比较。

(4)判断：根据比较结果，对检查项目或产品做出合格性的判定。

(5)处理：对单件受检产品，决定是合格放行还是不合格返工、返修或报废。对批量受检产品，决定是接收还是拒收。对拒收的不合格批次产品，还要进一步做出是否重新进行全检或筛选甚至报废的结论。

3. 检查的职能

(1)鉴别的职能。通过测量、比较，判断质量特性值是否符合规定的要求。

(2)把关的职能。通过鉴别，区分合格品和不合格品，保证不合格的原材料不投产，不合格的在制品/中间产品不转入下一道工序，不合格的项目不能交付，严把项目质量关。

(3)预防的职能。通过检查，及时发现问题，预防同类问题再次发生。

(4)报告(反馈)的职能。将质量检查获取的数据和信息经汇总、整理和分析后写成报告，为组织的质量策划、质量控制、质量改进、质量考核以及质量决策提供依据。

4. 检查的分类

检查有多种分类方式，其中包括：(1)全数检查和抽样检查；(2)自检、互检和专检；(3)进货检查、过程检查(或工序检查)、成品检查；(4)理化检查和感官检查；(5)破坏性检查和非破坏性检查。

第五节　项目质量保证

一、项目质量保证的定义

国际标准化组织在《质量管理体系：基础和术语》(ISO9000：2015)中给出了质量保证的定义：质量保证是质量管理的一部分，致力于提供质量要求会得到满足的信任。《项目管理知识体系指南》把项目质量管理分为三个过程：规划质量管理、实施质量保证和控制质量。其中，实施质量保证的定义是：审计质量要求和质量控制测量结果，确保采用合理的质量标准和操作性定义的过程。

(一)质量保证有两层含义

(1)保证满足规定质量要求，这也是质量控制的基本任务。

(2)以保证满足质量要求为基础，提供“信任”是质量保证的基本任务。

(二)质量保证可分为内部质量保证和外部质量保证

(1)内部质量保证是向项目执行组织的高层领导(企业领导)提供信任的活动。项目的一系列质量活动是由项目经理或项目团队进行的，虽然项目团队明确了职责分工，也有相应的质量控制方法和程序，但是这些方法和程序是否有效、是否严格按程序进行，企业领导要求项目团队有计划、有步骤地开展提供证据的活动，使领导层确信项目运行正常，从而取得领导“信任”。

(2)外部质量保证是向用户或其他相关方提供信任的活动。为了使项目用户或第三方确信项目能达到所规定的质量要求,需要向用户或第三方提供客观证据,使其了解项目实施方的实力、业绩、管理水平、技术水平,以及在项目设计、实施各阶段主要质量控制活动,从而取得用户“信任”。

(三)项目质量保证要求提供充分的证据

证据包括质量体系各种文件、认证证书等。

(四)项目质量保证是从外部向项目质量控制系统施加压力,促使其更有效地运行

例如,企业高层领导需要组织独立的专业人员进行检查、审核等活动,能够发现质量控制系统的薄弱环节,发现存在的质量问题,提出改进措施。因此,质量保证是对质量控制过程的质量控制,是质量管理的一个更高层次。

二、项目质量保证的方法与技术

项目质量保证采用的主要方法包括质量审核、过程分析和质量控制等。

(1)质量审核是指对某项工作进行独立的审查,即由与被审核项目无直接责任关系、具有相应资格的人进行的一种检查活动。

(2)审核是一项基于审核证据的活动,是对审核证据进行收集、分析和评价的过程。审核是一项符合性的检查活动,即将收集到的审核证据与审核准则相比较,以确定审核证据满足审核准则的程度。

(3)质量审核可分为质量管理体系审核、产品质量审核、过程质量审核、服务质量审核等多种形式。

三、质量管理体系

(一)质量管理体系的定义

质量管理体系是指在质量方面指挥和控制组织的管理体系。

质量管理体系是由组织内部建立的、为了实现质量目标所必需的且系统的质量管理模式,是组织的一项战略决策,它将资源与过程结合,以过程管理方法进行系统管理。它涵盖了从确定顾客需求、设计研制到施工、检验、销售、交付之前全过程的策划、实施、监控、纠正和改进活动的要求。

(二)质量管理体系的来历

国际标准化组织(ISO)于 1987 年发布了“质量管理和质量保证”标准——ISO9000 族标准。该系列标准得到了国际社会和国际组织的广泛认同,成为世界各国共同遵守的管理标准。此后又经过 4 次修订,目前是 2015 年版的 ISO9000 族标准。

(三)ISO9000 族标准的构成

ISO9000 族标准由 4 个核心标准和其他支持性标准及文件组成。4 个核心标准如下:

ISO9000:2015《质量管理体系:基础和术语》,阐述了质量管理体系的基本原则,定义了质量管理体系的术语。

ISO9001:2015《质量管理体系:要求》,规定了质量管理体系要求,用于证实组织具有稳定地提供满足顾客要求和适用法律法规要求的产品和服务的能力,目的在于提升顾客满意度。

ISO9004:2009《追求组织的持续成功:质量管理方法》,为组织在复杂的、要求更高的和不断变化的环境中获得持续成功提供管理指南。

ISO19011:2011《管理体系审核指南》,为审核管理体系提供指南。

(四)ISO9000族标准的作用

每个组织无论是否有正式计划,都有质量管理活动。ISO9000族标准为如何组织正规的质量管理活动提供了指南,并且可用于帮助组织建立一个有凝聚力的质量管理体系。质量管理体系为策划、执行、监视质量管理活动和改进绩效提供了框架。

四、项目质量保证体系

(一)项目质量保证体系的概念

所谓项目质量保证体系(Quality Assurance System,QAS),是指项目组织以提高和保证项目产品质量为目标,运用系统方法,依靠必要的组织结构,把组织内各部门、各环节的质量管理活动严密组织起来,将项目决策、产品设计、项目采购、施工过程、项目收尾整个过程中影响项目产品质量的一切因素通通控制起来,形成一个有明确项目目标以及任务、职责和权限,相互协调、相互促进的质量管理有机整体。质量保证体系分为内部质量保证体系和外部质量保证体系。

质量保证体系要通过一定的制度、规章、方法、程序和机构等将质量保证活动系统化、标准化及制度化。质量保证体系的核心就是依靠人的积极性和创造性,发挥科学技术的力量。质量保证体系的实质就是责任制和奖罚。质量保证体系的体现就是一系列手册、汇编和图表等。

质量保证体系是项目部的一种系统的管理技术和手段,是项目部为完成符合合同要求的项目产品、满足项目质量监督和认证工作的要求所建立的必需的、全部的、有计划的、系统的项目活动。它包括为外向用户提供必要保证项目质量的技术和管理"证据",这种证据虽然往往以书面的质量保证文件形式提供,但它是以现实的、内部的项目质量保证活动作为坚实后盾,即表明该项目产品或服务是在严格的质量管理中完成的,具有足够的管理和技术上的保证能力。

(二)项目质量保证体系的内容

(1)项目质量目标。必须明确并符合质量总目标的要求。项目质量目标的分解主要从时间角度和空间角度展开。

(2)项目质量计划。应根据企业的质量手册和项目质量目标来编制。工程项目质量计划可以按内容分为施工质量工作计划和施工质量成本计划。

(3)项目思想保证体系。用全面质量管理的思想、观点和方法,使全体人员真正树立起强烈的质量意识。

(4)项目组织保证体系。建立健全各级组织,分工负责,做到以预防为主、预防与检查相结合,形成一个有明确任务、职责、权限以及互相协调和互相促进的有机整体。

(5)项目工作保证体系。通过施工准备阶段、施工阶段、竣工验收阶段进行质量控制。

(三)项目质量保证体系的构架

要保证项目质量,首先需要建立项目质量保证体系,如图9-7所示,明确职责和权限,分工协作共同完成项目质量目标。

(四)项目质量管理职责

1. 工程经理质量职责

(1)坚决执行政策、法规及上级有关规章制度,全面负责工程的生产指挥、行政管理。对工

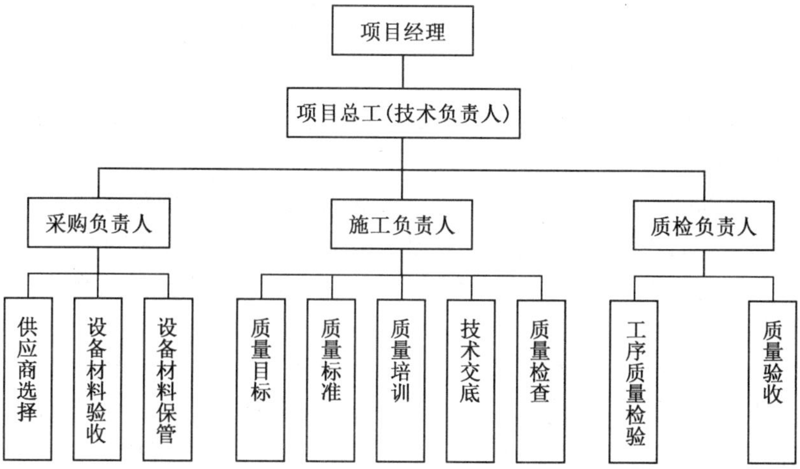

图9—7　项目质量保证体系

程进度、工程质量、安全生产、文明施工、成本效益等全面负责，保证完成工程管理的各项指标。

(2)认真组织贯彻落实公司的质量方针和质量目标，对质量体系中相关要素进行分解，落实到人，使项目从招投标到工程交付使用全过程的质量均能真正受控。

(3)提高工程整体素质，把重点放在完善工程管理和强化现场管理上，以提高工程质量、加快工程进度为核心，坚定不移地走质量效益型的道路。

(4)坚持“两个文明”一起抓，调动全体职工参与工程管理的积极性。加强班组建立，充分调动全员在经营核算中的积极性。

(5)主持工程部生产安全会和办公业务会，研究解决施工中存在的质量问题，对工程部各项质量工作行使决策权。

(6)定期或不定期对各部门的工作进行检查，督促工程各项质量管理制度的贯彻落实。

2. 技术负责人质量职责

(1)认真执行有关技术规则及标准要求，严格按设计要求组织项目施工，开工前依据施工图编写施工组织计划。

(2)贯彻执行公司质量方针和质量目标，主管质量体系中合同变更局部评审，工程文件和资料编制，检验、测量和试验设备控制，质量纠正措施及预防措施执行，质量审核，技术统计等，并做好其他协作工作。

(3)负责组织技术员、核算员编制施工预算，做出工料分析，及时准确地提出各种材料、构配件、半成品等方案，经工程经理审定后报送材料部门。

(4)每月底会同核算员核实当月工程进度，并按实际完成情况做好三项费用(即人工费、材料费、机械费)分析，核查当月实际费用情况，经工程经理核定后报送公司有关部门。

(5)负责收集原始资料，组织编制因设计变更的增减预算及材料指标，及时办理签证，收集积累定额外工程消耗资料。

(6)技术资料必须与工程进度同步，并做好隐蔽工程记录，配合做好各分部分项工程的验收工作。做好技术交底及技术复核工作，解决施工中存在的技术问题，建立技术台账及工程三项费用比照台账。

(7)工程竣工后15天内编制好工程决算草稿送生产经营科审核，协助做好工程决算定案工作。

(8)负责对工程质量事故的调查、分析工作。善于发现隐患,及时编制预防和纠正措施,提供安全保障。

(9)负责做好季节性施工管理工作,积极推广新技术、新工艺、新材料的应用。

3. 质检员质量职责

(1)在工程经理和技术负责人的领导下,负责本工程的质量组织和管理工作。

(2)根据合同规定的质量目标,向各专业分包单位下达分部分项质量目标。

(3)建立健全由专业工程师和专业分包专职质检员组成的质量管理体系,制定措施和制度,对质量实施目标管理和过程管理。

(4)组织编制质量保证方案,初审后报总工程师审批,负责监视落实。

(5)除日常的质量巡查外,应定期或不定期进行质量检查和评定,并及时催促整改。

(6)负责现场工程施工的质量自检工作,对施工工序的质量进行检查和控制,填报工程质量检查证,配合监理工程师做好质量检查及控制工作。

(7)在质量方面拥有对各专业分包队伍根据施工管理方案实施奖罚的权力。

(8)及时填报各种质量报表,建立质量档案。

4. 施工员质量职责

(1)认真执行有关施工规定及标准要求,严格按图纸设计要求施工,贯彻执行质量方针和质量目标,在质量体系中主管过程控制要素,负责其他要素的协作工作。

(2)负责完成工程部下达的生产任务,熟悉设计图纸、施工条件、技术措施及施工方案等,做好施工前的准备工作。

(3)施工前及时向班组进行方案、定额、技术等书面交底。

(4)根据管辖范围,本着日保旬、旬保月、月保季、季保年的原则精神,合理安排好劳动力,组织均衡施工。

(5)坚持跟班作业并进行施工的跟班指导和检查,认真做好本专业工种的质量管理。负责抄平、放线、放大样,参与隐蔽工程的质量验收和评定,严格把好工序交接检查关。催促班组做好自检、互检、交接检,确保每道工序质量。

(6)做好安全生产工作,催促班组召开班前安全快会,对重点作业要进行施工前的安全检查,确保项目生产安全。

(7)严格遵守"三单"(即施工任务单、质量评分单、限额领料单)管理制度,在施工前两天下达任务单给班组,单项工程工序完成后及时组织任务单验收,控制工程进度,评定工程质量等级,检查安全文明施工情况。

(8)负责对使用的外包工程量及工程质量进行验收。

5. 资料员质量职责

(1)负责施工技术资料的管理工作。

(2)做好外来文件、技术资料的收发工作。

(3)负责技术资料的编号、分类归档、装订成册。

6. 材料员质量职责

(1)负责工程的物资控制,包括对经公司授权的物资供应商进行评价,实施招标采购,做好进场物资的验证和记录、不合格物资的处理、物资的保管和标识等。

(2)负责甲供物资的控制,监视检查工程分包商自行采购的物资,按分工做好记录。

(3)根据施工现场平面布置图,设置材料堆场、材料仓库及材料加工点并设置标识牌。

(4)配合做好工程的方案管理,接到方案后及时落实,组织按时、保质、保量进场,做到有需求必须先有方案,便于采购。

(5)材料的验收必须有两人签字,做到一车一单,禁止一车多单、多车一单,一经发现按违纪论处。验收要按程序要求进行,凡重要部位使用的材料均应有合格证或质量保证书,同时应催促试验工按标准要求及时送检送试,合格后方可发料。

(6)质量方案规定的其他职责。

项目管理案例

破解万科工程质量管理之道——对设计质量的控制

一是从源头抓起,优秀的设计是工程质量的保证过程控制,通过扩初方案审查控制设计质量,优化施工图设计审查程序,进行设计审查分工,明确设计审查要点,控制关键易错环节。

二是事前控制,通过施工图设计指导书指导设计院设计工作。为什么要明确设计统一技术要求?设计院的设计人员往往不掌握客户质量标准和房地产企业成本控制要点。

三是事中控制,通过扩初方案设计审查保证施工图设计质量。加强设计过程的管理,通过扩初方案设计审查确定设计质量控制点和成本控制点,避免后续施工图设计返工。要求扩初设计审查通过后方可进行后续施工图设计。

四是事后控制,优化施工图设计审查程序,根据各部门长处及特点拆分设计审查任务。

● 设计部:了解设计规范,了解企业设计标准,了解设计审查要点。

重点审查:设计完整性和设计深度,与国家、企业设计标准的一致性,多专业交圈一致性。

● 工程部:了解施工验收规范,了解施工中容易出现质量隐患的部位,了解材料及工艺要求,了解施工组织的重点和难点。

重点审查:与防渗漏、防开裂相关的材料、构造做法、节点要求、施工要点;审查甲供、甲分包与总包交界,交叉作业面的管控重点。

● 施工单位和监理单位:了解工艺规程,了解施工可行性和施工易建性,了解乙供材料特点。

重点审查:施工图中与施工可行性和施工易建性相关的"错、漏、碰、缺",审查乙供材料的保障性。

(资料来源:豆丁施工. 破解万科工程质量管理之道,原来标杆企业的质量控制如此周密[EB/OL]. 2019-9-10. https://www.sohu.com/a/340021621_215450.)

问题:

1. 万科在设计质量管理方面有哪些做法?

2. 万科的这些做法对保证质量起到什么作用?

本章小结

质量是项目管理的三大目标之一,项目质量管理也就成为项目管理的重要内容之一。项目质量管理遵循质量管理学的基本理论,同时也具有自己的特殊性。本章首先介绍质量管理的一般原理,然后阐述项目质量管理的理论、方法和技术。

在项目质量管理概述中,首先介绍了质量定义、与质量有关的术语和项目质量的定义,其次阐述了质量管理的发展历程、质量管理原则、质量管理的基础工作,以及项目质量管理的定义及其特点,分析了项目不同阶段质量管理的内容。

项目质量管理的基本过程包括项目质量规划、项目质量计划、项目质量控制和项目质量保证。本章对项目质量规划的定义和依据进行了介绍。同时着重阐述了项目质量计划的方法和技术,包括成本效益分析法、质量成本法、标杆法、实验设计法等。在项目质量控制中,介绍了控制的内容、对象和依据,阐述了质量变异理论,说明了影响质量的因素,同样列举了项目质量控制的方法和技术,即排列图、直方图、因果图、控制图、散布图、分层法、调查表及检查。项目质量保证致力于提供质量要求会得到满足的信任,是对质量控制的控制。在项目质量保证的方法和技术中着重介绍了质量审核,还有质量管理体系和项目质量保证体系等相关内容。

习题

1. 项目质量的定义是什么?
2. 影响项目质量的因素有哪些?
3. 说明项目不同阶段质量管理的内容。
4. 说明项目质量规划的依据。
5. 什么是项目质量计划?
6. 项目质量计划包括哪些内容?
7. 项目质量计划常用的方法有哪些?
8. 项目质量控制常用的方法有哪些?
9. 说明质量管理的原则。
10. 什么是质量成本? 它包括哪些类别?

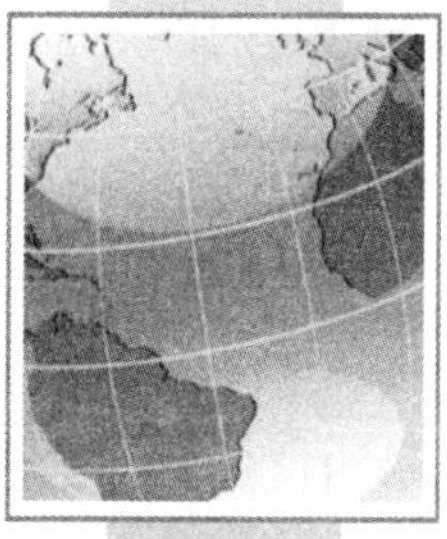

第十章 项目风险管理

受项目内部和外部环境发展变化的影响，项目在实施过程中存在着很大的不确定性，因此，项目都是有风险的。项目本身具有的一次性、创新性和独特性，以及项目过程中所涉及的内部和外部的许多关系与变数，使得项目在实施过程中存在着各种各样的风险，因此，在项目管理中必须积极地开展项目风险管理。如果不能很好地管理项目中的各种风险，就会给项目利益相关方造成损失，使其丧失机会。项目风险管理内容涉及项目风险的充分识别、科学度量和全面控制等，以努力降低风险发生的概率和风险后果对项目的影响。项目风险管理是项目中最重要的任务之一，究其原因：一是项目客户的需求随着环境不断变化，这种变化会造成大量的管理问题；二是项目风险是一种带来损失的可能，如果项目风险管理得不好，就会给利益相关方造成损失；三是项目风险中还包含机会成分，如果能够很好地开发和管理项目风险，就会有效地提高项目利益相关方的收益并提升其满意度。

第一节 项目风险的概念与分类

一、项目风险的概念

项目风险是指由于项目所处环境和条件本身不断发展变化而给项目造成的不确定性，以及项目业主/顾客、项目实施组织或其他利益相关方由于受信息、经验等主观和客观方面条件的限制而不能准确预见和控制项目的影响因素，使项目最终结果与项目利益相关方的期望产生背离，从而给项目利益相关方带来损失或收益的可能性。项目风险形成的根本原因是人们对项目发展和变化的认识不足，从而使其在应对问题时不能有效决策。也就是说，当事者对事物的影响因素和未来发展变化情况缺乏足够和准确的认识，从而使项目的有关信息欠缺，又因为项目的一次性、独特性和创新性等特性决定了在项目实施过程中存在着严重的信息不完备，导致项目中产生许多高风险工作。

由于人们对事物的认识能力的有限性和事物信息的不完备，人们对事物的认识可分为三种不同的状态，即拥有完备信息的状态、拥有不完备信息的状态和完全没有信息的状态。因为人们对事物的认识存在三种不同的状态，所以在项目的整个实施过程中也就存在着确定性事件、风险性事件和完全不确定性事件这三种状况。其中,项目风险性事件或不确定性事件所占的比例是最大的,而完全不确定性事件和确定性事件都很少。由于在实践过程中人们会将一些风险性不大的事件简化成确定性事件,这会给人们造成很多事物是确定的印象,而许多确定性事件是在一定前提条件下才成立的。在上述三种情况中,项目的风险性事件和完全不确定性事件是项目风险的根源。

二、项目风险产生的原因

项目的不确定性事件造成项目风险,而项目的不确定性事件是由信息不完备造成的。项目信息的不完备程度决定着项目不确定性事件的不确定程度,而项目信息的不完备程度可通过人们的努力来降低,但是无法消除,这与项目风险产生的原因有关。项目风险产生的原因有以下四个方面:

(一)人们的认识能力有限

人们认识能力的有限性是造成项目风险主观方面的原因。数据和信息构成了事物的属性,任何事物都有自己的属性,且任何事物都是发展变化的。但由于人们认识世界的能力有限,所以人们对很多事物属性的认识仍然存在很大的局限性。造成这种局限性的根本原因是人们获取数据和信息的能力的有限性与客观事物发展变化的无限性这一对矛盾。这一对矛盾使人们无法获得事物的完备信息。人们对项目的认识同样在广度和深度方面存在能力限制,很多时候人们不能确切地预见项目未来的发展变化和最终结果。

(二)信息本身的滞后性

造成事物信息不完备的原因还有信息本身具有滞后性。对于用数据描述的事物属性,人们只有在事物发生后才能收集到描述事物的实际数据,在对数据进行加工处理后才能获得对决策有支持作用的信息。因此,任何事物本身的信息总比该事物的发生滞后一些,这就形成了信息的滞后性。由于事物信息的滞后性,项目的不确定性事件是不可避免的,这种带有滞后特性的信息影响了人们正确认识项目。实际上,人们在项目决策中使用的信息都是历史信息和预测信息,所以信息滞后性是造成项目风险的根本原因之一。

(三)项目客观环境和条件的发展变化

项目环境和条件的不断发展变化是造成项目风险的另一个原因。项目可分为开放性项目、半开放性项目、半封闭性项目和封闭性项目四类。其中,开放性项目的不确定性和风险最大,其根本原因是这种项目的环境和条件等因素的不确定性程度比较高,人们既无法准确预知未来有什么情况会发生,也不知道这种情况发生后会有什么样的严重后果。由于这种项目的不确定性比较高,即使人们有历史信息可以参考,也无法避免出现很多意外情况。这些客观事物的发展变化是造成项目不确定性和风险性的关键原因。

(四)项目信息资源和沟通管理的问题

项目信息资源和沟通管理的问题是形成项目不确定性和项目风险的重要原因。项目信息资源管理方面的问题主要包括数据收集问题、数据加工问题和信息资源的合理使用问题。项目沟通管理方面的问题主要包括项目利益相关方的知识分享问题和及时沟通问题。项目的特性使得项目信息资源管理相对比较困难,有些项目只有很少信息或资源可做参考,项目信息资源严重不足。如果这些方面管理不善,就会大大增加项目的不确定性和风险。另外,项目沟通管理涉及诸多项目利益相关方之间的利益协调和跨组织管理,所以其中不但会有沟通不足问题,也会有信息不对称问题。这些都是形成项目不确定性和项目风险的重要原因。

三、项目风险的分类

通过对项目风险进行分类，可以进一步认识项目风险及其特性。项目风险可按不同标准分为以下几类：

(一)按项目风险发生概率分类

按项目风险发生概率分类，可以使人们充分认识到项目风险发生可能性的大小。一般可以将项目风险按照发生概率大小分为三级、五级或多级，以区分不同的项目风险。

(二)按项目风险后果严重程度分类

按项目风险后果严重程度分类，可以使人们充分认识到项目风险后果的严重程度。一般将项目风险按照后果严重程度分为三级、五级或多级，或按损失大小分为若干级，以区分不同的项目风险。

(三)按项目风险引发的原因分类

按项目风险引发的原因分类，可以使人们充分认识到造成项目风险的原因，以便有针对性地采取风险管理措施。一般可按照主观或客观、组织内部或外部，以及技术、经济、运行或环境等原因对项目风险进行分类。

(四)按项目风险造成的后果分类

按项目风险造成的后果分类，可以使人们充分认识到项目风险可能带来的后果，从而促使人们对项目风险预先采取风险防范措施。一般可按人、财、物的损失或收益分类或按其他方法分类，但必须给出项目风险结果。

(五)按有无预警信息分类

按有无预警信息可将风险分为无预警信息突然爆发的项目风险和有预警信息的项目风险。无预警信息的项目风险在项目全部风险中占很小部分，有预警信息的项目风险是项目风险的主体。对于前者，人们难以事前识别、评价和控制，只能在项目发生时或发生后采取类似于救人、救火的办法来控制和减少这类风险给项目带来的不利后果；对于后者，人们可以通过收集各种预警信息，识别和预测项目风险，并对其发生和发展施加影响，以求避免或减少这类风险的危害。

(六)按项目风险关联程度分类

按项目风险关联程度分类，可以使人们充分认识到项目风险是独立发生的还是关联发生的。其中，关联程度小的项目风险多数独立发生，很少会对项目其他方面造成关联影响；关联程度大的项目风险则会对项目其他方面造成关联影响并引发其他风险。这种分类有助于人们采取有针对性的项目风险管理措施。

四、项目风险的主要特性

项目本身的一次性、独特性和创新性等使得项目风险也具有一系列特性。项目风险的主要特性有以下五个方面：

(一)项目风险事件的随机性

虽然人们通过长期的统计研究可以发现某事物发生变化的基本规律，但这只是一种统计规律且具有随机性，没有人能够准确预言项目风险发生的确切时间和内容，所以项目风险的发生都是随机的。项目风险事件的随机性使项目的危害性大大增加。

(二)项目风险的相对可预测性

人们要进行项目风险管理,就必须认识和预测项目的各种风险。不同项目风险对项目具有不同的影响,因此就需要充分地认识和预测项目风险。但由于项目环境与条件的不断变化,以及受人的认识能力所限,没有人能准确地认识和预测项目的所有风险,只能相对预测项目的发展变化,这造成了项目风险的相对可预测性。

(三)项目风险的渐进性

绝大多数项目风险不是突然爆发的,而是随着环境、条件和自身固有的规律逐渐发展和变化的。随着项目内外部条件及环境的发展变化,项目风险的大小和性质会随之发生变化,也就是项目风险不断增大或减小。

(四)项目风险的阶段性

项目风险的阶段性为人们开展风险管理提供了可能。绝大多数项目风险的发展是分阶段的,而且这些阶段都有着明确的界限、里程碑和风险征兆。项目风险发展一般分为三个阶段:潜在风险阶段、风险发生阶段、造成后果阶段。

(五)项目风险的突变性

项目风险的突变性使项目风险管理变得十分困难。项目及其环境的发展变化有时是渐进的,有时是突变的。当项目及其产生条件发生突变时,项目的风险性质和后果也会随之发生突变。无预警信息的风险多数表现为项目风险的突变性,因此,无预警信息的风险管理十分困难。

第二节 项目风险管理的内容与方法

项目风险管理是以项目经理和项目业主/顾客为代表的全体项目利益相关方为了保证项目目标最终能够实现,通过采取有效措施以确保项目风险处于受控状态的工作。项目的一次性和独特性使项目的不确定性较高,且项目风险一旦发生并形成后果,就没有了改进和补偿的机会。因此,项目风险管理的要求通常要比其他事物的风险管理要求高得多,而且项目风险管理更加注重项目风险的预防和规避等工作。

一、项目风险管理的定义

项目风险管理是指由项目风险识别、项目风险评价、项目风险应对、项目风险监控以及妥善处理项目风险事件所造成的结果构成的一种项目专项管理工作。不同的项目由于本身的特性不同和所处的环境不同,存在的风险也就不同,需要开展的项目风险管理工作就会不同。对于一个项目来说,究竟存在什么样的项目风险和需要开展哪些项目风险管理工作,一方面取决于项目本身的特性,另一方面取决于项目所处的环境与条件。不同的项目和项目环境与条件以及不同的团队成员构成等因素会造成不同的项目风险,不同项目的环境影响因素和项目发展变化规律使得项目风险也不同。因此,项目风险管理本身也有很大的不同。

二、项目风险管理的基本方法

不同阶段项目风险的管理方法也不相同。项目风险管理理论认为,运用正确方法,人们就可以在项目进程中识别、评价和应对项目风险,从而在项目风险渐进的过程中就能对其实现有效的管理和控制。项目风险管理的主要方法如下:

（一）项目风险潜在阶段的管理方法

人们可以采用各种预防风险的方法对项目风险潜在阶段的风险进行预防，这类方法通常称为项目风险规避方法。项目风险的后果多数是由于人们在项目风险潜在阶段未能正确识别和评价造成的，如果人们能够识别这些潜在的风险并预见其后果，就可以采取各种预防风险的方法来规避项目风险的发生。

（二）项目风险发生阶段的管理方法

由于人们认识能力的有限性以及项目风险的渐进变化，不可能识别所有的项目风险和预见所有的项目风险后果，因此，在项目发展进程中有一些项目风险不可避免地进入了项目风险发生阶段。在项目风险发生阶段，人们可以采用风险转化与化解的办法对项目风险进行控制和管理，这类方法称为项目风险化解方法。如果人们能够立即发现项目风险并找到应对和解决的方法，多数情况下项目风险不会造成项目风险后果，至少可以降低这种项目风险的后果或减少项目风险后果所带来的损失。

（三）项目风险后果阶段的管理方法

由于项目风险的不确定性，人们不仅无法在项目风险潜在阶段识别和评价项目的全部风险，也无法在项目风险发生阶段化解全部项目风险，总会有一些项目风险进入项目风险后果阶段。在项目风险后果阶段，人们可以采取消减项目风险后果的措施来消除和减少项目风险所造成的影响，这类方法通常称为项目风险后果消减方法。在项目风险后果阶段，人们只能采取措施消减项目风险后果和损失。如果人们采取的措施得当，就会将项目风险的损失消减到最小。

由此可看出，项目风险的渐进性和阶段性等特性使人们能够在项目风险的不同阶段采取不同的应对措施，以实现对项目风险的有效管理。在项目风险的不同阶段，人们通过运用正确的方法开展对项目风险的管理与控制活动，可以规避和化解风险或者消减风险带来的消极后果。只要运用的风险管理方法正确，人们是可以对风险有所作为的，从而对项目风险进行有效的管理。

三、项目风险管理工作的主要内容

（一）项目风险管理规划

项目风险管理规划是确定如何在项目过程中开展项目风险管理活动的规划安排，这一工作给出的项目风险管理计划书是整个项目风险管理的指导性文件。不管是对有预警还是无预警的项目风险都应该制定风险管理规划，因为人们需要在项目风险管理规划中记录和说明如何在项目全过程中开展项目风险的各项活动和分配项目风险管理的职责等。

（二）项目风险识别

项目风险识别是指识别和确定项目究竟存在哪些风险以及这些风险影响项目的程度和可能带来的后果，其主要任务是找出项目存在的风险，识别引起项目风险的主要因素，并对项目风险后果做初步的定性估计。项目风险识别工作要采用演绎和推理等方法对项目风险做出识别和推断。人们掌握项目信息的多少和人们的知识、经验，决定了项目风险识别工作的好坏。

（三）项目风险评价

项目风险评价包括项目风险的定量评价和定性评价两个方面。项目风险定性评价是评价已识别的项目风险会造成哪些影响，以及对这些风险的可能性进行粗略估计。而项目风险定量评价是对项目风险及其后果进行定量化的分析和预测，并对项目风险进行统计分析。人们可以选择使用项目风险定性分析，也可以选择使用项目风险定量分析，或者两者结合起来使用。定量评价的项目风险期望值等于项目风险发生的各种可能性与这些风险的损失额或收益额的乘积之和。

(四)项目风险应对

项目风险应对是一项根据项目风险识别和评价结果,计划和安排项目风险应对措施并分配相应资源的工作。这一工作通常要使用项目风险损失分析、效益分析、效用分析、多因素分析和集成分析等方法,根据分析结果来决定项目风险应对措施。为了避免出现项目风险应对中得不偿失的情况,人们要尽量减少风险应对措施的成本,全面考虑由此可能带来的风险收益,并且根据项目风险应对的收益,决定是否需要付出代价去应对项目风险。

(五)项目风险监控

项目风险监控是根据项目前期所做的风险规划、识别、评价和应对等工作,对项目实施过程中出现的风险进行的监督和控制工作。其具体内容包括:根据项目发展和变化情况,不断地重新识别和评价项目风险,不断地更新项目风险的应对措施,在项目风险征兆出现时决策和实施项目风险应对措施等。项目风险监控工作是一个动态过程,而且是一种周而复始不断重复进行的工作循环。

第三节　项目风险管理规划

项目风险管理规划是在项目正式启动前或启动初期,对项目、项目风险的一个统筹考虑、系统规划和顶层设计。项目风险管理规划是一个规划和设计如何进行项目风险管理的动态创造性过程,该过程主要包括定义项目组织及成员风险管理的行动方案与方式,选择合适的风险管理方法,确定风险判断依据以用于对风险管理活动的计划和实践形式进行决策,它是整个项目风险管理的战略性和全生命周期的指导性纲领。开展项目风险管理规划是进行项目风险管理的基本要求,也是进行项目风险管理的首要职能。

一、项目风险管理规划的需求和目的

在项目实施过程中,风险以不同形式和程度出现。项目风险一般具有下列基本特征:(1)至少是部分未知的;(2)随着时间的变化而变化;(3)是可以管理的,即通过人为活动来改变它的形式和程度。

项目风险管理规划就是通过制定结构完备、内容全面且相互协调的风险管理策略并形成文件,确定项目实施风险管理的策略活动,规划充足的资源等来提出风险管理行动的详细计划。

项目风险管理规划是一个迭代过程,包括评估、控制、监控和记录项目风险等各种活动,其结果就是风险管理计划。通过制定风险规划,尽可能消除风险、隔离风险并使之尽量降低,制订若干备选行动方案,建立时间和经费储备,以应付不可避免的风险。

项目风险管理规划的目的就是强化有组织、有目的的风险管理思路和途径,以预防、减轻、消除或抑制不良事件,即风险事件的发生和发展的影响。

二、项目风险管理规划的任务

项目风险管理规划是指确定一套系统全面的、有机配合的、协调一致的策略和方法并将其形成文件的过程,这套策略和方法用于辨识和跟踪风险、拟订风险缓解方案、进行持续的风险评估,从而确定风险变化情况并配置充足的资源。

项目风险管理规划阶段主要考虑的问题有两个：风险管理策略是否正确、可行；实施的管理策略和手段是否符合总目标。因此，项目风险管理规划的任务主要包括两个方面：一是决策者针对项目风险的形式选定行动方案。一经选定，就要制订执行这一行动方案的计划。为了使计划切实可行，常常需要对项目风险进行再分析，特别是要检查计划是否与其他已做出的或将要做出的决策协调，为以后留出灵活余地。在获得关于将来潜在风险和其他风险足够多的信息之后才能做出决策，应当避免过早决策。二是选择适合已选定行动路线的风险规避策略。选定的风险规避策略要写入风险管理计划和风险规避策略计划中。

三、项目风险管理规划的主要内容

项目风险管理规划的主要内容包括：

（一）方法

明确项目风险管理的使用方法、技术工具和数据资源，这些内容可随项目阶段及风险评估情况做适当的调整。

（二）人员

明确风险管理中的领导者、支持者及参与者的角色定位、任务分工及其各自的责任、能力要求。个人管理风险的能力各不相同，对其角色定位、任务分工也不相同。但为了有效地管理风险，项目管理人员必须具备一定的管理能力和技术水平。

（三）时间

界定项目全生命周期中风险管理过程的各运行阶段以及过程评价、控制和变更的周期或频率。

（四）类型级别及说明

定义并说明风险评估和风险量化的类型级别。明确的定义和说明对于防止决策滞后和保证过程连续是很重要的。

（五）基准

明确定义由谁以何种方式采取风险应对行动。合理的定义可作为基准来衡量项目团队实施风险应对计划的有效性，并避免发生项目业主方与项目承担方对该内容理解的不同。

（六）汇报形式

规定风险管理各过程中应汇报和沟通的内容、范围、渠道及方式。汇报和沟通应包括项目团队内部之间的沟通，以及项目外部与投资方等项目利益相关方之间的沟通。

（七）跟踪

规定如何以文档的方式记录项目过程中风险及风险管理的过程，风险管理文档可有效用于当前项目的管理、监控以及经验教训的总结和日后项目的指导等。

四、项目风险管理规划过程

项目风险管理规划标识了与项目相关的风险，明确了所采取的风险评估和分析手段，制定了风险规避策略和具体的实施措施与手段。我们可以从内部和外部两种视角来看待项目风险规划过程：外部视角详细说明过程输入、机制、控制和输出；内部视角详细说明用机制将输入转化为输出的活动过程。风险规划过程的目标是：能够从中看出主要事件和风险演化为问题的条件；制定关键风险应对策略；优化选择标准；为每一个严重的风险采取下一步行动；建立自动触发机制。

项目风险管理规划的过程活动是将按优先级排列的风险列表，转变为风险应对计划所需的任务，是一种系统活动过程。项目风险管理规划的早期工作是确定项目风险管理目的和目标，明确具体区域的职责，明确需要补充的技术专业，规定评估过程和需要考虑的区域，规定选择处理方案的程序，规定评级图，确定报告和文档需求，规定报告要求和监控衡量标准等。项目风险管理规划过程活动包括以下内容：(1)设定可能出现的严重风险；(2)制订风险应对备选方案；(3)选择风险应对途径；(4)制订风险行动计划；(5)确定风险模板；(6)确定风险数据库模式。

五、项目风险管理计划

项目风险管理计划是风险管理规划文件中的一个基础性文件，项目风险管理计划要说明如何把风险分析和管理步骤应用于项目之中，该文件详细地说明风险识别、风险评价、风险应对和风险监控过程的所有方面。项目风险管理计划还要说明项目整体风险评价基准是什么、应使用什么样的方法，以及如何参照这些风险评价基准对项目整体风险进行评价。

第四节　项目风险识别

项目风险管理的前提和基础是有效地识别项目风险，从而实现对项目风险的有效管理，减少项目风险带来的损失或增加项目风险机会带来的收益。

一、项目风险识别的含义

项目风险识别是项目风险管理的基础和重要组成部分。项目风险识别是对存在于项目中的各种风险源或不确定性因素，按其产生的背景、表现特征和预期后果进行界定与识别，对项目风险因素进行科学分类。项目风险识别就是确定何种风险事件可能影响项目，并将这些风险的特性整理成文档，进行合理分类。

风险识别就是项目管理者识别风险来源、确定风险发生条件、描述风险特征并评价风险影响的过程。风险识别需要确定三个相互关联的因素：(1)风险源，包括时间、费用、技术、法律等；(2)风险事件，是指给项目带来积极或消极影响的事件；(3)风险征兆，又称为触发器，是指实际风险事件的间接表现。

二、项目风险识别的作用

风险识别是有效管理风险的基础和前提，没有风险识别的风险管理是盲目的。通过风险识别，使理论联系实际，把风险管理的注意力集中到具体的项目上来。通过风险识别，可以将那些可能给项目带来危害或机遇的风险因素识别出来。风险识别是制订风险应对计划的依据，其作用主要有以下几点：(1)风险识别为以后的管理打下基础；(2)风险识别是风险分析的基础性工作，为风险分析提供必要信息；(3)通过风险识别，确定被研究体系或项目的工作量；(4)风险识别是系统理论在项目管理中的具体体现，是项目计划与控制的重要基础性工作；(5)通过风险识别，可为项目组成员提供项目成功的信息。

三、项目风险识别的特点

(一)全员性

项目风险识别是项目组全体成员参与并共同完成的任务，而不只是项目经理或项目组个别人的工作。因为每个项目组成员的工作都会有风险，每个项目组成员都有各自的项目经历和项目风险管理经验。全员参与风险识别可以使风险的识别更全面。

（二）系统性

在项目全过程中，项目风险无处不在、无时不有，这决定了风险识别的系统性。项目生命周期过程中的风险都属于风险识别的范围。

（三）动态性

项目风险是随着项目环境和条件的变化而变化的，因此，风险识别并不是一次性的，在项目计划、实施甚至收尾阶段都要进行风险识别。根据项目内部条件、外部环境以及项目范围的变化情况，需要定期进行风险识别。风险识别在项目开始、每个项目阶段中间、主要范围变更批准之前进行。风险识别必须贯穿于项目全过程。

（四）信息性

项目风险识别具有信息依赖性，风险识别中重要的一项工作就是收集相关的项目信息。信息的全面性、及时性、准确性和动态性，决定了项目风险识别工作的质量及其结果的可靠性与精确性。

（五）综合性

风险识别是一项综合性较强的工作。除了在人员参与上、信息收集上和范围上具有综合性特点外，风险识别的工具和技术也具有综合性，即风险识别过程中要综合应用各种相关技术和工具。

四、项目风险识别的依据

项目风险识别的主要依据包括项目风险管理规划、项目规划、历史资料、风险种类、制约因素和假设条件。

（一）项目风险管理规划

项目风险管理规划是规划和设计如何进行项目风险管理的过程。它定义了项目组织及成员风险管理的行动方案及方式，指导项目组织如何选择风险管理方法。项目风险管理规划是针对整个项目生命周期制定如何组织和进行风险识别、风险评估、风险评价、风险应对及风险监控的规划。

（二）项目规划

项目规划中的项目目标、任务范围、进度计划、费用计划、资源计划、采购计划，以及项目承包商、业主方和其他利益相关方对项目的期望值等，都是项目风险识别的依据。

（三）历史资料

项目风险识别的重要依据之一就是历史资料，即从本项目或其他相关项目的档案文件中、从公共信息渠道中获取对本项目有借鉴作用的风险信息。

（四）风险种类

风险种类是指那些可能对项目产生正面或负面影响的风险源。一般的风险类型有技术风险、质量风险、过程风险、管理风险、组织风险、市场风险及法律法规变更风险等。项目的风险种类应能反映出项目所在行业及应用领域的特征。掌握了各种风险种类的特征与规律，也就掌握了风险识别的钥匙。

（五）制约因素和假设条件

项目建议书、可行性研究报告、项目设计书等项目计划和规划性文件一般都是在若干假设前提条件下估计和预测出来的。这些前提条件和假设在项目实施期间可能成立,也可能不成立。因此,在项目的前提条件和假设之中也隐藏着风险。

项目必然处在一定的环境之中,受到内部和外部许多因素的制约,其中国家法律、法规和规章等都是项目活动主体无法控制的,这些构成了项目的制约因素,这些制约因素中也隐藏着风险。为了明确项目计划和规划的前提、假设和限制,应当对项目的所有管理计划进行审查。

五、项目风险识别过程

项目风险识别过程是指描述发现风险、确认风险的主要活动和方法。项目风险识别过程可以看作一个系统。项目风险识别过程的目标是,项目小组和项目利益相关方输入已察觉到的风险,采取行动及时识别风险,揭示风险和风险来源,捕捉风险,并以文档方式记录它们。项目风险识别过程包括:

(一)过程输入

风险识别过程的主要工作内容是对不确定性进行分析。不确定性是指我们所不知道的事,是我们假定和怀疑的一部分。项目的一次性特点决定了项目包含一定程度的不确定性。

(二)过程机制

过程机制是为项目风险识别过程活动提供的方法、技巧、工具或其他手段。风险核对清单、风险评估、风险管理表和风险数据库构成了项目风险识别过程的机制。

(三)过程控制

项目资源、项目需求和风险管理能力调节风险识别过程。成本、时间和人等项目资源将限制风险识别的范围。成本有限时,可以用更经济的方法来识别风险;时间不够时,可以使用更快的方法;人员不够时,可以邀请更少的人参与风险识别。但因为项目资源不足而采取了缩减措施,也许会出现危及过程效果的风险。

合同的需求和组织标准对项目需要在何时实施风险识别有一定的影响。组织标准要求在评审项目时报告风险,故可从组织标准中定义风险识别的要求。合同的需求能直接说明风险评估的需求。项目风险管理规划详细说明了谁有责任和权利进行风险管理活动。

(四)过程输出

风险识别过程的输出是风险描述和与之相关的风险场景。风险描述是用标准的表示法对风险进行简要说明,如项目风险来源、项目风险征兆、项目风险类别,以及项目风险发生的可能性、将会产生的后果和影响等。风险描述的价值就在于建立了对风险认识的基础。风险场景提供了与风险描述相关的间接信息,如事件、条件、约束、假定、环境、有关影响因素和相关问题等。

六、项目风险识别的方法

项目风险识别是项目风险管理中非常关键的工作。项目风险识别过程中,不但要全面识别项目风险可能带来的各种损失,而且要识别项目风险可能带来的各种机会。项目风险识别的具体内容包括:识别并确定项目存在的风险;识别引发这些项目风险的原因;识别项目风险可能引起的后果;等等。项目风险识别所需要的信息和依据包括项目产出物的描述、项目的各种计划信息、历史项目的资料与信息等。

项目风险识别包括以下几种方法:

(一)头脑风暴法

头脑风暴法是通过专家经验来分析和识别项目风险的方法,是一种非结构化的项目风险识别方法。它运用专家的创造性和发散性思维及其经验，通过会议等形式来识别项目风险。

（二）德尔菲法

德尔菲法也称专家调查法，是风险识别经常使用的一种方法。其本质上是一种反馈匿名函询法，其大致流程是：在对所要预测的问题征得专家的意见之后，进行整理、归纳、统计，再匿名反馈给各专家，再次征求意见，再集中，再反馈，直至得到一致的意见。

（三）系统分析法

系统分析法是利用系统分解和系统分析的原理，将一个复杂的项目分解成一系列简单和容易认识的子系统或系统元素，从而识别项目各子系统、系统元素和整个项目中的各种风险的方法。这种方法首先将项目按照系统分解的方法转化成一系列的项目阶段、项目工作包和项目活动，然后通过分析项目工作包和项目活动的方法分析和找出项目风险。

（四）核检清单法

核检清单法是通过预先设计一套项目风险识别的核检清单，然后利用这套项目风险核检清单去分析和找出项目风险的方法。

（五）假设分析法

假设分析法是通过分析项目计划的假设前提条件的可能发展变化，识别和找出项目风险的方法。

（六）情景分析法

情景分析法是通过对项目未来的某个状态和某种情况的详细描绘与分析，从而识别项目风险及产生风险原因的方法。

（七）流程图法

流程图法是使用包括系统流程图、工作流程图、因果关系图等一系列图形来分析和识别项目风险的方法。这种方法的结构化程度比较高，对识别项目风险、风险要素和风险来源都非常有用。

七、项目风险识别的结果

经过不断修正，需要最终确认项目的风险因素，某房地产项目风险因素如表 10－1 所示。

表 10－1　　　M 房地产项目风险因素汇总表

	项目所处阶段	风险项汇总
M 房地产项目风险因素识别结果	投资决策阶段	行业市场环境风险 项目定位风险 合作模式风险 开发模拟测算精准度风险
	规划设计阶段	勘察不到位风险 成本控制风险 行政报批时效风险 规划条件研读不到位风险
	建设施工阶段	工程进度风险 工程质量风险 安全生产风险 竣工验收风险
	营销运营阶段	定价风险 销售策略风险 不当销售承诺风险 销售管理风险

第五节 项目风险评价

项目风险评价是评估项目中各种风险发生的概率及其对项目的影响程度。其基本目标是确定项目中各项风险的严重性，进一步加深对风险和风险后果的认识，为更有效地管理项目风险奠定基础。

一、项目风险评价的含义

项目风险评价包括对项目风险发生的可能性的评价、对项目风险后果严重程度的评价、对项目风险影响范围的评价以及对项目风险发生时间的评价等。项目风险评价的主要作用是，根据这种评价制定项目风险的应对措施，开展项目风险的控制。项目风险评价是对已识别出来的项目风险做进一步的分析和量化，从而给出项目风险定性和定量描述的一种项目管理活动。

二、项目风险评价的工作内容

项目风险评价的主要工作内容如下：

（一）项目风险可能性的评价

项目风险评价的首要任务是分析和估计项目风险发生概率的大小，即项目风险发生可能性的大小。对风险的控制程度根据项目风险发生的可能性而定，一个项目风险的发生概率越高，造成损失的可能性就越大，而在风险损失额也很大的情况下对它的控制就应该越严格。因此，在项目风险评价中，首先要分析、确定和评价项目风险可能性的大小。项目风险可能性的评价是项目风险评价中最为重要的工作之一。

（二）项目风险后果的评价

项目风险评价的第二项任务是分析和估计项目风险后果的严重程度，即评价项目风险可能带来的损失的大小。即使一个项目风险发生的概率并不大，但它发生后带来的后果十分严重的话，也必须对它进行严格的管理和控制，否则这种风险的发生会给整个项目带来十分严重的损失。项目风险后果的评价是项目风险评价中一项非常重要的工作。

（三）项目风险时间进度的评价

项目风险评价的第三项任务是分析和估计项目风险时间进度，即项目风险可能发生的时间。项目风险的管理和控制都必须根据项目风险发生的时间进行安排，一般是优先控制先发生的项目风险，而后发生的项目风险可能延后采取措施，通过监视和观察它们的发展，做进一步的风险识别和风险控制。

（四）项目风险影响的评价

项目风险评价的第四项任务是分析和估计项目风险的影响，即项目风险可能会影响到项目的哪些方面和哪些工作。因为即使一个项目风险发生的概率和后果的严重程度都不大，可一旦发生，会影响项目其他方面的工作，也需要对它进行严格的管理和控制。项目风险影响的评价也是项目风险评价中一项十分重要的工作。

三、影响项目风险评价的因素

影响项目风险评价的因素多种多样，在项目风险评价过程中，需要对这些因素进行分析，主要包括如下几个方面：

(一)项目风险管理规划的科学性

项目风险管理规划规定了项目风险管理的基本原则和基本管理过程，它所规定的项目风险评价的基本原则与基本方法直接决定了项目风险评价的效果，一个科学严谨的项目风险管理规划对项目风险评价有至关重要的作用。

(二)项目类型

项目类型对项目风险也有着重要的影响，项目实现和管理过程所涉及的环节和关系越复杂，项目所面临的不确定性和风险性就越高。项目利益相关方的要求越高，项目的风险性也就越高；项目团队越不熟悉项目的情况，其所面临的项目风险就越高。

(三)项目风险评价者的素质与能力

项目风险评价过程中需要用到各种方法与工具，无论项目风险评价的方法和工具多么先进，最终都必须由人来使用，项目风险评价者的素质、责任心和能力与经验直接决定了项目风险评价结果的科学性和可靠性。人们需要在项目风险评价中注意克服各种偏见，全面提高项目风险评价的能力等。

(四)项目阶段

项目风险大小取决于项目的状态和项目所处的阶段，不同的阶段对项目风险评价的难易程度不同。在项目决策阶段，项目风险最高，项目风险评价更难，随着项目的逐步实施，项目所面临的不确定性逐步降低。所以在项目风险分析和评价过程中，必须对项目状态和项目所处阶段进行准确把握。

(五)数据信息的准确性

在项目风险评价的过程中，所使用的各种历史信息和来自各个方面的数据的准确程度决定了项目风险评价的精确度。而且编制数据和进行数据分析的人员的素质、能力和经验等也直接影响项目风险评价的结果。

除了以上的影响因素外，项目风险识别过程中所发生的项目风险清单、项目风险事件之间的关联度等也是影响项目风险评价效果的重要因素。组织在进行项目风险评价的过程中，需要从全面和科学的视角出发，有效管理所有这些影响因素，保证项目风险评价的科学性和有效性，进而提高项目管理效率。

四、项目风险评价的方法

(一)专家法

专家法是在项目风险评价中经常使用的方法之一，它可以代替和辅助其他风险评价方法。在许多大型和复杂的项目管理中都会邀请各方面专家，运用自己的经验做出项目范围、项目工期、项目成本、项目质量等各方面项目风险的评价。这种项目风险评价通常是比较准确可靠的，甚至有时比损失期望值法和模拟仿真法确定的项目风险评价结果还要准确可靠，因为这些项目专家的经验通常是一种比较可靠的思想型信息数据。在很多项目风险评价中，虽然仅仅要求专家给出高、中、低三种项目风险概率估计和多种项目风险损失严重程度估计的数据，但其结果一般是足够准确可靠的。

(二)损失期望值法

损失期望值法首先要分析和估计项目风险发生概率的大小和项目风险所带来损失的大小，然后将两者相乘以求出项目风险损失的期望值，并使用项目损失期望值来评价项目风险的大小。

（三）模拟仿真法

模拟仿真法是用计算机模拟仿真模型、分析模型和软件来评价项目风险的方法，这种方法多数使用蒙特卡罗模拟或三角模拟等具体技术。它用来测量项目各种可量化的风险，通过系统仿真模拟项目风险事件发生时的各种条件和影响因素，然后使用计算机模拟仿真给出项目风险概率及其分布和损失大小的统计规律与结果。模拟仿真法多数用在大型项目或复杂项目的风险评价上，小项目多数使用损失期望值法。由于项目质量、时间（工期）和成本（造价）的风险直接关系项目的成败，所以模拟仿真法在这些项目风险评价中广为应用。

（四）风险矩阵分析法

在对项目风险进行评价的过程中，通常采用矩阵分析法来评价每项风险的重要性及其紧迫程度。风险矩阵给出了各种项目风险的概率和后果的组合，并规定哪些组合被评为高重要、中等重要和低重要的项目风险，然后根据组织的偏好，可以使用描述性文字或数字来表示这种风险矩阵分析的结果。该方法需要对项目风险损失、机遇的概率和后果进行评价。

（五）敏感性分析法

这是一种分析项目风险事件对项目影响的量化分析方法。敏感性分析法研究在项目全生命周期内当项目某个因素变化时，项目目标或相关项目收益指标等会发生怎样或多大的变化。这种方法能够给出哪些项目因素的变化对项目目标和结果的影响最敏感或最显著，从而帮人们识别和评价哪些项目因素是敏感性因素，就是项目风险管理应给予高度关注的管理对象。

（六）层次分析法

层次分析法（AHP）是一种定性与定量相结合的系统分析方法。它是 20 世纪 70 年代由美国匹兹堡大学的萨蒂（T. L. Saaty）教授提出的。从根本上来讲，层次分析法是一种决策思维方式，主要是通过分解、判断和综合三个基本特征来实现决策。它通过把复杂问题分解成各个因素的组成，再把这些分解后的因素按照支配关系的维度进行分组，以形成有顺序的递进式层次结构，然后通过每两个因素相互比较的方式确定各个因素的相对重要性，最后由人的判断来决策各个因素相对重要性的排序。

层次分析法整个计算过程包括以下五个部分：

1. 建立递阶层次结构

应用 AHP 解决实际问题，首先要明确目标；其次分析影响目标决策的各个因素，并将它们之间的关系条理化、层次化；最后用线将各个层次、各个因素间的关系连接起来就构成了递阶层次结构。

通常，递阶层次结构包括以下三个基本层次：

（1）目标层。通过分析明确目标是什么，将其作为最高层的元素，必须是唯一的，如选择最合适的供应商。

（2）准则层。即中间层，元素包含所有可能影响目标实现的准则，且会随着问题的复杂程度增多。这时，需要详细分析各准则元素间的相互关系（是同级关系还是隶属关系）。如果是隶属关系，则需要构建子准则层甚至更下一层准则。

（3）措施层。即方案层，分析解决问题的方案有哪些，并将其作为最底层因素。

2. 构造判断矩阵并赋值

（1）构造判断矩阵。将每一个具有向下隶属关系的元素作为判断矩阵的第一个元素（位于左上角），隶属于它的各个元素依次排列在其后的第一行和第一列。

（2）填写判断矩阵。最常用的方法是咨询专家，将元素两两比较，按照重要性程度表赋值

（见表 10—2）。

表 10—2　　**重要性标度含义表**

重要性标度 a	含义（针对 i、j 两个元素相比）
1	前者 i 与后者 j 具有同等重要性
3	前者 i 比后者 j 稍重要
5	前者 i 比后者 j 明显重要
7	前者 i 比后者 j 强烈重要
9	前者 i 比后者 j 极端重要
2,4,6,8	表示上述判断的中间状态对应的标度值
以上数值的倒数	若元素 i 与元素 j 的重要性之比为 a，则元素 j 与元素 i 的重要性之比为 $a=1/a$

设填写后的判断矩阵为 $A=(a)$，判断矩阵具有如下三个性质：（1）$a=1$；（2）$a=1/a$；（3）$a>0$。

3. 层次单排序与检验

（1）层次单排序

利用数学方法将专家填写后的判断矩阵进行层次排序。层次单排序是将每一个因素对于其准则的重要性进行排序，实际就是计算权向量。计算权向量有特征根法、和法等，以下详细介绍特征根法的计算方法。

①计算判断矩阵每一行元素的乘积

$$M_i = \prod_{j=1}^{n} a_{ij} \tag{10—1}$$

式中：M_i 为第 i 行各元素的乘积；a_{ij} 为第 i 个元素与第 j 个元素的关系比值。

②计算 M_i 的 n 次方根

$$W_i = \sqrt[n]{M_i} \tag{10—2}$$

式中：W_i 为第 i 行各元素乘积的 n 次方根；M_i 为第 i 行各元素的乘积。

③对向量正规化

$$\vec{W}_i = \frac{W_i}{\sum_{i=1}^{n} W_i} \tag{10—3}$$

式中：$\vec{W}_i$ 为特征向量；W_i 为第 i 行各元素乘积的 n 次方根。

④计算判断矩阵的特征根

$$\lambda_i = \sum_{i=1}^{n} a_{ij} \vec{W}_i \tag{10—4}$$

式中：λ_i 为第 i 个特征根；a_{ij} 为第 i 个元素与第 j 个元素的关系比值；$\vec{W}_i$ 为特征向量。

⑤计算判断矩阵的最大特征根

$$\lambda_{\max} = \sum_{i=1}^{n} \frac{\lambda_i}{n \times \vec{W}_i} \tag{10—5}$$

式中：$\lambda_{\max}$ 为最大特征根；λ_i 为第 i 个特征根；n 为判断矩阵的阶数；$\vec{W}_i$ 为特征向量。

(2)层次单排序一致性检验

需要特别注意：在层层排序中，要对判断矩阵进行一致性检验。判断矩阵唯有通过检验，才能说明其逻辑上是合理的，才能继续对结果进行分析，否则没有意义。

一致性检验分为下面三个步骤：

①计算一致性指标 C. I. (Consistency Index)

$$C.I.=\frac{\lambda_{\max}-n}{n-1} \tag{10-6}$$

②确定平均随机一致性指标 R. I. (Random Index)

按照各个判断矩阵的不同阶数（即 n）查表 10－3，确定相应的平均随机一致性指标 $R.I.$。例如，当判断矩阵为 3 阶时，$R.I.=0.58$。

表 10－3　　平均随机一致性指标 R. I. 表

矩阵阶数 (n)	1	2	3	4	5	6	7	8	9	10
$R.I.$	0	0	0.58	0.90	1.12	1.24	1.32	1.41	1.45	1.49

③计算一致性比例 C. R. (Consistency Ratio)并进行判断

$$C.R.=\frac{C.I.}{R.I.} \tag{10-7}$$

当 $C.R.<0.1$ 时，判断矩阵的一致性是可以接受的，即各元素间关系是符合逻辑的；当 $C.R.\geqslant 0.1$ 时，判断矩阵不符合一致性要求，即各元素间关系存在某些不符合逻辑的现象，需要重新修正该判断矩阵。

4. 层次总排序与检验

(1)层次总排序

总排序是计算最底层各因素针对目标层的相对权重，采用从上至下的方法，逐层计算得出的。

假设已算出第 $n-1$ 层 h 个元素相对于目标层的权重是 $w^{n-1}=(w_1,w_2,\cdots,w_h)^T$，第 n 层的 k 个元素相对于上一层（第 $n-1$ 层）的 i 元素的单排序权重是 $P_i=(p_1,p_2,\cdots,p_k)^T$，$i=1,2,\cdots,h$。其中，与第 $n-1$ 层该元素无关的元素的权重为 0。

令 $P^n=(P_1,P_2,\cdots,P_h)$，表示第 n 层元素对第 $n-1$ 层元素的排序，则第 n 层元素对于总目标的总排序为：

$$W^n=(W_1,W_2,\cdots,W_k)^T=P\cdot w^{n-1} \tag{10-8}$$

(2)层次总排序一致性检验

同层次单排序一样，总排序也需要进行一致性检验。步骤如下：

①计算总一致性指标 $C.I.^n$

假定已算出针对第 $n-1$ 层某元素的一致性指标 $C.I._i^{n-1}$，$i=1,2,\cdots,h$，则第 n 层的综合检验指标为：

$$C.I.^n=(C.I._1^{n-1},C.I._2^{n-1},\cdots,C.I._h^{n-1})\cdot w^{n-1} \tag{10-9}$$

②确定平均随机一致性指标 $R.I.^n$

$$R.I.^n=(R.I._1^{n-1},R.I._2^{n-1},\cdots,R.I._h^{n-1})\cdot w^{n-1} \tag{10-10}$$

③计算总一致性比例 $C.R.^n$

$$C.R.^{n}=C.R.^{n-1}+\frac{C.I.^{n}}{R.I.^{n}} \tag{10-11}$$

当 $C.R.^{n}<0.1$ 时，认为判断矩阵的整体一致性是可以接受的。

5. 结果分析

分析排序结果，得出最佳的决策方案。

(七)模糊综合评价法

模糊综合评价法是一种可以对决策事项进行全面正确而又定量评价的方法。项目风险管理中，可以运用模糊综合评价法对单个风险或整个项目的整体风险进行风险等级的综合评价，以达到在决策中提供支持的作用。

模糊综合评价法总共通过以下七个步骤来实现：

1. 设定因素集 U

因素主要是指我们在思考事项时的出发点。如在考虑项目风险问题时，我们主要关心的有进度风险、质量风险、经营风险等方面。为了简化计算，我们在设定 $U=\{U_1,U_2,\cdots,U_n\}$ 中会把问题概括为最少的因素。

2. 设定评价集 V

我们根据实际需要对一个因素进行不同的评价。如一般情况下使用的评价集有以下几种：

V＝{大，中，小}

V＝{优秀，良好，合格，不合格}

V＝{好，较好，一般，差，较差}

3. 确定权重集 A

由于结合实际的评价工作，各评价因素的重要程度通常是不一样的，重要程度即为权重。模糊综合评价是因素权重与单个因素评价复合影响的结果，所以权重集很重要。通常会请评价专家一起讨论或用两两对比法来确定。

4. 专家进行评价打分

把问题的相关背景和数据介绍清楚后，通常会通过“民意测验”的方式来收集专家们的意见，实现专家对反映问题和因素的模糊评价。

5. 建立评价矩阵 R

任意一个因素的评价结果 $r_{ij}(i=1,2,\cdots,n;j=1,2,\cdots,n)$ 表示从第 i 个因素出发，对被评价问题做出第 j 个评价结果的可能性程度。

6. 进行综合评价

对所有的评价对象可以用公式 $B=R\times A$ 来表示其综合评价结果。

7. 归一化处理

得出综合评价结果，并且该结果具有可比性，最终通过对各个方案进行比较，得到评价值最优的方案。

第六节 项目风险应对

项目风险总是客观存在的，必须在系统分析的基础上，采取积极的项目风险措施，有所准备，确保将风险后果控制在可接受的水平。风险应对是根据项目风险识别、估计和评价的基本结果，在对项目风险综合权衡的基础上，提出项目风险的管理措施和处置方法，以有效消除或控制项目风险。

一、项目风险应对的含义

项目风险应对是对项目风险提出处理意见和办法。通过对项目风险识别、估计和评价，把项目风险发生的概率、损失严重程度以及其他因素综合起来考虑，就可得出项目发生各种风险的可能性及其危害程度，再与公认的安全指标相比较，确定项目的危险等级，从而决定应采取什么样的措施以及控制措施应采取到什么程度。

二、项目风险应对的依据

(1)项目风险管理规划。项目风险管理规划详细地说明风险应对的过程及要求。

(2)项目风险排序。将风险按其可能性、对项目目标的影响程度、缓急程度分级排序，说明要抓住的机会和要应对的威胁。

(3)项目风险认知。即对可放弃机会和可接受风险的认知。组织的认知度会影响风险应对计划。

(4)项目风险的特性。通常，项目风险应对措施必须根据项目风险的特性制定。

(5)项目风险主体。项目利益相关方可以作为风险应对主体的名单。风险主体参与制订风险应对计划。

(6)组织抗风险的能力。项目组织抗风险能力也是决定项目风险应对措施的主要依据之一。一个项目组织或项目团队的抗风险能力是许多要素的综合表现。

(7)一般风险应对。许多风险可能是由某一个共同原因造成的，这种情况下，可以利用一种应对方案处理两个或更多项目风险。

(8)可供选用的应对措施。一种具体的项目风险实际上存在几种既定的、可供选用的应对措施，这也是制定项目风险应对措施的另一个依据。对于一个具体的项目风险而言，有多少种可供选择的项目风险应对措施方案，对项目风险应对和控制都是十分重要的。

三、项目风险应对策略

(一)项目风险规避

项目风险规避是从根本上放弃项目或放弃使用有风险的项目资源、项目技术、项目设计方案等，从而避开项目风险的一类应对措施。例如，对于不成熟技术坚决不在项目实施中采用就是一种项目风险规避措施。

(二)项目风险遏制

项目风险遏制是从遏制项目风险引发原因的角度出发应对项目风险的一种措施。例如，对可能因项目财务状况恶化而造成的项目风险(如因资金断绝造成的烂尾楼工程项目等)，采取注入新资金的保障措施就是一种典型的项目风险遏制措施。

(三)项目风险转移

项目风险转移这类项目风险应对措施多数是用来对付那些概率小但损失大(超出了承受能力)或者项目组织很难控制的项目风险。例如，通过购买工程一切险等保险的方法将工程项目的风险转移给保险商就属于项目风险转移措施。

(四)项目风险化解

项目风险化解就是从化解项目风险产生出发，去控制和消除项目具体风险的引发原因。

例如，对于可能出现的项目团队内部和外部的各种冲突风险，可以通过采取双向沟通、调解等方法去消除矛盾，这就是一种项目风险化解措施。

第七节　项目风险监控

任何一个项目风险都有发生、发展的过程，必须对其过程实施动态监控。项目风险是发展和变化的，这种发展和变化也会随着人们的控制行为发生变化。人们对项目风险的控制过程就是一种发挥主观能动性改造客观世界的过程，此时产生的各种信息会进一步完善人们对项目风险的认识和把握程度，使人们对项目风险的控制行为更加符合客观规律。实际上，人们对项目风险的监控过程就是一个不断认识项目风险、不断修订项目风险监控决策和行为的过程。这是一个通过人们的行为使项目风险逐步从不可控向可控转化的过程。

一、项目风险监控的概念

项目风险监控是指在整个项目过程中，根据项目风险管理计划和项目实际发生的风险以及项目发展变化所开展的各种监督和控制活动。这是建立在项目风险的阶段性、渐进性和可控性基础上的一种项目风险管理工作，因为只有当人们认识了项目风险发展的进程和可能性后，项目风险才是可控的。更进一步，当人们认识了项目风险的原因及其后果等主要特征后，就可以开展监控了。只有当人们对项目风险一无所知时，它才是不可控的。

项目风险监控的主要内容包括监控项目风险的发展、辨识项目风险发生的征兆、采取各种风险防范措施、应对和处理已发生的风险事件、消除或缩小项目风险事件的后果、管理和使用项目不可预见费用、实施项目风险管理规划，以及进一步开展项目风险的识别与评价等。

二、项目风险监控的依据

项目风险监控的依据包括风险管理计划、实际发生的风险事件和随时进行的风险识别结果。主要内容包括：

(1)风险管理计划。项目风险监控都是依据这一计划开展的，但是在发现新风险后需要立即更新项目风险管理计划，所以项目风险监控工作都是依据不断更新的项目风险管理计划开展的。

(2)风险应对计划。项目风险监控按照不断更新的风险应对计划开展。

(3)项目沟通。工作成果和多种项目报告可以表述项目进展和项目风险。一般用于监督和控制项目风险的文档有事件记录、行动规章、风险预报等。

(4)附加的风险识别和分析。随着项目的进展，在对项目进行评估和报告时，可能会发现以前未曾识别的潜在风险事件。应该对这些风险继续执行风险识别、估计、量化和制定应对措施。

(5)实际项目风险发展变化情况。有些项目风险最终变成现实发生了，有些项目风险却没有发生。这些项目风险实际发展变化情况也是项目风险监控工作的重要依据之一。

(6)项目评审。项目评审检测和记录风险应对计划的有效性，以及风险主体的有效性，确保风险计划和措施的落实，及时发现新产生的风险并对其实施动态管理。

三、项目风险监控的目标

(1)尽早识别和评价项目风险。项目风险监控的首要目标是通过开展持续的项目风险识别和评价，及早地发现项目存在的各种风险以及项目风险的各种特性，这是开展项目风险监控的前提条件。

(2)尽量避免项目风险事件的发生。项目风险监控的第二个目标是在识别出项目风险以后，积极采取各种风险应对措施，努力避免项目风险事件的发生，从而确保不给项目造成不必要的损失。

(3)消除项目风险事件的消极后果。项目风险并不是都可以避免的，有许多项目风险会由于各种原因而最终发生，这种情况下的项目风险监控目标是要积极采取行动，努力消减这些风险事件的消极后果。

(4)吸取项目风险管理的经验和教训。项目风险监控的第四个目标是对于各种已经发生并形成最终结果的项目风险，一定要从中吸取经验和教训，从而在今后避免同样的项目风险事件发生。

(5)建立项目风险事件控制体系。这是制定整个项目风险监控的方针、程序和管理体制，即制定项目风险责任制、项目风险报告制、项目风险监控决策制、项目风险监控的沟通程序等。

(6)确定要控制的具体项目风险。这是按照项目风险后果严重程度、概率大小、组织风险监控资源等情况确定的，明确对哪些项目风险进行监控、对哪些项目风险容忍并放弃对它们的控制。

(7)确定项目风险的控制责任。所有需要控制的项目风险都必须落实具体负责控制的人员，并规定他们所负的具体责任。每项项目风险监控工作都要由专人负责而不能分担，而且要由合适的人员负责。

(8)确定项目风险监控的行动时间。这是项目风险监控时间的计划和安排，它规定了解决项目风险问题的时间限制等。项目风险的损失多数是因为错过监控时机造成的，所以项目风险监控时间计划很重要。

(9)制订各个具体项目风险监控方案。首先要找出能够监控项目风险的各种备选方案，然后对方案做必要的可行性分析和评价，最终选定要采用的风险监控方案并编制项目风险监控方案文件。

(10)实施各个具体项目风险监控方案。此时人们必须根据项目风险的实际发展与变化，不断修订项目风险监控方案和办法。对于某些具体的项目风险而言，项目风险监控方案的修订与实施几乎是同时进行的。

(11)跟踪各个具体项目风险的控制结果。其目的是要收集项目风险监控工作的结果信息并予以反馈，用以指导项目风险监控工作。通过跟踪给出项目风险监控信息，根据信息改进项目风险监控工作，直到风险监控完结为止。

(12)判断项目风险是否已经消除。如果认定某种项目风险已经解除，则该项目风险监控作业完成；如果判定某项目风险仍未解除，就需要重新识别和评价项目风险，然后按照上面的步骤开展下一步的项目风险监控作业。

四、项目风险监控方法

风险监控的基本目的是以某种方式驾驭风险，保证项目可靠、高效地完成。由于项目风险具有复杂性、变动性、突发性、超前性等特点，风险监控应该围绕项目风险的基本问题制定科学的风险监控标准，采用系统的管理方法，建立有效的风险预警系统，做好应急计划，实施高效的项目风险监控。

(一)系统的项目监控方法

项目风险监控是一个连续的过程,它的任务是根据整个项目管理过程规定的衡量标准,全面跟踪并评价风险处理活动的执行情况。有效的风险监控工作可以指出风险处理活动是否正常和有效以及哪些风险正在成为实际问题,掌握了这些情况,项目管理团队就有充裕的时间采取纠正措施。建立一套管理指标系统,使之能以明确易懂的形式提供准确、及时而关系密切的项目风险管理信息,是进行风险监控的关键所在。项目管理的系统方法有助于避免或减少引起这种不利后果的风险。

(二)风险预警系统

由于项目的一次性、独特性及其复杂性,决定了项目风险的不可避免性;风险发生后的损失难以弥补性和工作的被动性决定了风险管理的重要性。风险监控的意义就在于实现项目风险的有效管理,消除或控制项目风险的发生或避免造成不利后果。因此,建立有效的风险预警系统,对风险的有效监控具有重要意义和作用。风险监控的关键在于培养敏锐的风险意识,建立科学的风险预警系统,从注重风险防范向风险事前控制发展。

(三)制订风险应急计划

应急计划是为了控制项目实施过程中有可能出现或发生的特定情况而做的准备。风险的特殊性使得项目风险监控活动面临着严峻的挑战,环境的多变性、风险的复杂性,这些都对风险监控的有效性提出了更高的要求。为了保持项目有效果、有效率地进行,必须对项目实施过程中的各种风险进行系统管理,并对项目风险可能的各种意外情况进行有效管理。因此,制订各种风险应急计划是项目风险监控的一个重要工作,也是实施项目风险监控的一个重要途径。

(四)合理确定风险监控时机

风险监控既是对项目风险客观规律的认识程度,也是一种综合权衡和监控策略的优选过程;既要避险,又要经济可行。解决这个问题的方法有:将接受风险之后得到的直接收益同可能蒙受的直接损失比较一下,若收益大于损失,项目继续进行,否则没有必要把项目继续进行下去;比较间接收益和间接损失,比较时应该把那些不能量化的方面也考虑在内,如环境影响。权衡风险后果时,必须考虑纯经济以外的因素,包括为了取得一定的收益而实施规避风险策略时可能遇到的困难和费用。经过综合比较,合理确定风险监控时机。

(五)制定风险监控行动过程

风险监控过程有助于控制项目过程或产品的偏差。项目风险监控重要的是应根据监控得到的项目风险征兆,做出合理的判断,采取有效的行动,即必须制定项目风险监控行动过程。

项目风险监控行动过程一般包括四个步骤:(1)风险识别,找出过程或产品中的问题,产品可能是中间产品,如风险行动计划;(2)评估问题,进行分析以便理解和评估记录在案的问题;(3)计划行动,批准行动计划来解决问题;(4)监视进展,跟踪进展直至问题得到解决,并将经验和教训记录在案,供日后参考。

项目管理案例

"银湖信息系统"开发项目的风险处理

以"银湖信息系统"开发项目为例,发现如下风险因素:产品设计中要求使用一种尚未正式发布的计算机操作系统，而系统供应商的信誉不太好，他们提供的产品质量可能不可靠，也可能会延期供货。

经过进一步调查，得出操作系统出现对项目有影响的缺陷的概率为15%；操作系统延迟1周交付的概率为70%。如果操作系统不能满足要求，客户软件就得重写；如果延迟供货，工期就得延迟。

假如将操作系统有缺陷设定为风险代码A，将延迟供货设定为风险代码B。概率15%为“可能性较小”，概率70%为“可能性较大”；“客户软件重写”为“影响极大”，“延期1周交付”为“影响较小”。则这两项风险因素在风险影响矩阵中的区域如表1所示。

表1　　包含风险A、B的影响矩阵

		可能性				
		可能性极小	可能性较小	可能性中等	可能性较大	可能性极大
影响程度	影响极大	风险需要关注	风险较大A	风险严重	风险严峻	风险严峻
	影响较大	风险较小	风险需要关注	风险较大	风险严重	风险严峻
	影响中等	风险很小	风险较小	风险需要关注	风险较大	风险严重
	影响较小	风险极小	风险很小	风险较小	风险需要关注B	风险较大
	影响极小	风险极小	风险极小	风险很小	风险较小	风险需要关注

由表1可见，对于风险A需要安排专人负责，并举行里程碑风险分析会议；对于风险B则需要安排人员对风险进行监控，并在项目例会上进行汇报。

将表1所得结果进行综合、汇总后，其结果可以放在项目风险识别汇总表中，如表2所示。在项目风险识别汇总表中，需要提出对各类项目风险因素的处置方式，并分析采取处置方式后这些风险因素的相应变化。

表2　　项目风险识别汇总表

项目名称	“银湖信息系统”开发项目				
引用文献（风险管理文件的类别号）	风险因素	可能性	处置前的影响性和程度	处置方式	处置后的预期影响性和程度
管理制度100A01	A	较小（15%）	风险较大	规避；选择另一个基于稳定设计的新系统	风险很小
管理制度100A01	B	较大（70%）	风险较小	降低；参加β测试小组，缩短交货期	风险极小

在对风险因素识别、提出初步处置策略后，根据这些风险因素今后发生的可能性和影响程度进行归类，填入更新的风险影响矩阵。对“银湖信息系统”开发项目识别、处置后的风险因素如表3所示。对风险A必要时予以关注，而对风险B则暂时不需考虑。

表 3　　识别、处置后的风险 A、B 影响矩阵

		可能性				
		可能性极小	可能性较小	可能性中等	可能性较大	可能性极大
影响程度	影响极大	风险需要关注	风险较大	风险严重	风险严峻	风险严峻
	影响较大	风险较小	风险需要关注	风险较大	风险严重	风险严峻
	影响中等	风险很小	风险较小	风险需要关注	风险较大	风险严重
	影响较小	风险极小	风险很小 A	风险较小	风险需要关注	风险较大
	影响极小	风险极小	风险极小 B	风险很小	风险较小	风险需要关注

（资料来源：豆丁网。）

本章小结

本章对项目风险的概念及特点进行了阐述，论述了项目风险管理对项目成功的重要性。

本章基于项目风险管理理论，对项目风险规划、风险识别、风险评价、风险应对和风险监控等方面进行了研究。要做好项目风险管理，首先需要做好项目风险管理规划，这是能否做好风险管理的基础与关键。通过专家和团队的力量，结合项目的特征，对项目进行风险因素的识别，并编制风险列表。项目风险评价方法包括专家法、损失期望值法、模拟仿真法、风险矩阵分析法、敏感性分析法、层次分析法和模糊综合评价法等，对每个项目风险因素和整个项目进行风险度的评价。针对主要风险因素提出具体的项目风险规避、风险遏制、风险转移、风险化解措施等，使项目风险降到最低限度。最后提出应对项目实施过程中的风险进行监控，随时发现问题，处理和解决问题，避免和减少项目损失，确保项目成功。

习题

1. 什么是项目风险？
2. 项目风险管理的方法有哪些？
3. 简述项目风险的主要内容。
4. 简述项目风险的监控方式。
5. 简述项目风险识别的方法。
6. 简述项目风险评价的方法。

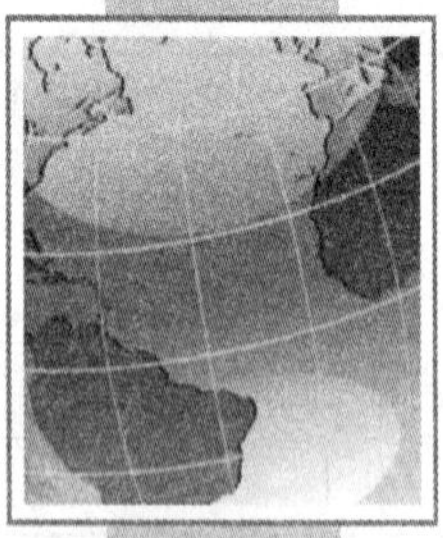

第十一章 项目人力资源管理

在项目实施过程中，人力资源是最基本、最重要、最具创造性的资源，是影响项目成效的决定性因素。一个新项目的开始，意味着新的人员配置、新的绩效体系、新的激励机制；一个新项目团队的产生，需要项目经理根据实际情况权变地选择管理方式，这些都要求员工及管理者具有很强的适应性和机动性。因此，项目的成功在很大程度上取决于人的作用，进行有效的人力资源管理是项目成功的基础。

项目人力资源管理要求项目管理人员做正确的事和正确地做事。做正确的事意味着项目管理人员做使项目成功的事；正确地做事意味着项目管理人员用正确的方法高效地做事。项目人力资源管理就是根据实施项目的要求，任命项目经理，以其为核心组建高效的项目团队，分配相应的角色并明确团队中各成员间的信息传递路径和命令关系，对项目团队进行绩效考评，激励他们对项目的积极性，以确保项目团队成员的能力得到最有效发挥，进而能高效、高质量地实现项目目标。项目人力资源管理也可以理解为对人力资源的取得、培训、保持和利用等方面所进行的计划、组织、指挥和控制活动。

项目人力资源管理的主要工作包括人力资源配置、激励、绩效管理、薪酬管理等。

第一节　项目人力资源配置

项目人力资源配置是指如何把企业和社会现有的人力资源分配到企业项目中，由于企业中往往有多个项目同时进行，所以需要根据项目的优先级进行企业人力资源的分配。项目人力资源配置包括以下过程：

一、项目人力资源计划

项目人力资源计划是项目人力资源管理的首要任务。项目人力资源计划是项目整体人力资源的规划和安排，是按照项目目标和项目人力资源管理要求具体安排和配置项目人力资源。项目人力资源计划就是要对整个项目所需的人员及其管理进行更加详细的规划，明确项目需要什么样的人、如何获得、怎样配置、如何管理等问题。

(一)项目人力资源计划制订原则

项目人力资源计划的制订影响着项目人力资源管理的方向和质量,在制订过程中要遵循以下原则:

1. 要严格服从项目目标

项目人力资源计划与项目进行的其他活动一样,最基本的原则就是服从项目目标;否则,再好的计划也没有意义。

2. 要与项目的内外部环境相适应

项目人力资源计划的方向、目标、内容和规模要适应项目内外部环境,包括国家经济、政治和社会环境以及项目所在组织发展的需要。随着项目的不断发展,组织活动日趋复杂,对人力资源的数量和质量要求会不断变化,人力资源计划应针对可能出现的情况作出风险预测和应对策略。

3. 要在详细分析现有人力资源状况的基础上进行

在进行项目人力资源计划时,要充分掌握组织目前占有人力资源的情况,分析哪些人员可为项目所用、哪些人员是组织不能提供而必须从外部引进的。这样,既可以避免招聘的盲目性,又可以充分利用现有资源,节约人力资源和项目成本。

4. 要给计划留出可以动态调整的余地

项目人力资源计划不是一次成型就完全不变的。在项目进行过程中,要根据实际情况及时进行动态调整,不断修正,并对这些修正进行总结,分析使计划发生偏差的原因,为以后项目积累经验,作为项目资产记录下来。

(二)项目人力资源计划依据

项目人力资源计划的主要依据包括三大类:一是组织环境因素;二是组织的历史信息;三是项目自身的相关信息。它们所涉及的具体内容如下:

1. 组织环境因素

这是指项目团队相关组织和项目所处的环境,包括项目发起组织的情况、项目团队成员所在组织的情况、项目将涉及的组织的情况和项目环境情况等。项目人力资源计划所需要参照的事业环境因素还包括项目所处的宏观(国家级)、中观(行业级)和微观(企业级)环境情况,以及项目所涉及的经济、技术、市场、地理位置等因素。

2. 组织的历史信息

这包括项目实施组织已完成项目的历史信息以及组织的各种规章制度和要求等,这些为项目人力资源管理提供重要依据。这类信息包括组织在以往实施项目过程中所保留下来的有关人力资源计划的相关资料(包括组织结构图和岗位描述等)、在以往项目人力资源管理过程中所积累的经验与教训,以及人力资源配备管理计划等。

3. 项目自身的相关信息

在制订项目人力资源计划时,还必须对项目自身的相关信息进行收集与分析。其中,最重要的项目信息包括项目工作任务、项目人员需求、项目进度计划以及项目限制因素等。对这些方面的信息具体分述如下:

(1)项目工作任务。最重要的是项目工作分解结构和项目活动清单,因为项目组织就是为完成项目任务而设立的,所以项目人力资源计划必须首先依据项目工作任务及结构来制订。通常,项目人力资源计划都必须先做项目组织分解结构(OBS)分析,而一个项目的这种分析工作的主要依据就是项目工作分解结构(WBS)。

(2)项目人员需求。项目根据 WBS 分解出的活动配备相应人员,构建项目组织的基本框架,但是项目组织究竟需要多少人还必须依据项目人员需求的基本预测数据。这包括项目总体人员和项目各类人员的需求预测数据,以及能力和素质要求数据等。

(3)项目进度计划。这是对项目各项工作实施顺序进行的安排。根据项目进度计划便可进一步分析项目在何时需要哪些人员,以及这些人员什么时候可以离开项目组织等信息。因此,项目进度计划也是制订项目人员配备计划的直接依据之一。

(4)项目限制因素。这是指限制人们做出不同的项目人力资源计划方案选择的各种因素。这方面主要的限制因素包括项目组织的组织结构限制、各种劳动法或工会规定的限制、项目管理团队的能力和偏好限制、项目重要资源及关键工作人员的限制等。

(三)项目人力资源计划编制过程

项目人力资源计划具体工作一般包括项目组织设计、项目组织岗位与角色分析、项目组织工作设计。

1. 项目组织设计

主要是根据项目的具体任务需要(如 WBS),设计出项目组织的具体组织结构(如 OBS)。

2. 项目组织岗位与角色分析

它是通过分析研究来确定项目实施和管理中特定岗位或角色的责、权、利内容及三者之间的关系。

3. 项目组织工作设计

项目组织工作设计是指为了有效地实现项目目标而对各角色和岗位的工作内容、职能和关系等方面进行的设计。

项目人力资源计划编制也可以看作战场上的“排兵布阵”,就是确定、分配项目中的角色、职责和汇报(命令)关系。企业层次上的人力资源计划编制就好比是大的“战役”,而每一个项目就像“战役”下的每一次“战斗”。人力资源计划编制需要参考资源计划编制中的人力资源需求子项,还需要参考项目中各种汇报(命令)关系(又称项目界面),如组织界面、技术界面等。一般采用的方法包括参考类似项目的模板、分析项目利益相关方的需求等。

如图 11－1 所示,编制项目人力资源计划需要依据项目工作分析(WBS 和 WBS 词典)、活动资源需求、事业环境因素和组织过程资产。在对项目人力资源有一个全面了解的基础上,结合项目组织结构及组织分解结构(OBS),根据职责分配矩阵(RAW)来安排人力资源,依据组织理论和人际交往中形成的经验知识进行计划的制订,最终输出项目人力资源计划,包括角色和职责分配、项目组织机构图、人员配备管理计划等。

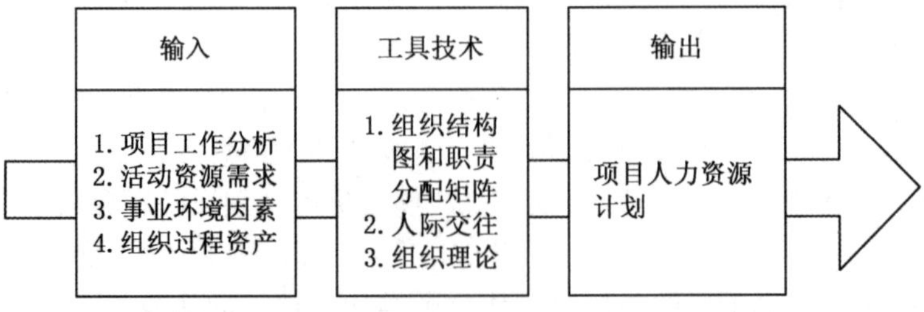

图 11－1　项目人力资源计划编制过程

(四)项目人力资源计划实现任务

项目人力资源计划编制完成后,需要输出文档或相关计划,包括角色和职责分配以及人员配备管理计划。

1. 角色和职责分配

项目角色和职责在项目管理中必须明确,否则容易造成一项工作没有任何人负责,最终影响项目目标的实现。为了使每项工作能够顺利完成,就必须将每项工作分配到具体的人(或小组),明确不同的个人(或小组)在这项工作中的责任,而且每项工作只能有唯一的负责人(或小组)。同时由于角色和职责可能随时间而发生调整,在结果中也需要明确这层关系。表示这部分内容最常用的方式为职责分配矩阵,对于大型项目及企业多项目管理(可以看作战略计划下的大型项目),可在不同层次上编制职责分配矩阵,如表 11—1 所示。

表 11—1　　项目职责分配矩阵

任务编号	任务名称	李军	马里	王月	刘己	王克	张书	朱良	杨坤	吴云	赵新	魏杏	何明
1000	机器人	P											
1100	整体设计	P		S									
1110	系统工程		S		P								
1120	专业测试			P			S						
1200	电子技术					P		S					
1210	设备控制									P	S		
1220	软件安装		S		P								
1300	机器人制造								P				
1310	制造工艺				P	S							
1311	工艺设计									P			
1312	构件加工						S					P	
1313	构件组装		S					P					
1320	生产控制			P									

注:P 为责任人;S 为配合协助人员。

2. 人员配备管理计划

它主要描述项目团队什么时候需要什么样的人力资源。为了清晰地表明此部分内容,会经常使用资源直方图,在图中明确标明各类人员在不同阶段所需要的数目。由于在项目中对各类人员的需求可能不是很连续或者不是很平衡,容易造成人力资源的浪费和成本的提高。例如,某项目现有 20 人,设计阶段需要 5 人,审核阶段可能需要 1 周的时间,但不需要项目组成员参与,编码阶段是高峰期,需要 30 人,但在测试阶段只需要 10 人。如果专门为高峰期提供 30 人,可能还需要另外招聘 10 人,并且这些人在项目编码阶段结束之后会出现没有工作安排的状况。为了避免这种情况的发生,通常会采用资源平衡的方法,将部分编码工作提前到与设计工作并行,在某部分的设计完成后立即进行评审,然后进行编码,而不需要等到所有设计工作完成后再执行编码工作。这样将工作的次序进行适当调整,削峰填谷,尽量做到人员需求的平衡,会更利于降低项目的成本,同时可以减小人员配置和调度的难度。在公司管理中,这种调整更多是从公司层面对整体资源进行合理调配来解决，以更好地发挥专业人员的才智且提高管理效率。

二、项目人力资源获得与匹配

确定了项目人力资源计划以后，根据计划招募所需人员，将人员合理安排到工作岗位上是项目下一阶段的工作。

(一)项目人力资源招聘

项目人力资源招聘是指通过一定的方式和程序，将具备应聘条件和能力的申请者吸引到项目空缺岗位的过程。这需要根据人员配备管理计划以及组织当前的人员情况和招聘的惯例来进行。项目中有些人员来自组织内部，有些短缺或特殊的人力资源，可能每个项目都希望得到，这就需要通过沟通和项目的优先级管理来解决这个问题。另外，有些人员可能组织中没有或无法提供，这种情况下就要考虑是对现有人员进行培训，还是通过招聘来获得，抑或是通过外包来完成，并根据所获人力资源的技能、素质、经验、知识等进行工作安排和配备，从而构建一个成功的项目组织或团队。项目人员的获得主要有内部招聘和外部招聘两种方式。

1. 内部招聘

内部招聘是指在项目组织内部人力资源中，通过晋升、工作调配和重新聘用等方式挑选出项目组织所需人员的一种方法。

内部招聘的优点：管理者对内部人员的业务素质和品行、优点和缺点有较多的了解，除人员相对稳定外，也更加便于合理利用；有利于组织中人员的可持续发展，人员在项目中的经验积累可以继续为原组织所用，获得的荣誉也可以帮助其在组织中获得更好的晋升和发展；内部员工比较了解组织的情况，为胜任新的工作岗位所需要的指导和训练会比较少。

内部招聘的缺点：项目所需人员有限，可能会造成人员之间的不良竞争，没有得到提拔的员工会不满，因此需要做好解释和激励工作；项目内部选聘的人员过多，将企业中的文化带入项目中，不利于项目的创新发展。

2. 外部招聘

外部招聘是指通过广告和各种媒体宣传、校园招聘和猎头公司等方式，从项目组织外部获得项目所需的人员。

外部招聘的优点：有利于项目在更广阔的空间选择更为合适的人才，为项目注入新鲜血液；外部招聘的人员一般都有较强的专业知识背景与工作能力，可以为项目带来新技术，有利于项目质量的提高。

外部招聘的缺点：面临长时间招聘不到合适人员的风险；外部招聘人员在工作习惯或文化背景方面与原组织存在差别，在招聘过程中，项目经理更关注人员的专业技能，而对人员的性格等在短时间内难以完全掌握；项目团队需要一定的时间相互协调配合，故会经历一定时间的磨合。

这部分工作结束后将得到项目团队清单和项目人员分配。

(二)项目人力资源与岗位匹配

通过招聘获得项目所需人员后，将合适的人员安排到合适的岗位上，就成为项目人力资源配置需要考虑的问题。通常，项目人力资源配置应遵循以下原则：

1. 职能匹配原则

项目团队成员的能力需要与岗位要求的能力匹配，岗位要求的能力应是工作承担者所具备的，而工作承担者也能胜任该岗位的要求。每种职位要求的能力不同，组织团队应尽可能人尽其才。

2. 内部人员为主原则

在进行项目人力资源配置的时候，优先选择和使用企业内部人员，可以调动组织内项目成员的积极性，也可以将项目获得的经验留在企业内部，防止项目结束后人员离职带走组织机密。

3. 动态调整原则

人员配置不是一次性的工作，项目管理者由于对项目团队成员不是完全了解，在初次岗位配置的过程中，可能并不完全地做到职能匹配。这就要求在项目开展过程中，根据具体工作岗位的变化和人员在工作中的信息反馈，适时地对人员配置进行动态调整，以保证始终将合适的人安排在合适的岗位上。

4. 权责对等原则

权就是职权，责就是职责。职权就是人们在一定职位上拥有的权力，主要是指决策或执行任务时的决定权。职责就是在一定职位上完成任务的责任。权责对等是管理中的一项重要原则。通过科学的组织设计，将各种职务、权力和责任等形成规范，制定章程，使承担各项工作的人员有所遵从。

人力资源配置方式一般有委任制、选择制、考任制、聘任制等。在项目人力资源配置过程中，应根据不同的职位，选择恰当的方式，如表 11—2 所示。

表 11—2　　项目人力资源配置方式

委任制	选择制	考任制	聘任制
项目经理和管理职位	项目团队中担任监督或工会领导等职位	一些专业技术职位	项目中一些临时或辅助性的职位

人力资源配置的优劣决定着项目团队成员作用发挥的程度，从而影响项目整体目标的实现。好的人力资源配置不仅能够使个人能力得到最大的发挥，保证项目的运转，而且有利于组织和个人的成长。

三、项目人力资源培训与调整

项目人员培训是指使项目团队成员具备完成各自任务所需的知识、技能和能力等。科学管理之父泰勒曾说过，不愁没有一流的工人，就怕没有一流的经理。招聘的人只有经过开发与培训，才能最大限度地挖掘出他们的潜能。固然人员培训会带来一定的成本，但是适当的人员培训不仅可以提高项目团队的工作效率，而且是鼓舞团队成员士气、留住人才的有效方法。

人员的培训多种多样，如行业自己办大学、边工作边培训等。较常见的在职培训又包括职务轮换、预备实习等。职务轮换可使团队成员熟悉更多的工作岗位，对项目活动有更多了解；新员工的预备实习，一般是由有经验的老员工指导新员工来完成工作。这样做的优点是节约时间、降低成本，而且受训者可以边工作边学习，能够加快掌握所学的各种知识和技能。

培训计划是培训工作的行动指南，它应根据人力资源配备计划、项目进度计划、工作说明书及工作规范等文件的要求，做出项目目标实现过程中对项目组织各类人员的培训安排。

编制培训计划一般包括以下步骤：(1)评估培训需要。为了使培训工作具有针对性，制订培训计划时，首先应对培训需求进行评估。一般而言，当出现下列情况时，可以认为存在培训需要：工作行为有些不恰当；知识或技能水平低于工作要求。培训工作是“补人之短”，所以，当项目成员存在以上两方面问题时，应及时对其进行必要的培训。(2)确定培训目标。培训目标为培训方案的设计提供依据，目标也是培训效果检验的标准，根据培训目标可以判断培训方案的有效性。(3)选择恰当的方法。培训的方法有很多，如在职培训、脱产培训等，应根据培训目标和要求，选择恰当的方法。(4)安排时间。根据项目进度计划和人力资源配备计划，合理安排对各类人员的培训时间，既能保证培训工作不干扰项目工作的正常完成，又能保证组织成员及时达到岗位要求，有效地完成所承担的各项工作。(5)确定培训效果评价的方式和时间。在培训计划中，还应对如何进行培训效果评价做出安排，规定具体评价的方式方法及时间安排，从而不断总结培训工作的经验和教训，不断提高培训工作的有效性。

第二节　项目人力资源激励

项目人力资源激励是指以相关动机理论为基础，以项目目标为方向，通过对项目团队成员采取恰当的激励手段和措施来激发成员的潜能，引导组织成员的行为，使其在项目工作范围内发挥主观能动性和创造力，以有效促进项目目标的达成。

一、激励理论

激励理论是从分析人的动机和需求出发的，先后产生了需求层次理论、双因素理论、公平理论、强化理论和归因理论等。这些理论可归纳为四大类型：内容型激励理论、过程型激励理论、改造型激励理论和综合型激励理论。

(一)内容型激励理论

内容型激励理论主要包括需求层次理论、成就需求理论和双因素理论。

1. 需求层次理论

马斯洛在1943年出版的《人类激励理论》一书中，最早提出人们的需求在各个时期不同，从而激励的手段和方法也必然不同的观点。根据马斯洛的理论，人类价值体系中存在两类不同的需求：一类是沿生物谱系上升逐渐变弱的本能或冲动，称为低级需求或生理需求；另一类是随生物进化而逐渐显现的潜能需求，或称为高级需求。具体来讲，人们主要有五种需求，即生理需求、安全需求、社会需求、尊重需求和自我实现需求。

2. 成就需求理论

成就需求理论是由麦克利兰提出的，他认为人有三种基本需求，即成就需求、权力需求和社交需求。其中，成就需求是最重要的。人们都有按高标准工作的愿望或者在竞争中取胜的愿望，并且人们总是被这些成就愿望所激励。

3. 双因素理论

双因素理论是由赫茨伯格提出的。双因素理论又称激励因素—保健因素理论，是针对组织中影响人的行为动机的各种因素提出来的。双因素理论将影响人的行为动机的因素划分为两类，即保健因素(维持因素)和激励因素(满意因素)。保健因素是满足人们对外部条件的需求，它的改善可以预防员工的不满，但没有直接激励作用。激励因素是满足人们对工作本身的要求，如出色完成任务的成就感等。保健因素的欠缺不会导致员工的不满，而激励因素的改善却可以使员工感到满意，产生强大、持久的激励作用。

(二)过程型激励理论

过程型激励理论主要包括期望理论、公平理论和目标设置理论。

1. 期望理论

期望理论是由维克托·弗鲁姆提出的。该理论认为,当人们预期到某一行为能给个人带来既定结果,且这种结果对个人具有吸引力时,个人才会采取这一特定行为。

2. 公平理论

公平理论是由美国心理学家亚当斯于1956年提出的一种激励理论,实质是探讨投入劳动与所获报酬之间的比值,即个人投入与他所获报酬之间的平衡以及不同时期不同人之间的薪酬分配平衡。该理论主要侧重于研究工资报酬分配的合理性、公平性对职工积极性的影响。因此,公平理论也称为社会比较理论。

3. 目标设置理论

目标设置理论是由美国马里兰大学心理学教授洛克提出的。该理论特别强调目标的重要作用,即引导个体行为的方向,使个体的思想和行为沿着特定的轨道进行。当个人认同了有难度的、具体的目标时,会导致较高的努力程度和绩效。该理论对经营管理中绩效与激励的关系设定是非常关键的。

(三)改造型激励理论

改造型激励理论主要包括强化理论和归因理论。

1. 强化理论

强化理论是由斯金纳首先提出的,这是一种与期望理论联系紧密的、以学习的强化原则为基础的、关于理解和修正人的行为的学说。强化,从其最基本的形式来讲,指的是对一种行为的肯定或否定的后果(报酬或惩罚),它至少在一定程度上决定这种行为在今后是否会重复发生。

2. 归因理论

这是美国行为科学家凯利和韦纳等人在前人研究的基础上提出的。归因是指为了预测和评价人们的行为,并对环境和行为加以控制而对他人或自已的行为结果所进行的因果解释和推论。归因理论的要点是:根据人的行为的外部表现,对其心理活动进行解释和推论;研究人们心理活动的产生,主要应归纳其原因,并对其未来行为进行预测。

(四)综合型激励理论

综合型激励理论是将上述激励理论进行综合,把内外激励因素都考虑进去而形成的一种理论。该理论系统地描述了激励的全过程。

1. 激励力量理论

罗伯特·豪斯在双因素理论和期望理论的基础上,提出了一个整合模型,即:激励力量=任务内在激励+任务完成激励+任务结果激励。这个模型的贡献在于把内在激励与外在激励有机地结合起来。

2. VIE 理论

布朗认为,激励是绩效(Value)、手段(Instrument)和期望(Expectancy)三者的乘积,其中任何一项要素为零,激励就等于零。该理论实际上是目标设置理论与期望理论的综合。

3. 综合型激励模型

波特和劳勒的综合型激励模型是西方重要的激励理论之一,它较全面地反映了人在激励中的心理过程,是外在激励与内在激励综合考虑的典型模式。在波特和劳勒的综合型激励模型中，内在激励主要包括劳动报酬、工作条件和企业政策；外在激励主要包括社会、心理特征因素，如认可、人际关系等。

二、项目人力资源激励模式

要使项目人员在项目实施期间始终将精力高度集中在项目目标上，特别是在规模较大、人员较多的项目中，要保持人员长时间的高聚合度，就需要基于项目人力资源特征结合常用的激励理论对项目团队成员进行激励。

（一）项目人力资源激励特征

与一般的人力资源激励相比，项目人力资源激励具有以下特征：

1. 激励目标更加清晰和具体

企业项目的激励目标基本上是组织的长期战略规划和短期营销策略，非营利组织的项目则更加侧重于自身的价值体系和使命感，这些激励目标中多少有些是不可估量和虚化的东西，而项目的激励目标更为清晰、具体。

2. 激励方式更加侧重于物质激励和能力开发

项目团队是临时性的组织，对项目人力资源进行激励时不可能大量使用需要长时间或较大投资才能实施的激励手段。在激励过程中，激励措施不但要便于实施，还需要在短时间内就能凸显效果，否则起不到应有的作用。根据马斯洛的需求层次理论，物质激励能最大限度地调动成员的积极性，满足其生理及物质需求。通过对成员的能力培训、全面的沟通交流，使成员能力得到最有效的发挥是保证项目成功的关键。

3. 激励中较少采用负激励

在项目中，每个人员都是不可缺少的，如果采用负激励，不仅会对受激励者造成一定的负面影响，还会间接影响周围其他人，由于项目团队成员情绪低落而延误项目进程，临时调用或换用人员的成本就较高。所以，项目人力资源激励一般多采用正激励，较少采用负激励。

（二）项目人力资源激励程序

1. 了解和满足个人的需求

了解项目人员的基本需求，在有利于完成项目目标的前提下，尽可能满足个人需求，将个人利益与项目实施的根本利益有机结合，充分调动项目人员的能动性和创造性。

2. 设置切实可行的目标

项目总体目标或阶段性目标应该是鼓舞人心的，要从目标设置上给人以期望，由此激发项目人员的内在动机。此外，项目目标的设置不能脱离特定的环境，应使项目人员感到所制定的目标切实可行，通过努力可以促使他们的能动性在较长时间内保持稳定。

3. 分析环境条件

分析项目的环境条件和管理班子可以采取的激励手段，据此计算激励需要付出的成本和可以带来的收益。

4. 制定激励措施

根据项目人员个人需求以及项目环境条件的分析结果，制定详细的项目人员激励措施，引导项目人员产生需要，并采取行动。

5. 评估项目人员绩效

由项目人力资源管理班子对有关项目人员的工作业绩加以考核，评估项目人员工作绩效，并以此作为奖惩的基本依据。

6. 兑现奖惩

对项目人员行为予以肯定或否定。肯定是正强化，否定是负强化。当项目人员的行为表现与项目利益趋于一致或发生矛盾时，相应利用正强化或负强化使项目人员自觉地去维护项目利益，同时也使个人需求得到最大可能的实现或满足。

(三)项目人力资源激励方式

结合项目人力资源激励特征与激励理论，可以建立一个综合激励模式(见图 11—2)。

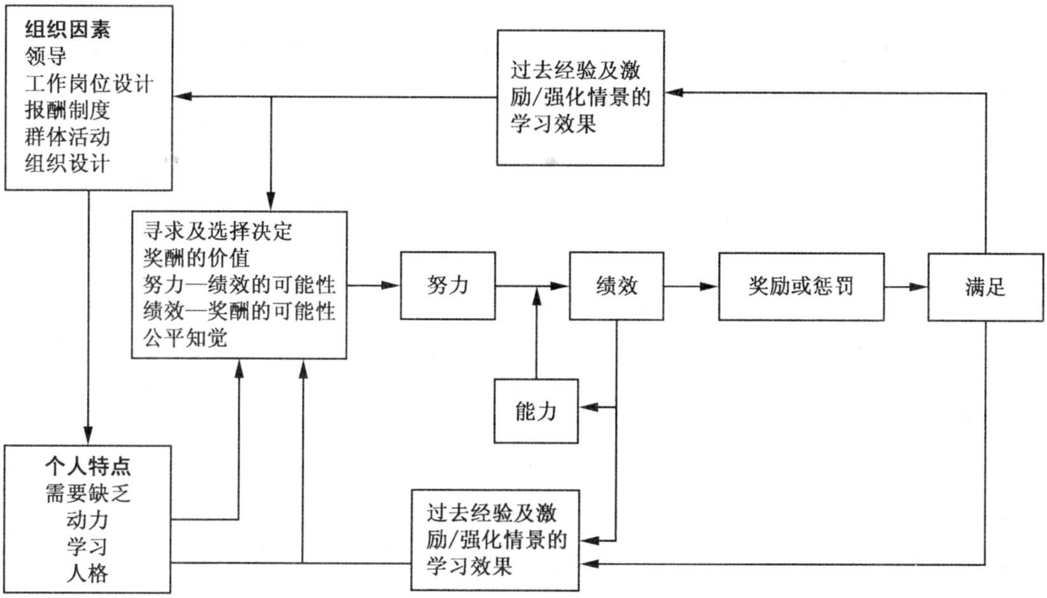

图 11—2 综合激励模式

全面而透彻地理解综合激励模式，将对我们了解项目个人激励中的许多因素有很大帮助。此模式的重点是努力，指一个人在工作中所用力量的程度。努力受个人特点、组织因素及特殊行为模式的影响，发挥个人工作能力而产生实际绩效，然后根据绩效标准给予奖惩，最后得到满足。奖惩兑现成为激励过程的关键。再回到过去的经验及学习中，反馈使激励循环，充分发挥人的主观能动性。

实现项目团队的有效激励至关重要，它包括以下几个方面：

1. 物质激励

物质激励主要指薪酬激励，满足项目成员的物质需求，提高薪酬水平。如果薪酬没有诱惑力，则很难使胜任的人参与到项目团队中去。这就是常说的："金钱不是万能的，但没有钱是万万不能的。"由于商业环境的快速变化，企业的寿命越来越短，"猝死"率越来越高，企业难以向员工承诺只要他们好好工作就能给他们职业安全的保障，获得人才对企业的忠诚度越来越难，而高薪是吸引人才流向的一个主要原因。

2. 成就激励

对人员激励的最大动力来自他们对成功的渴望，而现实生活中对人员激励的假设是人们隐藏了自己的能力。这种思想实际上是将激励者与被激励者的关系对立起来。事实上，善于用别人去取得成功与帮助他们取得成功是真正的管理者要做的事。

3. 能力激励

矩阵式组织结构也能够为员工搭建成长平台。职能部门与项目组相结合的组织结构，既有利于企业在人手不足的情况下完成比较繁重的任务，又有利于员工在不同的项目组中接受锻炼，快速成长。特别是对于新手而言，既能在职能部门中向有经验的研发人员进行专业方面更深层次的学习，又能在项目组中与各部门同事协作交流，积累宝贵的经验。

4. 晋升激励

对从企业内部招聘的人才给予岗位晋升机会，项目结束后委以更有挑战性或期望的长期岗位，为组织培养、推荐和留住人才。但注意不要将所有的优秀技术人员都提升到管理岗位上，应确保技术人员有其发展通道，不要使技术人员认为只有晋升到管理岗位上才能得到更好的发展，不然有可能会使组织得到平庸甚至拙劣的管理人员。

第三节　项目人力资源绩效管理

进行人力资源规划、员工招聘培训和激励之后，利用绩效管理确认员工的工作成就，改进员工的工作方式，奖优罚劣，提高工作效率和经营效益。绩效管理给人力资源管理的各个方面提供了反馈信息，是整个系统必不可少的一部分，它将各部分紧密地联系在一起。

一、项目人力资源绩效管理体系

绩效管理体系的建立是企业实现员工自我激励的重要手段，也是避免产生内外不公平的主要方法。通过建立项目绩效管理体系，可以实现与企业目标管理体系、计划实施体系的有效对接，核心是促使员工自觉地提升自我绩效，达成项目目标。

（一）绩效管理的含义

项目人力资源绩效管理是指运用科学方法，按照一定标准，对项目团队成员在工作中的表现和业绩进行综合评价，依据评价结果进行绩效沟通，改进工作。完善的项目人力资源绩效评估体系一般包括对项目中个人的评估和对整个项目团队的评估，这里所说的主要是前者。

绩效管理与绩效考核虽然只有两字之差，但其包含的内容、实施的步骤等都存在差别：绩效考核是对照工作目标或绩效标准，采用科学的考评办法，评定员工的工作完成情况、员工的职责履行程度；而绩效管理是制定考核标准，对员工的实际工作状态与标准进行对比，依据对比结果与员工交流沟通，并确定对员工的奖惩，强调的是对绩效考核结果的分析及决定之后的策略，是对反馈结果的回应。两者之间的差别如表 11—3 所示。但两者也存在一定的联系，绩效考核是绩效管理的一个子环节，只有在绩效考核的基础上，绩效管理才能开展。

表 11—3　　绩效管理与绩效考核的区别

绩效管理	绩效考核
（1）关注未来绩效的提升	（1）反映过去的绩效，侧重于对员工的评价
（2）侧重于管理者及员工的参与，彼此沟通	（2）侧重于上对下的评估行为
（3）侧重于评估结果和过程	（3）注重评估结果
（4）属于人力资源管理的程序	（4）属于绩效管理的程序
（5）是一个完整的过程	（5）是绩效管理的环节之一

（二）绩效管理程序

绩效管理必须按照一定的程序来完成，如图11—3所示。

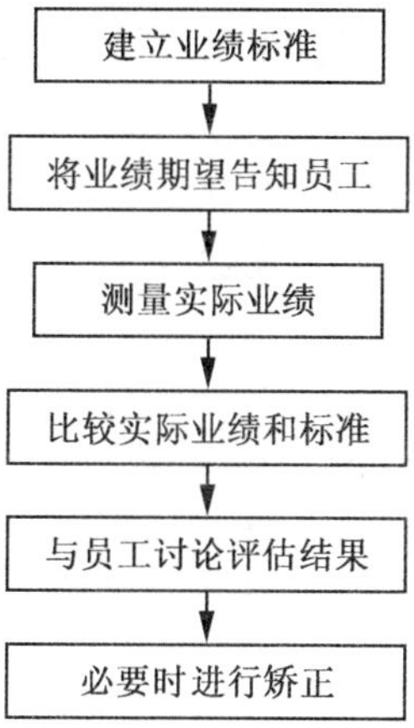

图11—3 绩效管理程序

（1）建立业绩标准。绩效考核与评价必须以标准为前提。标准的内容必须准确化、具体化、定量化。一方面，标准的建立要以工作分析信息为依据，而不是任意制定；另一方面，这些标准应足够清楚和客观，以便被理解和测量。项目经理对项目成员的期望也要明晰，以便能够与成员进行准确无误的交谈。

（2）将业绩期望告知员工。一旦标准建立后，就有必要告知这些标准。光是将标准告知员工还不够，还要进行反馈信息的收集和分析。

（3）测量实际业绩。为了确定真正业绩如何，必须取得有关信息：如何测量、测量什么。通常有四种信息来源：个人观察、统计报表、口头报告、书面报告。每种来源都有各自的长处和短处，综合使用可提高信息来源数目和获得可靠信息的可能性。测量什么可能比如何测量更关键，因为选错了标准很可能导致严重的功能紊乱。而且，所要测量的事物在很大程度上决定了组织成员的努力方向。

（4）比较实际业绩和标准。这一步主要是注意到标准与实际水平之间的差异，以便能进入下一步。

（5）与员工讨论评估结果。项目经理面临的最具挑战性的任务之一便是向下属说明评定结果，并使下属以建设性姿态接受评定。绩效管理触及感情上最复杂的活动——对另外一个人的贡献和能力进行评价。员工从上司那里得到的评价及印象，对员工的自尊和以后的工作表现有着重要的影响。当然，正面消息的传递对于双方皆是轻而易举之事，但负面消息总让双方都不自在。这样，对绩效评估的讨论，可以有正或负的刺激后果。

（6）必要时进行矫正。矫正措施有两种：一种是迅速及时的，并且主要处理征兆性问题；另一种是基础的，主要探讨原因，并想办法消除这些原因。迅速的矫正行动通常称为“灭火”，基础行动追究偏差的起因，并试图永久性地消除“病灶”。有时候，管理者可能借口没有时间进行基础矫正，从而满足于迅速的“灭火”行动。优秀的管理者则清楚他们必须抽出时间去分析偏差，并在经济合理的前提下，永久性地消灭导致偏差的原因。

（三）项目绩效评估体系的标准

员工的绩效受技能、激励、环境和机会等多种因素的影响，是员工个人素质和工作环境共同作用的结果。因此，绩效评估是一项较为复杂且具有一定难度的工作，在现实操作中容易出现问题。例如，项目经理不愿在绩效评估上投入足够的时间，有时他们往往奖励的是资历和忠诚而不是绩效，而且对成功的理解彼此不同或不能辨别雇员在成功方面的作用。再如，在评估过程中，没有把评估工作建立在工作分析的基础上，没有关于如何填写评定表格的书面指令，也缺少对评估系统的管理承诺，上下级之间沟通不良，评估者既缺少观察技能又缺少反馈技能等。要解决这些问题，首先要建立绩效评估系统的标准。

一般认为，有效的绩效考核体系应该同时具备敏感性、可靠性、准确性、实用性和可接受性五个特征。

(1)敏感性。敏感性是指绩效评估系统具有区分员工工作效率高低的能力，否则既不利于项目管理决策，也不利于员工自身的发展，只能挫伤主管人员和员工的积极性。如果绩效评估的目的是做出升迁推荐等人事管理决策，评估系统就需要收集关于员工之间工作情况差别的信息；如果绩效评估的目的是促进员工个人的成长发展，评估系统就需要收集员工在不同阶段自身工作情况差别的信息。

(2)可靠性。可靠性是指评估者判定评价的一致性，不同的评估者对同一个员工所做的评价应该基本相同。当然，评估者应该有足够的机会观察员工的工作情况和工作条件。

(3)准确性。准确性是指应该把工作标准与项目目标联系起来，把工作要素与评价内容联系起来，以明确一项工作成败的界限。绩效评估标准是就一项工作的数量和质量要求来具体规定员工行为是否可接受的界限。

(4)实用性。实用性是指评估系统的设计、实施和信息利用都需要花费时间、精力和金钱，项目使用绩效评估系统的收益必须大于其成本。

(5)可接受性。绩效评估体系只有得到管理人员和员工的支持才能推行。因此，绩效评估体系经常需要员工的参与。绩效评估中技术方法的正确性和员工对评价系统的态度都很重要。

二、项目人力资源绩效评估方法

绩效评估的方法有很多，但没有适合一切目的的通用方法。管理方面的问题就是确定某种绩效评估方法，以达到所追求的目的。因此，绩效评估方面的问题就是要设计一种方法，既适合评估目的，又适合每一组织的特点。下面介绍一些绩效评估的主要方法及其优缺点。

(一)描述法

这是传统的评估方法，分为鉴定法和关键事件法两种。

1. 鉴定法

评估者以叙述性的文字描述评估对象的能力、态度、成绩、优缺点、发展的可能性、需要加以指导的事项和关键性事件等，由此得到对评估对象的综合评价。优点是结果比较可靠，资料相对完整。但是往往费时较多、篇幅长，而且写作水平直接影响评价印象，难以对多个对象进行相互比较。

2. 关键事件法

在应用这种评价方法时，负责评估的主管人员把员工在完成工作任务时所表现出来的特别有效的行为和特别无效的行为记录下来，形成一份书面报告。评估者在对员工的优点、缺点和潜在能力进行评估的基础上，提出改进工作绩效的意见。如果评估者能够长期观察员工的工作行为，对员工的工作情况十分了解，同时也很公正和坦率，那么这种评价报告是很有效的。

该方法的缺点是记录事件本身是一项很烦琐的工作，还会造成上级对下级的过分监视。如表11—4所示，以某项目施工过程为例，管理人员应负有的责任、计划取得的目标及关键事件构成了该成员的绩效评价表。

表11—4　　运用关键事件法对项目管理人员进行工作绩效评价举例

负有的职责	目　标	关键事件
安排项目的施工计划	充分利用项目中的人员和资源，及时发布各种指令	为项目建立了新的施工计划系统；上个月的指令延误率降低了10%；上个月提高资源利用率20%
监督施工材料采购和库存管理	在保证充足的施工材料供应的前提下，使库存成本降到最低	上个月施工材料库存成本上升了15%，A材料和B材料的订购富余了20%，而C材料的订购却短缺了30%
监督施工设备的维修保养	不出现因施工设备故障而造成的停工	为项目建立了一套新的施工设备维护和保养系统；由于及时发现设备故障而阻止了设备的损坏

(二)比较法

对评估考评对象作出相互比较，是用排序而不是用评分，从而决定其工作业绩的相对水平。

排序形式包括简单排序、配对比较或强制分布。简单排序要求评定者依据工作绩效将员工从最好到最差排序。配对比较则是评定者将每一个雇员相互进行比较。如将雇员1与雇员2、雇员3相比，雇员2与雇员3相比。赢得最多“竞赛”的雇员接受最高等级。强制分布要求评定者在每一个档次上(如“最好”“中”“最差”)都分派一定比例的雇员，类似于在曲线上划分等级，一定比例的员工得A，一定比例的员工得B等。在表11—5中，员工A的工作态度是最好的，而员工B的工作态度是最差的。

表11—5　　就“工作态度”要素的绩效评估配对比较表

比较对象	A	B	C	D	E
A		+	+	+	+
B	—		—	—	—
C	—	+		+	+
D	—	+	—		+
E	—	+	—	—	

比较法的优点是成本低、实用，评估所花费的时间和精力非常少。而且，这种绩效评估方法可有效地消除某些评估误差，如避免了评估者可能给每个员工都作出一个优秀评价的宽厚性错误。实际上，只有50%的雇员能在平均水平之上。通过强制使评估者具体指出绩效最好的人与最差的人，从而使雇佣决策(如提薪和晋升)更容易做出。

比较法也有几个缺点。因为判定绩效的评分标准是模糊或不实在的，评分的准确性和公平性就可能受到严重质疑。而且比较系统没有具体说明一个员工必须做什么才能得到好的评分，因而它不能充分地指导或监控雇员行为。最后，组织用这样的系统不能公平地对来自不同项目的员工的绩效进行比较。例如，A项目的第6名雇员可能比B项目的第1名雇员做得更好。

(三)量表法

量表法是利用一系列标准化的量表进行考核评价,将一定的分数分配给各项考绩因素或指标,使每项考绩因素都有一个评价尺度,然后由评估者用量表对评估对象在各个考绩因素或指标上的表现情况作出评判、打分,最后汇总计算出总分,作为评估对象的考绩结果。现在量表法已经在各类项目中得到广泛采用,常用的有图解式评定量表法(GRS)、行为锚定式评定量表法(BARS)和行为观察量表法(BOS)。

第四节 项目人力资源薪酬管理

对项目成员最直接的激励手段便是薪酬,需要根据绩效评估结果决定薪酬水平,薪酬管理将项目激励与绩效管理紧密结合在一起。项目的特殊性使得项目薪酬管理不同于其他项目激励方式。运用得当的薪酬体系可以提高项目成员的积极性,而且科学完善的薪酬体系必将提升整个项目的综合效益,项目人力资源薪酬管理是人力资源管理的重要部分。

一、项目人力资源薪酬管理概念

薪酬是指个人为组织劳动并从组织中获得各种形式的报酬,既包括直接薪酬(货币薪酬),以工资、薪水、奖金等形式支付,又包括间接薪酬(非货币薪酬),以各种间接货币形式支付。

项目人力资源薪酬管理是项目组织在发展战略指导下,根据成员所提供的服务来确定其应得的报酬并对薪酬水平、薪酬体系、薪酬构成、薪酬结构做出适时调整的一个动态管理过程。薪酬管理是通过建立公平合理的薪酬水平和福利制度,以起到吸引、保持和激励员工很好地完成其工作的效果。

二、项目薪酬管理特征

项目具有的临时性、一次性等特点,使得项目薪酬管理不同于一般意义上的企业薪酬管理。

(一)重视货币薪酬

由于项目具有生命周期特征,成员难以通过项目获得晋升,故项目薪酬管理更看重直接薪酬,即货币薪酬。而企业日常管理工作是重复的,其薪酬管理体系是固定循环的,员工可以有多种薪酬激励方式,非货币薪酬方式更为普遍。

(二)项目薪酬管理是面向任务的

工作分解结构将项目分解为工作包,按月末、季末等时间节点进行考核奖惩会造成工作量计算的混乱,而按照里程碑方式进行考评即在每一工作包完成后及时计算工作量,则更具有科学性。

(三)基于组织形式进行绩效考核与工资分配

如果采用矩阵项目组织形式,项目结束后项目成员终究要回到职能部门,若职能经理负责绩效考核与工资分配,项目经理对成员的控制力就会下降;若绩效考核与工资分配权掌握在项目经理手中,项目成员又会陷入两难境地。因此,绩效考核与工资分配应分别由项目经理和职能经理负责。项目经理将项目成员考核结果反馈到公司,由公司负责对职能部门的薪酬奖惩,项目成员是职能部门为项目提供的资源,项目成员的表现决定了部门的支持力度,职能部门再根据项目成员的工作表现进行工资等薪酬分配,以避免多头领导造成的项目成员左右为难情况的出现。如果采用强矩阵项目组织形式，项目成员长期存在于项目中，应由项目经理负责团队成员的工资分配。

（四）项目薪酬管理注重过程

项目团队是临时组建的，项目经理对项目成员的技能和项目任务不能完全掌握，在项目前期制定绩效考核指标与建立薪酬管理体系面临很大的困难。而项目结束后，项目成员回到企业中原职能部门，项目难以在事后对项目成员进行绩效评价。项目薪酬管理将重点放在项目实施过程中，若项目成员在项目实施过程中未得到有效激励，会大大降低其积极性，直接影响项目目标的实现。

三、影响项目薪酬分配的因素

（一）企业的薪资水平

这里的薪资水平主要分为两种：一种是企业内部的薪资水平；另一种是同行业之间相似工作的薪资水平。如果工程项目面向社会公开招聘，则需要对同行业的薪资进行调查，然后确定本项目的薪资水平。而如果只在企业内部招聘项目工作人员，则只需对本公司内部正在进行的相似工程建设项目的薪资水平进行调研，同时结合本项目的工程预算，制订合适的项目薪资计划。

（二）绩效考核结果

绩效考核结果为项目管理人员评价项目成员的工作效果和工作状态提供分析依据，同时也作为项目薪酬分配的一个重要原则。薪酬分配除了与企业的薪资水平相关，还与绩效考核结果相关。项目薪酬管理作为人力资源激励中的重要组成部分，将大大提高员工的积极性，同时薪酬的制定与工作计划和任务目标的完成情况密切相关。

项目管理案例

某软件企业项目经理的绩效评估指标体系设计

任何项目的中心都应是人。尤其是软件行业项目以知识为基础，它关系到人、人的才能和人的智力。因此，不论将软件用于什么技术项目和产业项目，最终都要去理解人、管理人。认识人的潜力并组合人的才能和个性，对工程顺利进行、产品顺利送交客户、构建健康团队环境有着重要作用。另外，奖励先进人员，增加沟通，减少官僚主义，健全各项工作制度，让人员适得其位，以法定合同进行人员约束，让员工学习新的知识、发展新的技能等均是高效维持团队的主要因素。拥有高素质的技术人员和管理人员，并建立相应的有效激励和约束机制，就成为软件企业获得竞争优势的关键。而绩效评估，作为“针对员工工作订立作业标准—记录实际业绩—按标准考察成绩—确定改进行动”的完整过程，正是实现激励和约束的有效手段。绩效评估指标作为评估的尺度和起点，对绩效评估的正确性和有效性有重要影响。因此，要想实现对管理人员的激励和约束，建立针对管理人员的绩效评估指标体系，已成为软件企业管理活动中一项十分重要又极为迫切的工作。

一、软件企业项目经理的职务分析

现代绩效评估理论强调绩效评估标准要建立在职务分析之上，有效的绩效评估应遵循以下过程:工作(职务)分析—绩效标准—绩效评估。因此,要建立软件企业管理人员的绩效评估标准,即绩效评估指标体系,就应该先对其进行职务分析。

(一)项目经理的工作程序

项目经理的工作目标是负责项目保质保量按期交付。工作程序主要包括:(1)承接项目任务后,组织对项目进行工作分解,并将分解后的工作分配给每个项目小组成员,规定项目进度;(2)在项目进行过程中,就项目需求、进度、实施、试运行等与客户协调;(3)在项目小组内进行协调;(4)对项目进度进行管理;(5)对项目小组成员进行激励,并对其工作进行评价;(6)就项目实施情况向直属上级全面汇报。

(二)对项目经理的主要要求

对项目经理的主要要求包括:(1)对本行业某一技术领域非常熟悉,技术过硬;(2)任务分解能力强;(3)注重对项目成员的激励和团队建设,能良好地协调项目小组成员的关系;(4)具备较强的客户人际关系能力;(5)具有很强的工作责任心,能够接受经常加班的要求;(6)摒弃技术人员心态,具备管理人员心态,明白自己在管理方面的贡献应胜过作为技术主力的贡献。

(三)软件企业项目经理的职务特征

软件企业项目经理的工作程序与传统企业项目经理没有本质的区别。但软件企业是知识型企业,它与传统企业相比,工作内容已发生了从重复性任务到创新性任务、从个人工作到团队工作、从职能性工作到项目性工作、从单一技能到多技能、从上司权力到顾客权力等重大转变。因此,软件企业项目经理管理工作的复杂性和难度也大为增加。[①] 具体来讲,其工作重心有以下转移:

1. 指派控制是关键

软件生产是知识型工作,所包含的创造性成分极高,不可能存在一种适合大多数人的"正确的操作方式",也不可能大多数人能在某个特定的工作中做出优异的成绩。所以,作为项目经理,必须了解项目小组中每个成员的特长,尤其是那些已在工作中显示出才干的人们的特长,并且了解每个人的学习潜力和技术兴趣指向,以便提供给小组成员合适的机会。

2. 要对小组成员实现有效激励

软件企业的营运没有固定的程序,交付给员工的工作任务有较大的弹性,员工需要有较多的自主性。因此,需要员工有高度的自信及工作热忱,有较强的竞争意识,愿意主动、全力以赴地追求公司的目标,从而表现卓越。所以,项目经理应该意识到,为充分发挥人的生产力,就要使有知识、有技能的工作者承担相应的责任。从这个意义上讲,项目经理的天职就是充当属下工作动机的源泉,不断激励属下的工作愿望。一个出色的项目经理要会运用标识和口号,使员工建立信心、骄傲及工作热忱;要发掘存在于企业内的期望,让期望表达出来;要向属下传达企业的理想,让员工有身临其境的竞争意识;要果断地采取行动授权给属下,考评绩效、论功行赏,冷静沉着、临危不乱。

3. 加强沟通和协调职责

软件企业是高密度渗透性行业,它只有与其他行业建立起直接的业务联系才能生存下去。尤其是以应用软件开发为主业的公司,其业务至少要涉及2—3个行业领域,而在每个领域也有可能需要与不同的部门保持联系。项目经理将不得不学会同那些并不由他们直接控制的人们打交道,学会跨行业性的工作,还得学会创立、维持和管理一个系统。实际上,这些工作在传

---

① 王艳平等.软件企业项目经理绩效评估指标体系设计[J].西北工业大学学报(社会科学版),2001(4):33-35.

统企业中属于高层管理人员的职能，而在知识型组织中，除了少数情况外，人们将越来越难以区别中层管理人员和高层管理人员的职责。在软件企业中，项目经理作为领导人、联络人、发言人、资源分配者、谈判者的角色都大为增强。

4. 时间管理

随着软件市场的规范以及客户需求的不断成熟，按期并保质保量地完成项目已成为软件企业得以生存的根本。这就要求软件企业实施非常严格的时间管理和技术管理。在时间管理上，项目时限管理的规范化非常重要。对每个项目都要制定相应的进度，并要求员工严格执行。而且为了能够在激烈的市场竞争中获胜，还要不断提高工作效率。项目经理要管理好自己的时间和员工的时间。在项目经理自身的时间管理上，最需要注意的是工作时间如何在技术与管理之间合理分配，因为管理人员的任务不是要成为小组中最优秀的一员，而是对小组总体工作成就负责。

5. 团队管理

软件企业组织结构的二元性(指一方面建立一个相对稳定的组织框架，另一方面又成立临时性小组)使得员工之间频繁地处于高密度合作状态。因为对个人来讲，参加某个以任务为中心的团队也许是临时的，但这种团队的运作对企业来说是日常工作的一部分。事实上，软件企业越来越依赖这些临时的项目团队。可以说，软件企业的工作场所不再是各种详细划分的职能部门的聚集地，而是一种不断变化的、富有能力的团体，它能够围绕具体的市场机遇很方便地进行重组。因此，项目经理必须频繁地进行团队内部及团队之间的组织、分配和协调，即项目经理要具备很强的团队管理能力。

二、软件企业项目经理的绩效评估指标体系设计

根据以上对软件企业项目经理职务的分析得出：负责项目圆满完成是项目经理的主要职责，而为了实现其职责，项目经理必须着力于提高项目小组的战斗力，为此，项目经理应该在团队管理、工作关系处理、时间管理等方面作出贡献。而要衡量项目经理工作成绩的大小，就必须根据这些因素去考察，针对这些因素建立绩效评估指标体系。

(一)评估指标的确定

对项目经理工作成就的评价，主要从项目总体的完成情况和项目的过程管理情况两方面来进行，而项目过程管理主要包括团队管理、时间管理和工作关系处理三部分内容。各层指标的定义及说明如下：

1. 项目总体成效

项目总体完成情况包括：(1)时间要求，是否按时完成；(2)功能要求，是否实现既定的功能；(3)品质要求，是否符合客户要求或通过了相关技术的测定；(4)费用要求，开发费用是否具有市场竞争力；(5)推广要求，项目是否具有可推广性。

2. 时间管理成效

时间管理成效是指项目经理与所负责的项目小组在时间管理方面能否合理安排时间，以及时间利用的效率是高还是低。需要注意的是，项目总体成效中的时间要求是指项目的最后完成时间是否满足合同的期限规定，而时间管理成效是指项目进行过程中时间管理的情况。

(1)时机的把握。指项目经理认识到促进项目进展的时机以及及时把握的程度。

(2)时限管理的规范化。指项目小组制定明确的时间要求，以及员工严格遵守的程度。

(3)工作效率。指项目经理及项目小组成员在工作中时间利用效率的高低程度。

3. 团队管理成效

团队管理成效主要是指项目小组在团队管理和建设方面所取得的成绩。

(1)角色到位。指项目小组成员明确自身角色的职责,达到角色的要求并遵从该角色的程度。

(2)群体凝聚力。指项目小组内部目标价值的一致和对工作对象看法一致的程度。

(3)团队工作意愿。指小组成员相互协作以及对小组的感情承诺程度和留职意愿。

(4)激励强度。指项目经理能否有效利用激励手段和人格魅力使每个小组成员都最大限度地贡献自己的才能。

4. 工作关系处理成效

工作关系处理成效是指项目经理与所负责的项目小组在工作中处理人际关系以及解决各种冲突所取得的成效。

(1)与客户的协调。指在项目需求、项目进度、系统试用、项目验收和系统维护等协调过程中与客户保持良好人际关系的情况。

(2)小组内的协调。指项目小组在项目的开发和实施过程中,项目经理与小组成员之间以及小组成员之间信息畅通、配合默契、协调一致的程度。

(3)上下级的协调。指上下级关系以及员工参与管理的程度。

(二)评估指标体系及处理

项目经理绩效评估指标体系可用一个树状结构表示,如图1所示。

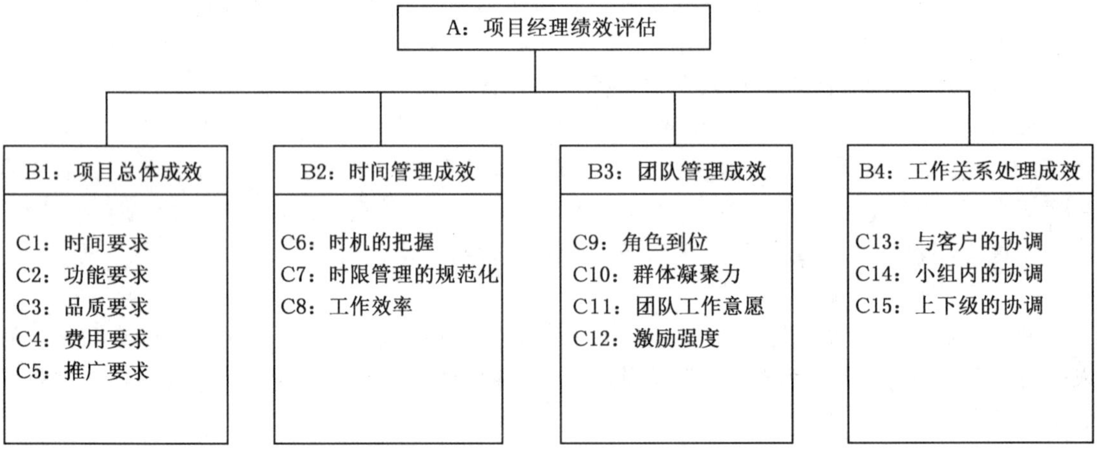

图1 项目经理绩效评估指标体系

建立了绩效评估指标体系之后,接着就应该确定各个层次评估指标的权重,并对项目经理的绩效进行综合评价。对于指标权重及指标量化的确定,可以简单地利用专家意见法,也可以采用定性与定量相结合的层次分析法。而对于指标的综合则有许多方法,如加权求和法、乘积法、模糊评价法等。

(资料来源:白思俊. 现代项目管理[M]. 北京:机械工业出版社,2010.)

本章小结

本章对项目人力资源管理的概念进行了阐释,按照项目人力资源计划对人力资源进行配置、培训与调整。根据四大激励理论,结合项目激励的独特性,实现有效的项目人力资源激励,提高项目成员的积极性与投入度。

通过建立项目绩效评估体系，可实现与企业目标管理体系、计划实施体系的有效对接。建立业绩标准、实施考核、实际与标准对比、业绩实现与问题纠正是绩效管理体系的重要内容。

项目薪酬管理作为项目最直接、最有效的激励方式，与企业薪酬管理有着明显不同。

习题

1. 项目人力资源管理的概念是什么？
2. 简述项目人力资源配置的主要内容。
3. 简述在项目人力资源管理中可以采取的激励方式。
4. 如何进行绩效管理？
5. 项目薪酬管理的特征是什么？

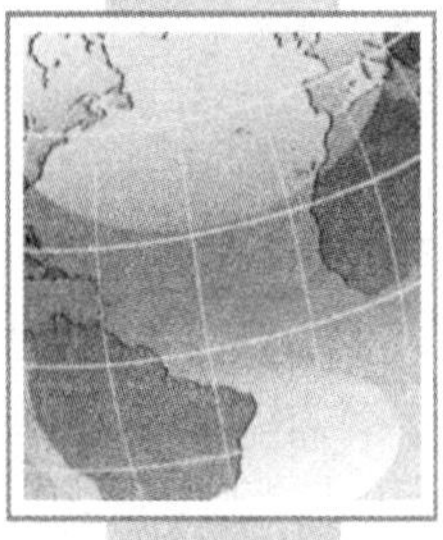

第十二章 项目沟通与冲突管理

项目管理的过程是通过对人及各种资源的协调配合，在时间、质量、成本符合要求的情况下使利益相关方满意的过程。项目管理涉及诸多主体，在整个项目生命周期内，高效的管理活动离不开沟通。项目的临时性和一次性特征使其在调配人员及资源时面临与其他任务相冲突的矛盾。有效解决项目运行中的沟通与冲突问题，将会大大减少项目风险，调动项目成员的积极性，保证项目按时保质交付。

第一节 项目沟通管理

项目具有临时性、独特性的特征，参与项目的各个利益相关方之间缺乏合作与共事的经验。相比一般的企业运营过程，项目中需要加强沟通来保证信息的有效传递。所以，成功的项目管理离不开有效的沟通。在项目实施过程中，口头、书面或其他形式的沟通是项目管理者一项非常重要的工作。有效的项目沟通管理是项目各个利益相关方明确项目目标、制订项目计划的基础，是保障项目顺利完成的前提。

一、沟通的概念和过程

(一)沟通的概念

管理的过程是通过对人及各种资源的有效配置，实现项目管理能力的最大化并为企业带来预期收益的过程。因此，管理的基础是沟通，管理的有效性依赖于沟通的效果。现代管理理论之父巴纳德认为："沟通是把一个组织中的成员联系在一起，以实现共同目标的手段。"著名的美国未来学家及管理大师约翰·奈斯比特提出，未来竞争是管理的竞争，其焦点在于每个社会组织内部成员之间以及与外部组织之间的有效沟通。美国通用电气公司前 CEO 杰克·韦尔奇认为，当今的企业比以往任何一个时期都更需要沟通。

沟通(Communication)就是信息的传递和理解，可以是通信工具之间的信息沟通和交流，如电报、电话、传真等，可以是人与机器之间的信息沟通和交流，也可以是人与人之间的信息沟通和交流，还可以是组织与组织之间的信息沟通和交流。沟通是一个信息传递的过程，信息沟通是传递的首要前提，传递的信息还要被沟通双方所理解。所以，沟通的过程不仅包括信息源的信息发布过程，还包括信息传递以及信息接收者理解的过程。沟通通常有以下几种类型：

1. 正式沟通与非正式沟通

正式沟通是利用组织明文规定的渠道进行信息传递和交流的方式，如组织规定的汇报制度、例会制度、报告制度及组织与其他组织的公函来往。这种沟通方式的优点是沟通效果良好，有较强的约束力；缺点是沟通速度慢。

非正式沟通是指在正式沟通渠道之外进行的信息传递和交流，如员工之间的私下交谈、小道消息等。这种沟通方式的优点是沟通方便，速度快，且能提供一些正式沟通中难以获得的信息；缺点是容易失真。

2. 上行沟通、下行沟通和平行沟通

上行沟通是指下级的意见向上级反映，即自下而上的沟通。项目经理应鼓励下级积极向上级反映情况，只有上行沟通渠道畅通，项目经理才能全面掌握情况，做出符合实际的决策。上行沟通有两种形式：一是层层传递，即依据一定的组织原则和组织程序逐级向上反映，这是信息传递的主要方式；二是越级反映，它指的是减少中间层次，让项目最高决策者与一般员工直接沟通，这种方式只在特殊情况下使用。

下行沟通是指领导者对员工进行的自上而下的信息沟通。如将项目目标、计划方案等传达给基层群众，发布组织新闻消息，对组织面临的一些具体问题提出意见都属于下行沟通。

平行沟通是指组织中各平行部门之间的信息交流。在项目实施过程中，经常可以看到各部门之间发生矛盾和冲突，除其他因素外，部门之间互不通气是重要原因之一。保证平行部门之间沟通渠道畅通，是减少部门之间冲突的一项重要措施。

3. 单向沟通与双向沟通

单向沟通中，发送者和接收者两者之间的地位不变(单向传递)，一方只发送信息，另一方只接收信息。这种方式信息传递速度快，但准确性较差，有时还容易使接收者产生抗拒心理。双向沟通中，发送者和接收者两者之间的位置不断交换，且发送者是以协商和讨论的姿态面对接收者，信息发出以后还需及时听取反馈意见，必要时双方可进行多次重复商谈，直到双方共同明确和满意为止，如交谈、协商等。其优点是沟通信息准确性较高，接收者有反馈意见的机会，产生平等感和参与感，增加自信心和责任心，有助于建立双方的感情。

(二)沟通的过程

沟通是一个过程，必然会涉及诸多独立的要素。完整的沟通过程包括 7 个要素：发送者、接收者、信息、渠道、干扰、反馈和环境。沟通过程是信息的发送者将信息按照一定的程序进行编码后，通过信息沟通的渠道传递给信息接收者；信息的接收者将收到的信息进行解码处理，然后再反馈给发送者。这样信息的意义就从一个人那里传递给了另一个人。此外，信息的传递过程还会受环境和一些噪声的影响。沟通的具体过程如图 12－1 所示。

1. 发送者

发送者的权威和信任度是影响信息接收的重要因素。

2. 信息

信息是沟通的核心，它传达沟通者的沟通目的和观点。很多因素会影响信息的接收，这些因素包括信息的清晰度、接收者的警惕性、信息的复杂性和传递长度以及信息是如何组织的。

3. 渠道(媒介)

在组织中，有多种沟通渠道或媒介可用来传递信息。一般来说，信息是口头的(如本案例中)、书面的(日益电子化)或综合形式的，或正式及非正式的途径。口头沟通时，通常会伴随着

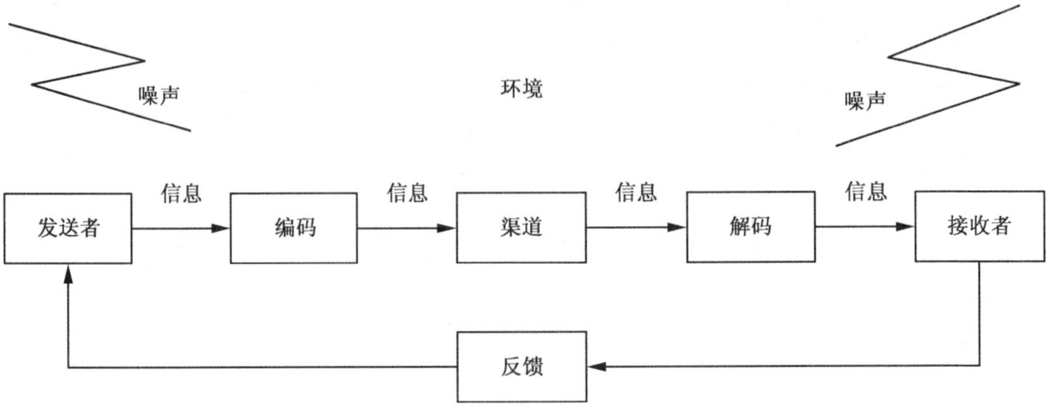

图 12—1　沟通的过程

一些肢体语言，像皱眉、微笑、手势等。

4. 接收者

只有当对方接收并正确理解信息后，沟通才算完成。但由于发送者与接收者之间认知体系的差异或传递渠道上信息的损耗，信息像漏斗一样逐渐被歪曲从而阻碍信息的接收，达不到信息发送者的目的。

5. 反馈

接收者返回给发送者的信息过程称为反馈。如果没有反馈，发送者就难以把握信息是否已经被接收和理解。反馈更多体现在接收者的反应上。

6. 环境

了解信息传递和接收的环境才能充分理解沟通。组织文化（态度和氛围）是影响沟通最主要的环境因素。当某人的信誉度和受尊重程度高时，就更容易传达信息，传达的信息更容易被认可。

7. 干扰

干扰（如噪声）对沟通过程的效果产生普遍影响。在这种情况下，干扰也意味着沟通不畅，包括接收者的态度和情绪。

（三）沟通的渠道

信息沟通的不同渠道会影响项目团队成员的工作效率。按照性质，可以将沟通渠道分为正式沟通渠道和非正式沟通渠道两种。

1. 正式沟通渠道

在项目信息沟通过程中，信息发送者并非直接把信息传递给信息接收者，而是要通过一些人传递，即产生不同的沟通渠道。不同的沟通渠道，信息沟通的效率是不同的。

正式沟通渠道可以分为五大类：链式沟通渠道、轮式沟通渠道、环式沟通渠道、Y 式沟通渠道和全通道式沟通渠道，如图 12—2 所示。

（1）链式沟通渠道。它是指信息在五个层次中逐级传递，只有上行沟通和下行沟通，居于两端的人只能与其相邻的一个成员联系，而居中的人则可以分别与两端的人沟通信息。在这种沟通形态中，信息经过层层传递、筛选，由于各个信息传递者接收信息的差异很大，容易产生信息失真。这种沟通渠道适用于班子庞大、实行分层授权控制的项目信息传递及沟通。

（2）轮式沟通渠道。它是一个管理者与四个下级进行的沟通，而四个下级之间不相互沟

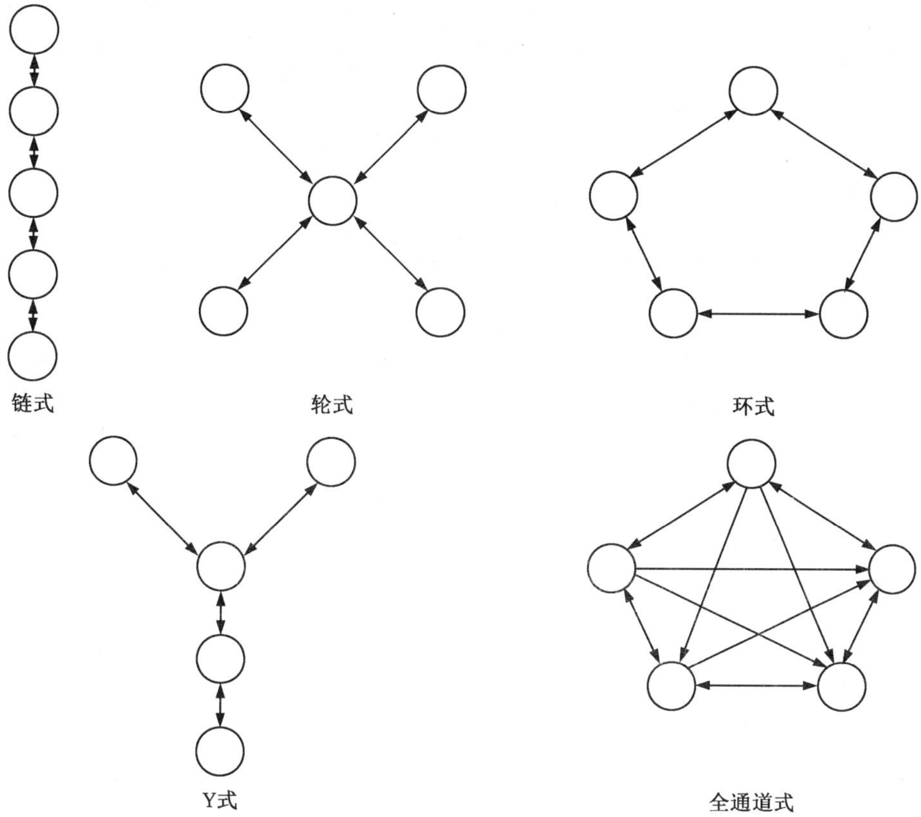

图 12－2　正式沟通渠道

通。这种沟通属于控制型网络沟通，其中只有一个成员是各种信息的汇集点与传递中心。它的优点是集中化程度高，解决问题的速度快，中心人员的预测程度高。其缺点是沟通的渠道少，组织成员的满意程度低，员工士气不高。这种沟通渠道适用于一个主管直接管理若干部门的情况。

(3)环式沟通渠道。它是五个人之间的沟通，管理者对两个下级进行沟通，而两个下级再分别与各自的下级进行沟通，基层再相互进行沟通。其中，每个人都同时与两侧的人沟通。在这种方式中，组织的集中化和预测程度都较低，畅通渠道不多，组织中成员具有较为满意的情绪，员工士气较高。这种形式也可以发展成多环型，是加强控制、争取时间的一个有效方法。

(4)Y 式沟通渠道。它是在四个层次的逐级沟通过程中，两位领导通过一个人或一个部门进行沟通，这个人成为沟通的中心。这种形式集中化程度高，解决问题的速度快。但组织中成员的平均满意程度较低，容易造成信息曲解或失真。

(5)全通道式沟通渠道。它是每个人与其他四个人都自由地相互沟通，并无明显的中心人物。这是一种开放的网络系统，其中每个成员之间都有一定的联系，彼此了解，成员满意程度高，合作的气氛浓厚。但它的集中度较低，管理者的预测程度也较低。这种沟通渠道形式适用于民主气氛浓厚、合作精神很强的组织。

各种类型的沟通渠道在解决问题速度、信息精确度等方面存在差别，具体如表 12－1 所示。

表 12—1　　不同沟通渠道的比较

沟通渠道类型	解决问题速度	信息精确度	组织化	领导人的产生	士气	工作变化弹性
链式沟通渠道	较快	较高	慢、稳定	较显著	低	慢
轮式沟通渠道	快	高	迅速、稳定	显著	很低	较慢
环式沟通渠道	慢	低	不易	不发生	高	快
Y 式沟通渠道	较快	较低	不一定	会易位	不一定	较快
全通道式沟通渠道	最慢	最高	最慢、稳定	不发生	最高	最快

2. 非正式沟通渠道

在组织中，除了正式沟通渠道之外，还存在非正式沟通渠道，有些消息往往是通过非正式沟通渠道传播的，其中包括小道消息。

戴维斯等人的研究表明，非正式沟通渠道主要存在四种形式：单线式、流言式、偶然式和集束式，如图 12—3 所示。

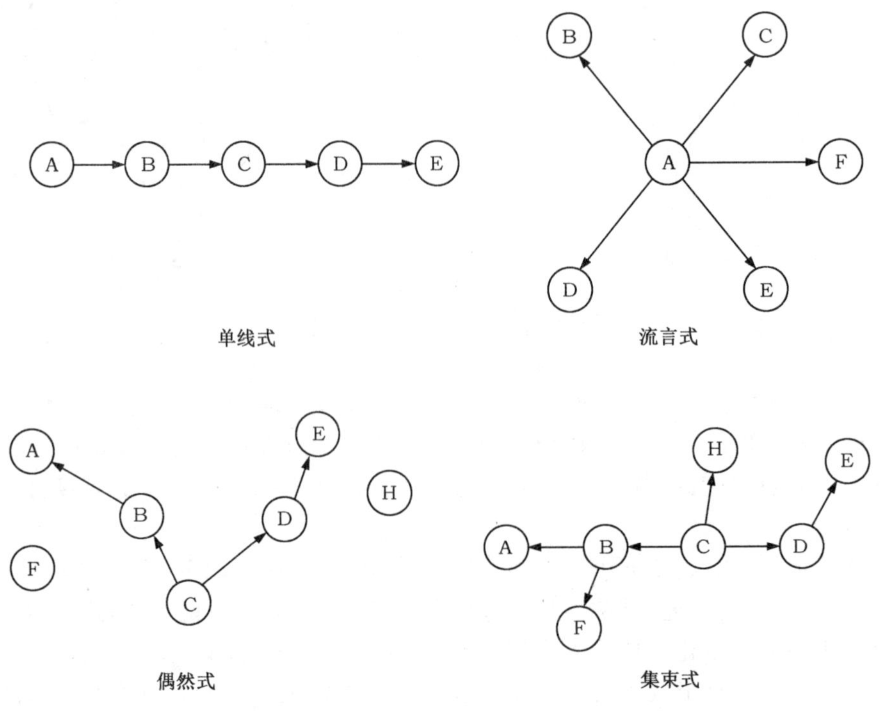

图 12—3　非正式沟通渠道

(1)单线式。消息由 A 通过一连串的人传递给最终的接收者。

(2)流言式。A 主动地把小道消息传递给其他人，如在小组会议上传播小道消息。

(3)偶然式。消息由信息传递者偶然地传递给其他人，其他人再偶然地传播出去，并没有一条确定的路线。

(4)集束式。C 将消息有选择地告诉自己的亲朋好友，之后信息再按照这种形式传递下去。在项目管理实践中，这种信息传递方式最为普遍。

组织中传播的小道消息常常会给项目目标带来不利的影响，改善的办法在于使正式沟通渠道通畅。但是，非正式沟通渠道也能弥补正式沟通渠道的不足，主要表现在以下方面：一是可以满足项目团队成员情感方面的需求；二是可以弥补正式渠道信息传递方式的不足；三是可以了解团队成员真正的心理倾向与需要；四是可以减轻管理者的沟通压力；五是可以防止正式沟通中信息“过滤”现象。

二、项目沟通的定义及内容

（一）项目沟通的定义

项目组织是由人员、职位、职责、关系和信息等要素构成的。人员和职位是两个最基本的要素，是构成组织的“硬件”；职责、关系和信息也是项目组织不可缺少的重要因素，是构成组织的“软件”。信息流是组织机体中的“神经”，如果失去信息沟通和交流，组织也就瘫痪了。

项目沟通主要是项目团队与其他组织、项目团队成员之间的信息传递和理解。项目沟通贯穿于项目的整个生命周期。例如，在项目概念阶段，识别客户需求、明确项目目标等需要沟通；在项目计划阶段，制订进度计划、质量计划等需要沟通；在项目实施阶段，检查、协调等需要沟通；在项目收尾阶段，评审、验收等也需要沟通。

项目沟通管理包括确保及时、正确地产生、收集、发布、存储和最终处理项目信息的全过程。它是人与信息之间的关键纽带，是项目成功所必需的要素。参与项目的每个人都必须使用项目“语言”传达和接收信息，理解他们以个人身份涉及的信息将如何影响整个项目。项目沟通管理就是为了确保项目信息合理收集和传输，以及最终处理所需实施的一系列计划、组织、协调、控制过程。项目沟通管理是 PMBOK 十大知识领域之一。项目沟通管理必须协调项目内部各部门之间以及项目与外部环境之间的关系，以确保项目顺利实施。项目沟通管理应从整体利益出发，运用系统的思想和分析方法，全过程、全方位地进行有效管理。

（二）项目沟通的重要性

要科学组织、指挥、协调和控制项目的运行过程，就必须进行有效的信息沟通。有效的信息沟通对项目的成功具有重要的意义。具体来说，主要包括以下几个方面：

1. 项目沟通是正确决策和计划的基础

项目团队成员要想做出正确的决策，必须以完整、及时、准确的信息作为基础。而通过项目内外部环境之间的信息沟通，就可以获得众多动态的信息，从而为决策提供依据。

2. 项目沟通是科学组织和控制管理过程的依据和手段

在项目团队内部，没有良好的信息沟通，情况不明，就无法实施科学的管理。只有通过信息沟通，掌握项目运行各方面的情况，才能为科学管理提供依据，才能有效提高项目的组织效能。

3. 项目沟通是建立和改善人际关系必不可少的条件

信息沟通、意见交流，将许多独立的个人、团队、组织贯通起来，成为一个整体。信息沟通是人的一种重要的心理需要，是人们用以表达思想、情感与态度，寻求同情与友谊的重要手段。畅通的信息沟通，可以减少人与人之间的冲突，改善人与人、人与组织之间的关系。

4. 项目沟通是项目经理成功领导的重要手段

项目成功的前提是项目经理能够将其意图准确地传达给下级人员，并要求下级人员正确理解和执行。如果沟通不畅，下级人员就不能正确理解和执行领导意图，最终导致项目混乱甚至失败。因此，提高项目经理的沟通能力，与其领导过程的成功性关系极大。

（三）项目沟通的内容

项目沟通的内容就是项目沟通中利益相关方所需信息的内容，涉及项目业主或客户、项目经理、项目供应商、项目实施组织、项目所在社区等各方所需要了解的项目工期、进度、成本造价、资源需求、环境影响、预算控制等方面的信息。主要包括：

(1)有关项目团队组织、项目团队的上级组织及其他项目利益相关方的组织信息，具体涉及这些组织的组织结构、组织间的相互关系、组织的主要责任与权力、组织的主要管理规章制度、组织的主要人力资源情况等方面的信息。

(2)有关项目团队内部管理各方面的信息，具体涉及项目团队内部的各种管理职能、各种资源的管理(如人员、物资、信息等资源的管理)、各种工作过程的管理(如技术开发过程、生产实施过程等)等方面的信息。

(3)有关信息技术工作及其产品方面的信息，具体涉及整个项目产出物的技术信息(如设计说明书等)、项目工作的技术信息(如工艺技术等)。

(4)有关项目实施方面的信息，具体涉及整个项目的工期进度计划和完成情况方面的信息、整个项目的资金与预算控制方面的信息。

(5)项目组织所需的各种公众信息，如当地社区风俗文化方面的信息，以及社会公众需要了解的项目信息，如项目给社区带来的好处等。

三、项目沟通方式

选择适当的沟通方式是进行良好沟通的前提。常用的项目沟通方式包括报告、会议、电话、网络、传真、个人交谈和现场管理等。表 12—2 列出了常用的项目沟通方式的优缺点。

表 12—2　　常用的项目沟通方式的比较

沟通方式		优　点	缺　点
报告		1. 为项目提供连续的记录 2. 为项目交流提供连续的、最新的资料	1. 信息一经发布就难以收回或取消 2. 缺乏反馈
会议		1. 便于团队成员提出问题，各抒己见 2. 便于详细讨论和解决项目中的各种问题 3. 便于项目信息的发布	1. 信息一经发布就难以收回或取消，当项目会议发布的是错误信息时，需要付出较大努力才能纠正 2. 当参加会议的人数较多时，可能对某些项目问题难以形成一致意见，从而造成大量时间和费用的耗费
电子媒介	电话	1. 有利于人员间较短的、单一问题的交流，可节省时间，交流者之间距离越远，节省的时间越多 2. 有利于联络感情	1. 解决问题的成功概率很小，这种交流经常陷入客套话或陈词滥调中 2. 由于交流双方不能看到对方的非言语信息，使得双方有可能不能正确理解对方提供信息的含义
	网络	1. 降低了沟通成本，尤其是沟通双方距离较远时 2. 使原先一对一的、单调的语音沟通立体直观化 3. 使工作便利化 4. 安全性好	1. 沟通信息呈超负荷状态 2. 口头沟通受到极大限制 3. 纵向沟通弱化，横向沟通扩张
	传真	1. 有利于远程传递报告和信息 2. 能把重要的项目报告及时传递给需要的成员	保密性较差，不利于传输敏感及重要信息

续表

沟通方式	优　点	缺　点
个人交谈与现场管理	1. 可以详细讨论项目问题 2. 可以直接了解现场的工作状况 3. 能保持与团队成员的密切关系	1. 过于频繁的会议及现场管理会议会使团队成员感到厌烦或打扰团队正常的工作 2. 有时项目成员有可能心理压力较大而不敢表达真实想法，或者从自身利益出发，传递一些歪曲信息 3. 这种交流和沟通不一定引起项目成员的重视

(一)项目报告

项目报告是描述项目进展情况、传达项目状态信息的报告。项目报告是项目沟通中使用最多的方式，任何项目管理人员都应该了解、熟悉和掌握编制项目报告的基本方法。项目报告按大类可以分为口头报告和书面报告两种。

1. 项目口头报告

根据用途，项目口头报告可分为汇报型口头报告、说服型口头报告和决策型口头报告。汇报型口头报告是项目沟通中使用最多的一种口头报告，该种报告的主要目的是汇报项目的实际情况，因此只要把事情说清楚即可，但是通常需要随后报送一份辅助性的书面报告作为补充或备忘；说服型口头报告的主要目的是说服对方接受报告者的观点或计划等，因此需要更多解释性和论证性的叙述，而对事实的叙述不多；决策型口头报告的主要目的是通过请示或商量去决策一件事该如何做，而不需要说服对方接受什么观点或计划。

2. 项目书面报告

项目书面报告按其用途划分，通常可分为项目进展报告、工作总结报告和项目总结报告。项目进展报告是描述项目各项工作的进展情况和取得的主要成果的报告；工作总结报告是一个项目或者项目某个阶段结束时，或者由于其他原因而使项目或项目阶段终止时，项目小组成员对其在项目中的工作任务和表现进行的总结；项目总结报告是在项目结束后对项目进行的一个全面系统总结的报告。

(二)项目会议

通过项目会议，项目经理可以将有关政策和指示传达给项目团队成员，使与会者了解项目共同目标，以及自己的工作与他人的关系，并明确自己的目标、责任和权力；同时，项目经理也可以及时地获得反馈信息。项目会议可以充分表现与会者在项目组织中的身份、地位和影响，使会议中的信息交流能在人们的心理上产生影响，可以帮助澄清误会，处理各种冲突并利用他人的知识和技巧来解决问题。通过项目会议，被人们忽视的问题有可能被发现，进而认真地加以研究和解决。会议交流的正式性也可以使每一位与会者产生责任感和约束力，会议还可以帮助营造民主气氛，给与会者提供共同参与和共同讨论的机会，最终做出良好的决策。

项目沟通中常用的项目会议有项目启动会议、项目状态评审会议、项目技术终审会议、项目问题解决会议等。

1. 项目启动会议

项目启动会议是项目成立以后第一次召开的全体会议，由项目经理负责筹备和主持，要求所有的项目利益相关方参加。目的是为以后的项目会议树立样板，为项目成员之间的相互了解和熟悉提供机会，为以后的合作打下基础；使项目成员全面深入理解项目目标和价值，明确项目经理的权力和职责范围，明确项目成员的工作任务、工作岗位和职责范围，统一项目团队及利益相关方对项目的组织结构、工作方式、管理方式等的认识;讨论项目工作的实施规则和项目实施中的管理控制方法,处理团队成员对现阶段工作的意见,并尽可能将其解决。

2. 项目状态评审会议

项目状态评审会议是项目经理获得信息、解决问题、了解项目进展情况的一种方式。召开项目状态评审会议的基本目的是通报项目进展情况、找出问题和明确下一步的行动计划。这种会议通常由项目经理主持召开,会议成员一般包括项目团队的全部或部分成员,以及项目业主/客户或项目的上级管理人员。

3. 项目技术终审会议

项目技术终审会议是为了在项目承担者开始建设、装配和生产项目交付物之前获得项目业主/客户对技术方案的批准,在项目承担者已经完成详细设计和说明、各种图形和报告格式准备妥当之前,由项目业主/客户对最终技术设计方案进行审批而召开的会议。

4. 项目问题解决会议

项目问题解决会议是当项目团队成员发现项目进展中存在问题时召开的会议。在项目开始时,对于该种会议的主持者、参加者及召开时间等都应当设立相应的规章和准则。项目问题解决会议通常涉及以下内容:描述和说明项目存在的问题;找出项目问题的原因和影响因素;找出解决项目问题的各种可行性方案,并对这些方案进行评价,从中选出最可行或满意的方案作为解决项目问题的实施方案;最后,如果所选定的项目问题解决方案涉及计划变更问题,则会议还需要对项目计划进行修订,反之则结束会议。以上各项内容都需要与会者共同讨论、共同分析。

(三)电子媒介

随着信息技术的发展,电子媒介已经成为人们越来越普遍使用的联系方式。最常见的电子媒介沟通方法有互联网、管理信息系统、传真、电话及电话会议等。另外,沟通者可以利用互联网传递和交流技术文件,通过信息网络就可以在异地对项目图纸进行讨论和修改,实现异地多用户的管理信息分享等。

四、项目沟通管理计划

项目沟通管理计划中通过确定利益相关方信息交流和沟通的要求,明确信息的发出者和接收者、时间、内容及传递方式来提高项目沟通的有效性,进而为整个项目的顺利实施提供保障。项目沟通管理计划规定了沟通的语言及对沟通进行控制的方式。参与项目的每一个人都必须用项目"语言"沟通,其参与的沟通将会直接影响项目的整体。项目沟通管理所涉及的知识领域是保证及时、正确地提取、收集、传播、存储以及最终处置项目信息。

(一)项目沟通管理计划的依据

项目沟通管理计划的依据包括沟通要求、沟通技术、制约因素和假设三个方面。

1. 沟通要求

沟通要求是项目参加者信息要求的总和。它主要是通过综合所要求的信息内容、形式和类型,以及分析该信息的价值来确定的。项目资源只被运用在那些有利于项目成功的信息上。确定项目沟通要求的信息一般包括:项目组织与利益相关方的责任关系;该项目涉及的技术知识;项目本身特点决定的信息特点;与项目外部的联系;等等。

2. 沟通技术

在项目各部门和活动之间来回传递信息所用的技术和方法很多,包括:根据沟通的严肃程度划分的正式沟通和非正式沟通；根据沟通的方向划分的单向沟通和双向沟通、横向沟通和纵向沟通；根据沟通的工具划分的书面沟通和口头沟通；等等。选用何种沟通技术才能达到迅速有效地传递信息的目的，主要取决于下列因素：(1)对信息要求的紧迫程度。例如，项目的成功是否依赖于不断更新的信息，是否能够及时得到，或者是只要有定期发布的书面报告就足够了。(2)技术的取得性。例如，项目已有的系统是否满足要求，或者项目需求是否有理由要求扩大或缩小已有的系统。(3)预期的项目环境。例如，所建立的通信系统是否适合项目参加者的经验和专业特长，或者是否需要进行广泛的培训和学习。

3. 制约因素和假设

制约因素和假设是限制项目团队有效沟通的因素。项目沟通管理者应对其他知识领域各过程的结果进行评价，以发现它们可能影响项目沟通的途径，并采取相应的措施。

(二)项目沟通管理计划的结果

项目沟通管理计划的结果有分析确定项目利益相关方、项目沟通计划及项目沟通控制。分析确定项目利益相关方是沟通管理计划建立过程必要的步骤；项目沟通计划是规定项目未来沟通管理的文件，它一般在项目初期阶段制订；项目沟通控制对项目沟通效果及时反馈分析，使项目沟通不出现偏差。

1. 分析确定项目利益相关方

项目利益相关方就是积极参与该项目或其利益受到该项目影响的个人和组织。项目管理者必须弄清楚项目利益相关方，确定他们的需要和期望是什么，然后对这些期望进行管理和施加影响，确保项目获得成功。

一般来说，项目利益相关方包括顾客和发起人、内部的和外部的业主和出资者、供应商和承包商、项目团队成员及其家庭、政府机构和新闻界、公民和整个社会等。

项目管理者在分析各种利益相关方的类型及信息要求时，主要应考虑下列因素：(1)适合某种项目需求的方法和技术；(2)为项目成功提供所有必需的信息；(3)不要让资源浪费在不必要的信息或不适用的技术上。

2. 项目沟通计划

其主要内容如下：(1)详细说明信息收集渠道的结构，即采用何种方法、从何处收集各种各样的信息。(2)详细说明信息发布渠道的结构，即信息(报告、数据、指示、技术文件等)将流向何人以及以何种方法传送各种形式的信息(报告、会议、通知)。这种结构必须同项目组织结构图中说明的责任和报告关系相一致。(3)说明待发布信息的形式，包括格式、内容、详细程度和采用的符号规定及定义。(4)制定信息发布的日程表。在表中列出每种形式的通信将要发布的时间，确定提供信息更新的依据或修改程序，以及确定在依进度安排的通信发生之前查找现时信息的各种方法。(5)制定随着项目进展而对沟通计划更新和细化的方法。

项目沟通计划可以是正式的，也可以是非正式的，可以是非常详细的，也可以是框架式的，具体如何制订应视项目的需要而定。

3. 项目沟通控制

项目沟通控制的目标是分析沟通效果和信息反馈，调整沟通计划。项目沟通控制的主要工作如下：

(1)沟通控制的依据和输入：沟通信息的反馈

沟通信息的反馈是评价沟通质量、分析沟通障碍、完善沟通计划的重要依据。

(2)沟通控制的处理方法和工具：沟通技巧、沟通障碍分析

①沟通技巧

在沟通过程中，针对不同的沟通对象和沟通内容，应该选择适当的方式提问。理想的做法是选择多种方式进行提问，从不同的角度获取信息。

一是使用“封闭式提问”。这种问题只需要回答“是”或者“不是”，答案简单明了。如“项目可行性分析报告是否已经打印好了？”

二是使用“开放式提问”。这种方式主要是提出问题，寻求解决办法。如“你认为我们应该加强哪些措施来进一步控制项目的采购成本？”

三是使用“选择式提问”。这种提问一般会给出若干备选答案来限定谈话的范围。如“你说我们是上午讨论，还是下午或者晚上再商议？”

四是使用“压迫式提问”。语气中带有一些责难，要恰当使用。如“会议纪要为什么还没有整理出来？”

提问的技巧还包括使用清晰的语言、避免长而复杂的提问、不要包含个人观点等。

②沟通障碍分析

沟通障碍主要有：语言障碍，可能信息的发送者无法用恰当的语言表达自己的思想，也可能信息的接收者对某种语言的表达理解不同；文化背景的差异，如受教育水平；心理因素的影响，包括性格、兴趣、情绪和心态；不恰当的沟通方式；组织结构的影响，如庞大的组织信息传递速度慢，并且容易失真；信息量过载。

克服沟通障碍的主要方法有以下几种：

一是明确沟通的目的。项目经理必须首先明确沟通的目的是什么，即为什么进行沟通？通过沟通想要解决什么问题？此外，不仅沟通者应该了解沟通的目的，被沟通者也应事先知道。有了明确的目的，沟通的内容也就好确定了。

二是认真进行沟通准备。沟通前要明确问题的背景、沟通的内容、解决的方案、对组织成员的要求等，对于重要的沟通最好征求他人的意见，这样既可以取得支持，又可以获得别人的理解。

三是运用正确的语言文字。措辞要得当，切忌模棱两可；在非专业场合，要少使用专业术语；要简单明了，切忌冗长累赘；要使用中性言词，避免使用评论性、挑战性言词，使对方在感情上容易接受。在项目团队内，参与的每一个人都必须使用“项目语言”进行沟通。

四是有效地做到倾听，避免过早地进行评价。在接收信息的过程中，“听”是最重要的。要做到仔细倾听和观察对方的肢体语言，以便准确、完整地接收信息。成功的项目经理必须学会听的艺术。

五是建立良好的、相互信任的人际关系。这有利于同被沟通者之间建立感情，创造良好的沟通环境。特别是项目经理要想获得下属和上级的信任，就必须以自己的行动支持自己的语言，做到“言行一致，行重于言”。

六是提倡双向沟通。实行双向沟通有助于信息的准确传递和增进感情，特别是上下级之间的双向沟通尤为重要。

七是加强平行沟通。平行沟通是指车间与车间、科室与科室、科室与车间在一个组织内同一层次上的相互沟通。一般来说，组织中的垂直沟通较多、横向沟通较少，而平行沟通能够加强横向沟通与合作。

八是缩短信息传递链。信息链越长，耗费的时间就越多，信息失真也越多，沟通效能就越低下。因此，应通过组织结构改革，精简机构，减少组织层次，缩短信息传递链，提高沟通效率。

九是拓宽沟通渠道，利用非正式渠道沟通。在使用正式沟通渠道的同时，设计非正式沟通渠道，完善沟通网络。例如，从高级管理人员至低级管理人员的非正式沟通渠道，便于信息的快速传递。

十是实行例外原则和须知原则。例外原则是指只有例外事件才上报，有关例行事件的信息不必上报，这使上层管理者只接收最必要的信息。须知原则是指只有下级需要知道的信息才予以下传，这使下层人员只接收完成工作最必要的信息。使用例外原则和须知原则可以防止信息过量。

(3)沟通控制的结果和输出：改善沟通效果

通过沟通控制过程，可以改善沟通效果。同时应积极做好沟通控制改善过程的文档化工作，建立良好的知识管理制度。

第二节　项目冲突管理

通常人们对冲突是回避、厌恶的，但是在项目实施过程中，冲突是必然存在的。冲突本身并不可怕，有时冲突也是必要的，关键在于如何解决和利用冲突。项目冲突管理是一种创造性地处理冲突的艺术，避免冲突向破坏性的方向发展，引导冲突发挥积极向上的作用。

一、项目冲突的定义和类型

(一)项目冲突的定义

冲突是指发生在同一空间和时间的两个或两个以上事物的相互对抗过程，包括意识上的和物质上的。意识的冲突以认识为基础，是无形抽象的；物质的冲突是可见、有形的。心理学中定义冲突是两个或两个以上相互对立的需要同时存在而又处于矛盾的心理状态。

冲突的特征主要有：

(1)冲突是发生于两个或者两个以上的当事人之间的，且当事人之间存在相关关系，因为毫不相干的主体间没有产生冲突的基础。

(2)只有在所有当事人都意识到争议存在时才会发生冲突。

(3)冲突的直接目的是打败对方，是直接以对方为攻击目标的一种互动行为。所有冲突都存在赢和输的潜在结局。

(4)将冲突与竞争相比较，冲突各方所追求的目标既可能相同，也可能不同，这与竞争必须是为共同目标争夺的情况不一样；冲突在形式上比竞争激烈得多，它往往突破了规则、规章甚至法律的限制，带有明显的破坏性。

(5)当冲突存在时，也可以通过当事人各方相互依存的关系来满足各方需求，即冲突与合作是可以并存的。

根据组织行为学中对冲突的定义，结合项目管理的环境和特点，把项目冲突定义为：两个或两个以上的项目利益相关方，因其所追求的目标相互矛盾，以及另一方对自己实现目标的阻碍而导致的抵触、争执或争斗的对立状态。

(二)项目冲突的类型

项目冲突的类型多样化，只有对症下药，才能有效解决冲突。项目冲突可分为以下几类：

1. 人力资源冲突

部分项目成员来自母公司的职能部门，在项目中接受项目经理的支配，但同时也受到职能部门负责人的影响。项目经理与职能部门负责人围绕着用人问题产生冲突,特别是当人员支配权在职能部门负责人手中时,项目经理与职能部门负责人之间的冲突尤为明显。

2. 管理程序冲突

管理程序如果定义不清楚,如职责定义、工作范围等,会导致许多冲突。特别是在项目中,由于项目的独特性和临时性,部分管理程序是临时的、新增的,更容易产生管理程序上的冲突。

3. 技术意见和性能权衡冲突

在面向技术的项目中,在技术质量、技术性能要求、技术权衡及实现性能的手段上都会发生冲突。先进的技术在提高任务质量的同时往往也需要更高的成本和更长的时间,容易产生业主与项目团队之间的冲突。有时在项目团队内部也会针对某技术方案产生冲突。

4. 成本费用冲突

在项目实施过程中,由于项目整体费用紧张、任务费用难以准确估计而导致各方在某任务费用大小上产生冲突。这种冲突可以发生在客户与项目团队之间,也可以发生在管理决策层与项目执行层之间。

5. 项目进度冲突

项目进度冲突是指围绕项目工作任务的时间确定、次序安排和进度计划产生的不一致。这主要发生在项目经理对这些部门只有有限权力的情况下。这种冲突可以发生在项目团队内部,也可以发生在项目团队与其他组织之间。如当项目团队需要公司中其他部门提供辅助资源或帮助时,项目经理对其他部门没有直接控制权导致项目任务不能及时完成,故而影响整个项目进度;或是项目经理把项目的若干子项目承包给分包商时也会产生项目进度冲突。

6. 项目优先权冲突

当人员被同时分配到几个不同的项目组中,由于参与项目的各方对实现项目目标应执行的工作任务的优先次序有不同的看法,就会产生项目优先权冲突。这种冲突可以发生在项目团队内部,也可以发生在项目团队与其他组织之间。优先权冲突的发生很大程度上是因为项目团队缺乏类似经验,项目优先权在项目成员心中的设想有很大的差距,即使根据项目任务对关键资源进行合理安排,也面临着超期超支的风险。

7. 项目成员个性冲突

项目成员在思维方式、对待问题的态度方面的不同也会导致冲突。例如对某个功能的处理,有人喜欢这样,有人喜欢那样,就会产生冲突。

二、项目冲突的根源和影响

(一)项目冲突的根源

项目冲突的根源,一般来自任务相互依赖、对稀缺资源的依赖、管辖权的模糊、直线与参谋之间的关系四个方面。

1. 任务相互依赖

项目产生的冲突主要来源于其结构,即体系差异和任务相互依赖。汤普森曾明确区分了三种不同类型的相互依赖情形,分别是集合依赖、顺序依赖、相互依赖。其中,集合依赖是指项目由相互联系的各部门和利益相关方构成,但各部门和利益相关方工作是独立的。顺序依赖是指一方的产出是另一方的投入。相互依赖是指相互依存,即A的产出是B的投入,B的产出反过来又是A的投入,是最复杂的依存关系。顺序依赖和相互依赖情形是冲突的主要来源。

2. 对稀缺资源的依赖

虽然项目冲突的根源是差异性和相互依赖，但是冲突的强度主要取决于各项目对某些稀缺资源的依赖程度。在实现各自目标的过程中，一些项目可能不得不依赖共同的资源、材料及其他投入要素等。弗瑞德和辛普逊观察到，在项目资源既定的条件下，当各个子团体的需要不能得到满足时，彼此之间的不协调就会发生；反之，各个子团体之间的不一致又成为持续紧张和间断冲突的根源，特别是在资源分配的时候。所以，各个子团体能够察觉到的对共同资源的依赖程度越高，彼此之间发生冲突的可能性就越大。

3．管辖权的模糊

各个项目与职能部门对财产、资源等的管理权限及义务有时会界定不清，于是，在需要双方共同努力达成某项方案时，冲突就会发生。而且，管辖权的模糊也会导致资源配置的大量冲突。

4．直线与参谋之间的关系

现代项目的一大特色是参谋人员的不断扩张和成长，由于自然科学和行为科学产生的科技混合，使得项目组织中的专业人员越来越多。但是，这些参谋人员与直线人员之间、参谋部门与直线部门之间经常会发生冲突。两者冲突的根源主要有：两者都认为自己的领域经常被对方侵占；两者效忠对象的不同；双方进行互动的方式彼此不容易接受；知识与职权的分离；直线人员与参谋人员看问题的出发点不同，参谋人员求变化，而直线人员求稳定；等等。

（二）项目冲突的影响

各原因导致的项目冲突会对项目产生不同的影响。通常可将项目冲突分为两类：建设性冲突与破坏性冲突。建设性冲突表现为：双方对实现共同目标的关心；乐于了解对方的观点和意见；以争论问题为中心，输赢其次；双方交换意见情况日益增加。破坏性冲突表现为：不愿意倾听对方的观点或意见；双方由于意见或观点的争论转变为人身攻击；双方对赢得观点的胜利最为关心；互相交换意见减少，以至于完全停止。这两种冲突都有存在的意义，它们所产生的影响如表 12—3 所示。

表 12—3　　项目冲突的影响

冲突的类型	冲突所产生的影响
建设性冲突	激发项目成员的才干与能力 带动项目团队的创新与完善 学习、积累处理项目冲突的有效方法与策略 为项目问题的有效解决提供相关参考价值 带来各种资源的整合以及成员间的同心协力
破坏性冲突	占用一定的时间 过于凸显自利倾向，不利于整个项目组织的发展 持续的心理冲突对个人情绪、心理健康会造成一定的损害 转移并消耗项目组织的时间与资源 可能会产生高昂的经济、情绪成本 营造出成员间相互对立的形势 带来信息失真或扭曲的后果

由表 12—3 可知，高效的项目管理离不开对这两种冲突的合理分析与把握，趋利避害、扬长避短，这也充分展现了管理的艺术性。管理者要大力倡导建设性冲突，引入建设性冲突机制，对那些敢于向现状挑战、倡议新观念、提出不同看法和进行独立思考的个体给予大力奖励，如加薪或其他手段。通过真诚地沟通，直接激发员工的建设性冲突，从而为改进项目管理作出

贡献。

三、项目冲突的演变过程

任何一种冲突都有规律可循，不是突发事件，更不是偶然事件。冲突的发展一般需要经历五个阶段，即潜伏期、发展期、成熟期、处理期和结局期。

(一)潜伏期

潜伏期是冲突的萌芽期，这时候冲突还属于次要矛盾，对冲突的存在还没有觉醒。在这个阶段，冲突产生的温床已经存在，随着环境的变化，潜伏的冲突可能会消失，也可能被激化。

(二)发展期

在这个阶段，已经感觉到了冲突的存在，但是还没有意识到冲突的重要性，冲突还没有对员工造成实际的危害。如果这时及时采取措施，可以将未来可能爆发的冲突缓和下去。

(三)成熟期

在这个阶段，冲突已经造成了情绪上的影响，可能会对不公的待遇感到气愤，也可能对需要进行的选择感到困惑。不同的个人对冲突的感觉是不同的，这与当事人的个性、价值观等因素有关。

(四)处理期

这一阶段需要对冲突做出处理。处理的方式是多种多样的，比如逃避、妥协、合作等。对于不同的冲突有不同的处理方式，即便是同样的冲突，不同的个人采取的方式也不尽相同。对冲突的处理，集中体现了个人的处世方式和处世能力，也体现了个人的价值体系和对自己的认识。

(五)结局期

冲突的处理总会有结果。不同的处理方式会产生不同的结果。结果有可能有利于当事人，也可能不利于当事人。当冲突被彻底解决时，该结果的作用将会持续下去。但很多情况下，冲突并没有被彻底解决，该结果只是阶段性的结果，有时甚至处理了一个冲突，又会带来其他几个冲突。

四、项目冲突的解决策略

项目管理应考虑到项目生命周期及利益相关方，项目冲突管理也应紧紧围绕这两点展开。利益相关方冲突管理主要有七种解决策略，项目经理可根据项目冲突实际情况灵活选择。项目生命周期各阶段冲突管理应把握各阶段的特点，提出具体的解决方案。

(一)利益相关方冲突管理

布莱克、穆顿、基尔曼和托马斯这些研究人员描绘了五个处理冲突的模式，即回避或撤退、逼迫或强制、圆滑、妥协、面对。除此之外，仲裁、沟通和协调、发泄等都是解决冲突的有效模式。

1. 回避或撤退

在项目实施中，无论是人际冲突、部门冲突还是其他冲突都是屡见不鲜的。在冲突发生后，有的项目经理会采取一种消极的处理办法，即无视冲突的存在，希望冲突各方通过减少个人或群体之间的接触来消除分歧，这就是回避的冲突管理方式。

回避并非适用于所有的项目冲突管理，它的适用前提是这种冲突没有严重到损害组织的效能。管理者采取这种方式是想让冲突双方有和平共处的机会。如果管理者想干预，可能会将冲突各方的注意力引向他们之间的共同点,而尽量设法掩饰他们之间的分歧。

采取回避方式的效果一般不大,因为这种方式没有触及冲突的关键根源。冲突可能依然存在,只不过被个人或群体间的相互交往掩盖了起来。在一个地方被回避的冲突在另一个地方往往会再次出现,甚至更加剧烈。使项目经理卷入冲突的其他成员从冲突情况中撤退或让步,以避免发生实际或潜在的争端。例如,某个人与另一个人意见不同,那么另一个人只需沉默就可以了,但是这种方法会使得冲突积聚起来,并且在以后逐步升级以致造成更大的冲突,因此这种方式是最不令人满意的冲突处理模式。采取这种方式所面临的挑战是密切关注各方之间冲突的程度和严重性,以及这种紧张关系对项目运行可能产生的影响。

2. 逼迫或强制

逼迫或强制是指项目经理运用组织赋予的权力,有效地处理并最终从根本上强行解决群体间的冲突,采用非输即赢的方式来解决冲突。这种方式认为,在冲突中,获胜要比成员之间的关系更有价值。在这种情况下,项目经理往往使用权力来处理冲突,肯定自己的观点而否定他人的观点,这种方式是一种具有独裁性的方式。这种方式适用于以下情形:必须采取迅速果断行动的时候,如紧急事务;需要对某些主要问题采取特殊措施;处理对公司利益至关重要的问题,且确信所采取的行动是正确的。这种方式的实质是借助或利用组织的力量,或是利用领导权力解决冲突。这种方式的优点是花费时间比较少,某种形式的强制存在至少可以使群体做出某种决定,而不是简单地回避问题。其缺点是,在解决冲突过程中,本应该考察的重要情况往往得不到考虑,久而久之,就需要花费更多的时间或组织其他的人力物力去处理群体之间在日后可能发生的更严重的冲突。用这种方式处理冲突,会导致成员的怨恨心理,使工作气氛紧张。例如,项目经理强制性地要求团队成员按自己的方式去做,下属也许会按命令去做,但是会产生不满和抵触情绪。

3. 圆滑

尽力在冲突中找出意见一致的方面,最大可能地淡化或避开有分歧的地方,不讨论有可能伤害感情的话题。这种方式认为,成员之间的相互关系要比解决问题本身更重要。这一方式能对冲突起到缓和作用,但不能彻底解决问题。

4. 妥协

团队成员通过协商,寻求一个调和折中的解决冲突的方法,使冲突各方都能得到某种程度的满意。但这种方式并不是很可行。例如,在预计项目任务的完成时间时,有的成员认为需要十几天,而有的成员却认为只要五六天就行了,这时,如果采用妥协方式,取折中值,即认为项目可在十天内完成,这样的预计也许并不是最好的预计。

5. 仲裁

在项目冲突无法解决的情况下,可以由领导或权威机构经过调查研究,仲裁解决冲突。这种方式的好处是简单、省力。但这种方式中的权威者必须是一个熟悉情况、公正、明白事理的人,否则会挫伤团队成员的积极性,降低效率,影响项目目标的实现。由于项目内的个体和群体往往不能经常相互沟通,因而在仲裁时,一般将项目冲突的双方或代表召集到一起,让他们把冲突的原因和分歧讲出来,辨明是非。在此基础上,选择一个双方都满意的方案。研究表明,管理得比较好的组织或项目倾向于面对面地处理冲突,而不是回避冲突。

6. 发泄

前面提到的几种方式在很大程度上并没有从根本上消除已有的冲突,不过是在一定程度上缓解了冲突,原有的冲突在新的环境条件下可能死灰复燃,甚至导致新的冲突。针对以上方式解决冲突的不彻底性、消极性和处理冲突的缺陷，德国社会学家齐美尔提出了“宣泄”理论，认为矛盾和冲突是不能掩盖和压制的，应该让它表现、发生、显现出来，也就是发泄出来。这样可以使有对立情绪的人在心理上获得平衡，从而有利于冲突的解决。采取发泄的项目冲突管理方式要求项目经理创造一定的条件和环境，使不满情绪有一定的渠道、途径和方式发泄出来，从而使项目的运行稳定有序。

7. 面对

在这种模式中，项目经理将直接面对冲突，既要正视问题的结果，也要非常重视成员之间的关系。拥有一个良好的项目环境是使这种方法有效的前提，在这种环境中，成员之间以诚相待，他们之间的关系是开放和友善的，他们以积极的态度对待冲突，并愿意就面临的冲突进行沟通，广泛交换意见，每个成员都以解决问题为目的，努力理解别人的观点和想法，在必要时愿意放弃或重新界定自己的观点，从而消除相互间的分歧，以得到最好、最全面的解决方案。在面对方式中，可以采取相应的措施来避免或缩小某些不必要的冲突，如让项目团队参与制订计划的过程，明确每个成员在项目中的角色和职责，进行开放、坦诚和及时的项目沟通，明确工作程序等。

调查研究发现，在上述各种处理冲突的方式中，“面对”是项目经理最喜欢和最常使用的解决冲突的方式，该方式注重双赢，冲突各方一起努力寻找解决冲突的最佳方法，因此也是项目经理在解决与上级冲突时青睐的方法。其次是以权衡和互让为特征的“妥协”方式，这种方式更多地用来解决与职能部门的冲突。排在第三位的是“圆滑”方式。“逼迫或强制”排在第四位。“回避或撤退”则是项目经理最不愿意采用的方式，排在第五位。然而，这种排位并不是绝对的，因此在项目冲突的处理过程中，项目经理可根据实际需要对各种方式进行组合，使用整套的冲突解决方式。例如，如果采用“妥协”和“圆滑”方式不会严重影响项目的整体目标，项目经理就可以把它们当作有效策略；虽然“回避或撤退”是项目经理最不喜欢的方式，但用在解决与职能经理之间的冲突上却很有效；在应付上级时，项目经理更愿意采取立即“妥协”的方式。另外，从某种程度上说，“面对”方式实际上可能包含了所有的冲突处理方法，因为面对的目标是找到解决问题的方法，所以可以采用撤退、妥协、强制或圆滑的方式使冲突最终得到有效解决。

解决冲突的具体步骤如下：(1)明确问题的具体内容、分歧所在、严重程度、涉及面的广度等。(2)找出产生冲突的真正原因，提出可能的解决方案。有些冲突可能是沟通不够造成的，如甲在某个接口或数据结构上进行修改，而与此相关的乙却并不知道，当两部分合并时，问题就出来了；有些冲突是由于需求或设计描述不明确，易产生歧义，导致成员对同一问题理解不同，最后的结果也就出现了差错。(3)确定解决问题的可行方案。切记，出问题时不要互相埋怨，不要轻易接受某个成员提出的方案。对每个人提出的方案应进行仔细而全面的讨论，分析各种方案的优劣。通过综合考虑，决定最可行、最好的方案。当确实无法达成一致意见时，由项目经理最后决定采用哪种方案。(4)根据所选方案制订具体的实现计划。方案可能只是明确了解决问题的原则、基本思路和大体步骤，要使方案得到切实的执行，还需要在方案的基础上制订详细具体的实现计划。另外，冲突防范可能是冲突处理的最佳方法。根据冲突的发展阶段，选择合适的时机(并非越早越好)和手段进行冲突处理。冲突管理人员(主要是项目经理)一方面应加强对项目运行过程和项目团队状态的监督，及时了解冲突的有关信息；另一方面应做好沟通和计划工作，让所有成员都清楚他们的工作结果和项目计划，并尽量确保项目团队成员都清楚项目的高层目标，消除不必要的冲突。

(二)项目生命周期各阶段冲突管理

项目生命周期可以分为启动阶段、计划阶段、实施阶段和收尾阶段。在项目生命周期的不同阶段,各种冲突发生的频率和强度不同。项目经理只有从项目的整个生命周期角度出发来考察冲突,分辨各个阶段可能发生的主要冲突,才能抓住主要矛盾,有效地管理和解决冲突。解决或减弱冲突的办法如表 12—4 所示。

表 12—4　　项目生命周期各阶段主要冲突的解决途径

项目生命周期	主要冲突来源	解决途径
启动阶段	优先权冲突 管理计划冲突 进度计划冲突	1. 制订明确的计划,制订计划时与有关部门协商 2. 编写详细的管理作业程序及必要的说明,并由关键管理人员批准 3. 制订周密的进度计划和进度保证措施,预测优先权的可能变动对项目的影响
计划阶段	优先权冲突 进度计划冲突 管理计划冲突	1. 计划与有关部门需求的有效反馈 2. 制订工作分解任务包的进度计划 3. 制订关键管理程序的应急计划
实施阶段	进度计划冲突 技术冲突 人力资源冲突	1. 连续的现场监督,预测风险并考虑替代方案 2. 及时解决技术问题,尽早对最终设计达成共识,随时向技术人员通报进度状况和预算约束 3. 及时有效地沟通,合理安排人员需求和优先权
收尾阶段	进度计划冲突 成员个性冲突 人力资源冲突	1. 密切关注进度,及时解决影响进度的技术、人力等问题,保证计划按时完成 2. 与支持部门继续保持和谐的关系 3. 做好人员的重新分配计划,为下一个项目做准备

1. 项目启动阶段

在项目启动阶段,项目组织还没有真正形成,项目经理与职能部门经理经常在项目活动的优先权上发生冲突。由于项目团队的成员来自不同的职能部门,人力资源冲突也是比较常见的。主要体现为优先权冲突、管理计划冲突及进度计划冲突。例如,如何设计项目组织?项目经理的权力有哪些?项目经理向谁汇报?对此可以采取以下措施来减轻冲突:首先,同参与项目的各职能部门协商,联合决策,制定明确的项目计划书,在组织总体目标的框架内明确本项目的地位;其次,尽早明确项目的组织结构并建立正式的项目组织,建立详细的管理操作程序和明确的项目任务责任矩阵;最后,制订周密的进度计划和进度保证措施,预测优先权的可能变动对项目的影响。

2. 项目计划阶段

该阶段的主要冲突体现在项目的优先权、进度安排和管理程序等方面。例如,由于在前一阶段参与项目的各方对进度的设想还不是很具体,而且在项目启动阶段的进度安排一般是粗略的,不是强制性的,而在项目开发阶段的进度安排具有强制性,此时会因为这一强制性而发生冲突。

一般来说,可以采取下列措施来减轻冲突:首先,定期召开与职能部门的会议,及时进行信息反馈,让他们了解项目计划的执行情况和出现的问题;其次,制订工作分解任务包的进度计划,建立 WBS 并确定里程碑,取得各参与部门对其所制订的进度计划的承诺;最后,制订处理突发问题的应急计划及相应的汇报批准程序,明确项目经理的权限。

3. 项目实施阶段

在项目的实施过程中，项目进度安排是最主要的冲突。因为项目往往需要很多参与方的协调配合才能按计划进行，而各方或项目间由于利益目标的不一致，导致这种协调配合难以顺利进行，进度的冲突频频发生。其次就是技术问题的冲突，例如各种设计的技术问题在实施时体现出来并引起冲突等。人力资源分配的冲突在这一阶段也开始激烈。

可以采取以下措施来减轻冲突：首先，同项目各参与部门和支持部门进行紧密的沟通，及时了解各项任务的实际进展情况，做好应对异常情况的准备；其次，在各项任务进入执行之前，项目团队会同各参与部门一起审核项目目标所涉及的所有技术质量标准，邀请技术专家对技术工艺进行详细指导，分析技术变更对进度和预算可能产生的影响；最后，进行人员需求的预测，合理安排人员需求和优先权。

4. 项目收尾阶段

在这个阶段，项目进度安排仍然是最主要的冲突来源。这是因为许多在实施阶段积累的进度延迟或错位传递到了项目的收尾阶段。另外一个主要的冲突是项目成员的情感冲突。原因主要来自两方面：一个是临近项目结束，项目成员对未来的去向问题产生担忧；另一个是项目成员在这一阶段为满足项目的进度、预算和质量目标的要求而承受着很大的压力。人力资源的分配冲突在这个阶段也比较明显。临近项目结束，各职能部门会要求一些项目组的成员回到原来的部门从而导致冲突。

一般来说，针对以上冲突可以采取下列措施：首先，根据 WBS 密切监督项目工作包的进度，对出现进度落后的关键工作包给予资源支援，预测并及时解决可能影响进度的技术问题；其次，采取一定方式缓解项目成员的工作压力，注意项目成员的情绪变化并及时疏导；最后，在项目临近结束时，提前考虑人员的去向问题，让项目成员能够安心工作直至项目完全结束。

项目经理对冲突的识别和处理将大大影响整个项目的顺利进行。只有将项目资源安排协调、冲突处理妥当合理，才是给项目成员最大的保障，才会激励成员不断努力。

项目管理案例

维拉扎诺大桥项目的沟通与冲突

纽约港的维拉扎诺大桥是世界上最大的桥梁，总设计师兼项目经理奥斯马因为该大桥的结构简单、造型独特而著称于世。该大桥是市政府年度重点工程，它不仅要求将纽约港的两个小岛连接起来，以便解决交通方面的困难，同时还要求大桥具有一定的艺术风格。

对奥斯马来说，这的确是一个巨大的挑战。经过数月的勘探和设计，奥斯马完成了该项目的规划工作，他对规划方案非常满意。此时，刚刚从麻省理工学院毕业的奥斯马试探着提出“如果把桥梁设计成弧形，压力或许会更小一点”，而且这种设计——将一座弧形的桥梁架在两岛之间——的确是纽约港的一道美丽彩虹，但这种设计难度非常大，没有先例。设计人员们对此议论纷纷，各持己见，奥斯马陷入苦苦的思索之中。

面对僵持的局面，总设计师奥斯马亲自担任设计组长，对弧形桥梁方案与吊桥方案认真地开展了对比分析研究，并且最终做出了决策——采用弧形桥梁方案。世界上最大的桥梁设计就这样在不断解决冲突中最终理想地完成了项目目标。当然，在该项目中，莫里斯也发挥了很大的作用。不难看出，设计师奥斯马并未滥用权力去强制项目组人员执行自己的想法，而是通过与其他设计者相互协调,以更好地实现共同的项目目标为导向,最终选择了最佳实施方案。

在本项目中,解决冲突的策略主要有各方的妥协和强调共同的战略目标两种。此外,由本案例我们还可以领悟到:在开展企业的项目规划过程中,冲突的出现是避免不了的,盲目地压制,只会导致冲突的恶化和矛盾的激发,甚至带来更大的不良后果。俗话说,"千里之堤,溃于蚁穴",有时一个很小的因素都会引发严重的冲突。所以,项目管理人员要关注项目进程中的每个细小因素,同时积极营造有效的沟通环境,善用建设性冲突,及早发现问题、解决问题。

(资料来源:淘豆网。)

本章小结

本章主要有两部分内容,分别为项目沟通管理与项目冲突管理。

第一部分是项目沟通管理。项目的活动离不开沟通,项目沟通管理是为了确保项目信息合理收集、传输和处理所需实施的一系列计划、组织协调、控制过程,项目管理的过程便是沟通的过程。本章分析了沟通的概念和过程、项目沟通的定义和内容、项目沟通的重要性和必然性、项目中经常采用的沟通方式、项目沟通管理计划的制订依据和结果、对项目各个环节的沟通及时获得反馈信息、若出现偏差及时解决、增加对项目沟通的事中控制等。

第二部分是项目冲突管理。冲突作为项目过程的必然产物,需要通过有效的项目冲突管理予以解决。项目中的冲突来自方方面面,针对不同的冲突类型需要提出相应措施才能根本解决问题。本章介绍了冲突的概念和主要特征、项目冲突的定义和类型、项目冲突发展的一般阶段、项目冲突产生的根源和影响,以及据此针对利益相关方和项目生命周期两大内容提出解决项目冲突的常用策略,尽可能采取"面对"的策略从根本上解决问题。与项目相结合,冲突在项目生命周期不同阶段有着不同的矛盾,应抓住主要矛盾,发挥各方优势,提高解决效率。

习题

1. 简述项目沟通管理的定义和特征。
2. 简述项目沟通的重要意义。
3. 简述项目沟通的类型与渠道。
4. 简述沟通计划的制订依据和结果。
5. 如何实现良好的项目沟通控制?
6. 项目冲突的类型有哪些?项目冲突有哪些特征?
7. 项目冲突的根源有哪些?常见的冲突解决策略有哪些?

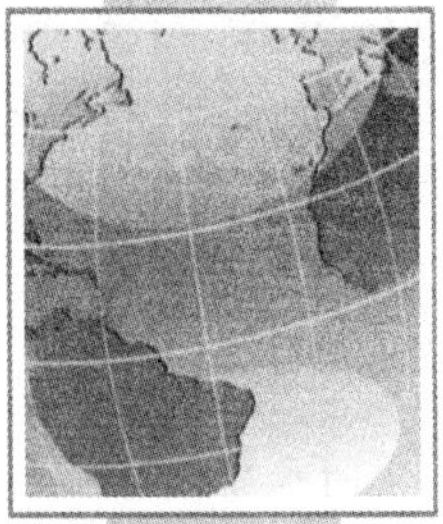

第十三章 项目管理的信息化

现代企业正处在以现代科技知识为基础、以信息产业为核心的“新经济”时代，信息网络化是“新经济”时代的重要特征之一。企业将加大应用信息技术的力度，广泛采用建立在现代信息技术基础上的各种管理技术和决策手段。根据国家信息化评测中心的定义，企业信息化是指在企业的生产、经营、管理等各个层次、各个环节和各个方面，应用先进的计算机、通信、网络和软件等现代信息技术和设备，充分开发、广泛利用企业内外部的信息资源，再造企业的变革过程，同时也是提高企业生产、经营和管理水平，增强企业竞争力的过程。

在当今企业管理中，项目管理已经成为一个流行的话题，很多企业以项目或者项目化的方式运作。随着科技的进步与时代的发展，项目管理技术也在不断完善与更新，利用信息技术进行项目管理，将成为企业在市场竞争中制胜的有力武器之一。因此，企业有必要根据自身的特点及所承担项目的特点，建立自己的项目管理信息系统，拥有一套符合自身发展的项目管理信息化模型。企业一旦建立项目管理信息化，对企业的整体项目发展将起到举足轻重的作用。而项目管理信息化的建设，是企业项目管理发展的必然趋势，尤其是当企业将项目管理作为主要战略管理，或者成为战略管理的重要组成部分时，信息化建设将能够在很大程度上帮助企业解决大量问题。

第一节　信息系统在项目管理中的作用

一、信息管理与信息系统概述

信息管理(Information Management)是人类为了有效地开发和利用信息资源，以现代信息技术为手段，对信息资源进行计划、组织、领导和控制的社会活动。简单地说，信息管理就是人对信息资源和信息活动的管理。信息管理的过程包括信息的收集、传输、加工和储存。计算机、全球通信和互联网等信息技术的飞速发展和广泛应用，使科技、经济、文化和社会正经历着一场深刻的变革。20 世纪 90 年代以来，人类已经进入以“信息化”“网络化”和“全球化”为主要特征的经济发展新时期，信息已成为继物质和能量之后支撑社会经济发展的重要资源，它正在改变社会资源的配置方式，改变人们的价值观及工作与生活方式。在现代信息社会，把握信息资源和信息管理，对于管理者来说，就像把握企业财务管理、人力资源管理和物流管理一样重要。

信息系统(Information System)是由计算机硬件、网络和通信设备、计算机软件、信息资源、信息用户和规章制度组成的，以处理信息流为目的的人机一体化系统。管理信息系统的创始人、明尼苏达大学管理学教授高登·戴维斯对信息系统给出了一个较完整的定义，即“管理信息系统是一个利用计算机软硬件资源，手工作业，分析、计划、控制和决策模型以及数据库的人—机系统，它能提供信息，支持企业或组织的运行管理和决策功能”。这个定义全面说明了信息管理系统的目标、功能和组成。

对项目组织来说，人、物资、能源、资金、信息是五大重要资源。人、物资、能源、资金这些都是可见的有形资源，而信息是一种无形资源。以前人们比较看重有形资源，但进入信息社会和知识经济时代以后，信息资源就显得日益重要。一方面，信息资源决定了如何更有效地利用物资资源，掌握了信息资源，就可以更好地利用有形资源，使有形资源发挥更好的效益。另一方面，管理信息也是决策及实施管理控制的基础。只有在正确的信息收集和分析的基础上才能做出正确的决策。而控制是管理的重要职能之一，任何控制都需要依靠信息进行，同时需要依靠信息的反馈来不断地检查与修正已有的计划。

二、项目管理信息化的特点

在项目管理中使用新兴的信息技术，不但可以快速、有效、系统地存储、修改、查找和处理大批量数据及信息，而且能够对项目管理过程中因受各种自然及人为影响而发生的项目质量、进度和成本问题进行跟踪与控制管理，能够以较少的投入获得较优的效果，全面控制项目管理的全生命周期。以项目管理信息系统为基础的现代项目管理方法，一方面提供了信息的高效交换手段，另一方面也是管理工具乃至管理观念上的革新，体现了企业项目管理的能力。

20世纪80年代，美国管理信息系统专家理查德·诺兰提出了著名的信息系统进化的六阶段模型，即诺兰模型(见图13—1)。诺兰模型将企业对信息化的建设分成了六个不同的阶段，这六个不同的阶段说明了一个企业在管理过程中对待数据的方式，或者说是企业在发展过程中信息化诞生和处理的方式。

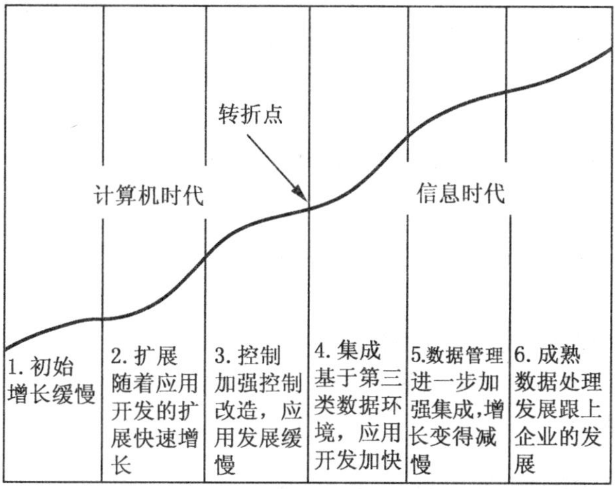

图13—1　诺兰信息系统进化的六阶段模型

诺兰模型描述的六个阶段分别是初始阶段、扩展阶段、控制阶段、集成阶段、数据管理阶段和成熟阶段。这六个阶段在项目管理中的表现分别描述如下：

（一）初始阶段

这个阶段表现为软性技能比较丰富，涉及的数据比较少，一般通过人工的管理方式就可以解决。这也是很多企业对待项目管理的方式。

（二）信息扩展阶段

当项目的数量和复杂程度上升时，会产生海量信息。海量信息的出现，会增加项目的不可控性和风险。如果还用人力去处理，可能需要耗费庞大的人力；如果使用项目管理信息化工具，信息的传递就能够通过技术的方式来处理。

（三）信息控制阶段

项目中大量信息的出现，必须有效控制才能够确保各项任务的完成。这里的“信息”主要是指数据，它包括资源、人力、成本、任务、沟通、协作、商务、办公等各项工作信息。

（四）信息集成阶段

它将项目的管理流程（软性的）、系统和技术集于一体，对数据进行统一处理和全方位的综合应用。

（五）数据管理阶段

在一定程度上，项目和项目管理达到了信息化要求的标准，拥有一套管理信息系统就可以对项目的各类数据进行整合，结合上述几个阶段的进展，对各类数据进行管理和控制。这个阶段基本达到了高效应用的状态。

（六）成熟阶段

即企业或者项目部门可以应用搭建的信息系统，对项目进行有效的管理和控制，基本达到成熟的标准。

按照诺兰模型，将信息技术应用到组织中，一般都有一个级别过度现象，而这里并非强调先进的高技术，它只是从一个项目的复杂程度来定义一个系统的复杂程度。诺兰阶段并没有严格地说需要一层一层地上升，企业也可以根据自己的需要直接进入第三或第四乃至更高的阶段。企业在项目管理信息化建设过程中，需要建立符合自身要求的阶段位置。很多企业在项目管理中系统的复杂程度是不一样的，我国的项目管理信息系统往往只注重硬件的建设，在系统功能上一般只是作为办公系统，而不具备其他管理功能。当然，随着企业项目管理能力的提高，这种层次也可以随之变动，建立符合自己要求的标准。

第二节　项目管理信息系统的发展

项目管理信息化主要包括两个方面：一是信息化的硬件条件，如计算机硬件、网络设备、通信工具等；二是信息化的软件条件，如项目管理软件系统、相关的信息化管理制度等。从我国当前的情况来看，项目管理信息化的硬件条件与西方发达国家差距不大，但是项目管理信息化的软件条件却有很大的差距。从项目管理的软件系统来看，项目管理信息化在国内外的发展主要经历了以下三个阶段：

一、基于业务处理的项目管理信息系统

该阶段开发的项目管理软件主要是以系统工程理论和一些项目管理基本方法（如进度控

制技术、资源平衡技术、成本分析技术等)为理论依据，软件功能主要包括进度控制、投资控制、合同管理、采购管理、质量控制、安全控制、文档管理及事务管理等方面，基本上是在单机上运行，而且只能满足单一工程项目参与方的使用要求，主要应用在能源、交通、水利、电力等领域。比较典型的软件有美国的 Primavera P3、Microsoft Project 等。

二、企业级项目管理系统

企业级项目管理系统或者项目管理总控系统(Project Control Information System，PCIS)是以现代信息技术为手段，对企业集团内多项目及大型建设工程项目群进行信息的收集、加工和传输，用经过处理的信息流指导和控制项目建设的物质流，支持项目管理者进行策划、协调和控制。项目管理总控系统与项目管理信息系统(Project Management Information System，PMIS)的关系如图 13—2 所示。

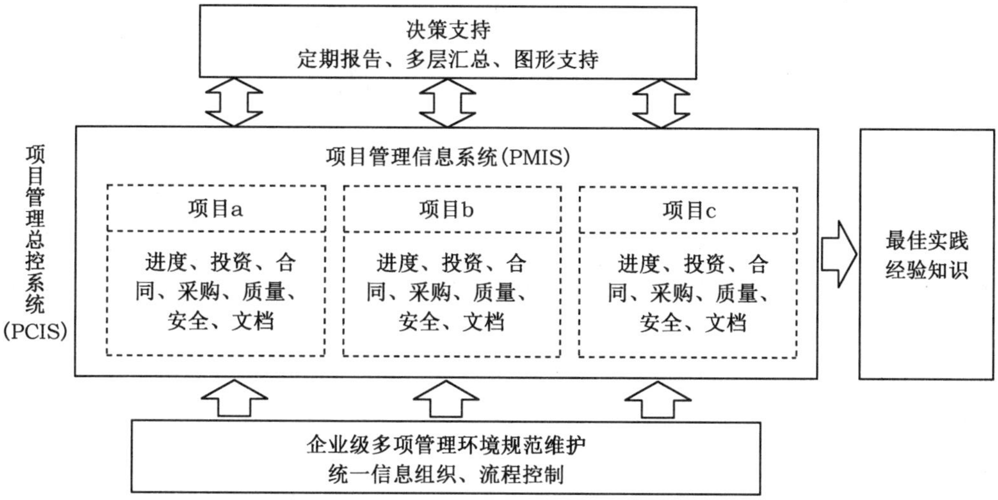

图 13—2　PCIS 与 PMIS 的关系

三、项目信息门户

20 世纪 90 年代后期到 21 世纪初期，现代信息技术和网络技术快速发展，并且在工程建设领域得到了广泛应用。该阶段出现了以项目控制论、项目全生命周期集成管理理论、协同管理理论、项目远程控制理论、互联网电子商务等管理理论和思想为理论支撑的项目管理信息系统(或者称为信息平台)。项目信息门户(Project Imformation Portal，PIP)是在对项目生命周期过程中项目参与各方产生的信息和知识进行集中管理的基础上，为项目参与各方在互联网平台上提供一个获取个性化项目信息的单一入口，可以满足项目多方进行信息交流、协同工作、实时传送和共享数据信息等功能，从而为项目参与各方提供一个高效率信息交流和共同工作的平台和网络虚拟环境。项目信息门户的核心功能有文档管理、项目信息交流和协同工作，除此之外，还有很多扩展功能，如多媒体的信息交互、电子商务和在线项目管理等。

比较典型的项目信息门户有美国 Autodesk 公司的 Buzzsaw. com、德国 Drees & Sommer 公司的 PKM，以及 Bidcom、Project Talk、Cephren、Build Online 等；国内目前也出现了一些比较相似的软件系统，如国家发改委和金投公司合作研发的 P9PIP 和 P9SAP、上海普华的 PowerPIP 等。这些系统基本上已经实现了网络环境下多方协同工作以及相关信息统计分析的功能，为高层领导决策提供支持。

目前，网格计算机技术成为互联网发展的新阶段。网格计算通过共享网络，将不同地点的大量计算机相连，从而形成虚拟的超级计算机，将各处计算机的多余处理器能力合在一起，可为研究和其他数据集中应用提供巨大的处理能力。大数据时代，工程建设项目也将从以下各处产生海量数据：政府主管部门、金融机构、市政设施单位、建设单位、工程建设咨询单位、监理单位、设计单位、审图单位、施工单位、供货单位、运营单位等。如何获取这些海量数据并从中挖掘出有益的信息，将成为项目管理的热点问题。管理和构建以网格计算机技术为支撑的工程项目协同管理平台，成为网格技术应用的新领域，将对工程项目管理产生巨大的变革。网格技术可以将项目参与方的信息全面集成，不仅提供项目相关信息，还可以从信息平台上获得相应的工程项目管理知识。所以，构建基于网格技术的工程项目协同管理平台，将是工程项目管理信息化未来发展的趋势。

第三节　项目管理软件介绍

一、MS Project

微软公司的 Microsoft Project 软件（MS Project）是目前在国际上最为流行的项目管理软件工具，在各类 IT 集成及软件开发项目、新产品研发、房地产开发项目、设计项目、工程建设项目、投资项目等许多项目管理中发挥着巨大的作用，它将先进的项目管理思想与信息技术完美结合，帮助企业规范项目管理流程并增强执行效果。

MS Project 软件不仅可以快速、准确地创建项目计划，而且可以帮助项目经理实现项目进度和成本的控制、分析与预测，使项目工期大大缩短，资源得到有效利用，提高项目经济效益。软件设计的目的在于协助项目经理发展计划、为任务分配资源、跟踪进度、管理预算和分析工作量。第一版 MS Project 为 Project for Windows 95，发布于 1995 年，其后的版本分别于 1998 年、2000 年、2003 年、2006 年、2012 年、2016 年、2019 年发布。本应用程序可产生关键路径日程表。另外，MS Project 可以辨认不同类别的用户。这些不同类别的用户对项目有关资料有不同的访问级别。Project 2010 具有一个崭新的界面，在新的外观之下，它还包含功能强大的日程排定、任务管理和视图改进，这样就能够更好地控制和管理项目。

在 Project 2016 中，微软提供了更佳的用户体验。项目经理可以在 Project 报表中包含图片、表格、形状和文本框，还可以使用艺术字，创建数据的动态视觉效果，甚至可以在动画和超链接中包含这样的效果。此功能帮助项目经理创建专业报表，而无须将 Project 数据导出到其他程序。另外，项目经理还可以在 Project 2016 中快速创建亮丽的“燃尽”报表。“燃尽”报表将计划工时、完成工时和剩余工时显示为图表上的线，使项目经理一眼就能看出项目能否准时完成。

二、PowerPIP

PowerPIP（Power Project Information Platform），是上海普华科技发展股份有限公司总结 20 年工程项目管理信息化建设经验，基于企业级项目管理思想，融会西方项目管理思想，贯通中国工程管理实务开发的中国人自己的工程项目管理软件。该平台将业务人员使用的“项目管理业务系统"、管理层使用的"项目管理总控系统"和参与单位使用的"项目管理门户系统"三合一，充分发挥了对项目管理的 IT 辅助功能。其主要模块包括集成平台、项目监控、投资与合同管理、采购管理、质量管理、安全环境管理、文档管理和其他模块（如个人工作中心、资源管理、流程管理、知识管理、事务管理和在线沟通）等。

（一）项目管理信息系统（PMIS）

PMIS 是供工程项目管理各业务部门使用的系统，包括进度控制、投资控制、质量控制、安全控制、合同管理、文档资料管理、信息管理、沟通管理。PowerPIP 的 PMIS 与一般 MIS 的不同之处在于，它的业务处理模式依照 PMBOK 的技术思路展开，既有相应的功能模块满足范围、进度、投资、质量、采购、人力资源、风险、沟通、文档管理的业务需求，又蕴涵了"以计划为龙头，以合同为中心，以投资控制为目的"的现代项目管理理念。

（二）项目管理总控系统（PCIS）

PCIS 是站在多项目管控中心的视角，监控项目执行情况，落实项目管理流程的规范化，共享项目实施的经验和知识。PCIS 对集团内多项目及大型建设工程项目群进行信息的收集、加工和传输，支持项目决策者进行策划、协调和控制。总部通过 PCIS 建立标准的工作流程，促进项目管理的规范化，并通过知识库的建立，为项目提供技术支持和指导。

（三）项目管理门户系统（Portal）

Portal 为企业决策者、项目部、承包方、供应方、设计方、员工和合作伙伴提供一个统一的应用界面，用户可以根据自己的需要获取信息和反馈信息。

三、BIM

欧特克公司于 2002 年发明的建筑信息模型（Building Information Modeling，BIM）技术，迅速被广大建设单位应用。BIM 技术是一种信息的数字表达，能够实现信息的创建、共享与管理，并构建立体模型，通过限额设计、模拟施工等，进行全方位的项目成本管理，实现管理的实时性和精细化。

BIM 技术在开放的工业标准下，对设施的物理和功能特性及相关的项目生命期以信息的可运算形式表现，从而为决策提供支持，更好地实现项目价值。BIM 技术为我国建筑业带来的不仅是简单的操作工具的改变，也不仅是工作效率的提高，它更是技术、管理和方法论的统一，是整个行业操作模式的一次彻底革命，是我国建筑业数字化、信息化的先驱。

第四节　Project 2019 操作手册

一、新建空白项目文档

（一）使用快速访问工具栏

在快速访问工具栏中单击自定义快速访问工具栏按钮，从弹出的快捷菜单中选择【新建】命令，将该命令添加到快速访问工具栏中。单击快速访问工具栏中【新建】按钮，即可快速创建一个空白项目，如图 13—3 所示。

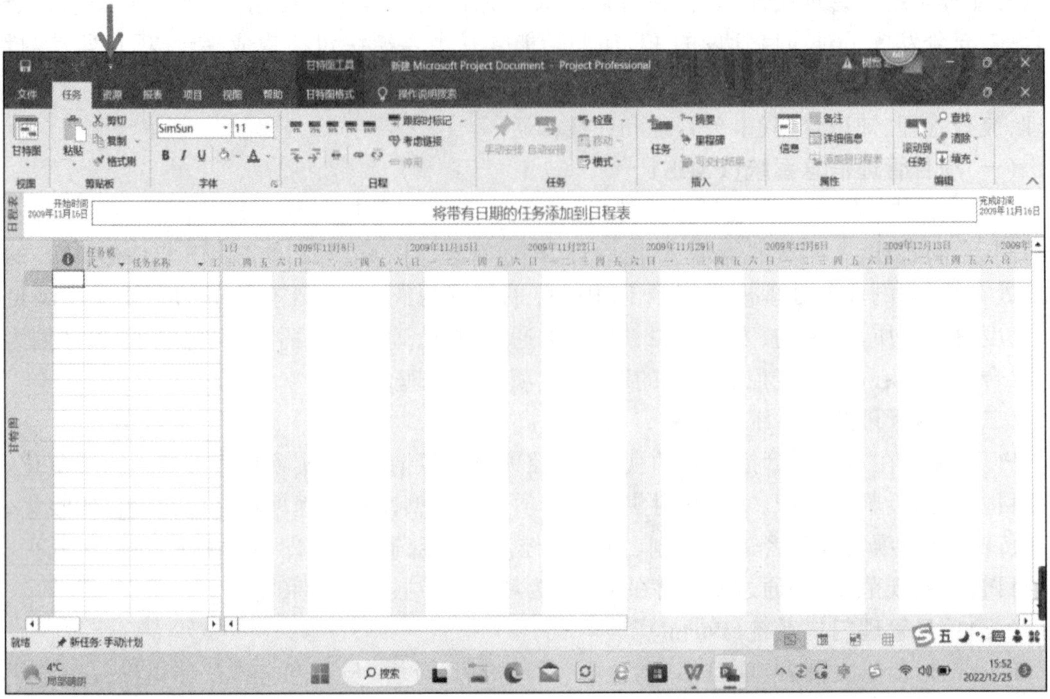

(a)

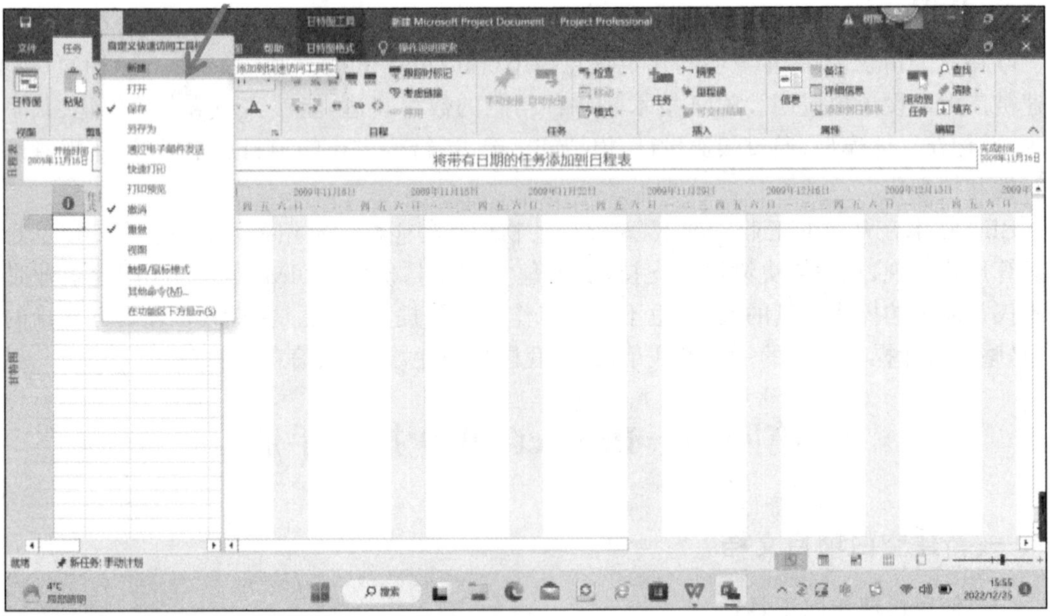

(b)

图 13—3　使用快速访问工具栏创建一个空白项目

(二)使用【文件】菜单

启动 Project 2019 后显示【文件】菜单，选择【新建】命令，将显示新建界面，此时只需选择【空白项目】选项，即可创建一个空白项目，如图 13—4 所示。

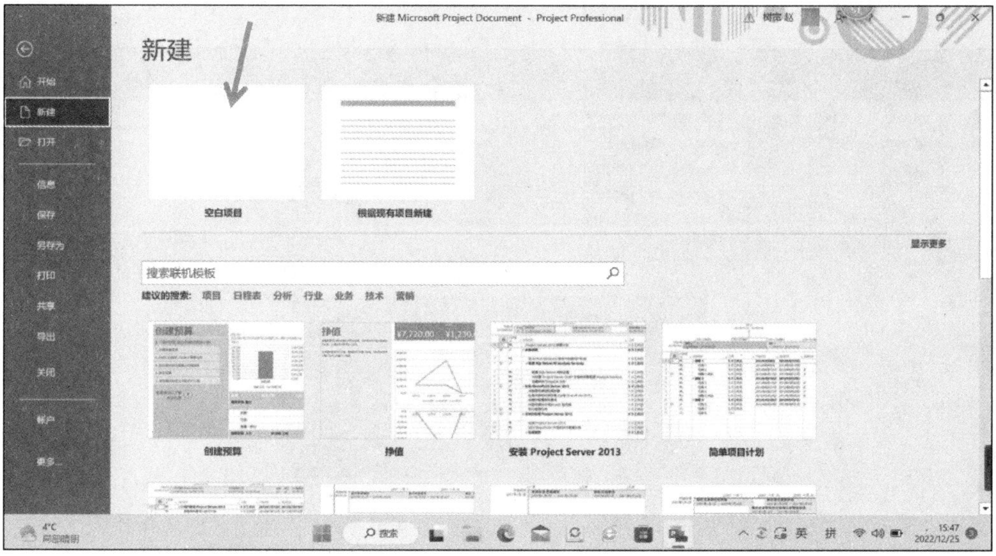

图 13－4　使用【文件】【新建】命令创建一个空白项目

二、设置项目计划

(一)输入项目信息

输入项目信息(标题、主题、人员及单位等),作为项目的基础信息。选择【文件】【信息】选项,选择【项目信息】下拉表中的【高级属性】选项,如图 13－5 所示。

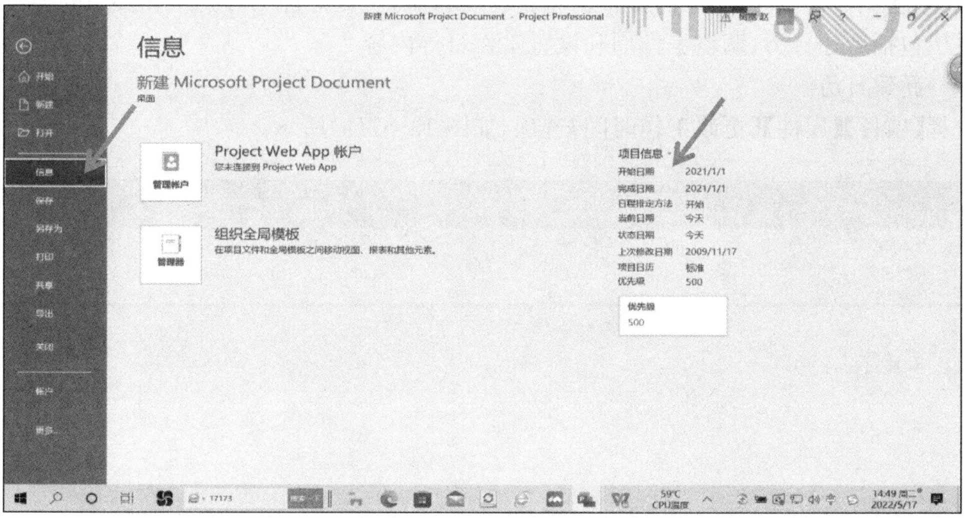

图 13－5　输入项目信息

(二)设置项目信息

设置项目的开始日期、完成日期、优先级(单项目可不设置)等项目信息,如图 13－6 所示。

若项目计划正排,填写项目开始日期;若项目计划倒排,填写项目完成日期。项目从 2021 年 1 月 1 日开始,点击【确定】。

Project 2019 项目日历可选择【标准】【24 小时】和【夜班】三项。

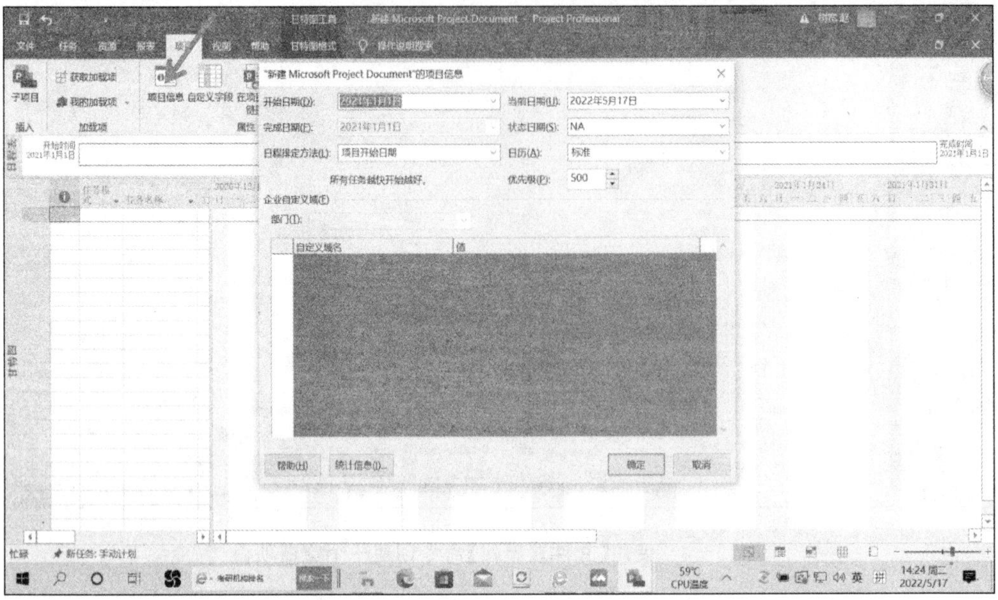

图 13—6　设置项目信息

三、设置项目日历

项目可以选择标准日历，但项目具有独特性，所以不是所有的项目都采用系统默认的标准日历，在创建项目计划时，用户需要根据项目自身特点，设置符合项目特点和要求的项目日历。项目日历包括新建日历、调整工作周和设置工作日等内容。

(一)新建日历

选择【项目】【属性】【更改工作时间】选项，如图 13—7(a)所示。

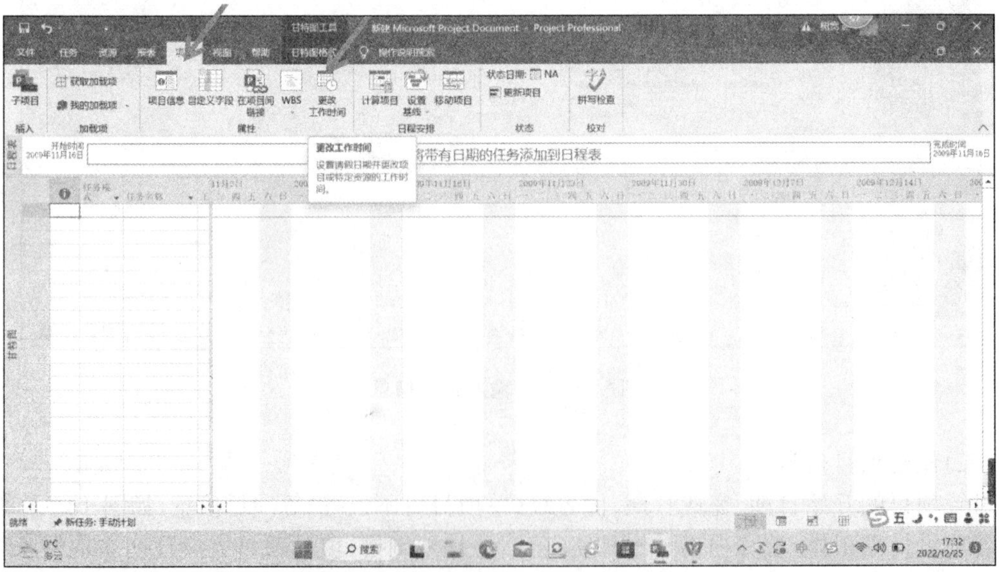

图 13—7(a)　选择【更改工作时间】选项

打开【更改工作时间】，得到图 13－7(b)。

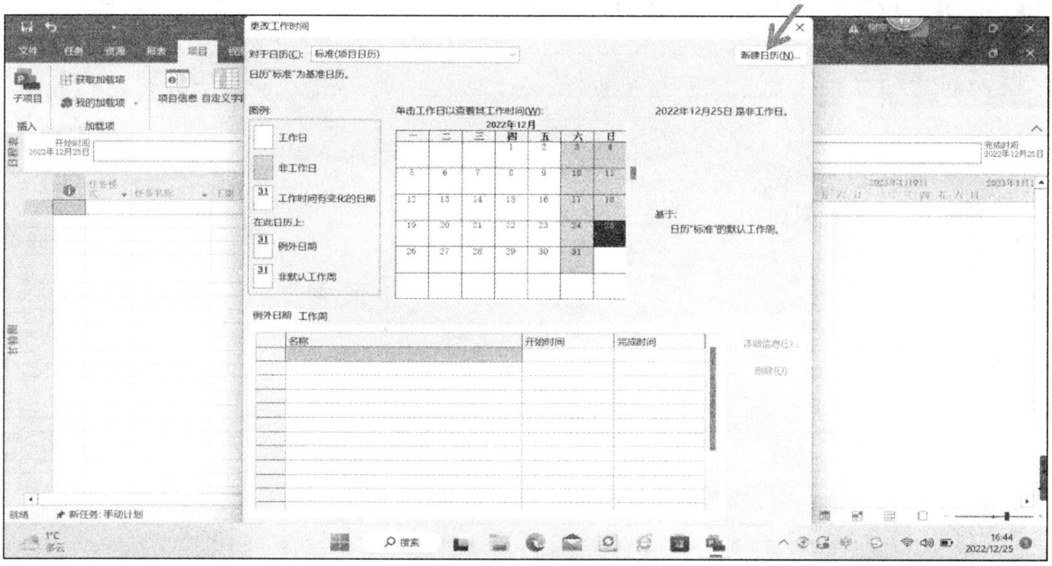

图 13－7(b)　打开【更改工作时间】对话框更改工作时间

打开【项目】【更改工作时间】对话框中右上角【新建日历】可以设定更改工作时间，如图 13－7(c)所示。

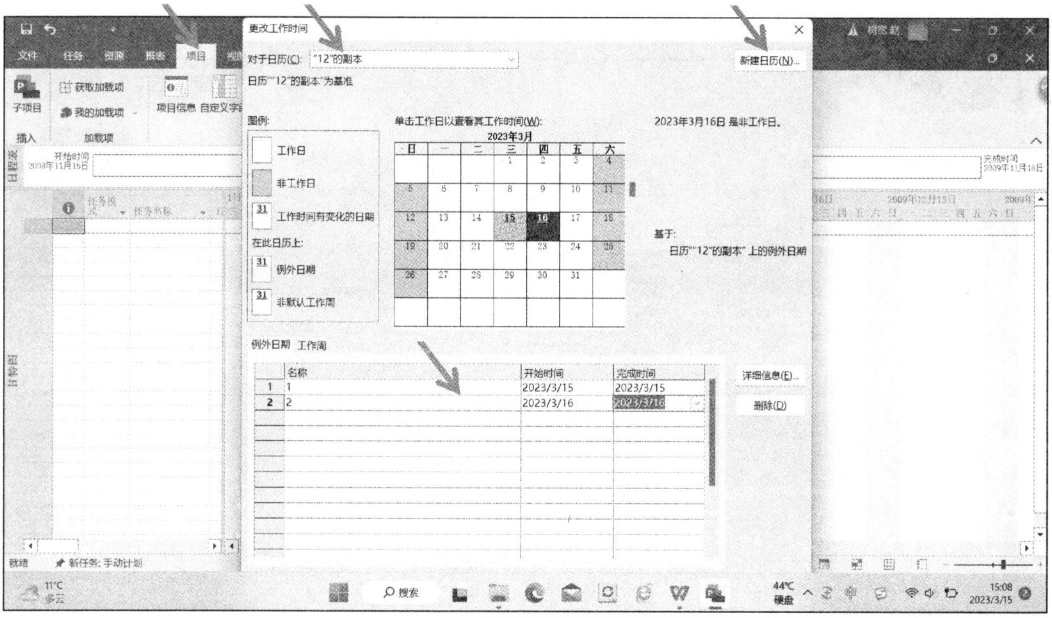

图 13－7(c)　设定更改工作时间

在【新建基准日历】对话框中主要包括下列选项：

名称：新建日历的名称，以区分系统自带的内置日历。

新建基准日历：选中该单选按钮，可新建一个完全独立的日历。

复制:选中该单选按钮,可依据当前的基准日历新建一个日历副本。可根据其后下拉列表中的【标准】【夜班】【24 小时】3 种选项创建日历副本,如图 13－7(d)和图 13－7(e)所示。

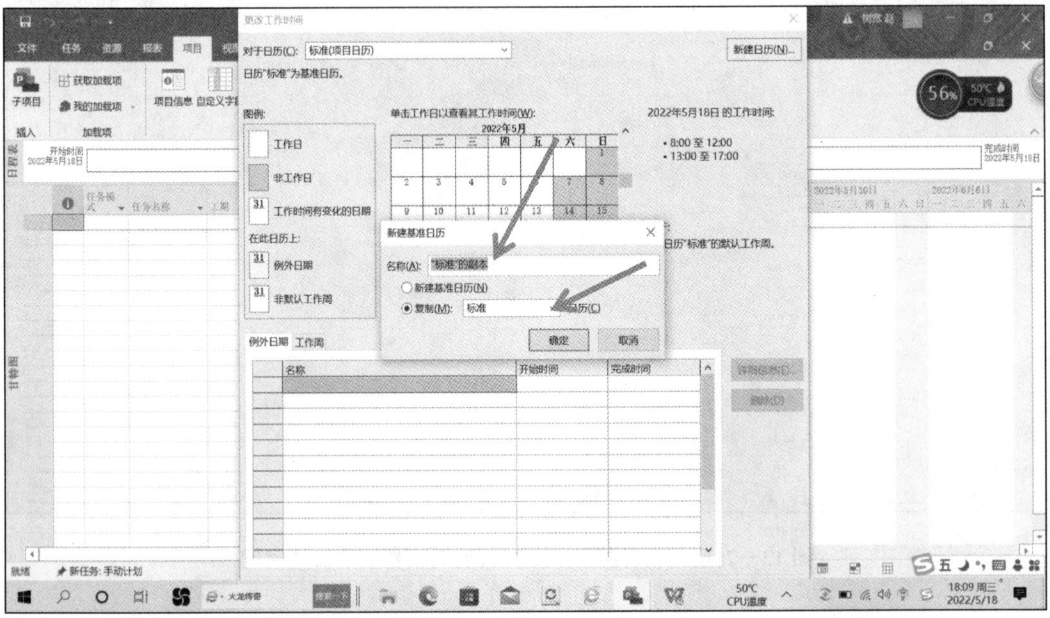

图 13－7(d) 【新建基准日历】的主要内容

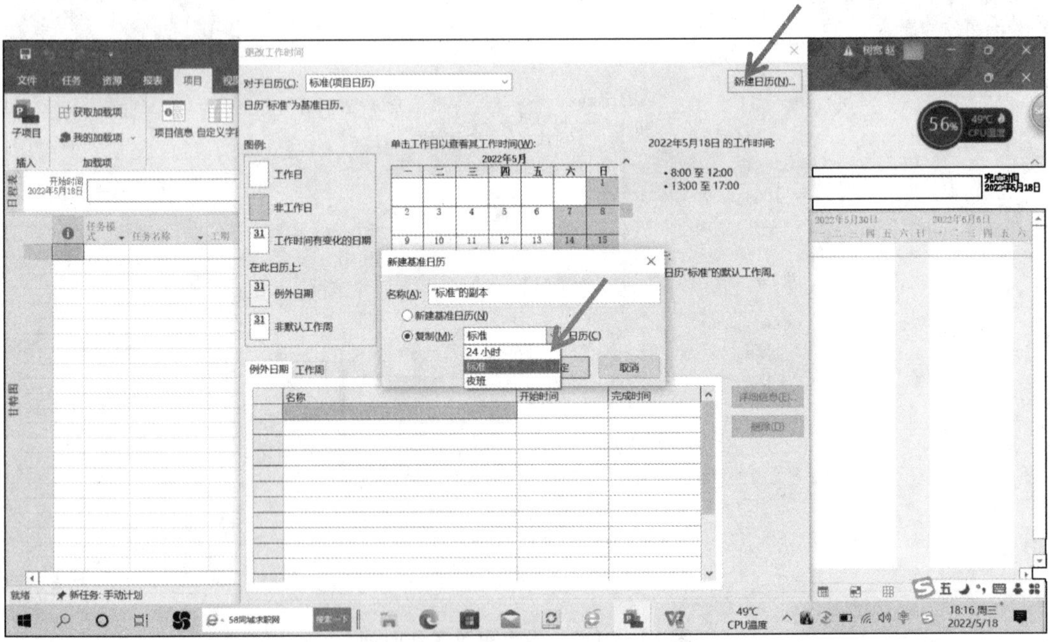

图 13－7(e) 【新建基准日历】对话框中【复制】下拉列表选项

(二)调整工作周

每个项目每周的工作时间都有所不同,所以需要日历的工作周。启动 Project 2019 应用程序，在【更改工作时间】项下选择【工作周】选项卡并单击【详细信息】按钮，如图 13—8 所示。

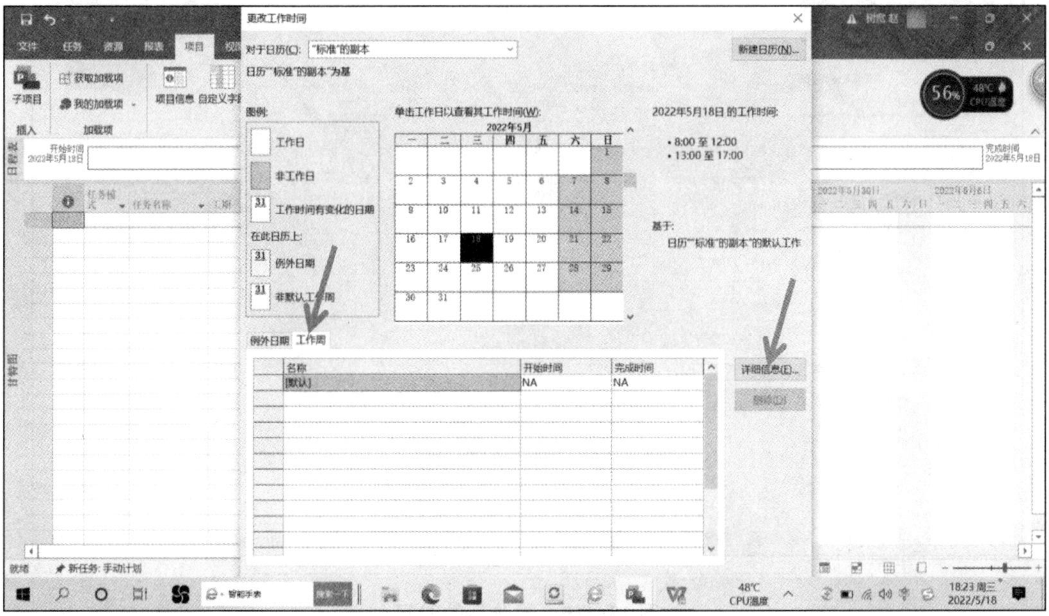

图 13—8 选择并单击【工作周】选项卡

在打开的【详细信息】对话框中选择要修改信息的时间，如周三下午由 13:00—17:00 改为 14:00—17:00。选择【星期三】，将右下框表中下午开始时间 13:00 改为 14:00，点击【确定】按钮，如图 13—9 所示。项目中每周三下午的工作时间就自动改为 14:00—17:00，工作周其他时间为标准日历时间，如图 13—10 所示。

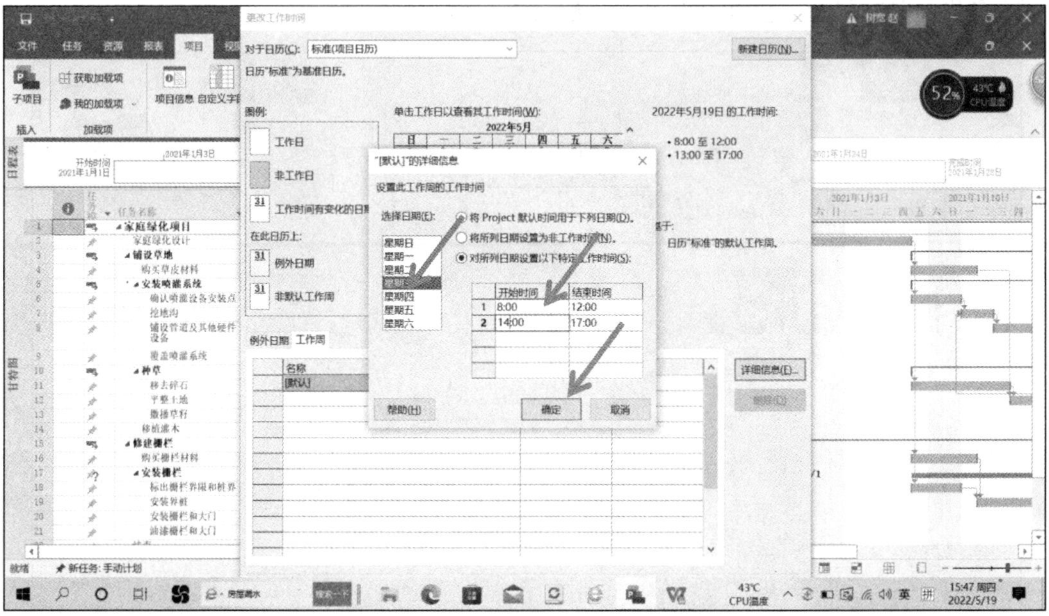

图 13—9 【详细信息】对话框内容

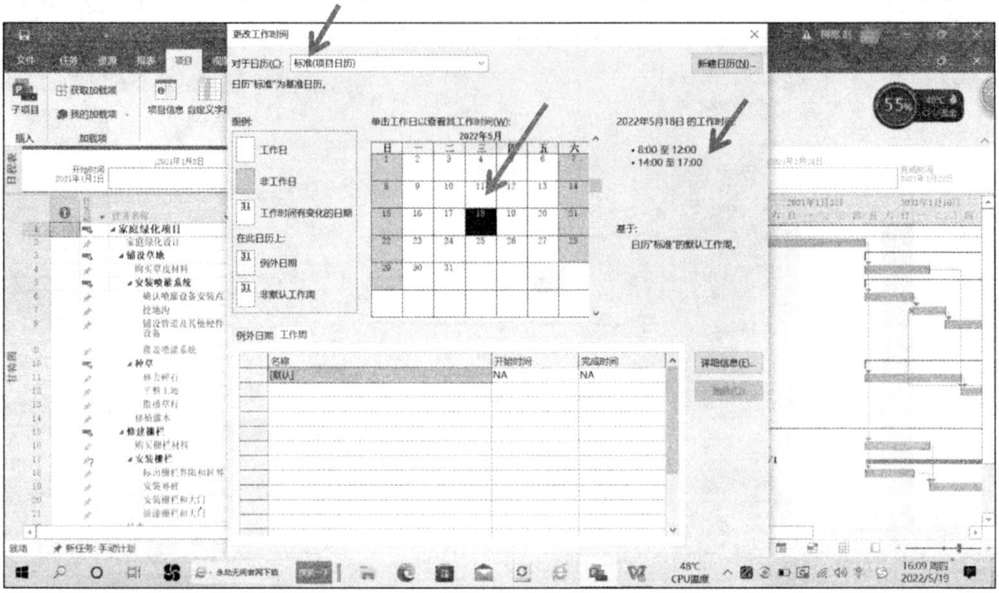

图 13－10　修改后的时间

注意:Project 2019 默认周一至周五的标准时间为:8:00－12:00(上午),13:00－17:00(下午)。周末为非工作时间。这种特殊时间需要在【选择日期】列表框中选择。

(三)设置工作日

在项目计划过程中,有时会需要让部分项目人员进行加班或休息。启动 Project 2019,选择【更改工作时间】选项,在打开的【更改工作时间】对话框中选择【例外日期】选项卡,输入例外日期的名称、开始时间与完成时间,并单击【详细信息】按钮,如图 13－11 所示。

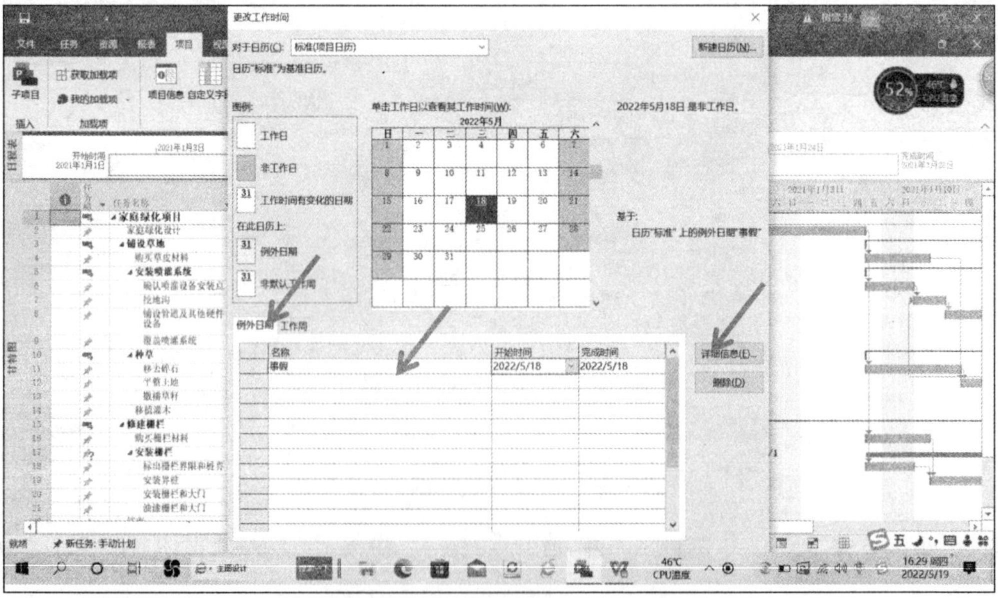

图 13－11　更改时间详细信息

在打开的【“事假”的详细信息】对话框中点选【工作时间】，设置工作时间并设置重复发生方式与重复范围，如图 13－12 所示。设置结果如图 13－13 所示。

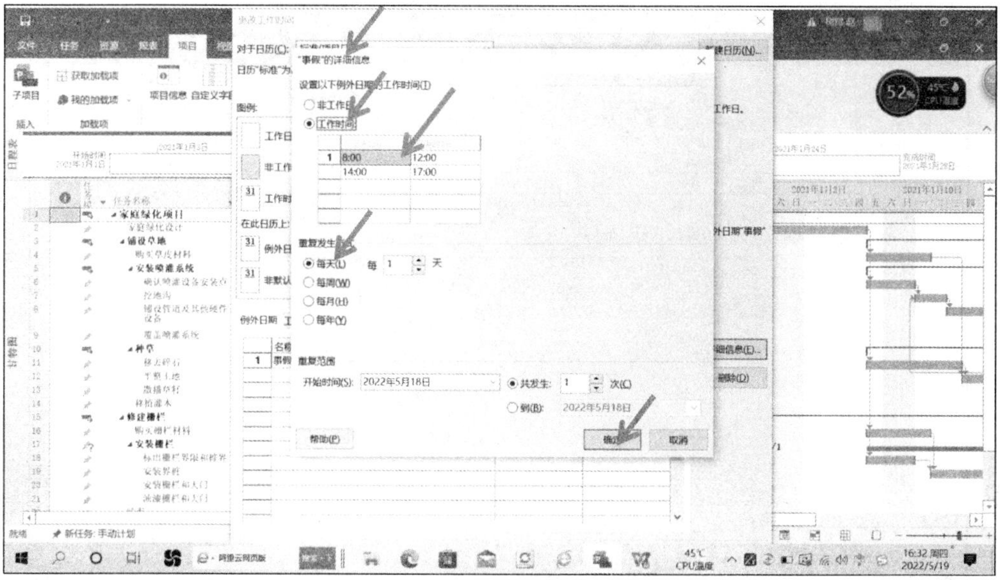

图 13－12　例外日期时间设置

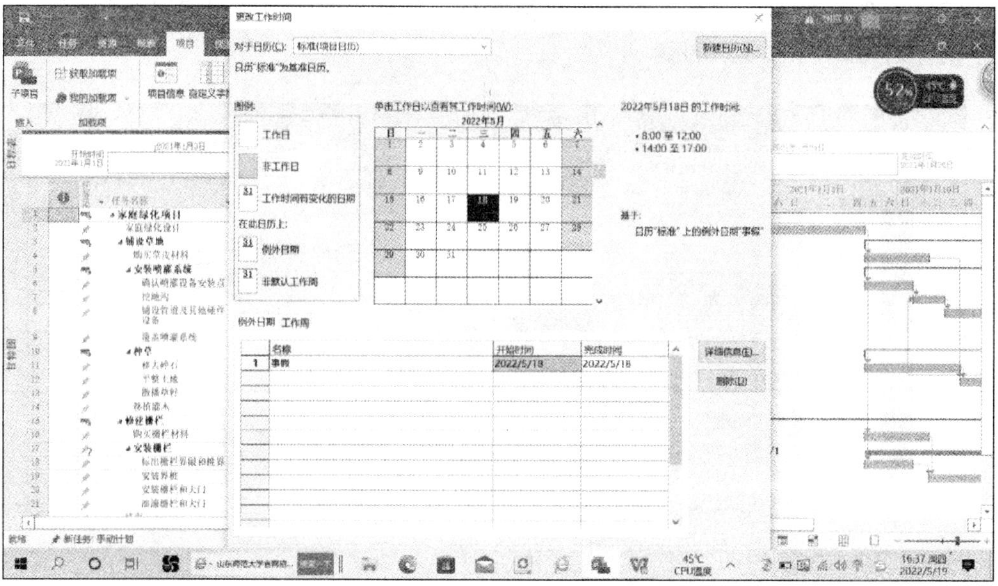

图 13－13　例外日期时间设置结果

四、创建项目任务

（一）填入工作名称

在 Project 2019 的多个视图中可以输入项目任务。

启动 Project 2019，打开“家庭绿化项目”文档，选择【任务名称】栏下第一个单元格，输入“家庭绿化项目”，如图 13－14 所示。

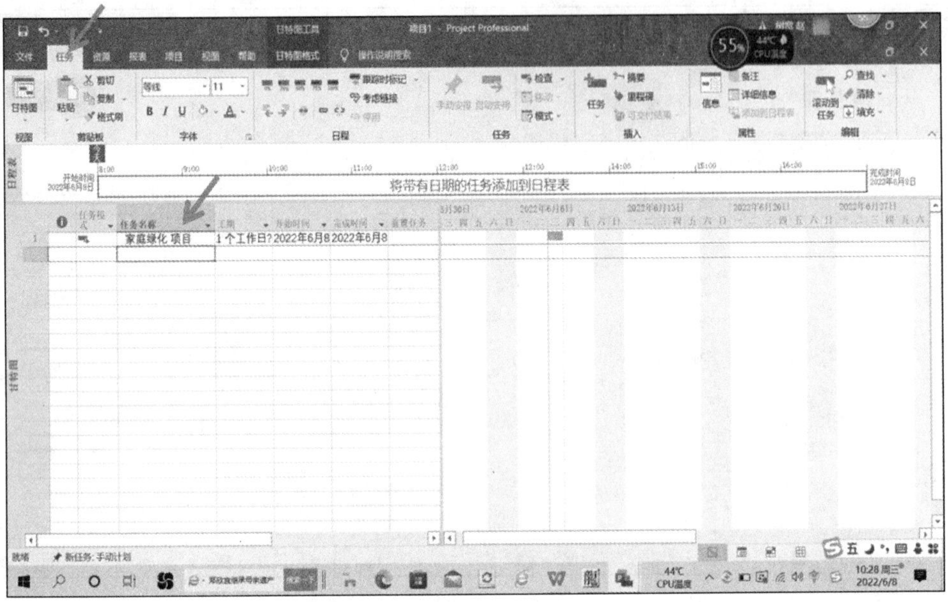

图 13－14　输入项目任务

按 Enter 键，系统自动跳到下一行单元格并显示行号。此时系统可自动将【任务模式】设置为手动计划，如图 13－15 所示。

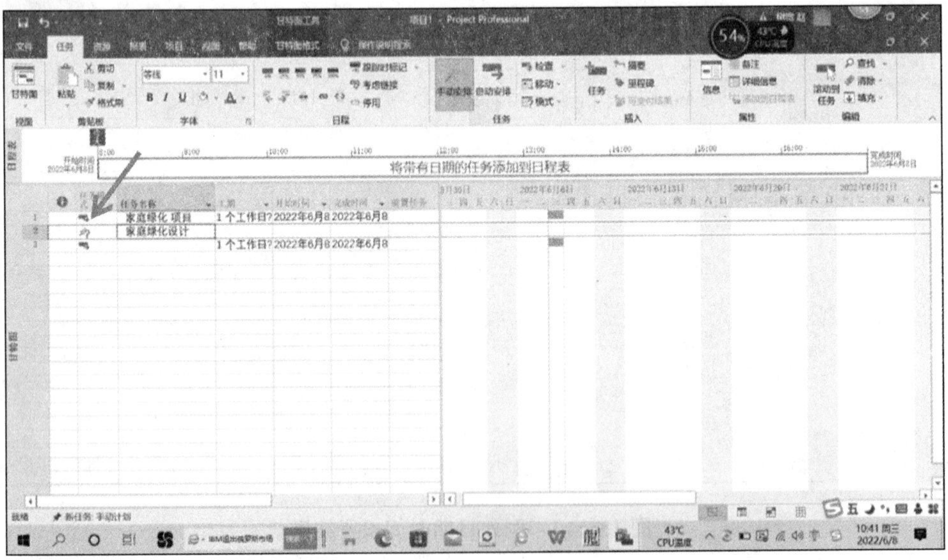

图 13－15　任务模式转换

选择【任务模式】栏的第二行单元格，单击右侧的下拉按钮，从弹出的下拉列表中选择自动计划，此时将自动显示任务的开始和结束时间，如图 13－16 所示。

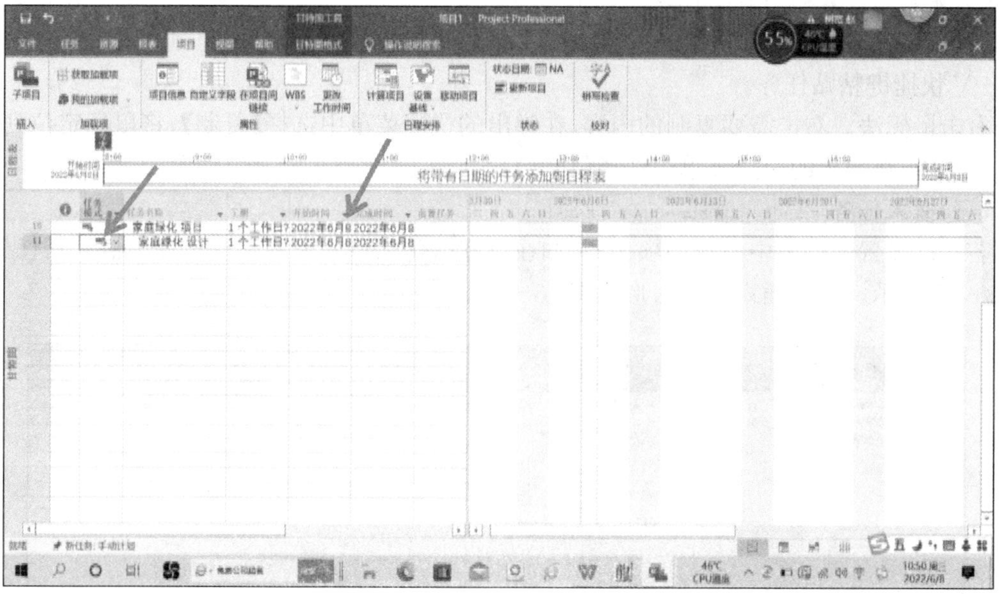

图 13－16　自动显示任务时间

选择【任务】选项卡，在【属性】中单击【信息】按钮，打开【任务信息】对话框，显示任务名称、工期、开始和完成时间等信息，信息填写完毕点击【确定】，如图 13－17 所示。

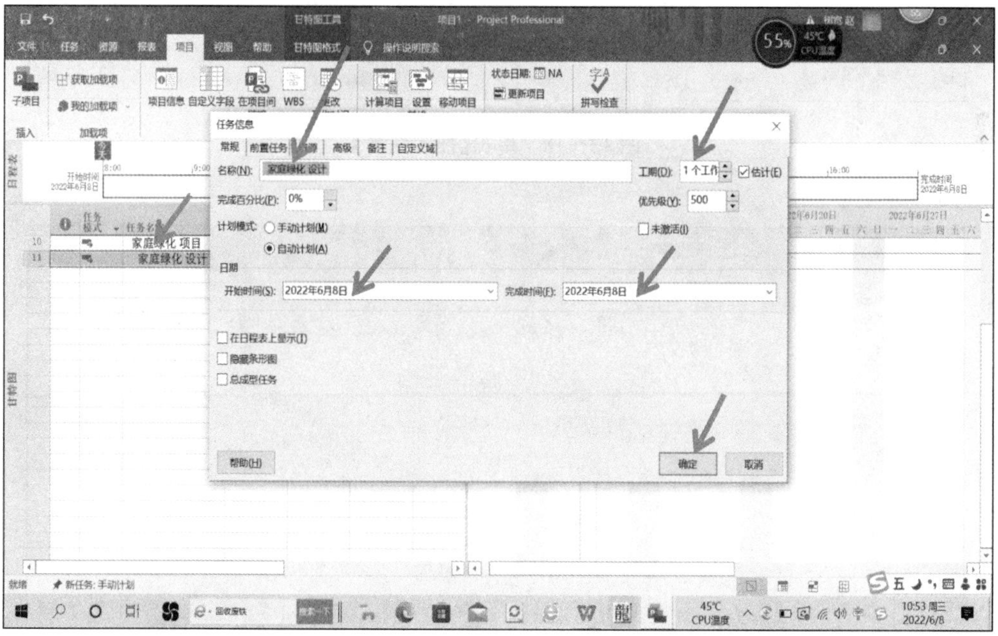

图 13－17　【任务信息】对话框

(二)复制任务

复制任务是在保持原有任务不被更改的状态下，将任务从一个位置复制到另外一个位置。
选项法。选择需要复制的内容，选择【任务】【剪贴板】【复制】选项，然后放到目标位置，选择【任务】【剪贴板】【粘贴】选项即可。

快捷键法。选择需要复制的内容，按 Ctrl+C 快捷键，将鼠标定位到目标位置，然后按 Ctrl+V 快捷键粘贴任务。

右击鼠标法。右击需要复制的内容，在弹出的快捷菜单中选择【复制】，将鼠标定位到目标位置后右击，在弹出的快捷菜单中选择【粘贴】命令。

(三)插入任务

若在已设置的任务中添加一项任务，如在家庭绿化项目和家庭绿化设计中插入新任务，如图 13－18 所示，单击【插入任务】，形成图 13－19。

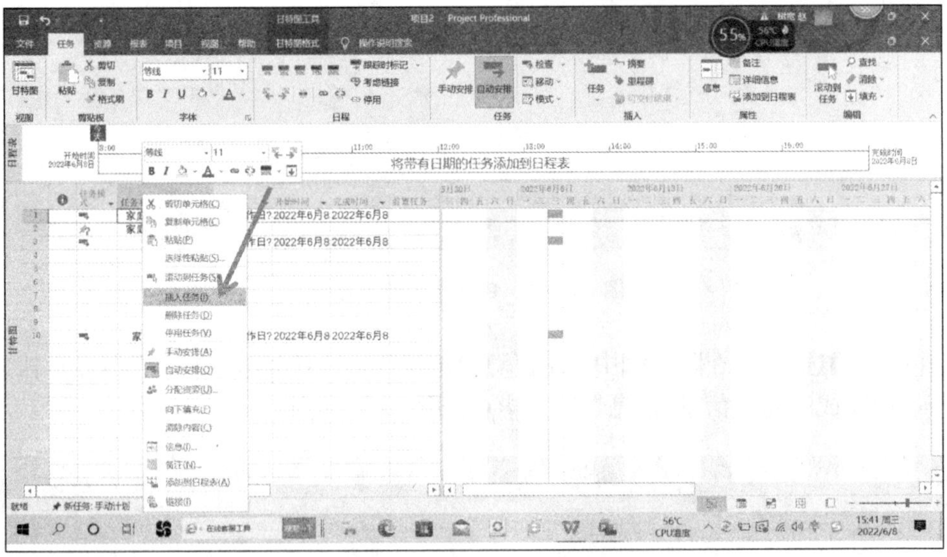

图 13－18　单击【插入任务】

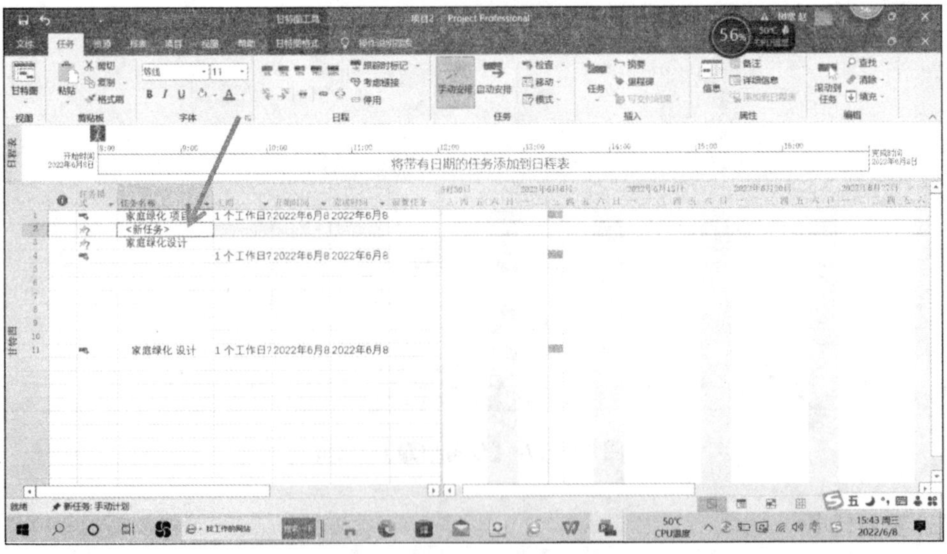

图 13－19　添加新任务

(四)移动任务

移动任务操作与复制任务类似，唯一不同的是移动任务后，原位置的任务消失。

(五)删除任务

启动 Project 2019，右击前述插入的新任务，在弹出的快捷菜单中选择【删除任务】命令，如图 13—20 所示，即可删除任务，并自动选中下一个任务，如图 13—21 所示。

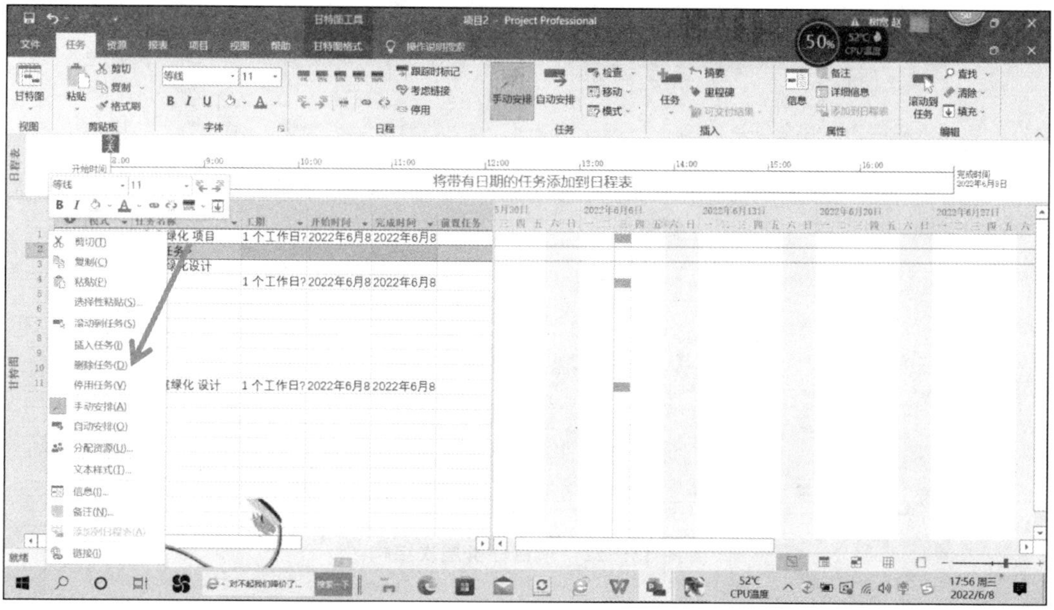

图 13—20　删除任务

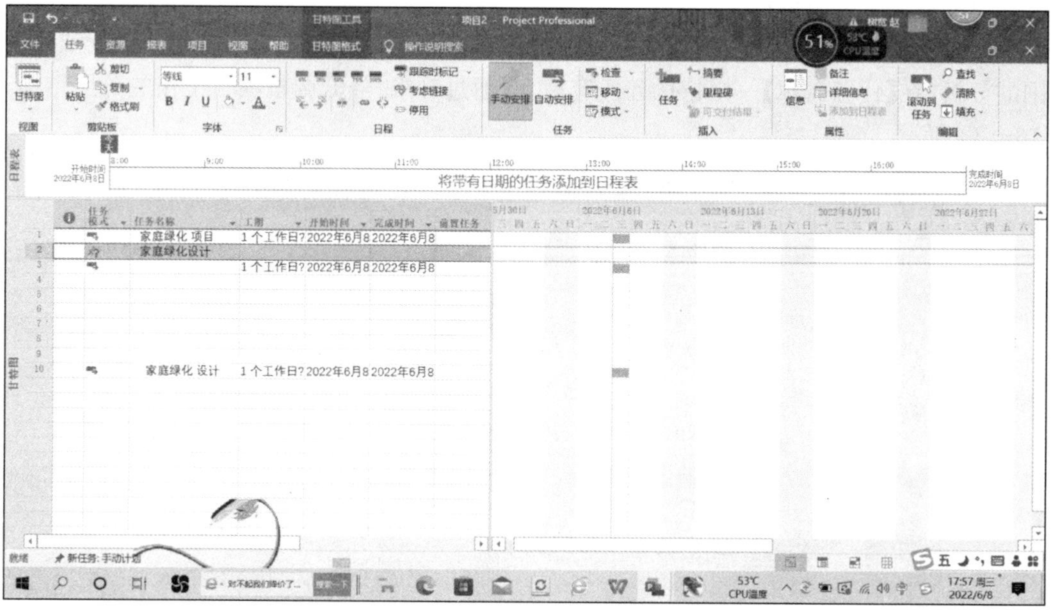

图 13—21　删除后的任务界面

五、组织项目任务

(一)建立大纲结构

在 Project 2019 中可以通过降级和升级项目任务的方法，建立项目任务层次结构，如图 13—22 所示。

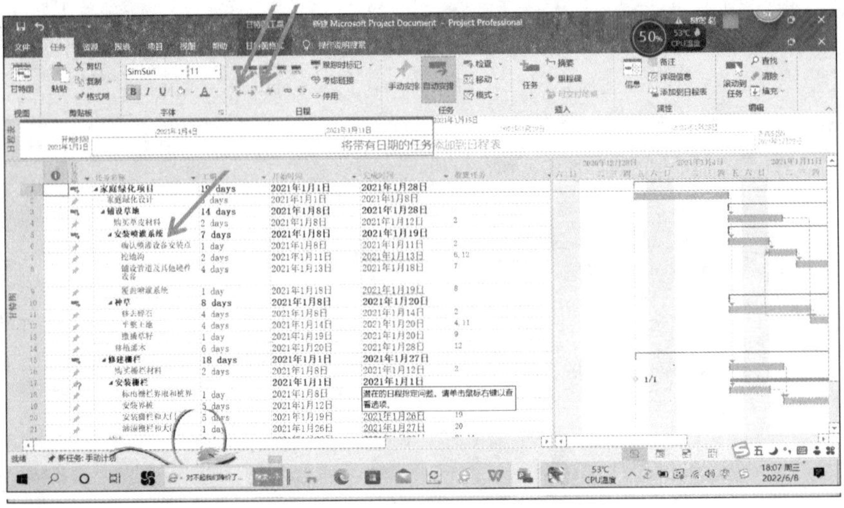

图 13—22　项目任务层次结构

(二)摘要任务与子任务

摘要任务以粗体显示并显示已升级，而子任务降级在摘要任务之下。

(三)建立工作分解结构

工作分解结构是一种用于组织任务以便报告日程和跟踪成本的分层结构。依据项目工作范围的分析，在【任务名称】一栏将任务内容填上，通过升级、降低调整项目工作的分层结构，如图 13—23 所示。

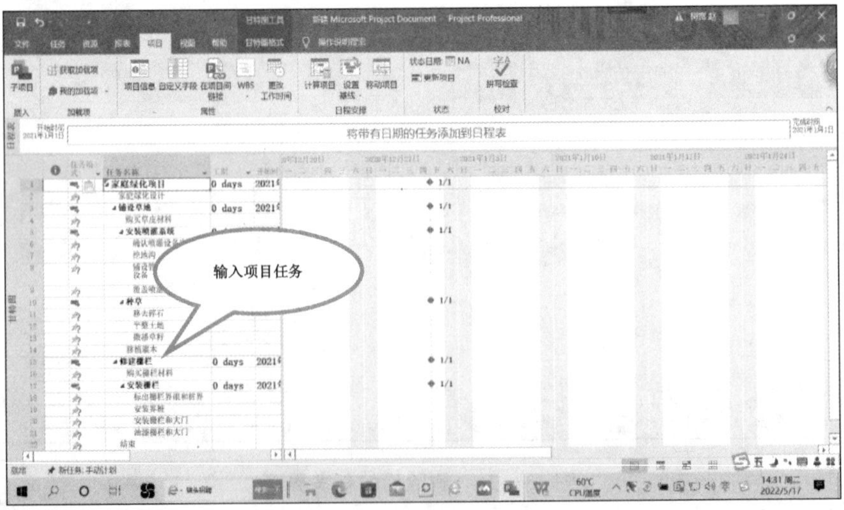

图 13—23　输入项目任务

六、设置任务工期

根据经验估算或定额计算法计算底层任务的作业时间，并输入【工期】一栏中（注意：中间层和顶层任务不要输入），如图 13－24 所示。

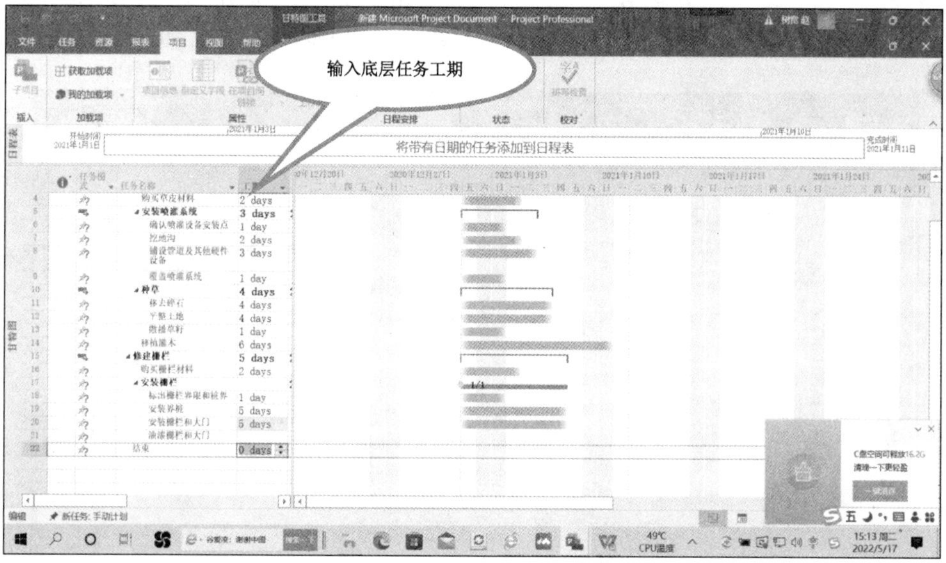

图 13－24　输入任务工期

七、设置活动的逻辑关系（前置任务）

在项目底层任务上将前置任务对应的序号填到该任务的【前置任务】一栏中，多项前置任务序号用逗号隔开（注意：最早开始的任务不填，中间任务和顶层任务不填），如图 13－25 所示。

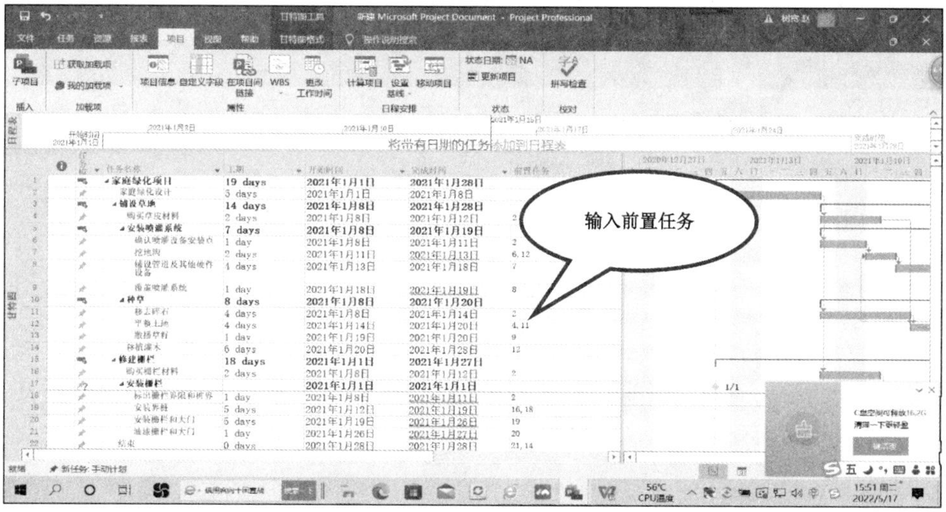

图 13－25　任务逻辑关系

八、项目资源配置

(一)输入项目资源

启动 Project 2019,在【资源名称】栏中输入资源名称、资源量,或在相应资源框图的下拉菜单中选择资源。若一项目任务有多项任务,任务间用逗号隔开。资源量 0.5 表示 1 个孩子资源工作半天,孩子 3 表示 1 个孩子工作 3 天,或 3 个孩子分别工作 1 天,如图 13－26 所示。

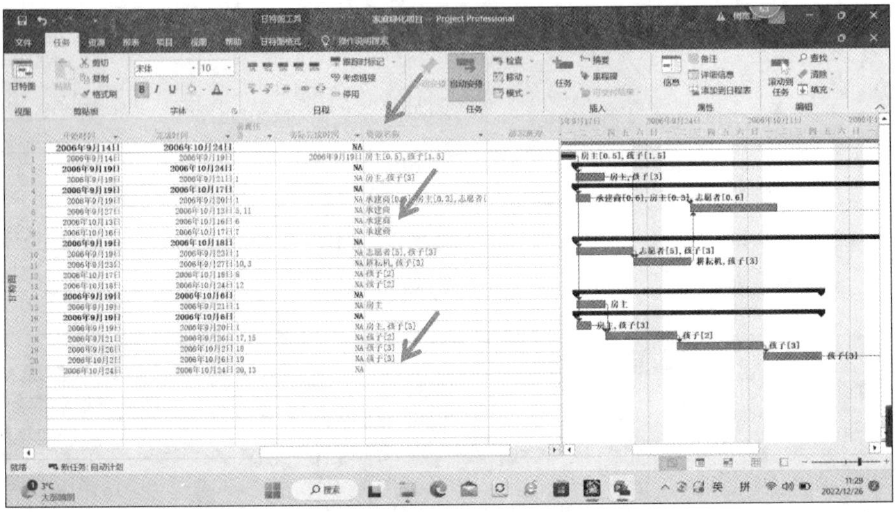

图 13－26　为任务配备资源

(二)建立项目资源库

启动 Project 2019,在【视图】中点击【资源工作表】,在表中输入资源名称、资源类型(工时)、材料、标准费率、加班费率和每次使用成本等信息。【最大单位】表示资源的最大可用总量,【标准费率】是指正常工作时间的付费标准费率,【加班费率】是指非正常加班时间的付费费率,以上费用是以小时为单位的标准费率;【每次使用成本】显示每次使用资源时的费用,如图 13－27 所示。

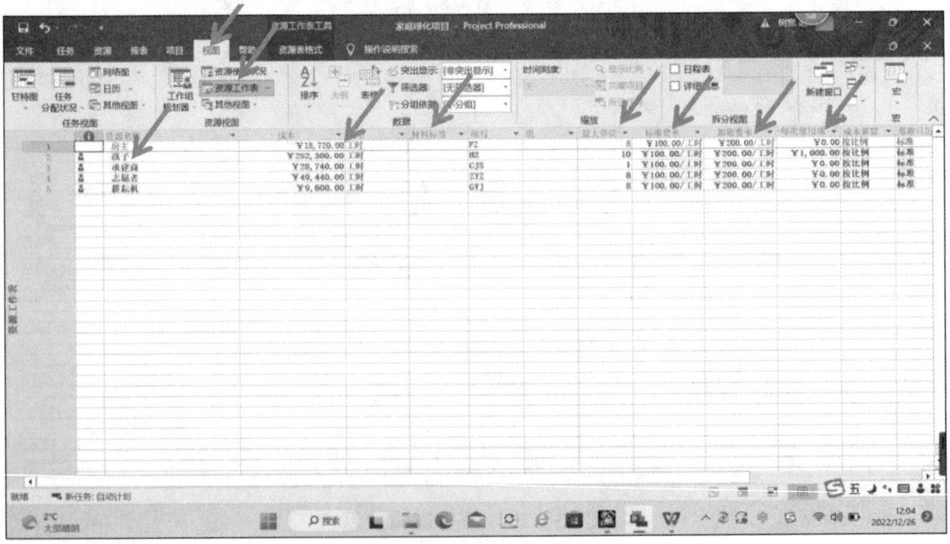

图 13－27　建立项目资源库

(三)检查资源使用情况

在【资源图表】中检查各种资源是否有过度分配现象。若显示红色说明该资源过度分配，超出资源配置的最大量，需要增加资源或调整进度计划，以保证资源满足项目的需要(每种资源最终都要显示蓝色才可以)，如图13－28所示。

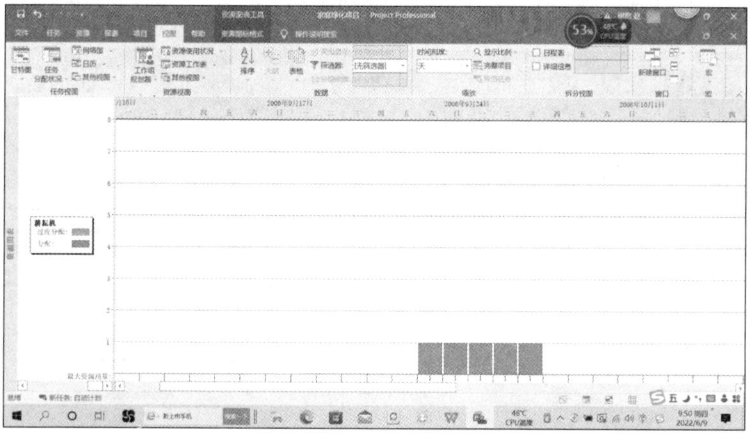

(a)

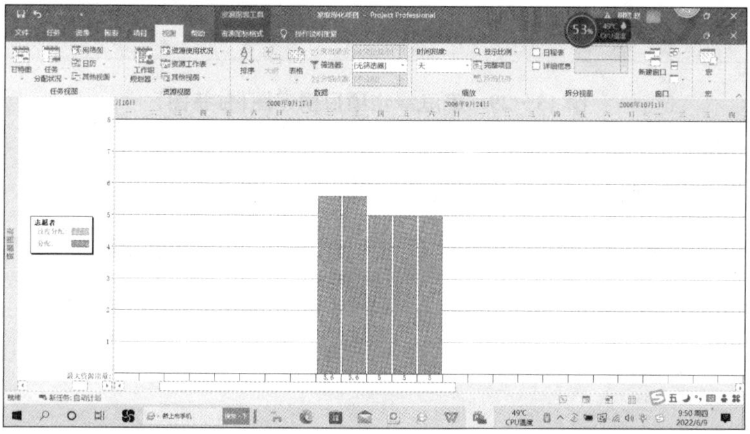

(b)

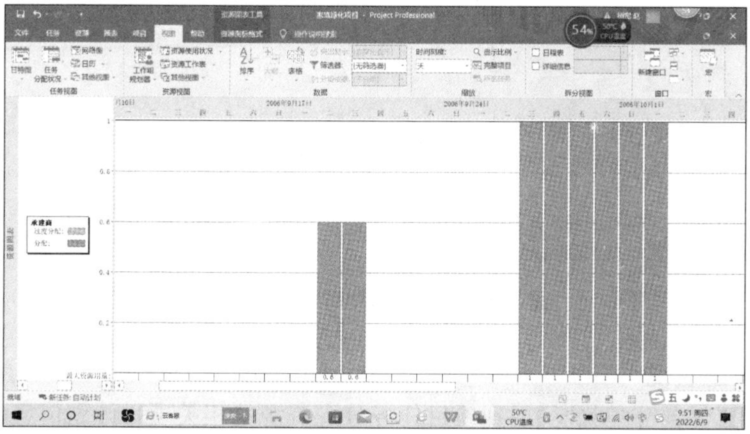

(c)

图13－28　资源图表

九、项目进度计划

项目进度计划可以有横道图(甘特图)、网络计划和任务分配状况三种计划形式。

(一)横道图(甘特图)

在 Project 2019 中,点击【视图】【甘特图】得到项目的横道图(甘特图),如图 13－29 所示。

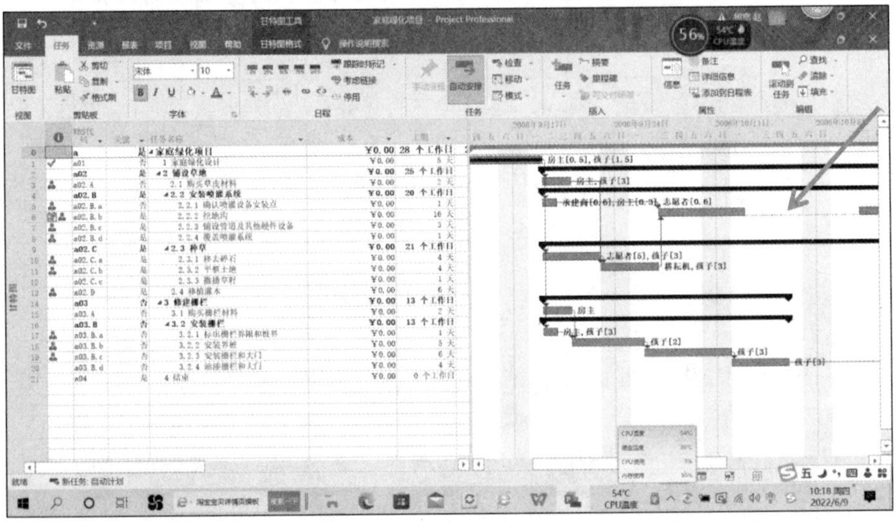

图 13－29　家庭绿化项目横道图(甘特图)

(二)网络计划

点击【视图】【网络图】得到网络计划视图,如图 13－30 所示。

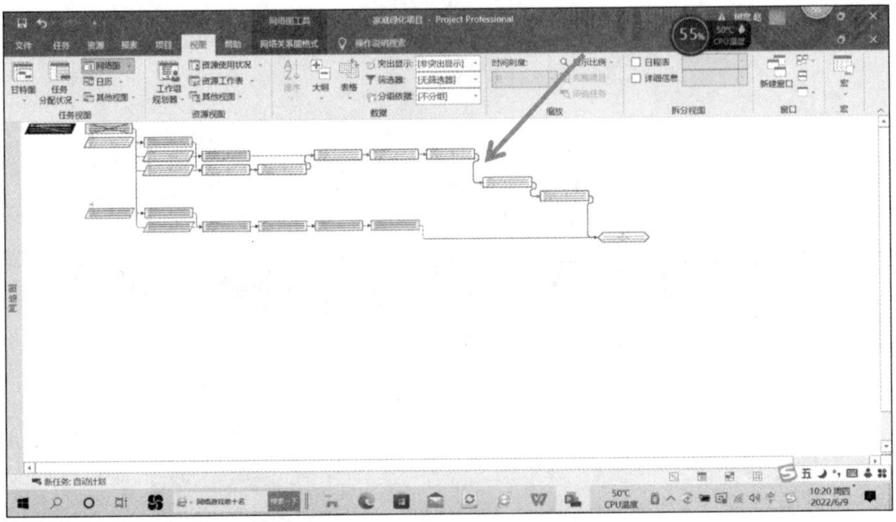

图 13－30　家庭绿化项目网络计划

(三)任务分配状况

点击【视图】【任务分配状况】得到项目任务分配资源的相关项目计划信息(开始时间、完成时间、需要资源名称、资源量和配置时间),如图 13－31 所示。

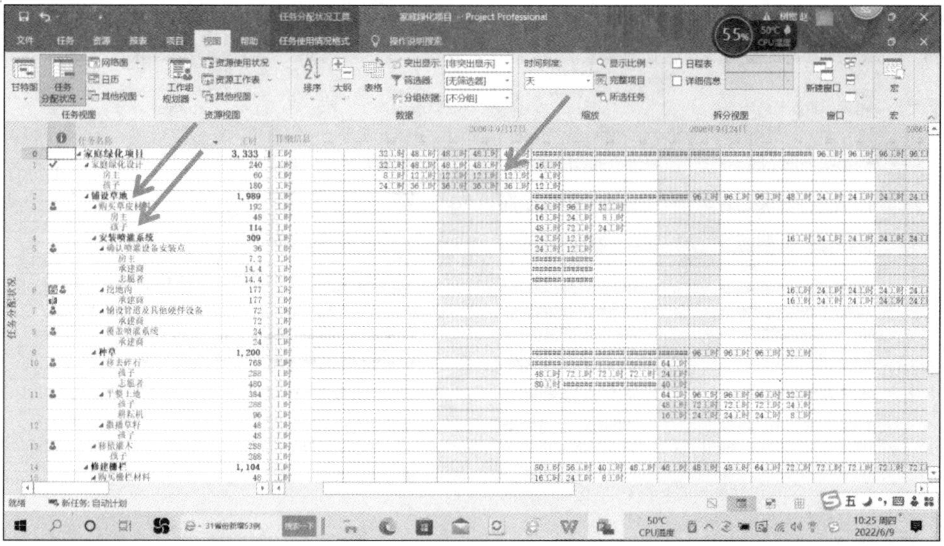

图 13－31　家庭绿化项目任务分配状况

十、项目资源计划

在 Project 2019 中，点击【视图】【资源使用状况】得到项目资源计划（资源名称、资源分配到的任务、时间等信息），如图 13－32 所示。

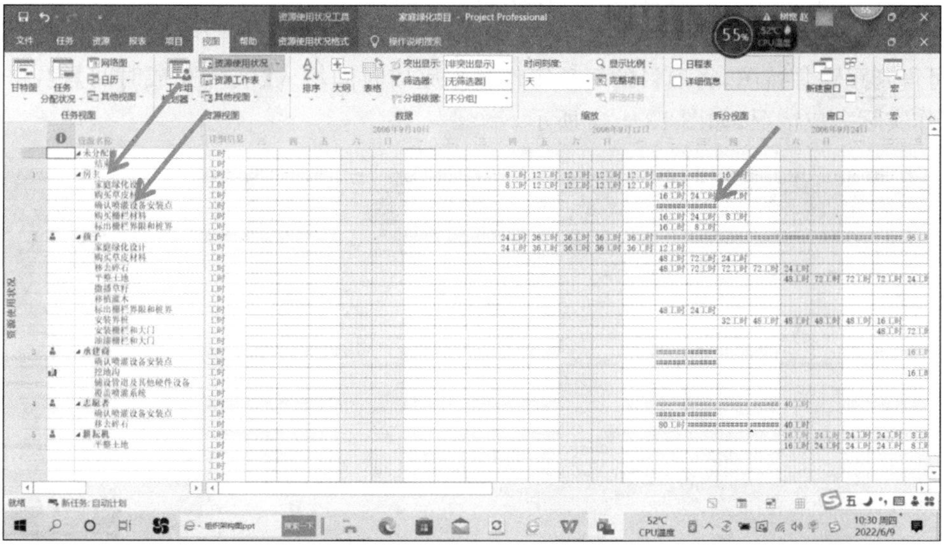

图 13－32　家庭绿化项目资源计划

十一、项目成本计划

在 Project 2019 中，点击【视图】【成本】得到项目成本计划（每项具体活动的成本、每个业务模块的成本以及整个项目的成本），如图 13－33 所示。

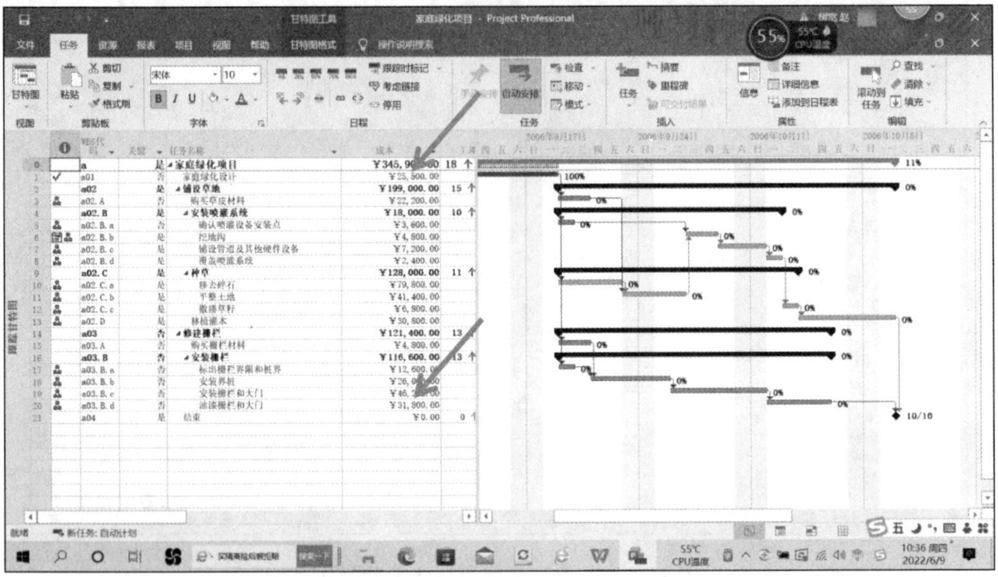

图 13－33　家庭绿化项目成本计划

十二、项目进度控制

要实现项目工期目标，必须依据项目进度计划进行有效控制。项目进度控制是项目管理者的重要工作，利用 Project 2019 对项目进度进行控制。

在 Project 2019 中，执行【视图】【其他视图】命令，选择【跟踪甘特图】选项，单击【应用】按钮，即可得到跟踪甘特图，将项目的每项工作实际完成时间填入【实际完成时间】栏，可以看出项目工作实际完成情况，如图 13－34 所示。

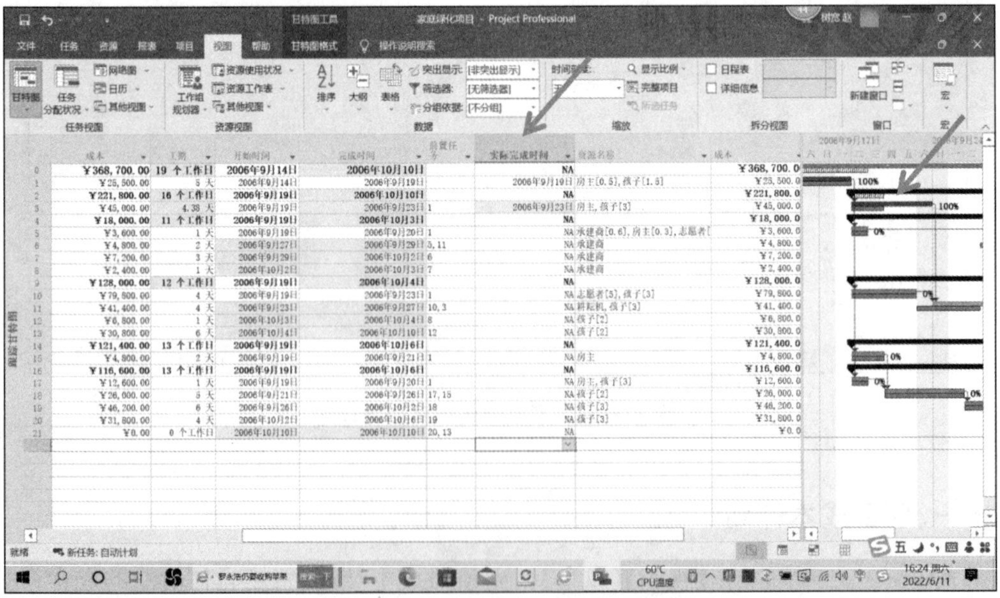

图 13－34　项目工作实际完成情况

在甘特图中选择【视图】【任务视图】【甘特图】选项，选择【跟踪甘特图】【表格】中的【摘要】命令，可以得到开始时间、完成时间、完成百分比等项目进度控制信息，如图 13—35 所示。

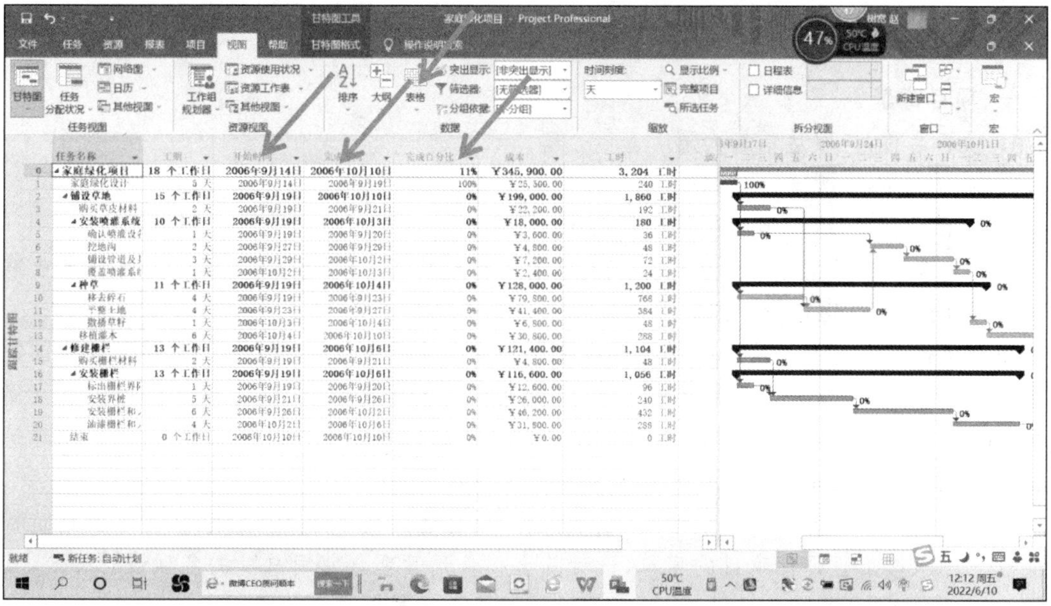

图 13—35 项目进度控制详细信息

十三、项目成本控制

在甘特图中选择【视图】【任务视图】【甘特图】选项，选择【跟踪甘特图】【表格】中的【成本】命令，可以得到固定成本、总成本、基线值、差异值、实际值与剩余值等信息，如图 13—36 所示。

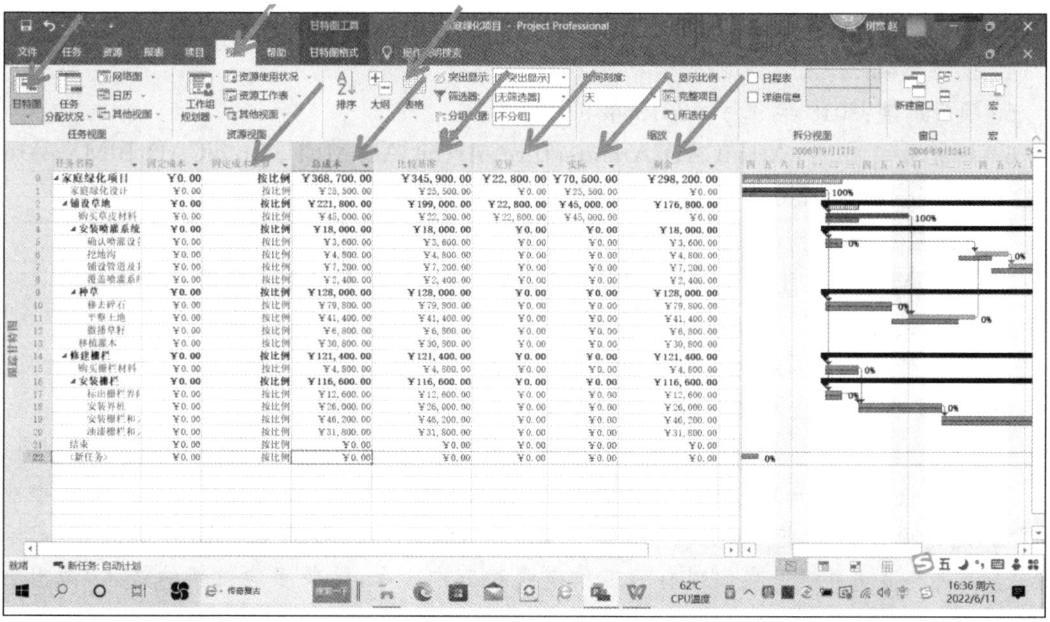

图 13—36 项目成本控制详细信息

项目管理案例

广联达信息大厦 BIM 技术应用

一、项目背景

1. 项目名称:广联达信息大厦

2. 项目类型:办公楼

3. 项目设计单位:中国建筑科学研究院

中国建筑科学研究院成立于 1953 年,原隶属于建设部,自 2000 年 10 月由科研事业单位转制为科技型企业,现隶属于国务院国有资产监督管理委员会。

中国建筑科学研究院是全国建筑行业最大的综合性研究与开发机构。主要面向全国的建设事业,以建筑工程为主要研究对象,以应用研究和技术开发为主,致力于解决我国工程建设中的关键技术问题。此外,负责编制和管理我国主要的工程建设与产品标准,承担国家建筑工程、空调设备、电梯及化学建材的质量监督检验与测试任务。

中国建筑科学研究院建筑设计院(以下简称"设计院")成立于 1984 年,作为中国建筑科学研究院对外承接工程设计项目的窗口,设计院全权负责管理与使用总院的各项设计资质,具体包括工程设计甲级、智能化设计甲级、规划设计甲级和风景园林乙级几项。

建筑设计院在从事各种类型的大中型民用与工业建筑设计的过程中,充分依托总院的综合技术与科研优势,能较快掌握与运用国内外出现的各种新技术。

BIM 工程设计中心从 2011 年广联达项目开始,引入 BIM 技术,通过一年的技术培训和经验积累,于 2012 年 3 月正式成立。在半年左右的时间里,BIM 服务包括辅助设计、管线综合、建筑能耗分析等,并且在院内承接"建筑工程三维协同设计形式应用研究"科研课题。随着 BIM 工程设计中心的成立,设计院逐步积累 BIM 项目实施经验,积极寻求在传统的建筑设计工作中应用 BIM 的最佳三维协同设计解决方案。

4. 投资金额:2 亿—2.5 亿元

5. 项目周期:2010 年 9 月—2013 年 9 月

6. 相关软件应用:ArchiCAD Architecture;ArchiCAD MEP;ArchiCAD BIMX;ArchiCAD Ecodesigner;Artlantis

7. BIM 应用评价与反馈

"我院 BIM 工程设计中心成立于 2012 年 3 月,广联达项目是中心的第一个实践项目。在这个项目中,我们经受了痛苦,也感受了兴奋,很多人对 BIM 的理解是在这个项目中建立起来的,三维设计带给我们创新的视觉设计体验。BIM 中心目前正在实践与探索新的工程项目,我们的目标是将 BIM 技术推广至全院乃至全行业。"

——中国建筑科学研究院建筑设计院 BIM 工程设计中心主任刘济瑀

"现在的设计行业开始跨入一个新的时代,如果赶不上潮流,势必会被淘汰。BIM 事业刚刚开始,通过项目实施,把 BIM 的价值扩大,让每一位设计师都感受到 BIM 的力量,未来的 BIM 势必将会改进并提升我们现有的工作模式和工作效率,希望多尝试新的技术,做出更好的项目。"

——中国建筑科学研究院广联达信息大厦项目负责人李雷

“经过几个项目试点，BIM 中心从无到有、从小到大，基于三维设计平台，通过管线碰撞检测与建筑能耗分析等功能，做到了全专业之间的可视化协同工作。设计师感受到了不一样的设计体验，提升了每个人的设计附加值。我们采取多软件协作机制，不断探索 BIM 技术发展方向，全力研究设计院的三维协同设计流程。”

——中国建筑科学研究院建筑设计院 BIM 工程设计中心副主任闫文凯

二、案例正文

(一)工程概况

广联达信息大厦位于北京市海淀区中关村软件园二期 J-1 地块。地块面积 10 042 平方米，容积率≤1.85，绿地率≥22%。大厦建筑物地上 6 层、地下 2 层，建筑总高 24 米。总建筑面积 30 111 平方米，其中地上 18 578 平方米，地下 11 533 平方米。

图 1　广联达信息大厦鸟瞰图

中关村软件园二期规划地块为：东邻软件园一期用地，南至西北旺南路，西至城建集团苗圃，北至东北旺北路。用地性质为教育科研用地。项目周边道路交通与市政状况良好，园区道路宽敞，主要道路呈环形，道路系统便捷、高效。信息大厦地上部分主要功能为研发办公，地下部分主要功能为地下车库及服务用房、配套用房。立面为红色陶板与玻璃幕墙搭配设计，整体风格简洁明快。

(二)基于 BIM 的可视化设计与协同设计

图 2　广联达信息大厦建筑模型

在广联达信息大厦项目中，设计院负责的是二维图纸设计任务。基于设计院的BIM发展规划，在初步设计阶段，设计师尝试用ArchiCAD介入设计，从最初开始的设想到实际操作过程中，建筑师始终保持“同专业人员在同一个模型分区段工作”的工作模式，并且通过协同设计平台，其他专业也尝试了“不同专业人员在同一个模型基础上工作”的工作模式，见图3、图4。

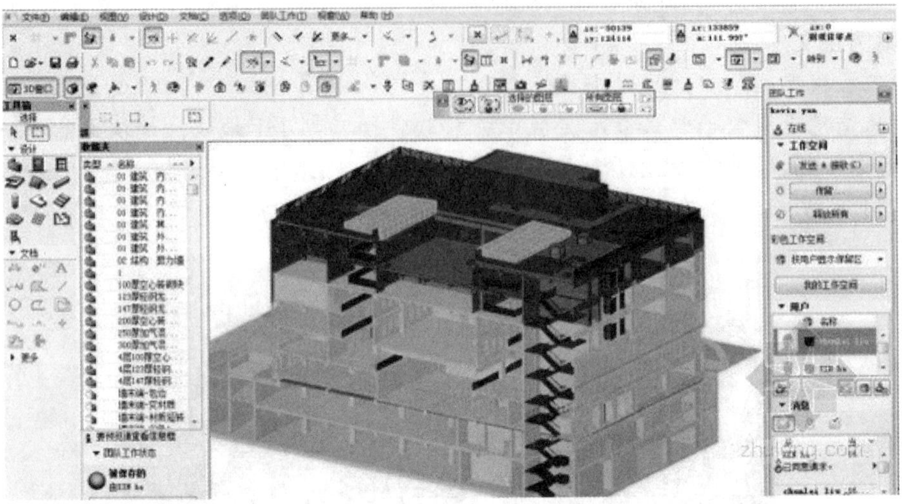

图3　按照功能和任务保留工作空间

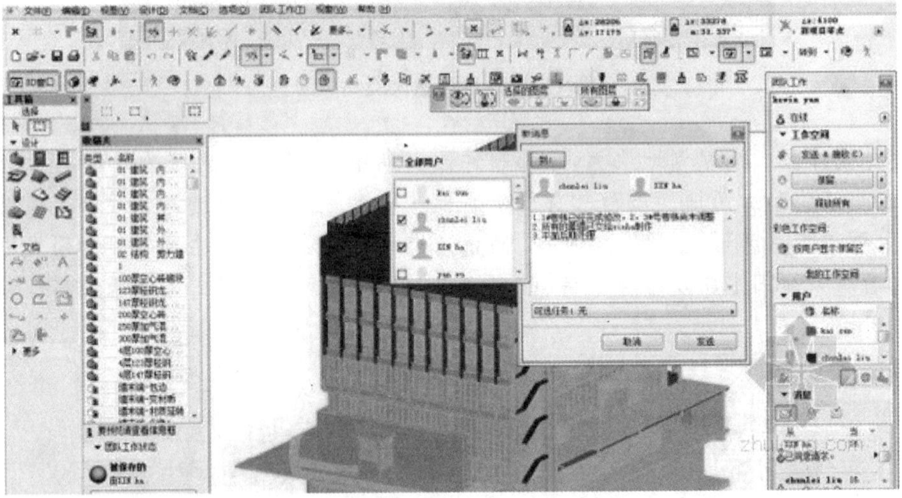

图4　遇到问题与相关人员实时交流

在广联达信息大厦项目机电三维设计过程中，MEP模型的设计是一个难点。针对项目中各专业复杂的位置信息，机电设计师利用软件特有的优势与建筑师在同一项目文件中做机电管道设计，及时发现问题，随时沟通交流，见图5。

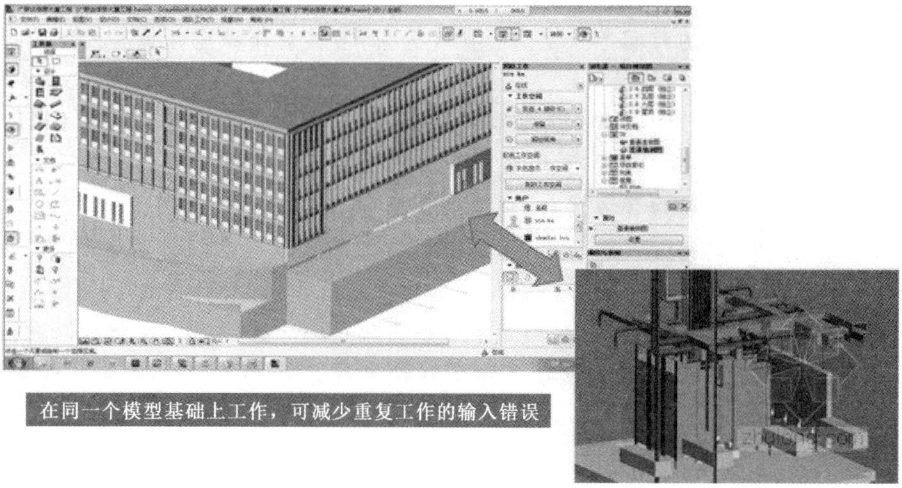

图 5　建筑、机电协同工作示意图

基于三维设计技术的模型搭建，更全面地展现出设计师的设计意图，在模型验证过程中，将抽象化的理念转换为具体化的模型，以其特有的直观性，降低了理解与设计上的偏差。

三维设计很重要的一环是出平面图，在该项目中，设计师尝试了模型转换二维图纸的流程，借用三维软件的功能，可以轻松地进行"模型—出图—模型"双向数据交换，对提高设计师的设计图纸质量非常有帮助。

（三）基于 BIM 模型的分析

此次运用 ArchiCAD 中的 Ecodesigner 进行能耗分析，为设计师提供前期的能耗数据，辅助他们调整设计方案。

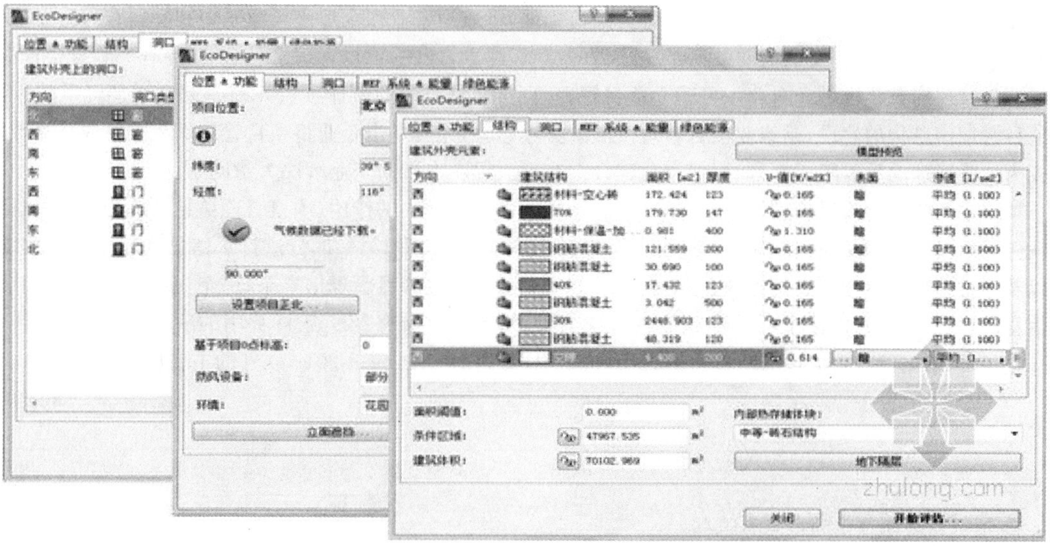

图 6　进行项目基本设定，自动加载模型中的参数信息

在设计各个阶段随时可以通过模型做 ECO 能耗分析，各专业完成设计后或在设计过程中对模型进行分析，找到建筑外壳与室内结构元素数量，但此数据结果与模型搭建过程中的习惯和设置有关，分析结果与实际量化分析还存在一定差距。ECO的意义在于，建筑师可随时对自己所做的方案在不同的时间节点上进行能耗分析，使其对作品能耗量有大体的把控，并为进一步推敲深化设计提供依据。

在广联达信息大厦项目中，BIM设计师参与了地下室和地上部分的各专业BIM建模及机电管线综合工作。由于该项目是科研、开发、办公建筑，所以机电各专业的各种管线繁多，对设计师来说，MEP建模及后期的管线综合、碰撞检测是一项挑战。

因为此项目是初次进行管线综合尝试，所以机房的布置没有含在此次设计中。在公共空间中，管线众多，尤其是6层走廊部分。在模型的建立过程中，设计师通过BIM三维模型的可视化与碰撞分析的技术优势，可以发现项目中管道密集区的布置问题。由此可以看出，相对于传统的二维设计，BIM三维可视化设计更能直观地发现并解决不同专业间的冲突与碰撞问题。

三、总结

BIM在全程可视化设计中起着重要作用，同时建筑耗能分析、碰撞分析等都对建筑设计起到设计优化的作用，最后整合各个模型，制作出虚拟浏览模型BIMX，可提供专业的追踪模型来浏览，通过模型有利于更好的项目交流，还可实现与异地用户之间的交互式磋商。设计师之间的三维协同工作机制是积极倡导的，希望在不久的将来，能够做出更优秀的作品，积累丰富的BIM项目实施经验，借助BIM技术力量，在新的设计领域达到更大的辉煌。

（资料来源：原创力文档。）

本章小结

以现代科技知识为基础、以信息产业为核心的“新经济”时代到来了，企业将加大应用信息技术的力度，广泛采用建立在现代信息技术基础上的各种管理技术和决策手段。随着科技的进步和时代的发展，项目管理技术也在不断地完善与发展，利用信息技术进行项目管理，将成为企业在今后市场竞争中制胜的有力武器之一。因此，企业有必要根据自身的需要及所承担项目的特点，建立自己的项目管理信息系统，拥有一套符合自身发展的项目管理信息化模型。企业一旦建立项目管理信息化，对企业的整体项目发展将起到举足轻重的作用。而项目管理信息化的建设，是企业项目管理发展的必然趋势，尤其是当企业将项目管理作为主要战略管理，或者成为战略管理的重要组成部分时，信息化建设会在很大程度上帮助企业解决大量问题。

本章主要内容为项目管理的信息化，从信息系统在项目管理中的作用、项目管理信息系统的发展、项目管理软件介绍以及Project 2019操作手册四个部分来进行阐述。其中，第一部分进行了信息管理与信息系统概述以及项目管理信息化特点的解读；第二部分从基于业务处理的项目管理信息系统、企业级项目管理系统、项目信息门户三个阶段，讲述了项目管理信息系统的发展；第三部分介绍了三种常用的项目管理软件，即MS Project、PowerPIP和BIM；最后一部分通过实际操作详细讲解了Project 2019软件的主要功能。

习题

1. 项目管理信息化的特点有哪些？
2. 简述项目管理信息系统的发展脉络。
3. PowerPIP软件的功能和特点有哪些？
4. 简述项目管理信息化的趋势。
5. 简述项目管理软件的应用。

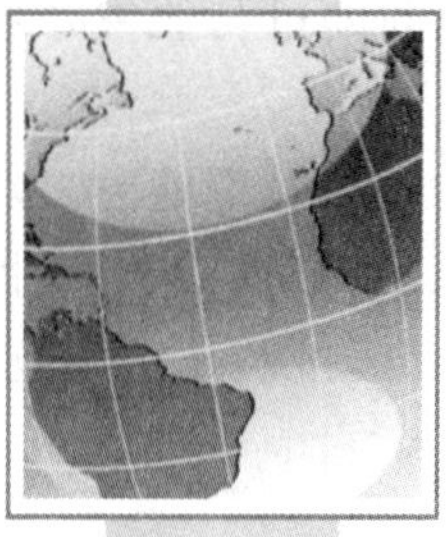

第十四章 项目的收尾与交付

工程项目的竣工验收是施工全过程的终结阶段，也是工程项目管理的最后一项工作。它是建设投资成果转入生产或使用的标志，也是全面考核投资效益、检验设计和施工质量的重要环节。

第一节　项目的竣工验收

项目验收是核查项目计划规定范围内各项工作或活动是否已经全部完成、可交付成果是否令人满意，并将核查结果记录在验收文件中的一系列活动。

工程项目的竣工验收是由建设单位组织，设计、施工、监理单位和政府主管部门等共同参加，以批准的设计任务书和设计文件，以及国家（或部门）发布的施工验收规范和质量检验标准为依据，按照一定的程序和手续，对工程项目的总体进行检验和认证（综合评价、鉴定）的活动。勘察、设计、施工、设备制造和监理单位有责任提供相关资料和竣工图纸。县级以上地方人民政府建设行政主管部门应当委托工程质量监督机构对工程竣工验收实施监督。

一、项目竣工验收的作用和范围

（一）项目竣工验收的作用

对项目成果或阶段性成果进行验收，其重要意义在于可能转移项目建设成果，实现项目成果的效益，同时可以积累项目有关资料，总结前期的经验和教训，使项目承担方和接收方终止各自的权利、义务和责任，以获得各自的权益。

在项目竣工验收阶段，建设单位、设计单位、施工单位和监理单位要分别对工程项目的决策论证、勘察设计和施工安装活动进行最后的检验和评价，实事求是地总结项目建设的经验和教训。因此，工程竣工验收实际上是对项目管理过程的系统检验。竣工验收的作用主要体现在以下几个方面：

（1）检查项目是否达到设计要求和质量标准。在竣工验收阶段，通过对已竣工工程的检验和试验，可以全面考察工程项目设计和施工质量，考核承包商的施工成果是否达到设计要求、是否达到国家质量标准的要求、能否达到生产和使用要求、能否正式转入生产运行。通过竣工验收，及时发现和解决存在的问题，以保证项目达到设计要求和质量标准。

（2）明确各利益相关方的任务完成情况。能否顺利通过竣工验收，是判别承包商是否按施工承包约定的责任范围完成施工任务的标志。工程通过竣工验收后，承包商即可与业主办理竣工结算手续，将所建成的工程移交给业主使用和保管。

（3）总结项目决策、实施过程中的经验和教训，以提高各利益相关方的项目管理能力。建设单位和其他利益相关方从中吸取经验和教训，以提高项目决策和管理水平。一个建设项目建成投产交付使用后，能否取得预想的宏观效益，需要经过国家权威管理部门按照技术规范、技术标准组织验收确认。

（二）项目竣工验收的范围

项目竣工验收范围是指验收对象中所包含的内容和涉及的方面，即项目验收时，对验收对象的各构成部分、相关内容以及形成的无形成果进行验收。项目竣工验收的范围依据项目合同、标准及确认的项目成果清单而确定。

建设单位对已符合竣工验收条件的建设工程项目，要按照有关部门关于《项目工程竣工验收办法》的规定，及时向负责验收的主管部门提出竣工验收申请报告，适时组织实施建设项目正式竣工验收，办理固定资产移交手续。建设工程项目竣工验收的范围如下：

（1）凡列入固定资产投资计划的新建、扩建、改建、迁建的建设工程项目或单项工程按批准的设计文件规定的内容和施工图纸要求全部建成符合验收标准的，必须及时组织验收，办理固定资产移交手续。

（2）使用更新改造资金进行的基本建设或属于基本建设性质的技术改造工程项目，也应按国家关于建设项目竣工验收的规定，办理竣工验收手续。

（3）小型基本建设和技术改造项目的竣工验收，可根据有关部门（地区）的规定适当简化手续，但必须按规定办理竣工验收和固定资产移交手续。

二、项目竣工验收的依据、标准和条件

（一）项目竣工验收的依据

按现行规定，工程项目竣工验收的依据主要包括以下几个方面：

（1）政府主管部门的批复文件，如设计任务书、环评报告、计划批文、备案资料等。

（2）与项目相关的备案文件，包括工业产品说明、节能节水验收证书、工程竣工备案表、工程验收备案表、消防验收备案表。

（3）工程技术文件与质量证明文件，包括施工验收记录、隐蔽记录、测量放线记录、施工图、质量验收资料。

（4）合同文件。涉及与合同相关的各种资料，如总分包合同、协议书、政府备案合同。

（二）项目竣工验收的标准

项目竣工验收标准一般选用合同协议书、国际和国内的行业标准、有关政策法规与国际惯例等。

项目实际验收时，工程项目的规模、工艺流程、各种管线、土地使用、建筑工程的建筑面积和结构、技术装备、技术标准、环境保护设施、劳动卫生、安全消防等，都必须与各种批准的文件内容和合同文件相一致。对从国外引进新技术、关键设备或成套设备的项目，以及中外合资建设的项目，还应按照签订的合同和外国提供的设计文件等资料进行审核验收。

(三)项目竣工验收的条件

项目竣工验收一般应符合以下条件:

(1)全面完成合同与设计文件约定的各项内容。项目组要完成合同与设计文件约定的全部内容,以及业主要求临时增加的工作内容。

(2)利益相关方的质量证明文件。利益相关方在项目实施过程中产生的各类质量证明文件要组卷归档。项目利益相关方的质量资料、设计文件、各种会签记录、各类验收标准,要按资料归档标准组卷验收。

(3)材料设备质量证明文件。项目实施过程中使用的材料构配件、设备运行记录、性能检验报告,必须达到国家规定的质量标准或验收标准。

(4)提供质量保修书。项目利益相关方要向业主提供质量保修书,在保修书中明确保修范围、保修期限、保修责任的界定等内容。

三、项目竣工验收的组织和程序

(一)项目竣工验收的组织

根据国务院《建设工程质量管理条例》(2000)和建设部《房屋建设工程和市政基础设施竣工验收暂行规定》(2000),工程竣工验收由建设单位负责组织实施。建设单位收到施工单位提交的竣工报告后,应及时组织设计、施工、监理等有关单位进行竣工验收。建设单位主要职责包括制订工作方案、召开会议、组织现场查验、完成工程竣工验收报告、负责竣工验收备案等工作。

对于重大、重要的工程,应预先与勘察设计单位、施工单位、设备制造单位、监理单位、建设行政监督管理部门、工程造价管理部门、供水供电部门及建设单位上级主管部门等研究,协商成立由各专家和领导参加的验收委员会或验收组。通常还要请有关专家组成专家组,负责各专业的审查工作。

验收委员会或验收组的主要工作包括:负责审查工程建设的各个环节,听取各有关单位的工作报告;审查竣工验收报告书;对建筑安装工程现场进行检查,检查试车生产情况;对设计、施工、设备质量等做出全面评价;签署竣工验收鉴定书等。

(二)项目竣工验收的程序

建设规模较小而且简单的项目,可以采用一次性竣工验收。建设规模较大又较复杂的项目,其竣工验收的程序一般分为两个阶段:一是单项工程验收;二是全面竣工验收或称工程整体验收。在项目实施过程中的"中间验收",是项目管理内容的组成部分,是竣工验收的基础,不作为一个验收阶段。根据工程项目建设规模的大小和复杂程度,具体的竣工验收程序可适当调整。

1. 单项工程验收

项目完工后,由施工单位向业主提出验收申请,业主组织相关利益方共同参加验收,审查项目组是否严格按合同要求完成承担项目的管理任务。

单项工程验收对重大项目来说具有重大意义,特别是对某些能独立发挥作用、验收合格后即可投入使用并产生效益的单项工程,更应该完工一项,验收一项,使工程项目尽早发挥经济效益。单项工程验收只涉及施工的有关各方,在有完善的合同文件、合同管理以及有工程监理单位的条件下,其交工验收的程序如下:

(1)承包商提出申请。一个规模大而且复杂的工程项目,如果分成若干个合同交与不同承包商进行建设，承包商按合同规定在完成某个单项（单位）工程，或按合同约定完成可分步移交的工程后，经自行预验、修补缺陷，以及设备安装工程在与工程项目业主和监理工程师共同进行无负荷单项和联动试车调试后，即可向项目业主提出交工验收申请，同时提供施工工序合格文件、设备安装和调试合格记录、工程总结等竣工文件资料。这些文件资料都必须经过监理工程师现场签字确认。

(2)项目业主组织验收。项目业主在接到承包商申请后，要及时组织监理工程师等有关人员，依据设计文件、施工合同文本和国家颁布的有关技术规范，进行以下检验工作：①检查复核资料。对承包商提供的交工验收项目技术资料进行审查复核，确定技术资料的完整性、准确性。②核实交工项目的完整性。按照设计文件和合同，检查已完成工程是否有漏项。③组织现场联合检查。必要时根据需要，对完工项目的结构、施工质量等进行抽样检查和现场试验，检查工程质量、隐蔽工程竣工验收资料、关键部位的施工记录等，考察施工质量是否达到合同要求。④检查各种记录。检查试车记录及试车中发现的问题是否已得到改正。

在现场检查和试验中，如果按合同规定均已合格通过，没有发现影响正常生产运行的重大缺陷，并得到各方确认，项目业主可以向承包商颁发交工验收合格证书；如果单项工程存在一些轻微缺陷，应要求承包商在限定时间内消除，再颁发交工验收证书；如果在上述检查和试验中发现有重大问题，项目业主认为还不具备交工验收条件，就要经参与各方共同讨论形成会议纪要，并签字确认。纪要中应包括正式交工验收前承包商尚需完成的工作清单，待完成后，再由承包商重新提出交工验收申请。

对于验收合格的单项工程，在全部工程竣工验收时，原则上不再办理验收手续，但应将单项工程交工验收证明书作为最后验收的附件加以说明。

2. 全面竣工验收

全面竣工验收是指全部工程完成后，由项目业主提出申请、政府有关主管部门组织的竣工验收。它是在单项工程验收的基础上对工程项目进行的整体验收，又称动用验收。全面竣工验收分为验收准备、预验收和正式验收三个阶段。为了使验收工作顺利进行，项目业主需要完成以下几项主要准备工作：

(1)做好工程收尾工作。由于收尾工作的特点是零星分散、工程量小、分布面广、施工工效低，很容易拖延工期，所以必须抓紧，合理安排，务求早日完成。

(2)竣工验收资料准备。项目竣工验收前，需要组织各方面的力量，根据内容的要求整理各种资料，进行分类，并按规定要求装订，为竣工验收做好资料准备工作。

(3)编制竣工决算。竣工决算是竣工验收报告的重要组成部分，由编制说明和相关报表组成。主要是将工程项目从筹建开始一直到竣工投产交付使用为止的全部费用，即建筑工程费用、安装工程费用、设备和工器具购置费用及其他费用，进行最终的清理决算。编制前，应对工程项目的所有财产和物资，包括各种建筑材料、备品备件、施工设备等进行逐一清点，核实账物，清理所有债权债务，应偿还的及时偿还，应收回的抓紧收回。通过竣工决算，反映建设过程中实际发生的全部基本建设支出，落实结余的各项财产、物资和其他资金，借以正确核实新增固定资产的价值。

(4)其他相关资料的准备等。对整个工程进行竣工验收后，工程项目业主应迅速办理固定资产交付使用手续。

第二节　项目竣工资料的交付

交付竣工验收的工程项目必须有与竣工资料目录相符的分类组卷档案，工程项目的交工主体即承包人在建设工程竣工验收后，一方面要把完整的工程项目实体移交给业主，另一方面要把全部应移交的竣工资料交给业主。竣工资料是在项目实施过程中与工程进度同步形成的，是从项目立项开始直到项目实施结束、竣工验收为止各阶段所产生的与项目相关的各种文件资料、设计图纸、图表、计算资料、试验报告与试验资料、工程照片、记录照片、录像、光盘等。

一、竣工资料

竣工资料的主要来源包括：(1)工程项目实施过程中直接形成的文件资料。例如，项目决策阶段形成的文件资料；工程勘察设计文件、招标投标文件、各种合同文件(包括合同变更和补充文件)；设备材料方面的文件；工程施工过程中形成的文件；资料和现场记录(包括施工、工程监理、业主等单位的现场记录)；资金来源和财务管理文件资料；单项工程及全面竣工验收文件；项目审计监督文件；工程项目内部各单位之间各种形式往来的文件；各种会议记录、纪要、领导讲话、专家咨询意见；等等。(2)对工程项目的实施有直接或间接影响的法律、法规以及有关政策，政府有关部门和各级地方部门的有关规定或其他类似文件。(3)国际、国内与工程项目有关的各种社会经济信息。(4)各种媒体发表的与工程项目有关的评论和文章。(5)与工程项目有关的其他资料。

二、竣工资料验收内容

竣工资料的归档范围应符合《建设工程文件归档整理规范》(GB/T 50328-2001)和国家档案局《建设项目(工程)档案验收办法》及其他规范、文件的规定，由业主组织进行。凡是列入归档范围的竣工资料，承包人都必须按规定将自己责任范围内的竣工资料按分类组卷的要求移交给业主。业主对竣工资料验收合格后，将全部竣工资料整理汇总，按规定向档案主管部门移交备案。属于向地方城建档案管理部门报送档案资料的项目，还应会同地方城建档案管理部门共同验收。此外，国家、省、市重点项目或一些大型项目的预验收和验收，必须有地方城建档案管理部门参加。列入地方城建档案管理部门档案接收范围的工程，业主在组织工程竣工验收前，应提请地方城建档案管理部门对工程所有文件档案进行预验收。验收的主要内容如下：(1)工程档案立卷分类正确、系统完整。(2)工程档案内容真实、准确，与工程实际相符。(3)工程档案的整理立卷符合规范要求。(4)竣工图的绘制及图式、规格符合要求。(5)要求单位或个人签章的部分，签章手续完备。(6)文件的材质、幅面、书写、绘图、用墨等符合要求。

为确保工程档案质量，各编制单位、城建档案管理部门和政府建设管理部门等应严格开展工程档案验收工作。对不符合验收要求的工程档案，一律退回编制单位进行改正、补齐，并重新报送验收。未取得城建档案管理部门对工程档案验收认可文件的项目，业主不得组织竣工验收。

总包人必须对工程档案的质量负全面责任，对各分包人做到“开工前有交底，施工中有检查，竣工时有预检”，确保工程档案资料达到一次交验合格。承包人根据建设工程施工合同的约定，在建设工程竣工验收后，按规定和约定的时间，将全部应移交的竣工资料移交给业主，并应符合城建档案管理的要求。

三、竣工资料的移交

所有参加工程项目的单位，包括业主、施工单位、监理单位，应在工程项目业主的统一组织安排下，分工负责，按照工程编序建立项目档案体系，在对本单位分管项目的工程文档进行全面系统的收集、整理、归档后妥善保存。工程档案的归档移交程序包括三个层次和方面：一是建设、勘察、设计、施工、监理等单位将本单位在工程建设过程中形成的文件资料向本单位档案管理机构移交；二是勘察、设计、施工、监理等单位将本单位在工程建设过程中形成的文件资料向建设单位档案管理机构移交；三是业主将汇总的工程文件档案向地方城建档案管理部门移交。一般地，施工、监理等有关单位应在项目竣工验收前将工程档案按合同或协议规定的时间和套数移交给业主，进行工程档案验收。列入城建档案管理部门档案接收范围的工程，业主应在工程竣工验收合格后三个月内向城建档案管理部门移交一套符合规范要求的工程档案，并办理移交手续，填写工程档案移交记录，双方签字并盖章。

对改建、扩建和维修工程，业主应组织设计、施工、监理等单位据实修改、补充和完善工程档案。对改变部位应重新编写档案文件，并在工程竣工验收合格后三个月内向城建档案管理部门移交。停建、缓建项目的工程档案，暂由业主保管。

第三节　项目竣工结算与决算

工程项目结算是施工企业按照合同规定的内容全部完成所承包的工程，并经验收合格后，向发包单位进行的最终工程价款结算。项目竣工决算是竣工验收阶段业主与承包单位办理竣工结算后，按照国家规定的建设项目竣工决算编制办法编制的核定项目建设成果、财务状况和新增资产价值的总结性文件。项目竣工结算是竣工决算编制的基础。无论是与施工企业的结算，还是企业自身的竣工决算，都要及时科学办理，否则将会影响企业竣工验收及交付使用，也会对是否能发挥投资的经济效益产生重大影响。

一、项目竣工结算

(一)项目竣工结算的内容

竣工结算是指项目验收完成后，项目参与方向业主提出结算申请，通过政府第三方经济审查部门审核完成，对项目进行全面结算的过程。工程竣工结算包括两个部分：一是单项工程结算；二是单位工程结算。单项工程结算由项目总包单位提出结算申请，业主进行审查或委托具有资质的第三方中介机构进行审查。单位工程结算由承包人提出结算申请，业主进行审查。工程结算完成，由业主与项目方共同签字用印。

竣工结算是承包人与业主办理工程价款最终结算的依据，是双方签订建筑安装工程承包合同终结的依据。同时，工程竣工结算是核定建设工程造价的依据，也是建设项目验收后编制竣工决算、核定新增资产价值的依据。因此，工程竣工结算应充分、合理地反映承包工程的实际价值。工程竣工后，建设单位应会同监理工程师或委托有执业资格的造价审计事务所对施工单位所报送的竣工结算进行严格的审核，确保工程竣工结算能真实地反映工程的实际造价。我国《工程价款结算办法》中对竣工结算审查的期限、审查部门等做了明确的规定。

项目相关方进行项目结算需要的资料包括设计文件、合同书、材料设备清单、相关技术资料、各类计价文件、取费标准、各类索赔资料、签证资料。例如，工程类项目结算所需的资料如下:(1)合同文书、材料设备采购合同。(2)设计文件、投标承诺、答疑文件、报价书。(3)项目实施过程中的各类函件。(4)各类验收规范、计价标准、规章制度。(5)各类签证及索赔文件。(6)各类追加费用的变更文件或函件。

(二)项目竣工结算的支付流程

1. 承包人递交竣工结算书

承包人应在合同规定的时间内编制完成竣工结算书,并在提交竣工验收报告的同时递交给发包人。承包人未能在合同约定时间内递交竣工结算书,经发包人催促后14天内仍未提供或没有明确答复的,发包人可以根据已有资料办理结算,责任由承包人自负,若发包人要求交付竣工工程的,承包人应当交付。

2. 发包人进行核对

发包人在收到承包人递交的竣工结算书后,应按合同约定的时间核对。合同中对核对竣工结算时间没有约定或约定不明的,可以按照《建设工程价款结算暂行办法》(财建〔2004〕369号)的规定进行。即单项工程竣工后,承包人应按照规定程序向发包人递交竣工结算报告及完整的结算资料。项目竣工结算审查后15天内,由项目利益相关方负责汇总资料,报送给业主;业主收到后30天内完成审查工作。如果业主没有资质审查结算资料,可以委托第三方进行审计。在30天内,如果业主或第三方机构没有提出审核意见,则视为业主同意项目利益相关方的结算报价,业主应根据合同约定进行工程款支付。在30天内,如果业主提出修改意见,项目方应积极做好解释及调整工作。竣工结算完成后,业主把结算资料送政府主管部门备案。

3. 工程竣工结算价款的支付

竣工结算办理完毕,发包人应根据确认的竣工结算书在合同约定的时间内向承包人支付工程竣工结算价款。若合同中没有约定或约定不明确的,则根据《建设工程价款结算暂行办法》(财建〔2004〕369号)的规定,发包人应在竣工结算书确认后15天内向承包人支付工程结算价款。

业主未在合同约定期限内向项目利益相关方支付费用,项目利益相关方应向业主发函催告,业主与项目利益相关方达成延期支付协议,业主应承担同期利息;如果没有达成延期支付协议,项目利益相关方可以与业主协商,将项目折价销售或依法拍卖,项目利益相关方享受优先受偿。

竣工结算工程价款=合同价款+施工过程中预算或合同价款调整数额
−预付及已结算工程价款−保修金

(三)项目竣工结算的有关规定

工程项目的竣工结算应按照国家有关规定符合以下要求:

(1)项目竣工后,承包方提出验收结算申请,发包方于28天内认可,承包方向发包方提交结算报告与资料,双方按合同约定确定结算金额,进行项目结算。

(2)发包方收到结算报告28天内,核定结算金额,如果业主没有相关专业人员,可以委托社会第三方机构进行核实。核实完成,双方用印签署结算意见,并支付费用。

(3)发包方收到结算资料28天内没有出具审核意见,视为发包方同意承包方提出的结算金额,从第9天起,承担承包方的合同利息,并承担违约责任。

工程竣工结算经发包人与承包人确认,即作为工程竣工决算的依据。

(四)项目竣工结算的审查

项目竣工结算是承包人向业主结清工程价款的依据,是发包人编制项目竣工决算的基础资料。通过竣工结算，承发包双方可以结清相互之间的合同关系和经济责任。

经审查核定后的工程竣工结算是核定建设工程造价的依据，对工程竣工结算的审查一般从以下几方面着手：

(1)检查隐蔽验收记录。所有隐蔽工程均需进行验收，由两人以上签字；实行工程监理的项目，应经监理工程师签证确认。审核隐蔽工程施工记录和验收签证是否完整，工程量与竣工图一致，方可列入结算。

(2)核对合同价款。首先，应审查竣工工程内容是否符合合同条件；其次，应审查是否按合同约定的结算方法、计价定额、取费标准、主材价格编制竣工结算。

(3)审核变更签证。设计修改变更应由原设计单位出具设计变更通知单和修改图纸，设计、校审人员签字并加盖公章，经建设单位审核同意，方可列入结算；重大设计变更应经原审批部门批准，否则不应列入结算。

(4)审查工程量。竣工结算的工程量应依据竣工图、设计变更单和现场签证进行核算，并按国家统一规定的计算规则计算工程量。其中，重点审查分项工程的工程量有无漏项或重复、计算规则是否正确。

(5)审查单价。结算单价应按合同约定或招投标规定的计价定额与计价原则执行。应审查所列各分项工程预算单价是否与现行预算定额相符，其名称、规格、计量单位和所包括的工程内容是否与工程量配套。

(6)审查各项费用计取。首先审核各项费率、价格指数或换算系数是否正确，价差调整计算是否符合要求；其次审查各项费用的计取基数是否正确；最后核实特殊费用和计算程序。

二、项目竣工决算

项目竣工决算是指在工程竣工验收、交付使用阶段，由建设单位编制的建设项目从筹建到竣工验收、交付使用全过程中实际支付的全部建设费用。所有项目竣工后，项目单位应按照国家有关规定在项目竣工验收阶段编制竣工决算报告。

(一)项目竣工决算的作用

项目竣工决算的作用在于正确核定新增固定资产价值，考核分析投资效果。办理竣工结算后，可以正确计算建设工程项目投入的固定资产折旧费，合理计算生产成本和企业利润。正确编制竣工决算，有利于正确地进行设计概算、施工预算、竣工决算之间的“三算”对比。此外，竣工决算还是建立健全经济责任制的依据，是反映工程项目实际造价和投资效果的文件。竣工决算对于总结、分析建设工程的经验和教训，提高工程造价管理水平和积累技术经济资料，为有关部门制订类似工程的建设计划与修订概预算定额指标提供资料和数据，都有重要意义。

(二)项目竣工决算的内容

项目竣工决算是建设投资总额、设备总额的实际费用。竣工决算包括财务决算说明书、财务决算表、项目造价分析、设计决算文件四个部分。财务决算说明书反映项目建设成果，对决算资料进行说明，主要涵盖项目概况、资金来源、经济技术指标分析等内容。财务决算表主要包括财产总表与财产明细表。项目造价分析是考核项目造价的依据，将项目实际费用与造价费用进行对比，分析关键材料的消耗量，测算出超支或节支的数据，为项目成本服务。设计决算文件是项目维修、改造、扩建的依据，是重要的技术资料，设计决算文件要全面、真实、准确地记录项目的相关构造。

(三)项目竣工决算的依据

项目竣工决算编制的主要依据包括发改委批复的文件、初步设计与扩初设计文件、设计概算书、图纸会审记录、招标文件、投标标底、工程结算资料、施工图预算、施工图纸、施工记录、竣工验收资料、索赔报告、签证资料、材料设备清单、计价文件等。

(四)项目竣工决算的编制程序

(1)收集、整理有关项目竣工决算原始资料。在项目竣工决算编制之前,应认真收集、整理各种有关的项目竣工决算原始资料,做好各项基础工作,保证项目竣工决算编制的完整性。项目竣工决算的编制依据包括研究报告、投资估算、设计文件、设计概算、批复文件、变更记录、招标标的、投标报价、工程合同、工程结算、调价文件、基建计划、竣工档案等各种工程文件资料。

(2)清理各项账务、债务和结余物资。要认真核实项目交付使用资产的成本,做好各种账务、债务和结余物资的清理工作,做到及时清偿、及时回收。清理的具体工作要做到逐项清点、核实账目、整理汇总、妥善管理。

(3)核实工程变动情况。重新核实各单位工程和单项工程造价,将竣工资料与原设计图纸进行核实,确认实际变更情况。根据经审定的承包人竣工结算等原始资料,按照有关规定对原预算进行增减调整,重新核定建设项目实际造价。

(4)填写项目竣工决算表。按照建设工程决算表格中的内容,根据编制依据中的有关资料进行统计,并将结果填到相应表格的栏目中,完成所有报表的填写。

(5)编写建设工程竣工决算说明书。项目竣工决算说明书具有建设项目竣工决算系统性的特点,综合反映项目从筹建开始到竣工交付使用为止全过程的建设情况,包括项目建设成果和主要技术经济指标的完成情况。

(6)做好工程造价对比分析。

(7)清理、装订好竣工图纸。

(8)按照国家规定上报审批并存档。应将编写的文字说明和填写的各种报表经过反复认真校稿核对,无误后装订成册,形成完整的项目竣工决算文件报告,及时上报审批。

(五)项目竣工决算的审查

项目竣工决算编制完成后,在建设单位或委托咨询单位自查的基础上,应及时上报主管部门并抄送有关部门审查,必要时,应经有关部门批准的社会审计机构组织的外部审查。大中型建设项目的竣工决算,必须报该建设项目的批准机关审查,并抄送省、自治区、直辖市财政厅(局)和财政部审查。

建设工程项目竣工决算一般由建设主管部门会同建设银行进行会审,重点审查以下内容:(1)根据批准的设计文件,审查有无计划外的工程项目。(2)根据批准的概(预)算或包干指标,审查建设成本是否超标,并查明超标原因。(3)根据财务制度,审查各项费用开支是否符合规定,有无扩大开支范围和提高开支标准等问题。(4)报废工程和应核销的其他支出中,各项损失是否经过有关机构的审批同意。(5)历年建设资金投入和结余资金是否真实准确。(6)审查和分析投资效果。

第四节　项目审计

项目审计是国家或企业的审计部门,依据国家的法规、企业的审计制度,采用科学的程序和严谨的方法,对项目实施期间的质量、进度、财务、资金等进行全方位的审查,判定其流程是否合法，判定其投资理念、监管体系是否合理，是否存在营私舞弊、以权谋私、管理空白等缺陷。审计活动独立于项目实施之外，审计人员与项目管理没有直接隶属关系，没有经济往来。审计人员的权力由上层领导赋予，严格按照审计制度、财务管理制度进行监督审计，审计过程要体现出独立性与权威性。

一、项目审计的职能

审计因对象的性质不同、具体内容不同，职能也有所不同。就项目建设而言，审计主要有如下职能：

(一)经济监督

经济监督是指对项目的全部或部分建设活动进行监督和督促。项目审计的监督职能是与建设项目的一次性、相对独立性以及项目组织者享有充分的自主权相关的。实施项目管理，将建设项目的责任和权力授予项目经理及其领导的项目组织，在投资决策者与项目的实际工作之间增加了一个管理层次，这就在客观上需要对项目管理人员经管的财物和管理效果进行监察和监督，以防止收支混乱、滥用职权和作弊渎职等现象的发生。实行项目管理的同时必须加强审计监督，尤其是在项目管理初期，在各种项目管理的规范、标准尚不成熟，项目管理人员还没有完全适应这种新的管理模式的情况下，审计的经济监督职能更应加强。项目的审计监督主要包括两个方面：一是对项目管理人员的监督；二是对建设项目的各种活动进行监督。而要搞好这两个方面的监督，离不开对审计结果的正确判断。因此，项目审计要充分发挥监督职能，就必须具备两个条件：其一，项目审计要由组织或国家的审计机关实施，这是发挥审计监督职能的先决条件；其二，项目审计要有严格的标准和明确的界限，只有这样，才能保证审计结果的严肃、公平和客观。

(二)经济评价

经济评价是评定项目投资决策是否正确的关键环节，主要从项目的工期、质量、收益等方面评价项目投资是否达到了预期目标。通过项目审计结果，评价项目投资过程是否符合国家规范要求、资源的投入与使用是否合理、项目投资与运行期间管理行为是否规范，从而得出合理的结论。

(三)经济鉴证

经济鉴证是审计人员在充分调查财务、项目进度、项目质量、项目成本的基础上所作出的书面证明材料。该材料能够真实地反映项目投资过程中的财务往来、经济收益、运行态势。经济鉴证是审计工作的重要成果，体现着审计部门的权力与权威，是审计专家权威性与正确性的重要体现。

(四)支持

项目审计的支持职能，是针对项目存在的问题提出改进方案，如提高效率、优化流程、改善管理方案。目的是协助业主在合规的前提下，充分利用资源，提高项目管理水平，快速实现项目管理目标。

在我国各种项目建设中，审计者与项目组织的根本利益是一致的，其工作目标也是一致的，这就要求项目审计在发挥监督职能的同时必须发挥支持职能，从而促使和帮助项目组织更好地开展项目工作。

项目审计的支持职能是由项目建设的特殊性所决定的。现代项目的建设会涉及大量复杂的管理和技术问题，其中有些问题可能是全新的。这样，项目管理人员即使是经过精心挑选的，也不一定能精通项目涉及的所有问题，因此，通过项目审计提供支持就显得十分重要。

二、项目审计的任务

（1）审查项目投资活动是否符合国家法律法规的要求，是否存在营私舞弊、违法乱纪、中饱私囊的现象。

（2）审查项目投资收益是否达到计划批文规定的规模、效益，审查项目投资期间对资源的利用是否存在浪费或重复建设。

（3）审查财务报表、会计记录等财务方面的各类报表，查看资料是否真实、公允，是否存在弄虚作假的情况。

三、项目审计的程序

项目审计是一项复杂细致而又专业性很强的工作，必须按照科学的程序进行。审计部门对项目进行审计时，需要采取以下步骤：

（一）项目审计准备

在实施审计之前要进行充分周密的准备，这是保证审计工作达到预期目的的前提。项目审计能否发挥应有效用以及效用的大小，在很大程度上取决于准备工作。通常，审计准备工作主要包括以下方面：

（1）明确审计范围。在项目领导的支持下，选择审计的项目和范围，以提高工作效率，做到有的放矢。

（2）组建审计团队。审计团队由政府主管领导或审计机关领导挂帅，抽选专家进入团队，以提高审计结果的权威性。

（3）收集相关资料。对审计项目的基本情况进行收集，如设计图纸、财务资料、施工记录、相关法律条文、项目合同、采购清单等。

（4）编制审计计划。依据审计范围，明确审计目的，制订审计计划和工作流程，拟定初步的审计工作纲要。

（5）选择审计方法。结合所审计的项目特点，选择针对性强的审计方法，如定性检查、定量检查、重点事项检查、特定内容检查等方法，以提高工作效率。

（二）编制审计报告

审计报告是审计工作组集体工作的结晶，审计工作的成果和后续行动的效果将取决于审计报告编写的质量和提出的方式。这个报告要在征求项目管理人员意见的基础上，对所获得的资料进行综合归纳并分析研究，进而对审计事项作出客观、公正和准确的评价。最后，将作为审计结果和结论的报告送交有关部门。

（三）后续工作

提出审计建议，为决策者提供正确的决策依据，对发现的问题或问题人员要及时申报领导来决定。提出值得借鉴的项目教训，起到防微杜渐、标本兼治的作用。审计建议要组建档案，整理归档，形成审计资料，以备后续考察与研究。

四、项目各阶段审计

（一）项目前期审计

项目前期审计是指项目在展开大规模实施之前的审计，它是项目审计最重要的组成部分。

做好项目前期审计，对于防止错误的投资决策和项目目标的顺利实现具有重要意义。

1. 可行性研究审计

可行性研究审计是指对项目可行性研究的组织、过程和研究结果进行审核和调查，确定研究结果的重要性，避免和减少决策失误。这项工作的主要内容包括以下几点：

(1)审查承担可行性研究的单位和人员是否具备相应的资格，以及研究人员的构成是否满足项目要求；

(2)审查市场调查和预测情况；

(3)审查项目的技术研究情况；

(4)审核项目的建设方案；

(5)审查项目的财务评价是否准确和可行；

(6)审查国民经济评价情况；

(7)审查项目的寿命周期。

2. 项目计划审计

项目计划审计主要有如下几方面：

(1)项目总计划审计。审查项目总计划是否包含了所有必要的信息、格式是否规范、内容是否全面、条目是否清楚、方法是否科学，以及有无与法律和有关政策相抵触的条款。

(2)项目进度安排审计。审查项目进度安排是否采用了条线图和网络分析等技术、是否考虑了资源条件的限制、是否做过工期和成本间的分析、关键环节有无两套应急方案、时间安排有无一定的余量等。

(3)项目成本估算和成本计划审计。审查成本估算采用了哪种方法，若采用 WBS，则估算的数值比较精确；审查成本计划采用了什么方法，能否满足控制成本的要求。

(4)项目质量计划审计。审查项目质量计划对甲、乙双方的责任规定是否明确，质量标准是否清楚，对质量控制的程序和方法是否做了规定。

(5)其他项目分计划审计。这里的项目分计划主要指项目组织内部各部门根据自己主管工作编制的计划，如沟通计划、采购计划等。

(6)信息控制制度审计。对项目信息系统的选用、信息系统的利用效果是否满足项目高效管理的要求等进行审计。

3. 项目组织审计

项目组织审计主要集中在项目组织形式、项目经理、项目人员三个方面。

(1)项目组织形式审计。主要根据项目的规模和性质，审核所选择的组织形式能否适应项目管理的需要，如果存在问题，指出症结所在，并提出改进意见。

(2)项目经理审计。主要审查项目经理的隶属能否满足项目需要，其知识构成和经验是否符合条件，其权力和责任是否均衡和相符，防止任命不合格的人员担任项目经理这一职务。

(3)项目人员审计。主要审查项目人员的选拔是否符合程序和规定、主要项目人员的业务是否满足要求、项目组织各部门的人员在知识上是否存在互补性，以及整个项目组织中是否存在多余的人员。通过这项审计，保证项目组织精干高效，防止相关人员在用人中营私舞弊。

4. 招标审计

项目的招标工作要根据国家的政策、法令、有关规定及定额进行全过程审计。在项目投标之前，项目组织要将标底、招标的方式、设想的合同类型等报给审计部门，由审计部门审查是否正确可行。对投标单位的资质、简历、技术力量、管理状况、财务状况等情况进行审查。

5. 投标审计

投标审计是投标单位对投标工作组竞争对手的分析资料进行审计，审核投标工作组制订的建设方案，审查成本估算，审核项目的风险等。

6. 项目合同审计

项目合同审计是对项目的合法性、合规性所做的审计，是对合同当事人的法律地位、合同双方履行合同的能力、合同条款等进行的审查。

(二)项目建设期间审计

项目合同生效后，就要开始组织工程建设活动。在这期间，审计部门必须根据国家有关规定，根据企业的投资目标和规章制度，对项目管理状况、财务收支活动以及遵守财经纪律的情况进行强制性审查，做出客观公正的评价，提高管理水平和投资效益。建设期间的审计主要包括以下几个方面：

(1)项目组织审计。项目建设期间的许多管理问题来源于组织，因而组织审计在建设期间占据非常重要的地位。与项目前期审计相同，也要对建设项目的组织进行审计。

(2)报表、报告审计。报表、报告审计是检查项目组织提供报表、报告等资料的可靠性、全面性和规范性的基本手段，包括项目进度报告审计、项目成本报告审计、项目质量报告审计、项目财务报表审计等。

(3)设备、材料审计。其审计的重点主要包括设备、材料采购审计，设备、材料发出审计，设备、材料其他收发业务审计。

(4)项目建设收入审计。审查收入是否符合国家的规定，审查售出产品的价格是否合理，审查售出产品的质量是否有保证，审查收入的分配是否合规。

(5)施工管理审计。对施工管理工作的审计，主要集中在进度、质量和成本三方面。

(6)合同管理审计。主要是合同变更审计、合同终止审计和合同结算审计。

(三)项目结束审计

项目经过系统建设达到既定的投资目标之后，就要组织试运行和验收交付使用。为了对项目结束期间的经济活动进行监督以及对整个项目的建设和管理状况作出评价，必须加强这一时期的审计工作。

(1)竣工验收审计。主要的审计工作包括：审查剩余物资、设备的处理情况；审查项目的试运行情况；审查项目建设资料的归档与移交；审查索赔问题和人员安排情况；项目验收审计；等等。

(2)竣工决算审计。主要包括对项目预算执行情况的审查、对资金来源和资金运用的审查、对竣工情况说明书编制的审查等。

(3)项目建设经济效益审计。项目建设的经济效益体现在成本降低、工期缩短和质量提高三个方面。因此，审计工作要围绕这三方面进行，即对项目的成本、工期和质量进行审计。

(4)项目人员业绩评价。项目完成后，要对项目管理人员作出真实的评价，确定他们在整个项目过程中的贡献大小，以激发项目管理人员的工作积极性。

项目管理案例

做好工程项目的收尾管理工作

收尾阶段的项目管理工作作为项目管理的一个重要组成部分，对项目成功和项目经营效果起着决定性作用。收尾阶段的项目管理工作与项目其他工作和任务一样，应纳入项目管理的重要内容中。

一、对剩余工程进行梳理，有效利用现有资源

在项目收尾过程中，项目遗留的工作大多是零碎、分散、工程量不大的工作，这些工作往往不被重视，管理层对剩余工程量没有整体的认识，缺乏总体管理思路，容易出现“就事论事，发现一项解决一项”的情况，容易造成人员窝工、机械设备闲置、材料浪费、劳务队伍反复进退场等，引起项目经济效益的流失。因此，在收尾阶段，项目管理人员需要对项目的施工图纸、施工过程中出现的变更设计、项目既有的人财物资源、已完成工程量、未完成工程量等进行统一梳理，编制收尾阶段的项目实施性施工组织设计。施工组织设计的编制要充分考虑项目的既有劳动力资源、机械设备的配置、剩余材料等因素，减少劳务队伍的进场次数，充分利用项目既有的材料和机械设备，同时考虑业主对完工日期的总体要求，把施工组织设计的内容层层落实，责任到人，全面交底，组织相关人员定期、不定期地对施工任务的完成情况进行检查，保证工作到位，对发现的问题及时处理，确保达到项目计划目标的要求。

二、合理安排和调配人员，调动员工的积极性

在项目的收尾阶段，一方面，部分职工的工作任务已经完成，需要调配到其他项目中，还有一部分职工需要留守，完成收尾工作；另一方面，项目管理者认为，工程已经接近尾声，从而对员工疏于管理，对员工的工作安排不明确，责任不清，影响到工作效率和效果。因此，要加强项目收尾阶段的人员管理，合理安排现场管理人员，做到责权利明确，充分调动员工的积极性。根据现场施工、经营工作及竣工验收的情况，将需要裁减的人员及时移交公司人力资源部，以免出现人浮于事、管理人员偏多、项目间接费用偏高等现象。同时，对于调出人员，特别是一些主要人员，要做好详细的交接工作；对于留守人员，要加强劳动纪律，制订工作计划，并对其进行考核激励；对于关键岗位人员，特别是二次经营和主要技术负责人，必须保证人员的稳定，确保工作的连续性。

三、加强材料管理，减少材料损失

在项目收尾阶段，材料管理部门要对剩余材料进行详细盘点，根据工程部门提供的剩余工程量，编制进料计划，做到工完料尽，减少材料的库存和浪费。在施工收尾阶段，针对确定的施工方案，要尽量考虑利用项目既有剩余材料，对剩余材料做到物尽其用。在项目收尾阶段，项目管理人员偏少，材料容易发生丢失，因此对现场材料要及时收集、统一入库，建立入库登记手续，防止丢失。对于废旧物资的处理要上报公司，实行公开招标制度，防止暗箱操作，在数量和单价上严格控制。

四、加强竣工资料的收集整理，缩短收尾时间

竣工资料的收集整理，是项目收尾阶段一项非常重要的工作。在项目实施阶段，项目管理的重点放在施工进度、成本、安全、质量等方面，对资料的收集整理不够重视；业主在实施过程中对资料没有统一要求，而在验收交付时却提出这样或那样的要求。在项目收尾阶段，由于人员调整，没有及时进行工作交接，个别资料容易丢失；由于员工管理比较松散、员工工作主动性不强等方面的原因，造成竣工资料的收集整理难度加大，时间较长，甚至严重影响到项目的交付。因此，在项目的收尾阶段，一定要重视竣工资料的收集整理工作，缩短项目收尾时间。同时要多与业主、档案局等相关单位沟通，明确对竣工资料的具体要求。根据相关要求，建立项目竣工文件资料清单，结合项目特点，明确每个阶段所需资料由谁来提供、什么时候提供，明确文档格式和具体要求，并告知项目相关人员。在进行人员调整时，要求项目相关人员根据资料清单进行资料的移交，并做好相关记录工作，明确责任人。对于竣工资料的收集整理，要明确阶段性目标，制定相关的奖惩措施，加强员工的工作责任心。

五、加强结算工作管理，确保项目经济效益

加强工程结算管理，一是要重视与业主的结算，加强与业主沟通，要有时效性。前期主要是“干”，关注施工质量、安全、工期、资料的收集以及与业主的协作关系等；后期主要是“算”，要整理好竣工资料，检查资料是否齐全、是否有漏洞，完善变更索赔资料，签字手续要完备，根据整个项目的预算情况及实际验工计价、成本费用开支情况，进行对比分析，找出增加收入的切入点和关键点，为最后工程结算做好准备。二是要重视与劳务队的结算，理清与劳务队的业务往来，把握好资金的支付，绝不能超支，扣缴一定比例的质保金，使其保证工程项目的最终验收。稳定劳务队伍，按程序办事，避免出现起诉、上访等事件，以防给公司带来不利影响。

六、加强应收账款的管理

工程竣工后，要及时进行决算，以明确债权债务关系，项目部会同公司指派专人与业主联系，紧盯不放，力争尽快回收资金。对一些不能在短期内清偿债务的甲方，通过协商签订还款计划、明确还款时间、制定违约责任，以增强对债务单位的约束力；对一些收回资金可能性较小的应收账款，可采取让利清收等办法，尽量减轻成本损失。

（资料来源：颜良文．如何抓好收尾工程项目管理．百度文库．）

问题：

1. 请归纳出案例中的成功经验。
2. 项目收尾阶段的主要工作有哪些？
3. 该案例对我们有什么启示？

本章小结

本章主要介绍了项目的收尾阶段管理内容，包括项目竣工验收的作用与范围，项目竣工验收的依据、标准和条件，项目竣工验收的组织和程序，项目竣工验收的遗留问题及其处理，项目竣工资料的来源，项目竣工资料的移交，项目竣工结算的概念、作用和程序，项目竣工决算的概念、作用、内容和审核，项目审计的职能，项目审计的任务，项目审计的程序，项目各阶段审计。

习题

1. 项目竣工验收的作用与范围有哪些？
2. 项目竣工验收的依据和程序有哪些？
3. 简述项目资料交付的内容。
4. 项目结算与项目决算的作用和程序有哪些？
5. 什么是项目审计？其任务包括哪些方面？
6. 项目各阶段审计的内容包括哪些方面？

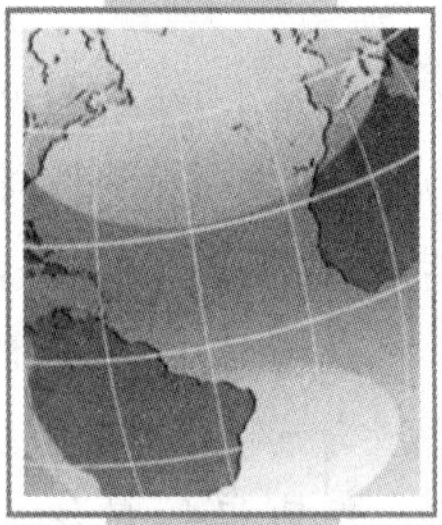

第十五章
项目后评价

项目后评价始于20世纪30年代的美国，在20世纪60年代美国“向贫困宣战”的规划中使用了巨额国家预算资金投入建设，使项目后评价得到了进一步发展，形成了体系。从20世纪60年代末开始，各国和国际金融组织逐步应用和发展了后评价的理论，使之成为投资监督和管理的得力工具与手段。

项目后评价是项目生命周期中不可或缺的重要环节，本章围绕项目后评价的定义、内容、方法、报告等几方面展开讨论。

第一节　项目后评价概述

本节主要界定项目后评价的概念，并阐述其特点、作用和意义，以及区分项目后评价与项目前评估的不同。

一、项目后评价的概念

项目后评价是指对已经完成的项目的目的、执行过程、效益、作用和影响所进行的系统的、客观的分析。通过项目活动实践的检查总结，确定项目预期的目标是否达到、项目或规划是否合理有效、项目的主要效益指标是否实现；通过分析评价找出成败的原因，总结经验和教训；通过及时有效的信息反馈，为提高未来新项目的决策水平奠定基础，同时也为后评价项目实施运营中出现的问题提出改进建议，从而达到提高投资效益的目的。

项目后评价具有透明性和公平性的特征，能客观、公正地评价项目活动成绩和失误的主客观原因，确定项目决策者、管理者和建设者的工作业绩与存在的问题，从而进一步提高他们的责任心和工作水平。

项目后评价是范围更广泛、内容更深入、方法更科学的评价活动。在评价内容上，一方面，要求对已经完成的项目的社会环境及其健康发展进行评价；另一方面，强调和细化了对项目管理的评估，注重评价项目管理过程是如何导致项目结果的，从而更有利于总结项目管理的经验与教训，提高新项目的决策水平，促进可持续发展。

根据评价时间的不同，项目后评价可细分为以下几种：

(一)项目跟踪评价

项目跟踪评价也称为中间评价或实施过程评价,是指从项目开工以后到项目竣工验收之前对任何一个时点上的工程所作的评价。项目跟踪评价应由独立机构进行,侧重于项目层次的问题,目的是:检查与评价项目评估和设计的质量;评价一些重大变更对项目效益的作用和影响;诊断困难和问题,寻求对策和出路。

(二)项目实施效果评价

项目实施效果评价,即常说的项目后评价,世界银行和亚洲发展银行称之为PPAR(Project Performance Audit Report),是指在项目竣工以后一段时间内所进行的评价。评价主要针对项目层次和决策管理层次的问题,目的是:检查与确定项目效益,总结经验和教训,为新项目的宏观导向、政策和管理反馈信息;同时,也为完善已建项目、调整在建项目和指导待建项目服务。

(三)项目影响评价

项目影响评价也称为项目效益监督评价,是指在项目后评价报告完成一定时间之后所进行的评价。项目影响评价是以后评价报告为基础,通过调查项目的经营状况,分析项目发展趋势及其对社会、经济和环境的影响,总结宏观方面的经验和教训。行业或地区的总结都属于项目影响评价的范围。

二、项目后评价与项目前评估的区别

项目后评价与项目前评估,在评估原则和方法上没有太大的区别,采用的都是定量与定性相结合的方法,都是对项目进行系统的技术、经济的再论证和评价。两者的主要目的也基本相同,都是为了确认或提高项目效益,实现经济、社会和环境效益的统一。但是,由于两者的评价时点不同,目的也不完全相同,因此存在着一些区别。前评估的目的是确定项目是否可以立项或建设,它是站在项目的起点,主要应用预测技术来分析评价项目未来的效益,以确定项目投资是否可行。后评价则是在项目建成以后,总结项目的准备、实施、完工和运营情况,通过预测,对项目未来进行新的分析与评价,其目的是总结经验和教训,为改进决策和管理服务。所以,项目后评价是站在项目完工的时点上,进行项目的回顾总结和前景预测。项目后评价的目的是:一方面,检查总结项目的实施过程,找出问题,分析问题;另一方面,要以后评价为基点,预测项目未来的发展情况,进一步改进项目工作。前评估的重要判别标准是投资者要求获得的收益率或基准收益率(社会折现率),而后评价的重要判别标准是对比前评估的结论,这是后评价与前评估的主要区别,如表15－1所示。

表15－1　**前评估与后评价的对比**

项目	前评估	后评价
时点	项目的起点	项目竣工验收后进入正常运行状态时
目的	确定项目是否可以立项	总结经验和教训,为改进决策和管理服务
内容	应用预测技术来分析评价项目未来的效益,确定项目是否可行	总结项目的准备、实施、完工、管理和运营情况,预测项目未来
判别标准	投资者要求获得的收益率或基准收益率(社会折现率)	主要与前评估的结论对比,兼顾项目的实际影响
作用	为项目的科学决策服务	知识管理,为未来科学决策提供参考,兼有反腐败的作用

三、项目后评价的作用和意义

现代项目管理理论认为，项目竣工并不是项目生命的终止，项目竣工后应进行项目的后评价，对竣工项目的预期效果、形成状态进行分析，这一步在实际工作中是非常重要的。事实上，有时候完工的项目也可能报废。项目设施能否达到预期的效果，只有做了项目后评价后，才能初步确定。正是因为项目后评价是项目生命周期与项目建成效益周期的结合，而且大多数项目管理专家认为必须进行项目后评价，所以应把项目后评价看作项目生命周期的一个后续环节。通过项目后评价，调整和完善投资政策和发展规划，提高未来项目的决策与管理水平，提高项目的投资效益。具体来讲，项目后评价的作用和意义如下：

(1)后评价是总结经验和教训、提升项目计划与控制能力的重要途径。后评价是一个学习和提升管理的过程，在项目投资完成以后，通过对项目目的、执行过程、效益、作用和影响进行全面、系统的分析，总结正反两方面的经验和教训，使项目的决策者、管理者和建设者学习到更加科学、合理的方法和策略，提升决策、管理和建设水平。

(2)后评价是增强项目人员责任心的重要手段。由于后评价的透明性、公开性和科学性等特征，通过对项目全过程的成绩和失误进行科学客观的分析研究，可以准确地判断投资人、决策者、管理者和建设者在工作中实际存在的问题，使项目参与各方清醒地认识到任何决策上、执行中和管理上的失误给项目带来的危害，从而进一步增强他们的责任心，提高他们的工作水平。

(3)后评价主要是为投资决策服务的。一方面，后评价对完善已建项目、改进在建项目和指导待建项目具有重要意义；另一方面，后评价更重要的是为提高投资决策水平服务。

(4)后评价对项目本身监督和改进有重要意义，促使项目运营状态正常化。后评价在项目运营阶段进行，因而可以分析和研究项目的实际情况，探索产生偏差的原因，提出切实可行的建议，促使项目运营状态正常化。同时，后评价是一个对投资活动的监督过程，项目后评价的监督功能与项目的前评估、实施监督结合在一起，构成了投资活动的监督机制。

四、项目后评价的主要特点

由项目后评价的定义以及项目后评价的作用和意义可以看出，项目后评价具有如下特点：

(一)现实性

项目后评价是以项目建设和运营的实际情况为基础，对项目建设和运营中存在的现实情况、产生的实际数据进行评价，所以具有现实性的特点。这一点与项目前评估不同。前评估中的项目可行性研究是预测性的评价，它所使用的数据为预测数据；而项目后评价是以项目投入运营后的短期实际数据为依据的。

(二)公正性

公正性表示在实施项目后评价时，应持实事求是的态度，在发现问题、分析原因和做出结论中始终保持客观、负责的态度。公正性标志着后评价及评价者的信誉，应贯穿于整个后评价的全过程，即从后评价项目的选定、计划的编制、任务的委托、评价者的组成、具体评价过程到形成报告的整个过程，项目后评价必须保证公正性，这是一条很重要的原则。

(三)全面性

项目后评价是对项目实践的全面评价，它不仅对项目立项决策、项目实施、项目运营等全过程进行系统评价，还对项目的经济效益、社会效益、环境影响及项目综合管理等进行全面系统的评价。这种评价不仅涉及项目生命周期的各个阶段，还涉及项目的方方面面，因此具有全面性的特点。

(四)实用性

后评价的主要目的是为决策服务，因此，后评价报告针对性强，具有可操作性，即实用性。后评价报告文字要简洁明确，避免使用过多的专业术语。报告应突出重点，并能满足多方面的要求。报告所提的建议应有具体的措施和要求。

(五)反馈性

项目后评价的结果需要反馈到决策部门，作为新项目立项和评估的基础以及调整投资计划和政策的依据，这是后评价的最终目的。因此，项目后评价结论的扩散和反馈机制、手段和方法便成为后评价成败的关键环节之一。国外一些国家建立了“项目管理信息系统”，通过项目各阶段的信息交流和反馈，系统地为后评价提供资料并向决策机构提供后评价的反馈信息。

五、项目后评价的历史沿革

就世界范围而言，项目后评价始于 20 世纪 30 年代的美国，直到 70 年代中期，后评价才引起许多国家以及世界银行和亚洲开发银行等双边和多边援助组织的重视，并在世界银行和亚洲开发银行评价其世界范围的资助活动结果中得到广泛应用。

目前，各国的后评价机构和评价内容各不相同，而且随着社会和经济的发展而变化。在 20 世纪 60 年代以前，国际上项目评估和评价的重点是财务分析，以财务分析的好坏作为评价项目成败的主要指标。到 60 年代，西方国家为本国的长远发展，对能源、交通、通信等基础设施及社会福利事业投入了大量资金，这些项目的直接财务效益远不如工业类生产项目。同时，世界银行等国际金融组织对不发达国家的投资也有类似情况。为此，国民经济评价的概念引入了项目效益评价的范围。

20 世纪 70 年代前后，世界经济发展带来的严重污染问题引起了人们的广泛重视。首先在发达国家，而后在全球各国几乎都颁布了环保法。根据立法的要求，项目评价增加了“环境评价”的内容。此后，随着经济的发展，项目的社会影响日益受到投资者的关注，即谁是投资项目的真正受益者。特别是到了 20 世纪 80 年代，世界银行等组织十分关心其援助项目对受援地区的贫困、妇女、社会文化和持续发展所产生的影响。因此，社会影响评价成为投资活动评估和评价的重要内容之一。此外，近几年来，国外援助组织通过多年的实践经验认识到，机构设置和管理机制是项目成败的重要条件，于是对项目的机构分析已经成为项目评价的重要组成部分。

我国的项目后评价始于 20 世纪 80 年代中后期，1988 年，原国家计划委员会正式委托中国国际工程咨询公司进行第一批国家重点建设项目的后评价。1990 年，原国家计划委员会正式下达通知，第一次提出项目后评价的内容和要求。近年来，我国的后评价事业有了长足的进步，初步形成了自己的后评价体系。目前，国家有关主管部门、各行业都陆续完善了各自投资项目的后评价体系，特别是加强了对政府投资项目的后评价。2004 年，《国务院关于投资体制改革的决定》(国发〔2004〕20 号)明确了后评价的作用和要求，规范了投资项目后评价工作，推动了投资项目后评价制度和责任追究制度的建立。2005 年 5 月，国务院国有资产监督管理委员会颁布了《中央企业固定资产投资项目后评价工作指南》(国资发规划〔2005〕92 号)。2008 年 12 月，国家发改委颁布了《中央政府投资项目后评价管理办法(试行)》。2014 年 9 月，为健全政府投资项目后评价制度，规范项目后评价工作，提高政府投资决策水平和投资效益，加强中央政府投资项目全过程管理，根据《国务院关于投资体制改革的决定》要求，国家发改委制定了《中央政府投资项目后评价管理办法》和《中央政府投资项目后评价报告编制大纲(试行)》。项目后评价正在我国投资建设项目中发挥着越来越重要的作用。

第二节　项目后评价的主要内容

项目后评价是以项目前期所确定的目标和各方面指标与项目实施结果之间的对比为基础的。因此，项目后评价的内容范围和项目分类大体上与前评估的范围和分类相同。但项目后评价在不同的行业、不同的项目应用上有很大差别，在此对项目做一个大致分类，给出项目后评价的基本内容。

一、评价项目的分类

(一)国外评价项目的分类

国外评价项目的分类一般是按项目的效益评价方法和创造效益的资金来源划分的，通常可分为以下几类：

1. 生产类项目

此类项目一般有直接的物质产品产出，通过投入生产并增加产出，其产出可提供更多的税收和财务收入，为社会提供直接的积累。农业是与工业有所不同的生产行业，不少国家把农业另作一类，即包括农业、林业、牧业、渔业和水利灌溉等。

2. 基础设施类项目

此类项目为生产类行业提供生产所必需的服务和条件，一般没有直接的消费品产出，诸如能源、交通、通信、机械、材料等行业。这类项目主要依靠社会生产的积累来投入，项目评价的要点是项目的经济分析和社会的影响效果。

3. 社会基础设施和人力资源开发类项目

这类项目由社会的公共积累来开支，一般与生产行业无直接的服务关系，为社会税收的花费行业，如公共教育、公共卫生、公共社会服务和福利事业、环境保护、人员培训和技能开发等。一些国家认为，人力开发是社会最重要、最根本的投入，这类项目的效益和影响最大、最深远，也有把它单独作为一类项目进行评价的。

(二)我国评价项目的分类

我国评价项目的分类按照投资渠道和管理体制来划分，可以分为以下几类：

1. 国家重点建设项目

这类项目的评价由国家发改委制定评价标准，编制评价计划，委托独立的咨询机构来完成。目前国家发改委主要依托中国国际工程咨询公司来实施项目后评价。国家重点建设项目后评价有多种类型，包括项目后评价、项目效益评价、项目跟踪评价、项目管理评价和行业专题研究等。

2. 国际金融组织贷款项目

这类项目主要是指世界银行和亚洲开发银行在华的贷款项目。国际金融组织贷款项目按其规定开展项目后评价，由专门组织进行分析评价。

3. 国家银行贷款项目

国家银行贷款项目自 1987 年起由建设银行进行投资执行，从 1994 年起转由国家开发银行对国家政策性投资项目实行统一管理，国家开发银行也担负起对国家银行贷款项目的后评价工作。

4. 国家审计项目

20 世纪 80 年代末，国家审计署开始对国家投资和利用外资的大中型项目的投资、实施和竣工开展财务审计，目前正在积极开拓绩效审计等与项目后评价相关的业务。

5. 行业部门和地方项目

由行业部门和地方政府安排投资的建设项目，一般由行业部门和地方政府安排项目后评价。行业部门和地方政府也参与了在本部门或本地区的国家一级和世界银行、亚洲开发银行项目的后评价工作。

二、项目后评价的分类管理

我国项目后评价工作目前实行分类管理，一般分为三个层次。

(一)项目业主组织的后评价

这一层次的后评价体现为业主的项目自我评价报告，在项目内及时反馈评价信息，向后评价承担机构提供必要的信息资料，配合后评价现场调查以及其他相关事宜。这是项目业主作为项目法人，负责项目竣工验收后进行项目自我总结评价，并配合投资主体具体实施项目后评价。

(二)项目投资主体组织的后评价

这一层次的后评价体现为投资主体(含国际组织、企业等)组织的、委托有资质的项目(工程)咨询机构进行的独立项目后评价。投资主体可根据其上级主管部门的要求，编制本组织投资项目后评价的实施细则，项目后评价工作的内容和范围可有所侧重和取舍。各投资主体要制订本企业的投资项目后评价年度工作计划，有目的地选取一定数量的投资项目开展后评价工作；要加强投资项目后评价信息和成果的反馈，及时总结经验和教训，以实现后评价工作的目标。

(三)政府主管部门组织的后评价

这一层次的后评价体现为由国家发改委或国务院国有资产监督管理委员会等政府审批可行性研究报告的中央政府投资项目组织的后评价。如国家发改委每年年初研究确定需要开展后评价工作的项目名单，制订项目后评价年度计划，印送有关项目主管部门和项目单位并组织实施。

三、项目后评价的基本内容

基于现代项目后评价理论的发展，项目后评价应包括项目竣工验收、项目效益后评价和项目管理后评价三方面内容。

(一)项目竣工验收

按照我国政府有关部门规定，所有完工的基本建设和技术改造项目都必须进行竣工验收。竣工验收是国内投资项目在项目后评价之前最重要的环节，项目竣工验收的内容、方法和资料是进行项目后评价的重要基础。因此，在我国可以把项目竣工验收视为项目后评价的准备阶段。

项目竣工验收是投资由建设转入生产、使用和运营的标志，是全面考核和检查项目实践工作是否符合设计要求和达到工程质量要求的重要环节，是项目业主、合同商向投资者汇报建设成果和交付新增固定资产的过程。在此阶段进行的工作将为以后开展的项目效益后评价和项目管理后评价奠定基础。项目竣工验收分为竣工验收、竣工决算以及技术资料的整理和移交。

(二)项目效益后评价

项目效益后评价是项目后评价理论的重要组成部分。它以项目投产后实际取得的效益(经济、社会、环境等)以及隐含在其中的技术影响为基础,重新测算项目的各项经济数据,得到相关的投资效果指标,然后将它们与项目前评估时预测的有关经济效果值(如净现值 NPV、内部收益率 IRR、投资回收期等)、社会环境影响值(如环境质量值 IEQ 等)进行对比,评价和分析其偏差情况及其原因,吸取经验和教训,从而为提高项目的投资管理水平和投资决策服务。项目效益后评价具体包括经济效益后评价、环境效益和社会效益后评价、项目可持续性后评价以及项目综合效益后评价。

1. 项目经济效益评价

项目后评价的经济效益评价主要是指项目的财务评价和经济评价(或称国民经济评价),其主要原理与项目前评估一样,只是评价的目的和数据取值不同。

2. 项目环境影响评价

项目后评价的环境影响评价是对照项目前评估时批准的《环境影响报告书》,重新审定项目环境影响的实际结果,审核项目环境管理的决策、规定、规范、参数的可靠性和实际效果。实施环境影响后评价应遵照国家环保法的规定,根据国家和地方环境质量标准、污染物排放标准以及相关产业部门的环保规定,在审核已实施的环评报告和评价环境影响现状的同时,要对未来进行预测。对有可能产生突发事件的项目,要有环境影响的风险分析。如果项目生产了或使用了对人类和生态危害极大的剧毒物品,或项目位于环境高度敏感的地区,或项目已发生严重的污染事件,那么,还需要提出一份单独的项目环境影响后评价报告。环境影响后评价一般包括项目的污染控制、区域的环境质量、自然资源的利用、区域的生态平衡和环境管理能力等。

3. 项目社会影响评价

从社会发展的观点来看,项目的社会影响评价是分析项目对国家或地方发展目标的贡献和影响,包括项目本身和对周围地区社会的影响。项目社会影响评价一般定义为对项目在经济、社会和环境方面产生的有形和无形的效益和结果所进行的一种分析。

4. 项目可持续性评价

项目可持续性评价的要点包括确立项目目标、产出和投入与相关"持续性因素"之间的真实关系(即因果联系)。

区别在无控制条件下可能产生影响的因素,即行为因素与需要执行者调整的结构因素。其中重要的一点是,一个因素对某些执行者来说是结构方面的问题,而对其他人则可能是行为因素。

区分项目立项、计划、投资(决策)、运作和维持中各种因素的不同。

对于项目各方面的了解是很重要的,因为对同一发展项目的看法可能是不一致的(如投资者、财政部、国家发改委、部门、地方、银行执行单位、项目组织实施单位和当地社区),包括对问题的不同理解、采取的不同措施和不同的目的等。

5. 项目综合评价

项目综合评价包括项目的成败分析和项目管理各个环节的责任分析。项目综合评价一般采用成功度评价方法。该评价方法是依靠评价专家或专家组的经验,综合对各项指标的评价结果,对项目的成功程度做出定性的结论,也就是通常所说的打分方法。成功度评价是以逻辑框架法分析的项目目标的实现程度和经济效益的评价结论为基础、以项目的目标和效益为核心所进行的全面系统的评价。其中，项目评价的成功度可分为五个等级，如表 15－2 所示。

表 15－2　　项目评价的成功度等级和标准

评价级别	评价标准
A＋级（完全成功的）	项目的各项指标都已全面实现或超过，相对于成本而言，项目取得巨大的效益和影响
A 级（成功的）	项目的大部分目标已经实现，相对于成本而言，项目达到了预期的效益和影响
B 级（部分成功的）	项目实现了原定的部分目标，相对于成本而言，项目只取得了一定的效益和影响
C 级（不成功的）	项目实现的目标非常有限，相对于成本而言，项目几乎没产生什么正效益和影响
D 级（失败的）	项目的目标是不现实的，无法实现，相对于成本而言，项目不得不终止

（三）项目管理后评价

项目管理后评价是以项目竣工验收和项目效益后评价为基础，结合其他相关资料对项目整个生命周期中各阶段管理工作进行评价。其目的是通过对项目各阶段管理工作的实际情况进行分析研究，形成项目管理情况的总体概念。通过分析、比较和评价，了解目前项目管理的水平。通过吸取经验和教训，以保证更好地完成以后的项目管理工作，促使项目预期目标更好地完成。项目管理后评价包括项目过程后评价、项目综合管理后评价及项目管理者后评价，主要包括以下几个方面的内容：

1. 投资者的表现

评价者要从项目立项、准备、评估、决策和监督等方面来评价投资者和投资决策者在项目实施过程中的作用和表现。

2. 借款者的表现

评价者要分析与评价借款者的投资环境和条件，包括执行协议能力、资格和资信以及机构设置、管理程序和决策质量等。世界银行、亚洲开发银行贷款项目还要分析与评价协议承诺兑现情况、政策环境、国内配套资金等。

3. 项目执行机构的表现

评价者要分析与评价项目执行机构的管理能力和管理者的水平，包括合同管理、人员管理和培训以及与项目受益者的合作等。世界银行、亚洲开发银行贷款项目还要对项目技术援助、咨询专家使用、项目监测评价系统等进行评价。

4. 外部因素的分析

影响到项目成果的还有许多外部因素，例如价格的变化、国际和国内市场条件的变化、自然灾害、内部形势不安定等，以及项目其他相关机构的因素，例如联合融资者、合同商和供货商等。评价者要对这些因素进行必要的分析与评价。

第三节　项目后评价的程序与方法

一、项目后评价的程序

项目后评价的程序如下：

（一）后评价项目的选定

选择后评价项目有两条基本原则，即特殊的项目和需要总结的项目。一般来讲，选定后评价项目有以下几条标准：(1)由于项目实施而引起运营中出现重大问题的项目；(2)一些非常规的项目，如规模过大、建设内容复杂或带有试验性的新技术项目；(3)发生重大变化的项目，如建设内容、外部条件、厂址布局等发生重大变化的项目；(4)急迫需要了解项目作用和影响的项目；(5)可为即将实施的国际预算、宏观战略和规划原则提供信息的相关投资项目；(6)为投资规划确定未来发展方向的有代表性的项目；(7)对开展行业部门或地区后评价研究有重要意义的项目。

（二）制订项目后评价计划

选定后评价项目之后，需要制订项目后评价计划，以便项目管理者和执行者在项目实施过程中注意收集资料，在规定的时间，按规定的要求完成项目后评价工作。严格来说，项目后评价本身也是一个项目，同样需要制订周密、详细的实施计划。

（三）项目后评价范围的确定

一般而言，项目的影响面是非常广泛的，所以，在进行后评价时应该把后评价的内容限定在一定的范围内，主要是项目直接影响的范围之内。评价范围通常在委托合同中确定，委托者要把评价任务的目的、内容、深度、时间和费用等，特别是那些在本次任务中必须完成的特定要求，交代得十分具体和明确。

（四）项目后评价机构和相关专家的选择

在项目后评价阶段，通常要委托一个独立的咨询机构去实施，或由银行内部相对独立的后评价专门机构去实施，如世界银行的业务评价局，项目后评价往往由这两类机构完成。

项目后评价专家组由“内部”和“外部”两部分专家组成。“内部”就是被委托机构内部的专家，由于他们熟悉项目后评价过程和报告程序，了解后评价的目的和任务，一方面可以顺利实施项目后评价，另一方面费用也比较低。“外部”就是项目后评价执行机构以外的独立咨询专家。聘请外部专家的优点是，外部专家一般更为客观公正。因此，应聘请熟悉被评项目专业的真正行家，一方面可以提高评估质量，另一方面还可以弥补执行机构内部人手不足的问题。

（五）执行项目后评价

在确定项目后评价机构、组建项目后评价专家小组之后，即可开始项目后评价工作。

1. 信息资料的收集

项目后评价的基本资料应包括项目自身的资料、项目所在地区的资料、评价方法的有关规定和指导原则等。项目自身的资料一般应包括：(1)项目自我评价报告、项目完工报告、项目竣工验收报告；(2)项目决算审核报告、项目概算调整报告及其批复文件；(3)项目开工报告及其批复文件、项目初步设计及其批复文件；(4)项目评估报告、项目可行性研究报告及其批复文件等。

项目所在地区的资料包括国家和地区的统计资料、物价信息等。项目后评价方法有关规定的资料则应根据委托者的要求进行收集。目前已经颁布项目后评价方法指导原则或手册的国内外主要机构有联合国开发计划署、世界银行、亚洲开发银行、经济合作与发展组织、英国海外开发署、日本海外经济协力基金、国家开发银行、中国地方政府和行业主管部门、中国国际工程咨询公司、中国各省市工程咨询中心等。

2. 后评价现场调查

项目后评价现场调查应事先做好充分准备，明确调查任务，制定调查提纲。调查任务一般应回答以下问题：(1)项目基本情况；(2)项目实现程度；(3)项目运营和管控情况；(4)项目作用和影响。

3. 分析和结论

在后评价项目现场调查后，应对资料进行全面认真的分析，回答以下问题：(1)总体结果；(2)可持续性；(3)方案比选；(4)经验和教训。

(六)编写项目后评价报告

项目后评价报告是评价结果的汇总，是反馈经验和教训的主要文件。后评价报告包括摘要、项目概况、评价内容、主要变化和问题、原因分析、经验和教训、结论和建议、基础数据和评价方法说明等。一般来说，项目后评价报告的提交标志着项目的结束。

国内项目后评价一般分为以下四个阶段：

(1)项目自评阶段。由项目业主会同执行管理机构按照发改委或国家开发银行的要求编写项目自我评价报告，然后上报行业主管部门和国家发改委或国家开发银行。

(2)行业或地方初审阶段。由行业或省级主管部门对项目自评报告进行初步审查，提出意见，一并上报。

(3)正式后评价阶段。由相对独立的后评价机构组织专家对项目进行后评价，通过资料收集、现场调查和分析讨论，提出项目的后评价报告。

(4)成果反馈阶段。在项目后评价报告的编写过程中要广泛征求各方面意见，在报告完成之后要以新闻会等形式进行发布，同时散发成果报告。

二、项目后评价的方法

国内项目后评价的方法主要参考项目前评估的评价方法和国际上通用的后评价方法。国际上通用的后评价方法有对比分析法、统计预测法、逻辑框架法、成功度评价法等，本节就这几种方法做一简要介绍。

(一)对比分析法

后评价方法论的一条基本原则是对比法则，主要方法之一是对比分析法。对比分析法是把客观事物加以比较，以认识事物的本质和规律，并作出正确的评价。对比的目的是要找出变化和差距，为提出问题和分析原因找到重点。在对比分析法中，选择合适的对比标准是十分关键的一步。选择得合适，才能作出客观的评价；选择得不合适，评价可能会得出错误的结论。对比分析法包括前后对比、有无对比和横向对比等。

1. 前后对比法

投资活动的前后对比是指将项目实施之前与项目完成之后的情况加以对比，以确定项目效益。前后对比法是项目实施前后相关指标的对比，用以直接估量项目实施的相对成效。在项目后评价中，则是指将项目前期的可行性研究和评估的预测结论与项目的实际运行结果相比较，以发现变化和分析原因。这种对比用于揭示计划、决策和实施的质量，是项目过程评价的重要方法和内容。

评价是通过将项目实施所付出的资源代价与项目实施后产生的效果进行对比得出项目的好坏。方法论的关键是要求投入的代价与产出的效果口径相一致。也就是说，所度量的效果要真正归因于项目。但是，很多项目特别是大型的社会经济项目，实施后的效果不仅仅是项目的效果和作用，还有项目以外多种因素的影响。因此，简单的前后对比并不能得出项目效果的真正结论。

2. 有无对比法

有无对比是指将项目实际发生的情况与若无该项目可能发生的情况进行对比,以度量项目的真实效益、影响和作用。对比的重点是要分清项目作用的影响与项目以外作用的影响。这种对比用于项目的效益评价和影响评价,是项目后评价的一个重要方法论原则。这里说的“有”与“无”指的是评价对象,即计划、规划的项目。有无对比法就是在项目周期内将“有项目”(实施项目)相关指标的实际值与“无项目”(不实施项目)相关指标值进行对比,用增量来度量项目真实的效益、作用及影响。

后评价中的效益评价任务就是要剔除那些非项目因素,对归因于项目的效果加以正确的定义和度量。由于无项目时可能发生的情况往往无法准确地描述,项目后评价中只能用一些方法去近似地度量项目的作用。理想的做法是,在该收益范围之外找一个类似的“对照区”,进行比较和评价。通常,项目后评价中的效益和影响评价要分析的数据和资料包括项目前的情况、项目前预测的效果、项目实际实现的效果、无项目时可能实现的效果、无项目的实际效果等。

3. 横向对比法

横向对比是同一行业内类似项目相关指标的对比,用以评价企业(项目)的绩效或竞争力。目前国内外推行的标杆管理就是一种横向对比法。标杆管理是指以行业中的领先团队为标准或参照,通过资料收集、分析比较、跟踪学习等一系列规范化的程序,改进绩效,赶上并超过竞争对手,成为领先者的方法和活动。施乐公司将标杆管理定义为“一个将产品、服务和实践与最强大的竞争对手或是行业领导者相比较的持续流程”。它是对产生最佳绩效的行业最优的经营管理实践的探索,也是一种团队学习方法。

(二)统计预测法

项目后评价包括项目已经发生事实的总结,以及对项目未来发展的预测。因此,在后评价中,只有具有统计意义的数据才是可比的,后评价时点以前的统计数据是评价对比的基础,后评价时点的数据是对比的对象,后评价时点以后的数据是预测分析的依据。因此,项目后评价的总结和预测是以统计学和预测学原理为基础的,它包含以下四项内容:

1. 统计调查

统计调查一般是指对统计资料的收集,是根据研究的目的和要求,运用科学的调查方法,有针对性、有组织地收集被研究对象的原始资料的过程。在进行统计调查之前,一般要确定调查方案,包括调查目的、调查对象、调查单位、调查项目、调查时间、调查实施计划和相关调查表格等。统计调查常用的方法有直接观察法、报告法、访谈法和调查问卷法等。统计报表是统计调查的一种基本方式,报表包括的范围比较全面,指标体系比较系统,分组比较齐全,指标内容和调查周期相对稳定。专门调查可进一步分为普查、典型调查、重点调查、抽样调查四种。

2. 资料整理

资料整理是统计工作的第二阶段。资料整理主要是对获得的资料进行分别归类,并检查其资料的准确性。检查资料的准确性,可以采用逻辑检查和计算检查两种方法。逻辑检查主要是看资料的内容是否符合逻辑、数据之间是否相互矛盾等。计算检查就是通过数据计算来检查数据的计算结果和计算方法是否正确。资料整理的工序有三个步骤:统计分组、资料汇总和编制统计表。其中,资料汇总方式可分为逐级汇总、集中汇总和综合汇总。

3. 统计分析

统计分析是根据研究的目的和要求,运用各种统计分析方法,对研究对象进行分析、对比、归纳等研究,从而揭示事物的内在规律。统计分析的方法有很多,如分组法、综合指标法、抽样和回归分析法、动态数列法、指数法、投入产出法等。

统计分析的步骤一般是:首先,根据统计分析的任务,明确分析的具体目的,拟订分析提纲;其次,对用于分析的统计资料进行评价和辨别真伪;再次,对得到验证的统计资料进行对比分析,从而发现问题所在;最后,对分析的结果做出结论,提出建议。

4. 预测

预测就是对尚未发生的或还不是很明确的事物进行预计和推测。它的目的就是根据已知的情况,运用一定的预测方法和技术,对事物未来可能发生的结果进行研究和推断。进行一个项目的预测,一般有四个原则:惯性原则、类比原则、相关原则和概率推断原则。惯性原则是根据事物发展具有一定连续性的原理,利用回归法建立因果关系的预测模型,以及利用时间序列外推法建立趋势预测模型;类比原则是根据事物之间发展变化的相似之处,把先发生的事物的变化特点应用到后发生的事物上,从而达到对事物发展预测的目的;相关原则是根据事物之间的发展变化存在联系的原理,利用事物之间发展的相关性,对目标事物的发展变化进行预测;概率推断原则是当推断预测结果的出现概率较大时就认为结果是成立的。常用的预测方法有回归预测、趋势预测、相关性预测、概率调查预测等。

(三)逻辑框架法

逻辑框架法(Logical Framework Approach, LFA)是一种概念化论述项目的方法,即用一张简单的框架图来清晰地分析一个复杂项目的内涵和关系,将几个内容相关、必须同步考虑的动态因素组合起来,通过分析其间的关系,从设计、策划到目的、目标等方面来评价一项活动或工作。

LFA 的核心概念是事物的因果关系逻辑,即"如果"提供了某种条件,"那么"就会产生某种结果。这些条件包括事物内在的因素和事物外部的因素。LFA 的模式类似于一个 4×4 的矩阵,基本模式如表 15—3 所示。

表 15—3　　逻辑框架法的模式

层次描述	客观验证指标	验证方法	重要外部条件
目标	目标指标	监测和监督手段及方法	实现目标的主要条件
目的	目的指标	监测和监督手段及方法	实现目的的主要条件
产出	产出物定量指标	监测和监督手段及方法	实现产出的主要条件
投入	投入物定量指标	监测和监督手段及方法	落实投入的主要条件

如表 15—3 所示,LFA 把目标及因果关系划分为四个层次:

(1)目标(Goal)。通常是指高层次的目标,即宏观计划、规划、政策和方针等,该目标可由几个方面的因素来实现。宏观目标一般超越了项目的范畴,是指国家、地区、部门或投资组织的整体目标。这个层次目标的确定和指标的选择,一般由国家或行业部门负责。

(2)目的(Objectives or Purposes)。目的是指"为什么"要实施这个项目,即项目直接的效果和作用。一般应考虑项目为受益目标群带来什么,主要是社会和经济方面的成果和作用。这个层次的目标由项目和独立的评价机构来确定,指标由项目确定。

(3)产出(Outputs)。这里的产出是指项目"干了些什么",即项目的建设内容或投入的产出物。一般要提供项目可计量的直接结果。

(4)投入(Inputs)。该层次是指项目的实施过程及内容,主要包括资源的投入量和时间等。

以上各层次的目标内容及其上下间的因果关系构成了一种"垂直逻辑"(Vertical Logic),如图 15—1 所示。

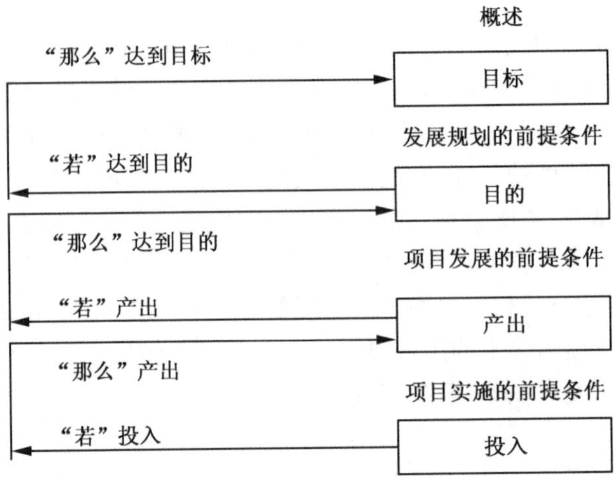

图 15—1 垂直逻辑中的因果关系

LFA 的垂直逻辑分清了评价项目的层次关系,每个层次的目标水平方向的逻辑关系由客观验证指标、验证方法和重要的假定条件所构成,从而形成了 LFA 的 4×4 的逻辑框架。

LFA 的水平逻辑有三项内容:(1)客观验证指标。各层次目标应尽可能地有客观的、可度量的验证指标,包括数量、质量、时间及人员。在后评价时,一般每项指标应具有三个数据,即原来预测值、实际完成值、预测与实际间的变化和差距值。(2)验证方法。包括主要资料来源(监测和监督)和验证所采用的方法。(3)重要的假定条件。项目的假定条件很多,一般应选定其中几个最主要的因素作为假定的前提条件。重要的假定条件主要是指可能对项目的进展或成果产生影响,而项目管理者又无法控制的外部条件,即风险。这种失控的发生有多方面的原因,诸如项目所在地的特点、自然环境及其变化,政府在政策、计划、发展战略等方面的失误和变化,管理部门体系不合理所造成的问题,使项目的投入产出与其目的、目标分离。

通常,项目原始背景和投入/产出层次的假定条件较少;而产出/目的层次间所提出的不确定因素往往会对目的/目标层次产生重要影响;由于宏观目标的成败取决于一个或多个项目的成败,因此,最高层次的前提条件是十分重要的。

项目后评价可以通过应用逻辑框架法来系统地分析项目原定的预期目标、各种目标的层次、目标实现的程度和原因,并用以评价项目的效果、作用和影响。因此,国际上不少组织把 LFA 作为后评价的方法论原则之一。

与项目计划的 LFA 不同,项目后评价 LFA 的客观验证指标一般应反映出项目实际完成情况与原预测的变化或差别。因此,在编制项目后评价的 LFA 之前,应设立一张指标对比表,如表 15—4 所示,以找出在 LFA 中应填写的主要内容。

表 15－4　　　项目后评价 LFA 指标对比示意

	原预测指标	实际实现指标	变化和差距
宏观目标和影响			
效果和作用			
产出			
投入			

采用逻辑框架法进行项目后评价时，可根据后评价的特点和项目特征，在格式和内容上做一些调整，以适应不同评价的要求。LFA 一般可用来进行目标评价、项目成败的原因分析、项目可持续评价等。建立项目后评价 LFA 的目的是依据其中的资料，确立目标层次间的逻辑关系，用以分析项目的效率、效果、影响和持续性。

(四)成功度评价法

项目后评价还可以使用成功度评价法。项目成功度评价法需要对照项目前评估所确定的项目目标来分析项目的实际结果，以评价项目目标的实现程度。在作项目成功度评价时要十分注意项目原定目标的合理性、可实施性，以及项目条件与环境发展变化的影响，以便根据实际情况评价项目的成功度。成功度评价法需要依靠评价专家或专家组的经验，综合项目各项指标的评价结果，对项目的成功程度做出最终的评价和结论。成功度评价法可以使用逻辑框架法等方法分析评价的结论作为基础数据，然后对项目的目标和效益成功程度进行全面系统的评价。

项目成功度评价法使用的表格是根据项目后评价的任务、目的和性质决定的，表 15－5 为英国海外开发署设计的一种统一评价其资助项目的表格。

表 15－5　　　项目成功度评价表

项目成功度评价指标	相关重要性	成功度
经济效益指标		
扩大生产能力指标		
管理水平提高指标		
贫困改善指标		
教育改善指标		
健康改善指标		
儿童与妇女影响指标		
环境影响指标		
社会影响指标		
制度影响指标		
技术成功度指标		
项目进度管理指标		
预算成本控制指标		

续表

项目成功度评价指标	相关重要性	成功度
项目资源条件		
成本—效果分析		
财务回报率		
经济回报率		
财务持续性		
运营持续性		
项目总体可持续性		
项目总成功度		

第四节　项目后评价报告

项目后评价报告是项目后评价的最后一步工作，它是项目后评价各种评价结果的汇总和撰写。项目后评价报告必须真实反映评价结果，客观描述评价分析的问题和情况，认真全面地给出对于项目后续发展的对策和建议。总体来说，项目后评价报告具有汇报项目完成情况、评估项目实际绩效、改善项目后续发展和提高组织未来决策质量的作用。

一、项目后评价报告的编写要求

项目后评价报告是评价结果的汇总，应真实反映情况，客观分析问题，认真总结经验。同时，后评价报告是反馈经验和教训的主要文件形式，必须满足信息反馈的需要，这一点显得尤为重要。因此，后评价报告要有相对固定的内容格式，便于分解和计算机录入。对于项目后评价报告的编写，有着以下要求：(1)报告文字准确清晰，尽量不使用过分专业化的词汇。报告应包括摘要、项目概况、评价内容、主要变化和问题、原因分析、经验和教训、结论和建议、评价方法说明等。这些内容既可以形成一份大报告，也可以单独成文上报。(2)报告的发现和结论要与问题和分析相对应，经验、教训和建议要把评价结果与将来规划和政策的制定、修改联系起来。

二、项目后评价报告的内容

项目后评价报告一般包括项目概况、实施评价、运营评价、效益评价、结论经验、对策建议等几部分。

(一)项目概况

项目概况主要应阐述以下几点：

1. 项目的目标和目的

简单描述立项时社会发展对本项目的需求情况和立项的必要性，项目的宏观目标，与国家、部门或地方产业政策布局规划和发展策略的相关性，建设项目的具体目标和目的，以及市场前景预测等。

2. 项目建设内容

项目可行性研究报告和评估提出的主要产品、运营或服务的规模、品种和内容,项目的主要投入和产出,投资总额,效益测算情况以及风险分析等。

3. 项目工期

项目原计划工期,实际发生的可研批准、开工、完工、投产、竣工验收、达到设计能力以及后评价时间。

4. 资金来源与安排

项目批复时所安排的主要资金来源、贷款条件、资本金比例,以及项目全投资加权综合贷款利率等。

5. 项目后评价计划安排

项目后评价的任务来源和要求,项目自我评价报告完成时间,后评价时间程序,后评价执行者,后评价的依据、方法和评价时点。

(二)项目实施总结与评价

项目实施总结与评价应简单说明项目实施的基本特点,对照可行性研究报告找出主要变化,分析变化对项目效益的影响,讨论和评价这些影响因素。世界银行、亚洲开发银行、亚洲基础设施投资银行的项目,还要就变化引起的对其主要政策可能产生的影响进行分析,如环保、扶贫、妇女权益、基础设施建设等。

1. 设计

评价设计的水平、项目选用的技术装备水平,特别是规模的合理性。对照可行性研究和评估,找出并分析项目涉及重大变更的原因及其影响,提出如何在可行性研究阶段预防这些变更的措施。

2. 合同

评价项目在招投标、合同签约、合同执行和合同收尾方面的实施情况,包括工程承包商、设备材料供应商、工程咨询专家和监理工程师等。对照合同承诺条款,分析和评价实施中的变化和违约及其对项目的影响。

3. 组织管理

组织管理的评价包括对项目执行机构、借款单位和投资者三方在项目实施过程中的表现和作用的评价。如果项目执行得不好,评价要认真分析相关的组织机构、运行机制、管理信息系统、决策程序、管理人员能力和监督检查机制等因素。

4. 投资和融资

分析项目总投资的变化,找出变化的原因,分清是内部原因还是外部原因,例如,区分是汇率变化、通货膨胀等政策性因素,还是项目管理的问题。同时,关注投资变化对项目效益的影响程度。评价要认真分析项目主要资金来源和融资成本的变化,讨论原因及影响,重新测算项目全投资加权综合贷款利率,作为项目实际财务效益的对比指标。如果政策性因素占主导,应对这些政策的变化提出意见、对策及建议。

5. 项目进度

对比项目计划工期与实际进度的差别,包括项目准备期、施工建设期和投产达产期。分析工期延误的主要原因及其对项目总投资、财务效益、借款偿还和产品市场占有率的影响,同时还要提出今后避免进度延误的措施与建议。

6. 其他

其他包括银行资金的到位和使用,世界银行、亚洲开发银行、亚洲基础设施投资银行安排的技术援助，贷款协议的承诺和违约，借款人和担保者的资信等。

(三)项目运营评价

项目运营阶段包括从项目投产到产品生命期末的全过程。由于项目后评价的时机一般选择在项目达到设计生产能力的1—2年内，项目的实际投资效益还未充分体现出来，所以项目运营评价不仅要对项目实际运营情况进行分析和评价，还需要根据投产后的实际数据来推测未来发展状况，需要对项目未来发展趋势进行科学的预测。主要内容有：

1. 项目经营管理状况的评价

项目经营管理状况的评价主要包括项目投产以来经营管理机构的设置与调整情况、设置的机构是否科学合理、调整的依据以及调整前后运营效果的比较、项目管理领导层评价、管理人员配备情况、经营管理的主要策略、项目管理的规章制度等。

2. 项目产品方案的评价

汇总从项目投产后到项目后评价时为止的产品规格和品种的变化情况，分析产品方案调整对发挥项目投资效益有何影响、产品方案调整的成本有多大、现行的产品方案是否适应消费对象的消费需求、产品方案的变化在多大程度上影响到项目投资效益以及产品销售方式的选择。

3. 项目达产年限的评价

项目达产年限是指投产的建设项目从投产之日起到其生产产量达到设计生产能力时所经历的全部时间，一般以年为单位。建设项目的设计达产年限与实际达产年限由于受各种因素的影响，难免出现不一致的现象。因此，在运营后评价中有必要对项目达产年限进行评价。通过计算实际达产年限并与预测达产年限进行比较，分析达产年限发生变化的原因，计算项目达产年限变化所带来的实际效益损失或增加。

(四)项目效果与效益评价

项目效果与效益评价应分析项目所达到和实现的实际结果，根据项目的运营和未来发展以及可能实现的效益、作用和影响，评价项目的成果和实际作用，同时要注意与前面内容区别开来。

1. 财务状况分析

财务状况分析，即根据项目运营及预测情况，按照财务程序和财务分析标准，分析项目的财务状况，主要应评价项目债务的偿还能力和维持日常运营的财务能力。在可能的情况下，财务状况分析要分析项目的资本构成、债务比例，以及需要投资者、政府和其他方面提供的政策和资金，如资本重组、税收优惠、增加资金流动等。

2. 财务效益和经济效益的重新评价

一般的项目在后评价阶段都必须对项目的财务效益和经济效益进行重新测算，要用重新测算得出的实际数据与项目可行性研究报告评估时的指标进行对比分析，找出差别和原因，还要与后评价计算的项目全投资加权综合贷款利率相比，确定其财务清偿能力。同时，评价需要根据未来市场、价格等条件，进行风险分析和敏感性分析。

3. 环境和社会效果评价

项目环境和社会效果及影响的评价关键是项目受益者，即项目对自身所能辐射到的受益者产生了什么样的影响。一般应评价项目的社会、经济、文化、环境影响和污染防治等，如人均收入、就业机会、移民安置、社区发展、妇女地位、卫生与健康、扶贫作用、自然资源利用、环境质量、生态平衡、污染治理等。

4. 可持续发展状况

项目可持续性主要是指项目固定资产、人力资源和组织机构在外部投入结束之后持续发展的可能性。对于可持续发展的评价应考虑以下几个方面：(1)技术装备与当地条件的适用性；(2)项目与当地受益者及社会文化环境的一致性；(3)项目组织机构、管理水平、受益者参与的充分性；(4)维持项目正常运营、资产折旧等方面的资金来源；(5)政府为实现项目目标所承诺提供的政策措施是否得力；(6)防止环境质量下降的管理措施和控制手段的可靠性；(7)对项目外部环境、经济及其他不利因素防范的对策措施。

(五)结论与经验和教训

项目独立后评价报告的最后一部分内容包括项目的综合评价、结论、经验、教训、存在的问题及建议对策等。

1. 项目的综合评价和结论

综合评价应汇总上述报告内容，以便得出项目实施和成果的定性结论。综合评价要做出项目的逻辑框架图，以评定项目目标的合理性、实现程度及其外部条件。同时，综合评价还要列出项目主要效益指标，并评价项目的投入产出结果。在此评定的基础上，综合评价采取分项打分的方法，即成功度评价。

一般项目独立后评价的定性结论分为非常成功的、成功的、部分成功的、不成功的和失败的五个等级。

2. 主要经验和教训

经验和教训主要包括两个方面：一方面是具有项目本身特点的重要收获和教训；另一方面是可供其他项目借鉴的经验和教训，特别是可供项目决策者、投资者、借款者和执行者在项目决策、程序、管理和实施中借鉴的经验和教训，目的是为决策和新项目服务。

(六)对策建议

项目后评价应在认真总结经验和教训的基础上进行分析，提出相应的对策、建议和措施。对策建议应具有借鉴和指导意义，并具有可操作性。项目后评价的经验和教训以及对策建议通常应从项目、投资主体、行业、宏观四个方面进行分析。

项目管理案例

某港口二期工程项目后评价报告

该案例主要通过对某港口二期工程建设项目进行粗略的项目后评价，来说明项目后评价报告的基本架构，以使读者对项目后评价报告的整体框架有一个更直观的了解。

报告摘要如下：

项目名称：某港务局港区二期工程项目

主管部门：国家交通运输部

所属地区：浙江省某市

项目位置：浙江省某市

项目单位：某港务局

一、前言

为利用地处沿海和长江三角洲内的地理优势，为利用该地区庞大的货物周转和吞吐量的良好经济条件，通过周密考察论证，决定引进外资，合资共建深水港，充分发挥该市优质的港口资源，以带动该地区的经济发展。

二、项目概况

某港口二期工程位于该市深水港区，港口自然条件良好。工程建设依据为港口总体规划。目的是建设现代化集装箱泊位，为开发国际中转港创造条件；同时建设其他几个泊位，为接卸中转大宗散货运输和区域外向型经济发展服务。

三、建设目标

工程建设港口3万—5万吨级深水泊位6个，实际形成总吞吐能力1 035万吨。其中，集装箱泊位1个，能力10万标箱；多用途泊位2个，能力130万吨；通用杂货泊位1个，能力45万吨；木材泊位2个，后改为煤炭泊位2个，能力800万吨。

四、工程建设的实施计划

项目建设期5年。工程分为一阶段、二阶段和技改工程三个阶段实施。1999年5月开工，按工期5年建成投产。工程质量优良，工程国内部分的投资概算没有突破并略有结余。一、二阶段工程分别于2001年9月和2002年12月经国家竣工验收后投入运营。项目进度安排见表1。

表1　　项目进度安排

项　目	日　期
批复项目建议书	1995年10月19日国家计委计交〔1995〕1633号文
批复工程计划任务书	1997年7月30日国家计委计交〔1997〕1216号文
完成设计	1998年3月16日国家计委计交〔1998〕354号文
批准开工	1998年9月20日国家计委计交〔1998〕684号文
一阶段工程开工	1999年5月
完工	2001年9月(比计划提前6个月完工)
竣工验收	2001年9月28日
二阶段工程开工	2000年11月24日
完工	2002年10月21日(比计划提前1个月完工)
竣工验收	2002年12月2日
技术改造项目开工	2003年1月1日
完工	2004年4月25日
项目达到设计能力	2005年
项目后评价	2005年11月

五、项目投资和资金筹措情况

工程总投资5.49亿元，其中固定资产投资5.42亿元，流动资金0.07亿元。工程利用世界银行贷款2 895万美元，国家和地方拨款0.53亿元，国内银行贷款2亿元，企业自筹和租赁资金1.03亿元。各项投资见表2。

表2 **各项投资**

1. 项目总投资：			
项　目	单　位	原预计金额	实际金额
项目总投资	万元	38 971	54 900
基本建设投资	万元	38 971	43 346
建设期利息	万元		3 388
新增流动资金	万元		700
技术改造资金	万元		7 466
2. 资金筹措情况：			
项　目	单　位	原预计金额	实际金额
利用外资	万美元	2 907.9	2 895
地方资金	万元	4 700	4 700
企业自筹	万元	2 868	2 868
预算拨款	万元	602	602
国家开发银行贷款	万元	14 562	14 562
交通银行贷款	万元	5 479	5 479
3. 技术改造资金：			
企业自筹	万元		3 233
租赁资金	万元		4 233
合计	万元		50 834

六、项目总体建设评价

项目总体建设良好，已达到预期要求。工程建设港口泊位6个，实际形成总吞吐能力1 035万吨，比原方案增加吞吐能力685万吨。其中，集装箱泊位1个，能力10万标箱；多用途泊位2个，能力130万吨；煤炭泊位2个，能力800万吨（原方案为2个木材泊位，能力115万吨）；杂货泊位1个，能力45万吨。

七、项目总体运营状况评价

工程自投产以来运营状况良好，预计2005年实际完成吞吐量可达1 000万吨，基本达到设计能力；预计2005年营业收入1.3亿元，按当年价格计算，比原设计预计的年收入增加约4 500万元。

八、项目工程实施过程评价

项目工程实施得比较成功，工程效益好的原因有三个：一是港务局千方百计节约开支，严格控制了工程投资。初步估算，二期工程共节约开支3 400万元用于抵消物价的上涨。二是根据市场变化，及时将无货源的2个木材泊位改造为煤炭泊位，既满足了国家需要，又扩大了吞吐能力，增加了营业收入，使FIRR提高了6个百分点。三是由于国家和地方的拨款及企业自筹部分的投资达到总投资的22%，资本构成基本合理，增强了企业的清偿能力。

九、财务效益和经济效益评价

工程财务内部收益率税前为8%(税后为6%),高于设计时原测算指标4.86%,也高于工程投资的实际贷款利率5.31%,财务效益较好;投资偿还期15年,比原测算缩短2年,抗风险能力较强,经济效益良好。据后评价测算,工程经济内部收益率为30%,比原测算高2个百分点。工程财务效益和经济效益明显。

十、社会效益评价

通过该项目的建设,使得该港拥有中国最大的国际第三代、第四代集装箱码头和2.5万—20万吨级泊位14个,20万吨级船舶可自由通航,吞吐量位居中国内地第二位。其巨大的经济带动能力和辐射作用将极大地促进浙江及整个华东地区经济的发展。

十一、项目后评价结论

该项目工程实现并超过了原定的目标,符合该港、该地区的长远发展目标,经济和社会效益良好,项目非常成功。

十二、主要经验和教训

一是主要经验。在严格控制工程造价方面的成功措施包括:建立专门的管理机构进行规范化管理;重视项目前期的资料分析研究;学习世界银行经验,实行采购公开招标和施工监理,抓好合同条款研究和管理;注重建设物资和材料的储备和管理;建立按月结算的财务制度。另外,国家对工程注入了适当的资本金,也为港口的运营和发展创造了条件。该港口的建设说明,对于重大基础设施项目,政府保持一定比例的投入是必要的、正确的。

二是主要教训。汇率风险是目前利用外资项目的主要风险之一。本工程因汇率变化使造价上升了30%,FIRR下降了3个百分点。由于国际公开招标经验不足,对投标商的资信重视不够,造成两台进口设备不能按合同要求如期到达。工程前期对市场预测和风险分析不足,决策不当,造成木材泊位尚未建成投产就发生重大货源变化,不得不改造为煤炭泊位。

十三、建议

加强评估的市场分析等基础性工作,提高评估者的分析和预测水平。在效益测算中,应充分考虑我国经济与国际接轨的大趋势,以及由此带来的关税税率下调、外汇汇率上扬、国内短线商品价格趋于接近进口价格等因素,慎重选择原材料和设备价格。应明确评估风险分析的要求和规定,通过培训,尽快开拓风险分析的业务内容。应要求项目评估负责人必须自己动手进行项目的效益测算,增强对项目评估的责任心。此外,我国正处在改革中,机构和政策的变化较大,现行的一些可行性研究和评估内容要求已不能满足对这类变化分析的需要。因此,增强风险分析的力度和规范也是必要的、紧迫的。

进一步强调国民经济评价在国家重点建设项目评价中的重要性。重点基础设施项目,如交通、能源、通信等是国家投资的重点,这类项目对社会经济的真实贡献只能在国民经济分析中反映出来。加强国家重点基础设施项目的前评估和后评价对国民经济分析至关重要。应明确规定国家大中型建设和技改项目在工程设计、设备采购、项目开工、概算调整和竣工验收阶段必须进行建设项目的财务评价和经济评价等效益分析,尽快建立以投资效益为核心的工程管理制度,向效益型管理转变。

另外,在大型港口项目立项时,对建设专业性强的泊位应持慎重态度。在货源不稳定时,不应建设专业化泊位,宜建成通用性泊位,以提高码头的适应能力。目前该港只起到了国际支线港的作用,没有发挥深水港的优势。建议有关部门协同研究,并逐步改善该港软硬件配套条件,尽快发挥该港远洋中转的优势和作用。

项目后评价和跟踪调查的经验表明，建立重点项目的管理信息库，从项目立项、可行性研究、设计、施工到竣工验收、项目后评价全过程进行动态的信息跟踪，有利于及时了解工程的变化，进行宏观指导，也有利于及时分析、评价存在的问题，总结经验和教训，更有利于实现投资效益管理和宏观调控。

（资料来源：戴大双教授。）

问题：

1. 你认为该项目完成情况如何？应如何评价？
2. 讨论项目后评价的依据有哪些？

本章小结

项目后评价是指对已经完成的项目的目的、执行过程、效益、作用和影响所进行的系统的、客观的分析。通过项目活动实践的检查总结，确定项目预期的目标是否达到、项目或规划是否合理有效、项目的主要效益指标是否实现；通过分析评价找出成败的原因，总结经验和教训；通过及时有效的信息反馈，为提高未来新项目的决策水平打下基础，同时也为后评价项目实施运营中出现的问题提出改进建议，从而达到提高投资效益的目的。根据评价时间的不同，项目后评价也可分为项目跟踪评价、项目实施效果评价和项目影响评价。项目后评价是项目流程中的一个重要工作阶段。

项目后评价与前评估相比，在具有现实性、公正性、全面性、实用性、反馈性等特点的同时，还在评价目的、评价内容、判别标准和作用等方面有所不同。通过项目后评价的经验教训总结和反馈，可以调整和完善投资政策和发展规划，改进未来项目的决策和管理水平，提高项目投资效益，这对项目本身的监督和改进具有重要意义。

基于现代项目后评价理论的发展，项目后评价应包括项目竣工验收、项目效益后评价和项目管理后评价三方面。项目竣工验收是投资由建设转入生产、使用和运营的标志，是全面考核和检查项目实践工作是否符合设计要求和达到工程质量要求的环节，是项目业主、合同商向投资者汇报建设成果和交付新增固定资产的过程。项目效益后评价包括经济效益评价、环境影响评价、社会影响评价、可持续性评价以及综合评价五个部分。它以项目投产后实际取得的效益（经济、社会、环境等）以及隐含在其中的技术影响为基础，通过测算项目的各项经济数据，得到相关的投资效果指标，然后将它们与项目前评估时预测的有关经济效果值进行对比，评价和分析其偏差情况及其原因，吸取经验和教训，从而为提高项目的投资管理水平服务。项目管理后评价是以项目竣工验收和项目效益后评价为基础，结合其他相关资料对项目整个生命周期中各阶段管理工作进行评价。其目的是通过对项目各阶段管理工作实际情况的分析与研究，形成项目管理情况的总体概念。

项目后评价工作是按照一定的程序进行的。其工作程序主要包括六个步骤：选定后评价项目、制订后评价计划、确定后评价范围、选择后评价机构和相关专家、执行后评价、编写项目后评价报告。项目后评价的方法有很多种，本书列举了四种国际上常用的方法，即对比分析法、统计预测法、逻辑框架法、成功度评价法，并对这四种方法进行了简单的介绍。

项目后评价报告是项目后评价的最后一步工作，它是项目后评价各种评价结果的汇总和叙述。项目后评价报告一般包括项目概况、项目实施总结与评价、项目运营评价、项目效果与效益评价、结论与经验和教训、对策建议等内容。

习题

1. 为什么要进行项目后评价？项目后评价通常在什么时候进行？
2. 简述项目后评价与项目前评估的区别。

3. 简述项目后评价的特点。
4. 项目后评价的主要内容有哪些？
5. 简述项目后评价的流程。
6. 项目后评价的主要方法有哪些？这些方法之间有什么联系与区别？
7. 项目后评价报告的内容包括哪几部分？
8. 上网收集世界银行和联合国开发计划署在华投资项目的资料，选择一个具体案例进行分析。
9. 针对一个你经历过或收集到的项目案例进行后评价，编写相关后评价报告。

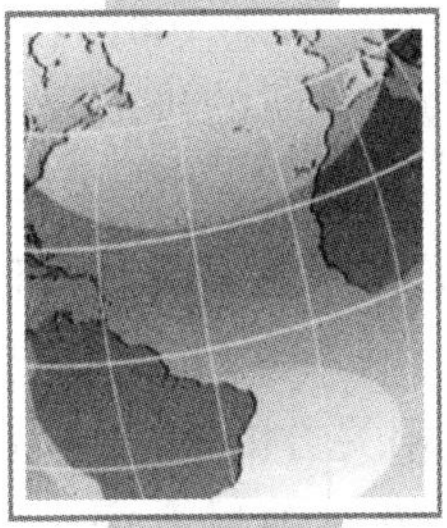

第十六章 项目利益相关方管理

任何项目都是由多个项目利益相关方共同参与完成的。所以,项目成功取决于各个利益相关方共同努力的结果。每一个利益相关方对项目的要求和期望是不同的,最大限度地满足利益相关方的要求和期望,实现项目价值的最大化、合作成本的最小化和项目利益相关方利益分配的合理化,已成为项目成功与否的关键。本章基于项目利益相关方的概念与作用、项目利益相关方的识别和管理等内容进行研究,目的是充分发挥各个项目利益相关方的作用,实现项目的价值和目标,确保项目成功。

第一节 项目利益相关方的概念与特征

一、项目利益相关方的概念

项目利益相关方是指参与项目工作和影响项目或受项目影响的全部人员、群体或组织。

一个项目需要多方面的人员或组织参与才可能完成。项目必须弄清楚谁是项目利益相关方,明确他们的需要和期望是什么,然后对这些期望进行管理和施加影响,从而调动每一个项目利益相关方的积极性,发挥每一个项目利益相关方的作用,确保项目获得成功。首先,识别和明确项目利益相关方,合理利用、引导项目利益相关方的积极期望,使其对项目产生更大的正面影响;其次,合理消减项目利益相关方的消极期望,使其减少对项目的不利影响;最后,保证将项目利益相关方管理的大部分精力用于主要利益相关方身上,以确保项目顺利实施。

项目利益相关方的定义可以分为三个层次:第一层次,泛指所有受组织经营活动影响或者影响组织经营活动的自然人或社会团体。第二层次,专指那些与组织有直接关系的自然人或社会团体。第三层次,特指在项目经营中下了"赌注",其利益与项目利益紧密相关的自然人或社会团体。

总之,利益相关方是指与组织有一定利益关系的个人或群体,他(们)受组织的影响或能影响组织,所以组织进行项目决策时一定需要考虑项目利益相关方的意见和建议。

二、项目利益相关方的特征

项目利益相关方的特征主要有以下 4 个方面：

(1)不同利益相关方在项目中的责任和职权各不相同，并且随项目生命周期的进展而变化。

(2)利益相关方的识别过程是一个持续的过程，一次性完全识别有一定的难度。在项目的初始阶段，难以完全识别出实施阶段的利益相关方。

(3)利益相关方对项目的利益诉求可能是冲突的。为了响应一个利益相关方的需求，项目经理常常会在无意中违背了另一个利益相关方的意愿，因为这个利益相关方对项目有完全不同的期望。

(4)利益相关方对项目的影响有正面的，也有负面的。某些利益相关方预期从一个成功的项目中得益，而另一类利益相关方则可能看到项目成功给他们带来的负面影响。

第二节　项目利益相关方的类型与职责

一、项目利益相关方系统

项目中的每一个利益相关方在项目中扮演不同的角色，发挥不同的作用，承担不同的职责。项目属于社会一个子系统，项目的投资主体一般是企业，项目的投资决策、项目资源的配置、项目文化、项目管理制度与规范都受到企业的影响。环境与企业对项目的成效都产生影响。它们之间的关系如图 16－1 所示。

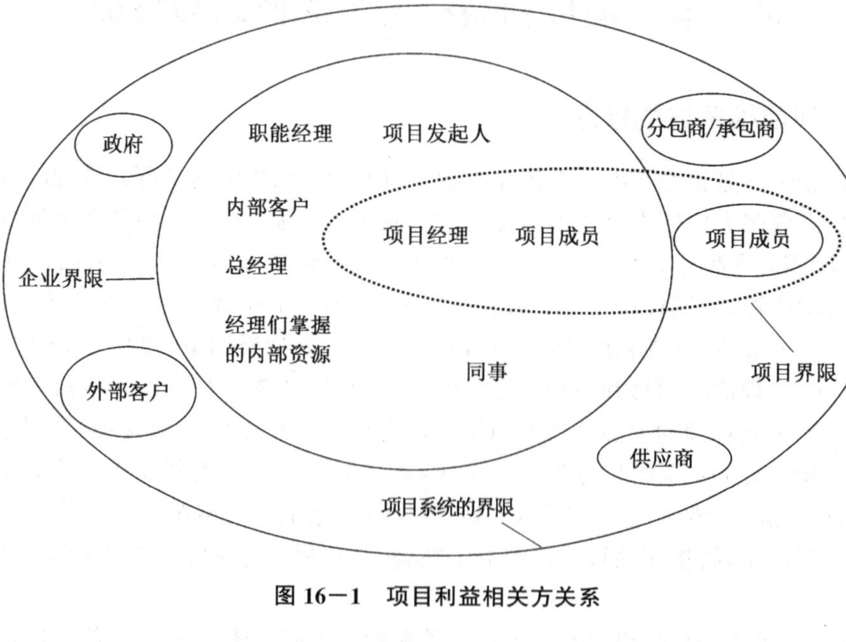

图 16－1　项目利益相关方关系

二、项目利益相关方之间的关联关系

项目利益相关方之间有着千丝万缕的关系，他们之间互相影响、互相制约，公司做出项目投资决策，聘任项目经理，配备项目资源，提供良好的项目环境。项目经理选择项目团队成员，通过完成项目，实现项目目标，交付客户达到质量标准的项目产品。项目主要利益相关方的业务关联关系如图16－2所示。

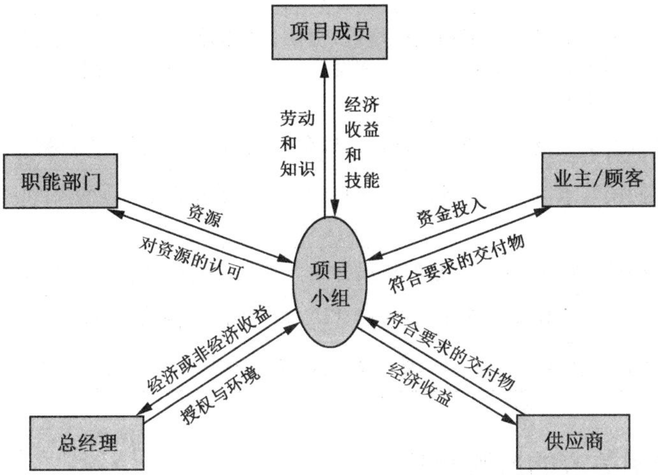

图16－2　项目主要利益相关方的业务关联关系

三、项目主要利益相关方的类型与期望

项目有不同的利益相关方，各利益相关方具有不同的需求和期望，某水利工程项目主要利益相关方及其期望如表16－1所示。

表16－1　某水利工程项目主要利益相关方权益期望分析表

利益相关方	权益期望
业主	项目的发起人和投资人、重大问题的决策者。项目进度、费用、质量得以保障，项目产出最优化。
股东	提供项目投资资金。参与利润分红、资产清偿的分配；重大决策表决，检查公司账目，股票转手，董事会的选举和一些附加权利。
债权人	参与投资，应付利息支付和本金回报的分配。抵押资产的安全性，在清偿中有相对优先权，如果公司内出现某些情况，拥有一定的管理和所有特权。
员工	参与项目施工与管理活动，完成项目计划工作内容。经济上和心理上得到满足，对公司部分职业专断性行动的自由；共享边际利润；自由加入工会和参与集体合约，通过劳工合同提供服务的个人自由；充分良好的工作环境。
客户	使用高质量产品，使用产品的技术数据，提供反馈信息和意见，在客户使用期间支持产品的备用部件，产品改进。
供应商	参与产品的研发，按照合同要求提供符合质量标准的产品。提供技术服务，提供产品售后服务，加强与客户的沟通和联系。
设计单位	设计方案科学合理。项目整体规划的技术转化是施工运营的重要依据和前提。
监理单位	对施工单位的施工准备、施工过程、施工设备安装调试、成果交付等各阶段项目工作进行监理。确保施工单位按照设计文件要求执行，满足项目的质量、进度、投资要求，取得提供服务的收入。

续表

利益相关方	权益期望
施工单位	项目实施过程的主要参与者，决定投资项目的质量、进度和费用。追求自身利润最大化，无意外因素干扰项目施工，施工方案合理，施工性强。
政府	制定国家政治经济政策和法律规范，提供良好的经营环境。协调解决土地占用、移民等问题。有利于提高社会效益，繁荣和发展地区经济，增加地方财力，改善政府形象。为项目提供良好的服务。
金融机构	提供建设资金贷款，及时投入资金，以免耽误和影响项目工作，尽快回收投资并取得利润。
运营商及使用者	提出使用需求，负责项目运营。项目建成后的质量性能满足使用和经营的需求且运营成本低。
移民	考虑移民的需求，制订合理的移民方案。移民搬迁可能会对工期有重要影响。
环保部门	制定环保法律规范和环保标准，对环境进行监控。密切关注环境变化，改善环境。
工会	员工的代表机构，参与管理，参与项目决策，维护员工的利益，提供经营信息。

四、项目利益相关方的影响分析

利益相关方之所以对项目拥有不可忽视的各种影响，是因为其对组织具有利益要求。因此，要处理好与项目利益相关方的关系，就必须正确认识项目利益相关方的各种不同要求，据此制定各种管理策略。项目利益相关方识别是在分析项目特点的前提下，列出所有利益相关方的名单，作为其利益分析和沟通协调的基础。组织需要对所有项目利益相关方的利益关切点进行分析。不同利益相关方对项目的影响力是不同的，需要对主要利益相关方的重要性进行排序，以便给予不同力度的关注。先是分析他们在项目中所关心的利益是什么，分析每个角色的需求和关注点，然后采取相应的措施。通过采用利益相关方分析表（见表 16－2），可以得出利益相关方识别定位图（见图 16－3）。

表 16－2　　利益相关方分析表

序号	名称	影响力统计均值	重要性统计均值	评估结果 1		评估结果 2		评估结果 3		评估结果 4		评估结果 5		评估结果 X	
				影响力	重要性	影响力	重要性	影响力	重要性	影响力	重要性	影响力	重要性	影响力	重要性
1	A														
2	B														
3	C														
4	D														
5	E														

注：(1)均值数值范围为 0－10，0 代表最不重要，10 代表最重要；方差数值越小，表示意见越统一。

(2)本次利益相关方分析共有 X 人参与打分(0－10 分)，采用匿名制，共获得 X 份评估结果，以评估结果排序。

(3)分值说明：L－低－3，可视为项目的参与方；M－中－5，可妨碍或促进项目；H－高－7，可决定项目的成功与否。

	弱影响力	强影响力
高重要性	保护、支持：加强影响力	合作
低重要性	不在此浪费资源	高风险：使其参与进来以提高效益

图 16—3　利益相关方识别定位图

(1)强影响力—高重要性：项目利益相关方对项目影响力较强，对项目非常重要，应与这些利益相关方发展良好的合作关系，实行重点管理。

(2)强影响力—低重要性：项目利益相关方对项目并不重要，但对项目有较强的影响力。这些利益相关方可能会妨碍项目实施或者使问题升级，所以要让他们参与到工作中，以发挥他们的作用。

(3)弱影响力—高重要性：项目利益相关方对项目很重要，但对项目影响力比较小。所以，工作时应该考虑他们的声音，他们通常需要得到保护。

(4)弱影响力—低重要性：利益相关方对项目不重要，影响力也较小。这可能是监控，不要在此浪费资源，可以弱化管理工作。

第三节　项目利益相关方的主要工作

一、政府主管部门及监督管理机构

(1)制定国家及地方政府相关方针政策、法律法规、技术标准规范等；及时办理涉及项目的建设、规划、土地、市政、质量监督、安全监督、税务、劳动、环保、公安消防、卫生、档案、审计监察等手续。

(2)健全质量、环境、职业健康、安全、资金等管控体系，按时填报项目统计报表，做好各项检查资料准备工作，做好主管部门的行政监督、执法监督、程序监督、价格监督等。

(3)建立政府各部门联络沟通机制，及时召集相关部门举行项目管理会议，做好各项检查监督工作，对项目监督检查应明确政府的检查意见，应建立落实高效的反馈机制。

(4)配合质量监督机构对工程项目的质量进行监督，对设计、材料、施工、竣工验收进行质量监督。

二、建设单位(业主)

(1)通过科学的决策方法做出项目决策。以合同为依据，建立与施工单位的信息交流渠道，确保双方对项目功能、安全、质量、工期、环境等目标认识统一，使双方进一步明确责任，及时处理项目实施过程中的问题，便于项目实施的有效推进。

(2)建立与项目法人之间的接口工作流程,及时申报、传递需业主处理的事项,定期参加由业主主持召开的工作联席会,处置好业主各项工作要求。

(3)做好业主资金计划和保证项目资金供应到位,做好项目检查、项目试运行、工程审计与结算、竣工验收等工作。

(4)通过良好服务,建立与施工单位融洽的合作关系,促进项目合同的全面履行。

三、监理方

(1)监理方的主要任务是在项目建设过程中通过履行其合同职责和义务,利用专业技能,为项目法人提供技术咨询服务,确保业主要求及承包商合同承诺实现。因此,项目经理应依据基本建设程序及监理工作流程,建立并完善完备可行的工作流程,与业主单位紧密合作,在项目实施全过程中严格按照监理批准的项目执行文件进行全面管理,以达到工程所要求的各项技术、质量、经济及安全指标。

(2)监理项目开工,原材料检测检验,见证取样试验,隐蔽工程签证,材料、成品、半成品合格证书,旁站监理,质量评定,工程量计量,工程变更与索赔签证,进度款申报,质量问题处置保障措施等。

四、施工方

(1)项目各项工作服从监理方对项目投资、质量、进度、安全、合同、信息管控的监督和协调,同时按监理管理程序要求实施管控机制。

(2)建立项目进度计划、成本计划、质量计划、资源计划、风险管理计划、沟通计划等计划体系,在项目实施过程中合理安排项目工作任务,对项目各项计划进行有效控制,实现项目目标。

五、设计方

(1)建立设计交底制度,充分了解设计意图的工作机制,加强现场工程地质条件、水文地质条件变化情况的反馈与沟通,便于设计变更及时处置。

(2)建立设备材料采购、施工方案设计参与机制,保障设计意图被充分贯彻项目实施的各个环节。

六、供应商

(1)必须保证具有合法资质及行业认证证书,并对其真实性负责。

(2)参与项目产品的设计和项目的计划工作。

(3)保证按照国家或行业标准生产。

(4)按照签订的产品供货合同,保证供应产品的质量、数量并按时供货。

七、分包商

(1)保证分包工程质量、安全和工期满足总承包合同的要求。

(2)按施工组织总设计编制分包工程施工方案。

(3)编制分包工程的施工进度计划、预算、决算。

(4)及时向总承包方提供分包工程的计划、统计、技术、质量、安全和验收等有关资料。

八、当地居民

理解项目的目标和意义，对项目建设单位和施工单位的工作给予理解与支持，加强与建设单位和施工单位的沟通，配合建立与项目的和谐机制，提出自己合理的诉求。在法律框架下处理和解决居民与项目施工单位的纠纷，为项目实施提供良好的环境和条件，降低项目实施过程中的社会风险。

第四节 项目利益相关方的管理

一、项目利益相关方管理的目的

一个项目需要多方面的人员或组织参与才可能完成。项目管理者必须弄清楚谁是本项目的利益相关方，明确他们的需要和期望是什么，然后对这些期望进行管理和施加影响，确保项目获得成功。首先，应该引导利益相关方明确自身工作对项目的影响和作用，提高项目利益相关方对项目的重视程度。其次，应该明确项目利益相关方的需求和期望，试图最大限度地满足项目利益相关方的合理需求，以调动其参与项目的积极性，发挥项目利益相关方的积极作用，消减消极期望，使其减少对项目的不利影响。最后，通过发挥各项目利益相关方的作用，保障项目工作的质量与进度，确保项目成功及项目目标的实现。

二、项目利益相关方管理的原则

项目利益相关方管理是有原则可循的，在项目全生命周期的管理过程中，应按以下原则确定利益相关方的管理策略：

(1)应该尊重和理解所有合理合法的利益相关方对项目的关注，并应该在决策及其实施中适当考虑他们的利益。

(2)应该多听取项目利益相关方的想法，肯定他们的贡献，与他们进行开诚布公的沟通与交流。

(3)所采用的程序和行为方式应基于对每一项目利益相关方及其支持者的关注和能力所做出的深刻理解。

(4)应该认可项目利益相关方能自主地开展活动完成项目任务并获得相应的报酬，对他们在项目活动中所担负的责任及利益的分配应该努力做到公平，并重视他们各自可能碰到的风险和可能遭受的损害。

(5)应该与项目利益相关方个人或群体协同共事，采取得力措施使得所开展的项目活动给他们造成的风险和损害最小化，但当不可避免时，就应该给予适当的补偿。

(6)应该与项目利益相关方一起避免介入或开展这样的活动——可能造成对不可剥夺的人权的侵犯，可能出现的风险显然不为其他利益相关方所接受的活动。

(7)应该承认管理者本人也是项目的利益相关方，他们自己要完成的任务与他们对其他利益相关方的利益所应负有的法律及道义上的责任两者之间存在发生冲突的可能。管理者应该通过诚意沟通、及时通报、有效激励以及必要时第三方介入解决的方法，处理所发生的此类冲突。

三、项目利益相关方管理的内容

(1)识别项目利益相关方；

(2)分析项目利益相关方的利益、要求及优先等级；

(3)与项目利益相关方沟通，分析利益相关方的需求在项目中可以得到满足的程度；

(4)制定有效应对项目利益相关方的策略；

(5)将项目利益相关方的期望反映在项目管理计划的需求、目标、范围、交付物、时间进度及费用中；

(6)将项目利益相关方提出来的威胁和机会作为风险进行管理；

(7)在项目团队与项目利益相关方之间建立自动调整的决策过程；

(8)在项目每个阶段确保项目利益相关方的满意度；

(9)实施项目利益相关方的管理计划；

(10)执行、沟通和管理项目利益相关方计划的变更；

(11)进行项目利益相关方管理工作的总结与评价。

四、项目利益相关方的选择与关系管理

每一个项目利益相关方对项目的成败都会产生影响，所以应该关注项目利益相关方的需求，而与项目利益相关方建立良好的合作关系应该是项目管理者给予高度重视的项目管理内容。

项目经理应该在众多的投标人中，通过竞争的方式选择最有实力和竞争力的中标单位作为项目利益相关方参与到项目中。在项目中明确每一个项目利益相关方的任务范围、职责、权力和利益，以及建立共同的项目文化，通过项目文化来激励项目利益相关方。建立项目利益相关方的理念体系、行为规范体系、考核管理体系、沟通体系和利益分配体系。

重视项目利益相关方对项目的影响，指导、引导和监督项目利益相关方的行为，必要时对其工作给予辅导，出现问题时通过沟通有效解决。

对项目利益相关方进行客观公正的考核与评估，考核结果与其利益挂钩。对项目利益相关方的行为表现进行全程记录，并记入档案，作为利益相关方利益分配和未来再次合作的基础和前提。

五、项目利益相关方的沟通管理

与项目利益相关方的有效沟通是双方良好合作的基础。项目利益相关方之间的沟通旨在确保与项目有关的各方都正确地理解彼此的概念和想法，以避免在项目实施中产生分歧。

项目利益相关方合作之前，应制订项目利益相关方的沟通计划。项目投资者需要首先制定项目章程，签字并盖章，作为项目沟通的前提和基础。项目利益相关方要明确项目定位、项目目标、项目战略计划、项目文化及制度规范、项目管理计划，对项目特征和基本要求有一个深入了解。项目利益相关方事先需要共同制订项目沟通计划，包括项目的沟通方式和沟通渠道等。

项目经理应明确项目沟通主要采用的沟通方式，如会议沟通、书面沟通、电子沟通等。项目经理应寻求通过多种沟通方式(如情感沟通、口头沟通、视觉沟通等)、多种沟通渠道(正式沟通渠道包括链式沟通、平行沟通、轮式沟通、全通道沟通，以及非正式沟通渠道)来表达项目信

息，达到有效沟通的效果。

项目利益相关方通常采用工作会议沟通方式。项目上级和下级定期召开工作会议，双方直接沟通。会议周期可以是每天一次，也可以是每周一次，可根据项目的需要事先确定。一般来说，项目管理水平越低，会议周期越短，这样管理越贴近实际工作，沟通对管理的作用就越明显。另外，开会前，下级人员要事先准备好向上汇报或反映的内容，上级人员要整理好向下指示或传达的内容，这样可以提高会议效率。会议要按时召开，要有明确的会议议程，会前做好准备工作，严格控制按会议议程实施，每次会议应形成会议决议，做好纪要，并通过会后有效的监督，确保会议决议执行到位，达到预期的会议效果。

六、项目主要利益相关方的管理

(一)加强与政府组织部门的沟通和管理

政府主要负责制定项目管理政策和相关法律法规，并确保这些政策被各个项目组织贯彻，创造项目良好的经营环境，同时负责审查项目计划的可行性以及对高风险、高成本的项目进行重点监督管理。

政府在项目利益相关方中扮演非常重要的角色，发挥非常重要的作用。政府中各工商行政管理部门，首先要依法对工程项目实施监督管理，依照相关的法律法规严格执行项目管理任务。例如，在工程项目施工过程中，依据《合同法》的规定，在法律允许的范围内，相关的行政主管部门要切实在各自的权责范围内做好工作，对危害国家和社会的违法行为进行有效的监督处理，对构成犯罪的行为更要依法追究其刑事责任。在这条规定中，相关的行政管理部门也就是指政府的建设行政主管部门，政府执法人员要依法做好项目的管理工作，确保工程施工质量的可靠性。在我国的《建筑法》中，也有类似关于管理控制的条款。

项目管理者需要与政府相关部门负责人进行充分的沟通，掌握、了解和明确政府审批和管控的内容、流程、时间与要求，以保证政府审批的通过率和缩短审批时间，确保项目工期，否则反复返工会严重影响项目进度。在项目实施过程中，接受政府部门的指导，主动征询政府部门的意见，以保证项目顺利通过审查和工作检查。

(二)加强与业主的沟通和管理

业主是项目投资者、项目所有者，对项目的决策拥有最大发言权。所以，项目管理者应加强与业主的充分沟通，了解项目业主对项目的需求和期望，掌握业主项目投资的目的、项目定位与项目目标，以及项目要实现的功能和用途，并要求所有项目业主在项目实施前制定项目章程、确定项目文化、编制项目实施规则和制度，为项目的顺利实施提供有效的保障。项目业主与项目利益相关方要建立利益共同体，要考虑各项目利益相关方的利益，实现风险共担、利益共享。在项目决策前，应广泛征询专家和用户的建议，以及设计单位、监理单位、施工单位和供应商的意见，在此基础上做出正确的项目决策，为项目的规划设计、实施及使用提供有效的保证。项目业主应主动、及时处理项目中出现的问题，加强与各利益相关方的沟通和协调，创建项目文化，统一思想，强化协调，保证项目利益相关方形成凝聚力，齐心协力，相互配合，共同努力完成项目，确保项目成功。此外，项目业主应保证项目资金和资源到位，保证项目的正常实施。

(三)加强与监理方的沟通和管理

为保证项目管理的专业性和有效性，业主需要通过招投标选择监理单位，代表业主对项目施工方进行管理。业主应该选择有实力、有能力、有资质，态度认真且勇于负责的监理公司，在合同中明确监理方的责任、权利和义务。监理公司应依据业主所委托的事项，在监理业务范围内开展项目监理工作，代表业主行使监督和管理权，对施工单位的进度、质量、成本和安全等进行监督和管理，以保证项目按质量标准、按期完成，维护业主的利益。监理公司应定期向业主进行工作汇报，定期或不定期地与业主讨论项目管理中的问题，并提出具体的项目解决方案。

（四）加强与客户的沟通和管理

客户是项目产品的使用者，项目产品和服务能否赢得客户的认可，直接关系到项目产品的销售和项目的效益。所以加强客户管理对项目管理显得更为重要，是项目利益相关方管理的重要内容。在项目实施过程中，很多项目经理在应对客户要求方面感到束手无策，尤其是对比较较真的客户力不从心，从而在一定程度上影响了客户关系。比如客户提出的要求超出预期范围、需求频繁变更、项目迟迟不能验收、对质量要求太高等，而项目组在面对这些问题时，只能通过增加工作量或延长工期逐步满足客户要求，结果是导致项目久拖不决，甚至彻底失败。

我们发现，在大多数情况下，客户的要求是正常合理的，造成双方问题焦点的原因多半是由于项目组自身导致的，这就要求项目经理在遵守项目合同内容、投标承诺、项目目标要求的前提下，充分运用有效的项目管理方法和技巧，积极引导客户的行为，改善与客户的关系。

在项目选址与项目规划设计工作中，应通过调查问卷、访谈研究和讨论等方法和手段，了解客户对产品的需求。规划设计初始方案出来后，基于客户的意见修改设计方案，以使项目产品更好地满足客户需求，同时要求物业公司和客户能够在项目产品设计时就参与到项目中，从客户使用的角度提出实用的设计意见。产品设计方案出来后，在实施之前应当同客户、施工单位等进行图纸会审，从客户使用和项目施工的角度对项目产品设计进行完善。

项目经理的职责除制订跟踪计划、人员管理、规范化控制外，90%以上的时间应该用在沟通和协调上。目前多数项目组织为降低实施成本，安排没有多少项目经验的人员担任项目经理，并且项目经理既承担管理的职责，又肩负具体的技术任务，在项目实施内容比较复杂的情况下，必然造成无法关注客户需求、项目管理混乱、实施过程失控，最终导致客户抱怨甚至投诉，从而严重影响了客户关系。

通过对客户要求的剖析，我们发现其关注点不外乎是项目进度、产品质量、承诺的功能范围、系统可操作性，以及项目资料的规范性和齐全性等。如果项目经理在项目实施过程中把握住了这几点，并充分与客户进行沟通，项目就离成功不远了。

实际上，客户也是比较讲道理的，一般情况下不会“刁难”项目组，反而为了更好地达到项目目标，会抽出专人配合完成项目的实施，因为项目的成功实施也能够提高他们自己追求的目标，双方对项目结果的期望是一致的。

在项目实施和管理过程中，如何获得客户的持续满意，并最终达到双方的共同目标，项目组织的相关岗位人员应从以下几方面加以关注和改进：

（1）售前和销售过程中，销售人员不要过分承诺，并且如果有附加承诺，一定要让项目经理知晓并传达给项目组成员。

（2）项目组要充分理解售前投标书或建议书的内容，并在项目正式开始后就项目需求范围以文档化的形式与客户确认。

（3）项目经理要切实履行自己的职责，做好项目规划和人员管理，并时刻铭记项目目标，围绕项目目标开展项目工作。

（4）项目经理要定期与客户方相关负责人召开项目会议，介绍项目进展情况以及项目实施过程中遇到的问题，并提出解决问题的措施方案。

（5）项目实施过程一定要规范，质量控制要到位，项目资料编写要规范和齐全。

(6)项目组成员要努力工作,利用过硬的技术本领和规范化的实施,赢得客户的信赖。

(7)项目阶段成果要让客户参与评审,听取客户的意见和建议,并将项目产品成功交付客户。

(8)销售人员要保持与客户的联系,了解项目进展和问题,在项目组和客户有意见分歧时起到缓冲作用,不要等到项目收款时才露面。

(五)加强与施工单位的沟通和管理

施工单位是项目的实施者,项目施工单位利用自己的专业优势和项目管理工作最终完成项目产品。所以,项目管理者与施工单位要密切配合,分清遗留的问题责任,提出解决方法,顺利完成土建结构工程交接,为确保施工工期和质量提供必要条件。与土建施工单位的沟通和管理应做好以下工作:

(1)施工场地交接。项目业主应尽早完成临设、场地、临电接口、施工用水的交接,尽快完成项目坐标控制点和水准点的移交,为正式施工的顺利开展打好基础。

施工单位按照业主的工期要求进场施工,协同业主、监理一起主动做好土建结构工程的移交。对未完工的土建项目,可采取分批逐步移交的方法。

(2)结构交验。结构交验重点复测项目内柱、梁的位置和尺寸误差,检查风、水、电系统的预留孔洞位置、尺寸、数量,并做好移交记录。

(六)加强与其他设备专业承包商的沟通和管理

按业主合同管理模式,除本项目工程各专业间需协调外,还将与其他设备专业承包商(如通信信号、自动扶梯安装等工程)进行工程协调。为此,机电承包方将从工程的全局出发,主动与其保持密切合作和协调,将预留出其他专业工程施工的场地与空间,配合进行统一的现场管理,合理解决施工先后顺序,确定施工合理搭接,避免可能出现的停工、窝工、返工现象,满足自己与其他承包商双方的进度要求。在施工进度安排上,优先满足通信信号、自动扶梯承包商进场;在工期保证方面,严格执行工程进度计划,并根据各专业承包商的要求适时调整。

项目管理案例

上海迪士尼乐园项目的利益相关方

一、上海迪士尼乐园项目的背景

2009年1月,迪士尼宣布与上海市政府签订《项目建议书》,将联合上海市政府在浦东兴建全球第6个迪士尼乐园。2009年11月5日,上海迪士尼项目申请报告获国家有关部门核准。上海申迪与美国迪士尼签署上海迪士尼乐园项目合作协议,标志着上海迪士尼乐园项目正式启动,也意味着我国迄今为止规模最大的中外合资现代服务业项目正式落地。

二、上海迪士尼乐园项目的概况

2009年11月23日,国家发改委在网站上发布:"2009年10月,经报请国务院同意,我委正式批复核准上海迪士尼乐园项目。该项目由中方公司和美方公司共同投资建设。项目建设地址位于上海市浦东新区川沙新镇,占地116公顷。项目建设内容包括游乐区、后勤配套区、公共事业区和一个停车场。"项目计划于2011年4月8日动工建设,到2015年建成,工期大约为5年。项目投资达245亿元人民币，所有投资中40%的资金为中方和迪士尼双方共同持有的股权，其中中方政府占57%、迪士尼占43%；其余占总投资60%的资金则为债权，其中政府拥有80%，另外20%为商业机构拥有。

上海迪士尼乐园公司股东发起人为上海申迪旅游度假开发有限公司和WD HOLDINGS (SHANGHAI), LLC，后者是美国迪士尼在上海成立的美方公司。

三、上海迪士尼乐园项目的参与方

（一）上海国际主题乐园有限公司

乐园公司注册资金为1 713 600万元，中美双方持股比例分别为57%和43%；经营范围包括主题乐园的开发、建设和经营等，也包括园区内服务提供。

（二）上海国际主题乐园配套设施有限公司

配套公司注册资金为316 796.76万元，中美双方持股比例分别为57%和43%；经营范围包括酒店、购物中心、体育娱乐和休闲设施的开发、建设和管理等。

（三）上海国际主题乐园和度假区管理有限公司

管理公司注册资金为2 000万元，中美双方持股比例分别为30%和70%；主要涉及财务管理、员工配备等。

上海迪士尼乐园项目的投资及管理主体结构见图1。

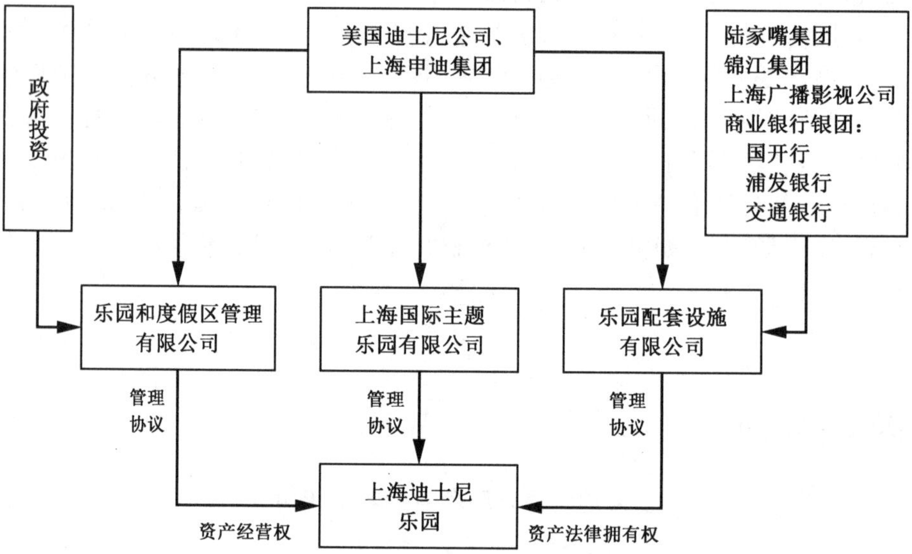

图1　上海迪士尼乐园项目的投资及管理主体结构

（资料来源：令狐倩如. 上海迪士尼带来的利益与影响[D]. 上海商学院，2011.）

本章小结

任何项目都是由多个利益相关方共同参与配合完成的。项目利益相关方有其自身的需求，加强利益相关方管理是项目管理的重要内容之一。本章介绍了项目利益相关方的概念与特征，项目利益相关方管理的目的、原则和内容；阐述了项目利益相关方的识别与分析、项目利益相关方的主要工作、项目利益相关方的选择与关系管理、项目利益相关方的沟通管理，以及项目主要利益相关方的管理，包括项目管理者与政府的沟通和管理、与业主的沟通和管理、与监理方的沟通和管理、与客户的沟通和管理、与施工方的沟通和管理、与其他项目利益相关方的沟通和管理等内容。

习题

1. 什么是项目利益相关方？项目利益相关方有什么特征？
2. 项目利益相关方一般有哪些？
3. 简述项目利益相关方的主要任务。
4. 简述如何选择项目利益相关方。
5. 项目利益相关方管理包括哪些内容？
6. 简述项目利益相关方管理的作用。
7. 简述项目利益相关方管理的原则。
8. 简述如何加强项目利益相关方的管理。
9. 作为一个施工方，如何加强与业主和监理方的沟通和管理？

参考文献

[1]邱菀华.现代项目管理导论[M].北京:机械工业出版社,2009.

[2]戚安邦.项目管理学[M].北京:科学出版社,2007.

[3]殷焕武.项目管理导论[M].北京:机械工业出版社,2012.

[4]白思俊.现代项目管理[M].北京:机械工业出版社,2010.

[5]丁荣贵.项目管理:项目思维与管理关键(第2版)[M].北京:中国电力出版社,2013.

[6]PMI.项目管理知识体系指南(第5版)[M].北京:电子工业出版社,2013.

[7]国际项目管理协会.国际项目管理专业资质认证标准[M].北京:电子工业出版社,2006.

[8]强茂山,王佳宁.项目管理案例[M].北京:清华大学出版社,2011.

[9]丁荣贵,杨乃定.项目组织与团队[M].北京:机械工业出版社,2011.

[10]武汉高登管理咨询有限公司."神舟六号"载人飞船研制项目案例[R].2013.

[11]姜真.现代企业管理(第2版)[M].北京:清华大学出版社,2013.

[12]丁荣贵.项目化管理需要治理平台的支撑[J].项目管理技术,2013(3):17-21.

[13]任宏,张巍.工程项目管理[M].北京:高等教育出版社,2005.

[14]冯彬.工程项目建设实施[M].北京:中国电力出版社,2010.

[15]程敏,徐森.项目管理[M].北京:北京大学出版社,2013.

[16]穆静波,侯敬峰,王亮等.建筑施工组织与管理[M].北京:清华大学出版社,2013.

[17]《国际工程建设项目管理》编委会.国际工程建设项目管理[M].北京:石油工业出版社,2012.

[18]邓铁军,杨亚频.工程项目管理[M].北京:北京大学出版社,2012.

[19]邓子云,张友生.系统集成项目管理工程师考试全程指导[M].北京:清华大学出版社,2009.

[20][美]加罗德·D.奥伯兰德.工程设计与施工项目管理(第2版)[M].毕星,周庆桐,周瑾如,程铁信译.北京:清华大学出版社,2006.

[21]冯宁.工程项目管理[M].郑州:郑州大学出版社,2010.

[22]李先君.工程项目管理[M].武汉:武汉理工大学出版社,2009.

[23]郭树荣.工程造价管理[M].北京:科学出版社,2010.

[24]宋伟,刘岗.工程项目管理[M].北京:科学出版社,2012.

[25]罗东坤.项目管理[M].青岛:中国石油大学出版社,1991.

[26]邱国林,宫立鸣.工程项目管理(第2版)[M].北京:中国电力出版社,2014.

[27]杰克·吉多,詹姆斯·P.克莱门斯.成功的项目管理[M].张金成译.北京:电子工业出版社,2007.

[28]颜明健.项目管理[M].厦门:厦门大学出版社,2014.

[29]王华.工程项目管理[M].北京:北京大学出版社,2014.

[30]蒋国瑞. IT 项目管理[M]. 北京：电子工业出版社，2006.

[31]凯西·施瓦尔贝. IT 项目管理[M]. 邓世忠译. 北京：机械工业出版社，2004.

[32]J. 菲利普斯. 实用 IT 项目管理[M]. 冯博琴，罗建军，朱丹军译. 北京：机械工业出版社，2003.

[33]乐云. 项目管理概论[M]. 北京：中国建筑工业出版社，2008.

[34]丹尼斯·洛克. 项目管理[M]. 姚冀译. 桂林：广西师范大学出版社，2002.

[35]张卓. 项目管理(第 2 版)[M]. 北京：科学出版社，2009.

[36]阿迪德吉·B. 巴迪鲁. 项目管理原理[M]. 王瑜译. 北京：清华大学出版社，2003.

[37]吴健. 项目管理与实践应用[M]. 北京：机械工业出版社，2011.

[38]高民欢. 工程项目施工组织设计原理及实例[M]. 北京：中国建材工业出版社，2004.

[39]吴芳，胡季英. 工程项目采购管理[M]. 北京：中国建筑工业出版社，2008.

[40]李爱民. 项目采购管理[M]. 北京：对外经济贸易大学出版社，2007.

[41]苟伯让. 建设工程招投标与合同管理[M]. 武汉：武汉理工大学出版社，2014.

[42]夏洪胜. 项目管理[M]. 北京：经济管理出版社，2014.

[43]康路晨. 项目管理工具箱[M]. 北京：中国铁道出版社，2014.

[44]王道平. 物流项目管理[M]. 北京：北京大学出版社，2012.

[45]吴卫红. 项目管理[M]. 北京：机械工业出版社，2011.

[46]杰弗里·K. 宾图. 项目管理[M]. 鲁耀斌，赵玲译. 北京：机械工业出版社，2010.

[47]张连营. 项目管理[M]. 北京：高等教育出版社，2012.

[48]胡志根. 工程项目管理(第 2 版)[M]. 武汉：武汉大学出版社，2011.

[49]丁慧平. 项目管理流程、方法与经济学(第 2 版)[M]. 北京：中国人民大学出版社，2007.

[50]汤勇力，李从东，胡欣悦. 项目管理过程、方法与效益(第 2 版)[M]. 北京：清华大学出版社，2009.

[51]姚玉玲，马万里. 项目管理[M]. 北京：中国计量出版社，2005.

[52]黄桂，付春光. 项目人力资源管理与激励[M]. 广州：中山大学出版社，2012.

[53]任平均. 公司：如何提升组织的项目管理能力[M]. 天津：南开大学出版社，2004.

[54]马国柱，马坚波. 现代企业管理实用手册[M]. 上海：立信会计出版社，1996.

[55]刘伟，刘国宁. 职业经理人最新实用手册：项目开发[M]. 北京：中国言实出版社，2005.

[56]孙新波. 项目管理[M]. 北京：机械工业出版社，2010.

[57]张杨柳. 浅谈工程项目中的员工薪酬分配[J]. 现代经济信息，2012(24)：75.

[58]朱舟. 绩效考核与绩效管理[M]. 北京：中国电力出版社，2014.

[59]胡建杰. 基于绩效的项目经理能力测评研究[D]. 南京航空航天大学，2007.

[60]张阿芬. 项目管理学[M]. 厦门：厦门大学出版社，2008.

[61]唐丽颖，毛文静. 管理学(第 2 版)[M]. 北京：北京理工大学出版社，2013.

[62]陈建西，刘纯龙. 项目管理学(第 2 版)[M]. 成都：西南财经大学出版社，2012.

[63]史旺生等. 警察行政管理结构、过程与行为(第 7 版)[M]. 北京：中国人民公安大学出版社，2013.

[64]徐嘉震. 项目管理理论与实务[M]. 北京：中国物资出版社，2006.

[65]徐宁. 项目管理实务教程[M]. 兰州：兰州大学出版社，2014.

[66]万涛. 冲突管理[M]. 北京：清华大学出版社，2012.

[67]丁宁. 项目管理(第 2 版)[M]. 北京:北京交通大学出版社,2012.

[68]赖一飞. 项目管理概论[M]. 北京:清华大学出版社,2011.

[69]郭宁. IT 项目管理[M]. 北京:人民邮电出版社,2012.

[70]代宏坤,徐玖平. 项目沟通管理[M]. 北京:经济管理出版社,2008.

[71]蒋景楠,陆雷,火方华. 项目管理理论与实务[M]. 上海:华东理工大学出版社,2012.

[72]曾赛星. 项目管理[M]. 北京:北京师范大学出版社,2007.

[73]李兴国. 信息管理学[M]. 北京:高等教育出版社,2007.

[74]何关培. BIM 在建筑业的位置、评价体系及可能应用[J]. 土木建筑工程信息技术,2010,2(1):109—116.

[75]陈远. 项目管理[M]. 武汉:武汉大学出版社,2002.

[76]王长峰,李建平,纪建悦. 现代项目管理概论[M]. 北京:机械工业出版社,2008.

[77]范黎波. 项目管理[M]. 北京:对外经济贸易大学出版社,2005.

[78]戚安邦. 项目论证与评估[M]. 北京:机械工业出版社,2004.

[79]甘华鸣. 项目管理[M]. 北京:中国国际广播出版社,2002.

[80]王祖和. 现代项目质量管理[M]. 北京:中国电力出版社,2014.

[81]邱菀华. 现代项目管理学(第 3 版)[M]. 北京:科学出版社,2013.

[82]张锐昕. 项目管理[M]. 北京:清华大学出版社,2013.

[83]加里 · 德斯勒(Gary Dessler),曾湘泉. 人力资源管理(第 10 版 · 中国版)[M]. 北京:中国人民大学出版社,2007.

[84]池仁勇. 项目管理(第 3 版)[M]. 北京:清华大学出版社,2015.

[85]温德成. 质量管理学[M]. 北京:机械工业出版社,2014.

[86]龚益鸣. 现代质量管理学[M]. 北京:清华大学出版社,2012.

[87]张公绪,孙静. 新编质量管理学[M]. 北京:高等教育出版社,2004.

[88]刘广弟. 质量管理学(第 2 版)[M]. 北京:清华大学出版社,2003.

[89]梁国明. 企业质量成本管理方法(第 3 版)[M]. 北京:中国质检出版社,2011.

[90]杨青. 工程项目质量管理(第 2 版)[M]. 北京:机械工业出版社,2014.

[91]陈铀德. 项目管理技术在马钢高炉施建工程中应用研究[D]. 东北大学,2007.

[92]李佰胜. 东明石化集团项目建设管理模式分析与研究[D]. 山东科技大学,2006.

[93]杨学军. 试论管理组织的演进[J]. 西北农林科技大学学报(社会科学版),2002(1):51—54.

[94]杨丽. 项目采购管理[M]. 北京:北京大学出版社,2013.

[95]刘学林. CGTR 项目系统分析与管理方法研究[D]. 天津大学,2007.

[96]徐宪红. 目标企业价值评估指标体系及方法[D]. 郑州大学,2007.

[97]仵艳. YICT 公司 IT 项目可行性研究模型的建立[D]. 西北工业大学,2007.

[98]杨萍等. 浅谈如何规范建设工程招标投标制度[J]. 城市建设理论研究(电子版),2011.

[99]吴守荣. 项目采购管理[M]. 北京:中国电力出版社,2015.

[100]秦刚. 工程建设招投标监督机制问题与对策研究[D]. 天津大学,2011.

[101]陈亥. 浅谈建筑工程项目的进度优化策略[J]. 城市建设理论研究(电子版),2012(25).

[102]赵俊平.油气钻井工程项目风险分析与管理研究[D].大庆石油学院,2007.

[103]黄睿轩.挣值法在新科公司工序革新项目管理中的应用[D].华东理工大学,2006.

[104]王艳平.软件企业项目管理绩效评估指标体系设计[J].西北工业大学学报(社会科学版),2001,21(4):33—35.

[105]王兴.浅谈油田工程建设中所存在的问题[J].甘肃科技,2009,25(5):77—79.

[106]胡团结.工程项目结算审计的研究与探讨[D].同济大学,2007.

[107]周鹏.项目验收与后评价[M].北京:机械工业出版社,2007.

[108]特雷斯·罗德.项目干系人管理[M].邓伟升,汪小金译.北京:中国电力出版社,2007.

[109]张立铭,卫琳.Project 2019 项目管理实例教程(微课版)[M].北京:清华大学出版社,2021.

[110]李德智.FIDIC 合同原理与实务[M].北京:化学工业出版社,2013.

[111]http://www.mypm.net.

[112]杨继萍,吴军希,孙岩等.Project 2010 项目管理——从新手到高手[M].北京:北京大学出版社,2011.

[113]朱方伟,宋金波.项目管理[M].北京:清华大学出版社,2017.

21世纪普通高等教育“十四五”规划教材·工商管理系列

项目管理习题集

（第二版）

赵树宽　主编

上海财经大学出版社

目 录

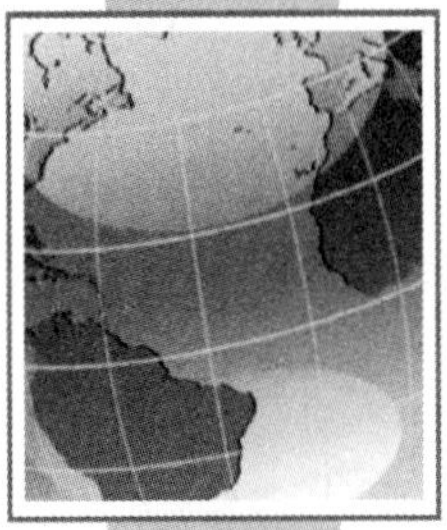

第一章 项目管理概论

一、单项选择题(本大题共20小题,每小题1分,共20分)

【在每小题列出的四个备选项中只有一个是符合题目要求的,请将其代码填写在题后的括号内。错选、多选或未选均无分。】

1. 项目管理的对象是(　　)。

A. 项目　　B. 管理

C. 运作　　D. 营销

2. 科学正确地理解项目管理,首先要弄清楚(　　)。

A. 项目　　B. 管理

C. 制约　　D. 系统

3. 地震、洪水等天灾导致项目风险,这些风险是(　　)。

A. 可管理的　　B. 不可管理的

C. 可控的　　D. 不可控的

4. 国家主体育场建设要体现绿色奥运、人文奥运的奥运精神所指的项目特征是(　　)。

A. 独特性　　B. 一次性

C. 系统性　　D. 目标性

5. 项目经历启动、规划设计、实施和收尾的过程所指的项目特征是(　　)。

A. 独特性　　B. 目标性

C. 风险性　　D. 生命周期性

6. 项目管理与其他管理相比最大的特点是(　　)。

A. 目标管理　　B. 综合管理

C. 专业管理　　D. 技术管理

7. 甘特图属于(　　)。

A. 项目产生阶段　　B. 项目形成和发展阶段

C. 传统项目管理阶段　　D. 现代项目管理阶段

8. 属于项目管理成熟发展阶段的是(　　)。

A. 产生阶段　B. 形成和发展阶段
C. 传统项目管理阶段　D. 现代项目管理阶段

9. 为我国项目建设投资领域带来巨大冲击和影响的项目是(　　)。
A. 鲁布革水电站工程　B. 黄河小浪底工程
C. 三峡工程　D. 北京鸟巢工程

10. 项目的第一负责人是(　　)。
A. 公司总经理　B. 项目管理部经理
C. 项目经理　D. 工程部经理

11. 对项目成功影响最大的项目阶段是(　　)。
A. 启动阶段　B. 规划设计阶段
C. 实施阶段　D. 收尾交付阶段

12. 项目资源消耗最大的阶段是(　　)。
A. 启动阶段　B. 规划设计阶段
C. 实施阶段　D. 收尾交付阶段

13. 项目的起点和终点只有(　　)。
A. 一个　B. 两个
C. 三个　D. 多个

14. 项目的首要基础目标是(　　)。
A. 进度　B. 质量
C. 成本　D. 安全

15. 项目实施的直接承担者是(　　)。
A. 项目经理　B. 项目用户
C. 项目团队　D. 供应商

16. PMBOK 的最初提出者是(　　)。
A. PMI　B. IPMA
C. PMRC　D. WTO

17. 项目质量控制属于(　　)。
A. 启动阶段　B. 规划设计阶段
C. 实施阶段　D. 收尾阶段

18. 项目利益相关方管理的提出是 PMBOK 的(　　)。
A. 第 1 版　B. 第 2 版
C. 第 4 版　D. 第 5 版

19. 项目管理的基础内容是(　　)。
A. 范围管理　B. 进度管理
C. 采购管理　D. 综合管理

20. 具有项目系统管理特征的项目管理内容是(　　)。
A. 范围管理　B. 进度管理
C. 采购管理　D. 综合管理

二、多项选择题（本大题共 5 小题，每小题 2 分，共 10 分）

【在每小题列出的五个备选项中至少有两个是符合题目要求的，请将其代码填写在题后的括号内。错选、多选、少选或未选均无分。】

1. 项目具有的特征包括（　　）。

A. 目标性　　B. 独特性

C. 系统性　　D. 风险性

E. 一次性

2. 项目的生命周期包括（　　）。

A. 项目调研期　　B. 项目建造期

C. 项目运营期　　D. 项目清理期

E. 项目后评价期

3. 项目的主体有（　　）。

A. 业主　　B. 承包商

C. 监理　　D. 政府

E. 用户

4. 项目管理的过程包括（　　）。

A. 启动过程　　B. 规划过程

C. 执行过程　　D. 监控过程

E. 结束过程

5. 项目的目标有（　　）。

A. 进度目标　　B. 质量目标

C. 成本目标　　D. 安全目标

E. 环境目标

三、判断题（本大题共 10 小题，每小题 1 分，共 10 分）

1. 项目普遍存在于人类社会经济活动中并对人类的生产和生活产生重大影响。（　　）
2. 项目成为企业求生存、谋发展的利器。（　　）
3. 项目没有明确的开始和结束日期。（　　）
4. 由于项目具有目标性特征，所以项目具有一定的风险。（　　）
5. 项目管理组织是一个临时性的团队组织。（　　）
6. 项目组织是一个封闭的社会技术系统。（　　）
7. 项目管理的全过程需要体现系统管理的思想。（　　）
8. 项目目标要定得高一点。（　　）
9. 项目生命周期包括一个项目起点和终点以及一个项目各阶段的起点和终点。（　　）
10. 项目管理知识体系（PMBOK）是由美国项目管理协会（PMI）提出的。（　　）

四、名词解释题（本大题共 5 小题，每小题 2 分，共 10 分）

1. 项目
2. 项目管理

3. 项目目标
4. 项目生命周期
5. 项目管理知识体系

五、简答题（本大题共 5 小题，每小题 2 分，共 10 分）

1. 简述项目的发展历程。
2. 简述项目目标制定的原则。
3. 简述项目生命周期的内容。
4. 项目 IPMP 资质等级有哪些？
5. 简述项目全生命周期的构成。

六、论述题（本大题共 2 小题，每小题 10 分，共 20 分）

1. 论述如何使项目成功。
2. 论述项目系统管理的重要性。

七、案例分析题

2008 年国家主体育场设计方案全球征集

截至 2002 年 11 月 20 日，竞赛办公室共收到 44 家著名设计单位提供的有效资格预审文件，经过严格的资格预审，最终确定了 14 家设计单位进入正式的方案竞赛，它们分别来自中国、美国、法国、意大利、德国、澳大利亚、日本、加拿大、瑞士、墨西哥等国家和地区。

2003 年 3 月 18 日，最终参与竞赛的全球 13 家具有丰富经验的著名建筑设计公司及设计联合体，将它们理想中的中国国家体育场的壮丽构想送抵北京。13 个设计方案中，境内方案 2 个、境外方案 8 个、中外合作方案 3 个。

在随后的方案评审中，由中国工程院院士关肇邺和荷兰建筑大师库哈斯等 13 名权威人士组成的评审委员会对参赛作品进行严格评审、反复比较、认真筛选，经过两轮无记名投票，选举出 3 个优秀方案，分别是由瑞士赫尔佐格和德梅隆韦斯特设计公司与中国建筑设计研究院组成的联合体设计完成的“鸟巢”方案、由中国北京市建筑设计研究院独立设计的“浮空开启屋面”方案、由日本株式会社佐藤综合计划与中国清华大学建筑设计研究院合作设计的“天空体育场冰雪世界”方案。为征求公众意见，竞赛组织单位又将全部 13 个设计方案在北京国际会议中心公开展出。

“鸟巢”名列第一，表现出观众与评委在相当程度上的认同。经决策部门认真研究，“鸟巢”最终被确定为 2008 年北京奥运会主体育场——中国国家体育场——的最终实施方案。

[问题 1]中国国家体育场设计方案征集与传统做法有什么不同？

[问题 2]“鸟巢”方案成功当选中国国家体育场设计的最终实施方案，成功的经验是什么？对我们有什么启示？

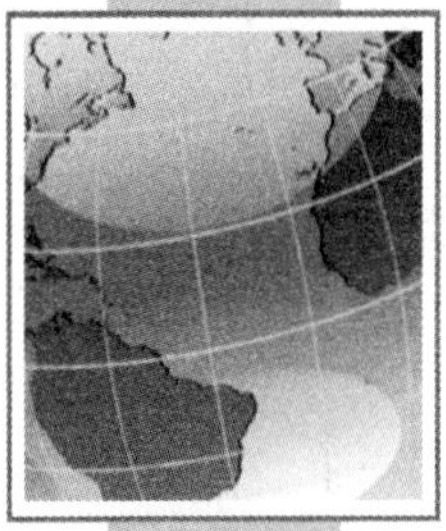

第二章 项目管理组织

一、单项选择题（本大题共 20 小题，每小题 1 分，共 20 分）

【在每小题列出的四个备选项中只有一个是符合题目要求的，请将其代码填写在题后的括号内。错选、多选或未选均无分。】

1. 项目组织是一个（　　）。

A. 控制系统　　B. 合作系统

C. 信息系统　　D. 决策系统

2. 项目组织与其他组织的最大区别是（　　）。

A. 一次性　　B. 风险性

C. 制约性　　D. 连续性

3. 项目组织是（　　）。

A. 临时的　　B. 固定的

C. 常设的　　D. 长期的

4. 项目组织面向（　　）。

A. 目标　　B. 任务

C. 需求　　D. 职能

5. 项目经理是项目的（　　）。

A. 投资者　　B. 职能负责人

C. 技术负责人　　D. 总负责人

6. 项目组织设计时要尽量结构简化，一专多能，一人多岗。这是指（　　）。

A. 目标一致原则　　B. 统一指挥原则

C. 精干高效原则　　D. 责权对等原则

7. 适合小型项目且持续时间较短的项目组织形式是（　　）。

A. 职能型项目组织　　B. 项目型项目组织

C. 矩阵型项目组织　　D. 混合型项目组织

8. 责任明确的项目组织是（　　）。

A. 职能型项目组织　　B. 项目型项目组织
C. 矩阵型项目组织　　D. 混合型项目组织

9. 可以综合利用项目资源的项目组织是(　　)。
A. 职能型项目组织　　B. 项目型项目组织
C. 矩阵型项目组织　　D. 混合型项目组织

10. 方式灵活的项目组织是(　　)。
A. 职能型项目组织　　B. 项目型项目组织
C. 矩阵型项目组织　　D. 混合型项目组织

11. 监督和考核员工绩效的基础是(　　)。
A. 规则　　B. 制度
C. 流程　　D. 员工角色和职责清单

12. 项目团队强调(　　)。
A. 明确的等级　　B. 团队成员地位是平等的
C. 有各自的目标　　D. 工作的自主性

13. 可以充分调动项目团队成员积极性的项目组织形式是(　　)。
A. 职能型组织结构形式　　B. 项目型组织结构形式
C. 矩阵型组织结构形式　　D. 混合型组织结构形式

14. PMO 是(　　)。
A. 项目统筹部门　　B. 项目决策部门
C. 项目控制部门　　D. 项目核算部门

15. 团队成员彼此之间非常礼貌的项目团队所处的阶段是(　　)。
A. 形成期　　B. 风暴期
C. 规范期　　D. 成果期

16. 团队工作效率得到明显提高,这个阶段被称为项目团队的(　　)。
A. 形成期　　B. 风暴期
C. 规范期　　D. 成果期

17. 项目团队会出现大量的项目成果,这个阶段被称为项目团队的(　　)。
A. 形成期　　B. 风暴期
C. 规范期　　D. 成果期

18. “以德服人”所指的项目经理素质是(　　)。
A. 品格素质　　B. 能力素质
C. 知识素质　　D. 身体素质

19. 有效沟通和协调所指的项目经理素质是(　　)。
A. 品格素质　　B. 能力素质
C. 知识素质　　D. 身体素质

20. 属于参与式领导方式的管理手段是(　　)。
A. 集权　　B. 授权
C. 命令　　D. 指导

二、多项选择题（本大题共 5 小题，每小题 2 分，共 10 分）

【在每小题列出的五个备选项中至少有两个是符合题目要求的，请将其代码填写在题后的括号内。错选、多选、少选或未选均无分。】

1. 组织的三要素包括（　　）。

A. 共同的目标　　B. 详细的计划
C. 协作的意愿　　D. 信息的沟通
E. 必要的控制

2. 项目团队的三个层次包括（　　）。

A. 核心层　　B. 中心层
C. 外延层　　D. 作业层
E. 基础层

3. 项目经理的角色包括（　　）。

A. 领导者　　B. 管理者
C. 伯乐　　D. 教练
E. 传道者

4. 项目组织具有的特点包括（　　）。

A. 临时的　　B. 任务导向的
C. 柔性与灵活性相结合　　D. 目标具有动态性
E. 项目经理是个关键人物

5. 项目经理应具备的能力素质包括（　　）。

A. 领导能力　　B. 决策能力
C. 协调能力　　D. 品格能力
E. 激励能力

三、判断题（本大题共 10 小题，每小题 1 分，共 10 分）

1. 随着社会的进步，组织发展从封闭的组织到开放的组织，从单个的组织到系统的组织。（　　）
2. 项目经理应该大权独揽，个人指挥，个人负责。（　　）
3. 能否塑造好的品德将直接影响项目经理非权力性影响力的大小。（　　）
4. 项目经理的主要工作就是对外协调各方面的关系。（　　）
5. 项目应把总体计划最终分解到月。（　　）
6. 项目经理的综合能力和经验决定了项目成败。（　　）
7. 项目具有独特性特征，不受母组织相关制度的约束。（　　）
8. PMO 直接负责项目计划的制订与控制。（　　）
9. 项目型组织结构的最大特点是方式灵活。（　　）
10. 项目管理组织是一个临时性组织。（　　）

四、名词解释题（本大题共 5 小题，每小题 2 分，共 10 分）

1. 项目组织

2. 管理幅度
3. 矩阵型项目组织
4. 项目经理
5. 项目团队的生命周期

五、简答题(本大题共 5 小题,每小题 2 分,共 10 分)

1. 简述项目团队管理的基础。
2. 简述成功项目团队的特点。
3. 矩阵型组织结构的类型有哪些?
4. 简述项目管理组织设计的原则。
5. 典型的项目管理组织结构有哪些?

六、论述题(本大题共 2 小题,每小题 10 分,共 20 分)

1. 论述如何建设高效的项目团队。
2. 论述矩阵型组织结构的优缺点。

七、案例分析题(20 分)

项目经理的困惑

A 公司是一家系统集成商,章某是 A 公司的一名高级项目经理,现正在负责某市开发区的办公网络项目管理工作,该项目划分为综合布线、网络工程和软件开发三个子项目,需要三个项目经理分别负责。章某很快找到了负责综合布线、网络工程的项目经理,而负责软件开发的项目经理一直没有适合的人选。原来由于 A 公司近年业务快速开展,承揽的项目逐年增多,现有的项目经理人手不够。章某建议从在公司工作 2 年以上的业务骨干中选拔项目经理。结果张某被章某选中并负责该项目的软件开发子项目。在项目初期,依照公司的管理规定,张某带领几名项目团队成员刻苦工作,项目进展非常顺利。

随着项目的进一步展开,项目成员逐步增加,张某在项目团队管理方面遇到很多困难。他领导的团队因经常返工而效率低下、团队成员对发生的错误互相推诿、开会时人员从来没有到齐过,甚至张某因忙于自己负责的模块开会时都迟到过。大家向张某汇报项目的实际进度、成本时往往言过其实,直到张某对自己负责的模块进行接口调试时才发现这些问题。

[问题 1]请分析项目中出现这些情况的可能原因。

[问题 2]你认为高级项目经理章某应该如何指导和帮助张某?

[问题 3]张某作为项目经理要承担哪些角色?要成为一名合格的项目经理应具备哪些知识与技能?

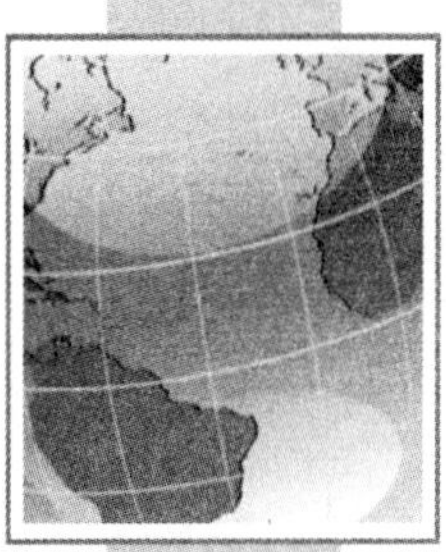

第三章
项目立项与启动

一、单项选择题（本大题共 20 小题，每小题 1 分，共 20 分）

【在每小题列出的四个备选项中只有一个是符合题目要求的，请将其代码填写在题后的括号内。错选、多选或未选均无分。】

1. 对一个重要项目立项，首先进行（　　）。

A. 一般机会研究　　B. 特定项目机会研究

C. 项目需求分析　　D. 项目可行性研究

2. 项目需求建议书一般都是（　　）。

A. 正式文件　　B. 非正式文件

C. 口头的　　D. 书面的

3. 项目构思又称为（　　）。

A. 项目策划　　B. 项目规划

C. 项目创意　　D. 项目设计

4. 以信函形式征求专家意见的项目选择方法是（　　）。

A. 头脑风暴法　　B. 德尔菲法

C. 层次分析法　　D. 专家讨论法

5. 项目可行性研究的目的是（　　）。

A. 项目决策　　B. 方案优化

C. 项目规划　　D. 项目策划

6. 开发一个新项目，首先要（　　）。

A. 经济可行　　B. 技术先进

C. 管理可行　　D. 社会可行

7. 项目结果和产品的最终接受人是（　　）。

A. 组织高级管理层　　B. 项目经理

C. 项目发起人　　D. 项目小组

8. 对项目要完成的产品特征、结构和功能进行说明的文档是（　　）。

A. 项目需求说明书　B. 项目成果说明书
C. 项目可行性报告　D. 项目范围说明书

9. 项目启动的首要步骤是(　　)。
A. 发起项目　B. 批准项目
C. 选聘项目经理　D. 组建项目团队

10. 确定项目存在的文档是(　　)。
A. 项目章程　B. 项目制度
C. 项目目标　D. 项目范围

11. “为什么要做这个项目”是指(　　)。
A. 项目目标　B. 项目目的
C. 项目绩效　D. 项目范围

12. 确定高层方法、成功关键指标、产品说明及其他高层计划方面的信息是(　　)。
A. 项目章程　B. 项目规则
C. 项目制度　D. 项目概念化文件

13. 说明项目整体情况的书面文件是(　　)。
A. 项目章程　B. 项目制度
C. 项目说明书　D. 项目假设

14. 项目工作的实际管理人是(　　)。
A. 公司总经理　B. 项目经理
C. 项目部门经理　D. PMO 经理

15. 标志一个项目正式开始的是(　　)。
A. 项目启动会议　B. 项目章程制定
C. 确定项目目标　D. 明确项目目的

16. 限制项目团队活动的因素是(　　)。
A. 假设条件　B. 风险因素
C. 制约因素　D. 项目资产

17. 项目团队成员彼此之间非常礼貌,这个阶段被称为项目团队的(　　)。
A. 形成期　B. 风暴期
C. 规范期　D. 成果期

18. 属于定性与定量结合的决策方法是(　　)。
A. 头脑风暴法　B. 德尔菲法
C. 层次分析法　D. 访谈法

19. 大型项目选择承包商时一般要求的采购方式是(　　)。
A. 询价采购　B. 招投标采购
C. 直接采购　D. 自营工程

20. 项目启动阶段的首要工作是(　　)。
A. 识别需求　B. 制订计划
C. 项目控制　D. 解决问题

二、多项选择题（本大题共5小题，每小题2分，共10分）

【在每小题列出的五个备选项中至少有两个是符合题目要求的，请将其代码填写在题后的括号内。错选、多选、少选或未选均无分。】

1. 项目决策应遵循的原则包括（　　）。

A. 科学原则　　B. 可持续原则
C. 民主原则　　D. 经济原则
E. 动态原则

2. 项目目标必须（　　）。

A. 量化　　B. 具体
C. 准确　　D. 抽象
E. 清晰

3. 影响项目选择的因素有（　　）。

A. 人员因素　　B. 技术因素
C. 组织要素　　D. 财务指标
E. 环境因素

4. 客户需求包括（　　）。

A. 市场需求　　B. 发展需求
C. 技术需求　　D. 竞争需求
E. 利益需求

5. 项目需求建议书包括（　　）。

A. 项目工作陈述　　B. 项目目标
C. 客户供应　　D. 客户付款方式
E. 项目时间要求

三、判断题（本大题共10小题，每小题1分，共10分）

1. 外界环境可以决定一个项目的取舍成败。（　　）
2. 项目一般机会研究趋向于微观研究。（　　）
3. 项目需求研究常用到SWOT分析法。（　　）
4. 不同项目面对的用户和需求是一样的。（　　）
5. 需求识别的目的就是对内外部环境进行分析，发现环境变化的趋势。（　　）
6. 项目选择要用定性与定量结合的方法。（　　）
7. 项目可行性研究要用比较的研究方法。（　　）
8. 项目决策应追求局部最优。（　　）
9. 项目决策应凭个人主观经验进行决策。（　　）
10. 项目决策是对一个复杂的、多因素的项目管理系统进行逻辑分析和综合判断的过程。（　　）

四、名词解释题（本大题共5小题，每小题2分，共10分）

1. 项目章程

2. 项目范围说明书
3. 项目决策
4. 项目需求建议书
5. 项目启动

五、简答题(本大题共 5 小题,每小题 2 分,共 10 分)

1. 简述 SWOT 分析法的内容。
2. 项目需求分析包括哪些内容?
3. 标准的项目需求建议书一般应包括哪些内容?
4. 项目选择的方法有哪些?
5. 简述可行性研究的步骤。

六、论述题(本大题共 2 小题,每小题 10 分,共 20 分)

1. 论述如何科学进行项目决策。
2. 论述项目决策的步骤。

七、案例分析题(20 分)

奥运主馆“鸟巢”可开启屋顶被取消

2008 年北京奥运会主会场国家体育场设计方案已经作了优化调整,但其独特的设计风格未受影响。这是北京市政府职能部门首次就此对外正式表态。国家体育场因结构组件相互支撑形成网络状的构架而被形象地称为“鸟巢”。根据专家的反复研究论证,“鸟巢”原设计方案中的可开启屋顶被取消,屋顶开口扩大,并通过钢结构的优化,大大减少了用钢量。优化调整后的方案可以确保工程造价控制在国家发改委要求的 22.67 亿元之内。

该负责人表示,经过优化调整的“鸟巢”仍然会成为建筑精品。“鸟巢”设计方案的优化调整得到了国际奥委会的理解,国际奥委会对场馆建设并不担心。

[问题 1]请分析项目中做出取消可开启屋顶决策的原因。

[问题 2]你认为取消可开启屋顶会产生什么影响?

[问题 3]请说明项目决策应考虑的因素。

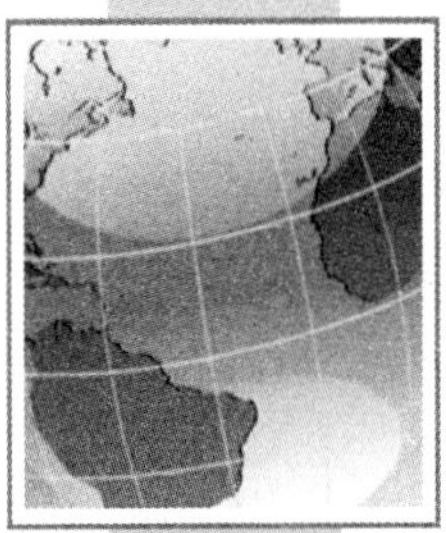

第四章
项目策划、规划与设计

一、单项选择题(本大题共 20 小题,每小题 1 分,共 20 分)

【在每小题列出的四个备选项中只有一个是符合题目要求的,请将其代码填写在题后的括号内。错选、多选或未选均无分。】

1. 项目策划属于(　　)。

A. 信息产业　　B. 智力产业

C. 制造产业　　D. 通信产业

2. 项目策划方法要注重(　　)。

A. 实战　　B. 美观

C. 经济　　D. 大方

3. 项目广告要(　　)。

A. 抽象　　B. 烦琐

C. 美妙　　D. 直白

4. 做"第一个吃螃蟹的人"是指(　　)。

A. 经济性　　B. 技术性

C. 创新性　　D. 安全性

5. 建样板房就是让顾客有(　　)。

A. 体验感　　B. 刺激感

C. 视觉感　　D. 口感

6. 目标应是(　　)。

A. 具体的　　B. 高不可攀的

C. 抽象的　　D. 模糊的

7. 项目必须完成的工作是指(　　)。

A. 产品范围　　B. 工作范围

C. WBS 字典　　D. 责任矩阵

8. 对项目每个模块进行具体的描述并确定项目流程,是指(　　)。

A. 方案设计　　B. 初步设计

C. 详细设计　　D. 产品设计

9. 对项目实施任务进行分解并对项目组织工作进行设计，是指(　　)。

A. 项目目标设计　　B. 项目组织设计

C. 项目进度设计　　D. 项目管理设计

10. 占用项目资源最大的阶段是(　　)。

A. 项目启动阶段　　B. 项目规划与设计阶段

C. 项目实施阶段　　D. 项目收尾阶段

11. 项目生命周期最后的阶段是(　　)。

A. 项目启动阶段　　B. 项目规划与设计阶段

C. 项目实施阶段　　D. 项目收尾阶段

12. 项目管理最复杂的阶段是(　　)。

A. 项目启动阶段　　B. 项目计划阶段

C. 项目实施阶段　　D. 项目收尾阶段

13. 项目设计方案必须(　　)。

A. 从实际出发，切实可行　　B. 按国家设计规范执行

C. 按投资方要求设计　　D. 按国家法律规范执行

14. 对项目的总体框架进行设计是指(　　)。

A. 方案设计　　B. 初步设计

C. 规划设计　　D. 详细设计

15. 在规定的建设地点、时间和可用资金限定之内，拟建项目技术和财务的可行性，是指(　　)。

A. 方案设计　　B. 初步设计

C. 规划设计　　D. 详细设计

16. 项目设计的首要任务是(　　)。

A. 项目的定义和定位　　B. 项目的用途

C. 项目的功能　　D. 项目的目标

17. 对项目全过程进行投资控制首先要(　　)。

A. 选择经济合理的设计方案　　B. 成本控制

C. 质量控制　　D. 进度控制

18. 项目风险管理计划应在(　　)。

A. 项目实施前　　B. 项目实施过程中

C. 项目收尾交付时　　D. 项目使用过程中

19. 揭示项目细节的有效工具是(　　)。

A. 项目责任矩阵　　B. 工作分解结构

C. 关键路线法　　D. 网络计划技术

20. 项目目标主要表现为(　　)。

A. 一个方面　　B. 两个方面

C. 三个方面　　D. 四个方面

二、多项选择题(本大题共 5 小题,每小题 2 分,共 10 分)

【在每小题列出的五个备选项中至少有两个是符合题目要求的,请将其代码填写在题后的括号内。错选、多选、少选或未选均无分。】

1. 项目目标具有的特点包括(　　)。
A. 多目标性　　B. 优先性
C. 层次性　　D. 单一性
E. 抽象性

2. 项目策划的原则包括(　　)。
A. 质量原则　　B. 价格原则
C. 品牌原则　　D. 渠道原则
E. 诚信原则

3. 项目设计的内容包括(　　)。
A. 项目总体设计　　B. 项目实施设计
C. 项目人力资源规划　　D. 项目平面设计
E. 项目设施设计

4. 项目目标包括(　　)。
A. 工期目标　　B. 质量目标
C. 成本目标　　D. 安全目标
E. 环境目标

5. 控制流程设计运用的原理包括(　　)。
A. 系统原理　　B. 动态原理
C. 封闭原理　　D. 信息原理
E. 弹性原理

三、判断题(本大题共 10 小题,每小题 1 分,共 10 分)

1. 详细设计是根据已批准的方案设计和初步设计对项目实施最完整、最详尽的设计。(　　)
2. 项目设计直接成为项目实施和项目管理的基础依据。(　　)
3. 项目设计只可考虑项目的技术和功能,不必考虑项目的成本。(　　)
4. 项目工作分解结构是一个分层次的结构。(　　)
5. 项目 WBS 第一层是工序或工作包。(　　)
6. 项目的目标是单一的。(　　)
7. SWOT 分析是项目策划的重要分析方法。(　　)
8. 项目策划是一种体力劳动。(　　)
9. 项目策划具有明显的目的性、实践性和功能性。(　　)
10. 项目策划需要通过比较方法选择合理的方案。(　　)

四、名词解释题(本大题共 5 小题,每小题 2 分,共 10 分)

1. 项目策划

2. 项目规划
3. 项目范围
4. 项目设计
5. 方案设计

五、简答题(本大题共 5 小题,每小题 2 分,共 10 分)

1. 简述项目策划方案的关键。
2. 简述项目策划方案的编写要求。
3. 简述项目定位的内容。
4. 简述项目规划的原则。
5. 简述项目设计的作用。

六、论述题(本大题共 2 小题,每小题 10 分,共 20 分)

1. 论述项目规划的作用。
2. 论述项目规划的内容。

七、案例分析题(20 分)

杭州湾跨海大桥可行性研究的败笔

出于对预期效益的乐观评估,杭州湾跨海大桥一度吸引了大量民间资本,17 家民营企业以 BOT 形式参股杭州湾大桥发展有限公司,让这一大型基础工程成为国家级重大交通项目融资模板。然而,现在投资入股的民企又纷纷转让股份,退出大桥项目,地方政府不得不通过国企回购赎回了项目 80%的股份。通车 5 年后,项目资金仍然紧张,2013 年全年资金缺口达到 8.5 亿元,而作为唯一收入来源的大桥通行费收入全年仅为 6.43 亿元。按照 30 年收费期限,可能无法收回本金。

[问题 1]民企转让股份原因是什么?

[问题 2]杭州湾跨海大桥可行性研究对我们有什么启示?

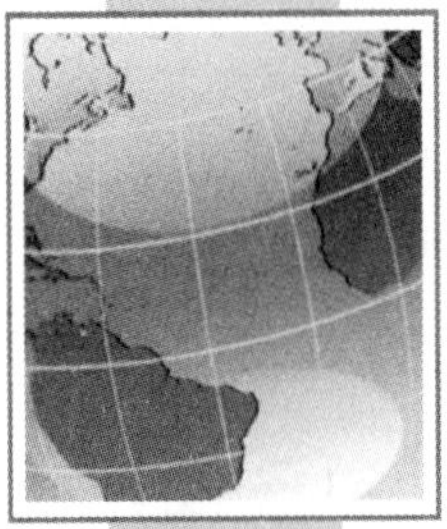

第五章 项目采购管理

一、单项选择题(本大题共 20 小题,每小题 1 分,共 20 分)

【在每小题列出的四个备选项中只有一个是符合题目要求的,请将其代码填写在题后的括号内。错选、多选或未选均无分。】

1.“一手交钱,一手交货”是指(　　)。

A. 计划　　B. 采购

C. 风险　　D. 资源

2. 项目招标采购邀请投标的厂商应至少保证(　　)。

A. 一家　　B. 两家

C. 三家　　D. 三家以上

3. 企业原材料及零部件成本占企业总成本的(　　)。

A. 10%　　B. 30%

C. 50%　　D. 60%以上

4. 用于小型、简单的土建工程的采购方式是(　　)。

A. 国际竞争性招标采购　　B. 国内竞争性招标采购

C. 国际和国内询价采购　　D. 有限国际招标采购

5.“货比三家”,项目单位直接与供货单位进行谈判的采购方式是(　　)。

A. 国际竞争性招标采购　　B. 国内竞争性招标采购

C. 国际和国内询价采购　　D. 直接采购

6. 直接使用自己国内、省(区)内的施工队伍来承建土建工程的采购方式是(　　)。

A. 国际竞争性招标采购　　B. 国内竞争性招标采购

C. 直接采购　　D. 自营工程

7. 通过招标或其他商定的方式选择工程施工承包单位属于(　　)。

A. 工程采购　　B. 货物采购

C. 咨询服务采购　　D. IT 采购

8. 建材和设备的采购属于(　　)。

A. 工程采购　　B. 货物采购

C. 咨询服务采购　　D. IT 采购

9. 监理公司的采购属于(　　)。

A. 工程采购　　B. 货物采购

C. 咨询服务采购　　D. IT 采购

10. 属于智力服务的是(　　)。

A. 工程采购　　B. 货物采购

C. 咨询服务采购　　D. IT 采购

11. 招标专家委员会中,技术、经济等方面的专家不得少于成员总数的(　　)。

A. 1/3　　B. 2/3

C. 一半以上　　D. 100%

12. 项目中标候选人应当不超过(　　)。

A. 1 个　　B. 2 个

C. 3 个　　D. 5 个

13. 自中标通知书发出之日起,中标人与招标人签订合同的时间是(　　)。

A. 10 天　　B. 20 天

C. 30 天　　D. 40 天

14. 合同开始发生法律上的效力是指(　　)。

A. 合同生效　　B. 合同履行

C. 合同变更　　D. 合同转让

15. 项目合同当事人全面地、适当地完成其合同义务是指(　　)。

A. 合同生效　　B. 合同履行

C. 合同变更　　D. 合同转让

16. 项目合同内容发生变化的情形是指(　　)。

A. 合同生效　　B. 合同履行

C. 合同变更　　D. 合同转让

17. 合同当事人一方依法将其合同的权利和义务全部或部分转给第三人是指(　　)。

A. 合同生效　　B. 合同履行

C. 合同变更　　D. 合同转让

18. 希望与他人订立合同的意思表示是指(　　)。

A. 要约　　B. 通知

C. 承诺　　D. 传递

19. 受要约人同意要约的意思表示是指(　　)。

A. 要约　　B. 通知

C. 承诺　　D. 传递

20.《简明合同格式》合同范本形成的版本是(　　)。

A. 第 1 版　　B. 第 2 版

C. 第 3 版　　D. 第 5 版

二、多项选择题(本大题共 5 小题,每小题 2 分,共 10 分)

【在每小题列出的五个备选项中至少有两个是符合题目要求的,请将其代码填写在题后的括号内。错选、多选、少选或未选均无分。】

1. 项目采购的对象包括(　　)。

A. 工程采购　　B. 货物采购
C. 咨询服务采购　　D. 劳务采购
E. 公共服务采购

2. 采购的主要过程包括(　　)。

A. 采购计划编制　　B. 询价计划编制
C. 询价　　D. 供方选择
E. 合同管理

3. 招投标应当遵循的原则包括(　　)。

A. 公开　　B. 公平
C. 公正　　D. 诚信
E. 系统

4. 建设工程施工合同构成包括(　　)。

A. 协议书　　B. 附件
C. 附录　　D. 通用条款
E. 专用条款

5. 承包商的项目合同管理包括(　　)。

A. 合同签订前　　B. 项目设计
C. 项目规划　　D. 项目实施
E. 项目验收

三、判断题(本大题共 10 小题,每小题 1 分,共 10 分)

1. 招标人符合招标条件的,依法可以自行招标。　(　　)
2. 项目合同的变更和转让都是严肃的法律行为。　(　　)
3. 债权人转让权利的,不必通知债务人。　(　　)
4. 项目合同订立管理首先是对要约和承诺的管理。　(　　)
5. 合同的转让将改变原合同的权利义务内容。　(　　)
6. 无效合同在合同实施时有法律约束力。　(　　)
7. 项目合同的当事人可以是自然人、法人,也可以是其他组织。　(　　)
8. 评标由招标人依法组建的评标委员会负责。　(　　)
9. 联合体投标中标后各方应当分别与招标人签订合同。　(　　)
10. 招标文件是投标人的投标依据,同时也是签订合同的基础。　(　　)

四、名词解释题(本大题共 5 小题,每小题 2 分,共 10 分)

1. 项目采购
2. 国际竞争性招标

3. 招投标
4. 公开招标
5. 开标

五、简答题（本大题共 5 小题，每小题 2 分，共 10 分）

1. 简述我国《招标投标法》规定的招标方式。
2. 简述招标的组织形式。
3. 简述项目采购的地位和作用。
4. 简述合同的特征。
5. 项目采购的对象有哪些？

六、论述题（本大题共 2 小题，每小题 10 分，共 20 分）

1. 论述合同的内容。
2. 论述项目采购的过程。

七、案例分析题（20 分）

IT 项目合同管理的困扰

小李是某知名 IT 企业的项目经理，负责西南某省的一个企业管理信息系统建设项目管理。

在该项目合同中，简单地列出了几条项目承建方应完成的工作，据此小李自己制定了项目的范围说明书。甲方的有关工作由其公司信息中心领导负责，信息中心主任兼任该项目的甲方经理。可是在项目实施过程中，有时是甲方的财务部直接向小李提出变更要求，有时是甲方的销售部直接向小李提出变更要求，而且有时这些要求是相互矛盾的。面对这些变更要求，小李试图用范围说明书来说服甲方，甲方却动辄引用合同的相应条款作为依据，而这些条款要么太粗、不够明确，要么小李跟他们有不同的理解。小李因对这些变更要求不能简单地接受或拒绝而左右为难，感到很沮丧。如果不改变这种状况，完成项目看来遥遥无期。

[问题 1]针对上述情况，结合你的经验，请分析问题产生的可能原因。

[问题 2]如果你是小李，面对这样的问题如何处理？

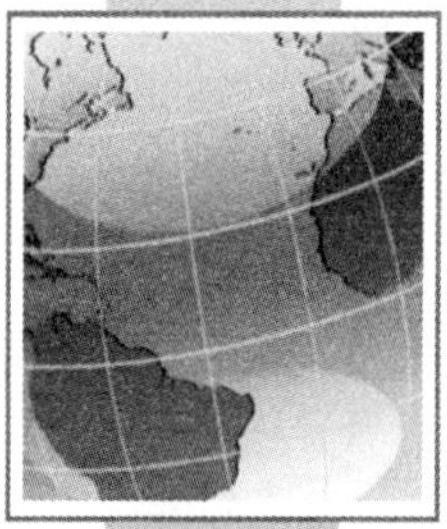

第六章
项目进度管理

一、单项选择题（本大题共 20 小题，每小题 1 分，共 20 分）

【在每小题列出的四个备选项中只有一个是符合题目要求的，请将其代码填写在题后的括号内。错选、多选或未选均无分。】

1.“凡事预则立，不预则废”是指（　　）。

A. 项目计划　　　　B. 项目实施

C. 项目组织　　　　D. 项目控制

2. 项目进度计划编制的基本前提是（　　）。

A. 项目目标　　　　B. 项目范围计划

C. 项目沟通计划　　　　D. 项目风险计划

3. 为交付具有合同规定特性和功能的产品或服务所必须完成的工作是指（　　）。

A. 业务范围　　　　B. 产品范围

C. 工作范围　　　　D. 经营范围

4. 项目产品或服务所包含的特征或功能是指（　　）。

A. 业务范围　　　　B. 产品范围

C. 工作范围　　　　D. 经营范围

5. 工作分解结构是（　　）。

A. WBS　　　　B. OBS

C. CBS　　　　D. RBS

6. 工作分解结构词典是（　　）。

A. WBS　　　　B. OBS

C. WD　　　　D. RBS

7. 项目管理软件用到的 WBS 结构类型是（　　）。

A. 基于过程的树形结构　　　　B. 基于功能系统的树形结构

C. 基于成果的分解结构图　　　　D. 编码结构

8. 项目进度计划首先需要做好（　　）。

A. 项目活动定义　　B. 项目范围规划
C. 项目范围变更　　D. 项目范围确认

9. 保证项目在要求完工时间的前提下完成某项活动的最迟时间是(　　)。
A. 最早开始时间　　B. 最早结束时间
C. 最迟开始时间　　D. 最迟结束时间

10. 在不影响项目完工时间的情况下项目活动的浮动时间是(　　)。
A. 最早开始时间　　B. 最早结束时间
C. 总时差　　D. 自由时差

11. 某项活动在不影响其紧后活动最早开始日期的情况下的机动余地是(　　)。
A. 最早开始时间　　B. 最早结束时间
C. 总时差　　D. 自由时差

12. 用德尔菲法来征求专家意见的成本估算方法是(　　)。
A. 过去的经验　　B. 专家估算
C. 历史数据　　D. 定额数据

13. 项目的总控计划也称(　　)。
A. 甘特图　　B. 里程碑计划
C. 网络计划技术　　D. 图示评审技术

14. 横道图也称(　　)。
A. 甘特图　　B. 里程碑计划
C. 网络计划技术　　D. 图示评审技术

15. 完成项目活动的最短估计时间是(　　)。
A. 最乐观估计时间　　B. 最可能估计时间
C. 最悲观估计时间　　D. 最佳估计时间

16. 正常情况下完成项目活动所需要的时间是(　　)。
A. 最乐观估计时间　　B. 最可能估计时间
C. 最悲观估计时间　　D. 最佳估计时间

17. 在最不利条件下完成项目活动所需要的最长时间是(　　)。
A. 最乐观估计时间　　B. 最可能估计时间
C. 最悲观估计时间　　D. 最佳估计时间

18. 关键线路的长度(　　)。
A. 最长　　B. 最短
C. 居中　　D. 平均

19. 直接生产工人的工资、材料费用、设备使用费用属于(　　)。
A. 固定费用　　B. 变动费用
C. 直接费用　　D. 间接费用

20. 管理人员的工资、办公费属于(　　)。
A. 固定费用　　B. 变动费用
C. 直接费用　　D. 间接费用

二、多项选择题(本大题共 5 小题,每小题 2 分,共 10 分)

【在每小题列出的五个备选项中至少有两个是符合题目要求的,请将其代码填写在题后的括号内。错选、多选、少选或未选均无分。】

1. 项目活动持续时间的估算需要考虑项目的因素有(　　)。

A. 假设前提　　B. 约束条件
C. 项目资源的供给　　D. 资源的需求
E. 公共服务

2. 网络图一般包括(　　)。

A. 单代号网络图　　B. 双代号网络图
C. 风险评审技术　　D. 时标网络图
E. 图示评审技术

3. 项目资源优化包括(　　)。

A. 工期固定的资源均衡　　B. 有限资源的合理分配
C. 工期优化　　D. 费用优化
E. 质量优化

4. 网络图的构成要素包括(　　)。

A. 活动　　B. 节点
C. 线路　　D. 回路
E. 断点

5. 工作分解结构词典的内容有(　　)。

A. 对工作包进行描述　　B. 进度日期
C. 成本预算　　D. 人员配置
E. 风险因素

三、判断题(本大题共 10 小题,每小题 1 分,共 10 分)

1. 虚箭线在实际工作中是不存在的,它不占用资源和消耗时间。(　　)
2. 双代号网络图中,两个节点之间仅有一条箭线。(　　)
3. 双代号网络图中,允许出现循环回路。(　　)
4. 中间节点指的是既有内向箭线又有外向箭线的节点。(　　)
5. 单代号网络图是以箭线及其两端节点的编号表示工作的网络图。(　　)
6. 网络计划技术是制订项目进度计划最常用的一种工具。(　　)
7. 里程碑计划一旦确定,一般要求不得改变。(　　)
8. 项目活动持续时间的估算是制订项目进度计划的关键。(　　)
9. 总时差为 0 的活动是关键活动。(　　)
10. 项目顶层的工作要做得非常具体。(　　)

四、名词解释题(本大题共 5 小题,每小题 2 分,共 10 分)

1. 项目范围定义
2. 项目范围

3. 工期固定的资源均衡
4. 关键路线
5. 网络计划技术

五、简答题（本大题共 5 小题，每小题 2 分，共 10 分）

1. 简述项目范围管理的作用和意义。
2. 简述项目进度计划的制订过程。
3. 简述工作分解结构的意义。
4. 简述如何找关键线路。
5. 项目进度计划的时间参数有哪些？

六、论述题（本大题共 2 小题，每小题 10 分，共 20 分）

1. 论述工期的优化措施。
2. 论述项目进度控制的步骤。

七、案例分析题（20 分）

武引二期灌区工程遂宁境内某支渠项目严重拖期

武引二期灌区工程遂宁境内某支渠项目，该标段于 2016 年 10 月完成招投标工作，2016 年 11 月施工单位和监理机构进场，监理机构签发的开工令显示开工日期为 2016 年 11 月，合同工期 24 个月。按照合同工期的约定，该标段应当于 2018 年 11 月完工，然而该项目至今已经施工 5 年有余，仍未完工。

[问题 1]试分析武引二期灌区工程遂宁境内某支渠项目严重拖期的原因。

[问题 2]影响水利工程工期延误的原因有哪些？

[问题 3]请论述应对工期延误的措施。

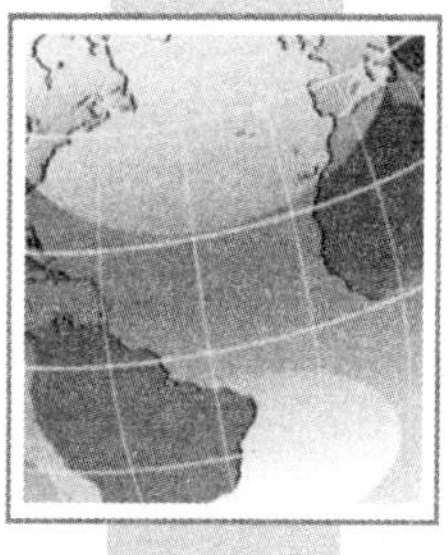

第七章 项目资源配置

一、单项选择题(本大题共 20 小题,每小题 1 分,共 20 分)

【在每小题列出的四个备选项中只有一个是符合题目要求的,请将其代码填写在题后的括号内。错选、多选或未选均无分。】

1. 生产力诸要素中的决定因素是(　　)。

A. 人　　　　B. 设备
C. 材料　　　D. 信息

2. 项目资源管理的主体是(　　)。

A. 项目经理部　　B. 监理公司
C. 项目管理部　　D. 项目咨询专家团队

3. 项目资源管理的客体是(　　)。

A. 项目经理部　　B. 监理公司
C. 项目管理部　　D. 生产要素

4. 项目运行的血液是指(　　)。

A. 人力　　B. 资金
C. 材料　　D. 设备

5. 无限竞争性招标方式是(　　)。

A. 国内询价采购　　B. 邀请招标
C. 公开招标　　　　D. 直接采购

6. "货比三家"的招标方式是(　　)。

A. 国内询价采购　　B. 邀请招标
C. 公开招标　　　　D. 直接采购

7. 最常用的资源计划方法是(　　)。

A. 头脑风暴法　　B. 专家判断法
C. 意见书写法　　D. 德尔菲法

8. 直观反映各种资源在各个项目阶段项目任务上的消耗情况的项目资源计划工具是

(   )。

A. 资源计划矩阵　　B. 资源数据表
C. 资源甘特图　　D. 资源负荷图

9. 反映整个项目进行阶段资源使用和安排情况的项目资源计划工具是(   )。
A. 资源计划矩阵　　B. 资源数据表
C. 资源甘特图　　D. 资源负荷图

10. 反映在各个时间点上某个资源的需求总量的项目资源计划工具是(   )。
A. 资源计划矩阵　　B. 资源数据表
C. 资源甘特图　　D. 资源负荷图

11. 为寻求系统整体的最优化资源的项目资源平衡原则是(   )。
A. 系统性原则　　B. 合理性原则
C. 重点性原则　　D. 满意性原则

12. 首先重点确定项目主要问题的项目资源平衡原则是(   )。
A. 系统性原则　　B. 合理性原则
C. 重点性原则　　D. 满意性原则

13. 满足利益相关方的需要和期望的项目资源平衡原则是(   )。
A. 系统性原则　　B. 合理性原则
C. 重点性原则　　D. 满意性原则

14. 项目资源消耗量最大的项目阶段是(   )。
A. 启动阶段　　B. 规划设计阶段
C. 实施阶段　　D. 收尾交付阶段

15. 对项目影响最大的项目阶段是(   )。
A. 启动阶段　　B. 规划设计阶段
C. 实施阶段　　D. 收尾交付阶段

16. 项目资源费用一般占工程总费用的(   )。
A. 30%　　B. 50%
C. 70%　　D. 80%

17. 产品的最佳采购时机是(   )。
A. 投入期　　B. 成长期
C. 成熟期　　D. 衰退期

18. 考虑人事组织、所提供设备的租赁和购买策略是(   )。
A. 历史资料　　B. 范围陈述
C. 组织策略　　D. 进度计划

19. 兰德公司在20世纪50年代初提出的预测方法是(   )。
A. 头脑风暴法　　B. 德尔菲法
C. 意见书写法　　D. 专家判断法

20. S形曲线反映的是(   )。
A. 资源曲线　　B. 月度曲线
C. 资源负荷曲线　　D. 资源累计需求曲线

二、多项选择题(本大题共 5 小题,每小题 2 分,共 10 分)

【在每小题列出的五个备选项中至少有两个是符合题目要求的,请将其代码填写在题后的括号内。错选、多选、少选或未选均无分。】

1. 项目资源包括(　　)。

A. 劳动力　　B. 机械
C. 材料　　D. 资金
E. 信息数据

2. 项目资源管理的职能包括(　　)。

A. 计划　　B. 组织
C. 协调　　D. 控制
E. 决策

3. 项目材料管理包括(　　)。

A. 计划　　B. 订购
C. 运输　　D. 储备
E. 发放

4. 项目机械设备管理的主要内容包括(　　)。

A. 合理选型　　B. 使用
C. 维护　　D. 修理
E. 报废

5. 资源计划包括(　　)。

A. 获得哪些资源　　B. 从哪里获得
C. 何时得到　　D. 质量要求
E. 哪些风险

三、判断题(本大题共 10 小题,每小题 1 分,共 10 分)

1. 项目资源计划涉及决定什么样的资源以及多少资源将用于项目中。 (　　)
2. 利用 WBS 系统,将工作划分得越细、越具体,所需资源种类和数量就越容易估计。 (　　)
3. 项目资金计划是其他各项计划(如质量计划、进度计划、资源供应计划)的基础。 (　　)
4. 项目管理中的专家主要是指高校或研究机构的研究人员。 (　　)
5. 德尔菲法具有科学性、准确性。 (　　)
6. 项目资源数据表是根据 WBS 对项目资源进行分析、汇总得出的结果。 (　　)
7. 成功的项目管理在考虑时间、费用和质量平衡的基础上,尽可能地少使用资源。 (　　)
8. 项目资源平衡是把整个计划都看作一个系统。 (　　)
9. 项目资源平衡最重要的是保持局部与整体之间、目前与长远之间的平衡。 (　　)
10. 资源约束是制订使资源需求波动最小化的进度计划的一种方法。 (　　)

四、名词解释题（本大题共 5 小题，每小题 2 分，共 10 分）

1. 项目资源管理
2. 项目资源
3. 工期固定的资源均衡
4. 资源均衡
5. 进度滑移

五、简答题（本大题共 5 小题，每小题 2 分，共 10 分）

1. 简述项目资源获取原则。
2. 多项目进度安排资源配置的有效性表现在哪些方面？
3. 简述技术管理的主要内容。
4. 简述资金管理的主要内容。
5. 简述项目资源管理的目的。

六、论述题（本大题共 2 小题，每小题 10 分，共 20 分）

1. 论述解决工作资源冲突的步骤和方法。
2. 论述编制项目资源管理计划的步骤。

七、案例分析题（20 分）

走出项目团队管理的误区

李先生最近刚刚荣升为项目团队的项目经理，他信心百倍，带着分配给自己的十几个人一头扎进了项目的研发中。刚开始，整个团队踌躇满志，大家都把精力投入研发工作中，可随着研发难度的增加和时间的推移，团队里出现了一些不和谐的情况。

每当李经理分配好任务，他就钻进自己的实验室进行工作，当他发现有的团队成员并未完全理解他的意图、未能及时跟上整个研发进程时，索性将下属的工作拿过来自己做。特别是最近，他开始发现大家好像不愿意和他一起探讨问题，有时探讨工作要么是应付，要么就是等自己拿主意，眼看团队组建有一段时间了，而研发工作进展却非常缓慢。

项目团队是一个临时性的组织，工作绩效来源于整个团队。项目经理作为项目管理的第一责任人，不能单靠管理者的一己之力，而必须依靠整个项目团队。如果项目经理不能很好地管理项目团队，项目员工也很难全身心投入项目中去。那么，李经理在项目团队管理上到底走进了哪些误区呢？

[问题 1]试分析李经理在项目团队管理上出现问题的原因。

[问题 2]李经理应如何加强项目团队管理？如何提高项目团队绩效？

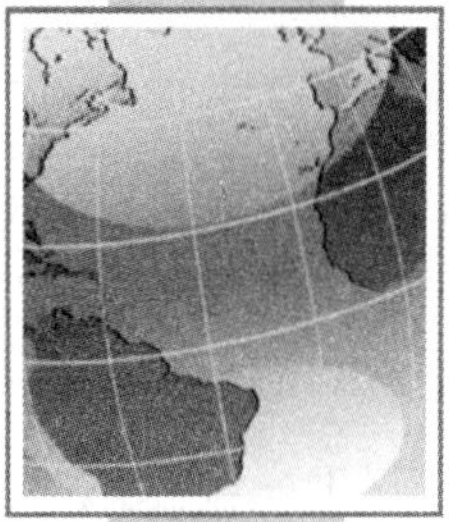

第八章 项目成本管理

一、单项选择题(本大题共20小题,每小题1分,共20分)

【在每小题列出的四个备选项中只有一个是符合题目要求的,请将其代码填写在题后的括号内。错选、多选或未选均无分。】

1. 对完成项目活动所需要的资金进行近似估计和测算的过程是指(　　)。

A. 成本规划　　B. 成本估算

C. 成本预算　　D. 成本控制

2. 建立一个经批准的成本基准的过程是指(　　)。

A. 成本规划　　B. 成本估算

C. 成本预算　　D. 成本控制

3. 监督项目状态,以更新项目成本、管理成本基准变更的过程是指(　　)。

A. 成本规划　　B. 成本估算

C. 成本预算　　D. 成本控制

4. 项目完成后,确定项目从筹划开始到项目结束使用为止的全部费用是指(　　)。

A. 成本预算　　B. 成本估算

C. 成本控制　　D. 项目决算

5. 项目的工作大纲是指(　　)。

A. 项目章程　　B. 事业环境因素

C. 组织过程资产　　D. 项目管理计划

6. 组织文化是指(　　)。

A. 项目章程　　B. 事业环境因素

C. 组织过程资产　　D. 项目管理计划

7. 风险数据和实现价值数据是指(　　)。

A. 项目章程　　B. 事业环境因素

C. 组织过程资产　　D. 项目管理计划

8. 允许出现的最大偏差是指(　　)。

A. 控制的临界值　　B. 组织程序的连接
C. 成本数据的精确度　　D. 成本数据的准确度

9. 成本估算偏差控制在±10%是指(　　)。
A. 控制的临界值　　B. 组织程序的连接
C. 成本数据的精确度与准确度　　D. 计量单位

10. 测量人力资源的人时数、人天是指(　　)。
A. 控制的临界值　　B. 组织程序的连接
C. 成本数据的精确度与准确度　　D. 计量单位

11. 最简单的项目成本估算方法是(　　)。
A. 专家判断　　B. 类比估算
C. 参数估算　　D. 三点估算

12. 运用历史数据与其他变量之间的统计关系来计算项目活动成本的方法是(　　)。
A. 专家判断　　B. 类比估算
C. 参数估算　　D. 三点估算

13. 考虑项目不确定性和风险,并可以提高项目活动成本估算的准确性的估算方法是(　　)。
A. 专家判断　　B. 类比估算
C. 参数估算　　D. 三点估算

14. 已完成工作的预算费用是(　　)。
A. BCWS　　B. BCWP
C. ACWP　　D. ACWS

15. 计划要求完成的工作量所需的预算工时是(　　)。
A. BCWS　　B. BCWP
C. ACWP　　D. ACWS

16. 已完成工作的实际费用是(　　)。
A. BCWS　　B. BCWP
C. ACWP　　D. ACWS

17. 反映项目成本控制状态的是(　　)。
A. CV　　B. CPI
C. SV　　D. SPI

18. 反映项目成本控制程度的是(　　)。
A. CV　　B. CPI
C. SV　　D. SPI

19. CPI=1 表示(　　)。
A. 实际费用与预算费用吻合　　B. 实际费用大于预算费用
C. 实际进度与计划进度吻合　　D. 实际进度大于计划进度

20. CV=−2 表示(　　)。
A. 节约经费　　B. 费用超支
C. 进度提前　　D. 进度拖期

二、多项选择题（本大题共 5 小题，每小题 2 分，共 10 分）

【在每小题列出的五个备选项中至少有两个是符合题目要求的，请将其代码填写在题后的括号内。错选、多选、少选或未选均无分。】

1. 项目成本管理的内容包括(　　)。

A. 成本的概念　　B. 成本管理规划
C. 成本估算　　D. 成本预算
E. 成本控制

2. 直接费中的直接工程费又可分解为(　　)。

A. 人工费　　B. 材料费
C. 机械费　　D. 管理费
E. 规费

3. 现代项目成本管理思想与理念主要体现在(　　)。

A. 全员成本管理　　B. 全生命周期项目成本管理
C. 全因素成本管理　　D. 全面成本管理
E. 全过程项目成本管理

4. 项目实施层的成本管理一般包括(　　)。

A. 成本计划　　B. 成本核算
C. 成本分析　　D. 成本考核
E. 成本调整措施

5. 项目成本分析技术有(　　)。

A. 回收期　　B. 投资报酬率
C. 内部收益率　　D. 净现值
E. 风险度

三、判断题（本大题共 10 小题，每小题 1 分，共 10 分）

1. 项目成本管理是确保项目顺利完成的基础。(　　)
2. 成本是指为了获取产品或者服务而付出的不可避免的代价。(　　)
3. 项目成本是一种资源耗费，具有使用价值属性。(　　)
4. 影响项目成本的最重要因素是项目质量。(　　)
5. 项目成本是一种资本性支出。(　　)
6. 项目成本与项目质量成反比。(　　)
7. 项目成本随着工期的变化而变化。(　　)
8. 项目在不同阶段会发生不同成本。(　　)
9. 项目成本管理贯穿于项目生命周期各阶段的全过程活动中。(　　)
10. 项目管理计划是项目管理的控制性文件。(　　)

四、名词解释题（本大题共 5 小题，每小题 2 分，共 10 分）

1. 项目成本管理
2. 项目章程

3. 项目成本预算
4. 事业环境因素
5. 挣值管理

五、简答题(本大题共 5 小题,每小题 2 分,共 10 分)

1. 简述影响项目成本的因素。
2. 简述有效项目成本管理的原则。
3. 简述项目成本管理规划的工具技术和方法。
4. 简述项目成本控制的输入内容。
5. 简述项目成本控制的过程。

六、论述题(本大题共 2 小题,每小题 10 分,共 20 分)

1. 论述项目范围基准包含的内容。
2. 论述应用挣值法的一般步骤。

七、案例分析题(20 分)

IT 项目的成本估算

希赛信息技术有限公司(CSAI)主要致力于为国内教育提供信息化服务,成立业内一流的研发中心,不断研究和推出深受用户欢迎的软件产品,客户遍布中国每个省/市/自治区。公司创立 8 年来,通过不断加强和改进技术管理来完善产品和提升服务品质,已成为中国教育软件研发领域首家通过 CMM3 评估项目的公司。

张工是 CSAI 的项目经理,1 个月前刚接手某高校学生管理系统研发项目。完成项目需求调研后,张工开始制订详细的进度和成本计划。表 1 和表 2 分别是张工用两种方法做的项目成本估算,估算货币单位为元。

表 1 项目成本估算表(方法一)

WBS	名称	估算值	合计	总计
1	学生管理系统			A
1.1	招生管理		40 000	
1.1.1	招生录入	16 000		
1.1.2	招生审核	12 000		
1.1.3	招生查询	12 000		
1.2	分班管理		81 000	
1.2.1	自动分班	30 000		
1.2.2	手工分班	21 000		
1.3	学生档案管理	30 000		
1.4	学生成绩管理		81 000	

续表

WBS	名称	估算值	合计	总计
1.4.1	考试信息管理	23 000		
1.4.2	考试成绩输入	30 000		
1.4.3	考试信息统计	28 000		

表 2　　项目成本估算表(方法二)

成本参数	单位成员工时数	参与人数
项目经理(30 元/小时)	500	1
分析人员(20 元/小时)	500	2
编程人员(13 元/小时)	500	2
一般管理费	21 350	
额外费用(25%)	16 470	
交通费(1 000 元/次)	4 000	
微机费	7 000	
总项目费用开支	B	

[问题 1]请说明信息系统项目进行成本估算的基本方法。

[问题 2]表 1 和表 2 分别采用了什么估算方法？表中估算成本 A、B 各为多少？

[问题 3]请结合你本人的实际项目经验，分析信息系统项目成本估算过程中的主要困难和应该避免的常见错误。

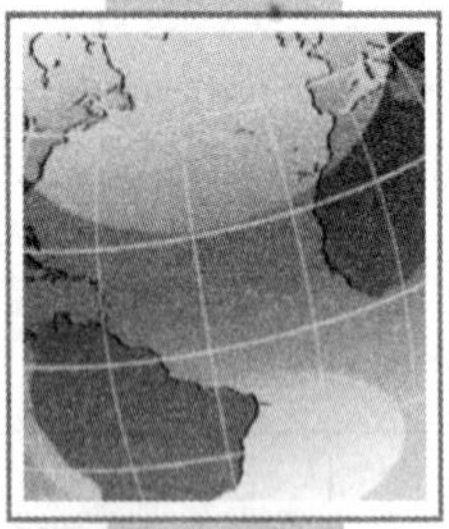

第九章 项目质量管理

一、单项选择题(本大题共20小题,每小题1分,共20分)

【在每小题列出的四个备选项中只有一个是符合题目要求的,请将其代码填写在题后的括号内。错选、多选或未选均无分。】

1. 下列属于符合性质量的是(　　)。

A. 产品质量达到国家质量标准　　B. 产品质量满足顾客的要求

C. 产品可靠性高　　D. 产品功能强

2. 下列属于适用性质量的是(　　)。

A. 产品质量满足顾客的要求　　B. 产品质量达到国家质量标准

C. 产品质量达到行业质量标准　　D. 产品质量达到企业质量标准

3. 抽样检验属于(　　)。

A. 质量检验阶段　　B. 统计质量管理阶段

C. 全面质量管理阶段　　D. 现代质量管理阶段

4. 项目可行性研究和项目决策属于(　　)。

A. 项目启动阶段　　B. 项目开发阶段

C. 项目实施阶段　　D. 项目收尾阶段

5. 质量验收工作属于(　　)。

A. 项目启动阶段　　B. 项目开发阶段

C. 项目实施阶段　　D. 项目收尾阶段

6. 项目质量规划的首要任务是(　　)。

A. 项目章程　　B. 项目目标

C. 项目质量计划　　D. 项目质量管理制度

7. 项目质量规划的结果是(　　)。

A. 项目质量计划书　　B. 质量检验报告

C. 质量改进计划　　D. 质量管理报告

8. 设备的微小振动是(　　)。

A. 随机因素　　B. 系统因素
C. 波动因素　　D. 控制因素

9. 刀具的磨损是(　　)。
A. 随机因素　　B. 系统因素
C. 波动因素　　D. 统计因素

10. 按照重要程度依次排列的一种图表是(　　)。
A. 排列图　　B. 直方图
C. 因果图　　D. 控制图

11. 用于分析质量原因的方法是(　　)。
A. 排列图　　B. 直方图
C. 因果图　　D. 控制图

12. 对项目过程中的质量波动进行控制的方法是(　　)。
A. 排列图　　B. 直方图
C. 因果图　　D. 控制图

13. 为了实现质量目标所必需的、系统的质量管理模式是指(　　)。
A. 质量管理体系　　B. 质量保证体系
C. 质量控制体系　　D. 质量保障体系

14. 质量保证体系的核心是(　　)。
A. 发挥人的积极性和创造性　　B. 利用先进技术
C. 发挥设备的能力　　D. 做好质量管理

15. 质量保证体系的实质是(　　)。
A. 沟通与交流　　B. 规划与计划
C. 组织与实施　　D. 责任制和奖罚

16. 质量保证体系的体现是(　　)。
A. 控制图　　B. 行动表
C. 手册、汇编和图表　　D. 因果分析图

17. 被广泛运用于现场管理的是(　　)。
A. 排列图　　B. 直方图
C. 因果图　　D. 调查表

18. 发现、显示和确认两组相关数据之间的关联程度的是(　　)。
A. 排列图　　B. 直方图
C. 因果图　　D. 散布图

19. 项目质量与项目成本(　　)。
A. 成正比　　B. 成反比
C. 没关系　　D. 一样

20. 项目质量与项目进度(　　)。
A. 成正比　　B. 成反比
C. 没关系　　D. 一样

二、多项选择题(本大题共 5 小题,每小题 2 分,共 10 分)

【在每小题列出的五个备选项中至少有两个是符合题目要求的,请将其代码填写在题后的括号内。错选、多选、少选或未选均无分。】

1. 项目质量管理的内容包括(　　)。

A. 质量方针　　B. 质量目标
C. 质量保证　　D. 质量计划
E. 质量控制

2. 全面质量管理的特点包括(　　)。

A. 全员质量管理　　B. 全过程质量管理
C. 全面质量管理　　D. 管理方法的多样性
E. 管理的科学性

3. 下列属于产品质量特性的有(　　)。

A. 产品性能　　B. 产品可靠性
C. 产品安全性　　D. 产品经济性
E. 环境影响性

4. 项目开发阶段质量管理的内容包括(　　)。

A. 质量设计　　B. 控制项目设计质量
C. 拟订质量控制计划　　D. 质量检查
E. 质量改进

5. 项目质量规划的工具有(　　)。

A. 成本效益分析　　B. 质量成本
C. 标杆法　　D. 实验设计
E. 比较法

三、判断题(本大题共 10 小题,每小题 1 分,共 10 分)

1. A 类为累计百分数在 0—80%范围内的因素,是影响项目质量的关键因素。(　　)
2. 项目质量计划书是在项目质量计划中产生的管理文件。(　　)
3. 系统因素是一种不可避免的因素,对质量变异起着细微的作用。(　　)
4. 变异是客观存在的,存在于任何事物中。(　　)
5. 质量管理计划必须是正式的。(　　)
6. 作为标杆的项目应是项目组织外部的。(　　)
7. 项目质量水平会随着预防成本、评价成本的增加而降低。(　　)
8. 项目质量是指项目的工作质量。(　　)
9. 评判项目产品质量就是看产品的质量特性是否符合质量标准,是否满足顾客需要。(　　)
10. 领导对项目质量管理的作用微乎其微。(　　)

四、名词解释题(本大题共 5 小题,每小题 2 分,共 10 分)

1. 质量方针

2. 质量成本
3. 项目质量计划
4. 项目质量管理
5. 项目质量

五、简答题(本大题共 5 小题,每小题 2 分,共 10 分)

1. 简述项目质量管理的主要活动内容。
2. 简述项目质量管理的特点。
3. 简述项目质量管理的原则。
4. 简述项目质量计划的内容。
5. 简述质量检查的职能。

六、论述题(本大题共 2 小题,每小题 10 分,共 20 分)

1. 论述项目质量保证体系的内容。
2. 论述项目质量控制的方法与技术。

七、案例分析题(20 分)

綦江县彩虹桥整体垮塌

綦江县(现为綦江区)彩虹桥位于綦江县城古南镇綦河上,是一座连接新旧城区的跨河人行桥。该桥为中承式钢管混凝土提篮拱桥,桥长 140 米,主拱净跨 120 米,桥面总宽 6 米,净宽 5.5 米。该桥在未向有关部门申请立项的情况下,于 1994 年 11 月 5 日开工建设,1996 年 2 月竣工,施工中将原设计沉井基础改为扩大基础,基础均嵌入基石中。主拱钢管由重庆通用机械厂劳动服务部加工成 8 米长的标准节段,全拱钢管在标准节段没有任何质量保证资料且未经验收的情况下焊接拼装合拢。钢管拱成型后管内分段用混凝土填注。桥面由吊杆、横梁及门架支承,吊杆锚固采用群锚体系,锚具型号为 YCM15-3。1996 年 3 月 15 日,该桥未经法定机构验收核定即投入使用,建设耗资 418 万元。

綦江县彩虹桥作为一项“县重点工程”,在缺少可行性论证报告、项目建议书、立项请示以及县计划委员会的立项手续、国土规划手续等众多条件要求的情况下开始建设。

彩虹桥在建设期间,群众就发现了它在工艺、施工中的许多错误。一位从事电焊工作 43 年的老人 13 次到现场观察,对未经专业培训的施工人员错误的电焊工艺和方法提出了批评,并到县委、县政府、技术监督局等部门反映情况,请求制止。遗憾的是,老人的提醒无人理睬。老人痛苦地断言:这座桥管不了三年。他不准家人从桥上通行。

1996 年 6 月 19 日端午节,綦江县在綦河上举办龙舟经贸会,“虹桥”自然成了观看龙舟竞赛的“观礼台”——满桥彩旗飞舞,彩球腾空,宾朋满座。但正当綦河上数条龙舟劈波斩浪冲刺时,突然“咔嚓”一声巨响,桥身随之颤动,“桥要垮了”,桥上的人群惊慌而逃。第二天,有人在大桥东端桥拱上发现一油漆剥落处露出了 6 厘米长的裂痕,还有人发现东端连接钢拱与桥面的拉杆下游侧断裂 3 根,上游侧断裂 2 根。但是面对“虹桥”的警告,该县仍无人组织检查、维修。已经暴露出来的严重质量隐患就这样深埋进去了,可怜的“虹桥”已“病入膏肓”。1998 年 8 月 7 日,綦江县遭遇了百年不遇的特大洪水,造成綦河下游一公里处还在修建的城北大桥坍塌。事后，人们发现“虹桥”东头处出现重大裂痕，然而有关部门还是毫无反应。1998 年底，距垮桥 7 天时，有关部门提出了“虹桥”停止使用立即抢修的建议，并起草报告，但得到的回音仍是无动于衷。“虹桥”失去了最后一次避免惨祸发生的机会。

1999 年 1 月 4 日 18 时 50 分，“轰隆”一声巨响，山岳震动，河水冲天，綦江“虹桥”突然整体垮塌，40 多条无辜生命葬于綦河，14 名受伤者躺进医院，国家蒙受直接经济损失 630 多万元。

[问题 1]请分析说明彩虹桥项目整体垮塌的原因。

[问题 2]影响项目质量的因素有哪些？

[问题 3]请分析彩虹桥项目整体垮塌的教训。

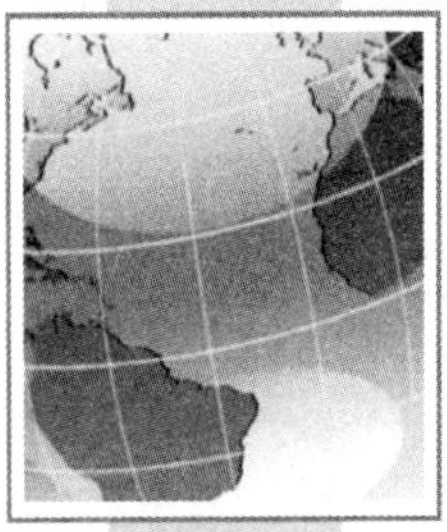

第十章
项目风险管理

一、单项选择题(本大题共 20 小题,每小题 1 分,共 20 分)

【在每小题列出的四个备选项中只有一个是符合题目要求的,请将其代码填写在题后的括号内。错选、多选或未选均无分。】

1.“项目风险随着项目环境和条件的变化而变化”所指的项目风险识别特点是(　　)。

A. 全员性　　B. 系统性

C. 动态性　　D. 信息性

2.“项目风险无处不在、无时不有”所指的项目风险识别特点是(　　)。

A. 全员性　　B. 系统性

C. 动态性　　D. 信息性

3.“风险识别过程中要综合应用各种风险识别的技术和工具”所指的项目风险识别特点是(　　)。

A. 全员性　　B. 系统性

C. 动态性　　D. 综合性

4. 通过预先设计一套项目风险识别核检清单识别项目风险的方法是(　　)。

A. 头脑风暴法　　B. 假设分析法

C. 核检清单法　　D. 情景分析法

5. 通过对项目未来某种情况的详细描绘与分析识别项目风险的方法是(　　)。

A. 头脑风暴法　　B. 假设分析法

C. 核检清单法　　D. 情景分析法

6. 通过专家的创造性和发散性思维及其经验识别项目风险的方法是(　　)。

A. 头脑风暴法　　B. 假设分析法

C. 核检清单法　　D. 情景分析法

7. 购买工程保险是(　　)。

A. 项目风险规避　　B. 项目风险遏制

C. 项目风险转移　　D. 项目风险化解

8. 通过双向沟通、调解等各种消除矛盾的方法解决双方的矛盾是(　　)。

A. 项目风险规避　　B. 项目风险遏制
C. 项目风险转移　　D. 项目风险化解

9. 放弃风险大的投资项目是(　　)。

A. 项目风险规避　　B. 项目风险遏制
C. 项目风险转移　　D. 项目风险化解

10. 对烂尾楼工程项目注入新资金是(　　)。

A. 项目风险规避　　B. 项目风险遏制
C. 项目风险转移　　D. 项目风险化解

11. 定性与定量相结合的系统分析方法是(　　)。

A. 风险矩阵分析法　　B. 敏感性分析法
C. 层次分析法　　D. 专家法

12. 分析项目风险事件对项目影响的量化分析方法是(　　)。

A. 风险矩阵分析法　　B. 敏感性分析法
C. 层次分析法　　D. 专家法

13. 项目风险评价的首要任务是(　　)。

A. 风险发生概率的大小　　B. 项目风险的影响大小
C. 项目的损失多少　　D. 项目风险后果的严重程度

14. 项目风险评价的第二项任务是(　　)。

A. 风险发生概率的大小　　B. 项目风险的影响大小
C. 项目的损失多少　　D. 项目风险后果的严重程度

15. 项目风险评价的第三项任务是(　　)。

A. 风险发生概率的大小　　B. 项目风险的影响大小
C. 项目风险的时间进度　　D. 项目风险后果的严重程度

16. 项目风险评价的第四项任务是(　　)。

A. 风险发生概率的大小　　B. 项目风险的影响大小
C. 项目风险的时间进度　　D. 项目风险后果的严重程度

17. 决定项目包含一定程度的不确定性的项目特性是(　　)。

A. 独特性　　B. 一次性
C. 目标性　　D. 风险性

18. 风险识别过程的主要工作内容是(　　)。

A. 事件发生的概率　　B. 经济方面的损失
C. 项目后果的影响　　D. 不确定性分析

19. 从本项目或其他相关项目的档案文件中、从公共信息渠道中获取对本项目有借鉴作用的风险信息是指(　　)。

A. 信息历史　　B. 项目规划
C. 制约因素　　D. 假设条件

20. 项目实施必须遵守国家法律法规、依法经营是指(　　)。

A. 信息历史　　B. 项目规划
C. 制约因素　　D. 假设条件

二、多项选择题（本大题共 5 小题，每小题 2 分，共 10 分）

【在每小题列出的五个备选项中至少有两个是符合题目要求的，请将其代码填写在题后的括号内。错选、多选、少选或未选均无分。】

1. 项目风险的主要特性包括(　　)。

A. 项目风险事件的随机性　　B. 项目风险的相对可预测性
C. 项目风险的渐进性　　D. 项目风险的阶段性
E. 项目风险的突变性

2. 项目风险识别的特点包括(　　)。

A. 全员性　　B. 系统性
C. 动态性　　D. 控制性
E. 计划性

3. 一般的项目风险类型有(　　)。

A. 技术风险　　B. 质量风险
C. 管理风险　　D. 组织风险
E. 市场风险

4. 项目风险识别的方法包括(　　)。

A. 头脑风暴法　　B. 德尔菲法
C. 层次分析法　　D. 核检清单法
E. 情景分析法

5. 项目风险应对的策略有(　　)。

A. 风险规避　　B. 风险遏制
C. 风险转移　　D. 风险化解
E. 风险自留

三、判断题（本大题共 10 小题，每小题 1 分，共 10 分）

1. 项目的不确定性事件造成项目风险。　(　　)
2. 绝大多数项目风险是突然爆发的。　(　　)
3. 事物发生变化有其变化的基本规律。　(　　)
4. 绝大多数项目风险的发展是分阶段的。　(　　)
5. 风险评价是有效管理风险的基础和前提。　(　　)
6. 项目风险识别过程可以看作一个系统。　(　　)
7. 风险管理表和风险数据库构成了项目风险识别过程的机制。　(　　)
8. 项目管理者必须对项目实施过程实行静态监控。　(　　)
9. 项目风险监控处于项目的实施阶段。　(　　)
10. 风险应对是根据风险识别的结果提出风险管理措施和处置方法。　(　　)

四、名词解释题（本大题共 5 小题，每小题 2 分，共 10 分）

1. 项目风险
2. 项目风险管理

3. 项目风险管理规划
4. 项目风险识别
5. 项目风险评价

五、简答题（本大题共 5 小题，每小题 2 分，共 10 分）

1. 简述项目风险产生的原因。
2. 简述项目风险具有的基本特征。
3. 简述项目风险评价的方法。
4. 简述项目风险应对策略。
5. 简述项目风险监控方法。

六、论述题（本大题共 2 小题，每小题 10 分，共 20 分）

1. 论述项目风险管理工作的主要内容。
2. 论述项目风险管理规划的主要内容。

七、案例分析题（20 分）

非洲公路项目实施的风险

我国某工程联合体（某央企某省公司）在承建非洲某公路项目时，由于风险管理不当，造成工程严重拖期，亏损严重，同时也影响了中国承包商的声誉。该项目业主是该非洲国政府工程和能源部，出资方为非洲开发银行和该国政府，项目监理是英国监理公司。

在此项目实施的 4 年多时间里，中方遇到了极大的困难，尽管投入了大量的人力、物力，但由于种种原因，合同于 2005 年 7 月到期后，实物工程量只完成了 35%。2005 年 8 月，项目业主和监理工程师不顾中方的反对，单方面启动了延期罚款，金额每天高达 5 000 美元。为了防止国有资产的进一步流失，维护国家和企业的利益，中方承包商在我国驻该国大使馆和经商处的指导和支持下，积极开展外交活动。

2006 年 2 月，业主致函我方承包商同意延长 3 年工期，不再进行工期罚款，条件是中方必须出具由当地银行开具的约 1 145 万美元的无条件履约保函。由于保函金额过大，又无任何合同依据，且业主未对涉及工程实施的重大问题做出回复，为了保证公司资金安全，维护我方利益，中方不同意出具该保函，而用中国银行出具的 400 万美元的保函来代替。

但是，由于政府对该项目的干预往往得不到项目业主的认可，2006 年 3 月，业主在监理工程师和律师的怂恿下，不顾政府高层的调解，无视中方对继续实施本合同所做出的种种努力，以中方不能提供所要求的 1 145 万美元履约保函的名义，致函终止了与中方公司的合同。针对这种情况，中方公司积极采取措施并委托律师，争取安全、妥善、有秩序地处理好善后事宜，力争把损失降至最低，但最终结果目前尚难预料。

[问题 1]项目有哪些风险因素？

[问题 2]请分析工程项目成功的原因和失败的原因。

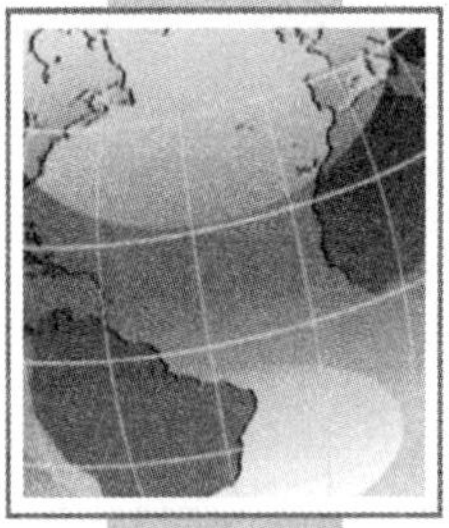

第十一章 项目人力资源管理

一、单项选择题（本大题共 20 小题，每小题 1 分，共 20 分）

【在每小题列出的四个备选项中只有一个是符合题目要求的，请将其代码填写在题后的括号内。错选、多选或未选均无分。】

1. 最基本、最重要、最具创造性的资源是(　　)。

A. 人　　B. 设备

C. 材料　　D. 资金

2. 项目人力资源管理的首要任务是(　　)。

A. 项目人力资源计划　　B. 项目人力资源获得与匹配

C. 项目人力资源培训与调整　　D. 项目人力资源激励

3. 项目工程师宜采用的人力资源配置方式是(　　)。

A. 聘任制　　B. 选择制

C. 考任制　　D. 委任制

4. 项目工会主席宜采用的人力资源配置方式是(　　)。

A. 聘任制　　B. 选择制

C. 考任制　　D. 委任制

5. 项目行政主管宜采用的人力资源配置方式是(　　)。

A. 聘任制　　B. 选择制

C. 考任制　　D. 委任制

6. 项目经理宜采用的人力资源配置方式是(　　)。

A. 聘任制　　B. 选择制

C. 考任制　　D. 委任制

7. 需求层次理论的提出者是(　　)。

A. 马斯洛　　B. 麦克利兰

C. 赫茨伯格　　D. 亚当斯

8. 双因素理论的提出者是(　　)。

A. 马斯洛　　B. 麦克利兰
C. 赫茨伯格　　D. 亚当斯
9. 公平理论的提出者是(　　)。
A. 马斯洛　　B. 麦克利兰
C. 赫茨伯格　　D. 亚当斯
10. 成就需求理论的提出者是(　　)。
A. 马斯洛　　B. 麦克利兰
C. 赫茨伯格　　D. 亚当斯
11. 成本低、实用且评估所花费的时间非常少的绩效评估方法是(　　)。
A. 描述法　　B. 比较法
C. 量表法　　D. 目标法
12. 传统的评估方法是(　　)。
A. 描述法　　B. 比较法
C. 量表法　　D. 目标法
13. 能够区分工作效率高低的员工的绩效考核体系特征是(　　)。
A. 准确性　　B. 实用性
C. 敏感性　　D. 可靠性
14. 评估者判定评价的一致性的绩效考核体系特征是(　　)。
A. 准确性　　B. 实用性
C. 敏感性　　D. 可靠性
15. 项目使用绩效评估系统的收益大于其成本的绩效考核体系特征是(　　)。
A. 准确性　　B. 实用性
C. 敏感性　　D. 可靠性
16. 绩效考核方案得到员工的支持和接受的绩效考核体系特征是(　　)。
A. 准确性　　B. 实用性
C. 敏感性　　D. 可接受性
17. 绩效管理的第一步是(　　)。
A. 建立业绩标准　　B. 业绩测量
C. 将实际表现和评价标准作比较　　D. 必要时采取矫正措施
18. 绩效管理的最后一步是(　　)。
A. 建立业绩标准　　B. 业绩测量
C. 将实际表现和评价标准作比较　　D. 必要时采取矫正措施
19. 绩效管理与绩效考核的根本区别是(　　)。
A. 绩效考核方法　　B. 绩效沟通,改进工作
C. 绩效评价标准　　D. 绩效结果的应用
20.“金钱不是万能的,但没有钱是万万不能的”是指(　　)。
A. 物质激励　　B. 目标激励
C. 压力激励　　D. 晋升激励

二、多项选择题(本大题共 5 小题,每小题 2 分,共 10 分)

【在每小题列出的五个备选项中至少有两个是符合题目要求的,请将其代码填写在题后的括号内。错选、多选、少选或未选均无分。】

1. 人力资源管理的主要工作包括(　　)。

A. 人力资源配置　　B. 激励

C. 绩效管理　　D. 培训

E. 薪酬管理

2. 较常见的在职培训包括(　　)。

A. 职务轮换　　B. 预备实习

C. 岗前培训　　D. 高校理论培训

E. 交流学习

3. 人力资源的配置方式有(　　)。

A. 委任制　　B. 选择制

C. 考任制　　D. 聘任制

E. 举荐制

4. 项目团队有效的激励手段和方式包括(　　)。

A. 物质激励　　B. 目标激励

C. 成就激励　　D. 晋升激励

E. 能力激励

5. 项目人力资源薪酬管理包括(　　)。

A. 薪酬水平　　B. 薪酬体系

C. 薪酬构成　　D. 薪酬结构

E. 发放形式

三、判断题(本大题共 10 小题,每小题 1 分,共 10 分)

1. 项目人员招聘应以内部招聘为主、外部招聘为辅。(　　)
2. 司机岗位应以委任制作为招聘方式。(　　)
3. 外部招聘有利于为项目注入新鲜血液。(　　)
4. 外部招聘可能会造成人员之间的不良竞争。(　　)
5. 项目应该将每项工作分配到具体的人(小组)。(　　)
6. 项目人力资源计划可以看作战场上的“排兵布阵”。(　　)
7. 项目人力资源配置最基本的原则就是要服从项目目标。(　　)
8. 项目经理要选择科学合理的、固定的管理方式。(　　)
9. 项目管理人员正确地做事意味着用正确的方法高效地做事。(　　)
10. 项目管理应用训斥和扣罚奖金的激励方式来管理员工。(　　)

四、名词解释题(本大题共 5 小题,每小题 2 分,共 10 分)

1. 招聘
2. 激励

3. 绩效管理
4. 项目人力资源配置
5. 薪酬

五、简答题（本大题共5小题，每小题2分，共10分）

1. 简述项目培训计划的步骤。
2. 简述项目人力资源激励的特征。
3. 简述项目公平理论。
4. 简述项目人力资源配置应遵循的原则。
5. 简述项目人力资源内部招聘的优缺点。

六、论述题（本大题共2小题，每小题10分，共20分）

1. 论述运用马斯洛需求层次理论如何对项目人员进行有效的激励。
2. 论述如何做好人力资源的招聘。

七、案例分析题（20分）

JD公司投资项目的人力资源环境分析

JD公司是一家实力雄厚的集团公司，近几个月来，公司的高层管理人员正在进行一项重大的投资决策：在西部经济欠发达地区进行上亿元的巨额投资，建立大型的纸模生产企业。

传统的包装材料有许多是由木材和不可降解的塑料生产而成，这些材料有的会造成资源的浪费，如木材等，有的会造成污染，如发泡聚苯乙烯、聚乙烯、聚丙烯等。而使用由稻草、麦秸和芦苇等待处理的农业废弃物和野生资源生产的纸模材料，是一种新型的包装材料，它既可以缓解自然资源的过度开采和使用，还可以减少环境污染，净化环境。因此，具有较好的市场发展前景。

JD公司在西部某省经济欠发达地区考察以后，发现该地区稻草、麦秸和芦苇等纸模产品原料的资源十分丰富，交通运输非常便利，从原材料和生产的角度来说，是理想的纸模生产基地。于是，JD公司组织有关人员对在该地区投资建立国内最大的纸模生产基地进行论证和决策。其中，包括人力资源管理方面的分析和论证。

公司人力资源总监是一名经验十分丰富的资深管理人员。为了对当地的人力资源环境进行深入详尽的了解，他几次去当地做实地调查。最后，将有关人力资源方面的主要问题总结如下：

（1）当地的劳动力资源十分丰富，有大量没有技能的劳动力，而且劳动力成本很低。

（2）在当地劳动力资源的结构中，具有工业生产技能的熟练工人很少，原有的一些熟练工人也大多去了经济发达地区打工，当地熟练工人的数量远远不能满足新建企业的大量需求。

（3）如果在当地建立大型的纸模生产企业，需要相当数量的中高级专业技术人员和管理人员，对企业的生产和经营进行管理，而这些人员在当地严重短缺，企业必须从其他地区招聘和引进这类人员。

（4）由于该地区的经济较落后，生活条件较差，要招聘和引进中高级专业技术人员和管理人员有一定的难度，而且需要提供优厚的薪酬福利待遇，其标准远远高于公司目前的水平。

(5)由于当地劳动力缺乏必要的劳动技能，如果在当地建立大型的纸模生产企业，必须对大量的当地员工进行必要的入职培训和岗前培训。

人力资源总监将这些问题向公司做了详细的书面和口头汇报，希望这些问题在投资分析和论证时做进一步的讨论和研究。

[问题 1]你认为当地的人力资源环境如何？为什么？

[问题 2]请分析当地的人力资源环境，当地人力资源环境存在哪些优势和问题？应当如何妥善解决？

第十二章
项目沟通与冲突管理

一、单项选择题（本大题共 20 小题，每小题 1 分，共 20 分）

【在每小题列出的四个备选项中只有一个是符合题目要求的，请将其代码填写在题后的括号内。错选、多选或未选均无分。】

1. 项目沟通中使用最多的方式是（　　）。

A. 项目报告　　B. 会议

C. 电子媒介　　D. 口头沟通

2. 利用组织明文规定的渠道进行信息传递和交流的方式是（　　）。

A. 单向沟通　　B. 双向沟通

C. 正式沟通　　D. 非正式沟通

3. 对外发布项目招标公告是（　　）。

A. 单向沟通　　B. 双向沟通

C. 正式沟通　　D. 非正式沟通

4. 与技术人员讨论项目问题解决方案的沟通方式是（　　）。

A. 单向沟通　　B. 双向沟通

C. 正式沟通　　D. 非正式沟通

5. 成为人们越来越普遍使用的联系方式是（　　）。

A. 项目报告　　B. 会议

C. 电子媒介　　D. 口头沟通

6. 项目经理宜采用的人力资源配置方式是（　　）。

A. 聘任制　　B. 选择制

C. 考任制　　D. 委任制

7. 消极的冲突处理办法是（　　）。

A. 回避或撤退　　B. 逼迫或强制

C. 圆滑　　D. 妥协

8. 项目经理运用组织赋予的权力强行解决群体间的冲突是（　　）。

A. 回避或撤退　B. 逼迫或强制
C. 圆滑　D. 妥协

9. 团队成员通过协商，寻求一个调和折中的解决冲突的方法是（　　）。
A. 回避或撤退　B. 逼迫或强制
C. 圆滑　D. 妥协

10. 由领导或权威机构经过调查研究最终解决冲突的方法是（　　）。
A. 回避或撤退　B. 逼迫或强制
C. 圆滑　D. 仲裁

11. 项目进度安排冲突最明显的是在项目（　　）。
A. 启动阶段　B. 规划设计阶段
C. 实施阶段　D. 收尾阶段

12. 项目活动的优先权冲突主要发生在（　　）。
A. 启动阶段　B. 规划设计阶段
C. 实施阶段　D. 收尾阶段

13. 项目团队内部针对某技术方案产生冲突是（　　）。
A. 人力资源冲突　B. 管理程序冲突
C. 技术意见和性能权衡冲突　D. 成本费用冲突

14. 在项目费用结算上产生冲突是（　　）。
A. 人力资源冲突　B. 管理程序冲突
C. 技术意见和性能权衡冲突　D. 成本费用冲突

15. 在职责定义、工作范围等方面产生矛盾是（　　）。
A. 人力资源冲突　B. 管理程序冲突
C. 技术意见和性能权衡冲突　D. 成本费用冲突

16. 通过讨论找出解决项目问题的各种可行性方案是（　　）。
A. 项目启动会议　B. 项目状态评审会议
C. 项目技术终审会议　D. 项目问题解决会议

17. 专家评审技术方案会是（　　）。
A. 项目启动会议　B. 项目状态评审会议
C. 项目技术终审会议　D. 项目问题解决会议

18. 项目立项后召开的第一次全体会议是（　　）。
A. 项目启动会议　B. 项目状态评审会议
C. 项目技术终审会议　D. 项目问题解决会议

19. 信息流是组织机体中的（　　）。
A. 神经　B. 大脑
C. 骨骼　D. 肌肉

20. 项目沟通贯穿于项目的（　　）。
A. 启动期　B. 规划设计期
C. 实施期　D. 整个生命周期

二、多项选择题(本大题共 5 小题,每小题 2 分,共 10 分)

【在每小题列出的五个备选项中至少有两个是符合题目要求的,请将其代码填写在题后的括号内。错选、多选、少选或未选均无分。】

1. 项目沟通常用的项目会议包括(　　)。

A. 项目启动会议　　B. 项目状态评审会议
C. 项目技术终审会议　　D. 项目问题解决会议
E. 项目总结会议

2. 最常见的电子媒介沟通方法包括(　　)。

A. 互联网　　B. 管理信息系统
C. 钉钉　　D. 电报电话
E. 电话会议

3. 冲突的发展一般需要经历(　　)。

A. 潜伏期　　B. 发展期
C. 成熟期　　D. 处理期
E. 结局期

4. 项目冲突的解决策略包括(　　)。

A. 回避或撤退　　B. 逼迫或强制
C. 圆滑　　D. 妥协
E. 面对

5. 正式沟通渠道有(　　)。

A. 链式沟通渠道　　B. 轮式沟通渠道
C. 环式沟通渠道　　D. Y 式沟通渠道
E. 全通道式沟通渠道

三、判断题(本大题共 10 小题,每小题 1 分,共 10 分)

1. 项目冲突管理是一种创造性地处理冲突的艺术。(　　)
2. 司机岗位应以委任制作为招聘方式。(　　)
3. 管理者要大力倡导建设性冲突。(　　)
4. 意识的冲突是可见、有形的。(　　)
5. 在项目实施过程中,冲突是必然存在的。(　　)
6. 冲突与合作是可以并存的。(　　)
7. 单向沟通有助于信息的准确传递和增进感情。(　　)
8. 项目组织中的横向沟通较多,垂直沟通较少。(　　)
9. 项目管理者要有效地做到多倾听,避免过早地进行评价。(　　)
10. 信息链越短,信息失真越多,沟通的效能就越低下。(　　)

四、名词解释题(本大题共 5 小题,每小题 2 分,共 10 分)

1. 沟通
2. 项目报告

3. 项目冲突
4. 非正式沟通
5. 平行沟通

五、简答题（本大题共 5 小题，每小题 2 分，共 10 分）

1. 简述项目沟通过程的要素。
2. 项目的正式沟通渠道包括哪些？
3. 简述项目沟通方式。
4. 简述解决冲突的具体步骤。
5. 简述项目报告的类型。

六、论述题（本大题共 2 小题，每小题 10 分，共 20 分）

1. 论述项目风险管理工作的主要内容。
2. 论述项目沟通的技巧。

七、案例分析题（20 分）

不会沟通，从同事到冤家

小贾是公司销售部一名员工，为人比较随和，不喜争执，与同事的关系处得都比较好。但是，前一段时间，不知道为什么，同一部门的小李老是处处和他过不去，有时候还故意在别人面前指桑骂槐，对与他合作的工作任务也都有意让小贾做得多，甚至还抢了小贾的好几个老客户。

起初，小贾觉得都是同事，没什么大不了的，忍一忍就算了。但是，看到小李如此嚣张，小贾一赌气，告到了经理那儿。经理把小李批评了一通，从此，小贾和小李成了绝对的冤家。

[问题 1]请分析问题的症结所在。

[问题 2]请说明案例对我们的启示。

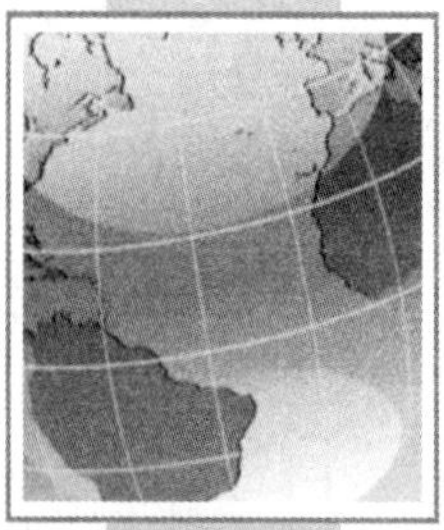

第十三章 项目管理的信息化

一、单项选择题(本大题共 20 小题,每小题 1 分,共 20 分)

【在每小题列出的四个备选项中只有一个是符合题目要求的,请将其代码填写在题后的括号内。错选、多选或未选均无分。】

1.“新经济”时代的重要特征之一是(　　)。

A. 管理科学化　　B. 信息网络化

C. 管理数据化　　D. 管理法制化

2. 下列属于无形资源的是(　　)。

A. 人　　B. 物资

C. 资金　　D. 信息

3. 进入信息社会和知识经济时代以后,显得日益重要的资源是(　　)。

A. 人力资源　　B. 物资资源

C. 时间资源　　D. 信息资源

4. 为企业决策者、项目部、承包方、供应方、设计方、员工和合作伙伴提供一个统一的应用界面是(　　)。

A. 项目管理门户系统　　B. 项目管理总控系统

C. 项目管理业务系统　　D. 项目管理沟通系统

5. 下列属于有形资源的是(　　)。

A. 人　　B. 时间

C. 资金　　D. 信息

6. 供工程项目管理各业务部门使用的系统是(　　)。

A. 项目管理门户系统　　B. 项目管理总控系统

C. 项目管理业务系统　　D. 项目管理沟通系统

7. 用于多项目管控的是(　　)。

A. 项目管理门户系统　　B. 项目管理总控系统

C. 项目管理业务系统　　D. 项目管理沟通系统

8. BIM 技术发明于(　　)。

A. 2000 年　　B. 2002 年

C. 2010 年　　D. 2020 年

9. 成为项目管理热点问题的是(　　)。

A. 数据挖掘技术　　B. 信息处理技术

C. 信息存储技术　　D. 信息传输技术

10. 成为继物质和能量之后支撑社会经济发展的重要资源是(　　)。

A. 经济　　B. 科技

C. 人力　　D. 信息

11. 管理信息系统的创始人是(　　)。

A. 弗雷德里克・温・泰罗　　B. 亨利・法约尔

C. 德鲁克　　D. 高登・戴维斯

12. 应用搭建的信息系统对项目进行有效控制所处的阶段是(　　)。

A. 初始阶段　　B. 信息扩展阶段

C. 信息集成阶段　　D. 成熟阶段

13. 将项目管理流程、系统和技术集于一体的信息系统所处的阶段是(　　)。

A. 初始阶段　　B. 信息扩展阶段

C. 信息集成阶段　　D. 成熟阶段

14. 大量信息的传递能够通过信息技术方式来处理的信息系统所处的阶段是(　　)。

A. 初始阶段　　B. 信息扩展阶段

C. 信息集成阶段　　D. 成熟阶段

15. 处理项目进度控制、投资控制、合同管理等的信息系统发展阶段是(　　)。

A. 基于业务处理的项目管理信息系统　　B. 企业级项目管理系统

C. 项目信息门户　　D. 项目集成

16. 对企业集团内多项目及大型建设工程项目群进行信息的收集、加工和传输的信息系统发展阶段是(　　)。

A. 基于业务处理的项目管理信息系统　　B. 企业级项目管理系统

C. 项目信息门户　　D. 项目集成

17. 为项目参与方提供一个高效率信息交流和共同工作的平台和网络虚拟环境的信息系统发展阶段是(　　)。

A. 基于业务处理的项目管理信息系统　　B. 企业级项目管理系统

C. 项目信息门户　　D. 项目集成

18. 微软公司推出的最为流行的项目管理软件工具是(　　)。

A. MS Project　　B. PowerPIP

C. P3　　D. BIM

19. BIM 的发明者是(　　)。

A. 微软公司　　B. 同望公司

C. 上海普华　　D. 欧特克公司

20. BIM 技术的重要应用领域为(　　)。

A. 工业　　B. IT

C. 建筑业　　D. 农业

二、多项选择题（本大题共 5 小题，每小题 2 分，共 10 分）

【在每小题列出的五个备选项中至少有两个是符合题目要求的，请将其代码填写在题后的括号内。错选、多选、少选或未选均无分。】

1. 项目资源包括(　　)。

A. 人　　B. 物资

C. 能源　　D. 资金

E. 信息

2. 项目管理业务系统包括(　　)。

A. 进度控制　　B. 投资控制

C. 质量控制　　D. 安全控制

E. 文档资料管理

3. 项目管理门户系统服务的对象有(　　)。

A. 企业决策者　　B. 项目部

C. 设计方　　D. 承包方

E. 供应方

4. 20 世纪 90 年代以来经济发展新时期的特征包括(　　)。

A. 信息化　　B. 网络化

C. 标准化　　D. 全球化

E. 科学化

5. 信息化的硬件条件包括(　　)。

A. 计算机硬件　　B. 网络设备

C. 通信工具　　D. 项目管理软件系统

E. 信息化管理制度

三、判断题（本大题共 10 小题，每小题 1 分，共 10 分）

1. BIM 技术为我国建筑业带来技术、管理和方法论的统一。(　　)

2. 我国项目管理信息化的硬件条件与西方发达国家差距比较大。(　　)

3. 构建项目协同管理平台将是工程项目管理信息化未来发展的趋势。(　　)

4. 我国的项目管理信息系统往往只注重软件的建设。(　　)

5. PowerPIP 系统已经实现了网络环境下多方协同工作。(　　)

6. 项目管理信息化的建设是企业项目管理发展的必然趋势。(　　)

7. 我国项目管理信息化的软件条件与西方发达国家有很大的差距。(　　)

8. 物资是一种有形资源。(　　)

9. 项目管理者要有效地做到多倾听，避免过早地进行评价。(　　)

10. 信息管理的过程包括信息的处理、传输、加工和储存。(　　)

四、名词解释题（本大题共 5 小题，每小题 2 分，共 10 分）

1. 信息管理

2. 管理信息系统
3. BIM 技术
4.“燃尽”报表
5. 项目管理总控系统

五、简答题(本大题共 5 小题,每小题 2 分,共 10 分)

1. 简述诺兰模型。
2. 简述项目管理信息化的内容。
3. 简述项目管理信息化的特点。
4. 简述信息系统的构成。
5. 简述网格计算机技术的内容及发展趋势。

六、论述题(本大题共 2 小题,每小题 10 分,共 20 分)

1. 论述企业项目信息化管理的意义和作用。
2. 论述信息资源的地位和作用。

七、案例分析题(20 分)

S 集团的移动商务项目一波三折

案例人物:
郑伟,45 岁,S 集团副总裁,分管人事、信息、财务,此次项目负责人;
欧阳雪,35 岁,S 集团营销总监,此次项目总监;
钟剑,33 岁,S 集团信息中心实施部经理,此次项目经理;
许建国,38 岁,S 集团浙江分公司总经理,此次项目浙江分公司负责人;
王新水,32 岁,S 集团浙江分公司杭州办事处经理,此次项目杭州办事处负责人;
徐筱芳,27 岁,S 集团浙江分公司杭州办事处文员,此次项目杭州办事处协调员。

“什么? 只给我两周不到的时间?”刚刚休完探亲假,还没来得及休整的钟剑被急匆匆地叫回了总部,听到这个他们准备了两年的移动商务项目要上马,他不知道是喜还是忧。“是的,总裁昨天已经成立了项目委员会,销售、市场、人事的负责人都是项目组的成员,并由总裁亲自指挥。要求 8 月 16 日 30 个分公司的各 1 个办事处上线!”郑伟高兴地对钟剑说。“可是郑总,您知道,项目组成立需要时间,我们需要与软件供应商、运营商谈判,还有硬件设备采购,系统搭建、安装、调试、修改,需要进行各地基础数据的收集、整理、导入,还有……”“不要和我说这些,这不是你一直想上的项目吗? 我已经帮你把所有需要参与的各层领导都拉进项目组了,接下来就看你这个项目经理怎么施展啦……”听了郑总一番话,钟剑没有再做任何辩解,在集团工作了这么久,他怎会不深知公司的做事风格呢? “好的,我尽力吧,这就回去准备。”

S 集团是国内一家大型的食品集团企业,总部设在上海,在全国拥有 30 个分公司、250 个办事处,而员工总人数更是多达 36 000 余人,其中终端销售人员超过 14 000 人,年营业额接近 60 亿元。2018 年,S 集团正式成立由直属集团总裁领导的信息中心,总人数 45 人。作为这样一家大型的集团分销型企业,对多个分公司的统一管理和渠道终端的掌控成了重中之重。为了能够更有效地进行市场分析和预测、更好地管控终端销售人员的销售行为,S 集团在 2019

年底就开始尝试移动终端技术在终端数据采集中的应用，在2020年进行了两轮技术可行性和业务可行性的测试运行，并着手加快该项目在集团的推行。这不，项目说开始就开始了。项目的主要目标就是规范销售行为的管理，通过使用手机为数据收集和定位的载体，管理销售人员的行为和采集终端数据。然而，基础数据采集遇到了困难。8月11日，下午1点。"钟经理，我们发下去的数据采集到目前为止只有一半的办事处文员回复了，这样下去时间来不及了。"负责收集数据的小王急匆匆地跑进钟剑的办公室，气喘吁吁地说。"赶紧让销售部门去催促，让他们务必把事情落实到责任人身上。另外，现在的数据导入问题软件公司有没有解决呢？"钟剑问道。"已经解决了，他们将负责数据导入，但需要给他们一些时间。"8月17日，上午10点。徐筱芳提出了新问题：目前收集上来的数据中，除了杭州办事处外，还有新疆办事处和哈尔滨办事处的数据，可是现在系统内的数据都乱了。经过检查发现，原因是在期初进行数据准备时，文员没有按照标准准备数据，导致数据混乱。8月18日，下午3点。项目组紧急召开会议。在会议中，项目组决定重新整理数据，要求各办事处严格按照项目组标准模板和要求组织数据；并按照进度计划调整上线时间，将上线时间调整至9月1日。经过这样的一个过程，项目如期得以下发落实，9月1日，系统在试点办事处上线，各办事处的数据不再混乱，但统计报表混乱，问题层出不穷。9月15日，发现统计报表分析与日常手工报表发生严重不符，经仔细检查，问题在于上线前销售渠道分类没有统一的严格规定，虽然在组织数据时销售管理部出了一套标准的销售分类，但由于各办事处的理解不同，导致数据分类错误。30个办事处、28万家终端店头的数据被错误地分类融合在一起，这个乱真是理不清。9月20日，在这样的情况下，钟剑和销售管理部一起重新整理了一套标准，并进行了详细的分析和论证，将项目进展的情况上报给总裁、副总裁，总裁决定在22日的销售会议上由钟剑来汇报这件事。9月22日，在全国销售会议上，钟剑针对目前项目的进展以及面临的困难进行汇报，全项目组在总裁的指示下，重新整理数据，严格按照新的标准来做，并由销售管理部和信息中心严格把关；同时，决定10月9日第三次上线，各办事处需严格按照项目组的数据提交时间来做。9月30日，收到25个办事处的数据，但都存在问题。10月6日，数据已经按标准整理完毕，电话通知所有总部项目成员和30个办事处文员，7日全体加班，对数据进行检查测试。10月7日，晚9点。数据检查和测试工作还在紧张地继续，只完成了一半还不到，眼看着第三次上线时间再次临近，钟剑又一次陷入了困境。全力以赴，再次冲刺！10月8日，周日，下午1点。"不推迟项目启动时间，我请辞去项目经理，您请更有能力的人去做！"钟剑高举着手臂无可奈何地对郑伟说。"不要太激动嘛！有事好好商量，目前出现的问题又没有说是你的问题。"郑伟眼睛看着欧阳雪。"我不同意！已经第三次推迟了，我无法向销售分公司交代！"欧阳雪强硬地说。钟剑回复："责任由我来承担！我们的系统从8月15日到现在，存在的问题很多，原因各位也清楚。正是因为已经推迟了三次，所以这一次的上线只能成功不能失败。我们的系统是按周进行运作的，整个国庆黄金周，30个试点办事处的文员都在加班加点地工作，每次数据的提交都要3轮的反复才能完成，国庆7天的假期仅我累计加班就超过100个小时。但至今仍有5家没有提交最后一版数据。而提交完整的数据导入系统后，还需要有2轮的数据关系建立，这些数据关系的建立只能由手工在系统中操作。"欧阳雪听到钟剑这样说，也缓和了语气："那可不可以推迟一天？""不行！我们针对业务员的运作是以周为周期的，明天是周一，推迟一天就是周二了，这样会对系统的运作带来很大的问题。所以，第一次操作我建议还是由周一开始。既然是推迟，一天也是推，一周也是推，那我们将上线的时间推迟一周到10月16日吧？！"钟剑抓住这个机会建议道。"那……请郑总来决策吧！"欧阳雪顺手一推把难题交给了郑伟。"行！不过

16 日是最后的期限，到了这个期限还不行，钟剑你不提出辞职，我也会提请总裁的。”钟剑果断地说：“行！没问题，这次是按我的标准和方法进行操作的，没问题。不过，需要欧阳理解，这种项目是销售管理全员的项目，需要各级销售组织重视并真正地进入项目状态。”欧阳雪看了钟剑一眼，对许建国和王新水说：“两位经理，钟经理的话你们听到了，希望你们积极配合。”许建国说：“没问题，人事经理、行政助理我已经通知了，他们随时听候指挥。”王新水说：“徐筱芳一直就在项目状态，会议前已经和钟经理沟通过，回去后我会让销售主管也参与进来。这次项目是为我们终端管理服务的，我们当然会全力以赴。”2020 年 10 月 8 日，下午 2 点 45 分，钟剑开完项目小组会议，宣布项目时间推迟一周，然后给各地的销售文员发了封 E-mail：

“综上所述，为了保证项目的实施质量，经请示相关领导，决定将此次新旧系统的切换时间向后推迟一周，即从 10 月 9 日改为 10 月 16 日。具体安排如下：……

“发出这样的邮件通知，于我是很痛苦的决定：一个决定了的事情随意变更是我所痛恨的，相信没有人会希望如此。但我们都必须面对现实，我不能让为这个项目战斗了两个多月的各位同事再增加压力了。作为这个项目的负责人，我希望一起努力的结果是成功。在国庆长假里，仅我个人为数据的整理和准备花去了 100 个小时的时间，也就是说加班了 11 天多。当然，我知道不只是我一个人在孤军奋战，还有各位办事处的文员和项目组其他同事们。

“回想这 7 天，一天一道催命的邮件让大家没有过好‘黄金周’，甚至在中秋之夜仍旧要求大家提交数据，为此我感到很惭愧，同时也感到欣慰。

“对于今天上午已经组织人力开始做拜访计划的 SH 大区、WN 大区、GM 大区、XJ 大区，以及其他为此项目而努力的所有机构及人员表示感谢！有了我们共同的努力，胜利不会遥远。

“谢谢！谢谢！……”

合上笔记本，钟剑终于松口气，两个月来高度紧张的情绪，终于有个回笼的时间。一幕一幕不断浮现：2020 年 10 月 31 日，项目第三次上线终于获得成功，跟踪 2 周后基本无大的问题。钟剑踏上新的征程，这半个月里他总结了近 3 个月的项目问题，整理了一套更完善的项目实施方案，这次他将在一周内去 7 个分公司为其他没上线的办事处做准备工作。

[问题 1]请分析 IT 项目开发问题的症结所在。

[问题 2]请说明案例对我们 IT 项目管理的启示。

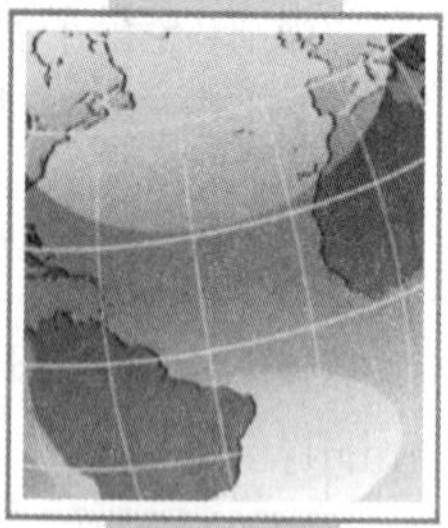

第十四章 项目的收尾与交付

一、单项选择题（本大题共 20 小题，每小题 1 分，共 20 分）

【在每小题列出的四个备选项中只有一个是符合题目要求的，请将其代码填写在题后的括号内。错选、多选或未选均无分。】

1. 项目管理的最后一项工作是（　　）。

A. 项目决策与启动　　B. 项目规划与设计

C. 项目组织与实施　　D. 项目竣工与验收

2. 项目竣工验收的组织单位是（　　）。

A. 建设单位　　B. 承包单位

C. 政府主管部门　　D. 监理单位

3. 可以适当简化手续，但必须按规定办理竣工验收和固定资产移交手续的项目是（　　）。

A. 超大型项目　　B. 大型项目

C. 中型项目　　D. 小型项目

4. 下列属于工程施工过程中形成的文件是（　　）。

A. 法律法规　　B. 政府规定

C. 社会经济信息　　D. 工程照片

5. 将自己责任范围内的竣工资料按分类组卷的要求移交给业主的是（　　）。

A. 承包单位　　B. 投资单位

C. 监理单位　　D. 供应单位

6. 竣工资料整理汇总送交（　　）。

A. 档案主管部门　　B. 地方城建档案管理部门

C. 当地城建管理部门　　D. 项目管理协会

7. 竣工结算书确认后向承包人支付工程结算价款的时间在（　　）。

A. 7 天内　　B. 15 天内

C. 30 天内　　D. 60 天内

8. 建设规模较小而且简单的项目，可以采用(　　)。
A. 一次性竣工验收　　B. 二阶段验收
C. 三阶段验收　　D. 四阶段验收
9. 单项工程验收有利于(　　)。
A. 环境效益的发挥　　B. 社会效益的发挥
C. 经济效益的发挥　　D. 综合效益的发挥
10. 对工程档案的质量负全面责任的是(　　)。
A. 总包人　　B. 承包人
C. 分包人　　D. 监理人
11. 单位工程结算的申请提出者是(　　)。
A. 投资人　　B. 用户
C. 监理人　　D. 承包人
12. 单位工程结算的审查者是(　　)。
A. 业主　　B. 施工单位
C. 供应单位　　D. 监管单位
13. 项目竣工结算审查后，项目利益相关方负责汇总资料并报送给业主的时间要求是(　　)。
A. 7 天内　　B. 15 天内
C. 30 天内　　D. 60 天内
14. 业主或第三方机构提出审核意见的时间要求是(　　)。
A. 7 天内　　B. 15 天内
C. 30 天内　　D. 60 天内
15. 所有隐蔽工程均需进行验收，签字要求是(　　)。
A. 业主签字　　B. 总包单位签字
C. 两人签字　　D. 两人以上签字
16. 工程竣工结算合同价款核对首先审查的内容是(　　)。
A. 是否符合合同条件　　B. 是否按合同约定的结算方法
C. 取费标准　　D. 评标价格
17. 设计修改变更的提出者是(　　)。
A. 原设计单位　　B. 施工单位
C. 使用单位　　D. 业主单位
18. 项目审计活动应体现的特征是(　　)。
A. 目标性　　B. 系统性
C. 经济性　　D. 独立性
19. 评定项目投资决策是否正确的关键环节是(　　)。
A. 经济监督　　B. 经济鉴证
C. 支持　　D. 经济评价
20. 针对项目存在的问题提出改进方案是指(　　)。
A. 经济监督　　B. 经济鉴证
C. 支持　　D. 经济评价

二、多项选择题(本大题共 5 小题,每小题 2 分,共 10 分)

【在每小题列出的五个备选项中至少有两个是符合题目要求的,请将其代码填写在题后的括号内。错选、多选、少选或未选均无分。】

1. 项目竣工验收的对象包括(　　)。

A. 新建项目　　B. 扩建项目
C. 改建项目　　D. 迁建项目
E. 维修改造项目

2. 工程项目竣工验收的依据包括(　　)。

A. 政府主管部门的批复文件　　B. 备案文件
C. 工程技术文件与质量证明文件　　D. 合同文件
E. 可行性研究报告

3. 项目验收标准包括(　　)。

A. 合同协议书　　B. 国际标准
C. 国内标准　　D. 行业标准
E. 政策法规与国际惯例

4. 项目竣工验收时建设单位主要职责包括(　　)。

A. 制订工作方案　　B. 召开会议
C. 组织现场查验　　D. 完成工程竣工验收报告
E. 负责竣工验收备案

5. 总包人必须对工程档案的质量负全面责任,对各分包人应做到(　　)。

A. 开工前有交底　　B. 项目有计划
C. 施工中有检查　　D. 项目有控制
E. 竣工时有预检

三、判断题(本大题共 10 小题,每小题 1 分,共 10 分)

1. 建设工程项目必须及时组织验收,办理固定资产移交手续。(　　)
2. 单位工程结算由承包人提出结算申请,业主进行审查。(　　)
3. 发包方收到结算资料 28 天内没有出具审核意见,视为发包方同意。(　　)
4. 项目竣工后,承包方提出验收结算申请,发包人于 30 天内认可。(　　)
5. 项目竣工决算是建设投资总额、设备总额的预算费用。(　　)
6. 交付竣工验收的工程项目必须有与竣工资料目录相符的分类组卷档案。(　　)
7. 全面竣工验收分为验收准备和正式验收两个阶段。(　　)
8. 全面竣工验收是在单项工程验收的基础上对工程项目进行的整体验收。(　　)
9. 对于验收合格的单项工程,在全部工程竣工验收时,还需要办理验收手续。(　　)
10. 在项目实施过程中的“中间验收”,可以作为一个验收阶段。(　　)

四、名词解释题(本大题共 5 小题,每小题 2 分,共 10 分)

1. 项目竣工验收
2. 工程项目结算

3. 工程项目决算
4. 项目审计
5. 全面竣工验收

五、简答题(本大题共 5 小题,每小题 2 分,共 10 分)

1. 简述竣工验收的作用。
2. 简述项目竣工验收条件。
3. 竣工资料包括哪些?
4. 简述工程类项目结算所需的资料。
5. 简述审计的主要职能。

六、论述题(本大题共 2 小题,每小题 10 分,共 20 分)

1. 论述项目竣工验收的程序。
2. 论述项目竣工结算的支付流程。

七、案例分析题(20 分)

项目收尾面对突如其来的变更,如何处理?

当某项目接近尾声之时,由于客户需求的突然变动,造成大量工作需重新开始,同时导致财务预算部分的严重超支。此时客户拒绝因其需求变动而追加费用,客户方罗列出数十条理由,证明是项目管理者自身理解错误造成的变动,但客户又在各个阶段的验收报告中签署了验收通过证明。

[问题 1]请分析项目变更的原因。

[问题 2]这个项目应该如何处理?该选择停止吗?该采用什么样的方法与客户进行沟通?

[问题 3]请说明案例对 IT 项目变更管理的启示。

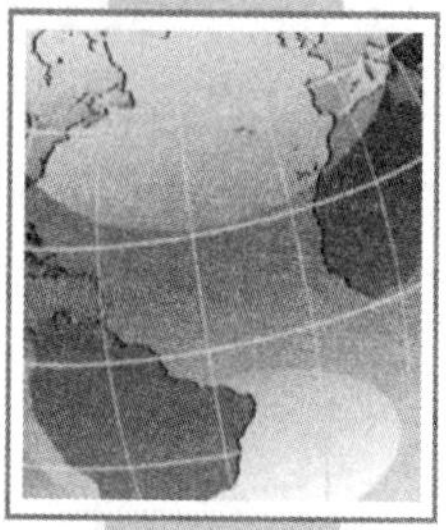

第十五章 项目后评价

一、单项选择题（本大题共 20 小题，每小题 1 分，共 20 分）

【在每小题列出的四个备选项中只有一个是符合题目要求的，请将其代码填写在题后的括号内。错选、多选或未选均无分。】

1. 项目后评价始于 20 世纪 30 年代的(　　)。

A. 美国　　B. 德国

C. 英国　　D. 俄罗斯

2. 项目后评价体系形成于(　　)。

A. 20 世纪 40 年代　　B. 20 世纪 50 年代

C. 20 世纪 60 年代　　D. 20 世纪 80 年代

3. 项目投资主体组织后评价的目的是反映(　　)。

A. 决策水平　　B. 项目政策

C. 项目组织实施有效性　　D. 项目效益

4. 项目政府主管部门组织后评价的目的是反映(　　)。

A. 决策水平　　B. 项目政策与工程管理制度

C. 项目组织实施有效性　　D. 项目效益

5. 项目施工单位组织后评价的目的是反映(　　)。

A. 决策水平　　B. 项目政策与工程管理制度

C. 项目组织实施有效性　　D. 项目效益

6. 审定项目环境影响的实际结果是指(　　)。

A. 环境效益评价　　B. 经济效益评价

C. 社会影响评价　　D. 项目可持续性评价

7. 项目的财务评价和经济评价是指(　　)。

A. 环境效益评价　　B. 经济效益评价

C. 社会影响评价　　D. 项目可持续性评价

8. 项目对国家或地方发展目标的贡献和影响评价是指(　　)。

A. 环境效益评价 B. 经济效益评价
C. 社会影响评价 D. 项目可持续性评价

9. 确立项目目标、产出和投入与相关“持续性因素”之间的真实关系评价是指(　　)。
A. 环境效益评价 B. 经济效益评价
C. 社会影响评价 D. 项目可持续性评价

10. 项目综合评价一般采用的评价方法是(　　)。
A. 成功度评价方法 B. 净现值法
C. 投资回收期法 D. 比较评价法

11. 把客观事物加以比较,以认识事物的本质和规律是指(　　)。
A. 对比分析法 B. 统计预测法
C. 逻辑框架法 D. 成功度评价法

12. 用简单的框架图来清晰地分析一个复杂项目的内涵和关系是指(　　)。
A. 对比分析法 B. 统计预测法
C. 逻辑框架法 D. 成功度评价法

13. 对照项目前评估所确定的项目目标来分析项目的实际结果是指(　　)。
A. 对比分析法 B. 统计预测法
C. 逻辑框架法 D. 成功度评价法

14. 对项目已经发生事实的总结以及对未来发展的预测是指(　　)。
A. 统计预测法 B. 对比分析法
C. 逻辑框架法 D. 成功度评价法

15. 我国的项目后评价始于(　　)。
A. 20 世纪 80 年代前期 B. 20 世纪 80 年代中期
C. 20 世纪 80 年代中后期 D. 20 世纪 80 年代后期

16. 项目后评价的时间是(　　)。
A. 项目完成交付后 B. 项目完成后进入正常运营期
C. 项目进入成熟期 D. 项目报废时

17. 项目后评价的评价者是(　　)。
A. 建设单位 B. 施工单位
C. 使用单位 D. 专业咨询机构

18. 国家银行贷款项目后评价的负责单位是(　　)。
A. 国家发改委 B. 国家开发银行
C. 独立的咨询机构 D. 地方主管部门

19. 国家重点建设项目后评价的负责单位是(　　)。
A. 国家发改委 B. 国家开发银行
C. 独立的咨询机构 D. 地方主管部门

20. 项目后评价社会环境影响采用的指标是(　　)。
A. 净现值(NPV) B. 投资回收期(PBP)
C. 内部收益率(IRR) D. 环境质量值(IEQ)

二、多项选择题(本大题共 5 小题,每小题 2 分,共 10 分)

【在每小题列出的五个备选项中至少有两个是符合题目要求的,请将其代码填写在题后的括号内。错选、多选、少选或未选均无分。】

1. 根据评价时间的不同,项目后评价可细分为(　　)。

A. 项目跟踪评价　　B. 项目实施效果评价

C. 项目影响评价　　D. 项目决策评价

E. 项目改进评价

2. 项目后评价的主要特点包括(　　)。

A. 现实性　　B. 公正性

C. 全面性　　D. 实用性

E. 反馈性

3. 项目后评价的内容包括(　　)。

A. 项目竣工验收　　B. 项目效益后评价

C. 项目管理后评价　　D. 项目决策后评价

E. 项目技术后评价

4. 国际上通用的后评价方法包括(　　)。

A. 对比分析法　　B. 统计预测法

C. 逻辑框架法　　D. 成功度评价法

E. 情境分析法

5. 对比分析法包括(　　)。

A. 前后对比　　B. 有无对比

C. 横向对比　　D. 增减对比

E. 高低对比

三、判断题(本大题共 10 小题,每小题 1 分,共 10 分)

1. 项目后评价具有透明性和公平性的特征。　(　　)
2. 项目跟踪评价也称为“项目效益监督评价”。　(　　)
3. 项目后评价应看作项目生命周期重要的最后一个环节。　(　　)
4. 项目后评价只是对项目效益进行评价。　(　　)
5. 项目后评价是基于预测数据来进行评价的。　(　　)
6. 后评价是一个学习和提升管理的过程。　(　　)
7. 项目后评价由建设单位制定评价标准。　(　　)
8. 项目后评价的结果需要反馈到决策部门。　(　　)
9. 项目后评价中经济效益评价主要是指国民经济评价。　(　　)
10. 项目综合评价一般采用比较评价方法。　(　　)

四、名词解释题(本大题共 5 小题,每小题 2 分,共 10 分)

1. 项目后评价
2. 项目综合评价

3. 项目后评价报告
4. 对比分析法
5. 全面竣工验收

五、简答题(本大题共 5 小题,每小题 2 分,共 10 分)

1. 简述项目后评价与项目前评估的区别。
2. 项目管理后评价包括哪些内容?
3. 国内项目后评价分哪几个阶段?
4. 简述统计预测法的内容。
5. 简述项目后评价报告的编写要求。

六、论述题(本大题共 2 小题,每小题 10 分,共 20 分)

1. 论述项目后评价的作用和意义。
2. 论述项目后评价的程序。

七、案例分析题(20 分)

宁波北仑港二期工程项目后评价

一、项目简介

宁波北仑港二期工程位于宁波市深水港区,港口自然条件良好。工程建设依据为宁波港总体规划。项目目的是建设现代化集装箱泊位,为开发北仑国际中转港创造条件。工程建设港口泊位 6 个 ,实际形成总吞吐能力 1 035 万吨,比原方案增加吞吐能力 685 万吨。工程分为一、二阶段和技改工程三个阶段实施。1989 年 5 月开工,按工期 5 年建成投产。一、二阶段工程分别于 1991 年 9 月和 1992 年 12 月经国家正式竣工验收后投运,工程质量优良。工程国内部分的投资概算没有突破并略有结余。

二、项目效益状况及原因

工程总投资 5.49 亿元,其中固定资产投资 5.43 亿元、流动资产投资 0.07 亿元,世界银行贷款 2 895 万美元、国家和地方拨款 0.53 亿元、国内银行贷款 2 亿元、企业自筹和设备租赁 1.03 亿元。

工程投产以来运营良好,预计 1995 年实际完成吞吐量可达 1 000 万吨,基本达到设计能力。预计 1995 年营业收入 1.3 亿元,按当年可比价格计算,比原来预计的年收入增加约 4 500 万元。

工程财务内部收益率税前为 8%(税后为 6%),高于设计时原测算指标 4.86%,也高于工程投资的实际贷款利率 5.31%,财务效益较好。投资偿还期 15 年,比原测算缩短 2 年,抗风险能力较强。国民经济效益良好,据后评价测算,工程经济内部收益率为 30%,比原测算高 2 个百分点,工程社会效益明显。

工程效益好的原因有三个:一是节约开支,严格控制住了工程投资。二是根据市场变化,及时将无货源的 2 个木材泊位改造为煤炭泊位,既满足了国家需要,又扩大了吞吐能力,增加了营业收入,使 FIRR 提高了 6 个百分点。三是由于国家和地方的拨款及企业自筹部分的投资达到总投资的 22%,资本构成基本合理,增强了企业的清偿能力。

评价结论:工程实现并超过了原定的目标,符合宁波港的长远发展目标,经济和社会效益良好,项目是成功的。

三、主要经验

在严格控制工程造价方面的成功措施包括:

(1)建立专门的管理机构进行规范化管理;

(2)重视项目前期的资料分析研究;

(3)学习世界银行经验,实行采购公开招标和施工监理,抓好合同条款研究和管理;

(4)注重建设物资和材料的储备和管理;

(5)建立按月结算的财务制度。

四、主要教训

(1)汇率变化使造价上升了30%,FIRR下降了3个百分点;

(2)由于国际公开招标经验不足,对投标商的资信重视不够,造成两台进口设备不能按期达到合同要求;

(3)工程前期对市场预测和风险分析不足,决策不当,造成木材泊位尚未建成投产就发生重大货源变化,不得不改造为煤炭泊位。

五、建议

(1)加强项目前期工作中的市场预测和风险分析;

(2)进一步强调国民经济评价在国家重点建设项目评价中的重要性;

(3)在大型港口项目立项时,对建设专业性强的泊位应持慎重态度。

[问题1]请分析项目后评价应包括的内容。

[问题2]请说明项目后评价的关键点及应注意的问题。

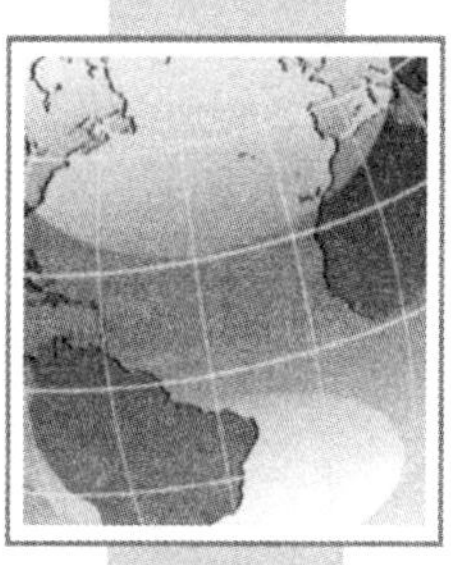

第十六章 项目利益相关方管理

一、单项选择题(本大题共 20 小题,每小题 1 分,共 20 分)

【在每小题列出的四个备选项中只有一个是符合题目要求的,请将其代码填写在题后的括号内。错选、多选或未选均无分。】

1. 项目参与方有(　　)。

A. 一个　　B. 两个

C. 三个　　D. 多个

2. 项目产品的使用者是(　　)。

A. 客户　　B. 项目业主

C. 项目供应商　　D. 项目施工方

3. 项目的发起人和投资人是(　　)。

A. 股东　　B. 业主

C. 债权人　　D. 供应商

4. 项目实施过程的主要参与者,可以决定投资项目的质量、进度和费用的是(　　)。

A. 股东　　B. 业主

C. 建设单位　　D. 施工单位

5. 提供建设项目资金贷款的是(　　)。

A. 客户　　B. 项目业主

C. 项目供应商　　D. 金融机构

6. 根据利益相关方主动参与或影响项目的程度以及改变项目计划或执行的能力进行分类的方法是(　　)。

A. 权力/利益矩阵　　B. 权力/影响矩阵

C. 权力/作用矩阵　　D. 凸显模型

7. 根据利益相关方的职权大小、紧急程度和合法性进行分类的方法是(　　)。

A. 权力/利益矩阵　　B. 权力/影响矩阵

C. 权力/作用矩阵　　D. 凸显模型

8. 项目对国家或地方发展目标的贡献和影响评价是指(　　)。
A. 环境效益评价　　B. 经济效益评价
C. 社会影响评价　　D. 项目可持续性评价
9. 项目实施前应根据项目的特点首先进行(　　)。
A. 利益相关方分析　　B. 利益相关方沟通
C. 利益相关方识别　　D. 利益相关方管理
10. 不同利益相关方对项目的影响力是(　　)。
A. 完全相同的　　B. 基本一致的
C. 相同的　　D. 不同的
11. 需要重点管理的是(　　)。
A. 强影响力—高重要性　　B. 强影响力—低重要性
C. 弱影响力—低重要性　　D. 弱影响力—高重要性
12. 让利益相关方参与到工作中,以发挥他们的作用的是(　　)。
A. 强影响力—高重要性　　B. 强影响力—低重要性
C. 弱影响力—低重要性　　D. 弱影响力—高重要性
13. 工作时应该考虑利益相关方的声音和影响,他们通常需要得到保护的是(　　)。
A. 强影响力—高重要性　　B. 强影响力—低重要性
C. 弱影响力—低重要性　　D. 弱影响力—高重要性
14. 可以弱化管理工作的是(　　)。
A. 强影响力—高重要性　　B. 强影响力—低重要性
C. 弱影响力—低重要性　　D. 弱影响力—高重要性
15. 制定国家及地方政府相关方针政策、法律法规、技术标准规范的是(　　)。
A. 政府　　B. 建设单位
C. 施工单位　　D. 项目管理单位
16. 通过科学的决策方法做出项目决策的是(　　)。
A. 政府　　B. 建设单位
C. 施工单位　　D. 项目管理单位
17. 利用专业技能为项目法人提供技术咨询服务的是(　　)。
A. 政府　　B. 建设单位
C. 施工单位　　D. 监理单位
18. 负责项目的具体实施、完成项目产品、实现项目目标的是(　　)。
A. 政府　　B. 建设单位
C. 施工单位　　D. 监理单位
19. 将项目利益相关方管理的大部分精力用于(　　)。
A. 一般利益相关方　　B. 主要利益相关方
C. 社会公众　　D. 国家政府
20. 项目建设单位选择利益相关方的主要方式是(　　)。
A. 竞争性招标　　B. 询价采购
C. 直接采购　　D. 自营工程

二、多项选择题（本大题共 5 小题，每小题 2 分，共 10 分）

【在每小题列出的五个备选项中至少有两个是符合题目要求的，请将其代码填写在题后的括号内。错选、多选、少选或未选均无分。】

1. 项目中的利益相关方有（　　）。

A. 项目投资方　　B. 项目供应单位
C. 项目实施单位　　D. 项目监理单位
E. 项目用户

2. 分析项目利益相关方应重点分析（　　）。

A. 他们所关心的利益　　B. 期望和需求
C. 关注点　　D. 社会影响
E. 社会效益

3. 项目竞争性招标包括（　　）。

A. 公开招标　　B. 邀请招标
C. 询价采购　　D. 直接采购
E. 自营工程

4. 项目利益相关方管理内容包括（　　）。

A. 明确任务范围　　B. 明确职责
C. 明确权力　　D. 明确利益
E. 制定项目决策

5. 重视项目利益相关方管理应重点做好（　　）。

A. 指导工作　　B. 引导工作
C. 监督工作　　D. 决策工作
E. 规划工作

三、判断题（本大题共 10 小题，每小题 1 分，共 10 分）

1. 任何项目都是由多个项目利益相关方共同参与完成的。（　　）
2. 项目利益相关方管理的大部分精力用于主要利益相关方。（　　）
3. 在项目活动中，应明确项目利益相关方所担负的责任，在利益分配上努力做到公平。（　　）
4. 当项目风险不可避免时，可以不给予补偿。（　　）
5. 积极的利益相关方可能会对项目的成功产生消极结果。（　　）
6. 项目供应方应参与产品的研发。（　　）
7. 监理单位对施工方负责。（　　）
8. 强影响力—低重要性的项目利益相关方应重点管理。（　　）
9. 项目监理单位通过科学的决策方法做出项目投资决策。（　　）
10. 项目应该重视项目利益相关方的需求、利益和影响。（　　）

四、名词解释题（本大题共 5 小题，每小题 2 分，共 10 分）

1. 项目利益相关方

2. 建设单位
3. 施工单位
4. 项目利益相关方识别
5. 项目利益相关方分析

五、简答题(本大题共 5 小题,每小题 2 分,共 10 分)

1. 简述项目利益相关方管理的原则。
2. 简述项目利益相关方的识别。
3. 简述政府主管部门及监督管理机构的主要工作。
4. 简述项目利益相关方影响力分析。
5. 简述项目利益相关方的三个层次。

六、论述题(本大题共 2 小题,每小题 10 分,共 20 分)

1. 论述项目利益相关方管理内容。
2. 论述如何管理项目利益相关方。

七、案例分析题(20 分)

项目利益相关方不配合,项目最终失败

2011 年,我被授权带领一个项目团队,为一个学校定制一套教学信息化系统,包含家校平台、在线教研平台,以及学校信息发布平台。由于是一个创新型项目,在项目初期,我和团队成员根据项目的需求和目标,识别了大量的项目利益相关方,其中包括学校的管理团队、部分教师,以及部分家长和学生。

在项目开发初期,我们想通过访谈和会议对项目的详细需求进行充分的调研,但调研的过程并不是很顺利,有很多项目的核心干系人表示不愿意参与到项目中,对项目不配合。然而也有很多愿意参与到项目中的成员,因为这些人不是核心利益相关者,所以给出的相关需求和建议都没有什么建设性。同时,由于项目实施的时间比较长,学校的管理团队及其他相关方发生了一定的变化,当时项目团队并没有针对这一情况做出及时的反应。另外,项目越做越大,一是需求的大量蔓延,二是非核心需求的膨胀造成了大量的"镀金"。项目接近尾声的时候,很多利益相关方,特别是核心利益相关方表示项目不能满足其需要,对项目非常不满意。最终,项目没有得到验收,也成了一个烂尾项目,以失败告终。

[问题 1]试分析项目失败的原因。

[问题 2]该案例给我们的启示是什么?